康熙十八年永平府志

秦皇岛长城地域明清方志丛书

燕山大学中国长城文化研究与传播中心◎主编

燕山大学出版社
·秦皇岛·

图书在版编目（CIP）数据

康熙十八年永平府志 / 燕山大学中国长城文化研究与传播中心主编. -- 秦皇岛 : 燕山大学出版社, 2025. 1. --（秦皇岛长城地域明清方志丛书）. -- ISBN 978-7-5761-0750-0

Ⅰ. K928.6

中国国家版本馆 CIP 数据核字第 2024JB1374 号

康熙十八年永平府志

燕山大学中国长城文化研究与传播中心　主编

出 版 人：陈　玉　　**责任编辑**：张　蕊　王　宁
封面设计：方志强　　**责任印制**：吴　波
出版发行：燕山大学出版社 YANSHAN UNIVERSITY PRESS　　**地　址**：河北省秦皇岛市河北大街西段 438 号
邮政编码：066004　　**电　话**：0335-8387555
印　刷：涿州市般润文化传播有限公司　　**经　销**：全国新华书店

开　本：710mm×1000mm　1/16　　**印　张**：45.5　　**字　数**：660 千字
版　次：2025 年 1 月第 1 版　　**印　次**：2025 年 1 月第 1 次印刷
书　号：ISBN 978-7-5761-0750-0　　**定　价**：230.00 元

出版说明

长城是中华民族的代表性符号和中华文明的重要象征。秦皇岛域内的长城最早可以追溯至北齐时期，如今保存最为完好的是明长城，东起山海关老龙头，西到青龙满族自治县城子岭口，秦皇岛域内汇集了明长城精华的地段。典籍文献中保存了很多有关长城的记述，其中的重要文献就是明清地方志。秦皇岛地区的明清方志中，记载了长城地区的攻防战略、驻守长城将士的丰功伟绩、长城居民的生活状态、长城主题的文学作品等内容，有些内容与正史的记载不尽相同，这为我们了解、研究长城史和中华民族共同体形成史提供了不一样的视野和角度。

本丛书名为“秦皇岛长城地域明清方志丛书”，收录整理明清时期永平府、山海关、卢龙县、抚宁县和临榆县等今秦皇岛长城地域的地方志共 13 种。本丛书为燕山大学中国长城文化研究与传播中心主编，在征得整理者同意的前提下，采用了已有的点校本。分别是：2001 年中国审计出版社出版的董耀会主编、康占忠和阎醒之副主编的《秦皇岛历代志书校注》，1999 年天津人民出版社出版的山海关旧志校注委员会编的《山海关历代旧志校注》，2007 年中国文史出版社出版的李利峰编注的《抚宁县志校注》。以上校注本都由秦皇岛本地作者点校，且都成于 20 世纪末 21 世纪初，在当时资源不丰富，经费紧张，技术不发达的情况下，古籍的搜求、整理和出版极为不易，因此甫一出版便成为格外珍贵的研究资料。相比之下，在今天的信息化时代，古籍资源大量数字化，为古籍的获取和整理出版提供了很大的便捷性，但考虑到一般读者的阅读需求和推动古籍普及的需要，我们认为仍有必要修订这些旧志。

为尊重整理者的成果，现将本丛书原点校者姓名列之如下：

弘治十四年《永平府志》，原点校者：齐家璐、李岚；

万历二十七年《永平府志》，原点校者：李岚；

嘉靖十四年《山海关志》、康熙九年《山海关志》，原点校者：张椿林、司凤岐、刘金玉、何福成、高颖；

万历三十八年《卢龙塞略》，原点校者：齐庆昌；

康熙十八年《永平府志》（附康熙十二年《续补永平志》），原点校者：王继汾；

康熙五十年《永平府志》，原点校者：王凤华；

乾隆三十九年《永平府志》，原点校者：齐庆昌；

光绪五年《永平府志》，原点校者：康群、谢煜；

康熙二十一年《抚宁县志》、光绪三年《抚宁县志》，原点校者：李利峰；

乾隆二十一年《临榆县志》、光绪四年《临榆县志》，原点校者：张椿林、司凤岐、刘金玉、何福成、高颖。

本次修订，改正了原点校本的若干错误，统一删除了注释，并将旧志的插图影印后放在正文相应位置。限于编者水平，书中难免仍有舛讹之处，欢迎读者批评指正。

燕山大学出版社

2024 年 12 月

总目录

永平府志

康熙二年修　十八年续

目录

永平志序

燕京之郡有八，而永平在蓟之东北，古云辽西即其地也。负山带河，险固四塞。昔曹公北伐乌桓，出卢龙塞，经白檀，登白狼，望柳城，殆所谓踞上游者欤！其间分野、灾祥、山川、土田、官师、人物固彬彬乎，三才具备也。历宋、元、明，皆详于所志矣。至我清定鼎以来，兵火既更，旧籍残落。余于康熙二年过故里，有韩生者以修志请，余曰："永平虽处偏隅，亦一代文宪事也。"遂捐资助之，并命大参宋君竣其事。无何，工未成，而宋君擢浙臬矣，并携板而南。无何，工未竟，而宋君又以坐事罢矣。余曰：事岂可以已哉。复遣人往浙取板来京师，仍发永平，冀续纂其集。迄数年，竟无有起而参考者。余每为之三叹，曰："永平虽蕞尔郡，而置险设兵，控扼西北，屹然一巨镇矣。地灵起而人杰辈出，冠带舄履之盛盖殷殷焉，岂千百年以来至今日，而可失其传乎！"庚戌冬，适有杨生来谒，因道前修志事。余曰："是予之初志也。"乃思永平郡丞罗君者，余门人也。即邮札致之，命董理其工。谓斯集之成，藉以不朽者，君之力也。而罗君果踊跃从事，不数月而厥功告成矣。夫古者，千乘之国与附庸之邦，皆有史官以掌记时事，第不过君卿大夫言动之一端。而所谓分野、灾祥、山川、土田、官师、人物之类，意别有图籍以主之，今志则无不灿列矣。是故古史之失在略，而今志之得在详也。后之采风者览其遗文，而一代典章名物之盛，不既犁然具备也哉！余故喜而为之序。

时康熙岁次庚戌，嘉平之吉。钦命总督淮扬等处地方、提督漕运海防军务兼理粮饷、兵部尚书兼都察院左副都御史，今予告蔡士英撰。

男　蔡毓荣　蔡毓秀　蔡毓华　蔡毓茂仝订

永平府旧志序

古者列国必有史。今之列郡，即古之列国，一郡之志，即一国之史。永平为墨台氏故封，昌黎先世，横渠后昆，咸在封内，是古圣贤之邦也。自辽、金、元先后争据，载籍泯阙。明兴，定都于燕，永为东辅郡，遂尔文献斌斌焉。予来守永，欲明习一方事，因取郡志披阅之。弘治十四年，郡张行人纂者简而核。万历十九年，闽郭文学修者博而赅，删繁补阙可为全书。遂集郡贡士及博士弟子员为之。适豫章涂印玄来登碣石，谒孤竹，有子长风，予爱其手注，会旨刻之，因确郡志。涂子曰："《春秋》详内而略外，义精而体当，若后世之书有简有博，简者阙，博者繁，阙则失义，繁则伤体，义失鲜史学，体伤乏史才，此《春秋》之为绝笔也。"予嘉其议，而嘱之志。涂子笔则直，心则虚，出入张、郭二书，参取州县诸乘而编摩笔削之。及传、政迹、行谊，必于郡缙绅先生是征。自己亥闰四月迄秋八月而稿脱。首图者七，为卷者十，为纲者八，为目者五十有七，编年以著沿革，列传以叙事实，备述以广记睹。不阙而核，不繁而赅，于义无失，于体无伤。此志既成，永平之疆域、创置、政事、文章、风俗、人物以传世不泯，而后之称信史者必曰《永志》云。万历己亥，河南按察司副使、管永平府事东齐徐准撰。

又

《周官》诏观事则有志，诏地事则有图，厥典重哉。北平负山带河，雄称四塞，屹然京陵左冯翊，其地觭重，地重而典滋重矣。郡弘治辛酉有《张志》，什一仅存，越八十四祀为万历辛卯，有《郭志》，苞举容盖之繁，抉阐今昔之奥，胪陈畛列若开玉府，而璜琥琼璋烂焉毕具。第连类洸洋，远者叹浩瀚而难收，近者苦极目而难竟。俾畿左外史识者莫睹大全，虽玄圃积玉，无所用之。嗟嗟！载籍挂漏而不广捃，穷搜则疏，疏则前守责也；载籍博括而不约，取中窾则赘，赘则今守责也。新城徐公忧之曰："守责弗修是蘧庐守也，某曷敢？"乃憋神揉思，损旧益新。且求海内多闻有道术者，得江右隐君涂公国柱，振缨高谈，卒卒语合，遂董其事。志为十卷，图七、纲八、目五十七，天时地利并大故首，象方、建置、政教肇自官师，故政事、职官次之。地因人灵，文章蔚焉，故选举、人物、艺苑又次之。至备述祥异、时务，亦旁综者所不废也。志成，命不佞瑜叙端简，读之，体裁合椝，冠冕词家。或直书以申规，或征词以见讽，津津一方文献云。徐公奋迹邹鲁，以经术经世务，章缝斐然向风。且也四三年来，海氛震邻，天灾虐野，苦兵、苦运、苦赈。公膏雨吾土，酌泉不愧二清，以故刑平政合，六属赤子依之，身为志也。凡诸废置沿革，不及行载，笔而存之，言为志也。身志言志，且不烦雕章缛采，岂好为更张已邪！不则龙门待嗣续而卒业。眉山以雁行而成书。是役也，搦札未逾岁，含毫不数人，骤而托于不朽者之林，则志非难志，志者之难也。观者因文识意，并察志之所以不朽者何在，即由兹而睹大全可也。万历己亥，兵科给事中，前翰林院庶吉士　郡人白瑜撰。

又

永平府志，张创之，郭续之，涂君笔削之，稿脱，且刻以传矣，乃郡守徐公之美政也。始末载在白吉士前序。余按志而书其后曰：夫志，事之纪也，而经世之道寓焉，感化之理昭焉。是故上之人，观于象方也，则知辨；于建置也，则忧废；于政事也，则欲因其利而利之；于职官也，则惧旷；于选举也，则尚贤；于人物、艺苑也，则图令名；于备述也，则务达权。夫知辨则不惑，忧废则不堕，因其利而利则惠溥，惧旷则奋，尚贤则几于道，图令名则罔愆，务达权则通经世之道，备于斯矣。《易》曰："通其变，使民不倦，神而化之，使民宜之。"是故夷齐以清化，则顽者懦者变。召公以德爱化，则荫棠阴者变。昌黎氏以文教化，则士风之衰者变。上者化之，下者变之，天下万世皆然，孰谓人心之不古也，顾在上者之感化何如耳。世有作者，不骋文词以为高，则炫物象以自侈。其于官箴民隐，乃或若罔攸闻者，其亦弗思焉耳矣。庚自按历青、齐后告归钓台十有四年，不谙当世之务，而窃有望于经世者，慎感化焉。巡按陕西、山东、福建道，监察御史　郡人韩应庚撰。

又

郡有乘，其昉于国史之遗乎。永平偏壤，属孤竹故封，古文物衣冠地也。嗣以金、元窃据几百季。所迨我明混一环宇，置关设卫，爰称雄镇，为神京左协。然障塞一垣，濒海百里许，尤东北要剧之区。不佞承乏于兹，去城陷时未久，眷其民生凋瘠，里户单虚，赋役繁苛，风俗偷薄，窃有慨焉。更以羽檄交驰，即荒垣三百余里，尽费拮据，日奔走于疏烟断草之中，犹不暇给，无问劳劳郡治矣。夫去故者新难图，凭虚者实愈远，天下事不可以臆任昭昭也。是故考时者证变，度地者览胜，观风者验治，论世者定宗。凡所辖之山川、井邑、户口、土田、人物、食货、建置兴除，暨于城郭、沟涂、邮传、甲兵、民风、吏治咸笔之书者，所以述往古诏来兹，得失之林鉴戒系焉，勿可后也。宜直指。韩公甫入境，亟以郡志下询也。郡故有志，己巳之变，火为梨灾，搜之耆旧，仅得原本。乃知经剞劂者三，而前刘公谋以缮之，为郡侯擢去不果。兹者关中李侯，雅有同心，博谘广采，补其阙遗，分纲析目，于疆域、物力、屯社、戎政，则加详焉。累月告成，嘱余为序。夫徐公、熊公再序原本，亦既该矣，余复何言？惟是披览之余由今思昔，不能无感于斯志也。嗟嗟，户口昔登今耗，赋役昔简今繁，风俗昔厚今偷，人才昔隆今替。郡固偏壤乎，然而天下之盛衰，一隅之积也。一隅之盛衰，天下之渐也。盛衰之数在天，而致之诚在人，考之则在书也。书也者，政之所自出也。后之君子莅斯土，读斯志，睹边疆则思握险控御巡鞶壶柝之事。征人用，则思爱养，制节盈缩稍损益之宜。未病而调算，无逸策，庶寒谷春生涸辙波，乃有望乎。不然，徒曰纪故，实备采风也，殆匪为志者之志矣。

崇祯壬午，整饬永平等处监军兵备道陆安姚恭撰。（志备成，兵乱失稿，未刊。）

重修永平府志序

古郡国皆有风，采之輶轩以征。土俗皆有乘，纪之太史，以传人物。班孟坚易八书为十志，志之名肇此焉。刘子玄述书十品，而郡书地理居二。郡书详于人，地理详于境，后世兼而载之。善哉！丘文庄之有言也，“世有千载不刊之书，无百年不葺之志。”盖志兼史以行者也，大则疆域、建置、赋役、风谣，小则灾祥、品秩、往迹、遗徽，非傍综广捃，则湮佚靡该。非慎核精搜，则名实易谬。江文通所谓修史之难，无过于志。况官师之增改，户口之繁减，令甲政教之损益，月易而岁不同，不及时补缀，曷诏后来欤。北平冯翊重镇，清圣故封之地，将军桃李之蹊，为神京左转，郡乘罹乱久失。前守彭公求观察宋公修辑原稿，爰以寿锓，迄今又十钻新火矣。其间銮舆云罕之朝陵，搜猎驻跸，岩疆龙骧，分守之建置营房，儆巡固圉，皆未记于前册，犹为急务。不佞自丁巳之冬，来守此土，瞻谒宫墙，展禋媵腊。而楹宇颓残，蜡祭无所。慨然叹云，圣宫弗葺，何以振文教而扬武功。庙祀乏祠，何以销螟螣而丰嘉谷。又轸龙郡多年，名甲寥落，非创立书院，无以教养生儒，弘敷德造也。于是捐俸倡募，先修文武二学，次及蜡庙书院。阅岁鸠工始竣焉。政通人和，年无祲败，簿书稍暇，复思郡志存往以遗今，岂重望于后起者乎。于是咨询绅掖，改稽邑乘，博不厌精，约不伤刻，数月而告成帙，以副文宗允托之盛心。俾后衮，披览此志，景慕胜举，因之兴缮备败课士育材用。继不佞尊圣娭神，崇文毓秀之苦心，阳山滦水，其式冯之。

时康熙十有八年，岁次己未蕤宾月。中宪大夫、直隶永平府知府加七级　三韩常文魁撰

修志姓氏

钦差整饬永平等处兵备道、山东按察司副使宋琬撰次。永平知府路遴参订。同知王觉民，通判刘观澜，推官刘璔，滦州知州萧如芝、石鲸，卢龙县知县李士模，迁安县知县刘光远、戴廷对，抚宁县知县张弘猷、刘翊圣，昌黎县知县刘彦明、宋荐，乐亭县知县叶矫然，永平府儒学训导许田□，卢龙县儒教谕马□，礼□□□进士汪□□，贡士候选通判徐嘉修，贡监生韩□□，廪生张□万、朱鼎、王运恒、曹尔俊考正。江南常州府通判管声扬，河南祥符县知县孙如林，直隶隆平县知县李正茂，陕西平凉县知县张奇勋，陕西礼县知县韩弘业，直隶保安州训导葛攀凤，贡生：翟凤翥、李炜然，府县儒学生员：姚乐尧、王显祖、马玉骢、李熙、宋文耀、薛夔牧、朱庄、韩晋业、王鑑、韩坤业、蔡天祯、李廷藩、李俨、李廷桂、玄有光、韩泰业、徐懋德、杨新鼎、汪洁、周之奇、宋景甫、韩遇春、汪澍、王嗣昌、厉荣祖、萧祚兴仝阅。永平府照磨杨继晋督刻。

卷之一

莱阳　　宋　琬撰次
宜兴　　路　进参校
广宁　　常文魁续补

世　纪

夫志一方之史也，不论世其何征焉。曩郭建初为戚少保作燕史，十年而成，其书不传，而略见于府志。然且西包蓟北，东跨辽水，北举大宁事，该文奥，读者不能尽究。兹为一郡之书，不得不以今日之疆理为断。故于古之所谓昌黎、柳城、和龙之事皆不录此，亦寓内方志义例之所同，而往迹之存多于塞外。后之君子欲知之者，自能观全史而得之也。

尧都冀州，命禹治水，任土作贡，夹右碣石入于河。舜肇十有二州。（吴氏曰：舜分冀州，自卫水以北为并州，医无间之地为幽州，碣石以东接青州之北为营州。）

汤十有八祀，三月，王至东郊，立圣贤古有功者之后，封孤竹等国各有差（详见古迹）。

殷之末年，孤竹君之二子伯夷、叔齐让国而逃（详见先圣艺文）。

周武王克殷，伯夷、叔齐饿于首阳之下。

惠王十有三年冬，齐桓公伐山戎。（《史记》：山戎伐燕，燕告急于齐，齐桓公北伐山戎，山戎诸国记载桓公之言曰寡人北伐山戎，刜令支，斩孤竹，而南归海滨，诸侯莫不来服。）

七国时，燕北有东胡、山戎。（通鉴注：自汉北平、无终、白狼以北，皆大山重谷，诸戎居之，春秋谓之山戎。）各分散，居谿谷，自有君长。燕筑长城，自造阳至襄平。置上谷、渔阳、右北平、辽西、辽东郡以拒胡（详见沿革）。

秦始皇三十二年，始皇之碣石，使燕人卢生求羡门高誓。坏城郭，决通提防。

三十三年，使蒙恬筑长城，起临洮至辽东万余里（详见古迹）。

二世元年，东行郡县，到碣石并海，尽刻始皇所立刻石。石旁著大臣从者名。

汉武帝元朔元年秋，匈奴二万骑入汉，杀辽西太守，略二千余人。围材官将军韩安国于渔阳会燕救至，匈奴乃去。安国益东徙，屯右北平，数月病死。天子乃复召李广拜为右北平太守。匈奴畏之，数岁不敢入右北平。

五年春，以大行李息、岸头侯张次公为将军，出右北平击匈奴。

元狩二年夏，卫尉张骞、郎中令李广出右北平，击匈奴。

三年，匈奴数万骑入右北平，杀略千余人。

四年夏，票（骠）骑将军霍去病出代、右北平二千余里，击匈奴，虏获多。天子封其所部、右北平太守路博德等四人为列侯。

元封元年夏，上东巡海上，至碣石。

光武帝建武元年夏，遣吴汉率耿弇景丹等十三将军，追贼至潞东及平谷，斩首万三千余级。遂穷追于右北平、无终、土垠之间，至浚靡而还。

二年春，渔阳太守彭宠反，攻拔右北平数县。

二十五年春正月，辽东徼外貊人寇右北平，辽东太守祭肜招降之。

和帝永元九年秋八月，鲜卑寇肥如。

十三年，冬十一月，鲜卑寇右北平，遂入渔阳，渔阳太守击破之。

安帝元初四年夏四月，辽西鲜卑连休等入寇，郡兵与乌桓大人于秩居等共击，大破之，斩首千三百级。

永宁元年冬十二月，辽西鲜卑大人乌伦其至鞬，率众诣度辽将军祭遵降。

桓帝延熹九年夏六月，南匈奴及乌桓、鲜卑寇缘边九郡。

灵帝熹平六年冬，鲜卑寇辽西，太守赵苞击破之（详见名宦）。

中平四年，前中山相张纯、前泰山太守张举反，与乌桓大人丘力居等连盟，杀护乌桓校尉公綦稠，右北平太守刘政等，众至十余万，屯肥如。

五年，诏骑都尉公孙瓒讨之，瓒与战于属国石门，纯等大败逾塞走。瓒深入无继，反为丘力居等所围于辽西管子城二百余日，粮尽众溃。士卒死者什五六。

六年春三月，幽州牧刘虞购斩张纯。

献帝兴平二年，右北平杀公孙瓒所置长吏，以郡归刘虞子和。

建安十年春，袁熙与其弟尚，奔辽西乌桓。

十二年，曹操击乌桓单于蹋顿，上徐无山。堑山堙谷五百余里，经白檀，历平冈，涉鲜卑庭，至白狼山与战，大破之。斩蹋顿及名王已下，胡汉降者二十余万口。（详见田畴传。）

魏明帝景初二年，遣太尉司马懿伐公孙渊，经孤竹，越碣石，次于辽水。

晋武帝泰始十年春，分幽州置平州，治昌黎，然非今之昌黎也（详见古迹）。

太康六年，鲜卑慕容廆寇辽西，遣幽州军讨之，战于肥如，廆众大败。自是每岁犯边。

惠帝时，鲜卑段务勿尘据有辽西之地，所统三万余家，控弦四五万骑。安北将军都督幽州诸军事王浚以世乱，欲结援夷狄，表以辽西郡封务勿尘为辽西公。

愍帝建兴元年，慕容廆攻段氏，取徒河、新城，至阳乐。时中国流民归廆者数万家。廆以冀州人为冀阳郡（据魏书：冀阳郡当置于汉北平，平刚县界），豫州人为成周郡，青州人为营丘郡（水经注：渝水南流，迳营丘城，西南入于海），并州人为唐国郡（成周、唐国二郡，地阙）。

元帝永昌元年，慕容廆遣其世子皝袭段末柸，入令支，掠其居民千余家而还。

成帝咸康四年春，赵王虎自将伐段辽，辽弃令支，帅妻子宗族豪大千余家奔密云山。赵人徙段国民二万余户于司、雍、兖、豫四州。

五年夏四月，燕前军师慕容评袭赵将石成等于辽西，俘获千余家而去。赵王虎乃尽徙辽西民于冀州之南。

六年秋，赵王虎命司、冀、青、徐、幽、并、雍七州之民，五丁取三，四丁取二，合邺城旧兵满五十万，具船万艘，自河通海，运谷千一百万斛于乐安城（即今乐亭县）。自幽州以东至白狼，大兴屯田，悉括取民马得四万余匹，大阅于宛阳，欲以击燕。

康帝建元元年秋，赵王虎命段兰帅所从鲜卑五千人屯令支。

穆帝永和元年，赵王虎使征东将军郑恒，将兵数万屯乐安。（是年，燕始不用晋年号，自称十二年，自此以下并用燕年纪之，其下则称燕王称名，并依司马温公《通鉴》目录书法。）

燕烈祖儁二年，燕王儁使慕容霸将兵二万，自东道出徒河，慕舆于西道出蠮螉塞。儁自中道出卢龙塞，以伐赵。霸军至三陉。（《魏书》：海阳县有横山，盖即三陉之地。）郑恒焚仓库弃乐安遁。徒河南部都尉孙泳入城，扑灭余火。霸收乐安、北平兵粮。与儁会临渠（今三河县）。

元玺二年，命将军步浑治卢龙道，焚山刊石，令通方轨。

世祖垂一年秋，建节将军余岩叛，据令支，遣慕容农击斩之。

建兴五年秋九月，北平人吴柱聚众千余，立沙门法长为天子，破北平郡。高阳王隆遣安昌侯进捕斩之。

十一年春，征东将军平规反于鲁口，其弟海阳令翰亦起兵于辽西以应之，清河公会遣东阳公根等击破之。

烈宗宝永康三年夏四月，兰汗弑燕主宝，遣其子和屯，令支长乐王盛遣兵袭诛之。秋九月乙未，以慕容豪为幽州刺史镇肥如。

中宗盛长乐元年夏，魏前河间太守卢溥聚众海滨，攻掠郡县。秋八月，辽西太守李朗叛，附于魏，留其子养守令支。自迎魏师于北平，遣辅国将军李旱讨斩之。

二年春正月，魏材官将军和突袭卢溥于辽西，擒之。燕主盛遣孟广平救之不及，斩魏辽西守宰而还。二月袭高句丽，拔新城、南苏二城，徙其民五千余户于辽西。

三年冬十二月，魏虎威将军宿沓干伐燕，拔令支而戍之。

昭文帝熙光始二年春正月，慕容拔攻魏令支戍克之。执魏辽西太守那颉，以拔为幽州刺史镇令支。

四年冬十一月，燕王熙与符后游畋，南临沧海而还。

六年，大城肥如，以上庸公懿为镇西将军，幽州刺史，镇令支。尚书刘木为镇南大将军，冀州刺史，镇肥如。

建始元年秋七月丙寅，夕阳公云弑其主熙自立。幽州刺史上庸公懿以令支降魏。

惠懿帝云正始二年夏五月，以尚书令冯万泥为幽冀二州牧镇肥如。

北燕太祖跋太平二年，广川公万泥叛，遣汲郡公弘讨斩之。

六年，燕王跋从兄买、从弟睹，自长乐帅五千余户，浮海入辽西临渝至和龙。

八年，燕将库傉官斌降魏，已而复归燕。冬十月，魏主嗣遣骁骑将军延普渡濡水（濡古滦字），击斌斩之。

十年夏五月，魏主嗣袭燕，命骁骑将军延普、幽州刺史尉诺，自幽州引兵趋辽西。

十七年春二月，魏慕容渴悉邻反于北平，攻破郡治，太守与守将击败之。

昭成帝弘太兴二年夏六月，魏主伐燕。秋七月己未，至濡水。

己巳至和龙。攻之不下。九月乙卯，引兵还。徙营丘、成周、辽东、乐浪、带方、玄菟六郡民三万家于幽州。（《通鉴》注：燕国自慕容以来分置郡县于辽西。其间或省，或并为郡为县，皆不可考。）冬十二月己丑，长乐公崇以肥如降魏。燕王遣其将封羽围之。

三年春正月，魏主遣永昌王健督军救辽西。

六年春三月，魏平东将军娥清等帅骑一万伐燕，平州刺史拓跋婴帅辽西诸军会之。

魏高宗太安三年冬十月，诏太宰常英起行宫于辽西黄山。(《魏书》：辽西郡肥如县有黄山。)

四年春正月，魏主巡平州。庚午至黄山宫，游宴数日。亲对高年劳问疾苦。二月丙子，登碣石山，观沧海，大飨群臣于山下，班赏进爵各有差。改碣石山为乐游山，筑坛记行于海滨。

肃宗熙平二年，秋九月，城平州所治肥如城。

孝昌元年秋八月，杜洛周反于上谷。九月，以幽州刺史常景兼尚书行台与幽州都督元谭讨之。自卢龙塞至军都关，皆置兵守险。

二年秋九月，就德兴陷平州，杀刺史王买奴。

齐显祖天保四年秋九月，齐主北巡，遂伐契丹。冬十月丁酉，至平州。从西道趋长堑（曹操征乌桓，出卢龙塞，堑山堙谷五百余里，后人因谓之长堑。）使司徒潘相乐帅精骑五千自东道趋青山，丁未旋师。丁巳登碣石山，临沧海。

幼主建光元年，周师至邺。营州刺史高宝宁率骁骑及契丹靺鞨万余人赴救。至北平闻邺城不守，乃还据营州。

隋文帝开皇二年夏五月，高宝宁寇平州。

三年春三月癸亥，城渝关。夏四月，幽州总管阴寿帅步骑十万出卢龙塞，击高宝宁平之。

四年夏四月，以上大将军贺娄子干为渝关总管。

十八年春二月，高丽王元帅靺鞨众万余寇辽西。以汉王谅、王世积为行军元帅，将兵三十万伐高丽。夏六月，汉王谅军出临渝关，值水潦，军中乏食。秋九月，引兵还。

炀帝大业八年，春正月，帝亲征高丽。遣二十四军分道并出。右武侯将军赵孝才出碣石道，右骁卫将军史祥出蹋顿道。秋八月，敕运黎阳、洛口、太原等仓谷向望海顿（《通鉴》注：望海顿当在辽西界。）

十年春三月，帝征高丽。癸亥次临渝宫，祃祭黄帝，斩叛军者以衅鼓。夏四月甲午，车驾次北平。秋八月己巳，班师。

十一年春二月，幽州贼师杨仲绪攻北平。滑国公李景击破之。

十二年秋，渤海贼帅高开道陷临渝，围李景于北平。

唐高祖武德元年，营州总管邓皓将兵救之，景帅其众迁于柳城，开道遂取北平。

五年冬十月，契丹寇北平。

太宗贞观十九年，春二月，上亲征高丽。夏四月丁巳，车驾至北平。秋九月癸未班师。冬十月丙辰，皇太子迎谒于临渝关。戊午，次汉武台，刻石纪功。

武后万岁通天元年，夏五月，契丹李尽忠、孙万荣反。秋八月丁酉，左鹰扬卫将军曹仁师、右金吾卫大将军张玄遇、司农少卿麻仁节等，与契丹战于硖石谷（《唐书》：平州有西硖石、东硖石二戍。）唐兵大败，契丹飞索以缧玄遇、仁节生获之。进攻平州。刺史邹保英妻奚氏，率家僮女丁乘城不下。

神功元年春三月，清边道总管王孝杰、苏宏晖等将兵十七万，与孙万荣战于东硖石谷，唐兵大败。孝杰死之。

睿宗景云元年冬十二月，奚霫犯塞，掠渔阳、雍奴，出卢龙塞而去。幽州都督薛讷追击之，弗克。

玄宗开元二年春正月，命薛讷率兵六万讨契丹。行至滦水山峡中，契丹伏兵击之，唐兵大败。

八年，营州都督许钦澹遣兵击契丹，可突于战败，移军入榆关。（隋唐史文多作楡。）

天宝元年春正月，分平卢别为节度，统平卢、卢龙二军。以安禄山为节度使。

十五载夏四月，平卢先锋使董秦袭榆关、北平，杀贼将申子贡、荣先钦。

代宗广德元年春正月，史朝义北奔奚、契丹，至温泉栅（《唐书》温泉栅在平州界石城县东北。）其将李怀仙遣兵追及之，朝义穹蹷缢于林中。

德宗贞元十一年夏四月，幽州卢龙节度使刘济奏，奚王啜剌等寇平州，击走之。

昭宗乾宁二年，契丹王阿保机遣其妻兄阿钵将万骑寇榆关。幽州卢龙节度使刘仁恭遣子守光诱而执之。

昭宣帝天佑四年夏四月，刘守光囚其父仁恭。秋七月，其兄平州刺史守奇率其众数千人奔契丹。

后梁太祖乾化二年秋七月，契丹王遣其弟剌葛攻平州，破之。(《通鉴》系在上年，今从《辽史》)

均王乾化三年夏四月己亥，晋刘光浚拔燕平州，执刺史张在吉。冬十二月，晋王以周德威为幽州卢龙节度使，德威恃勇不修边备。契丹每刍牧于营平之间。(详见古迹)。

辽太祖天赞二年，春正月丙申，大元帅尧骨克平州，获刺史赵思温、裨将张崇。二月如平州，甲子以平州为卢龙军。

天显元年秋七月，卢龙行军司马张崇奔唐(《通鉴》作张希崇)，冬十月，卢龙军节度使卢国用奔唐(《通鉴》作庐文进，又文进之奔在后唐明宗天成元年，而希崇之奔乃在三年。《辽史》同系一年，而崇奔在七月，国用奔在十月，今从《辽史》)。

圣宗统和元年秋九月，以平州旱、蝗赈之。

四年春二月，诏林牙勤德率兵守平州之海岸，以备宋。

十五年春三月，募民耕滦州荒地，免其租赋十年。夏四月，诏平州决滞狱。

十九年冬十二月，免平州租税。

二十八年秋八月，赈平州饥民。

二十九年春三月，平州水，赈之。

道宗清宁十年春二月，蠲平州复业民租赋。

太康元年夏四月，赈平州饥。闰月，赈平、滦二州饥。

五年冬十月，赈平州贫民。

六年夏五月，免平州复业民租赋一年。

寿隆六年冬十月，以平州饥，复其租赋一年。

大安四年春三月，赈平州饥。

天祚帝保大二年春正月，金人克中京，平州军乱，杀节度使萧谛里，州人推张珏领州事。

三年春正月丁巳，奚王回离保据卢龙岭，自称大奚皇帝。二月，金升平州为南京。加张珏试中书门下平章事，判留守事。夏四月，金人徙辽降臣故同平章事左企弓、虞仲文、曹勇义，参知政事康公弼等于广宁至平州，张珏执企弓等数其罪而杀之。五月甲寅，珏仍称保大三年，以平州附宋。宋郭药师追击回离保至卢龙岭，回离保遁去，寻为其下所杀。冬十月己亥，张珏以精兵万骑击金将阇毋于兔耳山，败之。宋以平州为泰宁军，以珏为节度使。十一月，金主命宗望击珏。庚午，战于平州东大败之。珏奔宋，金人围平州，州人立张敦固为都统，乘城拒守。(《辽史》并误，系在四年。)

四年夏五月乙巳，阇毋克平州，执敦固杀之。

五年秋九月，宋兵自海道破金九寨，杀马城县戍将节度使度卢斡。

金太宗天辅三年冬十月丁巳，以阇毋为南京路都统，埽喝副之。知枢密院事刘彦宗兼领汉军都统，自南京入燕山伐宋。

天会四年秋九月，改南京为平州，辽兴军为兴平军节度使。

世宗大定元年冬十月丙午，即位于辽阳。甲子，兴平军节度使张玄素上谒。己丑，幸中都（贞元元年，改燕京为中都。）十二月甲辰，次海滨县（在今山海关东百二十步。）丁巳，至中都。

二年夏六月己卯，遣温迪罕阿鲁带以兵四千屯古北口、蓟州、石门关等处，各以五百人守之。时契丹窝干叛。

三年春二月庚午，徙滦州饥民于山西就食。

四年秋九月己丑，以平、蓟二州蝗旱，民多鬻为奴者，出内库物赎之。

十八年春正月壬戌，如春水。

十九年春正月丁卯，如春水。

二十年春正月己巳，如春水。丙子，幸石城县行宫。丁丑，以玉田县行宫之地偏林为御林，大淀泺为长春淀。

二十一年春正月甲子，如春水。以蓟、平、滦等州民乏食，命有司发粟赈贷。二月戊子，元妃李氏薨。己丑，皇太子及扈从臣僚，奉慰于芳明殿。辛卯，还殡京师。庚子，上还都。(《金史》世宗即位，感念昭德皇后，不复立后。元妃，下皇后一等，在诸妃上。）冬十二月，罢平州椿配盐课。

二十二年冬十月辛丑，徙河间宗室于平州。

二十三年春正月壬午，如春水。

二十四年春正月戊戌，如长春宫春水。

二十五年春二月丁丑，自上京如春水。

二十六年春正月甲辰，如长春宫春水。

二十七年春正月庚戌，如长春宫春水。

二十八年春正月甲辰，如春水。

章宗明昌元年春正月己卯，如春水。

三年春正月壬戌，如春水。

四年春二月戊戌朔，如春水。癸丑，猎于姚村淀。

六年春正月壬辰，如春水。乙卯，次御林。

承安五年春正月丙申，如春水。

泰和元年春正月庚午，如长春宫春水。

卫绍王至宁元年，蒙古兵分三道南侵，以合撒儿等为左军，循海而东，掠平滦诸郡。秋八月壬辰，右副元帅纥石烈执中反，弑上于卫邸。尽撤沿边诸军赴中都。平州骑兵屯蓟州。

宣宗贞佑二年夏四月，侨置临潢府于平州。

六月蒙古兵南下追金将招灯必舍及于平、滦，降之。

三年夏五月，以乌林答、乞住为兴平军东西经略使。完颜合达为临潢府推官，权元帅右监军。会燕南兵复中都，行至迁安军变，杀乞住，拥合达还平州，推为帅。秋八月，蒙古兵攻平州，完颜合达以城降。权领永安军事，鲜卑仲吉以滦州降蒙古，改兴平军为府。

四年冬十月，完颜合达自平州浮海归金。

元太宗六年，兴平豪李仙、赵小哥等作乱，塔本讨平之。

世祖中统元年，升兴平府为平滦路，置总管府（时西域人塔本世袭行省总管于平州。）

三年春二月，李璮反于山东。辛亥，敕元帅阿海分兵戍平滦海口。癸丑，诏籍民兵守城。

至元三年夏五月，蠲平、滦质子户赋税之半。

十三年，平滦饥，发粟赈之。

二十年夏六月，免平滦路今岁丝料。秋七月，免平滦路今岁俸钞。

二十四年夏四月，诸王乃颜反。五月，帝亲征。诏范文虎将卫军五百人镇平滦。六月，括平滦路马。

二十六年秋七月，发至元钞市平滦马。冬十一月，发米千石，赈平滦饥民。

二十七年夏四月，免平滦路今岁俸钞。

二十八年秋九月辛酉，以平滦大水，诏今岁田租被灾者全免，收成者半之。冬十二月，赈平滦饥民。

二十九年春三月丙午，免平滦今岁公赋。九月丁丑，以平滦路大水且霜，免田租二万四千四十一石。

成宗大德六年春三月丁酉，免平滦差税三年。

七年冬十月，改平滦路为永平路。

十一年，武宗即位。秋七月乙亥，以永平路为皇妹鲁国长公主分地。租赋及土产悉赐之。

武宗至大元年夏四月，诏以永平路盐课赐祥哥剌吉公主，中书省臣执不可，乃止。

三年春三月辛卯，发康里军屯田永平。

仁宗至大四年秋九月丁巳，以永平路岁入，除经费外，悉赐鲁国大长公主。

英宗至治二年夏五月，置营于永平，收养蒙古子女。

泰定帝泰定三年春三月，赈永平饥民，免其田租之半。秋七月，赈永平饥民。冬十一月，弛永平路山泽之禁，免永平田租。

四年春二月，赈永平饥民。夏四月，赈永平饥民，免今年田租。冬十一月，蠲永平田赋三年。

致和元年秋七月庚午，上崩于上都。八月甲午，留守大都佥枢密院事燕铁木儿迎怀王于江陵。(《元史》：至元九年二月，改上都为大都。) 丁酉，发兵守迁民镇。庚戌，发平滦民堑迁安镇以御辽东军。九月甲子，上都诸王也先帖木儿，平章秃满迭儿，以辽东兵入迁民镇。丙戌，战于蓟州之东。

文宗天历二年春二月，赈永平饥民粮五万石。

顺帝元统二年春二月，赈永平水灾民钞五千锭。

至正四年春闰二月辛酉朔，赈永平饥民。

五年，春三月，赈永平饥民。

十三年春正月辛未，命悟良哈、台乌古、孙良桢兼大司农卿，给分司农司印，西自西山，南至保定、河间，北至檀、顺州，东至迁民镇，凡系官地及元管各处屯田，悉从分司农司立法佃种，合用工价、牛具、农器、谷种。召募农夫诸费，给钞五百万锭以供其用。

二十年秋七月乙未，平章程思忠叛，陷永平路。昌黎县尹周宏死之。诏也速讨之，复滦州及迁安、昌黎、抚宁三县。

二十一年春正月，思忠弃城走，追至瑞州，杀获万计，复永平路。

二十二年秋八月，以也速为辽阳省左丞相知行枢密院事，开省永平。

明洪武元年秋九月戊申，大将军徐达遣都督同知孙兴祖等徇永平。元分省参政崔文耀以州县来降。兴祖留平章俞通源等，以元五省八翼兵守之。

二年春，元行省丞相也速寇永平。

六年冬十二月，元兵寇抚宁县及瑞州，诏罢瑞州，迁其民于滦州，徙抚宁县治於洋河西。

十三年冬十一月，元平章完者不花与乃儿不花率骑数千入桃林口，寇永平。指挥刘广战死，千户王辂追击至迁民镇，败之，擒完者不花。

十四年，春正月辛亥，大将军徐达发燕山等卫屯兵万五千一百人，修永平界岭等三十二关。

十七年，北平留守傅友德奏通漕运（详见漕运）。

二十年春三月，征虏大将军冯胜等率师出松亭关，六月至金山，降元将纳哈出。

建文元年春三月，敕都督耿瓛将兵屯山海关。秋七月丙戌，靖难兵至永平，指挥赵彝、千户郭亮、百户吴买驴等以城降。（买驴，后改名成，封清平伯。）庚寅，大宁兵出松亭关攻遵化。壬辰，燕王来援，兵退守关。癸巳，百户鲁敬败大宁兵于迁安之钓鱼山。丙申，燕王回北平。九月，江阴侯吴高，都督耿瓛、杨文帅辽东兵围永平，焚西门。燕王自将救之，营于永平城东，追奔百余里，斩首千余级。高等退保山海关，王遂引兵出刘家口。冬十月，燕兵袭破大宁。

二年夏四月，辽东兵下昌黎。五月，指挥佥事谷祥败辽东兵于定流河。秋七月，又败之於部落岭，克兔耳山寨。八月，辽东兵围永平，不克。

三年春正月，辽东兵围遵化，败之于清水寺桥。夏五月，辽东兵围永平，指挥吴兴旺、谷祥昼夜对敌，凡八十日。燕王遣指挥刘江救之，大破辽东兵于昌黎，斩首数千级。

冬十一月，燕府论守永平功，军士普升一级，为小旗，小旗升总旗，总旗升试百户，以上普升一级。

四年夏五月，辽东兵至永平，都指挥佥事谷祥引军过小河，至十八里铺拒却之，论功普升一级。（卫卒，前普小旗无卒，故普为总旗。）

洪武三十五年秋九月，封郭亮为成安侯，赵彝为忻城伯。

永乐元年，迁南民来屯。

二年春二月，命成安侯郭亮镇永平，都指挥同知费瓛镇山海。

洪熙元年，命襄城伯李隆镇山海。

宣德三年秋九月，上出喜峰口击兀良哈，大破之，班师。自喜峰口入还京师。冬十月，命遂安伯陈瑛镇永平，武进伯朱冕镇山海。

四年，命给山海至蓟州军士附近荒田屯守。

正统五年夏六月，遣吏部侍郎魏骥，抚安永平等府蝗灾。

六年春三月，遣大理寺右少卿李奎，抚恤永平府州县流移饥民。

九年春二月，兀良哈三卫寇边，发兵二十万讨之。分四军。成国公朱勇出喜峰口由中路，左都督马谅出界岭口由北路，兴安伯徐亨出刘家口由南路，左都督陈怀出古北口由西北路，逾滦河，渡柳河，经大小兴州，过神树，至全宁遇福余逆战走之。次虎头山，及流沙河，遇泰宁、朵颜，又败之，虏男妇以千计，马牛羊以万计。是年，以应城伯孙杰镇三屯。

十二年秋七月，永平等府蝗灾，遣右佥都御史张楷捕之。

景泰元年，提督京东军务右佥都御史邹来学，修喜峰迤东至一片石各关城池。

天顺元年，滦州人唐兴以妖术聚众作乱，伏诛。

成化二年，命东宁伯焦寿镇三屯。

三年，发军屯田。

六年夏四月，遣吏部右侍郎叶盛安，抚永平等府流移饥民。

七年夏六月，遣户部侍郎原杰，赈恤永平等府水灾。

弘治五年，命宁晋伯刘福镇三屯。

九年，命定西侯蒋骥镇三屯。

正德八年，命遂安伯陈鏸镇三屯。

十三年夏四月，上东巡。五月辛亥，观渔于偏凉汀，驻跸滦州。癸丑，观渔于沂河。

嘉靖二十九年秋，蒙古入犯，至滦河东岸。初设蓟辽提督。

三十年，改提督为总督。

三十六年春三月辛巳，蒙古犯冷口。壬午，攻刘家口关，副总兵蒋承勋死之。遂陷桃林营，掠迁安县及永平至双望堡。夏四月甲申朔，陷河流口，及暮引去。

三十八年春三月，把都儿辛爱十万骑入潘家口，由三屯而西。乙亥，入遵化城。丙子，陷大安口营。丁丑，引去。总督王忬论死。

隆庆元年，秋九月己巳，蒙古土蛮十万入沙岭罗汉洞，掠永平、抚宁、乐亭各县卫屯社。丙子，掠昌黎，引去。

三年二月，命建昌、遵化车骑合营（从总理戚继光之议也。）

万历元年，命山海附石门为十路，每路各立车营每营驻骑步兵各一枝，密云、遵化、三屯三辎重营，每营亦驻骑步兵各一枝。

三年春正月，长昂犯董家口，总理戚继光遣兵御之，获其叔长秃。

十七年，设管关通判。

二十七年，潞王发粟赈饥。

四十四年，大饥。诏发通仓粟赈之。

天启元年，初设山海经略、山石道、山海户部分司。设海运通判通海运。

二年，设山海理刑推官。

三年，设巡抚驻山海。

五年，命太监监视各边。

崇祯元年，撤监视太监。

二年冬十月，大清兵入龙井关，破遵化。十二月庚寅，至永平。

三年，春正月甲午，入永平，右布政兵备道郑国昌、知府张凤奇、推官罗成功等死之。卢龙知县张养初、郡人原任山东参政白养粹、行人崔及第、贡士杨熠等以城降。丁酉，攻昌黎，知县左应选固守七昼夜不下，焚其郭而还。（详见宦迹。）

丁未，下滦州，知州杨嫌死之。迁安知县朱运泰以城降。（后养粹、及第，为大清兵所杀。获运泰、熠等送京师诛之。）夏四月，诏起原任按察使永平道张春为监军兵备道，驻乐亭。五月辛丑，复滦州。壬寅，大清兵自冷口东还。诏免永平、滦州、迁安租。

四年，开河运。

五年，复命太监监视关永蓟辽军务，驻山海。

九年，移清军同知兼海防驻昌黎。秋七月，大清兵入墙子岭。九月，出冷口。

十年，大饥，发内帑赈之。

十一年，大清兵入曹家寨。

十二年春三月，出青山口。

十四年，添设屯田道驻滦州。

十五年冬十一月，大清兵入界岭口，息马汀流河（在乐亭西北二十五里。）

十七年春三月，贼李自成犯京师，封总兵吴三桂为平西伯，诏入援，尽撤辽民入关，分驻昌黎、乐亭、滦州、开平等处。丁巳，京师陷。壬戌，平西伯兵至永平。四月，平西伯还驻山海，遣将出关乞师。甲申，李自成至永平。丙戌至山海，大战於城西石河。

我大清顺治元年即崇祯十七年夏四月，摄政王帅师抵山海，平西伯出迎於欢喜岭。庚寅，师入关，分三路。平西为前锋，力战连破七营，师乘之歼贼於红花店。

五月，摄政王入京师。秋九月，皇上入关，经永平，驻跸城外，文武官朝见如仪，赉养有差。

三年丙戌，命兵科郝璧等来永平，圈民田给旗下，以各卫屯田补民。

四年丁亥春，再圈民田。

七年庚寅，诏释英王投充人户，归籍为民。

十一年甲午饥，遣吏部左侍郎佟代，大理寺卿郝杰，赍银布赈永平贫民。

十五年戊戌夏五月，遣刑部尚书白胤谦，启心郎巴格，赈永平贫民。设工部分司。

顺治十七年庚子，撤工部分司。

康熙三年甲辰，重修郡清节祠（即夷齐庙，知府彭士圣捐募。）

六年丁未，重修郡谯楼（知府事李兴元捐募）。秋九月丁巳，上幸迁安县，驻跸于城南谢留庄。戊午，由清节祠庞家崖，驻跸于滦河之西。乙未，驻跸于滦州南岩山。庚申，驻跸于钱家营。辛酉，西行，文武官朝服跪送，上乘马缓行，顾问各官姓名，见居何职，鸿胪寺挨次回奏，又谕永平府知府李兴元，自奏姓名。

七年戊申秋七月，重修郡中心台钟楼（永平道钱世清自捐重修完工。）

八年己酉春，复圈民田。夏六月，诏追归本年所圈民房民地永行停止。秋七月，永平道奉文移驻通州，更为通永道。

九年庚戌冬十月，皇上幸三屯，驻跸东寨，地方文武官朝服朝见。命武臣自副将以下自七品以上俱令较射，赐宴，又赐题。面试知府蔡兴周，命大学士哲那库评阅其文。命题："知之为知之，不知为不知，是知也。"次日幸永平，皇上由北门入，自西门出。文武官前导至御营，仍驻跸於滦河之西。

十年辛亥秋九月，皇上东幸谒陵，驻跸於滦河之西，登舟观鱼。见豫备桥梁、龙坊、龙舟、帐幔如仪，嘉悦，赏银二十两。召见卢龙县知县魏师段，面询以爱民之实，及其乡贯。奏对称旨，亲降玉音："用心做官。"

冬十月乙巳，皇上谒陵回，由北门入，自西门出。谕随驾官命民人环路跪看，不许进本告状。驻跸於滦河之西。水手献鱼，赏银十两。丙午，旋京。

冬十一月，诏免滦、卢、迁、抚丁地钱粮一年。

十一年壬子春，催各村堡添筑墙垣，刨浚沟濠。

十三年癸丑夏六月，滦州添设城守大人驻防本州部，发银两建营房一百四十四间於城内西北隅。

十六年丁巳春正月朔日，知府事常捐募重修郡文学武庙，自捐创建书院、射圃厅。改建蜡庙公廨。冬十一月朔，告成毕工。

卷之二

莱阳　　宋　琬撰次
宜兴　　路　遴参校
广宁　　常文魁续补

沿　　革

自有郡国以来，其分合更变之故，千载之后不能详也。而况北平、辽西之地，山川纠错，多在塞外。自唐之末，入于契丹，文物泯阙，遗封故迹，暗沕不章。欲总一而条贯之，不尤难乎。故取各史地志，具而书之，以俟后之君子。其有犬牙于境外者，亦不得而删焉。燕辽立国最久，燕无史，辽有史而不足观。刘昭之志，道元之注，并略于东陲，盖亦古今之所同叹矣。

《汉书》

右北平郡　秦置，莽曰北顺，属幽州。县十六：**平刚、无终**　故无终子国，浭水西至雍奴入海。**石城、廷陵**　莽曰铺武。**俊靡**　灅水，南至无终，东入庚，莽曰俊麻。**赘**　都尉治，莽曰裒睦。**徐无**　莽曰：北顺亭。**字**　榆水出东。**土垠、白狼**　莽曰：伏狄，师古曰，有白狼山，故以名县。**夕阳**　有铁官，莽曰夕阴。**昌城**　莽曰淑武。**骊成**　大揭石山在县西南，莽曰揭石。**广成**　莽曰平虏。**聚阳**　莽曰笃睦。**平明**　莽曰平阳。

辽西郡　秦置，属幽州。县十四：**且虑**　有高庙，莽曰锄虑。**海阳**　龙鲜水东入封大水，封大水、缓虚水皆南入海，有盐官。**新安平**　夷水东入塞外。**柳城**　马首山在西南，参柳水北入海，西部都尉治。**令支** 有孤竹城，莽曰令氏亭。**肥如** 玄水东入濡水，濡水南入海阳，又有卢水南入玄，莽曰肥而，应劭曰肥子奔燕，燕封于此。**宾徒**莽曰勉武。**交黎** 渝水首受塞外，南入海，东部都尉治，莽曰禽虏，应劭曰今昌黎。**阳乐、狐苏** 唐就水至徒河入海。**徒河** 莽曰河福。**文成** 莽曰言虏。**临渝** 渝水首受白狼，东入塞外，又有侯水，北入渝，莽曰冯德。**絫** 下官水南入海，又有碣石水、宾水皆南入海，莽曰选武。

《后汉书》

右北平郡 四城：土垠、徐无、俊靡、无终。

辽西郡 五城：阳乐、海阳、令支 有孤竹城，伯夷、叔齐本国。**肥如、临渝** 《山海经》曰碣石之山，编水出焉，其上有玉，其下有青碧，《水经》曰：在县南，郭璞曰：或曰在右北平骊城县，海边山也。

辽东属国 故邯乡西部都尉，安帝时以为属国都尉，别领六城。**昌辽** 故天辽属辽西何法盛，《晋书》有青城山。**宾徒** 故属辽西。**徒河** 故属辽西。**无虑** 有医无虑山。**险渎** 《史记》曰王险，卫满所都。**房**。

《晋书》

幽 州

北平郡 县四：**徐无、土垠、俊靡、无终。**

辽西郡 县三：阳乐、肥如、海阳。案：此郡当有令支，史阙文也。

平 州

昌黎郡 汉属辽东属国都尉，魏置郡。县二：**昌黎、宾徒**

平 州 初置以慕容廆为刺史。永嘉之乱，廆为众所推，及其孙儁移都于蓟，其后慕容垂子宝又迁于和龙，自幽州至于卢溥镇以南，地入于魏。慕容熙以幽州刺史镇令支。青州刺史镇新城，并州刺史镇凡城，营州刺史镇宿军，冀州刺史镇肥如。高云以幽、冀二州牧镇肥如。并州刺史镇白狼，后为冯跋所篡。跋僭号于和龙，是为后燕，卒灭于魏。

《魏书》

营　州　治和龙城，太延二年，为镇。真君五年，改置永安，末陷。天平初复。

昌黎郡　晋分辽东置，真君八年并冀阳属焉。县三：**龙城**　真君八年，并柳城，昌黎棘城属焉，有尧祠、榆顿城、狼水。**广兴**　真君八年并徒河，永乐，燕昌属焉，有鸡鸣山、石城、大柳城。**定荒**　正光末置，有鹿头山、松山。

建德郡　真君八年置，治白狼城。县三：**石城**　前汉属右北平，后属，真君八年，并辽阳路大乐属焉，有白鹿山祠。**广都**　真君八年并白狼，建德永平属焉有金紫城。**阳武**　正光末置，有三合城。

冀阳郡　真君八年并昌黎，武定五年复。县二：**平刚、柳城**。

营丘郡　正光末置，县二：**富平**　正光末置。**永安**　正光末置。

平　州　晋置，治肥如城。

辽西郡　县三：**肥如**　二汉、晋属，有孤竹山祠、揭石、武王祠、令支城、黄山、濡河。**阳乐**　二汉、晋属，真君七年并，令支、合资属焉。有武历山、伏舟山、林榆山、太真山。案：资当作賨。**海阳**　二汉、晋属，有横山、新妇山、清水。

北平郡　县二：**朝鲜**　二汉晋属乐浪，后罢。延和元年，徙朝鲜民于肥如，复置属焉。**新昌**　前汉属涿，后汉晋属辽东，后属，有卢龙山。案：前汉涿郡有新昌，去辽东绝远。后汉志，辽东郡新昌下，亦不言故属涿。盖名同而地异，魏史误也。

《隋书》

北平郡　旧置平州。县一：**卢龙**　旧置北平郡，领新昌、朝鲜二县。后齐省朝鲜入新昌。又省辽西郡，并所领海阳县入肥如。开皇六年，又省肥如入新昌。十八年，改名卢龙。大业初，置北平郡。有长城、有关官、有临渝宫、有覆舟山、有碣石、有玄水、卢水、涅水、闰水、龙鲜水、臣梁水、有海。

辽西郡　旧置营州，开皇初置总管府，大业初府废。县一：**柳**

城 后魏置营州于和龙城，领建德、冀阳、昌黎、辽东、乐浪、营丘等郡。龙城、大兴、永乐、带万、定荒、石城、广都、阳武、襄平、新昌、平刚、柳城、富平等县，后齐唯留建德、冀阳二郡，永乐、带方、龙城、大兴等县，其余并废。开皇元年，唯留建德一郡，龙城一县，其余并废。寻又废郡改县为龙山。十八年，改为柳城。大业初，置辽西郡，有带方、山秃、黎山、鸡鸣山、松山、有渝水、白狼水。

《唐书》

平　州　北平郡下，初治临渝，武德元年，徙治卢龙。土贡熊鞹、蔓荆实人参。县三：有府一曰卢龙，有卢龙军，天宝二载置。又有柳城军，永泰元年置。有温沟、白望、西狭石、东狭石、绿畴、米砖、长杨、黄花、紫蒙、白狼、昌黎、辽西等十二戍。爱川、周爱二镇。东北有明垤关、鹘湖城、牛毛城。案：二载当作二年，狭石当作硖石。**卢龙** 中本肥如，武德二年，更名。又置抚宁县，七年，省。**石城** 中本临渝，武德七年，省，贞观十五年复置，万岁通天二年更名。有临渝关，一名临闾关，有大海关，有碣石山，有温昌镇。**马城** 中古海阳城也。开元二十八年置，以通水运。东北有千金冶城，东有茂乡镇城。

营　州　柳城郡　上都督府 本辽西郡。万岁通天元年，为契丹所陷。圣历二年侨治渔阳。开元五年，又还治柳城。天宝元年，更名。土贡：人参、麝香、豹尾、皮骨骴。县一，有平卢军。开元初置，东有镇安军，本燕郡守捉城，贞元二年为军城，西四百八十里，有渝关守捉城。又有汝罗，怀远、巫间、襄平四守捉城。**柳城** 中西北接奚，北接契丹，有东北镇医巫闾山祠，又东有碣石山。

安东上都护府 总章元年，李勣平高丽，得城百七十六，分其地为都督府九，州四十二，县一百，置安东都护府于平壤城以统之，用其酋渠为都督，刺史、县令。上元三年，徙辽东郡故城。仪凤二年，又徙新城。圣历元年，更名安东都督府。神龙元年，复故名。开元二年，徙于平州。天宝二年，又徙于辽西故郡，城至德，后废。土贡人参。有安东守捉，有怀远军，天宝二载置，又有保定军。

《宋史》

平　州　隋置，后唐时为契丹所陷，改辽兴府，以营、滦二州隶之。宣和四年，赐郡名渔阳，升抚宁军节度。五年，辽将张觉（辽史作珏）据州不降，寻为金所破。县三：**卢龙**　赐名卢城。**石城**　赐名临闾，疑当作临关。**马城**　赐名安城。

营　州　隋置，后唐时为契丹所陷，宣和四年，赐郡名曰平防御。县一：**都城**　赐名镇山。

《辽史》

榆　州　高平军　下刺史。本汉临渝县地，后隶右北平骊城县。唐载初二年，析镇州，置黎州。处靺鞨部落，后为奚人所据。太宗南征，横帐解里。以所俘镇州民置州，开泰中没入，属中京。县二：**和众**　本新黎县地。**永和**　本汉昌城县地，统和二十二年置。

隰　州　平海军　下刺史。慕容皝置集宁县，圣宗括帐户迁信州，大雪不能进，建城于此焉，隶兴圣宫来属。县一：**海阳**　本汉县，濒海，地多碱卤，置盐场于此。

迁　州　兴善军　下刺史。本汉阳乐县地。圣宗平大延琳，迁归州民置来属，有箭苛山。县一：**迁民**。

润　州　海阳军　下刺史。圣宗平大延琳，迁宁州民置。县一：**海滨**　本汉阳乐县地，迁润州，本东京城内渤海民户，因叛移于此。

平　州　辽兴军　上节度。商为孤竹国。春秋山戎国。秦为辽西、右北平二郡地，汉因之。隋开皇中改平州，大业初复为郡。唐武德初改州，天宝元年，仍北平郡。后唐复为平州。太祖天赞二年取之，以定州俘户错置其地。州二、县三：**卢龙**　本肥如国，春秋晋灭肥，肥子奔燕，受封于此。汉晋属辽西郡。元魏为郡治，兼立平州。北齐属北平郡。隋开皇中，省肥如入新昌，十八年改新昌曰卢龙，唐为平州，后因之。**安喜**　本汉令支县地，久废。太祖以定州安喜县俘户置，在平州东北六十里。**望都**　本汉海阳县，久废，太祖以定州望都县俘户置，有海阳山，县在州南三十里。

滦　州　永安军中刺史。本古黄洛城。滦河环绕在卢龙山南，齐桓公伐山戎，见山神俞儿即此。秦为右北平。汉为石城县，后名海阳县。晋以后属辽西。石晋割地在平州之境。太祖以俘户置滦州。负山带河，为形胜之地。有扶苏泉，甚甘美。秦太子扶苏北筑长城，尝驻此。临榆山峰峦崛起，高千余仞，下临榆河。县三：**义丰** 本黄洛城，黄洛水北出卢龙山南，流入于濡水。汉属辽西郡，久废，唐季入契丹，世宗置县。**马城** 本卢龙县地，唐开元二十八年，析置县，以通水运。东北有千金冶，东有茂乡镇。辽割隶滦州，在州西南四十里。**石城** 汉置，属右北平郡，久废，唐贞观中于此置临渝县，万岁通天元年，改石城县，在滦州南三十里，唐仪凤石刻在焉。今县又在其南五十里，辽徙置，以就盐官。尚有营州属本军，以境外不录。

《金史》

平　州　中兴平军节度使 辽为辽兴军，天辅七年，以燕西地与宋，遂以平州为南京。以钱帛司为三司。天会四年，复为平州，尝置军帅司。天会十年，徙军帅司治辽阳府，后置转运司。贞元元年，以转运司并隶中都路。贞祐二年四月，置东面经略司，八月，罢。贡樱桃、绫。县五、镇一：**卢龙** 倚。**抚宁** 本新安镇，大定二十九年置。**海山** 本汉海阳故城辽以所俘望都县民置，故名望都。大定七年更名。**迁安** 本汉令支县故城，辽以所俘安喜县民置，因名安喜。大定七年更今名。镇一：建昌。**昌黎** 辽营州邻海军，以所俘定州民置广宁县。皇统二年，降州来属。大定二十九年，以与广宁府重，故更今名。

滦州中　刺史　本黄洛故城。辽为永安军，天辅七年，因置节度使。县四：松亭关、国名斜烈只。镇二。**义丰** 倚。**石城** 有长春行宫，长春淀，旧名大定淀。大定二十年更。镇一：榛子。**马城、乐亭**，镇一：新桥。

《元史》

永平路下　唐平州，辽为卢龙军，金为兴平军，元太祖十年改兴平府。中统元年升平滦路，置总管府，设录事司。大德四年，以水患改永平路。领司一，县四，州一，领县二录事司。县四：**卢龙**下，倚郭。**迁安**下，至元二年省入卢龙县后复置。**抚宁**下，至元二年与海山俱省入昌黎，三年复置。四年又与海山俱入昌黎，七年复置，仍省昌黎、海山入焉。十一年，复置昌黎，以属滦州。今昌黎属本路。**昌黎**下，至元十二年，复置，仍并海山入焉，详见抚宁县。

滦州下　在卢龙塞南，金领义丰、马城、石城、乐亭四县。元至元二年省义丰入州，三年复置，先以石城省入乐亭，其年改入义丰，四年马城亦省。领二县：**义丰**下倚郭，至元二年省入州。三年复置。**乐亭**下元初尝于县置漠州，寻废，复为乐亭县，隶滦州。

卷之三

莱阳　　宋　琬撰次
宜兴　　路　遴参校
广宁　　常文魁续补

星　野

在昔天文家所言，以尾箕属燕尚矣。乃《汉书·五行志》：高帝三年十月甲戌，晦，日食。斗二十度，而以为燕地。后二年，臧荼之反当之。昭帝始元三年十一月壬辰，朔，日食。斗九度而亦以为燕地。后四年，剌王旦之反当之。文帝后七年九月，有星孛于西方，其本直尾箕，末指虚危。而刘向以尾为宋，箕为吴越。后三年，七国之反当之，或以斗而系之燕，或以箕而系之它国，无惑乎？占事之说，终古而不得其原也。况永平一郡之地，而曰配某宿，入某度，其孰从而正之？姑存旧史之文，以俟知星者择焉。其序于沿革之后者，方域定而后可以占天度也。

《淮南子》：尾十八，箕十一，四分一燕。

《汉书·律历志》：析木初尾十度，立冬中箕七度，小雪终于斗十一度。

《地理志》：燕地尾箕分野，东有渔阳、右北平、辽西、辽东，西有上谷、代郡、雁门，南得涿郡之易、容城、范阳、北新城、故安、涿县、良乡、新昌及渤海之安次，皆燕分也。乐浪、玄菟亦宜属焉。自危四度至斗六度，谓之析木之次，燕之分也（危当作尾，字形相近而误）。

《晋书·天文志》：自尾十度至南斗十一度为析木，于辰在寅，燕之分野，属幽州（费直起尾九度，蔡邕起尾四度）。凉州入箕中十度。上谷入尾一度。渔阳入尾三度。右北平入尾七度。西河、上郡、北地、辽西东入尾十度。涿郡入尾十六度。渤海入箕一度。乐浪入箕三度。玄菟入箕六度。广阳入箕九度。郭造卿曰：《晋志》，李淳风所撰，岂其谬妄至此，即在幽境论之，自尾十度至南斗十一为析木。则上谷入尾之一，渔阳三，右北平七。当属宋之豫矣。南斗有十度，属燕，九江入其一，卢江入其六，豫章入其十乎。毋论凉州、西河、上郡、北地谬也。渤海人箕一，乐浪二，玄菟六，辽西东当入其九矣。广阳在渔、涿间，岂可越居辽位，而辽亦越乐浪、玄菟而代之乎？甚哉，其谬也！

皇甫谧《帝王世纪》，自尾十度，至斗十度，百三十五分，而终曰：析木之次，于辰在寅，谓之摄提格。于律为应钟，斗建在寅，今燕分野。

《唐书·天文志》，尾箕析木之次也，寅初起尾七度，二千七百五十秒二十一少，中箕五度，三百七十六秒六十七，终斗八度。自渤海、九河之北，得汉河间、涿郡、广阳及上谷、渔阳、右北平、辽西、辽东、乐浪、玄菟、古北燕、孤竹、无终，九夷之国。尾得云汉之末，派龟鱼丽焉。当九河之下流，滨于渤碣，皆北纪之所穷也。箕与南斗相近，为辽水之阳，尽朝鲜三韩之地。在吴越东南。初，贞观中李淳风撰《法象志》，因汉书十二次度数，始以唐之州县配焉。而僧一行以为天下山河之象，存乎两戒。北戒自三危积石，负终南地络之阴，东北抵常山之右，乃东循塞垣至濊貊、朝鲜是谓北纪，所以限戎狄也。南戒自岷山、嶓冢，负地络之阳，东南至于衡阳，乃东循岭徼达东瓯、闽中是谓南纪，所以限蛮夷也。故星传谓北戒为胡门，南戒为越门。河源自北纪之首行而东分为北河江源。自南纪之首行而东分为南河。自北河下流，南距岱山为三齐，夹石碣石为北燕，自南河下流，北距岱山为邹鲁，南涉江淮为吴越，皆负海之国，货殖之所阜也。自河源循塞垣，北东及海为戎狄。自江源循岭徼南东及海为蛮越。观两河之象，与云汉之所始终，而分野可知矣。

《汉书·天文志》，壬癸，常山以北，一曰壬燕赵，癸北夷。

《晋书·天文志》，勃、碣、海、岱之间气皆正黑。

灾　祥

春秋纪日食星陨之异，与水旱螽蝝之类，比而书之，所以敬天渝重民事也。后之儒者，言天而必以人事验之，其说荒矣。然历代之书，有之而志不之载，是谓天变不足畏也。兹故具述于篇，春秋天子之事也，故内灾书鸲鹆来巢是也。外灾亦书陨石于宋，六鹢退飞是也。志则一方之事耳，慕容氏之黑白二龙，冯氏之狼嗥鼠集，魏氏之异风羊角在营州者，不得而纪焉。夫勤民而畏天，则存乎其人矣。

汉文帝后七年秋九月，有星孛于西方，其本直尾箕末指虚，危长丈余及天汉，十六日不见。

景帝中元年，夏六月壬戌，逢星见西南。甲子，在尾北可长六丈。丁卯，在箕北去近汉，稍小如桃。

三年秋九月戊戌晦，日食，几尽在尾九度。

武帝建元三年，秋九月丙子晦，日食在尾二度。

成帝时，荧惑角怒明，大逆行，守尾。（见谷永传：旧志作太白误，又云绥和间，案此谷永说王音之语音薨，后八年始改元绥和今阙其年。）

哀帝时，荧惑往来无常，入天门，上明堂，贯尾乱宫。（见李寻传。）

光武帝建武六年秋九月丙寅晦，日食在尾八度。

明帝永平九年，春正月戊申，客星出牵牛，长八尺，历建星至房南（中历尾宿）灭。

十三年冬十月甲辰晦，日食在尾十七度。

和帝永元十二年冬十一月癸酉，夜有苍白气长三丈，起天园东北指军市，见积十日。占曰：兵起十日期岁明年冬。十一月，辽东鲜卑二千余骑寇右北平。（天园毕宿非燕，以史事应记之。）

元兴元年秋七月己巳，有流星起天市五丈所，光色赤。闰月辛亥，水金俱在氐，流尾起斗东北行至须女，须女燕地。

天市为外军水金会为兵诛，其年辽东貊人反，钞六县。发上谷、渔阳、右北平、辽西乌桓讨之。

安帝元初元年冬十月戊子朔，日食在尾十度。

顺帝永和六年秋九月辛亥晦，日食在尾十一度。

灵帝中平五年夏六月丁卯，客星如三升碗，历贯索西南，行入天市，至尾而消。

献帝初平元年冬十一月庚戌，镇星荧惑太白合于尾。

建安十三年冬十月癸未朔，日食在尾十二度。

魏明帝青龙三年冬十月壬申，大白昼见在尾历二百余日恒昼见占尾，为燕有兵。

少帝正始元年冬十月乙酉，慧星见西方，在尾长二丈，拂牵牛，犯太白。

晋惠帝永兴元年秋七月庚申，太白犯角亢，经房心，历尾箕。

光熙元年夏四月，太白失行，自翼入尾箕。

愍帝建兴三年秋八月己未，甘露降新昌县（新昌后入肥如。）

成帝咸和八年夏五月己巳，白虎见新昌。

燕烈祖元玺四年秋八月己未，太白犯天江。

五年冬十月癸巳朔，日食在尾。

光寿元年秋七月辛巳，荧惑犯天江。

三年秋七月乙酉，荧惑犯天江。

秦世祖建元九年夏四月，彗出于尾，长十余丈，经太微扫东井。

燕世祖建兴八年春二月，有客星在尾中，至九月乃灭。

九年夏四月己巳，月掩岁星在尾。

烈宗永康二年，景星见于箕尾。

昭文帝光始六年夏四月乙丑，岁星犯天江。（旧志误书上年十二月己卯，岁星犯天江。又书惠懿帝正始二年，正月庚子，荧惑犯天江。考之晋书，皆天关，非天江也。）

魏世祖大延五年春二月，辽西上言木连理。

太平真君八年秋七月，平州大水。

高宗太安五年春二月，肥如大火，焚官司庐舍略尽，惟东西二寺不及。

高祖承明元年夏四月甲戌，月食尾。

太和元年春三月戊辰月食，尾下入浊气不见（《通鉴》目录云，案戊辰四月望，史误。）

三年春三月戊辰，平州地震，有声如雷，野雉皆雊。

六年秋八月，平州大水。冬十一月辛亥朔，月寅见于东方，京师不见，平州以闻。

七年秋八月乙丑，荧惑犯天江。

九年夏六月癸亥，荧惑犯天江。南头第二星。

十二年冬十一月戊午，太白岁星合于尾。丙寅，荧惑岁星合于尾。

世宗永平四年秋八月，平州献白鹿。

延昌三年夏四月癸巳，月在尾，从地下食出，食十五分之十四。其年，填星守天江。（见隋志）

肃宗神龟二年夏四月甲戌，大星起天市，垣西，东南流轹尾触地。

齐后主武平四年冬十一月壬子，太白掩填星在尾。

唐高宗永徽六年秋七月乙亥，岁星守尾。

咸亨三年冬十一月戊子朔，日食在尾十度。

永隆元年冬十一月壬申朔，日食在尾十六度。

开耀元年冬十月丙寅朔，日食在尾四度。

武后神功元年春三月戊申，清边道总管王孝杰讨契丹，孙万荣初进军平州，白鼠昼入营顿伏，及战，兵败，孝杰死焉。

久视元年秋八月壬子，平州火燔千余家。

中宗神龙二年冬十二月丁酉，荧惑犯天江。

玄宗开元二十二年秋八月，榆关虸蚄中害稼，人平州界，有群雀来食之，一日而尽。

二十六年，榆关虸蚄虫害稼，群雀来食之。

天宝九载秋八月，五星聚于尾，箕荧惑先至，先去。

代宗大历二年秋九月戊午，夜白雾起尾，西北弥漫亘天。

德宗贞元八年秋八月，大雨平州，平地水深丈五尺。

十一月壬子朔，日食在尾六度。

穆宗长庆元年春二月丁亥，月犯岁星在尾。

文宗开成三年冬十一月乙卯，有彗星见于东方，在尾箕，东西亘天，十二月壬辰，不见。

僖宗光启二年夏五月丙戌，有星孛于箕尾，历北斗摄提。

辽太宗天显五年冬十二月丙辰，荧感犯天江。

穆宗应历元年冬十一月，辰星岁星合于尾。

保宁二年夏四月乙酉，月食尾。

圣宗统和元年，秋，平州旱蝗。

七年秋八月丙寅，荧惑犯天江。（自此以下，天文并采《宋史》录之。）

九年夏四月丁亥，荧惑犯天江。六月，淫雨伤稼。秋九月，地震。

二十年，平州麦秀两岐。

二十四年秋七月丁酉，荧惑犯天江。

二十五年夏六月己未，有星出天市，分为三星，至尾没。

二十七年秋九月戊辰，太白犯天江。

二十八年秋，平州饥。

二十九年春，平州水。夏六月己巳，岁星犯天江。

开泰五年夏四月己丑，太阴掩天江第二星。冬十一月丁卯，太阴犯天江。

六年夏四月壬午，月食尾。

九年夏四月丙申，太阴犯天江。

太平元年秋七月庚子，荧惑犯天江。

四年夏六月丁卯，太阴犯天江。

兴宗重熙三年秋八月甲申，荧惑犯天江（旧志误作金。）

七年夏四月壬申，有星出天江，如太白有尾迹，西南速行至房没。秋七月癸卯，荧惑犯天江。

十六年夏六月戊辰，有星出尾，西南速行入浊。

二十年秋八月辛丑，荧惑犯天江。

二十一年秋九月乙卯，平州进白兔。

二十二年秋闰七月壬午，荧惑犯天江。

道宗清宁二年春三月辛酉，有星出库楼，没于尾。

四年冬十一月丁未，荧惑犯天江。

六年秋九月乙巳，太白犯天江。

七年夏六月己巳，有星出天市，垣车肆侧西南行，至尾没。秋七月辛卯，太阴犯天江。

十年夏四月庚辰，月食尾。冬十一月庚午辰星犯太白，在尾十六度。

咸雍二年春三月己未，彗出营室，辛巳夕，见西南别有白气，一阔三尺许，贯紫微极星，并房、宿益东行，历文昌、北斗贯尾。

三年春闰三月辛巳，夜有苍黑云起南方，两首至浊，阔尺贯尾箕、斗牛、库楼、骑官。夏四月壬戌，太阴犯天江。冬十一月丁酉，太白犯天江。

四年夏六月甲子，星出尾北如杯口，西缓行至平星没。赤黄有尾迹。秋八月丙寅，荧惑犯天江南第二星。

五年夏六月甲子，有星出尾北如太白，南急行入浊，没青白。秋九月戊辰，太白犯天江。

六年夏五月癸巳，荧惑退犯天江。（今本《宋史》无此，据旧志存之。）

七年夏四月庚午，太阴犯天江。

八年春正月己丑，荧惑犯天江东第一星。秋闰七月甲寅，太阴犯天江东第三星。

九年春正月乙丑，太阴犯天江西南第二星。秋九月甲辰，太阴犯天江南第二星。（史云月掩太白，又云太白犯天江南第二星。）

十年春正月丁未，填星犯天江东北第一星。三月乙卯，太阴犯天江南第一星。夏六月辛未，夜有苍黑云起天河中，长五丈，南北两首至浊，贯尾箕。

太康元年夏，平州饥。五月壬戌，有星出尾东，如太白西南，速行至浊没。赤黄有尾迹。

二年夏四月辛亥，夜有苍黑云起南方，长二丈，贯库楼、骑官、积卒心尾。五月丁丑，有星出尾北，如太白，东南急行，入浊没。赤黄有尾迹。壬午，有星出天津，北如太白，西南急行，至天江没。赤黄有尾迹。

三年夏六月癸未，夜有苍黑云起南方，长三丈，阔尺，贯龟鳖天渊。秋七月庚戌，有星出天市垣内宗人，东如太白，南急流至尾没，赤黄有尾迹。

五年夏四月戊申，夜有白云起南方，长三丈，贯库楼、积卒、龙尾。六月戊戌，有星出尾东，如杯南，速行至浊没，青白照地明。秋九月庚午，太阴犯天江。冬十二月丙午，彗星犯尾。

六年夏五月庚午，有星出尾南，如太白，南速行至浊没，青白有尾迹。辛未，有星出中台北，如太白，东南缓行至天江没，赤黄。冬十二月辛巳，太阴犯天江。

七年夏四月辛未，月食既在尾。秋八月庚申，太阴犯天江西第三星（旧志误作金。）冬十一月己酉，太阴犯天江东北第二星。

八年秋九月癸未，岁星犯天江北第一星。

九年秋八月癸未，荧惑犯天江南第二星。

大安元年秋七月己未，荧惑犯天江。

二年夏六月甲辰，有星出天津西，如太白，西南急流至尾北没。赤黄有尾迹，明烛地。

四年冬十二月甲辰，荧惑犯天江。

五年春三月丁亥，太阴犯天江。夏五月癸巳，有星出天弁南，如太白，速行至尾北没。赤黄有尾迹，明烛地。

六年春正月丁亥，太阴犯天江。

七年春三月丁丑，太白犯天江。

八年春二月癸未，有星出心东，如太白，急流至尾南没。青白有尾迹，明烛地。夏六月壬戌，太阴犯天江。秋九月甲申，太阴犯天江。

九年春三月乙未，太阴犯天江。冬十二月丁卯，岁星犯天江。

寿隆三年秋八月己酉，太白犯天江南第一星。冬十二月癸卯，太阴犯天江南第一星。

四年春二月戊申，有星出宗正东如太白，急流至天江南没。赤黄有尾迹，明烛地。夏五月庚申，太阴犯天江。六月辛丑，有星出箕，如太白，急流至尾没。赤黄有尾迹，明烛地。秋八月壬午，太阴犯天江。冬十二月戊戌，太阴犯天江。

五年春二月癸巳，太阴犯天江西南第二星。三月庚申，太阴犯天江西南第一星。秋七月庚戌，太阴犯天江西南第四星。

天祚帝乾统元年春正月癸亥，有星出西南，如盂，东北急流入尾距星没。青黑无尾迹，明烛地。

二年夏五月丁卯，有星出尾如杯，西南慢流入浊没。青白有尾迹，明烛地。

三年夏五月戊子，夜有苍白气起东南，方长三丈，贯尾箕斗。

七年夏六月乙亥，有星出尾西南，如杯，西南慢流入浊没。青白有尾迹，明烛地。

十年夏四月甲申，月食既在尾。秋八月甲戌，太阴犯天江。冬十一月庚寅，太白犯天江。

天庆元年冬十一月甲戌，太白犯天江。

三年秋九月庚辰，荧惑犯天江。

五年秋八月乙丑，荧惑犯天江。

七年秋七月乙未，荧惑犯天江。

八年冬十一月壬申，太白犯天江。

金太宗天会四年夏四月辛亥，太阴犯天江。

八年秋八月乙未，荧惑犯天江。

十年秋七月乙丑，荧惑犯天江。九月庚申，太白犯天江。

熙宗天会十三年冬十二月乙卯，荧惑犯天江。

十五年冬十一月癸巳，太白、荧惑合于尾。

皇统二年秋，平州大熟。

三年秋九月辛未，荧惑、太白合于尾。

五年秋九月辛酉，荧惑犯天江南第一星。

六年夏四月丙寅，月食尾。

七年秋八月戊申，荧惑顺行犯天江。

废帝亮天德四年冬十二月乙丑，岁星荧惑合于尾。癸酉，荧惑顺行犯天江。

贞元元年秋九月癸卯，太白、岁星合于尾。

三年冬十一月壬申，太白、辰星合于尾。

正隆元年秋九月乙丑，太白顺行犯天江。

五年冬十一月甲午，西南方有白气，自尾历壁娄昴宿。

十二月戊申，夜有白气出尾，历心房氐亢角入天市，贯太微至郎位止，有类天汉。

六年秋九月庚寅，荧惑犯天江。冬十二月甲辰，太白、填星合于尾。（其年十月，世宗大定元年。）

世宗大定二年秋八月辛未，荧惑、填星合于尾。平州饥。

三年夏六月丁丑，有星出尾，青白色，向东南慢流没。

四年秋七月壬子，荧惑犯天江。平州旱蝗。

五年夏四月甲午，月食尾。五月辛酉，太阴掩天江。秋九月戊申，有星出王良，慢流至尾宿没。

六年春正月乙卯，荧惑顺行犯天江。

七年冬十二月己亥，荧惑犯天江。

九年冬十一月辛巳，荧惑、辰星合于尾。戊子，荧惑犯天江。十二月癸巳，太白、荧惑合于尾。十二年，秋九月戊子，太白犯天江。

十四年冬十一月甲申朔，日食在尾。

十五年秋闰九月甲寅，太白、荧惑合于尾。

十七年秋九月己亥，荧惑、岁星合于尾。壬子，荧惑、岁星、太白合于尾。

十九年秋八月己丑，荧惑犯天江。

二十八年冬十二月壬戌，辰星、岁星合于尾。

二十九年夏六月乙未，岁星留守天江。

章宗明昌三年春二月辛丑，填星留守天江。秋七月己卯，太白犯天江。九月乙亥，荧惑、填星合于尾。（旧志添一金星误。）

承安元年春三月癸卯，荧惑退犯天江。

泰和三年夏六月乙卯，客星出东南尾宿间，色青白大如填星，甲子守之。

四年冬十月癸丑，太阴犯天江。

卫绍王大安元年夏六月己丑，荧惑顺行犯天江。

宣宗兴定元年夏五月壬申，有星出尾宿距星，西北慢流向牛宿距星，东南没。

二年秋八月壬戌，有流星大如杯，长丈余，其光烛地，起建星没尾中。

哀宗正大元年夏六月己丑，客星守犯尾。

八年夏四月庚午，月食尾。

元太宗八年秋九月庚申，太白、岁星合于尾。

十二年秋七月庚寅，客星出尾。

甲辰年（皇后乃马真氏称制，故史以干支纪年。）夏四月丁丑，有星出尾宿距星下，大如太白。

世祖中统元年春正月庚辰，岁星与荧惑行入尾。

三年秋八月，陨霜害稼。

至元三年夏，蝗。

六年秋九月，大雨，滦河溢。

八年夏四月壬寅，昌黎县民生子，夜有光，诏加鞠养。

九年秋九月，大雨，滦河溢。

十年，饥。

十二年夏四月乙丑，荧惑犯天江。

十六年夏，蝗。

二十四年秋九月庚子，太白犯天江。饥。

二十五年秋九月癸未，朔，荧惑犯天江。

二十六年冬十月，水坏田稼一千一百顷。

二十七年秋七月辛酉，荧惑犯天江。

二十八年春三月，饥，秋九月，大水。

二十九年秋，大水。

三十年冬十月，水。

三十一年秋，水。

成宗元贞元年秋，滦州水。冬十二月甲子，太阴犯天江。

二年夏，滦州旱。秋八月癸卯，太阴犯天江。冬十一月壬辰，太阴犯天江。（旧志误作金，又误作壬戌。）

大德元年夏，虫食桑。秋八月，陨霜害稼。

二年夏，旱。六月，水。（史、文两书，或先旱而后水也。）

三年夏四月，霖雨，滦河溢。秋八月乙巳，雨雹。

四年夏五月，雨雹。

五年秋八月，霖雨，滦河溢，入城，漂没官民庐舍殆尽，溺死人畜甚众。

七年春，饥。夏六月，水。秋八月辛亥，荧惑犯天江。冬十二月丁未，太阴犯天江。

九年秋八月乙未，荧惑犯天江。（旧志误作月。）

十一年冬十一月，卢龙、滦河、迁安、昌黎、抚宁等县水。

武宗至大二年秋八月丁丑，陨霜杀禾。

四年夏六月，永平丰盈屯，雨水害稼。

仁宗延佑元年冬十二月甲辰，太阴犯天江。

二年夏五月辛酉，太阴犯天江。

六年夏六月，水。

七年秋八月乙丑，荧惑犯天江。

英宗至治元年夏六月，大雨雹，深一尺害稼。秋七月，石城县大水。

二年春二月己未，太阴犯天江南第一星。秋七月己亥，荧惑犯天江南第一星。冬十一月庚申，太阴犯天江上第二星。

泰定帝泰定元年夏，雨水溢。

二年冬十二月乙酉，荧惑犯天江。

三年春三月，饥。秋七月，大风、雨雹折木伤稼。八月，蝗。冬，十一月，饥。

四年冬十一月乙亥，荧惑犯天江。饥。

致和元年夏四月，石城县蝗。六月，水。雨雹。

文宗天历二年夏六月，永平、昌国诸屯水。秋七月，蝗。雨雹。

顺帝元统元年春二月丙辰，太阴犯天江下星。秋九月乙未，太阴犯天江下星。

二年春二月，滦河、漆河溢。

至元三年夏五月丁卯，彗星见，自昴至房，凡历一十五宿。至秋八月庚午灭。（中历尾宿。）

五年春正月乙亥，荧惑犯天江上星。（旧志误作木。）

六年冬十一月戊寅，辰星犯天江北第一星。（旧志误作月。）

至正元年春正月甲寅，荧惑犯天江上星。冬十一月庚子，太阴犯天江北第二星。

二年冬十一月辛卯，岁星、荧惑、太白合于尾。

三年秋八月，滦河溢。

四年秋七月，滦河溢出平地丈余，漂没田庐甚众。

五年春，饥。

十年秋九月壬戌，荧惑犯天江南第二星。

十一年春三月戊辰，太阴犯天江西第一星。秋八月，乙酉太阴犯江南第二星。冬十二月庚子，辰星犯天江西第二星。

十七年冬十二月庚午朔，荧惑犯天江北第一星。

十九年夏五月丙午，太阴犯天江南第一星。秋九月甲寅，太白犯天江南第一星。

二十年秋八月辛卯，阴犯天江北第二星。

二十一年春二月壬寅，太阴犯天江北第一星。

二十五年冬十月辛卯，荧惑犯天江东第二星。

二十六年秋九月庚子，孛星见于紫微垣、北斗权星之侧。色如粉絮，约斗大，往东南行，过犯天棓棒星。辛丑，孛星测在尾十八度五十分。乙巳，至虚宿垒壁阵西方而灭。冬十月，大水。十一月丙申，太白、岁星、辰星合于尾。

二十七年秋九月丁丑，荧惑犯天江南第二星。

明洪武三年夏，滦州大水。

四年秋，旱。

七年夏，乐亭、昌黎蝗。

九年秋，旱。

十年夏六月丙寅，滦、漆二水溢，坏城垣。秋九月丙辰，大火。

正统五年夏，蝗。

十二年秋，蝗。

景泰元年，大水入城，与东南城几平。

三年，迁安大水。

六年，刘家营大水。

天顺元年冬，妖星在天风。

成化元年，水。

三年，雷震死刘家营官马八匹。

十七年夏，迁安等县大水。饥。

弘治元年夏六月，滦州城西金泉池产并蒂莲一本，泉左流，半亩地内并蒂者数本。

二年夏，滦州大水。

四年夏四月辛酉，月食尾。五月，蝗。

十四年夏大水。饥。

十七年秋七月，大水。

正德五年春二月，迁安风霾，昼晦。

六年春，迁安旱。秋七月癸亥，开平卫观音阁，诸兽口现五色光，自卯至巳散。

七年，黑眚出。迁安，大旱，饥。

八年夏四月，蝗。开平城观音阁西墙上，龙起寺中，大兽带落于老龙坡。大饥。

十二年夏，滦州、昌黎大水。

十三年夏，滦州水。六月，刘家口关暴雨，城坏，楼倾，铁叶门流至乐亭。

十四年夏六月，滦州蝗。秋，大水。

十五年夏六月丁巳，雹。

十六年春二月，辰星留守尾。夏旱。

嘉靖元年秋七月，螟。大旱。地震。

二年夏五月，滦州野蚕成茧。六月，蝗。秋七月，滦州、昌黎地震有声。

五年秋七月，滦州、昌黎地震有声。

六年春三月，乐亭境内起黑风，火飞如斗，焚及木杪，禽鸟多死。流炎海面，竟宿乃止。

七年春二月，滦州、昌黎地震。夏四月，大风，昼晦。大饥。

八年夏五月，蝗。

十年夏四月，大风。

十二年春旱，蝗。夏六月，雹。

十四年春三月辛酉，迁安雹大如卵。夏，霖雨，滦河溢。

十五年夏四月，昌黎大水。滦州蝗。

十六年夏，滦州蝗。六月丙辰，迁安大风，雷雨击县新堂脊，玲珑花草如刻画状，有龙戏其上。秋，昌黎饥。

十七年夏四月，滦州、昌黎蝗。

十八年，迁安饥。

十九年夏，滦州旱。

二十年春，滦州旱。秋七月辛丑，滦州、昌黎大风霖雨。癸卯，震电雨雹。甲辰，滦河溢。

二十二年夏六月，雹。

二十三年，滦河溢。

二十五年夏六月，滦州大水，坏开平中屯卫北城七十丈。昌黎县城西南二里，并头莲生。秋七月，滦州、昌黎大风。昌黎麦二岐，谷双穗。

二十六年夏，滦州水。

二十七年秋七月，大雨，有龙斗于石门子沟。八月，昌黎地震。

二十八年春三月丁酉，大风，昼晦。

三十年秋七月，大水。迁安地震，有声如雷。

三十二年秋七月，大水。

三十三年春三月，大风，昼晦。地震。

三十四年春正月戊申，大雷雨。二月己巳，大雪。夏，燕河教场旗杆自折。饥。

三十五年春三月戊辰，大风，昼晦。旱。

三十六年春二月，燕河营地震有声。三月，府城地震。秋八月，滦州蝗。

三十七年秋七月，蝗、水、饥。

三十八年夏六月，霖雨。滦河、漆河溢，城内行舟。秋八月，蝗。

三十九年，春饥。秋蝗。地震。

四十年，春饥。夏蝗。

四十一年夏五月，滦州地震，有声如雷。州南孙家坨地裂涌黑水。秋，昌黎生雄鸡四足。迁安大有年。

四十二年春三月，昌黎闻天鼓鸣。夏四月甲子，三屯营地震。日数次至秋。九月，昌黎旱。秋八月，大水。冬十月朔，太白经天。

四十三年秋，昌黎螟。

四十四年春，昌黎大疫。

四十五年夏六月，府廨后产芝五本五色，献之朝。

隆庆元年春三月癸未，地震。秋九月，抚宁毛家营大柳树鸣，三日甚悲。不一二日，土蛮自界岭入，杀抚宁、昌黎二县人民十余万。

二年春三月戊子，地震有声，经旬乃止。乐亭刘忭庄地裂三丈余，涌沙水。（郭志作三年三月壬子，今从滦州志。）迁安县滦河滨，岸裂得龙蜕，长二十五丈余，大二十余围。

三年夏五月，昌黎雹。

四年夏六月，燕河营城北真武庙钟鸣，自落地者三。

五年春、夏，大疫。

六年秋七月，地震。山海关外带家河有海牛死，浮沙岸，高数丈，长十余丈。阳河溢，有大树数百成筏，由义院口入，过汤河至刘家寨入海。

万历元年秋，关城北火神庙自焚。雨雹大如拳。

二年春二月，建昌马营千总周尚春率兵过卧龙岗，雷火燃其兵马器械，秋七月壬辰暮，三屯暴风起教场西南飘战车，空中碎之如纸叶。昌黎大有年。

三年秋，昌黎大有年。九月甲辰，三屯营地震，有声如雷。

四年春正月辛酉，太平寨滦河断流数里，二时而续。壬戌，营东城河乾百步。癸亥，西河亦乾，并逾时。二月庚辰、辛巳，太平路地连震。

五年秋，雹。乐亭大水。

六年春饥。秋大有年。

七年夏五月乙巳朔，雹大如拳。六月辛丑，三屯营地震，有声如雷。

八年春、夏，疫。五月，地连震，自壬午至戊子。六月辛丑，三屯地震，有声如雷。

九年春二月乙卯，三屯地震。夏，甘露降理刑公署。

十年春，迁安风霾。旱。疫。

十一年夏四月，大水。六月蝗。

十二年春正月，雷雨，滦河溢。

十三年夏六月戊辰，雹。

十四年春，饥。夏四月癸酉，三屯地震。旱。疫。秋七月，大水，冷口关涨，没城数丈，关北水中有影，似形非形，初长二丈余，大如瓦甓，后短小如杆棒，而无首尾，击之分而复合，晶白蜿蜒。雨霁，水落而消。

十五年秋七月庚子，霖雨。滦河溢，城不浸者三版。冬饥。

十六年夏闰六月丁未，大风损稼。水。

十七年春，饥。夏，黍穗两岐。（府北郊，韩知县应奎庄。）秋，大有年。

十八年秋，大有年。

二十年秋七月，大风雨害稼。

二十一年春，饥。

二十三年夏五月，山海关地震有声。

二十五年春正月，不雨至于夏四月。秋七月，大水。冬饥。

二十六年春不雨。秋螟。冬大饥。

二十七年春、夏疫。地震有声。

三十二年夏，霪雨四十余日。六月癸卯，滦河溢。丁未，复溢。

三十三年春大饥。夏六月，大雨，滦河溢。冬饥。

三十六年冬十月戊辰，大雷雨。

三十七年春三月丁未，大风，昼晦。

四十三年春正月，不雨至于秋七月。

四十四年春饥。秋七月，蝗。

四十六年夏，闰四月甲申，大风霾。冬，蚩尤旗见东方。

天启二年秋，滦河溢。

三年秋八月，大雨雹寒，有冻死者。

四年春二月，地震。乐亭地裂涌黑水。

崇祯二年冬十二月甲子，滦州地震有声。

八年冬十二月辛卯，白虹贯日。

九年春三月丙午朔，白虹贯日。夏旱。秋蝗。

十年春，大饥。疫。

十三年，春旱。夏蝗。

十五年夏五月，大风雨雹，城颓四十余丈。卢龙学宫尽圮，大树皆拔，惟先师神位不动。

十七年夏，抚宁栖霞寺龙潭水变成血，数日李贼至。

大清顺治九年，秋九月，大雪。府城民家生鸡四足。

十年夏四月，霪雨四十余日。滦州、昌黎、乐亭大饥。冬大雪，冻死人畜甚众。

十三年丙申夏四月，滦河溢。冬，大雪五十余日，行人有陷雪死者。

十五年戊戌秋九月，雷震清凉山，削山如沟者数处，水立丈余，击死大蟆如斗，无皮。滦州兰圯庄大雨雹。九月，大雪。

康熙元年壬寅春正月丁亥，日生双珥，上有反晕。

二年癸卯夏六月，望日，雷火焚郡东南角楼。

三年甲辰夏闰六月，滦河溢，飘集柴木无算，时修清节祠，适供其用。有如夙构，亦属神异。冬十二月庚戌，夜有星入月。

四年乙巳夏六月甲子未刻，东南五色云现。

五年丙午夏六月辛未夜，天星乱流如织。

六年丁未正月戊寅，大星如月，坠西方有声。夏郡钟楼焚。

九年庚戌春三月乙丑，白气现自西方。是年有秋。

十年辛亥春三月辛卯申刻，大星如斗，小星随之，缕缕如灯，自兑趋巽，飞流有声。秋七月朔，炎热如炽。冬十一月朔。严寒异常。有年。

十一年壬子春三月丙戌，乐亭大风，昼晦，是夕月上有二星。

十二年癸丑夏五月辛卯申刻，飓风自兑趋巽，碣石、黄岭一带雹有大如斗者。

十四年乙卯，乐亭四郊麦生三岐。

十六年丁巳秋七月甲午申刻，青气如霓，自震趋兑。冬十月，本府太守常公文魁，移修蜡庙告竣开光，有蝗云集朝庙，信宿乃去。

康熙十七年戊午夏六月乙亥，炎热异常。自京师自关内外热伤人畜甚众。秋九月癸卯辰刻，三环套日，复生三珥。

十八年己未秋七月二十八日巳刻，地动。自坤旋坎趋巽，其色似雾，其声如轰。通州、平谷一带，官民房舍多有倾塌者，永平无之。

卷之四

莱阳　　宋　琬撰次
宜兴　　路　遴参校
广宁　　常文魁续补

疆　域

自汉时，郡为右北平、辽西，统县三十，而幅员之广及于卢龙斗陉之外。今则并二为一，而犹不足当汉之一郡焉。是以左辅之地，恒苦单瘠。而其人民财用，比于畿南诸郡，不能半之。北垣何蹙，孤垒城粒，此孙樵之所以致叹于中唐也。兹据版章，详其里至，盖不待亲履其疆，而已知是邦之狭于古矣。

永平府　东西广三百里，南北袤二百五十里。东至山海关外辽东界一百八十里，西至铁城坎、蓟州丰润县界一百三十里，南至乐亭县绿沟海一百八十里，北至卢龙县桃林口六十里。东南至昌黎县赤洋海一百里，东北至抚宁县石门寨关一百六十里，西南至丰润县越支场二百里，西北至迁安县喜峰口关二百三十里。东至辽东广宁镇七百五十里。西至蓟州三百一十里。至京师五百五十里。

卢龙县附郭　东西广七十里，南北袤八十里。东至双望堡抚宁县界三十五里，至县七十里。西至安河堡迁安县界三十里，至丰润县一百六十里。南至刘各庄滦州界二十里，至州四十里。北至刘家营迁安县界五十里。东南至黑石里庄昌黎县界二十里，至县七十里。东北至燕河营抚宁县界五十里。西南至康家庄滦州界二十五里。西北至分水岭迁安县界二十里，至建昌营七十里。

迁安县 在府西北四十五里。东西广二百里，南北袤七十五里。东至孤庄卢龙县界三十里，至刘家营五十五里。西至吕家庄，丰润县界一百里，至遵化县一百八十里。南至赤峰铺卢龙县界西十里，至滦州七十里。北至白羊关三十五里，至建昌营四十里。东南至分水岭，卢龙县界二十五里，至县四十五里。东北至刘家口五十里。西南至甸子铺滦州界六十里，至丰润县一百四十里。西北至喜峰口一百八十里。

抚宁县 在府城东八十里。东西广九十五里，南北袤九十里。东至山海关九十七里，至广宁中前所一百三十二里。西至双望堡卢龙界三十五里，至县八十里。南至张各庄昌黎县界二十五里，至县四十里。北至界岭口关七十里。东南至戴家河大海四十里，至秦皇岛七十里。东北至黄土岭关一百二十里。西南至两家店昌黎县界五十里。西北至燕河营卢龙县界五十里，至迁安县一百二十里。

昌黎县 在府城东南八十里。东西广九十里，南北袤一百二十里。东至裴家堡抚宁县界三十里，至大海七十里。西至滦河岸滦州界七十里。南至沙乜庄乐亭县界六十里，至大海八十里。北至山西社抚宁县界三十里，至县四十里。东南至七里海七十五里。东北至张家庄抚宁县界二十里，至山海卫一百二十里。西南至会里庄乐亭县界六十里，至县九十里。西北至黑石庄卢龙县界五十里，至县七十里。

滦　州 在府城南四十里。东西广一百二十四里，南北袤一百七十里。东至北释院昌黎县界四十里，至县七十里。西至板桥铺丰润县界一百里，至县一百四十里。南至马头营海一百一十里。北至杨家庄卢龙县界十五里，至迁安县七十里。东南至定流河乐亭县界六十里，至祥云岛一百六十里。东北至郭家庄卢龙县界十里，至县四十里。西南至越支场丰润县界一百五十里。西北至党峪里丰润县界一百三十里。

乐亭县 在州东南九十里。东西广五十五里，南北袤七十五里。东至黄瓜堡昌黎县界三十五里。西至庄坨庄滦州界四十里。南至海六十里。北至胡芦河昌黎县界三十里，至卢龙县一百二十里。东南至沙崖庄昌黎县界四十里，至汤家河集三十五里。东北至博落庄昌黎县界三十里，至县九十里。西南至李各庄滦州界四十里。西北至茨榆庄滦州界四十三里，至滦州七十里。

卷之五

莱阳　　宋　琬撰次
宜兴　　路　遴参校
广宁　　常文魁续补

里　市

十户为甲，十甲为里，天下之通制也。京东州县，则有社有屯，土著曰社，迁发曰屯。起于永乐之初，因地多荒薉，召南方殷实户与土人相错而居，遂以名焉。屯、社有多寡，州、县之大小，赋役之繁简因之。自近日圈拨之后，而法又一变。今存旧志，以见经野之制。至于日中为市，各郡所同。而在永平，则百家之聚，今不盈十。垣甓倾颓，鸡犬寥落，以视曩时海陆交输，百货骈集，邈若黄虞之代矣。十年生聚，还定劳来，能无望于司土之君子哉！

卢龙县　民社七：曰城社，其南二里曰凤头乡，西南十五里曰南堂，北五里曰台上，十五里曰大河南，东北三十里曰周王庄，西北二十里曰北赤峰。屯四：西北十五里曰丰隆，东北二十里曰丰润，东南二十里曰丰稔，东十五里曰丰成。

迁安县　民社十四：曰城社，北十五里曰黄北，东北四十里曰望都，西北二十里曰北平，南六十里曰长岭，七十里曰太平，东南十五里曰陶村，西南二十里曰爪村，西二十里曰岚山，五十里曰贯头山，七十五里曰夹河，百二十里曰林河一，百八十里曰林河二，百六十里曰林河三里。屯三：东三十里曰嘉祥，南八十里曰丰膳，西北九十里曰丰廪。

抚宁县　民社十二：曰城社，其南十五里亦曰城社，二十五里曰洋河，二十里曰张家庄，北七十里曰宣北，一十五里曰宣北二，东十五里曰万家庄，百里曰回安，东北二十里曰宣南，九十里曰海洋，西北四十里曰良仁庄，五十里曰山西。屯五：北十二里曰富实，二十里曰富饶，三十里曰兴福，西北十五里曰歌欢，西五十里曰庆福。

昌黎县　民社十六：曰城社，其东二十里曰两山，西二十里曰葛家一，曰葛家二，三十里曰安峰，三十五里曰刘平，五十里曰静安，六十里曰石门、曰顺德，南三十里曰团林一，二十里曰团林二，五十里曰槐套，六十里曰赤崖，八十里曰沙程，西南三十里曰洋山，六十里曰会东。屯十一：西十里曰兴宁，二十里曰嘉颖，二十里曰永受，三十里曰正业，四十里曰延昌，五十里曰安和，六十里曰归厚，西南三十里曰禧福，六十里曰兴善，西北四十里曰宜春，南四十里曰康乐。

滦　州　民社四十一：曰城社，其东三十里曰长港，西二十五里曰何家寨，四十里曰黄家疃，六十里曰孩古，九十里曰义丰，百二十里曰松梁，南五里曰周南，十里曰法宝，二十五里曰于宁，三十五里曰李家庄，五十里曰土屋儿，六十里曰连清，曰倴城，百二十里曰柏家一，曰柏家二，曰柏家三，北十五里曰横山营，东南二十里曰催官一，曰催官二，西南二十里曰古马，六十里曰榆子林，七十里曰赤堠，曰花港，曰王家坨一，曰王家坨二，八十里曰北柳河，曰狗儿庄，曰司家一，曰司家二，九十里曰独莫一，曰独莫二，百里曰康家庄，百十里曰姚家庄，百二十里曰桥头，曰长春，曰曹家，西北五十里曰宜安，八十里曰偏山，九十里日梅相一，曰梅相二。屯二十六：南九里曰兴利，十八里曰长乐，二十里曰普利，四十里曰富聚，五十里曰风淳，六十里曰崇本，西二十里曰高平，二十五里曰丰野，三十里曰长庆，四十里曰平原，五十里曰广布，曰广益，七十里曰嘉佑，东南二十五里曰务本，西南三十里曰惇本，三十五里曰富庄，三十五里曰嘉真，四十里曰丰腴，五十里曰永登，八十里曰崇道，百里曰乃积，百二十里曰余庄，西北十五里曰兴庆，九十里曰康庄。其新编屯一二里乃散处，其地不一也。

乐亭县 民社十八：曰城社，其西二十里亦曰城社，东十里曰马家稍，二十里曰沙城，三十里曰黄瓜，西北六里曰高家堰，二十里曰次榆坨，三十里曰大冢坨，曰火烧佛，南十五里曰千金，二十里曰稍坨，三十里曰黑崖子，三十五里曰高家庄，西南十五里曰白沙峰，三十五里曰吴家林，西北十里曰嵩林儿，二十五里曰酱家河，北三十里曰胡东。屯九：北二里曰赋饶，西北十二里曰富有，三十里曰九有，东二十里曰禾登，西三十里曰美化，南二十五里曰庆宁，三十里曰九有，四十里曰时登，西南二十五里曰致顺。

凡民社百有八，屯五十有八。

府城市集日 一日南关厢，二日石幢子，三日西柴市，四日城隍庙，五日钟楼下新城街，六日砖桥，七日上街，八日鼓楼后街，九日东柴市，十日东关厢。乡集：四、九日双望堡，四迁安县城集日，一、三、五、七、九在五街、东北南三关。乡集：二、七日罗家寨（今废），曰东寨，曰太平寨，四、九日杨家店，五日七家岭，其曰稔子口，曰河南寨，曰建昌营，曰相公庄，曰五重安（今废），曰三屯营，曰喜峰口，日如之。

抚宁县城集日 旬之上下，一日南街，三日东街，六日北街，八日西街。中旬，一日南关，三日东关，六日北关，八日西关。乡集：四、九日界岭口，曰留守营。二、七日牛头崖。二、七、四、九日台头，曰山海。一六日官庄。一、三、六、八日石门。五、十日榆关、都寨、海洋。

昌黎县城集日 五、十日大街，二、七日东、西、南关，四、九日北关，曰学前，曰观音堂前。乡集：一、六日裴家，曰赤崖，曰蔡家，曰静安。二、七日套里，曰木井。四、九日莫各庄。五、十日石门店。三、八日姜各庄，曰蛤泊，曰庄头，曰团林庄。

滦州城大集日 四、九四隅咸通。小集：一、六日南门，曰小东街。乡集：一、六、日榛子，曰茨榆，二、七日马城，曰古冶，曰邢各庄，曰高各庄。三、八日石佛，曰稻地，曰倴城，曰柏家庄。四、九日带家庄，曰胡各庄，曰莲北店，曰宜安社，曰兔儿坨。五、十日开平卫，曰南司家。曰北司家，曰栗园，曰川林，曰南长宁。

乐亭县城集日 以一、三、五、七、九五街。乡集：一、六日称坨社，曰新寨堡，曰酱家河。二、七日阎各庄。四、九日马坨营，曰商家堰，日胡家坨。

风　俗

凡郡邑之志风俗者，率用前人通叙之语。而于风会之趋，变更之故，置不详焉。若永平则一统志所引，隋志之人性劲悍，习于戎马。元志之人，尚义勇，节俭务农。盖亦得其大概。至于靖难之攻守，永乐之徙民，而为之一变。至于庚午之破城，丙戌之圈地，而又为之一变矣。始则一郡之人，半遭屠戮，盗贼蜂起，城邑萧条。既则屯兵输饷，苦无宁岁。今则圈占之后，富者半属投充，贫者去之它境，而民俗之趋于巧伪，更有甚于往日者矣。子不云乎，如有王者，必世后仁。昔人之书，所惓惓于风之自者，不可得而删也。从源而镜流，循叶而归本，是在贤者之移风易俗而已。

旧志，凡十有六章，今节录之。

其四区，自北而东西为边，自南而东西为海，散于幅员为乡，聚于辐辏为城。

城 国黄籍制，中曰坊，外曰厢。今郡不然，概曰在城社，民城六，附卫五，凡军民错，初军户多而戍边，今民户多而著土；初武颃乎文，今文颉于武。外卫在三隅，军主而什，民寓而一。山海当重关，视二卫为饶，而制驭牵于多牧。开平、中屯、夐远而孤虚隔属，艰于州县。大概军民城居者多萧条，独滦稍辐辏焉。盖市廛皆出租庸，且复应差曰门面。旧有火甲防火，盗有地方备侦逻，且昼而拨工，亦曰地方，供衙门修理及盘仓扫除之役。夜则拨宿于衙门直更，及街市击柝巡警，遇有边息，复乘城守望。后行保甲法，十家一排，五排一保，保有长，有正比屋轮为之始，而相觉防奸盗，寻乃尽属官差。地方火甲，工役守城，加以保甲，不堪其扰矣！而官家器用，又于保甲索之。无论佣侩、茕老，即壮稍有生业，一身不能办者，犹转雇以应之，况其户丁差徭乎？则何乐而居城市哉？夫因卫伍在边空虚，保甲为城池设，若不可无矣。工役虽徒夫不给，而不可以别佥乎。直宿则卫有操军，县有民壮。器用则有里甲，或公费置买，使居者乐业则民愿受廛矣。

乡 黄籍制，都乡曰里，而立里长，甲首及畸零户法编排里长，务不出本都畸零剩户，派本都里长带管，不许将别都人户凑补。今郡诸乡，自经寇患及水旱离散，渐不如制矣。亦行保甲法，环城厢者有供役之扰，近通涂者有坐铺之劳。二者深妨农事，农之避差者多徙之远乡矣。卢龙冲而小，附府城差烦，滦广而羡远府城差易，故其远者富家，立堡起楼台，迁、昌、抚、乐间有之，而卢龙则无矣。境多山阪利车，乘然多出于乡村，昔者辚辚在道，自嘉靖御楼灾，佥运木以助大工，车主受累，列县无只轮矣。若里胥下乡，固天下通弊。而郡之穷乡，其不堪特甚，至称部道檄，则狼虎难状矣。万历初，卢龙知县武成，凡有赋役，家给小帖于户，至期令保甲鸣金于衢以促之。里胥犯而下乡食民一盂粥者，觉则械于市。自是无敢犯者，乡民迄今念之。凡有司能体此贤，于今木铎警化矣。

海 在元时，滦、乐、昌、抚利漕，而富盛于北土。至明初防倭，设巡检司及三营一卫。其时巡检能行其法，自通戍私盐外缉捕严，而民无外寇渔。七里之海，石臼之坨者，未尝有严禁而乐其生矣。自巡检移，不特三堡废，开平、中屯之伍亦为边戍而空。山海以关，籍口内官渔猎，卫豪恣睢，而网禁严。四场远于转运，商贾惮中纳而盐为屑，越官皆赘疣矣。关去海十里，无举网者。白塔岭去卫一舍，则举矣。然仅数家共事结网，帆橹相连常二三十里，每于立夏后不过三次而止。鱼出海甚贱，至城邑则贵，海错之鲜者惟乐城有之。而他处不至，遗其利于海多矣。其私盐之弊，别具于盐政夫。三营堡既废，尚有一坐营官未除，徒役数卒以供鱼米视，场官巡检尤为虚器也。且场司并属于转运，而若此微官何为哉。况海氓之顽悍，乐亭尤健讼。刁风之嚆矢，滦州其尤乎。

边 自山海口，而上至松棚之龙井。弦之则三百里，关之将五百矣。近边堡寨之设，乃徙民以实塞下。迩年罗汉潘家失守，属国挟赏作衅，鼠窃鸱张，钞略小堡。而路提诸官弗归咎于侦哨不明，守御不设，辄唱归并之议以免罪而偷安，驱军民弃业远移，使近塞如无人境。耕夫眠食无所，野宿风餐，疾疫荐婴，多死亡流散，即境内七路废者三十余堡矣。其就边居者，一身征戍，不及治生，法极虐而令最烦。衣不蔽体，居无完庐，母为赍装，妻为牧马，竭其筋骨，与死为邻，有削发截趾系累而不应者矣。其稍有家者，百无一二，已仅有身供戍矣。或子弟余丁，亦役于坐营为地方军伴，不使孑遗为生，而为将领占役者，终岁仡仡，为之养廉。或地土之税，令偿而入囊。若兵道营田百户为田畯者，每营十军供役，男女世其臧获，冒破官饷什，其子粒欠者九。此不在边关之数，尤覆盆向隅之夫也。出境而西则少，独境内最多耳。凡为边戍者，不特属卫户丁，杂以班兵、南兵，俗为坏乱极矣。无警随补随逃，而救死之不赡，则礼义乎何知，将望固志而死守哉。（此前朝弊政也。近日边烽无警，兵丁裁供侦探，守官坐镇优游。土著虽稀，新民渐集。招徕垦辟，在上者加之意而已。）

其四籍著：本土谓之社，召它方谓之屯，有居屯而谓之民，有居社而谓之军。

军 初廪于官，而免乎民役。故律禁民诈称，防其役之避也。

兹在城，通谓之社，则附府县。军民而杂处。民抵庸，而有差银，军余止采办柴炭上供。后改折银亦便，然为三等、九则者，酌其贫富而均也。每则二钱，极富至一两八钱止。嘉靖初，永平卫经历某编审，憾富家不贿，而坐以上则，且巧立名曰门头银，加于差银外，坐房产多者一人二三两，一卫一二家，止及于闲丁耳。惟是名立则害。贻至万历甲戌，通判某编审，大坐门银，一人十两者为少，有至六十两。及于士夫军职，令讦报随口而坐，骚然告缗之续矣。自是城中室圮不敢葺，市井为不聊生，由多派溢于额，适充卫司篆之囊耳。丁丑，迁安知县冯露编审，核出额之弊，为减免者多，而未尽去门银，恐其徭银不敷也。若官多于军，则沿边皆然，世之有名无实者，莫如边卫为甚。

民 间居里屯谓之军，而民居屯者其名同之耳。古之为民者四，今则十有七八。初止有里甲役使，则吏皂、胥卒、总甲、以次民壮老人、巡捕、夫役之类。近年增设无度，冗滥难分，有快手、有机兵、有箭手、有子弟兵、有听差、阴阳医生、有集头、地方、看城三老人，及各色种种，于事无益，而民有害。是谓糜费冗役，所当亟节减者。又驿路之费，日增而就多驿夫之直，日裁而就少夫之逃者比比矣。嗣是无敢应募，势极必复旧法，不据地而佥头乎。若夫马之俵不过曩十一耳，既条鞭征银在官，仍坐旧头名领银，而市买头者之所坐地多，转货而偏累，独难攀者谓之帮。地无置锥而仍旧责助，事体舛戾，概县棼然，此又非前者四户买马之渐乎。故户以民为累，民以地为累矣。今于驿夫加值，一亩不过丝忽耳，则俵马价若不敷。阖县计增官为市解，而去旧头之籍，庶根拔而害不滋也。

屯 之名自永乐，因靖难为东兵残伤，而四郊半墟，召南方殷实户，就荒地而栖止谓之屯，如古移之宽乡意也。其田地有税粮而无草束，薄荒田之征，宽新陇之力。其无军匠者原籍已定也，社民户若干。其军户若干。本处递年清理者，屯民户若干，其军户若干。原籍州不清理者，所以别之，其制异也。凡社之名因旧，而屯加以美名。社无新编而屯有之，乃犊拨人户，散处四方，其里远近，其界阔狭，难以为限。而田土畸零不等，但谓新编而已。亦有不分屯社，而为民壮之屯。乃卫军余土，每名一顷，俾之屯种，自后遂以为民屯。或有因窎远不能耕者，或有无地而虚包子粒者，或有沙薄而不堪种者，或有压冲沙水而通无可耕者，赔纳之无诉，盖百有余年矣。民军操练并同，军有月粮花布，而民既无粮赏，乃概征其子粒，则劳苦倍蓰，况死亡逃绝，又累里甲包赔，是代军顶田而坐困，近月归农乃息矣。

社 之名亦自永乐，盖东兵之荡析，自山后逃回者为社。在城，而各乡有分一二里者而屯，新编为二里，惟滦州为然矣。社为主，屯为客，屯多边方，社多近地。递年田地，则有税粮，且有草束。且有军匠，皆与屯别耳。其名虽别，而婚姻通主客年久无相尤也。至隆庆间，社民告屯民均草，而社草如故，屯则加焉，民甚苦之。盖祖制已定，岂宜纷更，若孝民蠲粮，其地在社屯，可违制而令均其赋乎。徒悖和睦之训，而失忠信之风矣。国法，民之贤者举乡而饮于学，其庶人皆得祭社而读法，今农丰稔，必赛于秋杪，商旅获利亦赛于岁终，此报本之良心，与古蜡腊意同。然农赛于近村神祠，未必合祀典，而未尝读法于社，或设斋醮于寺观，使终岁不耕者，得糜勤动之食，由有司未尝晓喻之也。不知上以生财载物，故名之社。古人居满百家，必为之立社，今当使民立之，祈于斯，报于斯，立乡约以遵圣训于斯，设里塾以教子弟于斯，则祭义明，而风俗善矣。

其四业，就燕间而明伦谓之士，就田野而力食谓之农，就官府而成事谓之工，就市井而通财谓之商。

士　在前辈，虽习记诵，博功名而心理道者少，然多醇谨经书，务在讲贯，子史亦多涉猎。自嘉靖中，岂惟理学，率记诵时文，置子史不问，而邀荣施足矣。今南宫，正文体，求实学。进取者稍异。共归充囊橐厚营产业，则师方伯而嗤太仆有矣。居学校者好尚亦异，间有淳谨，重名节，群咻使无所容，乃一二乱苗者，然而稚不为之害乎。

农　北平延袤逼仄，山水纠纷，其中田无几可耕，且多沙碛，滦乐独称平沃。民亦明农，旧赋役简，生计易为。无论巨商，即小贸贩亦可坐致菽粟，终岁惮于勤，动率鄙农而不为。后俗渐狡猾，负债者不偿，货殖者寡利，乃知任地务农。第驿站之夫，头在地，种马之孳养在地，大马之解俵在地，将有事而力不暇矣。坐是数者，终岁在官。故其语云田家无论厚与薄，不见县门心自乐。自一应是役，即鬻地不足供举，以地为害远而弃之它矣。至条鞭法行，地有利无累，一时比屋皆趋农。力之勤惰不同，而耕治之法亦异。抚邑以西耕尚小垅，以东尚大垅，大垅植苗恒于脊，不至埋没耳。凡地附郭价高，为人竞置之耳，远者价甚薄，率弃而荒芜，卫屯荒弃尤甚，则其差役重也。以工商较之，农远城市，务本力作，不习奸伪，古心尚未凿然，不知习水利，旱潦悉听之天，平岁惟为下农丰稔，不知积蓄，故贵贱不得其平，稍饥馑则流亡至岁平，招之复业，其俗之不改如故，如南方巨富鲜矣。

工 在籍谓之匠，考额府属役，曰银、曰铁、曰铸铁、曰锡、曰钉铰、曰穿甲、曰木、曰桶、曰砖、曰石、曰黑窑、曰毡、曰熟皮、曰染、曰乌墨、曰搭彩、曰絮、曰双线、曰箭、曰冠带、曰旋、曰枰。有在京住座，有遵化铁厂之轮班之长工，今罢。凡逃移者多，亦有种地户代当者，有为商贾者。会典府匠三百四十名，征银百五十两及工部四司料银，则实居肆者寡矣。盖地鲜物产，而工艺寡。即以工名亦不称精巧。其器制昔坚厚而今纤脆，昔闳巨而今狡小，昔密致而今苦恶，岂惟观工，亦可观世，然无淫巧犹昔，又可以观俗矣。

商 郡非四通，而习质朴，不尚奇货，惟布帛、裘、楮、常用物耳。弘正前有大贾贩吴绮中，淮盐起家至巨万，后则亡。今行货，仅自临清转至，尚不能尽售。古称贾廉为上，兹竞秋毫欺以滥恶，动则指天誓日，而与驵侩伍，实下盗一等耳。又其货有税，其铺有行，行者应官取用，曷尝不给其价，而苦之甚，恶詈如仇，畏避如劫行。何尝不应官，官则有烦言，为以赝物而索高价，深恶切忌之，上下情背何以故，则牙役为之嫁耳。至屠沽饼师辈，皆苦行与贾等。而贾富者出资谓财主，能者出力谓伙计，未有财主完出而完归，伙计善始而善终者也。有司之征，法纪尚存，故山海关不甚低昂焉。

其四礼备三加而责成人谓之冠，合两姓而传宗嗣谓之婚，制五服而慎殡葬谓之丧，享四时而报本始谓之祭。

冠 古二十而冠，童髫惟束发总角耳。今俗童辄戴帽，或谓北土御寒而然，至暑则可去矣。仍步摇为容好，世爵巨室且以金梁，及唐晋诸巾是童而冠，又何加焉。自此礼不明，即士夫亦然。若庶人而三加，则僭而不行可也。其贫贱身无完衣，冠履极弊，不肯露跣，此有古风焉。

婚 古六礼不备，则贞女不行。今郡巨室虽不能尽合，而亦不至于甚戾。他则未免于论财，女于男家纳征时，讲压盘请期，时索聘礼。男于女家责备奁物，往往因之失好。若废纳吉，而合婚废，亲迎而下亲此，尤惑于艺术，即士夫亦多蹈焉者。至于指腹割襟，固为非礼，而乘重丧以嫁娶，实为败伦伤化之尤也。《滦志》云：男家初托请达者通媒，女家即盛设卓。而酒馔三汤五割，连翁邀请赴席，歌妓舞唱，尽日欢娱。男家回席亦然。争相奢侈为荣，又不在问名征币之限。及亲成生子女，甫一二岁间，信巫、觋、尼、媪之徒，具斋供酒果送寺，拜僧为师，复请亲识同往。男女溷杂，尽日作乐，有即此而议亲，僧媪为之媒妁，俱宜痛禁。今亦稍变，但下户贫贱女尚祝发聘财，既领即归于夫家，谓之童养，则不等父母之命，未笄冠而野合矣。此则乾茅就火，不热而燃，习俗久矣，男女彼恶知哉。

丧　礼　士夫通行家礼者仅有，然而杂以佛事者多焉。若齐民则一以佛为泊矣。其作乐宴宾，缙绅家亦有之。不然，人以为薄亲简宾，俗见之讹也久矣。在礼成服殡敛，俱以日之三数计，而今每言七日。在礼初终而复不过家庭，今三日则赍，楮镪于城隍神庙。五七日于东岳神庙日资冥费，亲属偕往，渐于佛说深矣。五服亲属俱责丧主以备服，谓之“成服”。此于各服其服。以入之礼不讲也，若赙所以助今受之，必计多寡裂缟素以报之。倘不称而赙客有形于争者矣。当亲卧病，士大夫家，延医服药。乡邑小民，惟用师巫邪术以听命于天，待葬不求风水，不尚封树反虆里而掩之，惟一抔而事襄矣。有一二故家，虽不酷信风水，而尚惑阴阳。以岁月不利，姑殡于寺庙，以待吉久，则多不能葬焉。又虽世禄家而树封碑者寡，其士夫非膴仕而有志铭者，乃百之一二，此过于朴略也。

祭　礼　按士庶之祭，内之重于先，外之重于社。若品官家庙今制未定。尝仿家礼为祠堂。如今制祭，四代庶人当从制，及祖依古荐干寝可也。北方世爵及缙绅崛起，家构第以居。有堂室，有房寝壮丽，独未见立家庙。其荐祭之仪亦简。士夫之裔，犹知作主。而贫者多共一扁，书始祖，不论应祀者，几以神像置中，而家神则配之。贫甚则以楮书讳，甚至讳楮亦无矣。举祭在礼，上香者焫萧之义，求神于阳也。酹酒者灌地之义，求神于阴也。乃奠酒以致享，礼毕而焚帛，无帛则以楮代之，非祭义所当知乎。今大都上香后即焚楮，焚楮后方酹酒，不奠即拜，而礼毕矣。然俗重墓祭，每清明于冢上增土，备牲楮为奠。七月中元，惟奠牲楮。十月，朔则益以冥衣，邀亲众享奠品于墦间。其新冢遇三祭时，每具服哭临三日，服除乃已。士夫及齐民皆然，虽不合礼亦报木孝敬之厚道也。祭社具于左，但家祭除夕，元旦祀天地日月，而商旅之赛于家，亦曰焚天地日月楮。不知庶人不敢渎，而赛用羊豕其分乎。

立春之仪 先日，卢龙县戒东门外官亭，以各色器物选集，优人、娼子、小伎装剧戏教习，谓之演春。届期，阖城文武官往迎。前列戏队，殿以春牛，商工百艺，持器奔趋，老稚胥观，士女填市，谓之走春。鼓乐交作，优长假冠带，过官府豪门，各有赞称韵语，博笑取利，谓之闹春。牛至府堂，次日至时，鞭而碎之，随以鼓乐，将别塑小芒神土牛，分献上官乡宦，谓之送春。其占土牛与它方同，所鞭土，市民争取涂灶或涂壁，云去臭虫，或以书门曰百事大吉，而荐柏酒白卜茹饼以乐之。如在正朔前后旬，则惟豪门者举焉，谓之庆春。州及支县外卫亦如之。

孟月朔日，谓之端月。元日，官府望阙遥贺，礼毕盛服诣公署，往来交庆。士民家昧爽设庭燎，爇香烛，奠祀真宰及祖称。仍设于堂供献，家人拜家长，举觞称寿，贵家爇丹药户内，谓之辟瘟。喧鼓吹于庭院，谓之闹厅。炽栗炭于堂中，以迎旺气，旦日出占：色红晴及西南风收蜀秫，霞红主丝贵，霜重有雪，主夏秋大旱，云雾兵动人灾。取除夕所置百种而量，较之出息者丰获。启视秸豆，而次数之以粒，卜月润者其月雨，乾者其月旱。人饮水主五谷丹黄忌之。户前置水则主消灾，所插芝麻秸主门户清吉。诸福咸臻，所夙具肴馔可供三日用。戚里闭门罢市，盛服交贺，甥婿来谒留饮。猪日祭墓，遍礼群神，交宴亲友。少年自鸡至马，随意闲游。或演习弦歌，或番弄博戏，或听说偈唱词，或看踢球舞棒。谷日稍止，旬浃炊面为茧，以祈蚕功。越二日而浃辰矣。并晴明无风，则以日卜月而岁大吉。又二日女辍鍼名忌讳，是日或先试灯设席。望日上元官举乡饮，通衢张灯，谓之正灯。官举火树，民放烟火，观或达曙。男女群游，谓走百病。是节本汉家祀太乙，昏时祀到明，又西域摩瑞陁国，僧徒俗众，集观佛舍利放光雨花也。故或赛寺观及诸神庙焉。亦有俗子谓上元天官赐福之辰，持斋诵经，闭户不出者。至次日为残灯，倾城士女出，病妇亦群聚窑下日陶炙。儿女交错度桥，谓度百厄。或有以绳跳跃，谓之跳百索。或蒸纸裁剪为九条，信手结曰结羊肠占休咎。又有邀厕姑，厕姑者紫姑也，异苑记之矣。兹不如其说，但问吉凶焉。又有笤帚姑、箕姑、针姑、苇姑者皆女巫，因走病而诳诞。其俗也，或用膏油贮之面盏十二，蒸于釜，依月而验。有积水者主多雨，微湿及乾者雨多少如之。或蒸于除夕，亦验过此。童入塾，贾于市，商于涂，为墟为集，州县屯社，各如常业。二十四日以鼠会亲，是宵燃灯，一岁作耗，故禁火。五日曰填仓，农家蒸饭炊糕，五更用灶灰于前院，画地成窨为梯囤形。或撒五谷以砖石压之，为岁丰盈兆，而农出郊矣。雨水节后占，天阴宜农。

仲月朔，初吉为中和令节，官民久不举。次日以龙抬头，农家用糠，自户引至井。用灰自井引至瓮，谓之引龙入宅。主有财，用香油煎糕熏虫，则物不蛀，且以辟厨灶苍蝇。妇举针，逆女归宁。上丁祭文庙。上戊祭武庙。社稷、风云、雷雨、山川、民间社不必戊，而或祭马神、八蜡庙。惊蛰、春分，志风雨以卜丰歉。自雷起至百日，河涨分日占东风收麦，有雷在分前后日岁稔。是日作酒及醯，时冰泮草生，农事婚姻之期，家嫁娶，农举趾。十五为花朝节，今不甚举行。

季月朔，占值清明，草木荣茂，值谷雨，黍稷丰盛。是日及次日雨，主旱，三日屋地不平，取土垫之吉，种宜葫芦多且大也。上巳不修禊，城北有曲水流觞今废，或有病者涤于长流。十四日俗称城隍神生日，竞设赛焉。或有夜祭三皇，享胙臀者，唱饮达旦。冬至后百五日，为寒食清明节也。俗多以前两日为寒食，前一日为蛆日，造醯酱忌节日造生蛆。当清明，官祭厉，家展墓，挂纸钱，增新土，作面燕及蛇，插柳枝标于户，以迎玄鸟，男女并出祭扫。次日妇告归宁而展墓，连日倾城踏青看花，挑菜簪柳，斗百草，谚云：“清明不戴柳，红颜成白首。”家家树秋千为戏，闺人挝子儿赌胜负，童子团纸为风鸢，引绳而放之。山原车马，尊罍相接，道隅馂余而多醉歌矣。下旬八日祀东岳庙，俗为大帝诞辰也。男妇有为父母兄弟赛，愿顶纸马，敛衣束身出户，且行且拜。亲众鼓吹随及庙乃止，并日拜庙。山海则拜于天妃庙。谷雨画朱符禁蝎。

立夏日　占日晕则水多。是日入海捕鱼，视西南风则多获。东北风不利。若值朔，主地动。小满主凶灾，大风雨主大水，小则小水，晴则旱。

孟月朔，雨占麦丰歉，俗云：“一二麦脚黄，三四落把穰，五六泥中割，七八麦上场。”以七八日雨为上也。八日为浮屠生日浴佛，僧尼各建道场宣经，倡男妇结会，持斋诣佛寺礼拜。或以黄豆置盘盂而念佛，悉如豆数。且分众食，谓之结缘。十八日祀天仙。亦谓之拜庙。视季春尤盛，盖妇人求嗣者，本古高禖遗风，流而为赛祷。又童男女多病者以小纸秸为枷锁，荷之诣庙祈祷，三年为满焚神前谓如愿。其祠在迁安景忠山颠者，俗称顶上娘娘，昌黎仙人顶亦称顶上境。数百里内外男女，或负病匍匐上献钱于祠官，立收头而坐享其利。进香者往返交错于途。旅店咸获利，山下纸币之肆，亦二三日大市也。

仲月端午，置葵榴堂中，悬艾虎辟瘟，贴纸画虎蝎或天师像，谓之五毒符。捉虾蟆，取蟾酥。朱书“五月五日天中节，赤口白舌尽消灭。”揭之楹户，僧道以辟恶灵符分送檀越。医家以香囊雄黄、乌发、香油送所往来家，而揭符于门，采百草制药汤，沐泛、菖蒲、朱砂酒云饮之恶物不入口。儿童颈臂胫足系彩缯云辟毒，名百岁索。俗不竞渡，或斗百草赌饮而已。戚里以角黍饷，男女姻家互馈为追节。是日雨主蛀。至日占伏有风大热，占麦谓麦信东南风，麦稔西北风，熟亦瘠。西南风甚，旬中必稿。十三日俗为关帝诞，百戏、角牴、集倡优乐之。是日，必有微雨，谓之洗刀水。

季月六日，热，五谷收，冷多雨。清辰汲井水，贮之经年不坏，可以造面清醯，又以水煎盐，擦牙洗目，日午曝衣、帛、裘、褐。夏至后第三庚为初伏，第四庚为中伏，伏日宜窨曲、酱曲，有粗细而酱以生熟。占初伏雨主秋旱，锄茄十次每秧结十茄，人洗头去风。以杏仁炒麦子食数粒一年头不痛，心无呕。凡伏寒为灾，与唐《五行志》占仝时黍将登，大暑忌朔，小暑忌雨。社旬有三日祭龙王庙，至望祭风王庙。

立　秋　户挂蒺藜云蚊不入户，或曰中元将至，而鬼畏之。是日占晴，主万物少成熟，雷多尤忌之。初庚为后伏，十八日寸草实如夏至之麦刻期不爽焉。

孟月朔，忌立秋。六日挂地头纸。七日曝洗作曲合药。其夕少女或盆种五生，或案陈瓜果于庭院中，谈银河，会乞巧结彩。或对月穿针，或以水注磁碗，撇绣针于中，照影以试巧拙。童男有置蜘蛛小盒内，次日视丝稀密为乞文多少。亦开元遗风。今男女乞者少矣。惟为牛生命日，挂花枝于角，可无灾。以面饼赏牧童，及次早视鸦鹊顶毻为取填河之验焉。中元为地官赦罪辰，僧家建盂兰会，人家有持斋诵经，谓之大斋日。前一日采麻谷，归置门左右，或置奠苾祀祖考，复墓祭。或负麻谷往，谓之麻谷节。官祭厉里社，亦行之，谷始登。处暑亦忌朔，人不安。

仲月朔日雨，谓之苦雨。占菜味不嘉。丁戊祭坛庙，白露既零，里中各祭土神，不必用分前后，戊日为坛为社也。分日喜阴，及西方微云起。忌热主旱。中秋戚里制月饼，杂以肴糕，及瓜果酒醴祭月而赏之。比邻群饮街衢，夜分乃已。豪门相馈遗、宴会，笙歌彻旦，下户瓜菜少坐而已，占月为云蔽，来年灯节必雪。

季月朔日，值寒露主寒温，不时值霜降，主多雨及来年饥。有风雨主来年春旱、夏水、麻贵。若东风半日不止，则米麦皆贵，重阳日晴，则冬至、元日、上元、清明皆晴，雨则皆雨。又占是日晴则一冬凝，雨则一冬晴。占风色为来年丰歉，喜东北，忌西北，其为节梢如《荆楚岁时记》家制枣糕侑果肴馈遗姻家。簪菊佩萸登高，多酩酊而归。酿菊酒，醢瓜菜，霜降官祭旗纛。月内忌：雷主谷贵，虹主人灾，霜不下，来年二月多阴寒。

立冬日　谓之阳月。值朔有灾异，晴雪则一冬为然。晴虽过寒而有鱼。占来年前霜多，主早黍善。后霜多，主晚禾善。惟西北风，主来年大熟。

孟月朔，乡饮举于学宫，无祀祭于厉坛。至下元节传水官解厄之辰，亦相效持斋诵经。质明，祀先祭墓，剪色楮为冥衣，焚之日送寒衣。是日南风则冬暖，北风寒。又占十六日谓寒婆晴，主冬暖竟月，毕场功劳农，遣工人归，设醮燕享至醉，如古蜡祭之风焉。虹主麻谷贵，月食鱼盐贵，雷，人多死，雷而雾，离水面则二百五日水至。

仲月大雪节，朔日大雪主凶灾，不利农。至日亦然。日至谓之“亚岁”，官府五鼓望阙拜贺毕，彼此拜贺。如正旦，民间祭先祖多逆女妇，女妇有献履尊长者，其往来拜贺，惟山海为然。至后九日为一节，语云：“一九二九冰上走、三九四九不舒手、五九六九沿河寻柳、七九八九赏花饮酒。”伏讫而寒生，九讫而暖至，北方节气虽同，而东北视西北正矣。

季月朔日，忌大寒有虎灾，喜小寒为瑞。是日以井水洗蚕子曰饮蚕。通称是月为腊月。腊前雨雪，宜菜麦且卜来岁稔。初八日为腊日，以米、豆、果、肉、杂为腊八粥。或遍置花木，卜云次年无虫且茂，童女黚耳，童男剃发。下旬四日名交年或日小年，扫室宇暮，设糖、饼、果、菜祀灶，俗以糖丸粘灶门云：“毋得言家长短”，以祈福，庇乡人。秉高炬，照田间，修整门户，更造服饰，整办酒肴，备具符帖，僧道作疏送檀越，医士作辟瘟丹，屠苏袋、送往来者。除日，官家易门神桃符，下家亦易联帖，悬麻线、匙筋、葫芦、新帚于户，插芝麻秸于壁。夕辞岁，陈仪祀真宰，及土神祖祢。设庭燎照星斗，放爆竹驱鬼，焚苍术辟疫。或树将军炭，或击千金木，取百谷种量，较钧壹置之地面，取秸茎一析之，纳豆十二闰加一束，置之水中，乃称寿家宴。少长咸集，儿女终夜博戏，谓之守岁。官家用鼓吹，及民间炮喧聒耳达旦，亦有夜深祷灶请方，抱镜出门。潜听市人，偶然言语，以卜新岁休咎云。卜灶自祀灶后，男女婚嫁不择日，至除夕止，谓之乱娶，成亲无忌矣。

凡岁，虽士大夫家不知占星象，民间但见日月外有晕影，或占之，日岚多雨，月岚多风，而占月为多。春季夏仲初三四见新月语曰：月儿张弓，少雨多风。月儿仰瓦，不求自下。为甚验焉。其四甲子雨，如唐《朝野佥载》俚谚而倒其语云。某甲子雨，不叶下韵且阙，末二句今述唐谚正之，春雨甲子赤地千里，夏雨甲子乘船入市，秋雨甲子禾头生耳，冬雨甲子牛羊冻死。鹊巢下地，其年大水。它有一二占互异不验也。大概居近风洞，屯社祭风，凡旱官祷于坛庙，民多祷于龙王焉。

物　产

凡物之生于天地间者，土各不同，而亦有古今之异，然而百里之域，荒逖之区，未尝无特产也。若《滦志》所列通于天下，而郭建初又遍搜三代以来之书，以示博，则固所不必矣。《昌黎志》乃云：倘按籍而索，民何以应，故尽删之，是岂《禹贡》厥篚《周书》王会之意哉。夫永州之畜蛇者，或反以宽其地之征。而下坊州取杜，若者又未必出于图经也。仁人君子以之察土宜而重天物，亦乌可少乎！旧志太繁，择其切于今者存之。

《禹贡》：岛夷皮服、夹右碣石入于河。

《山海经》：碣石之山，上有玉，下多青碧。绳水出焉，多蒲夷之鱼。

《商书》献令其一，东胡请令以白玉、橐驼、野马、騊騠、駃騠、良弓为献。

《尔雅》北方之美者，有幽都之筋角焉。

《周礼·大司乐》有孤竹之管，奏于圜丘。（注云：孤竹，竹特生者，不指所出地，后人因孤竹国名，而指有是竹焉。）

《周礼》职方氏幽州，其利鱼盐。其畜宜四扰，其谷宜三种。

《周书》王会孤竹距虚，不令支玄貘，不屠何青熊。（释云：不令支、令支也。不屠何，屠何也。皆东北夷名。至北魏称徒河矣。）

《周书》海阳之蟹。

《诗》王锡韩侯，其追其貊奄，受北国因以其伯，献其貔皮、赤豹、黄熊。

《春秋》齐侯来献戎捷，谷梁传戎菽也。（郭璞注：尔雅以为胡豆。）

《史记》苏秦说燕文侯曰：北有枣栗之利，民虽不佃作，而足于枣栗矣，此所谓天府者也。

《史记》燕、秦千树栗与千户候等。

《唐书》平州土贡，熊鞹、蔓荆实、人参。

《辽史》马城县东北有千金冶。

《一统志》金，迁安县宽河川出。丹锡，滦州及迁安县出（今不产）。铁，迁安、卢龙二县出。盐，滦州及乐亭县俱出，有场。（今抚宁、昌黎二县俱出）。人参、麝香、豹尾俱废柳城县出。纸，滦州及迁安县出（今俱出迁安县）。鹰鹘，昌黎县道者山出（今少）。石灰，抚宁县有场（今场废）。蔓荆子，迁安、卢龙二县出。甘棠梨，迁安县出。香白芷，乐亭县出。

右并见于经史之文。

今志各府所通有者不具，其尤异者：

卢龙虽郡治，邑小而产少。黄金产阳山溪中，色虽艳而小如粟粒，淘之得不偿工，其河名淘金。又云：孤竹山金顶、银腰、铁脚，言所产也。而白沟河东北五里有铜矿山。食品酱豉制得法。红萝，城西独大而脆，称特产。桃林口关面黄崖山襟青龙河，产鱼、鳖、鲫、鳜、鲇、鲈，最肥美，异他产。口外人每春缚苇作筏，冬穿冰飞叉掷取之。叩关贸易，人亦利其价廉，间产灵龟不常有。口外山深险峻，松椴蔽空，虎、豹、豺、狼之所窟也。虎或入城捕犬羊。其产黄羊常来关，外人莫能捕之。境外有山，遍产桃树，枝干劲直，色斑脂腻，皮可裹镞，关人及口外人并取之，故关营以名。桃林口外三十里，有芍药川，花多白，开时弥漫十余里。黄崖草出燕河营，叶圆，根皮紫，肉微红，状如羊尾，不知名。为金刃伤者，取根焙乾，去皮刮肉末敷速效。

迁安地广山深，近边多异产。黄金产宽河（在口外）。六宝峪以产金、银、铜、铁、铅、锡名。银矿山在太平寨西，及黄崖山沿边多有之。铁出在要孤山。红白土可圬，出为口关及白道子，白可浆衣拌糖。石灰出黄山灰窑峪。黑鹰多巢贯头山。红嘴鸦自松亭至石门皆有，铁门洞诸山多蟒有遗迹。猴，大尖山团亭有之。蟹，三里河者肥美，土人探穴竞取之，澈河者亦佳于滦。鲫，滦河佳美，莲池山产亦佳。凡鱼自口外，由滦入团亭者，潘家口立橧其湾所聚也，官坐享而渔之。黄麻，长岭社屯多产，为楮以贩线麻，亦所特出。桑皮纸出黄北社，多红花、白腊、蓝淀。木称奇章柏，口内柏少松多，可游乡汉儿庄、三屯馆类多异，不能枚举，而口外尤多，盖出松亭关乃古千里松林界矣。边内木大称银杏，七家岭下二株大于它产，实佳而价甚贵。梨、锦唐出在城社及陶村社，小而皮薄，甘脆，藏至正月味愈佳。榛栗，帐房山产，岁进贡，松汀山及城山多。药有天花粉、黄精、人参、五味、细辛、桔梗、茵陈、半夏、兔丝、豨莶、蔓荆、茯苓、赤芍药、白蔹、苦参之属，各邑山中多有之。花椒，城山寺为盛，血石岭产冬青草，乃款冬花之类也。煤粪草，出县西二十里贤姑庙旁，其水浸十数顷。草木蕃盛，产荷菱及螺虾，一旦忽涸，掘数尺皆粪，草乾可烘爨，土人利之，徐少卿因而开水田数顷。

抚宁兼山海，产宜饶而若诎。银矿，嘉靖乙卯开贡于王旺峪，官督军防，供应不赀，煎炼不满千金，而耗民膏什八九矣。矿脉既啬，人力亦疲，乃奏罢，立庙于洞上。石佛峪南亦有银铜峪，其绝久矣。石炭谓之煤（详见山川。）今供给有司，产石门寨。大崇峪多青石利用（详见山川。）猴猿三峦山最多。每至八月，义院口、温泉堡外辄有数万。至弥月乃去，田家苦之。熊出口外，口内有熊山，盖旧产也。鳝似蛇，长尺余，有青黄二色，多居泥中，出温泉堡。苇子堡杏山沟者佳。白牡丹出青山黑峪头西，及罗汉洞外。藁本香产苇子峪。水红消梨产台头之东山。熟于诸梨后，皮中皆水，香闻数步，独为奇品，他郡所无。秋桃出石门寨，其大过拳，甚甘美。蓄者用草围树，以避霜雪，因熟晚故名，初每颗价不过一分，至十月取出，其色莹然，货之颗五六分矣。其李与苹果亦称佳非特产。药有草乌、远志。海阳出商陆。山海出麻黄佳，山海花有匾竹，货有线麻、椴麻。鱼则石首，鲞鱼、石鱼、鳜鱼、青乌贼、鲔白条、对虾、海馒头、海鹌鹑。酒次于滦。《关志》云：土瘠狭，多寒，无丰产。古称鱼盐，自海禁严，而渔商并绝，故获寡而售艰矣。

昌黎自为一域，山不逼边，海不逼关，风气繁丽。山产类抚宁、卢龙。海产同滦州、乐亭。故无异产而载其多者。石乳在达磨峰之左，凡岩穴阴处，溜山液而成，空中相逼，长者六七寸如爪甲中，无雁齿光明者佳。焰硝出套槐社。丝盐出永受屯。黑磁器、瓦器及淀出石门社。薏苡出会东社。莲子、蓤米、黄菜出静安社。红花出赤崖社。棉花出沙程社。平机布出会东社。豆有刀有玉环。瓜有化即胡瓜也，亦呼为黄瓜。菜有菠有荼。花有班竹，出在城社，又以名寺。果有无花、有文官、有互斯赖、有柿子、白檎，出洋山社。蒲萄、接桃出顺德社。樱桃、核桃出嘉颖屯。石榴、沙果出延昌屯。兔出正乐屯。团林社七里海多鱼，有角有带。海错车螯同滦州。

滦州沃，衍产多，货殖聚焉。花椒种二：有水有火，香花峪颇多。蒜，紫皮出松梁社康家庄及梅一、梅二社。莲，州及乐亭地二里最多，故曰龙湾瑞莲。芹，以名山，俗名芹菜山，在古马社。龙须米出法宝社。果品：李产偏山最佳，无花果，乐亭有之。赤石脂出紫金山，未闻人药用，各色石脂，境内亦有之。黄芩、柴胡出横山营，有名入贡。芎穷叶名蘼芜，州产不堪入药，惟可入茶。秳楼州北土墙甚多。薏苡仁，下社多，可作粥。辛夷花，不多产。惟州治后一株甚茂。酸枣、野蒲萄，产项家坨。松，荐福寺者大十围。知州潘龄书秦封第一，今无。狼兔多藏于大田泊。猪，州产颇多，乐亭民间有以此致富者，雉、兔、獐等物产于龙堂、望马、兔耳、大夫杨家、冯家诸坨。六畜则冯家，长坨草木蕃也。狐出止马山者，毛深色赤。俗传岩山有狐妖。鸟属有铁脚，至冬人捕充馔甚肥美。又有秃鹙、兔鹘、鸭鹘、训鹘、经雀、沙鸡及柳叶儿雕鱼即驴粪球、黑马杓、胡叭喇、胭脂辨、笼兜子、红鹦儿、金雀、腊嘴之类。鱼类鲤最佳，出偏凉汀，大者一二十斤，鳞甲金色夺目，肥鲜尾长曰重鲠，及鳜、鳢、鲇、鲦、青、白出滦河并佳。淮鱼似鲇而大，海多滦少。鲫，偏凉汀最佳，多重斤许，有至三四斤者，湖湘不及也。海鲐，近府有之。丸子身黄头大、有翅无鳞，出清河。秤杆小而长似之，鳞细，出清河。鲅如梭，身长而青，滦海并出，腌者海佳，鲜者滦佳。白眼，海出类鲅而肥，身鳞金色，眼如玉环，重三四斤，滦河亦出。乐亭沙城社多。鲁，四月后，海及滦俱有，巨口细鳞，身负黑点，大者十余斤。面条鱼一名银鱼，出蚕沙口，乐亭之千金社。鰋，海出立夏，方有大者数十斤。鳘，腹中有鳔，但不及南产耳，至小者重三四斤，四五月多。同罗，细鳞有黑点，形类大鲞，味亦如之，但土人不能作耳，叵罗多刺，味微类鲥，小，直沽呼为腾香鱼。蜡头类河豚，味甚美，肝血有大毒，去之方可食。八带，海出。带鱼，狭而长如带，出乐亭。鳓，腹下有骨如锯。鲻以鲤，生浅海中，专食泥，身圆小，骨软肉细。扳鱼身多鲠，长五六寸，味肥似糟，浥之可作汤。羊鱼味膻，形圆，尾如羊尾，端有骨如剑，触之伤人，土人取其油。镜鱼，形如镜。房鱼，其大如房，或随潮陷沙上，土人割脂熬油燃灯，腥臭不可食。黄谷、柽条，出滦河。鳖，俗名团鱼，滦河产佳。蛏，壳薄而狭长，正二月出泥中，味佳。蛤蜊似蛏，而壳团肉厚。蚶似蛤而圆小，壳如瓦楞，雷动而开，人不食矣。螺极大，小者为蠃蛳。螃蟹出白沙峰社，西滦河多。蟳蟹随潮退壳，一退一长，潮大则膏不实矣。虾大小不一，近海产有金钩、玉钩之名，出蚕丛口，取肉干之为虾米，滦河亦多。棉花，凡平原皆有，为布有杂有细。乐亭机杼为盛，土人呼为家机布。红花多种之场圃，承露采干以染红，及作胭脂。淀出于蓝，以水出色者为定，土人总呼为靛。桑皮楮出何家庄。席，长春诸社织芦苇为之，且编为箔，大水泊多蒲蒿，人就而利之。油有苏有麻。硝有朴、有焰。煤炭水和始燃，俗名水和炭。出开平卫何各庄及峰山口生者有焰，宜煅灰及炒铁尤宜大块。火炼过者，为焦子炭，陡坡、古冶有之。碱出海滨姚家、柏家庄。盐出海滨，味甘色白，出柏一二三里及石碑场者最佳，长芦不及也。

乐亭陆产比滦而海饶之。其见于州者不具。鲈鱼出白沙峰社。七星鱼出黑崖子社。绢可作帷。丝绵出力本屯。褡连、褥裹出嵩林儿社。绵布，境内俱织，多于他处。

卷之六

莱阳　　宋　琬撰次
宜兴　　路　邈参校
辽阳　　彭士圣重订

城　池

昔夫子之答言游，以城郭沟池为小康之事。而王公设险之用，于大易系之下阳、虎牢。春秋特书以示守邦之训，圣人之情，见乎辞矣。兹郡自慕容氏大城肥如，魏熙平城肥如之后，于史更无可征，迹其历代攻守之故，亦得失之林也。兵革初定，垣墉荒圮，府城西偪漆河，屡遭冲啮，岸复善崩。时勤筑塞，司土之君子岂得曰：守在四邻，而不讲乎。

府　城　高三丈有奇，厚二丈，周九里十三步。前代修建年月无考。明洪武四年，指挥费愚等拓其东而筑之，砌以砖石。门四：东曰通辽，南曰观海，西曰望京，北曰镇平，其西北别有一门曰小水门。门各有台有楼，其重门曲而尽制。其南门之东二百步，当学宫前有奎星阁。又东数十步下水关上有凭虚阁。东门之北有台最高，上有望高阁。又北上水关上有玄览楼。西北隅有武备楼。其历年增修者：景泰中参将胡镛、知府张茂，弘治中知府吴杰，嘉靖中兵备副使温景葵，隆庆中知府刘庠，万历中张世烈、仕铠、马崇谦、徐准，推官沈之吟，天启中兵备副使张春。

池　深二丈，广五丈。东北而南阻山为堑。北凭肥水入漆，漆为西堑。其北隅有文会亭临之。迤南而东皆莲池深广。其西城下有砖石泊岸以防漆。啮泄水有渠，汲水有级，其制颇备。

卢龙县　民堡　北三十里安山曰松崖，西三十里赤峰曰安河，东三十里新罗寨曰双望。

迁安县城　高三丈，厚丈二尺，周五里。北属县，南属卫。旧土垣，明景泰中巡抚邹来学檄县甃以砖门四，上各有楼。其历年增修者：天顺中知县江澄、弘治中张济、正德中罗玉、嘉靖中许穑卿、韦文瑛、罗凤翔，隆庆中隋府、万历中申安、钱吾德、张九三、顺治五年张玉。

池　深二丈，广三丈。万历中知县申安引河绕之。

民　堡　南十五里曰沙河驿，西六十里曰新店，西北六十里曰罗家。

抚宁县城　高二丈九尺，周千一百六十四丈。东属县，西属卫。旧土城一座，在阳河东二里，明洪武十三年徙河西兔耳山东。永乐三年，于旧县址置抚宁卫。成化三年，奏复县于旧治，乃于卫东立县，合为一城，甃以砖门四，上各有楼。其历年增修者：弘治中知县李海、嘉靖中通判李世相、知县段廷宴、姜密、万历中管县事通判雷应时、指挥张耀先。

池　深三丈，广五丈。

民堡山寨　北二十里曰马头嶷，三十里曰羊角山，西四十里曰鹁鸽堂，西北三十里曰鹏（雕）岩，东三十里曰塔子山，南三十里曰兔嘴岩。

昌黎县城　高三丈，周四里。旧土垣，明弘治八年，知县殷玘，甃以砖门四，上各有楼。其历年增修者：弘治中知县陈纲，嘉靖中秦志仁、李希洛、胡溪楚、孔生、隆庆中张存智、万历中孟秋、吴应选、胡科、石之峰、冯恩、天启中尚濂、顺治年程量、刘彦明。

池　深二丈，广四丈。东西门有栈板。南北门有吊桥。

民　堡　东二十里曰裴家庄，西三十里曰蛤泊，五十里曰静安，六十里曰莫各庄，南五十里曰套里，六十里曰石各庄。

滦州城　高二丈九尺，厚二丈，周四里二百余步。辽时筑，见沿革。明景泰二年，巡抚邹来学檄州同杨雄，甃以砖门四，上各有重楼，有四角楼。其历年增修者：弘治中知州孔经、嘉靖中张国维、陈士元、隆庆中署州事府同知贺溱、知州崔炳、刘欲仁、万历中白应乾、张元庆、何士伟、周宇。

池 深广皆二丈。

民 堡 东南二十里曰马城，六十里曰徐城，西四十里曰石佛庄，九十里曰榛子镇，西南八十里曰司家庄。

乐亭县城 高二丈八尺，厚一丈五尺，周三里。旧土垣，明成化元年，巡抚阎本檄知县元弘，甃以砖门四，上各有楼，有四角楼。其历年增修者：成化中知县李瀚，弘治中田登，正德中县丞孙鸿，嘉靖中知县相文祥，隆庆中李邦佐，万历中王永清。

池 深一丈四尺，广三丈五尺。

民 堡 东二十里曰胡家坨，三十里曰黄瓜口，西北六里曰连北店，西三十里曰新寨，西南三十五里曰马城，南三十里曰阎各庄。

公 廨

永平介在东陲，非若中原上国，富州雄郡，有美之堂，凝香之阁，可以形之文墨，侈为风流。而自监司守令之居，与台部驻节之所，不过以时塓馆，蔽风雨辟燥湿而已。且以岁凶民贫多废不治。而边亭镇遏之处，昔人创为廨署，无虑数十百区，今并委之榛莽。邑似穷边，官如传舍，此亦郡事之一变，可为增慨者矣。旧贯虽存，荒基难构，故但录其见存者于书，以告后之人，时勤涂坚塈焉！

府 治 在城中平山上。明洪武二年建，其历年增修者：正统中知府李文定、张茂、成化中周晟、嘉靖中曹怀、万历中刘泽深。堂东经历司，次茶水库。西照磨所，次架阁库。两翼，东署门次八房，次鸾驾库。西署门次八房，次大润库。中甬道戒石牌亭。前仪门外东土地祠，寅宾馆。西司狱司。堂后为穿堂为后堂，北为知府衙。东为理刑厅、马政厅（今裁）。又前为检校宅衙。西为清军厅、粮捕厅。

又前为知事、照磨、经历宅，次列吏舍。大门前至东申明亭，西旌善亭。中有坊曰保禧，东为文官厅，西为武官厅。前有坊曰古北平临衢。

卢龙县治 在府治东南。旧在府治后，明隆庆二年知县赵敬简移称于此。堂东库仪，门外左寅宾馆，后土地祠，右狱，其穿堂西楹为书舍，左知县衙，右典史衙，吏舍列各衙前。

迁安县治 在城内西北。明洪武初建，其历年增修者：弘治中知县张济、嘉靖中徐州、万历中白夏、顺治十一年张自涵。堂东西二库。仪门外东寅宾馆，前土地祠，西仓狱，后堂后为知县衙，东主簿衙（今裁），东南典史衙，西吏舍。

抚宁县治 在城内东北。明洪武七年建，其历年增修者：成化中知县姜镐，弘治中刘玉。堂东西二库，仪门外东土地祠，西寅宾馆。后堂后为知县衙，东主簿衙（今裁），前典史衙，西吏廨，前近仪门为狱。

昌黎县治 在城内西南。明正统中知县王玺重建，其历年增修者：弘治白纯道、嘉靖中文世英、万历中石之峰。堂东西二库。东幕厅，西军储厅。仪门外东土地祠、寅宾馆，西狱。后堂后为知县衙，堂西县丞衙（今裁）。前典史衙，吏廨列堂左。

滦州治 在城内东街。明洪武初建，其历年增修者：正统中知州刘弁、成化中吕端、弘治中吕镃、嘉靖中陈士元。堂东幕，西库。仪门外东寅宾馆、土地祠，祠东北为仪仗库，西为狱。大门为谯楼，穿堂后为知州衙，后圃有山麓、有池、有轩、有亭，堂东同知衙，前吏目衙，西判官衙（今裁），前列吏舍。

乐亭县治 在城内东南。明洪武三年，知县王文贵建，其历年增修者：洪武中张似兰、刘晟、永乐中于继贤、成化中李瀚。堂东幕西库。仪门外东土地祠、寅宾馆，西狱，后堂后为知县衙，东县丞衙（今裁），前典史衙，堂西南吏舍。

州县戒石、仪门、大门方位，六房，旌善、申明二亭，视府而制有差。其堂坊各有名，名更不常，并非定制，不具。

永平监军兵备道 在府治东南二百步。旧为南察院，嘉靖四十年，兵备温景葵拓而改之。其历年增修者：隆庆中杨兆、万历中孙应元、叶梦熊、成逊。堂西茶厅前为书吏舍，堂后为后堂，西为住宅，有花亭，西有射圃亭。仪门外东土地祠，西宾馆，大门外东中军厅，南府厅，西州县厅，东西有鼓角楼，有坊各二。

户部分司 在府治东北二百步，永丰山西麓。（嘉靖四十五年建，今废）。

兵部分司 在山海关。

察　院 府城三，一在户部分司东北，一在望高楼前，一在东门内（今废）。滦州在治东。迁安二，一在治北，一在治东南。抚宁在治西。昌黎在治东北。乐亭在治西。

巡抚公馆 在城外东南二里，今废，出巡居察院。

太仆公馆 在城外东南二里，今废，州县称分寺。迁安废为南察院，抚宁在治东北，昌黎在治西，滦州在察院东，乐亭在治西百步。名虽存而皆为上司公馆。

府　馆 在卢龙县，左为通判马厅，今馆移驻山海关。

府通判公署 在山海关分司北。

属　司 司狱司在府内。税课司在府前街左谯楼前。巡检司，旧在乐亭县西南三十里新桥海口，万历四十三年移榛子镇。阴阳正术在府治东南。医正科在府治西。卢龙县附。滦州阴阳典术、医典科并在治西。迁安阴阳训术在治南，医训科在治西。抚宁并在治东。昌黎并在治北。乐亭阴阳在治南，医在治北。僧纲司在府城南隆教寺。道纪司缺。滦州僧正司在城南广福寺。道正司缺。迁安僧会司在城东宣觉寺，道会司在城东南昊天观。抚宁僧会司在治南。昌黎僧会司在治北崇兴寺。乐亭僧会司在治南，其道会司俱缺。

各卫公署多废不具，山海卫改为制府，今为平西王府。武职公署，旧志所载甚多，各边营路无处不有。察院公馆今并废，录其见存者。

协标左营署 本营，前朝时原系永镇中营，设副将一员，旧无公署。国初照旧设副将，改立公署，在府城东南隅，顺治六年定经制，永平设立统辖副将一员。标下改设左右两营守备二员。永镇中营改为协标左营。顺治九年，裁去山海副将，其所辖东协四路营卫地方，归并本协统理。

协标右营署 本营，前朝设永左营，游击一员驻扎永平府城，原无额设公署。顺治元年，将永左营改为永平城守营游击，六年改为山永协标右营守备。

山海路 原设经理镇总兵官一员。顺治七年，裁后改设副将一员。十年归并永平副将管理。本路原设参将一员，顺治六年，改为都司。**总兵署** 今城守满州大人居住。**副将署** 因副将归并永平，改为察院，今颓坏。**都司署** 原系公署后察院，往来官员住歇，今本路都司见住。

石门路 原设参将一员，今改都司。**都司署** 原系参将署。**察院**二所。

义院口关 原设守备一员，今照旧。添设石义中营副将一员，驻扎本关河口。添设花场峪营守备一员，驻扎花场峪正关河口，并顺治六年裁。**守备署** **察院**一所。**花场峪守备署**。

大毛山关 原设提调一员，今改为操守。添设城子峪营游击一员，驻扎正关河口，顺治六年裁。**操守署**。

黄土岭关 原设守备一员，今改为操守。添设一片石营参将一员。添设黄土岭营游击一员，并顺治六年裁。

燕河路 原设参将一员，中军一员，顺治六年改守备。**守备署** 原系参将署。

台头营 原设副总兵一员，中军一员，把总一员。顺治元年照旧。六年改都司一员，十三年改操守一员，余并裁。**操守署** 原系副总兵署。把总署。

界岭口 原系守备一员，顺治六年改操守。**操守署** 原系守备署。**副将署** 前朝原设燕界中协副将一员。顺治元年裁。

青山口 原设守备一员，顺治六年改操守。**操守署** 原系守备署。

建昌路 原设参将一员，顺治六年改都司。**都司署** 原系参将署。**察院**二所。**车营都司署** 原设都司裁。**千总署**。

桃林口 原设守备一员，顺治六年改操守。**操守署** 原系守备署。

刘家口 新设守备一员，顺治六年改操守。**操守署** 原系守备署。

冷口关 原设守备一员，顺治六年改操守。**操守署** 原系守备署。**副将署** 原设建冷中营副将一员，顺治六年裁。

蒲河营 顺治十三年，新设，都司一员，无署。**南海口** 顺治十三年，新设守备一员，无署。

刘家墩营 顺治十三年新设守备一员，无署。**参将署** 原系参将一员裁。**马头营坐营官署**（今并颓坏）。

教　场 府城在滦河西里许，迁安在西门外，抚宁在西门外，昌黎在城西南二里许，滦州在城西三里，乐亭在城北，山海在南门外。

仓　场 **永丰仓** 在府治东里许，大察院前，**草场**在东北城下。**山海仓** 在营西南，草场在东南。**石门仓** 在营西北，**草场**在东南。**黄土岭仓** 在营东北，**草场**在西南。**义院口仓** 并输石门黄土岭。**台头仓** 在营西北，**草场**在左。**界岭仓** 在营南，**草场**在前。**燕河仓** 在营内道西，**草场**在城外西北。**刘家营仓** 在营南，草场在右。**建昌仓** 在营东北，**草场**在东南。**太平仓** 在营内山上，**草场**在北。**五重安仓** 在营西北，**草场**在城外东北。**汉儿庄仓** 在营西南，**草场**在城外东南。**洪山口仓** 在营内西南，**草场**在东南。**喜峰口仓** 在营东南，**草场**在西。**青山仓** 在营东南，**草场**在正北。**三屯仓** 在营城西北角，**草场**在大东门外迤北。**抚宁县仓** 在县西，**草场**在卫署东。燕河、太平、汉儿、界岭、刘家、山海、石门仓属府，三屯属迁安，抚宁仓属县，喜峰属遵化县。**预备仓** 卢龙在望高楼下即东盈仓基，迁安在治内，抚宁在治西，昌黎在治南五十步，滦州在治西北，乐亭在治东南，山海在治西北隅，其际留，儒学、驿递、养马诸仓俱久废。**济军仓** 在各营，不具。**海运仓** 在府城察院后。**社仓二** 一在府治东北，一在城隍庙西。**义仓** 抚宁在儒学东，昌黎在治东北百步，山海在治西北隅。

谯 楼 府城**鸣远楼** 在府治东。**钟楼** 在兵备道左，即旧东门基，洪武初建。抚宁在县前 今废。**昌黎鼓楼** 在治东北，**钟楼** 在东城上。滦州在治大门上。山海在城中心。

驿 递 属府者，城南二里曰**滦河马驿**，东二里曰**东关递运所**，今并于驿。又东六十里曰**芦峰口驿** 在迁安县西六十里曰**新店递运所** 今并**七家岭驿**。迁安县**七家岭驿**，旧在县南五十里，今移沙河。**滦阳马驿**，旧在县西北百六十里，今移三屯营。抚宁县治东南为**西关递运所** 今并**芦峰口驿**。东四十里为**榆关马驿**，有察院公馆。山海城西门外曰**迁安马驿** 属永平府，卫治东北曰**东门递运所**。

公 馆 卢龙二：一在三十五里双望堡，一在二十里安河堡。迁安六：一在滦阳驿，一在七家岭，有察院，一在东北四十里孤庄，一在东北七十里长岭峰，一在东北九十里河南大寨。昌黎四：一在城东百步，曰昌黎馆，一在东二十里张角庄，一在西三十里两家店，一在西五十里静安堡。滦州二：俱在西九十里榛子镇。乐亭在城北团店。

铺 卢龙县，自府治南四十步为**总铺**，东十里**国家铺**，又八里**第二铺**，又十里**双望铺**，又十二里至抚宁**背阴铺**。自总铺而西十里**石梯子铺**，又十里**白佛店铺**，又十二里**安河赤峰铺**，又十里至迁安**色山铺**。自总铺而南二十里**周王铺**，又十里至滦州**刘各庄铺**。自总铺而西北十五里分水岭**黑石铺**，又十五里至迁安**沙河铺**。

迁安县自治南十五步为**总铺**。南十五里沙河铺，又十里卢龙**黑石铺**。自总铺而西南十八里有西径可达七家岭，又二十里**黑崖子铺**，而分东西，自东十里**沙窝铺**，又十里**色山铺**，又十里至卢龙**赤峰铺**，自西十里**马波铺**，又十里**岳榆铺**，又十里至滦州**甸子铺**。自总铺而西北十五里**龙起铺**，又十五里**金山院铺**，又二十里**罗家屯铺**，又三十里**大寨铺**，又十五里**旧城铺**，又十五里**白庙铺**，又十里至**滦阳驿**，为遵化界。自总铺而西北百里**迁阳铺**，又十里**灰岭铺**，又十里**孩儿铺**，凡一百二十里**达古城驿**，出口外。

抚宁县自治东二十步为**总铺**。东五里**横山铺**，又十里**白石铺**，又十里**马坡铺**，又十五里**深河铺**，又十里**团山铺**，又十里**张果老铺**，又十里**丰台铺**，又十里**红花店铺**，又十里迁安镇出关。自总铺而西五里**绿湾铺**，又十里**芦峰口铺**，又十里义院岭**背阴铺**，又十里至卢龙**双望铺**。

昌黎县自治东十步为**总铺**。西十里**石堠子铺**，又十里**柳河铺**，又十里**梭头湾铺**，又十里**营城铺**，又十里**訾家铺**，通卢龙**八里铺**。自总铺而东北张各庄有铺废，外距抚宁**红花店铺**一百二十里。

滦州自治东二十五步为**总铺，南十里大柳铺，**又十里**马城铺**，又十里**长宁铺**，过此为乐亭界。自总铺而北十里**刘家庄铺**，过为卢龙界。自总铺而西北七十里**甸子铺**，又十里**牤牛桥铺**，又十里**榛子镇铺**，又十里**狼窝铺**，又十里**铁城坎铺**，凡一百十里为丰润界，有公馆，与县共之，外距抚宁地**马坡、深河**二铺百三四十里。

乐亭县自治西十步为**总铺**。西北十里**曹家庄铺**，又二十里**定流河铺**，过县界凡六十里至滦州，东北距抚宁地**团山铺**百里。

学　　宫

夫鲁作泮宫，诗人致颂。王泽衰缺，子衿刺焉，是治乱之本，关于庠序者，非浅鲜也。自道隆之世，虽偏方下邑，五乘之都，百家之社，莫不有学。而末乃陵夷不振，弦诵声微，戈鋋运棘，曷怪乎髦士之难成，而上理之未臻也。永平地属京畿，学兼府卫右文之意，特重于外郡，而荐经兵乱，堂序倾颓。余视事一载，亟率郡邑，毕力以建府学，庙貌宫墙，一新其制。而县卫之学，未遑修举。至于旧日学田，多遭圈占，祭器书籍一切无存。自余至此，礼容乐舞，稍稍肄习。而时诎费，繁期赊代。迫所望后之君子，述子游之盛心，追文翁之雅化，使黄山濡水之间，复见科名文物之盛，岂非是邦之幸也夫。

府儒学　在治北一百五十步。旧志云：创建年月莫考，其历年增修者：元延佑中总管府达鲁花赤也孙秃、至正中总管贾维贞、明正统中知府李文定、天顺中周晟、成化中王玺、王问、弘治中吴杰、正德中何诏、唐夔、嘉靖中李逊、隆庆中兵备沈应乾、知府刘庠、万历中兵备宋守约、徐准、知府辛应乾、张世烈、今兵备副使宋琬、知府杨呈彩。明伦堂，两序东西斋，前仪门，大门外东西二坊，后堂两楹为号舍。又后教授宅堂，左三训导。

先师庙　在明伦堂西，两庑前露台，戟门左右祠，名宦、乡贤，前泮桥，左右碑亭，前棂星门，庙后东启圣祠，西敬一亭，射圃在庙西。

卢龙县儒学　在县治南。明洪武二年，知县胡炳建。其历年增修者：景泰中胡宗、天顺中教谕李伦、成化中徐润、训导王淳、郭淳，弘治中知县李景华、吴杲，嘉靖中同知张守、知县吴道南、杨保庆、兵备沈应乾、万历中潘愚、兵备叶梦熊、知府孙维城，推官沈之吟、知县王衮、王象恒，顺治中梁应元、赵汲。明伦堂左馔厅废。右学堂，后教谕宅，左训导宅。右**先师庙**　在明伦堂东，两戟门左右，名宦乡贤庙，后敬一亭，亭西启圣庙。

迁安县儒学　在治东。明洪武二年知县萧颐健，其历年增修者永乐中知县邢冕、宣德中巡按御史余思宽、正统中知县商辂、景泰中费永宁、成化中教谕胡宪、嘉靖中都御史孟春、知县温志敏、陈策、王锡韦、文英、罗凤翔，万历中王淑民、申安、冯露、张鉴、张廷拱，崇祯中任明道。明伦堂后为敬一亭，号房左右列，堂西南教谕宅，前后训导宅，前左为学门。

先师庙　在明伦堂前，启圣祠在堂东，戟门两楹祀名宦、乡贤。

抚宁县儒学　在治东南。明洪武十一年建。其历年增修者：成化中知县姜镐、弘治中刘玉、嘉靖中叶宗荫、通判李世相，万历中知县张彝训、徐汝孝。明伦堂后敬一亭，又后为教谕宅，东西训导宅。

先师庙　在明伦堂东，启圣祠在庙左，戟门两楹祀名宦、乡贤。

昌黎县儒学　在治西南。创建年月无考，元大德四年，县尹刘懋修，明永乐十五年，知县杨禧重建。其历年增修者：弘治中殷玘、嘉靖中胡溪、闫凤、楚孔生，万历中孟秋、吴望岱、徐汝孝、石之峰、杨于陛、今推官刘增、知县宋荐、教谕吴凤起、孙兆祯、训导王渠。明伦堂两斋后号房堂，后为敬一亭，右教谕宅，左训导宅。

先师庙　在明伦堂东，戟门左右名宦乡贤祠。东为启圣祠。

滦州儒学　在治西。辽清宁五年建，明洪武四年知州李益谦重建。其历年增修者：洪武中刘政、永乐中潭辉、正统年刘弁、陶安、天顺中郑鼐、成化中杨鼐、弘治中吕镃、汪晓，正德中陈溥、高堂，嘉靖中张士俨、陈士元、通判陈大为，隆庆中推官陈训、万历中知州郑琉。明伦堂两斋，东出为居仁门，西出为由义门。又前东西儒学二门堂，后敬一亭，西名宦乡贤祠，祠前三训导宅，堂东教谕宅。

先师庙　在明伦堂前，启圣祠堂左。

乐亭县儒学　在治西。金天会中邑人进士李杭建。其历年增修：县令韩昶、邑人鲜于仲权，元至元县尹柴立本，明洪武中知县王文贵，天顺中董昱，成化中王弼、李浣，弘治中郝本、田登、万历中林景柱，天启中刘檄。明伦堂后为敬一亭，左右为教谕训导宅，仪门内号舍。

先师庙　在明伦堂右，启圣祠在庙左，戟门东西名宦乡贤祠。

山海卫儒学　在卫治西。明正统元年建。其历年增修者：正统中卫指挥王整、教授张恭、天顺中指挥刘纲、成化中主事尚絅、嘉靖中黄景夔、邬阅、万历中孟秋、任大祚、遵化巡抚李颐、崇祯中山永巡抚朱国栋、关内道范志完。明伦堂东斋曰文成，西斋曰武备堂，后敬一亭，东教谕宅，前训导宅，西为学门，门内道左为号舍。

先师庙　在明伦堂前，启圣祠在敬一亭后，戟门东西祠名宦乡贤，左为更衣亭，右神厨，前棂星门。

凡明伦堂有两斋，斋名有同异，非通制。山海以文武独异具之。堂直为仪门，大门制同，滦州、迁安前庙后堂异，其门不同。庙台戟门前泮桥、棂星门，并如府制有差，不具。若神库、神厨、宰牲房、馔堂、号房、耳房、射圃旧志无方位，今亦多废矣。

学　田　卢龙三段，一顷九十九亩（知府高邦佐捐俸置），一段一顷六十亩（郡人，御史韩应庚置），一段六十一亩。迁安五段，共二顷零六亩。抚宁共四顷三十一亩一分二厘。昌黎拨补无存。滦州圈占后退出三十五亩。乐亭圈占拨补无存。《旧志》：嘉靖元年，山海主事黄景夔给学田四千九百五亩。五年主事马扬赠山海学田。嘉靖十三年，主事葛守礼给助乡饮公费田一千二百二十四亩七分三厘。二十六年滦州知州陈士元给州学田三顷六十亩。《山石道志》本学廪田，初为关东了望地，居民私垦为业，不知有赋役，及后中官守关括租入私橐，民弗堪命，主事黄景夔至，验卫学乏廪。稽地归官为生禀饩，后主事马扬续垦得地六千二百八十九亩二分，得米一百五石三斗，廪生月增八斗矣。嘉靖十三年，主事葛守礼复籍垦近郭闲田征其租，而廪生直增一石，然时列优等者仅十二人耳。万历三年，主事裴赐悉加丈量，共计地一万六千九百一十四亩四分三厘一毫五丝，共征米二百一十一石九斗六升五合九勺七杪八撮，自后续垦者不无告增，而荒塌者时复告减，前丈之数渐不免参差作弊。万历二十四年，主事张时显，各将任内旧管新收开除，实在米数清算造册，以便察核征收。现新旧各册总量封贮笥中，倘去此籍则委官得以上下其手奸佃得以乾没其额，如近日欺隐之弊至三年莫觉者又当不旋踵矣，哉识于此，以告来者，此系关部支给廪生，学院按院不入察盘，详见碑记。

社　学　府社学在城隍庙西。明成化九年，知府王玺建，弘治中吴杰修。卢龙在县治南关厢街西。隆庆二年，知府刘庠建，万历十二年知县杨时誉修。迁安在治西二十步。弘治十一年知县张济建。抚宁在治南。昌黎在治北。滦州在养正巷。乐亭缺。山海在城东南隅。弘治十四年主事徐朴建。

书　院　**孤竹书院**在府城东北隅望高楼下（今废）。**北平书院**在府学南（卢龙县旧基，隆庆六年知府辛应乾建）。**横渠书院**在滦州西关（嘉靖八年知州赵叶建）。**育贤书院**在榛子镇（隆庆四年，推官辛如金建）。

武　学　在府治南（旧守备厅地，隆庆六年知府辛应乾改建）。

三屯营文庙　在城内西北隅。

辽　学　附府学内。（顺治二年因辽生流没关内□题设，至顺治十二年经奉天谕学□□□府学代理）

祀　典

善乎，郭建初之言曰：今之吏治以文无害为贤。赋税无甚缺典户者可矣。学较无它，议典礼者可矣。盗贼无横，发典兵者可矣。讼狱无积，比典刑者可矣。至祭祀之敬怠，祠司未尝诘，太常不敢问，岂神孔惠而享者乎！凡坛壝旧制，十必颓六七。庙宇在祀典者，官为之修。举民多求福，而助非求福者否矣。以今观之殆有甚焉！郡邑之志，多以淫祀与明神并列。而郭志独为之疏别，其义正而考博，可以示世，故节其文而存之。

郭造卿曰：自舜典望山川则有祀，周礼有风师、雨师，则风雨有祭矣。汉以丙戌日祀风师于戌地，以己丑日祀雨师于丑地。而失云、雷。唐诏祀雷同坛，则固有雷之祀。宋兆风师于西郊祀以立春后丑日，兆雨师于南郊祀以立夏后申日。又以雷师从雨师之神位，而无云，皆各坛为祀，而未尝合一。夫云行而雨施，可祀雨而遗云乎。且人其形，宇其地，则祀山川又失矣。祭法，山林川谷能出云为风雨曰神，是合山川云风雨为一。山川乃体，云、风、雨其用也。前代或祀甲于春秋，乙于冬夏，今日拜丙于西郊，明日拜丁于北鄙，此皆不能调和阴阳知形气合一之道也。惟国初太岁，风、云、雷、雨及岳渎、山川、城隍诸神，止合祭于城南，未有坛壝专祀。二年正月戊申命礼官议，以风、云、雷、雨师诸天神为一坛，山川、城隍诸地祇为一坛。三年二月甲子，命仍合祀之。不用石主，如祭社稷，祭器牲币加社稷一坛，改望瘗为望燎，示尊于社稷也。且虑幽明路异，而神鬼难合，故又以城隍合祭之。风、云、雷、雨中，山川左，城隍右，时定仲春上巳，坛则定于南郊，是谓神祇之坛，而尊于诸神祇也。

风云雷雨山川坛　府在城南三里南山之麓。卢龙附府。迁安在城西南一里。抚宁在城南门外。昌黎在城南一里。滦州在城南六里。乐亭在城南八十步。山海卫在城南一里。

郭造卿曰：社土神、稷谷神，自三代礼不同，汉、唐则益异矣。诸儒以勾龙、后稷为配，而又以为非配即祀，相承不知其失礼。圣祖特主孝经说，以社五土主，稷五谷主，皆自然之气，而非人为也。然广土诸谷，不能偏祀，故合土以为社，推长以尊稷，祭以春秋上戊日，戊主土坛于西郊，以取西成，稷左社右。元年十二月己丑，令府、州、县各设坛壝，制坛定式，而庶人亦祭里社土谷，此谓天下之达义。

社稷坛 府在城南二里。卢龙附府。迁安在城西北一里。抚宁在西门外。昌黎在城西一里。滦州在城西一里。乐亭在城西。山海在城西二里。

郭造卿曰：厉鬼，灾也。春秋传鬼有所归，乃不为厉。祭法，王有泰厉，诸侯有公厉，大夫有族厉。今府州职大夫康成云族众也，大夫众多其鬼无后者众，故曰族厉。自三代后，或弃不用，用亦不详。洪武三年十二月戊辰，命京都、王国、府、州、县于城北郊各立厉坛，颁厉祭文及告城隍文与坛式于天下。每岁三祭：春清明、秋孟望、冬孟朔。主祭内京尹，外守令，先期牒城隍神祀日以为主祭，馀羹饭则散诸民之无告者，其哀死亡恤无后至矣。又令乡村间百户内立一坛，祀土谷神，岁一户为会首，春秋二社，率钱备少牢。祭毕行会饮礼，会中一人读抑强扶弱之誓。又立一坛祭无祀鬼神，岁亦三祭，祭用牲酒，会饮读誓如祭社。自古祭礼之下及于民，孰有明备于今日哉。

厉　坛 府在城北半里。卢龙附府。迁安在城北百步。抚宁在城北。昌黎在城北百步。滦州在城北一里。乐亭在城北百步。山海在城西北。

坛自初设后，正统十二年卢龙知县胡琮重建。成化六年知府王玺、弘治十四年知府吴杰修之。神祇横五十四步，直三十三步。社稷横五十五步，直步如神祇。郡厉横四十步，直三十六步，其斋宿、神库、神厨、宰牲房各三间。洗牲池一所。此十四年志也。滦州神祇、社稷各直八十步，横六十四步。厉直如南坛，横五十五步。墙三，坛各高八尺栅门，厉南面一门楼二座，其二坛四，方栅各四，其厨宰、斋房各三间。乐亭神祇周七亩二分，直十九步，横三十七步。社稷周八亩，直三十五步，横十五步。厉周三亩四分，直横各三十步。神祇斋房牲房各三间。存其二厉，惟省牲房并废。此嘉靖八年志也。至二十五年志，则尽废矣。各县步不具。其房库或有或无，而废者多矣。

隆庆五年知府辛应乾改移社稷郡厉坛。神祇仍旧，以社稷在城西三里阻河，命知县杨舜臣改城南二里。以郡厉在城北四里滨河，命知县潘愚改北门外半里。万历元年抚宁知县张彝训、昌黎知县孟秋各筑三坛墙，其厨宰，斋房久废矣。十年迁安知县白夏志，神祇、社稷坛、厨神斋宿房各三间，仅门一座，厉惟厨三间及厅一座，胥废。

郭造卿曰：乡社、乡厉各县废之久矣。嘉靖二十八年，迁安知县韦文英令各社里老为坛，给以祭文，授以圣训，祭毕宣谕遵行。数年寻迁，而礼废矣。邑人训导王衡谓近日乡人有为社会者，春秋社日会众为坛，祭之有合古礼，且遵时制。惜乎莫之行也。

郭造卿曰：圣朝祀典城隍，视前代独隆，专祀以庙宇，陪祀于山川，主祀乎厉祭，设神与设官等。洪武三年六月戊寅诏天下府、州、县立庙，民俗修祀，毋敢弛焉，为其能祸福也。

城隍庙　府在治东南三百步。卢龙附府。迁安在治西五十步。抚宁在治东南。卫城隍庙在县治西。昌黎在治北。滦州在治西。乐亭在治西南。山海在城西北隅。三屯营在镇府西街北。

郭造卿曰：旗纛庙，古类祃之遗也。祭始造兵法者，不必指为蚩尤矣。本黄帝军诀牙旗者，将军之精，一军之形候，凡始竖牙，必祭以刚日，纛旗头太白阴经，大将军中营建纛，天子六军，故六以牦牛尾为之，在左騑马首，自秦、汉至宋、元皆祭。洪武元年十二月己丑，命卫所立旗纛庙于公署，后制与社稷同班重之也。其祭祠取坤方，其人军旅，其品同社稷，其时用霜降，而以皂纛称首，北方肃杀之色也。

旗纛庙　各卫所皆有之，今多废，于演武场祭。惟昌黎有庙，在治西北，山海在卫治东，三屯营在演武场后。

海神庙 在山海关南海口。

郭造卿曰：按元前之鬼神皆有封爵、赠谥，至圣祖诏革，一洗千古谬戾，可为万世法矣！今孤竹庙额从维新之典，而其谥号仍宋元之封，岂所以崇祖诏而重清风也哉！夷齐既为百世师，则祠视先师孔子等矣。古事先师，不追谥，不赠爵，不设像，敬之至也。诸侯薨，天子论行以易名。孔子卒，鲁哀诔之，子贡以为非礼，而追谥其可哉？王公、太师皆汉后所赠，前此未之有。其曷赠于失，国祭有主、有尸，释奠先师有主而无尸，况像以夷俗，谓其如在，是耶？非耶？嘉靖厘祀典于孔庙，正位号，革爵谥，塑像而别祠启圣。今孤竹君有别祠矣，但夷齐庙位号未正，爵谥塑像未除，是前守知重先正而尚未达于礼也。当大礼既议后，永平守臣宜请从孔庙例，木主称逸民先圣伯子、逸民先贤叔子。而孤竹君庙当称曰启仁，不然何以祀焉？乃复仍固陋，有司之责也。倘请于礼官何执而不从乎？余未谢博士业至祠而拜二子矣，拟草正祀疏，倘一命即上之，今隐而言知者以为为礼，不知者之谓何然。往返孤竹屡拜，徘徊而不安，若有负于二子焉，兹秉志笔亦簿正也。

清节庙 旧址无考，明洪武九年，同知梅圭移建于府城内东北隅，景泰五年，知府张茂复建于孤竹故城，在府城西二十里。国朝康熙四年，知府彭土圣重修（昌黎别有庙在北城上）。

孤竹君祠 在庙北，隔河之浒。嘉靖四十二年，兵备温景葵建。（以上俱在祀典，其土神附府州县，狱神附狱，仓神附仓不具。）

郭造卿曰：边方用马，其神亦正典也。洪武二年正月癸丑，命祀马祖之神，筑坛于后湖。今不但边卫营寨，而府州县皆有之。典命太仆寺祭，故有分司则有之。今寺废而司存，有司多不举，民间犹未尝废焉。古四时祭，今惟春秋古神曰马祖，曰先牧，曰马社，曰马步，而司马其总也。今制称司马马祖先牧神庙，境内只土木偶概曰马神而已，其称皆不合典。

马神庙 府在城南二里隆教寺西。迁安在城东南隅。抚宁在治东。昌黎在治西。滦州在治东。乐亭在城北。山海在演武场左。三屯营在旗纛庙西。

郭造卿曰：古禁原蚕说者，以先蚕即辰宫天驷之神也。辰宫既为马为蚕同宫莫能两大，故禁其原，而蚕马则皆有祠焉。或谓非天驷之神，乃始养蚕之主，则何所姓名以安神位，今俗称蚕姑者即古礼之先蚕也。祀典：自嘉靖九年祭先蚕，未尝令天下通祀。今有举而莫废者，在郡南州县多务桑，而有蚕姑祠，犹北边关尚马，而多马神庙也。诸县亦有之，各志不为具。

蚕姑庙　迁安在治西十五里。滦州二：一在城南十五里麻北庄，一在城西七十里赤𡼖社。

郭造卿曰：龙兴云致雨，山川居之，神化无方，易位九五，非民间所当祭，故历代不详其典。今惟京都命祭，乃天下在在有之，因潭祷雨而灵之也。在典不禁，境内尤多焉。

龙神庙　府在城南十里滦河中流。（万历十五年圮于水。）迁安在黄台山。抚宁在西郭外。昌黎二：一在龙潭，一在莲池。滦州在城西。山海在城内。它县多有之，而各志不详。其有灵胜者，列之山川。

郭造卿日：元通海运祀天妃，今永乐五年特建宫于龙江关，元海滨所祀未尝禁之也。郡滦滨海，当通海运尤多，旧志具之，俗称圣母庙。

天妃宫　滦州在治西门外。迁安在治北。山海二：一在南海口关，一在城西北。

郭造卿曰：北极佑圣宫，即南京真武庙也。每岁元旦、三月三日、九月九日遣太常卿行礼。开国靖难，神多效灵，故祀。永平在靖难先诸郡，效顺，其时封拜尤多，故奉其祠者众。本道家之说，于位在北，于卦为坎，故为玄武。配在翼轸，奠于武当，郡虽不可以旅久矣。本载祀典，在今所未尝禁者。

真武庙　府城在钟楼上。迁安三：一在东门内，一在北关外，一在西北五里。抚宁在治西北。昌黎二：一在治北，一在北城上。滦州在治北。乐亭在玉皇阁下。

郭造卿曰：泰山庙，洪武三年春、秋合祀于山川坛。二十一年后春附祭于郊，秋祭仍旧，今罢。每岁三月二十八日遣太常寺祭。本道家言，泰山群山之祖，五岳之宗，天帝之孙，神灵之府神。莫泰安岂得而旅！自历代封禅渎封民之韬亵尤甚，止之不能，诛之不胜，况在令典不禁，而边尤资香钱，故四方皆若狂，有司从之矣。

东岳庙 府在东郭外。迁安在城北。抚宁在东郭外。昌黎在城西北。滦州四：一在城西北二里冈上，一在城西关半里，一在偏山，一在开平城东关。乐亭在东关。山海在东门外。

碧霞元君庙 府在城东南二里。迁安二：一在北斜关外，一在景忠山。抚宁在西郭外。滦州在城西。乐亭在城西。

《元史》元贞元年初，命郡县通祀三皇，如宣圣释奠礼。大皓伏羲氏以勾芒氏之神配，炎帝神农氏以祝融氏之神配，轩辕黄帝氏以风后氏、力牧氏之神配，黄帝臣俞跗以下，十人姓名载于医书者从祀两庑，有司岁春秋二季行事，而以医师主之。

许庄议曰：巫、医兼称，圣教所不废，况医切民命，在中原南土业之者多。郡仍北俗，虽近医院而名圣最少，民疾不知服药，但信巫觋及祷淫神，而至伤生者多，此学所当兴，使民知医，而安全之皆士政也。今民所祀药于即先医，或有三皇祠而称之为医王，此皆未示以礼，小民不知冒禁耳。按洪武元年，令郡、县访应祀神祇，凡有功于国惠爱及民者奏著祀典。二年，令有司祠祀典神祇。有不在祀典，而尝有功德于民者，即不祭存其祠。则凡以医称祀者非有功德于民乎？国令既存其祠，则非淫祀者比矣。四年，令天下罢三皇以名分非民所得祀。且因民渎以药王非所以尊敬之也。今宜明正其庙，而名之曰先医，愈于諂无征之鬼神矣。

三皇庙 府在治北。俗讹为药王庙。迁安在西瓮城。昌黎二：一在城东，一在仙台山。滦州在城北二里。乐亭在东关。山海在月城。抚宁在北关。

郭造卿曰：汉前将军汉寿亭侯关公庙，洪武二十七年祀于鸡鸣山，每岁四孟，及岁暮，遣府官祭。五月十三日以侯生辰，又遣太常寺祭。初虽革义勇武安王封，而称寿亭侯。嘉靖十年，南京太常卿黄芳改今称，自京师达四方祀之，盖亦太渎矣，而边方尤甚。（万历中，敕封三界伏魔大帝，神威远镇天尊，关圣帝君。）

关帝庙 府二：一在县治东，一在南瓮城。迁安三：一在南门外，一在北瓮城，一在三屯营（其它在边关者不列）。抚宁二：一在治西，一在石门路。昌黎二：一在治西，一在城东。滦州在南街。乐亭在北门外。（其在关厢屯社者，各州县多有，不列。）山海在城东二里。

郭造卿曰：蜡祭虽为民而报神，亦因神以乐人也。其典历代相承不废，我朝何独阙此哉！是神与社稷相终始，春秋里社皆得祭土谷，而复此则疑乎渎矣。然有大社、大稷、耕籍，复祭先农，则俗有蜡法所不禁也。又曰古民饮于乡，而又于蜡，虽一国皆若狂，而孔子不以为非。民竭三时力，而尽一日欢也。自汉唐后则禁酒赐餔，乃品节而锡赉之耳。今令甲乡饮礼，举于有司，民非有德不与，亦有良善不得举者，多聚于神坛社庙为会。会醵金为修理社庙及桥道，需持斋者多，聚饮者少，盖生民之乐，乐不如太古。远有司且因聚众恐如黄巾、白莲而禁之。禁之诚是也，当察其实否耳。然每会之醵金几何，既非祭典，有司不为兴而富厚者多啬，孰为社田举哉。嘉靖二十年，山海关主事王应期行之有司，能仿其意，度荒田而付之垦，蠲其赋役之征，以备蜡会之泽，则地既不弃，而人神胥悦也。

八蜡庙 府在东南一里。迁安在北门外一里。抚宁在县北。昌黎在城西南。滦州在治东。乐亭在西关。山海在城外。

郭造卿曰：荧惑火星也，其祥异有赋。荧惑主罚，于时为夏，色青而变者，暴风损禾，色白而昧者，苦雨伤稼，黑则雹冻变生，赤则曦晖施化。盖不但司火，民社所以有庙也。《尔雅》曰法祭，曰幽禜发星，注禜者星坛也。以昏见夜出，故曰幽星祠。历代有之，与群星共祀，独郊祀六典，唐太宗夏祀赤帝，荧惑星于南方，三辰七宿从祀，则今境内之庙，自唐末有之矣。盖青龙、天妃以水而镇以玄武，东岳以木德王，旗纛为金德主，城隍及土地祠以土皆佐社稷山川之祭，民非火不饔，改火之政不行，及其为灾尤烈。至旱魃为虐，民祭之详，岂可缺此！但庙而不坛，其俗久矣。

火星庙 府二：一在治北，一在教场左。迁安在南门内。抚宁在治西南。昌黎在治东北。滦州在治南。乐亭在治北。山海在治北。

郭造卿曰：文昌星出于《搜神记》则不经，且其踪在梓潼。唐玄、僖播迁时封顺济王。历代累加圣号为帝君。我朝亦弗禁，士子多祠之学宫。（其所传书数种：有《运玄书》，有《敕劫章》，有《大洞菉》。嘉靖中督学以其经有地狱轮迴之说为妖惑，有金丹烧炼之法为邪术，有统仙班证佛果之圣号为异端，多欲毁其庙者。或移其像于学外。议者以蕊宫金莲，未必真要之，亦可使人为善。泥犁、丰都，未必真要之，亦可使人去恶。况统仙证佛之说，出自后人。观其自言，吾十七世为士夫，未尝虐民酷吏，周急济急，容过悯孤。一心如此，听命于天。虽未必真，闻其言亦可以感矣，竟未毁。近督学又崇祀之，士论益不可破矣。但宜移之外，使帝君之自尊，不可以慁学宫，而使怪异之不别也。）

文昌祠 府在东门内。迁安在治东。抚宁在学东。昌黎在治北。滦州在月城内。乐亭在学前。山海在文庙右。

玉皇庙 府在城南一里。抚宁在治西南。昌黎二：一在仙台顶，一在西关。滦州在城东。乐亭在城正中。山海在西关。

奎星阁 府在南城上。抚宁在文庙前。诸县皆然，不具载。

增福庙 抚宁在治西南。昌黎在城南。乐亭在东关十王庙。乐亭在城西北二里。

三官庙 府在北郭外。抚宁在治东南。昌黎在城西山上。乐亭二：一在城南，一在城北。山海在城南。

天仙庙 昌黎二：一在仙台山，一在城东北。

二郎庙 迁安在东瓮城。昌黎在治西北。滦州在城北。

玄坛庙 府在城东街。

二圣庙 迁安在县北二里。

小圣庙 府在郭外。

三义庙 府在城北一里。迁安在城北四里。

李将军庙 在府南八里，祀汉太守李广。

三忠祠 在迁安县景忠山，祀汉诸葛忠武侯，宋岳武穆王，文信国公。

李临淮祠 在昌黎县西城上，祀唐司徒李光弼。

韩文公祠 在昌黎县北，祀唐吏部侍郎韩愈。

八仙庙 在昌黎仙台山。

张仙庙 在乐亭东月城内。

韩湘子祠 在昌黎西山下。

姜将军庙 在滦州西唐山麓，碑云将军仕后唐，清泰间镇碣石之石城，时有蛟为民害，将军斩之，人怀其惠，立庙祀焉。此地自后唐天成初已属契丹，安得清泰间乃属于唐乎，此碑记之不可信者也。

显功庙 在山海城内西北，祀中山武宁王徐达。

崇报祠 在三屯营新钟楼东，祀总理戚继光。

马公祠 在景忠山下，祀总兵马永。

表忠祠 在武学右。祀崇祯庚午死难诸人。

忠烈祠 在建昌营西北，祀阵亡副总兵蒋承勋。

贞女祠 在山海东关外十三里，望夫石之颠。

劝义祠 在山海西关外，祀阵亡参将张世忠。

褒忠祠 在山海西关石河西，今废。

二李公祠 在乐亭北月城内，祀知县李瀚、李邦佐，今废。

陈公祠 在昌黎城外，祀知县陈良辅。

孟公祠 在陈公祠左，祀知县孟秋。

吴公祠 在昌黎县东北，祀知县吴应选。

杨公祠 在昌黎县东，祀知县杨于陛。

李布政祠 在府东北，祀李公充浊。

韩御史祠 在府东郭外，祀韩公应庚。

吴王祠 二：一在府西十五里，一在山海关东门内，祀平西王吴襄。

忠义祠 在昌黎县北郭，祀守城死难者四十人，崇祯中巡抚杨嗣昌疏建。

拽梯郎君祠 在昌黎县东月城，以拽梯全城，巡抚杨嗣昌疏建。

清节庙香火地 按夷齐旧志载：明成化九年，知府王玺修庙落成，庙有馀地数百亩，给居民侯玉等种之，岁入租以供祭祀。嘉靖二十六年，知府张玭修庙，玭写录引云，匝树松楸，广购祠田，今稽地一顷五十六亩，坐祠山东，命守者佃之，岁入银三两有奇，于卢龙县供岁祭，入谷二十石有奇，贮预备仓为修理费。此旧志断简存者，庙基与各地无细数。入国朝康熙四年本府见庙宇尽圮，重新修建。随行卢龙县清丈，逐段详开四至造册。庙城内东地二十二亩，西地六亩五分，城外地二十四段，共地七十七亩五分六厘，又地十五段，其地三十二亩七分三厘七毫。又庙西南地六段，共地一顷二十亩四分四厘，系清石谟退出。又庙南地二段，共地一顷一十二亩七厘。以上地俱砂薄，又离庙八里，坐落何家庄地六段，共地一顷五十六亩，唯此地膏腴。除城内地外，腴薄通共地四顷九十八亩八分七毫。其薄地向皆守庙人承种，未经取租。唯腴地岁征柴价银三两一钱二分，岁征谷二十一石。有司积贮多别用支销，竟无补于修理，洵名美而实不可循者也。今改择僧居守，前地尽归住僧承种，薄者不计其租，腴者倍益其获，住持可以修腹存立木石，量不至风雨飘摇，校于空存修费者或胜矣。春秋两祭牲醴，每祭需用一豕一羊，粢盛肴，核数器，并香烛焚帛等物，即着僧依期出备，请官往祀，永著为例。其柴价租谷，不必征于有司，又有经承一番除扣虚縻也。地数有籍，可杜侵占庙宇。百年兴废，则俟后之君子留意焉。

惠　政

昔三王之治天下也，先成民而后致力于神。有城以保民，有廨以居官，有学以造士，于是则神可得而歆矣。犹未也，念民之病涉也，为之桥，为之渡以济之。其生而无食，死而无葬也，为之院以居之，园以葬之。其疾病而无医也，为之局以施之。仁哉！圣王之制乎。虽天下之所同。而永平居畿甸之东，其首被者矣。列之以终建置之事。

桥　府城三：一在北门大街，一在新城街，一在下水关（今废）。南关一曰永济石桥。城西一里曰漆河，十里曰滦河，夏秋以舟渡，冬作桥。（旧志漆河在府城西一里，俗呼小河桥，春夏济以舟楫，秋冬架木上实土，可通舆马。滦河桥，在西十里，俗呼大河桥，奔湍漫汇，比小河不啻十七八。旧二河与滦、澈河共船二十，每船夫十二名，名银十二两。及岁造两河梁费不赀，多侵牟科扰，州县病之。弘治十年，知府吴杰革半，推官周瑄督之，夏初防潦，撤之桩，储于官。秫秸散旧易新备用，民不扰而事集。按《一统志》滦阳桥在府城西南十七里，即大河桥也。府志滦阳桥即澈河桥，互异。）迁安县西南三里黄台山下曰黄台，东三里曰三里，东南十里曰十里，百七十里曰清河，东北七十里曰青龙，西北九十里曰大寨，百五十里曰滦阳，西百二十里曰旧城浮桥。抚宁阳河上有桥七，水至则撤。县东三里曰钟家庄，二十里曰渝河，六十里曰海洋，北三里曰李官营石桥，七里曰程家庄，旧县北二里曰栖霞。昌黎南八里曰虹桥，西八里曰石桥，二十里曰柳河，三十里曰梭湾，西南五十里曰槐家店，曰狮子。滦州南门外曰石桥，五里曰岩山，八里曰八里，二十五里曰御驾，二十七里曰龙塘，三十里曰波落，三十五里曰清水河，五十里曰榆关，曰歇驾，六十里曰通津，九十里曰公安，曰砖窑店，西南八里曰八里，二十五里曰沂河，九十里曰大海，一百里曰龙堂，西六十五里曰石牛，八十里曰蔡家，曰双桥，曰牤牛，八十五里曰马家，一百里曰唐山，西北九十里曰榛子镇，镇东西曰东五里，曰西五里。乐亭北门外曰迎恩，六里曰商家社，西三十里曰清河，南三十五里曰解家。山海儒学前曰文明钟鼓楼，北曰大明，西关曰卧牛，西二里曰石河，南门外曰探海，罗城曰咽喉，东门外曰登仙。

渡　府西门外曰漆河，十里曰石梯子，南十里曰虎头石，二十里曰于家河，东北三十里曰念经河。迁安县南十五里曰爪村，西北七十里曰稔子口。昌黎西七十里曰滦河。滦州东四里曰白石店，北五里曰偏凉汀，七里曰横河夏渡，东南二十八里曰宁家庄，南二十里曰马城，九十里曰边落湾。乐亭南十八里曰李家庄，三十里曰陈家渡，西南十二里曰马家庄，西北十五里曰杨家庄，二十里曰淀流河，北十里曰明佛坨。

堤 在府城西门外，《元史》大德五年平滦路言六月九日霖雨至十五日夜，滦河与肥如三河并溢，冲圮城东西二处，旧护城堤东西南三面城墙，横流入城，漂郭外三关濒河，及在城官民屋庐粮物，没田苗，溺人畜死者甚众，而雨犹不止。至二十四日夜，滦、漆、肥如诸河水复涨入城，馀屋漂荡殆尽。乃委吏部马员外同都水监官修之东西二堤。计用工三十一万一千五十，以后累代修筑。（弘治中知府吴杰、万历中副使叶梦熊重修，今副使宋琬方议兴工。）

养济院 卢龙在城南二里。迁安在城东南一里。抚宁、昌黎滦州并在城东南隅。乐亭、山海并在北门外。

惠民药局 州县并称，无址可考。惟乐亭在治西北。

漏泽园 卢龙在县东五里，周三里。迁安在县东南一里，周十亩。抚宁在县北一里，周四亩。昌黎在县西一里，周三亩。滦州在城东北一里。乐亭在县西北。山海在城西北一里，周四亩。

卷之七

莱阳　宋　琬撰次
宜兴　路　遴参校
辽阳　彭士圣重订

户　口

天子曰兆民，诸侯曰万民。周礼献民数于王，而王拜受，诚重之也。故萧何入秦，先收户口图籍。古之帝王皆以此为先务，今则具文而已。然览其版籍，可以知登耗之由，苟能弘卫文大帛之风，用句践生聚之政，则此土之蕃息，可计日而俟也。若唐、辽、金、元，州县或分或合，户口或多或寡，史书或详或略，兹不具书。

旧志载永平府州县：

里　旧一百九十，今一百六十六。

户　旧四万六百二十九，今民一万五千六百一十八。军六千四百一十五，杂一千三百零四，共二万三千三百三十七。

丁　旧二十九万六千七百八十四，今男十四万一千六百一，女八万二千六百三十一，共二十二万四千二百三十一。

地　旧官一百六顷五十三亩六分，民一万四千四百八十八顷六亩四分二厘九毫，共一万四千五百九十四顷六十亩二厘九毫。今三则：上五千三百十五顷四十七亩六分二厘四毫二丝三忽，中一万二千八百九十二顷七亩七分六厘四毫，下四万八千六百十八顷八十六亩七分二厘四毫一丝一忽，共六万六千八百二十六顷四十二亩一分一厘二毫四丝五忽。

屯二千四十七顷四十五亩五厘九毫，征本折豆一万一千五十五石。

牧场七十六处，五百二十九顷十五亩一分三厘七毫二丝，征租银五百一十六两七钱六分四厘。

水田一百十四顷七十三亩六分三厘。

卢龙县

里 旧十五，今十一，社七，屯四。

户 旧万三千五百二十二，今二千三百四十。籍民一千九百。军三百九十，杂五十。

丁 旧万六千八百六十五，内壮夫八十一名在屯。今一万三千，男八千，女五千。

地 旧一千四百三十五顷七十九亩二分三厘九毫，官二十三顷九十九亩六分五厘，民一千四百一十一顷七十九亩五分八厘九毫。今三千二百八十七顷三十六亩三分五厘一毫五丝，上则三百九十顷八十五亩九分八厘五毫七丝，中则九百一十一顷二十五亩一分一厘七毫五丝，下则一千九百八十五顷二十五亩二分四厘八毫三丝。

屯七十四顷二十六亩。科豆亩五升四合五勺四抄，实征本折豆四百五石。

牧场五处，共六十七顷五十六亩。

例免粮地二百八十三顷五十亩，租一百零六两二钱。田二顷六十八亩七分五厘。

园桑枣二区，一在城东，一在小河西。

迁安县

里 旧二十九，今十七，社十四，屯三。

户 旧五千八百五十二，今二千四百九十二。民一千一百八十四，军一千二百二十三，杂八十五。

丁 旧五万二千三百四十六，内壮夫二百三十九名。今二万四千五百五十，男一万九千九十，女五千四百六十。

地 旧二千六十六顷十八亩三分四厘，官一十三顷十八亩三分四厘，民二千五十三顷五分七厘。今六千一百九十七顷三十六亩八分七厘五毫八丝三忽。上则七百八十一顷九十一亩四分七厘三毫九丝五忽，中则二千二十一顷四十六亩六分五厘九毫一丝，下则三千三百九十三顷九十八亩七分四厘二毫七丝八忽。

屯一百二十五顷。科豆亩九升五合六勺，实征本折豆一千一百九十五石。

牧场六处，共二百一顷七十五亩。

例免粮地五百八十顷五十亩，租九十七两七钱三分六厘五毫。

田一十三顷七分五厘。

桑枣园一区，在城南。

抚 宁 县

里 旧二十一，今一十七，社十二，屯五。

户 旧四千九百八十七，今二千八百八，民一千八百三十。军八百四十四。杂一百三十四。

丁 旧四万六千五百三十五，内壮夫一百七十名。今二万五千二百五十六，男一万六千五百九十六，女八千六百六十。

地 旧一千四百六顷一十四亩四分五厘，官四顷六十一亩，民一千四百一顷五十三亩四分五厘。今六千六百四十四顷六十五亩六分三厘二毫七丝，上则九百三顷八十亩五分，中则二千一百五十一顷七十七亩一分八厘二毫一丝，下则三千五百八十八顷八十七亩九分五厘六丝。

屯七十顷六十九亩五厘九毫。科豆亩一斗二升二勺四抄二撮三圭一粒，实征本折豆八百五十石。

牧场二处，共一百九顷。

例免粮地三百四十六顷五十亩，租九十两八钱二分。田三顷五十八亩七分三厘四毫。

桑枣园一区，在城西五里。

昌 黎 县

里 旧三十一，今二十七，社十六，屯十一。

户 旧三千六百一十二，今四千零一。民二千四百七十。军九百九十八。杂五百三十三。

丁 旧五万五千三百七十五，内壮夫三百九十七名。今五万九千，男三万七千三百五十七，女二万一千六百四十三。

地 旧一千六百五十顷六十六亩一厘，官二十一顷二十一亩六分六厘，民一千六百二十九顷四十四亩三分五厘，今一万二千八百一十二顷二十六亩二分七厘二毫三丝五微。上则四百五十二顷五十九亩三分七厘四毫五丝八忽，中则一千六百五顷五十亩七分三厘五毫三丝，下则一万七百五十四顷一十六亩一分六厘二毫四丝二忽五微。

屯三百九十七顷。科豆亩五升，实征本色豆五千八百一十石。

牧场十处，共九十三顷二十亩八分七厘七毫二丝。征银七十二两六钱九分一厘。

田一顷三十五亩九分。

桑枣园一区，在城西。

滦 州

里 六十七，社四十一，屯二十六。

户 旧八千七百八十四，今八千九百五十二。民六千四十五。军二千五百二十一。杂三百八十六。

丁 旧六万八千八百七十八，内壮夫一千二百一十。今七万二百三十三，男四万一千二百四，女二万九千二十九。

地 旧五千五百六十八顷一十九亩五分二厘。官三十顷八亩八分五厘，民五千五百三十八顷十亩六分七厘。今二万九千四百三十一顷八十四亩八分三厘。上则九百六十三顷七十六亩三分六厘，中则二千九百七十九顷一十六亩四分四厘，下则二万五千四百八十八顷九十二亩三厘。

屯一千一百六十二顷。科豆亩五升，实征本色豆五千八百一十石。

牧场四十处，共五十四顷四十亩二分六厘。征银一百三十五两三钱五分六厘五毫。

田九十二顷八十六亩二分八厘。

桑枣园二区，一在城东南二里，一在城西关外一里。

乐亭县

里 二十七，社十八，屯九。

户 旧三千八百七十二，今二千三百三十九。民一千七百八十四。军四百三十九。杂一百一十六。

丁 旧五万六千七百八十五，内壮夫四百名。今三万二千一百九十三，男一万九千三百五十四，女一万二千八百三十九。

地 旧二千四百六十七顷六十一亩九分，官一十三顷四十四亩一分，民二千四百五十四顷一十七亩八分。今八千四百五十二顷九十二亩六厘九毫，上则一千八百二十二顷五十三亩九分三厘，中则三千二百二十二顷七十一亩六分三厘，下则三千四百七顷六十六亩五分九毫。

屯二百一十八顷五十亩。科豆亩九升八勺四抄六撮七圭，实征豆一千九百八十五石。

牧场十三处，共三顷四十九亩。征银一十三两九钱六分。

田一顷二十三亩二分一厘六毫。

桑枣园二区，一在县东二里，一在县北二里。

赋　役

往见中人之家，略或构凶，尽齐田亩。体貌犹存，酬应如故，中实尪甚矣。众咸诮之曰：田去而役存也。永之为郡，何以异是。向虽曰郡，实不及一大邑，今所有田亩，占去者多，仅存原额五之一耳。赋虽量减，一切差役仍旧。民力既窘，供亿繁难，况意外之役，从天而下。势不得不科之民间，实非正供，未免啧啧有言。民固困厄，官亦由此多罹罪累。呜呼！何所控告乎，比之田去役存之家，诟詈殆甚。安得恤民，而并怜我守土者一起其疾苦乎！志田赋戚之也。

永平府属六州县，原额征粮，折上地共二万七千伍百四十二顷七十八亩九分二厘三毫。除自顺治三年圈占并投充带去，及开豁久荒坍塌等地二万一千四百二十六顷五十八亩七分八厘三毫二丝二忽九微三纤外。

一、存剩地六千一百一十六顷二十亩一分三厘九毫七丝七忽零七纤。

一、收节年奉文拨补州县卫所，并英王多儿波退出投充，及清查出影占开荒等项，折上地共五千六百零二顷六十九亩六分五厘零六丝四忽二微五纤。

一、牧马地九十一顷五十二亩九分。以上三项地通共一万一千八百一十顷零四十二亩六分九厘四丝一忽三微二纤。各征银不等，共应征银四万七千四百五十九两二钱七分五厘四丝二忽三微九纤五沙三尘三埃。

原额人丁折下下则，一十七万六千四百五十四丁半。除节年编审开除老疾逃亡，并顺治三年投充带去，招往辽东。折下下则，人丁一十一万零二百五丁半外。

一、存剩下下则，人丁六万六千二百五十丁。一节年编审，新收人丁及投充退出，折下下则，人丁二万七千三百四十二丁。

一、顺治十四年，奉文抽出优免供丁三千零九十六丁。以上三项人丁，共九万六千六百八十八丁。各征银不等，共应征银一万八千六百九十九两五钱八分五厘一毫一忽五微。

卢 龙 县

原额折上地：一千六百六十五顷五十一亩六分三厘三毫。除圈投外，存剩并开荒，审出影占，实在征粮，折上地共一千四百一十五顷二十八亩二分七厘三毫。每亩征银三分八厘二毫九丝四忽九微，共征银五千四百一十九两八钱一分一厘六丝一忽七微七沙七尘。原额折下下则人丁一万三千四百八十七丁，又门银一丁，除节年编审，开除老疾逃亡并投充外。节年编审新收实在，折下下则人丁一万一千九百五十三丁。每丁征银二钱二分九厘三毫二丝五忽，门银一丁征银四钱，共征银二千七百四十一两五钱二分一厘七毫二丝五忽。

地丁二项，共征银八千一百六十一两三钱三分二厘七毫八丝六忽七微七沙七尘。

迁 安 县

原额折上地二千三百一十五顷四十一亩二分四厘六毫七丝五忽。除圈投外，退审出实在折上地一千一百三十五顷四十亩一厘三毫五丝，每亩征银七分二毫九丝三忽，共征银七千九百八十一两六分八厘一毫六丝八忽九微五纤五沙五尘。原额折下下则人丁万一千六十七丁，除节年编审开除老疾逃亡并投充带去外，实在新收节年编审共折下下则人丁七千四百六十二丁，每丁征银二钱六分，共征银一千九百四十两一钱二分。

地丁二项，共征银九千九百二十一两一钱八分八厘一毫六丝八忽九微五纤五沙五尘。内除奉文抽出供丁银七十两二钱，另行起解。

抚 宁 县

原额折上地二千八百六十七顷三十五亩七分三厘六毫。除圈投外，实在退审出共折上地二千五百三十五顷五十八亩八分五厘八毫，每亩征银三分九厘三毫，共征银九千九百六十四两八钱六分三厘一毫一丝九忽四微。原额折下下则人丁二万五千四百三十七丁，除节年编审开除老疾逃亡外，实在编审新收折下下则，人丁一万六千一百五十八则，每则征银一钱一分七毫五丝，共征银一千七百八十九两四钱九分八厘五毫。

地丁二项，共征银一万一千七百五十四两三钱六分一厘六毫一丝九忽四微。内除抽出供丁银五十八两六钱九分七厘五毫，另行起解。

昌 黎 县

原额折上地三千八百九十七顷二十七亩，除圈投外，实在退审出折上地二千六百九十一顷七十九亩八厘一毫七丝五忽，每亩征银三分三厘七毫八丝一忽四微，共征银九千九十三两二钱四分六厘二毫三丝二忽二微二纤九沙四尘五渺。原额下下则人丁二万三千六百五十八丁，除编审开除老疾逃亡外，实在新收编审共折下下则人丁二万一千九百八十七丁。每丁征银二钱，共征银四千三百九十七两四钱。

地丁二项，共征银一万三千四百九十两六钱四分六厘二毫三丝二忽二微二纤九沙四尘五渺。内除供丁银一百八十七两四钱，另行起解。

滦 州

原额折上地八千七百四十九顷六十八亩四分九厘三毫七丝五忽，除圈投外，收补各县、卫，共实在征粮，折上地二千二百八十二顷三十八亩六分六厘四毫一丝六忽三微二纤，每亩征银四分五厘一毫一丝七忽七微一纤，共征银一万二百九十七两六钱五厘八毫六丝五微二沙六尘五渺二埃。原额折下下则人丁五万四千六百四十三丁半，除节年编审开除老疾逃亡并投充外，节年编审新收实在行差折下下则人丁一万五千二百九十五丁。每丁征银二钱，共征银三千五十九两。

地丁二项，共征银一万三千三百五十六两六钱五厘八毫六丝五微二沙六尘五渺三埃。

乐 亭 县

原额折上地八千四十七顷五十四亩八分一厘三毫五丝，除圈投外，实在拨补退审出共地一千六百五十八顷四十四亩九分，每亩征银二分七厘八毫四忽，共征银四千六百一十一两一钱五分一厘五毫九丝九忽六微。又原补昌黎县牧马地九十一顷五十二亩九分，每亩照彼处原额征银一分，共征银九十一两五钱二分九厘。二项地通共征银四千七百二两六钱八分五毫九丝九忽六微。原额折下下则人丁四万八千三百三十五丁，除节年编审开除老疾逃亡外，实在编审新收共折下下则人丁二万三千七百三十二丁，每丁征银二钱，共征银四千七百六十六两四钱。

地丁二项，共征银九千四百六十九两八分五毫九丝九忽六微，内除供丁银二百三十三两四钱，另行起解。

永平卫

原额屯地七百二顷四十三亩八分四厘七毫二丝五忽。原额征米一千三十七石三斗六升三勺四撮，豆一千三十七石三斗六升三勺四撮，草二万五千四百四十九束六分三厘六毫七丝五忽。地亩银三百二两二钱一分八厘。顺治三年，将原额屯地满州圈占，投充带去，并奉文拨补滦州民讫，致米、豆、草、银俱无凭催征。顺治十三年，据屯民陶应贵首出屯地一亩五分，实征米三升三合，豆三升三合，草八分五厘，地亩银八厘八毫。遵奉劝农垦荒之谕，自顺治四年起，至十五年止，共劝民开垦过额外山坡、河淤等荒地五十一顷五十五亩六分。奉文三年后起科，每亩征银二分。原额出差人丁一千二百一十六丁，内除节次编审开除逃亡人丁外，顺治十四年分审编实在出差人丁八百五十九丁，共征均徭银四百三十两三分二厘。

卢龙卫

原额屯地一千六十四顷四十一亩二分三厘。原额征米二千五十三石一升一合二勺，豆二千五十三石一升一合二勺，草三万七百四十三束八厘，地亩银四百三两三分二厘。顺治三年奉文将原额屯地，尽数拨补滦州民讫，致米、豆、草、银俱无凭征解。顺治八九等年，奉文退出屯地二十六顷三十三亩六分。实征米三十四石八斗二升一合六勺，豆三十四石八斗二升一合六勺，草五百二拾一束七分九厘九毫，地亩银六两八钱九分七厘九毫。遵奉劝农垦荒之谕，自顺治四年起至十五年止，共劝民开垦过额外山坡、河淤等荒地三十九顷九十八亩三分。奉文三年后起科，每亩征银二分。原额出差人丁九百六十丁，内除节次编审开除逃亡人丁外，顺治十四年，分审编实在出差人丁八百七十丁，共征均徭银四百一十九两四钱。

东胜左卫

原额屯地一千六十四顷七十一亩二分。原额征米二千三百七一石七升四合八勺七抄五撮，豆二千三百七十一石七升四合八勺七抄五撮，草三万三千一十五束六厘一毫七丝四忽七微，地亩银三百九十四两九钱九分五厘。顺治三年，将原额屯地，满州圈占投充带，并奉文拨补滦州民讫，致米、豆、草、银俱无凭征解。顺治八年奉文退出屯地三顷六十亩。实征米三石九斗六升征豆三石九斗六升。草六十四束二分六厘。地亩银六钱四分八毫。遵奉劝农垦荒之谕，自顺治四年起至十五年止，共劝民开垦过额外山坡、河淤等荒地三十六顷九十九亩二分。奉文三年后起科，每亩征银二分。原额出差人丁一千九百五十丁，内除节次编审开除逃亡人丁外，顺治十四年分编审实在出差人丁一千二百五十三丁，共征均徭银四百八十一两一钱五分二厘。

兴州右屯卫

原额屯地一千八百二十六顷五十八亩二分。原额征米二千九百二十四石一斗三升，豆二千九百二十四石一斗三升，草二万八千三百一十九束六厘，地亩银五百八十四两八钱二分六厘。顺治三、四两年，奉文将原额屯卫，尽数拨补迁安、遵化、三河、玉田四县民讫，致米、豆、草、银俱无凭征解。顺治十二、三等年，奉文发下审出隐漏，并退出屯地一顷九十亩五分四厘，实征米二石三斗一升五合九勺四抄。豆二石三斗一升五合九勺四抄。草二十二束四分三厘三毫。地亩银四钱六分三厘一毫八丝八忽。遵奉劝农垦荒之谕，自顺治三年起至十五年止，共劝民开垦过额外山坡、河淤等荒地八十顷七十五亩六分九毫。奉文三年后起科，每亩征银二分，原额出差人丁一千九百三十一丁，内除节次编审开除逃亡人丁外，顺治十四年分审编实在出差人丁一千四十七丁。共征均徭银四百四十二两四钱。以上永、卢、东、兴四卫于顺治九年七月内、奉旨归并永平一卫管理。

永、卢、东、兴四卫实在退出屯地共三十一顷八十五亩六分四厘。实征米四十一石一斗三升五合四勺，征豆四十一石一斗三升五合四勺，草六百九束三分五厘，地亩银八两一分六毫八丝八忽。以上实征米、豆、草束、年例，奉永平道坐派永丰仓收放，其地亩银两征解永平库转解兵部柴炭。永、卢、东、兴四卫，共劝民开垦过额外荒地二百九顷二十八亩一分六厘九毫。奉文三年后起科。每亩征银二分，按年征解永平府库，转解户部充饷。永、卢、东、兴四卫实在出差人丁共四千二十九丁。共征均徭银一千七百七十二两九钱八分四厘。岁征先尽本卫存留支解外，余剩银两解交永平府库，汇解户部。

山 海 卫

原额上中下屯地一千六百七十顷六十九亩。顺治二年，查报明季修城河冲，逃亡荒芜屯地三百二十四顷四十七亩四分二厘。顺治二、三、四年满洲圈占屯地五十三顷五十二亩九分七毫。实在上中下屯地一千二百九十二顷六十八亩六分七厘三毫。顺治四年奉文四亩折算州地一亩拨补滦民，无余节年。庄头退出屯地三十三顷六十九亩六分四厘，应征正米七十五石四斗九升一合三勺五抄。正豆七十五石四斗九升一合三勺五抄。征正草八百七十五束七分二丝四忽。俱纳山海仓地亩柴炭银一十二两四钱一分二厘七毫九丝一忽，征解兵部。

太仓荒田地二十七顷三亩九分，每亩征银一分，共征银二十七两三分九厘。

永镇荒田地三十四顷五亩二分，每亩征银一分，共征银三十四两五分二厘。

新垦荒田地六顷一十九亩五分，每亩征银一分，共征银六两一钱九分五厘。

牧马草场地四十四顷五十亩四分六厘，共征籽粒银八十一两七钱二分七厘。以上俱交永平府汇解，出差人丁三千五百二十九丁，共征徭银一千三百二十四两六钱。

抚　宁　卫

原额上、中、下屯地一千三百一十八顷四十九亩一分。顺治二年，查报逃亡荒地共三百二十九顷七十八亩七分三厘。顺治二、四两年，满洲圈占屯地四十九顷八十四亩一分二厘九毫。本卫人康祚远等投充，带去屯地一十三顷六十七亩三分，实在上中下屯地九百二十五顷一十八亩九分四厘一毫。顺治四年，奉文四亩折算州地一亩拨补滦民无余。

太仓荒田地六十一顷九十九亩九分七厘七毫，每亩征银一分，共征银六十一两九钱九分九厘七毫七丝。

永镇荒田地三十三顷一十五亩六分三厘二毫，每亩征银一分，共征银三十三两一钱五分六厘三毫二丝。

备荒地三十六顷五十七亩九分八厘四毫，每亩征银一分，共征银三十六两五钱七分九厘八毫四丝。新垦荒田地五十一顷九十亩六分，每亩征银一分，共征银五十一两九钱六厘。以上俱解永平府汇解。

出差人丁二千二百六十五丁，共征徭银七百四十八两九钱五毫。

一曰应征之赋

卢　龙　县

夏税，米三百八十二石三斗九升五合零。秋粮，米九百一十三石七斗三升四合零。马草二万二千五百一十九束九分八厘零，地丁二项，共征银八千一百六十一两三钱三分二厘七毫零。内奉文抽出供丁银四十四两三分四毫外，遵奉部颁经制，先尽存留经费驿站等项，共银八千六百七十六两一钱六分四毫，除前项地丁实征银两外，尚缺额存留银三百零七两四钱九分九厘零。奉有会议，裁减各项工食等银，动支截抵足数讫，遇闰另加派征。

迁　安　县

夏税，米五百零五石九斗一升一合五勺零。秋粮，米一千三百五十六石三斗八升三合零。征草折米五百八十八石四斗四升零。马草一万二千一百三十五束一分五厘六毫零。地丁二项，共实征银一万一百七十一两六钱四分六厘零。遵奉部颁经制，先尽存留经费驿站等项，共银七千五十二两五钱九厘四毫。奉文抽出供丁银七十两二钱。实存起运银三千四十八两九钱三分六厘六毫零。应于各部寺起运银两均减，分解。

抚 宁 县

夏税，米三百八十三石六斗三升六合零。秋粮，米一千三百六十一石三斗六升五合零。草折米五百二十九石八升二合零。马草一万六千四百三十四束二分八厘零。地丁二项，共征银一万二千一百八十六两二钱三分九厘七毫零。遵奉部颁经制，先尽存留经费驿站等项，共银七千九百四十九两六毫。实存起运银四千二百二十七两二钱三分九厘五丝七忽六纤四沙四尘。应在各部、寺银内均减分解。

昌 黎 县

夏税，米六百七十石九斗三升一合零。秋粮，米一千八百一十六石六斗八升四合零。草折米六百六十四石四斗九勺零。黑豆九百八十五石五斗六升四合零。马草二万一千一百七十七束一分八毫零。地丁二项共征银一万四千三百五十九两五钱九分一厘八毫零。遵奉部颁经制，先尽存留经费驿站等项，共银八千五百六十两三钱一分二厘。奉文抽出供丁银一百八十七两四钱，另征起解外，实存剩起运银五千六百一十一两八钱七分九厘八毫零，应在各部、寺银内均减分解。

滦 州

奉拨各县卫田地共三千二百九十三顷五十八亩六分九厘四毫零。照彼处原额起科。征米五千二百八十八石五斗六升六合零。征黑豆五千五百九十九石六升五合零。征马草七万七千三百八十七束九分四厘八毫零。征银一千一百八十七两一钱四分五厘一毫零。实存本境折上地一千二百八十四顷九十六亩一分九厘八毫零。仍照州例起科，夏税，米四百一十六石四斗五升六合一勺零。秋粮，米一千八十四石八斗八升三合一勺零。马草九千一百六十八束二分零。草折米五百八十七石四斗三升三勺零。征银五千七百九十七两四钱五分三厘三毫零。地丁并拨补地亩，共实征银一万零四十三两五钱九分八厘四毫零。遵奉部颁经制，先尽存留经费支用银一万一千一十六两九钱四分七厘九毫九丝七忽。除前项实征银支用外，尚缺存留银一千零六十三两三钱四分九厘五毫九忽八微零，应请协济以资支用。

乐　亭　县

夏秋草折米，九百五十五石六斗二升五合零。籽粒黑豆一千一百九十三石九斗四升五合九勺零。草七千五百九十四束四分三厘一毫零。地丁二项，共实征银八千四百五十八两二钱七分四厘三毫零。内除存留，共银八千一百七十七两七钱一分八厘五毫。实存起运银二百八十两五钱五分五厘零。查各部、寺起运原额，并新增共银一万二百八十七两八钱五分七厘七毫零。除实存起运银两外，缺额银一万零七两三钱一厘九毫零。应于各部、寺起运银两，按数均减分解，每两止实该分解银二分七厘二毫七丝五微七沙。

一曰起运之赋

卢　龙　县

户部，则有京库人丁绢折银五两六钱。农桑人丁绢折银七十三两三钱五分八厘。京库折布米银四十八两。折粟米银二十九两四钱。本色花绒一十五斤，原额价并奉文新增共银一两八钱。盘费银一分五厘七毫五丝。惜薪司枣儿银一十八两九钱五分。盘费银五两三钱四分五厘。旅顺兵饷银一十四两五钱一分五厘七毫四丝。闰月加银一两二钱九厘六毫四丝。起存户口盐钞银四十六两九钱三分九厘，闰月加银四两二钱六分一厘。

礼部，则有上下半年猪羊银六十二两九钱六分。光禄寺果品银四十六两一钱五分九厘。

兵部，则有种马草料银三百一十五两。太仆寺原额本折以六十二匹，内本色马三十匹，每匹价银三十两，折色马三十二匹，每匹价银二十四两。顺治二年六月内奉文，每匹增银六两，通共原额并新增共价银一千八百六十两。

工部，则有四司料价银二百一十两九钱六分五厘七毫零。胖衣一百三十一副，每副价银一两五钱。顺治三年，五月内奉文改折每副增银一两二钱，通共原额并新增共银三百五十三两七钱。抬柴夫银四百二十两，三年一办。闰月加银三十五两，每年该银一百五十一两六钱六分六厘六毫零。以上各部寺起运银两，因地圈民投，钱粮缺少，存留不敷支解，无征解。

迁 安 县

户部，则有京库人丁丝绢，折银一十八两九钱。因地丁圈投，止实该分解银七两六钱二分一厘八毫零。农桑绢，折银二百二十五两四钱四分六厘。因地丁圈投，止实该分解银九十两九钱一分六厘七毫零。折布米银八十二两五钱，因地丁圈投。止实该分解银三十三两二钱七分一毫零。折色粟米银一十四两四分九厘三毫七丝，因地丁圈投，止实该分解银五两六钱六分五厘七毫零。惜薪司枣儿银三十两四钱，盘费银七两六钱，因地丁圈投，共止实该分解银一十五两三钱三分四厘四毫零。宝钞司稻草银三十二两四厘，因地丁圈投止，实该分解银一十二两九钱六厘四毫零。起存户口盐钞银，一百三两三分九厘，因地丁圈投，止实该分解银四十一两五钱五分三厘零。遇闰加银八两五钱八分六厘五毫，因地丁圈投。止实该分解银三两四钱六分二厘七毫零。旅顺兵饷银二十二两四钱三分五厘八毫，因地丁圈投，止实该分解银九两四分七厘七毫零。遇闰加银七钱四分七厘八毫，因地丁圈投，止实该分解银三钱一厘五毫零。本色绵花绒三十九斤，原额价并新增价共银四两八钱四分九厘七毫零，因地丁圈投止，实该分解银一两九钱五分五厘七毫零。

礼部，则有光禄寺果品银七十三两八钱八分四厘五毫，因地丁圈投，止实该分解银二十九两七钱九分五厘七毫零。上下半年猪羊银一百一十二两五钱八分，因地丁圈投，止实该分解银四十五两四钱七毫零。牛犊银九两，因地丁圈投，止实该分解银三两六钱二分九厘四毫。历日银二十五两，因地丁圈投，止实该分解银一十两八分一厘八毫零。遇闰加银五钱，因地丁圈投，止实该分解银二钱一厘六毫零。北羊银二两一分三厘四毫零，因地丁圈投，止实该分解八钱一分一厘九毫零。

兵部，则有太仆寺马价原额本折马一百二十九匹，内本色马六十三匹，每匹价银三十两，折色马六十六匹，每匹价银二十四两。顺治二年奉文无论本折每匹价三十两，通共马价银三千八百七十两，因地丁圈投，止实该分解银一千五百六十两六钱七分四厘六毫零，种马草料银六百四十五两，因地丁圈投，止实该分解银二百六十两一钱二厘四毫零。弓兵工食银八两五钱，因地丁圈投，止实该分解银三两四钱二分七厘八毫。遇闰加银七钱八厘三毫四丝，因地丁圈投，止实该分解银二钱八分七厘六毫零。京皂柴直银三百八十二两，因地丁圈投，止实该分解银一百五十四两五分一厘零。滴珠银一十六两，因地丁圈投，止实该分解银六两四钱五分二厘四毫零。遇闰加银三十一两，因地丁圈投，止实该分解银一十二两五钱一厘五毫零。

工部，则有四司料价银二百八十七两一钱三分，因地丁圈投，止实该分解一百一十五两七钱九分二厘三毫零。铁冶民夫银四百七十六两九钱，因地丁圈投，止实该分解银一百九十二两三钱二分一厘九毫零。胖袄裤鞋九十四副，每副该银一两五钱。顺治三年五月内奉文，改折每副加增银一两二钱，通共银二百五十三两八钱，因地丁圈投，止实该分解银一百二两三钱五分一厘二毫零。抬柴夫银二千二百三十四两四钱，三年一办，遇闰加银一百八十六两二钱，每年该银八百六两八钱六分六厘六一，因地丁圈投，止实该分解银三百二十五两三钱九分五厘三毫零。小工银五十两五银，因地丁圈投，止实该分解银二十两三钱六分五厘三毫零。

抚 宁 县

户部，则有京库改永镇库，人丁绢折银一两五钱，因地丁圈投，止实该分解银九两六钱六分二厘二毫零。永镇库农桑人丁绢折银一百二十二两七钱二分九厘，因地丁圈投，止实该分解银一百一十二两九钱三分七厘五毫零。永镇库布米折银四十六两五钱，因地丁圈投，止实该分解银四十二两七钱九分一毫零。旅顺兵饷带闰银二十三两一钱八分三厘六毫六丝，因地丁圈投，止实该分解银二十一两三钱三分四厘零。户口盐钞银九十五两九钱五分七厘五毫七丝，因丁地圈投，止实该分解银八十八两三钱二厘零。遇闰加银八两三钱五分九毫零。惜薪司枣儿银三十二两二钱六分，因地丁圈投，止实该分解银二十九两六钱八分六厘二毫零。

礼部，则有光禄寺猪羊银一百一十六两一钱。因地丁圈投，止实该分解银一百六两八钱三分七厘三毫零。光禄寺果品银七十九两八钱一分三厘，因地丁圈投，止实该分解银七十三两四钱四分五厘四毫零。北羊银二两四钱九分，除地丁圈投外，止实该分解银二两二钱九分一厘三毫零。太常寺牛犊银九两，因地丁圈投，止实该分解银八两二钱八分一厘九毫零。历日银二十五两，因地丁圈投，止实该分解银二十三两五厘四毫零。遇闰加银四钱六分一毫零。

兵部，则有太仆寺原额本折马七十七匹，内本色马三十九匹，每匹价银三十两，折色马三十八匹，每匹价银二十四两。顺治二年五月，内奉文每匹增银六两，通共原额并新增共价银二千三百一十两，因地丁圈投，止实该分解银二千一百二十五两七钱五厘零。种马草料银三百八十五两，因地丁圈投，止实该分解银三百五十四两二钱八分四厘二毫零。京皂柴直银二百四两，因地丁圈投，止实该分解银一百八十七两七钱二分四厘六毫零。滴珠盘费银二十两四钱，因地丁圈投，止实该分解银一十八两七钱七分二厘四毫零，遇闰加银一十一两四分二厘六毫零。弓兵工食银一十七两，因地丁圈投，止实该分解银一十五两六钱四分三厘七毫零，遇闰加银一两三钱三厘九毫零。

工部，则有军器银五十四两八钱三分五厘二毫零，因地丁圈投，止实该分解银五十两四钱六分四毫零。四司料价银二百八十七两一钱三分，因地丁圈投，止实该分解银二百六十四两二钱二分二厘四毫零。抬柴夫银五百六十两，因地丁圈投，止实该分解银五百一十五两三钱二分二厘四毫零。遇闰加银四十二两九钱四分三厘四毫零，胖袄裤鞋六十一副，每副价银一两伍钱。顺治三年五月内奉文改折每副增银一两二钱，因地丁圈投，止实该分解银一百五十一两五钱六分零。小工银三十八两，因地丁圈投，止实该分解银三十四两九钱六分八厘三毫零。

昌黎县

户部，则有京库改永镇人丁绢折银一十六两一钱，因地丁圈投，止实该分解银一十一两八分七厘四毫零。永镇库农桑人丁绢折银一百九十四两三钱八分二厘五毫，因地丁圈投，止实该分解银一百三十三两八钱六分三厘一毫零。永镇库布米折银八十二两五钱，因地丁圈投，止实该分解银五十六两八钱一分四厘三毫零。本色花绒五十四钱原额价并，十二年二月内奉文新增共银六两五钱三分六厘七毫，因地丁圈投，止实该分解四两五钱一厘五毫零。户口盐钞银一百五十五两九钱六分四厘四毫一丝五忽，因地丁圈投，止实该分解银一百七两四钱六厘二毫零。遇闰加银一十二两九钱九分七厘，因地丁圈投，止实该分解银八两九钱五分四毫零。惜薪司枣儿银五十一两二钱六分，因地丁圈投，止实该分解银三十五两三钱六毫零。旅顺兵饷连闰共银三十六两八钱二分二厘五毫二丝四忽，因地丁圈投，止实该分解银二十五两三钱五分八厘一毫零。

礼部，则有牛犊银一十八两，因地丁圈投，止实该分解银一十二两三钱九分五厘八毫一零。光禄寺果品银一百二十四两六钱九分八厘，因地丁圈投，止实该分解银八十五两八钱七分四厘三毫零。历日银四十两，因地丁圈投，止实该分解银二十七两五钱四分六厘三毫零。遇闰加银八钱，止实该分解银五钱五分九毫零。太医院柴葫银三两一钱九分三厘，因地丁圈投，止实该分解银二两一钱九分八厘八毫零，上下半年猪羊银二百四两九钱二分，因地丁圈投，止实该分解银一百四十一两一钱一分九厘九毫零。北羊银三两四钱六分，因地丁圈投，止实该分解银二两三钱八分二厘七毫零。

兵部，则有太仆寺原额本色马五十三匹，每匹价银三十两，折色马七十六匹，价银二十四两，本折二色马一百二十九匹，共价银三千四百一十四两。顺治二年五月内奉文，无论本折每匹价银三十两，内折色马每匹增银六两，共增银四百五十六两，通共额价并新增共银三千八百七十两。因地丁圈投，止实该分解银二千六百六十五两一钱八厘八毫零。种马草料银六百四十五两，因地丁圈投，止实该分解银四百四十四两一钱八分四厘八毫零。京皂柴直银三百八十两，滴珠银一十七两，共银三百九十七两，因地丁圈投，止实该分解银二百七十三两三钱九分七厘四毫零。遇闰加银二十两因地丁圈投，止实该分解银一十三两七钱七分三厘一毫零。弓兵银四十二两五钱，因地丁圈投，止实该分解银二十九两二钱六分七厘九毫零。遇闰加银四两四分二厘，因地丁圈投，止实该分解银二两七钱八分三厘五毫零。

工部，则有四司料价，银三百九十六两一钱五分四厘，因地丁圈投，止实该分解银二百七十二两八钱一分四厘八毫零。铁冶民夫银，六百一十八两四钱五分，因地丁圈投，止实该分解银四百二十五两九钱九毫零。柴夫银九百一两六钱，因地丁圈投，止实该分解银六百二十两八钱九分四厘六毫零。胖袄裤鞋原额银六十四两二钱，该胖袄四十二副八分，每副价银一两五钱，奉文改折每副增银一两二钱，共加增银五十一两三钱六分，通共额价并加增银一百一十五两五钱六分。因地丁圈投，止实该分解银七十九两五钱八分一厘三毫零。军器银一百六十三两七钱二分，因地丁圈投，止实该分解银一百一十二两七钱四分七厘一毫零。小工银六十一两一钱八分，因地丁圈投，止该分解银四十二两一钱三分二厘一毫零。

滦　　州

户部，则有太常寺小麦折银四十两，京库改永镇库人丁绢折银五十两四钱，永镇库农桑人丁绢折银六百三两九钱九分八厘九毫。惜薪司枣儿银一百二十七两二钱四分。盘费银二十七两五钱六分。稻皮银五十七两。宝钞司稻草银四十两八钱。永镇库布折米银二百六十七两。户口盐钞银三百二十五两六钱五分一厘三毫。闰月加银二十七两一钱三分七厘五毫九丝二忽。旅顺兵饷带闰银九十一两三钱八分二厘二忽。本色花绒一百九十六斤一十三两二钱，原价一十三两七钱七分六厘八毫七丝五忽，顺治十二年奉文改折每斤增银五分，共增银九两八钱六厘六毫。

礼部，则有太医院柴葫银五两七钱。光禄寺猪羊银四百八十八两六钱四分。太常寺牛犊银三十六两。光禄寺果品银三百九两四钱四分一厘五毫。北羊银七两六钱二厘。历日纸张银八十九两七钱一分四厘三毫。闰月加银五两六钱八分五厘七毫。

兵部，则有太仆寺原额本折马三百六十匹，价银九千七百二十六两。顺治二年五月内奉文无本折每匹二十两，共该增银一千七十四两，共银一万八百两。种马草料银一千八百两。柴直银一千一百八十八两。遇闰月加八十八两。弓兵工食银六十八两。遇闰加银五两六钱六分六厘七毫。

工部，则有四司料价银一千一十六两五钱。胖袄裤鞋原额并新增共银三百一十五两六钱。抬柴夫银三年一辨，共银七千二十二两四钱。遇闰加银五百八十五两二钱，每年该带征连闰银二千五百三十五两八钱六分二厘二毫。以上银两，因地丁圈投，存留不敷，尚请协济，俱无凭征解。

乐 亭 县

户部，则有人丁绢折银二十两七钱一分五厘七毫，因地丁圈投，止实该分解银五钱六分四厘九毫零。农桑人丁绢折银二百六十三两七钱三分六厘八毫五丝，因地丁圈投，止实该分解银七两一钱九分二厘二毫零。布米折银九十一两五钱，因地丁圈投，止实该分解银二两四钱九分五厘二毫零。粟米折银七十三两八钱二分一厘八丝八忽四微，因地本圈投，止实该分解银二两一分三厘一毫零。本色花绒四十一斤，价银二两九钱二分，奉文改折每斤增银五分，共该花绒价银四两九钱七分。因地丁圈投，止实该分解银一钱三分五厘五毫零。旅顺兵饷银三十五两六钱三分四厘七毫，因地丁圈投，止实该分解银九钱七分一厘零。遇闰加银二两九钱六分九厘五毫六丝，因地丁圈投，止实该分解银八分九厘零。户口盐钞银一百七十七两一钱五分八厘，因地丁圈投，止实该分解银四两八钱三分一厘二毫八微。遇闰加银一十九两四钱四分一厘，因地丁圈投，止实该分解五钱三分一毫零。

礼部，则有光禄寺果品银一百二十四两八钱九分八厘，因地丁圈投，止实该分解银三两四钱六厘零。光禄寺猪羊银二百四两九钱六分，因地丁圈投，止实该分解银五两五钱八分九厘三毫零。太常寺牛犊银一十八两，因地丁圈投，止实该分解银四钱九分八毫零。太医院柴胡银三两二钱四分一厘，因地丁圈投，止实该分解银八分八厘三毫零。科场牲口纸烛银四两一钱五分，因地丁圈投，止实该分解银一钱一分三厘一毫零。钦天监历日纸张银四十两，因地丁圈投，止实分解银一两九分八毫零。遇闰加银八钱，因地丁圈投，止实该分解银二分一厘八毫零。北羊银六两九钱九分，因地丁圈投，止实该分解银一钱九分六毫零。

兵部，则有太仆寺本折马一百七十六匹，原额马价银四千六百五十六两，内本色马八十七匹，又乳马二匹，每匹价银三十两，共银二千六百七十两。折色马八十七匹，共银一千九百八十六两。顺治二年奉文折色马每匹加银六两，俱解折色增银六百二十四两，共该本折马一百七十六匹，共马价银五千二百八十两，因地丁圈投，止实该分解银一百四十三两九钱八分八厘六毫零。种马草料银八百八十两，地丁圈投，止实该分解银二十三两九钱九分八厘一毫零。柴直银四百九十八两，滴珠银二十一两，共银五百一十九两。因地丁圈投，止实该分解银一十四两一钱五分三厘零。遇闰加银三十九两，因地丁圈投，止实该分解银一两六分三厘五毫零。弓兵银五十九两五钱，因地丁圈投，止实该分解银一两六钱二分二厘五毫零。遇闰加银五两四钱五分三厘三毫零，因地丁圈投，止实该分解银一钱四分八厘七毫零。

工部，则有四司料价银三百九十六两一钱五分四厘，因地丁圈投，止实该分解银一十两八钱三厘三毫零。惜薪司枣儿银五十一两二钱六分，因地丁圈投，止实该分解银一两三钱九分七厘八毫零。民夫银六百一十两八钱五分，因地丁圈投，止实该分解银一十六两六钱五分八厘二毫零。柴夫银九百一十二两八钱，因地丁圈投，止实该分解银二十四两八钱九分二厘五毫零。遇闰加银七十六两六分六厘六毫六丝，因地丁圈投，止实该分解银二两七分四厘三毫零。胖袄裤鞋原额银一百三十四两一钱，做胖衣八十九副四分，每副价银一两五钱，顺治三年奉文改折每副增银一两二钱，共银一百七两二钱八分，通共价银二百四十一两三钱八分，因地丁圈投，止实该分解银六两五钱八分二厘五毫零。军器银二百五两一钱九分八厘四毫，因地丁圈投，止实该分解银五两五钱九分五厘八毫零。小工银六十一两九钱四分，因地丁圈投，止实该分解银一两六钱八分九厘一毫零。

经　　费

一曰存留支给之数

龙亭仪仗修理。迁安代府办银十两，州县各一两。

文庙修理。迁安代府办银二十两，州县各一十两。

圣寿进表笺。滦州代府办银三十两，盘费银一十三两。

万寿撰表，冬至正旦撰表。滦州每次银五两，盘费每次银四两，奉裁每次二两。

按　院　铺兵二名，工食银一十四两四钱，奉裁二两四钱。（卢龙）心红纸张银一百八十两。（迁安）门子四名，工食银四十八两，奉文，十四年为始，裁银二十四两，遇闰加银四两，裁银二两。（昌黎）蔬菜等银一百八十两。（滦州）心红纸张银一百八十两。（乐亭）传报舍人四名，工食银二十八两，裁银四两八钱，遇闰加银二两四钱，裁银四钱。

永平道副使 俸银六十二两四分四厘，薪银七十二两，蔬菜烛炭等银五十两。奉文，裁银八十九两四分四厘，照满州无世职理事官例，算给银一百五两，闰月加银一十一两二钱三厘二毫，裁银九钱三分三厘六毫。桌围伞扇银五十两。奉裁银四十两，实支银十两，添入俸薪内。修宅家伙银五十两，奉裁四十两。心红纸张银五十两。（滦州）吏书十六名，工食银一百九十二两，奉裁九十六两，闰月加银一十六两，裁银八两。门子四名，工食银二十八两八钱。奉裁银四两八钱，闰月加银二两四钱，裁银四钱。（迁安）皂隶十二名，工食银八十六两四钱，奉裁银一十四两四钱。轿伞夫七名，工食银五十两四钱，奉裁银八两四钱。听事吏二名，工食银一十四两四钱，奉裁银二两四钱。铺兵二名，工食银一十四两四钱，奉裁银二两四钱。（卢龙）快手十二名，工食银八十六两，裁银一十四两四钱。（滦州）

关内道 如参政、参议、佥事等衔俸，照品支给副使俸银六十二两四分四厘，闰月加银五两一钱三毫。薪银每年七十二两，闰月加银六两。心红纸张银五两。蔬菜烛炭银五十两。桌围等五十两。修宅家伙银五十两。（抚宁）吏书一十六名，工食银一百九十二两，闰月加银一十六两。门子四名，工食银二十八两八钱，遇闰加银二两四钱。（昌黎）快手十二名，工食银八十六两四钱，遇闰加银七两二钱。皂隶十二名，工食银八十六两四钱，遇闰加同。轿伞扇夫七名，工食银五十两四钱，遇闰加银四两二钱。听事吏二名，工食银一十四两四钱，遇闰加银一两二钱。铺兵二名，工食银一十四两四钱，遇闰加同。（乐亭）顺治十一年闰六月会议裁关内道以上银扣解户部。

本府知府 俸银六十二两四分四厘，遇闰加银五两一钱七分。薪银七十二两，遇闰加银六两。二项奉文，以十四年为始，裁银三十三两四分四厘，又裁闰月银二两七钱五分三厘六毫。心红纸张烛炭银五十两。修宅家伙银五十两，裁银四十两解部。桌围伞扇等银二十两，裁银十六两解部，实支银四两入俸。灯夫四名，工食银二十八两八钱，裁银四两八钱，遇闰加银二两四钱，裁银四钱解部。禁子十二名，工食银八十六两四钱，裁银一十四两四钱。遇闰加银七两二钱，裁银一两二钱。库书一名，工食银一十二两，裁银六两，遇闰加银一两，裁银五钱。仓书一名，工食银一十二两，裁银六两。遇闰加同裁同。斗级六名，工食银四十三两二钱，裁银七两二钱，遇闰加银三两六钱，裁六钱。修仓备办刑具银二十两。皂隶十六名，工食银一百一十五两二钱，裁银一十九两二钱。遇闰加银九两六钱，裁银一两六钱解部。伞轿扇夫七名，工食银五十两四钱，裁银八两四钱。遇闰加银四两二钱，裁银七钱解部。（昌黎）书办二十名，工食银二百一十六两，裁九两六钱，遇闰加银一十八两，裁银八两。（迁安）书办四名，工食银四十三两二钱，裁银十九两二钱。遇闰加银三两六钱，裁一两六钱。门子二名，工食银一十四两四钱，裁二两四钱，遇闰加一两二钱，裁二钱。步快十六名，工食银一百一十五两二钱，裁一十九两二钱，闰月加九两六钱，裁一两六钱。（抚宁）马快十名，工食马草料银一百八十两，裁银一十二两。库子四名，工食银二十八两八钱，裁四两八钱。（乐亭）本府六房纸张银六十两，全裁解部。（昌黎）修理本府公署银一百两，全裁。（卢龙）

同　知　俸银四十二两五钱五分六厘。薪银四十八两。桌围伞银一十两，裁八两，实支二两。三顷（项）裁银一十二两五钱五分六厘，照满州拖沙喇哈番例算，给银八十两，闰月加银七两五钱四分六厘三毫零，裁六钱二分八厘八毫零。修宅家伙银一十两，裁八两。心红纸张银二十两。门子二名，工食银一十四两四钱，裁二两四钱。（滦州）书办六名，工食银六十四两八钱，裁二十八两八钱。闰月加银五两四钱，裁二两四钱。（卢龙）皂隶十二名，工食银八十六两四钱，裁一十四两四钱，闰月加银七两二钱。裁一两二钱解部。（昌黎）灯夫二名，工食银一十四两四钱，裁二两四钱。闰月加银一两二钱，裁二钱。（乐亭）伞轿夫七名，工食银五十两四钱，裁八两四钱。闰月加银四两二钱，裁七钱。（抚宁）步快八名，工食银五十七两六钱，

裁九两六钱。闰月加银四两八钱，裁八钱。（迁安）

通　判　俸银三十五两四钱六分，闰月加银二两九钱五分五厘。薪银四十八两，闰月加银四两。心红纸张银二十两。修宅家伙银十两。桌围伞扇银十两。门子二名，工食银一十四两四钱，闰加一两一钱。（迁安）伞扇夫七名，工食银五十两四钱，闰加四两一钱。（抚宁）皂隶十二名，工食银八十六两四钱，闰加七两二钱。（乐亭）步快八名，工食银五十七两六钱，闰加四两八钱，全裁解部。（昌黎）灯夫二名，工食银一十四两四钱，闰加一两二钱全裁。（卢龙）书办六名，工食银六十四两八钱。（滦州）今全裁征银解部。

山海通判　俸银三十五两四钱六分，闰月加银二两九钱五分五厘。薪银四十八两，闰月加银四两。心红纸张银二十两。修宅家伙银十两。桌围伞扇银十两。门子二名，工食银一十四两四钱，闰月加银一两二钱。（迁安）伞扇夫七名，工食银五十两四钱，闰月加银四两二钱。（抚宁）皂隶十二名，工食银八十六两四钱，闰月加银七两二钱。（乐亭）快手八名，工食银五十七两六钱，闰月加银四两八钱全裁解部。（昌黎）灯夫二名，工食银十四两四钱，闰月加银一两二钱，（卢龙）全裁。书办六名，工食银六十四两八钱，（滦州）今全裁征银解部。

山海通判　俸银三十五两四钱六分，闰月加银二两九钱五分五厘。薪银四十八两，闰月加银四两。二项共银八十三两四钱六分。十四年为始，裁银二十四两七钱八分八厘。照满州他赤哈哈方例算，给银五十八两六钱七分二厘，闰月加银六两九钱五分五厘，裁银二两六分五厘六毫零。（抚宁）桌围伞扇银十两，裁银八两，十四年又议裁银六钱七分二厘。快手八名，工食银五十七两六钱，裁银九两六钱，闰月加银四两八钱，裁银八钱。（卢龙）轿伞扇夫七名，工食银五十两四钱，裁银八两四钱，闰月加银四两二钱，裁银七钱。（乐亭）全裁解部。门子二名，工食银二十四两四钱，裁银二两四钱，闰月加银一两二钱，裁银二钱解部。灯夫二名，工食银一十四两四钱，闰月加同裁同解部。（昌黎）皂隶十二名，工食银八十六两四钱，裁银一十四两四钱，闰月加银七两二钱，裁银一两二钱。（迁安）心红纸张银二十两。修宅家伙银十两，裁银八两。书办六名，工食银六十四两八钱，裁银二十八两八钱。（滦州）

推　官　俸银二十七两四钱九分。薪银三十六两。油烛银十两。伞扇银二两。四项共银七十五两四钱九分。自十四年为始，裁银三十两四钱九分，实支银四十五两，照满州笔帖式哈方例算支给，俸薪闰月加银五两二钱九分八毫零，裁银一两五钱四分八毫零解部。桌围伞扇银一十两，裁银八两解部。门子二名，工食银一十四两四钱，裁银二两四钱解部，闰月加银一两二钱，裁银二钱解部。（昌黎）皂隶十二名，工食银八十六两四钱，裁银一十四两四钱，闰月加银七两二钱，裁银一两二钱。（迁安）灯夫二名，工食银一十四两四钱，裁银二两四钱，闰月加银一两二钱，裁银二钱。（滦州）书办八名，工食银八十六两四钱，裁银三十八两四钱，闰月加银七两二钱，裁银三两二钱。（乐亭）步快八名，工食银五十七两六钱，裁银九两六钱，闰月加银四两八钱，裁银八钱。（抚宁）轿伞扇七名，工食银五十两四钱，裁银八两四钱。闰月加银四两二钱，裁银七钱。（卢龙）

经　历　俸银二十四两二钱四厘，闰月加银二两一分七厘。薪银二十四两，闰月加银二两。二项十四年为始，裁银八两二钱四厘，又裁闰月银六钱八分三厘六毫六丝。皂隶四名，工食银二十八两八钱，裁银四两八钱，闰月加银二两四钱，裁银四钱解部。（乐亭）书办一名，工食银七两二钱，裁银一两二钱，闰月加银六钱，裁银一钱，门子一名，工食银七两二钱，裁银一两二钱，闰月加银六钱，裁银一钱。马夫一名，工食七两二钱，裁银一两二钱，闰月加银六钱，裁银一钱。（迁安）

知　事　俸银二十一两一钱一分，闰月加银一两七钱五分九厘一毫。薪银十二两。闰月加银一两，全裁，（抚宁）书办一名，工食银七两二钱，闰月加银六钱，系缺官全裁。门子一名，工食银七两二钱，闰月加银六钱，系缺官全裁。皂隶四名，工食银二十八两八钱，闰月加银二两四钱，系缺官全裁，（卢龙）马夫一名，工食银七两二

钱，裁银一两二钱。（滦州）

照　磨　俸银一十九两五钱二分，闰月加银一两六钱二分六厘六毫零。薪银一十二两，闰月加银一两。皂隶四名，工食银二十八两八钱，裁银四两八钱，闰月加银二两四钱，裁银四钱。（抚宁）书办一名，工食银七两二钱，裁银一两二钱，闰月加银六钱，裁银一钱。门子一名，工食银七两二钱，裁银一两二钱。闰月加银六钱，裁银一钱。马夫一名，工食银七两二钱，裁银一两二钱，闰月加银六钱，裁银一钱解部。（昌黎）

司狱司　俸银三十一两五钱二分。书办一名，工食银七两二钱，裁银一两二钱。皂隶二名，工食银一十四两四钱，裁银二两四钱。（滦州）

府学教授　俸银三十一两五钱二分，闰月加银二两六钱二分六厘六毫零。训导俸银三十一两五钱二分，闰月加银二两六钱二分六厘六毫零。斋夫四名，工食银四十八两，闰月加银四两。门斗四名，工食银二十八两八钱，裁银四两八钱，闰月加银二两四钱，裁银四钱。学书一名，工食银七两二钱，裁银一两二钱。闰月加银六钱，裁银一钱。喂马草料共银二十四两。膳夫二名，工食银四十两，奉文裁三分之二。（今免）奉裁训导一员，俸银三十一两五钱二分，闰月加银二两六钱二分六厘六毫零。斋夫二名，工食银二十四两，闰月加银二两□□□裁。门斗一名，工食银七两二钱，闰月加银□□□□。喂马草料银一十二两全裁。（卢龙）府学廪膳生四十名，粮银三百八十四两，奉文裁三分之二，裁银二百五十六两。（滦州）

滦州知州　俸银三十七两六钱八分四厘。薪银四十八两。迎送上司伞扇等银十两，裁银八两，实支银二两。以上裁银七两六钱八分四厘，照满州拖沙喇哈例算，给银八十两。闰月加银七两一钱四分三毫零，裁银六钱五分三毫零。心红纸张三十两。修宅家伙银二十两全裁。书办十二名，工食银一百二十九两六钱，裁银五十七两六钱，闰月加银十两八钱，裁银四两八钱。门子二名，工食银一十四两四钱，裁银二两四钱，闰月加银一两二钱，裁银二钱。皂隶十二名，工食银八十六两四钱，裁银一十四两四钱，闰月加银七两二钱，裁银一两二钱。

民壮五十名，工食银三百六十两，裁银六十两，闰月加银三十两，裁银五两。灯夫四名，工食银二十八两八钱，裁银四两八钱，闰月加银二两四钱，裁银四钱。看监禁卒八名，工食银五十七两六钱，裁银九两六钱，闰月加银四两八钱，裁银八钱。修理监仓银二十两。轿伞扇夫七名，工食银五十两四钱，裁银八两四钱。闰月加银四两二钱，裁银七钱。库书一名，工食银十二两，裁银六两，闰月加银一两，裁银五钱。仓书一名，工食银一十二两，裁银六两，闰月加银一两，裁银五钱。库子四名，工食银二十八两八钱，裁银四两八钱。闰月加银二两四钱，裁银四钱。斗级四名，工食银二十八两八钱，裁银四两八钱，闰月加银二两四钱，裁银四钱。

州　同　俸银二十九两八钱四厘。薪银四十八两。二项裁银七两八钱四厘。照满州拖赤哈番例算，给银六十两，闰月加银六两四钱二分三厘六毫零，裁银一两四钱二分三厘六毫零。书办一名，工食银七两二钱，裁银一两二钱，闰月加银六钱，裁银一钱。皂隶六名，工食银四十三两二钱，裁银七两二钱，闰月加银三两六钱，裁银六钱。笼马伞扇夫二名，工食银一十四两四钱，裁银二两四钱，闰月加银一两二钱，裁银二钱。门子一名，工食银七两二钱，裁银一两二钱，闰月加银六钱，裁银一钱。

吏　目　俸银三十一两五钱一分，闰月加银二两六钱二分六厘六毫。书办一名，工食银七两二钱，裁银一两二钱，闰月加银六钱，裁银一钱。门子一名，工食银七两二钱，裁银一两二钱，闰月加银六钱，裁银一钱。皂隶四名，工食银二十八两八钱，裁银四两八钱，闰月加银二两四钱，裁银四钱。马夫一名，工食银七两二钱，裁银一两二钱，闰月加银六钱，裁银一钱。

州学正　俸银同府学。训导俸银同府学。斋夫六名，工食银七十二两，裁银三十六两，闰月加银六两，裁银三两。学书一名，工食银同府学。门斗五名，工食银三十六两，裁银六两，闰月加银三两，裁银五钱。喂马草料银同府学。廪生三十名，粮银二百八十两，裁三分之二。闰月加银二十三两三钱三分五厘，裁银一十五两五钱五分六厘八毫。膳夫二名，同府学。

榛子镇巡检 俸银三十一两五钱二分，闰月加银二两六钱二分六厘六毫。书办一名，工食银七两二钱，裁银一两二钱，闰月加银六钱，裁银一钱。皂隶二名，工食银一十四两四钱，裁银二两四钱，闰月加银一两二钱，裁银二钱。弓兵十六名，工食银一百一十五两二钱，裁银一十九两二钱，闰月加银九两六钱，裁银一两六钱。（滦州）

五县**知县** 俸银二十七两四钱九分。薪银三十六两。油烛银一十两。伞扇银二两。四项共银七十五两四钱九分。十四年为始，裁银三十四两九钱，实支银四十五两。照满州笔帖式哈方例算，支给俸薪，闰月加银五两二钱九分八毫三丝三忽，裁银一两五钱四分八毫三丝三忽。心红银二十两。修宅家伙银二十两，全裁，五县相同。吏书、门子、皂隶、马快、民壮、轿伞扇夫、库书、仓书、库书、看监禁卒、斗级、修理监仓、灯夫，五县人役名数，工食银两数，闰月银数，裁银数一切俱各与滦州数相同，不另开载。凡裁银，昌黎、乐亭解部。别县无解。

昌黎、乐亭二县**县丞** 俸银二十四两三钱二厘，闰月加银二两二分五厘八毫零。薪银二十四两，闰月加银二两。书办一名，工食银七两二钱，闰月加银六钱。门子一名，工食银七两二钱，闰月加银六钱。皂隶四名，工食银二十八两八钱，闰月加银二两四钱。马夫一名，工食银七两二钱，闰月加银六钱。此缺全裁解部。

典　史 俸银三十一两五钱二分，闰月加银二两六钱二分六厘六毫零。书办一名，工食银七两二钱，裁银一两二钱，闰月加银六钱，裁银一钱。门子一名，工食银七两二钱，裁银一两二钱，闰月加银六钱，裁银一钱。皂隶四名，工食银二十八两八钱，裁银四两八钱，闰月加银二两四钱，裁银四钱。马夫一名，工食银七两二钱，裁银一两二钱，闰月加银六钱，裁一钱。

五县**儒学教谕** 俸银闰月加银，训导俸银闰月加银，马草料银，皆与府州数同。斋夫六名，门斗五名，学书一名，膳夫二名，人役名数，工食银闰月加银及裁银，皆与州数同。凡裁银，昌黎、乐亭解部，别县无解。

税课司 俸银三十一两五钱二分，闰月加银二两六钱二分六厘六毫零。书办一名，工食银七两二钱，裁银一两二钱，闰月加银六钱，裁银一钱。皂隶二名，工食银一十四两四钱，裁银二两四钱，闰月加银一两二钱，裁银二钱。（卢龙）

一曰存留驿递之赋

驿　丞 俸银三十一两五钱二分，闰月加银二两六钱二分六厘六毫零。书办一名，工食银七两二钱，裁银一两二钱，闰月加银六钱，裁银一钱。皂隶二名，工食银一十四两四钱，裁银二两四钱，闰月加银一两二钱，裁银二钱。馆夫四名，工食银二十八两八钱，裁银四两八钱，闰月加银二两四钱，裁银四钱。接递皂隶十名，工食银六十两，闰月加银五两，以上皆同。

滦河驿 马匹、草料、马夫、车夫等银三千两，闰月加银二百五十两。轿扛夫，工食银七百四十两，闰月加银六十六两六钱六分六厘六毫零。廪给口粮银二百两。新增站饭银四百二十五两。饭银一百两。（卢龙）

滦阳驿 马匹、草料、喂马车夫，工食等银二千四百两，闰月加银二百两。轿扛夫，工食银三百四十两，闰月加银二十八两三钱三分四厘。廪给口粮银二百两。（迁安）

卢峰驿 工料、喂马车夫等银三千两，闰月加银二百五十两。扛轿夫，工食银二百四十两，闰月加银二十两。廪给口粮银二百两。新增站饭银三百七十五两。走递马十五匹，草料银三百两，奉裁银九十两。闰月加银二十五两，裁银七两五钱。（抚宁）

迁安驿 马匹、草料、喂马车夫等银三千两，闰月加银二百五十两。扛轿夫，工食银二百四十两，闰月加银二十两。廪给口粮银二百两。新增工料银九百二十五两。站饭银一百两。本县走递马草料银一百五十两，裁银四十五两。闰月加银一十二两五钱，裁银三两七钱五分解部。（昌黎）

七家岭驿 马匹、草料、喂马车夫等银三千两。新增站饭银一千四百两。扛轿夫工食银七百四十两。廪给口粮银二百两。本州走递马草料银三百两，裁银九十两。（滦州）

榆关驿 工料、喂马车夫等银三千两，裁银五十两，闰月加银二百五十两，裁银四两一钱六分七厘解部。走递马匹每年草料银一百五十两，闰月加银一十二两五钱，裁银四十五两，又裁闰银三两七钱五分，解部。新增站银一百两。扛轿夫工食每年二百四十两，闰月加银二十两。廪给口粮银二百两。（乐亭）

各州县杂支，供应过往上司下程坐饭中伙等银。滦州四百两，各县三百两，全裁解部。

本府并滦州铺兵三十三名，工食银一百九十八两。卢龙铺兵三十五名，工食银二百一十两，闰月加银一十七两五钱。迁安铺兵十七名，工食银一百二两，闰月加银八两五钱。抚宁铺兵三十名，工食银一百八十两，闰月加银一十五两。昌黎铺□□兵名，工食银□□。乐亭铺兵八名，工食银四十八两，闰月加银四两。

一曰存留宾祭之赋

文庙、启圣、名宦、乡贤、本府春秋二大祭，银六十两。社稷、山川、风云雷雨、城隍等神，本府春秋二祭，银四十两。（昌黎）

一本府乡饮二次，银二十两，奉文，十四年为始，裁银十两解部。本府朔望行香银二两，全裁解部。本府历日银二十两。本府鞭春牛花杖银五两。本府桃符门神银四两。十四年为始，全裁解部。（乐亭）

文庙、启圣、名宦、乡贤、州县春秋二大祭，银四十两。社稷、山川、风云雷雨、城马、八蜡等神，州县春秋二祭银三十两。州县三小祭无祀鬼神银十两。州县朔望行香纸烛银一两。州县春牛、芒神、门神等银五两，裁二两。州县历日银三十两。州县乡饮礼酒一十二两，奉裁一半。昌黎、乐亭裁银解部。

一曰存留杂项之数

修理察院公馆，州、县各银十两。滦州十二两。（俱全裁，乐亭裁银解部）看守察院，州、县各门子二名，工食银一十二两，闰月加银一两。吹手，州县各六名，工食银四十三两六钱，裁银七两二钱，闰月加银三两六钱，裁银六钱。（乐亭裁银解部）州、县各更夫五名，（滦、卢、迁工食二十四两，闰加二两。抚、昌、乐三十两，闰加二两五钱。）火夫，州、县各十名（滦、卢、迁工食四十八两，闰加四两。）抚、昌、乐工食六十两，闰加五两。各县孤贫冬衣银六两。（十四年为始全裁，昌乐裁银解部。）六县纸张银三十六两（乐亭全裁解部）。州、县里社书手攒造易知赤历纸工银九两八钱四分（乐亭全裁解部）。

一曰存留河梁船渡之赋

挑挖新河夫银二十六两。修造青龙河船银二十两，裁一半。青龙河渡夫三名，工食银十八两，裁一半，闰月加银一两五钱，裁一半。（卢龙）搭盖桥梁银八十两。修理船支银一百两，十四年为始，裁银五十两解部。潘家口渡夫四名，工食银一十二两，闰月加银一两。小河桥渡夫二名，工食银十二两，闰月加银一两。大河桥渡夫五名，工食三十两，闰月加银二两五钱，澂河桥渡夫八名，工食银四十八两，闰月加银四两。四项，十四年为始，裁银五十一两。又裁闰月银四两二钱五分解部。河夫银每年一百六十九两二钱。（解惠通河工部）修舱船只银二十两，十四年始，裁银十两解部。潘家口水夫三名，工食银一十八两，十四年始，裁银九两，闰月加银一两五钱，裁银七钱五分解部。小河水夫十名，工食银六十两，十四年始，裁银三十两，闰月加银五两，裁银二两五钱解部。青龙河水夫五名，工食银三十两，十四年始，裁银一十五两，闰月加银二两五钱，裁银一两二钱五分解部。滦河水夫六名，工食银三十六两，十四年，裁银一十八两，闰月加银三两，裁银一两五钱解部。（昌黎）挑挖新河夫银八十两。黄台河渡夫三名，工食银一十八两，裁银一半，闰月加银一两五钱，裁银一半。（迁安）本府修造船只银一百两，裁银一半。大河渡夫十三名，工食银七十八两，裁银一半。潘家口渡夫三名，工食银一十八两，裁银一半，滦河渡夫十三名，工食银七十八两，裁银一半。滦漆二河渡夫九名，工食银五十四两，裁银一半。工部挑挖河夫银一百六十九两。（滦州）以上皆一年一办。

一曰存留宾兴之赋

（此下三年一办，每县每年照款项征三分之一，作三年征收）。

府学，科举生员盘费等银十七两。武场公费银，一十二两。本府迎贺新中举人，花红旗匾银二十两，裁银三两三钱三分三厘三毫零。乡试场牲口银二十五两四钱五分。新中武举，花红旗匾银十两，裁银一两六钱六分六厘零。新中武进士，花红旗匾银二十两，裁银三两三钱三分三厘零。（抚宁）本府新中举人，每名牌坊银八十两。本府新中进士，每名牌坊银一百两。乡试场牲口银，三十八两九钱七分。誊录书手银一十两。武场公费银一十三两，新增银一两。（昌黎）府学，生员科举盘费银一十六两。乡试牲口银，一十二两四钱三分。本府会试，举人花红盘费银六十两。武场公费银六两。（卢龙）乡试场牲口银七十二两九钱二分。武场公费银一十两七钱四分。乡试刊字匠，工食银四两三钱四分。（滦州）本府新中举人，每名牌坊银八十两。本府新中进士，每名牌坊银一百两。乡试牲口银二十九两四钱四分。武场公费银一十三两。（迁安）乡试场牲口银三十八两九钱七分。（连新增）本府科举、遗才、生员盘费银一百五十两。武场公费银一十四两。（乐亭）

州县宾兴相同数：

会试举人盘费银一十五两。新中举人坊银八十两。进士坊银一百两。新中武举花红旗匾银十两。武进士坊银二十两。（武举、武进士，十四年始奉文裁半，乐亭裁银解部。）

州县宾兴不同数：

科举生员盘费酒席：滦州七十两。迁安六十两。卢龙四十两抚宁三十六两。昌黎乐亭各三十二两。十四年奉文各裁半。（昌黎所裁解部。）

本府岁贡生员路费、花红旗匾银四十两，裁半。（抚宁一年一办）

州县岁贡生银各四十两，裁半。（乐亭所裁解部）府学学院科岁二考，并本府季考，卷资花红银六十两。裁半。抚宁州县各四十两，裁半。

一曰存留辑瑞之赋

此项三年一办，每年带征三分之一。

朝觐，本府造册什物，官吏盘费银六十两。十四年始奉裁三分之二。（入京留用，不入全裁解部，昌黎。）

朝觐，州、县原六十一两。（正印三十两，典史二十两，吏五两，十四年始奉裁，与留用全裁同府）

一曰额外之赋

卢　龙　太仓荒田银六十八两一钱三分七厘零。永镇荒田银九十五两二钱七分七厘。原额备荒银三十三两五钱七分四厘零。

抚　宁　太仓荒田银二百两八钱九分一厘五毫。永镇荒田银一百二十七两一钱二分八厘零。又后备荒银三两七钱五厘。开垦过荒田银一百六两五钱三分二厘五毫，以上四项解户部。牧马草场地银三十三两四钱五分解太仆寺。

乐　亭　渔课银七两五钱。

滦　州　渔课银七两三钱六分九厘九毫零，解户部。

开垦荒田四十九顷一十六亩六分，征银四十九两一钱六分六厘。

《校注》编者注：以下为原书卷之七终后所记，仍原样记后。

滦　州　实在上中下则不等，人丁通折下下则，共一万六千五百三十四丁，共征银三千三百六两八钱。实圈剩民地，并拨补县卫地，及节年退圈民卫地，共四千七百六十三顷六十九亩四分四厘九毫四丝二忽六微一纤七沙，共征银一万一千七百八十九两一钱四分二厘一毫二丝三忽六微四纤七沙二尘八埃六渺一漠。

节年新垦荒田地，共六百一十六顷八十三亩四分，共征银六百一十六两八钱三分四厘。

清查自首民卫上中下不等地，共一千六十顷一十亩八分，共征银一千三百六十一两六钱八分七厘二毫四丝一忽五微四纤三沙二尘九埃一渺二漠。以上丁地，共征银一万七千七十四两四钱六分三厘三毫六丝五忽一微九纤五尘七埃七渺三漠。

卢龙县　实在人丁上中下则不等，共折下下则一万二千九十一丁，共征银二千七百七十二两九钱三分九厘二毫五丝。

通共实在民种征粮地，并受补地，共一千四百一十九顷八十二亩五分五厘二毫，共征银五千二百六十两三钱三厘七毫五丝一忽二微三纤九沙四尘二埃一渺三漠。

大仓永镇备荒节年新垦荒田地共四百三顷一十五亩五分，共征银四百四十六两一钱二分三厘七毫一丝二忽九微七纤七沙一尘。

康熙十六年，清查首出地，共三百一十九顷三十三亩七分四毫，共征银四百二十一两八钱七分七厘九毫二丝四忽二微六纤五沙一尘一埃。

以上丁地，共征银八千八百一两二钱四分四厘六毫三丝八忽四微八纤一沙六尘三埃一渺三漠。

迁安县　实在人丁上中下则不等，共折下下则八千丁，共征银二千八十两。

实在民种征粮地，上中下则不等，共折上地五百七十八顷二十八亩七分六厘三毫五丝，共征银四千一百二十两二分二厘八毫四丝二忽一微一纤一尘五埃。

节年新垦荒田地，共一百六十一顷三亩四分二厘三毫，共征银一百六十一两三分四厘二毫三丝。

十六年清查首出地，共三百三十二顷七十七亩六分四厘，共征银六百六十三两九钱四分六厘九丝四忽一微九沙五尘。

以上丁地，共征银七千二十二两九钱九分七厘七毫六丝六忽二微一纤九沙六尘五埃。

抚宁县　实在人丁上中下则不等，共折下下一万六千四百六十三丁，共征银一千八百二十三两二钱七分七厘二毫五丝。

实在民种征粮地，共二千五百五十七顷九十五亩七分七厘七丝五忽，共征银一万五百四十七两九钱三分一厘三毫八丝一忽四微二纤四沙六尘六埃八渺三漠。

太仓永镇备荒新垦荒田，牧马草场等地，共五百六十八顷五亩三分八毫，共征银五百九十二两七钱六分三厘三毫二丝三忽二微。

十六年清查首出地，共五百二十顷三十三亩七分三厘二毫，共征银五百五十两一钱二分一厘九毫一丝五忽七微四纤一沙八尘五埃二渺五漠。

以上丁地，共征银一万三千五百一十四两九分三厘八毫七丝三微六纤六沙五尘一埃七漠。

昌黎县　实在人丁上中下不等，共折下下则二万二千一十二丁，共征银四千四百二两四钱。

实在民种征粮地，共二千六百九十五顷一十九亩九分七厘六毫七丝五忽，共征银九千四百五十七两四钱九分九厘一毫七忽四微五纤三沙七尘八埃。

太永荒田草场地，共二百七十六顷一十六亩九分八厘四毫五丝，共征银二百七十六两一钱六分九厘八毫四丝五忽。

十六年清查首出地，共四百顷三十五亩四分九厘五毫，共征银三百五十二两五钱六分二厘八毫五丝五忽八微九纤九沙八尘。

以上丁地，共征银一万四千四百八十八两六钱三分一厘八毫八忽二微五纤三沙五尘八埃。

乐亭县 实在人丁上中下则不等，共折下下则二万一千三百七十丁，共征银四千二百七十四两。

实在民种征粮地，共一千五百五十四顷二十八亩四分八厘，共征银三千三百三十二两四钱五分八厘三丝二忽八微六纤七沙三尘七埃五渺。

节年新垦荒地三百九十一顷七十八亩二分五厘二毫，共征银三百九十一两七钱八分二厘五毫二丝。

十六年清查首出地，共三百一十五顷六十五亩六分四厘，共征银三百五十七两三分三厘四毫二丝三忽三微一纤。

以上丁地，共征银八千三百五十五两二钱六分六厘七毫七丝六忽一微七纤七沙三尘七埃五渺。

永平卫 实在人丁上中下则不等，共折下下则四千五百四十二丁，共征银一千八百六十九两一钱九分。

实在征粮屯地，共五十五顷六十四亩六分六厘七毫，共征银一十两五钱七分三厘二毫八丝七忽四微四纤六沙。

开垦荒田地，共一百八十八顷四亩七分六厘九毫，共征银三百七十六两九分五厘三毫八丝。

十六年清查首地，共一百三十顷五十七亩五分七厘，共征银一百一十八两九钱二厘二毫六丝四忽六微。

以上丁地共征银二千三百七十四两七钱二分九毫三丝二忽四纤六沙。

山海卫 实在人丁上中下则不等，共折下下则九千七百二十三丁，共征银二千二百一十七两三钱三分一厘九毫。

实在征粮屯地三百五十四顷四十二亩四分五厘五毫，共征银六十七两八钱三厘三毫六丝五忽八微六纤三沙八尘。

新垦荒田、太永备荒籽粒等地，共三百一十四顷四十五亩二分二厘一毫二丝五忽，共征银三百八十一两八钱八分二厘一毫八丝九忽八微八纤。

十六年清查首地，共二百五十八顷二亩一分七厘，共征银二百二十七两一钱九分三厘四毫六丝五忽一微六纤七沙九尘四埃四渺。

以上丁地，共征银二千八百九十四两二钱一分九毫二丝九微一纤一沙七尘四埃四渺。

卷之八

莱阳　　　宋　琬撰次
宜兴　　　路　迹参校
广宁　　　常文魁续补

漕　　运

永平之漕运有四利，荆川唐公之疏详哉言之矣。昔颖国镇永平月余，首建通漕之策，旷代不修，其后稍一行之，而遂享其利。今仍置之不讲，亦以海禁方严，便宜未请，然百世之规不以一时而废也。昔郭建初志漕，旁及蓟州、天津，往来贯穿，首尾具备，而今自天启以来三十余年之事，檄行郡邑，并称文卷不存，无凭稽考，以故一方大事载于篇者，仅寥寥数语。岂非古今人之不相及，而留意斯民者之鲜乎！又何怪夫虑始之难图，而长利之不建也。呜呼，岂独西门豹也哉！

魏太祖征蹋顿，从泃口凿渠，迳雍奴、泉州以通河海。此京东通运之始。

赵石虎伐燕，具船万艘，自河通海，运谷千一百万斛于乐安城，即今乐亭县。

唐神龙二年，姜师度为河北道巡察兼支度营田使，好兴作沟洫之利，于蓟门北涨沟以限契丹，循魏武故迹，并海凿平卤渠以通饷路，避海难民咸利之，此凿渠罢海运之征也。然魏武故迹，水经新河故渎，谓之盐关口，与泃俱导以通河海者，东北绝庾水，今称还乡河。又东北出迳右北平绝泃渠水，今蓟州运河也。然师度所修者泃，而不及庾及新，故久废无存矣。

开元二十五年二月戊午，停河北运，而海运寻兴。

二十七年六月癸酉，以御史大夫李适之兼幽州长史、知节度使事，寻增领河北海运使。

二十八年，分卢龙、石城二县地置马城县，通水运，幽州刺史领之。

辽太平九年三月，户部副使王嘉请造船，募习海漕者移辽东粟饷，燕水路艰，多致覆没，民甚苦之。

元会通河初开，岸狭水浅，不能负重，岁不过数十万石，故终元之世，海运不罢焉。其并海通河者自三岔河有三道，一由直沽经白河至通州，一由娘娘宫经粮河至蓟州，一由芦台经黑洋河、蚕沙口、青河至滦州。蓟载于《唐书》，通仿于《金史》，元河渠乃及滦。是滦之漕岔河东道，若善导之，自辽西、右北平无不可通者。考《宣宁志》，有奉圣刘雄任滦、潮二河，运粮万户。潮且运矣，况于滦乎。但漕上都则难，中统间因陆运之费，乃从姚演言：势不可遂止，而并可漕者废之，但资造船之役焉。

至元十七年正月戊辰，赐开滦河五卫军钞。

十九年四月壬寅，敕滦河造官车给粮费。五月庚辰，造船于滦州，发军民合九千人，令探马赤伯带领之，伐木于山及取于寺观、坟墓，官酬其直，仍命桑哥遣人督之。九月壬申，敕平、滦、高丽、耽罗、及扬、泉等州造大小船二十艘。（初造车以陆运，寻造船以备漕也。）

二十年正月庚午，以平滦造船去运木所远，民疲于役，徙于抚宁之阳河，从之。三月己未，御史台臣言：平、滦造船，五台山造寺伐木，及南城建新寺，凡役四万人，乞罢之。诏伐木、建寺即罢，造船一事，其与省臣议。五月己未，放造船军归农，拨大都军代役。

二十一年十一月戊子，命北京宣慰司修滦河道。（为将漕也）

二十八年正月癸卯，上都民仰食于官者众，诏佣民运米十万石致上都，官价石四十两，命留守木八剌沙总其事。九月姚演言：奉敕疏浚滦河，漕运上都，取沿河盖露囷工匠杂物，仍预来岁漕船五百艘，水手一万，牵夫二万四千。省臣等集议，近岁荒歉凋弊，造舟调夫并行必困，请先造十艘，量拨水手，试之果便续增。制可先以五十艘行之，仍选能人同事，将挽舟逾山而上至开平。郭守敬视之不可乃止。

大德七年五月甲寅，浚上都之滦河。（史滦河源出金莲川，中由松亭，北经迁安东平州，西濒滦州入海，此所浚者其上流也。）

延祐五年四月庚戌，辽阳饥，漕十万石于义锦州赈之。

明洪武三年正月甲午，令中书省符下山东行省，募水工于莱州洋海仓运粮，以饷永平卫。

八年五月己巳，遣颍川侯傅友德往北平备胡，疏陈五事，一转输之法，宜令河间军自长芦运至通州，北平军自通州运入北平，则民不劳而事集矣。又永平府民接运军储，由鸦洪桥至永平道里颇远，宜通青河、滦河故道，漕运则用力少，而成功多矣。上嘉其言，寻召还。

永乐二年，令海运船装运于小直沽起芦囤。三年，令天津造露囤。（旧志：新桥海口设永平卫千户一员，军丁十名，监守开猪土城周三里，露囤百三十座。或是年以后而举矣。）

十三年，为会通河成，又造浅船三千余只，一年四次从里河转漕，遂罢海运，独蓟州军饷，遮洋海运如初。

宣德三年，令行在户部差官以九月终，发永平府属县民及东胜诸卫军，兼运林南东店粮于遵化城南，供给官军。（滦旧志永乐十八年偶因伤船革运，又云宣德初者观此言，宣德有因矣。）

正统七年，令南京造遮洋船三百十只给官军，由海道运粮蓟州等仓。

十三年，遮洋船运粮，由直沽以东三汊河过，赴林南东店等仓交纳。

天顺二年三月，以海口新开沽与近州之夺水沽正相值，中间隔陆地十里，遂命凿通。凡役万人，十三日功成。

成化十七年，管粮郎中郑廉奏言：丰润还乡河可通漕，永平东盈仓可移置，而海运之粟可分贮，以便永平、山海之饷。上可之，赐名丰盈仓。（由庾水还乡河，东导陡河，抵沙河，通陷河，而及青、滦。庾小非滦所通，沙河淤滥，是以随行随止，不一二年壅塞如故。）

弘治初议发军夫万人凿河四十里，以免海运每三年一挑浚。（《会计录》：自小直沽口至蓟州四十里，避直沽渡海之险云，在天顺二年）。

嘉靖初，定额夫八千名，二年一次，令工部官一员，会同巡按御史及天津兵备督工挑浚。

三十七年，巡视郎中唐顺之条陈蓟镇事宜一款："臣至蓟镇，始知圣明念辽人之饥，弛海禁运米赈之，恩德甚厚。辽东海运既通，则蓟镇已包在内。永平故运之复，寔惟其时。但蓟镇之人，素不习海，一遇蹉跌，遂为惩创。请以厚直募东南海滨之人，与直沽久惯海商，造为海船。人惯船牢，自然利涉。又蓟镇东西无处不有巨川，上通关塞，下流通海，而未尝有一叶之舟，问之土人，则曰浅滩峻石，怒水暴涨。盖臣尝往闽浙，见闽、浙人行舟石罅中，屈曲无碍，或拖舟碎石之上，亦不畏浅也。至于水之涨缓，有时水涨停运，水缓通漕，亦何不可。前人未暇经理者，特以地在穷荒，不欲费财力于无用，非果不可行之故也。今密云、古北、喜峰诸口皆屯重兵，则聚粮不得不多。聚粮多则咽喉不得不利，河道之通，亦惟其时。纵不能通潮河于古北，通滦河于喜峰，而潮河可通密云，省陆运五十里，则先时总制杨博疏稿具存，经理亦密。滦河自永平可通滦阳营，省陆运一百五十里，则户部郎中罗廷绅尝为臣言之。且水运一步亦省陆运一步脚价，即以异日脚价所省，扣为今日疏凿之费。募闽浙之人，造闽浙之船，以教其土人。河功一成，盖有四利。边城积粟，丰凶有备，士嬉马腾，此一利也。官漕既通，商舟亦集，昔时荒野，遂成贾区，此二利也。穿渠溉田，硗瘠之地，淤为沃壤，此三利也。渠浍沟野，因成水匮制，限胡骑不得突越，此四利也。不然则邺水在旁而不引，此西门豹之所以为笑于史起也。"是后巡抚温景葵、巡按孙丕扬、梅惟和各疏请之。

隆庆元年，巡抚耿随卿议覆：据知府杨逢节勘覆，行永平兵备副使沈应乾会勘间，巡按御史鲍承荫巡历永平，将滦河径通海道并勘，会巡关御史吴逢春议，燕河营、石门寨二路，主客官军及各将领标兵家丁计三万余，每岁本折色各半年，净米几二十万，除民运二分，其余俱属州县召商买纳，而府境边山边海碱薄荒沙，若遇岁凶，赤地千里，则通漕为未然之防，不可不为之所也。原议挑挖青河，自王家闸至新桥海口止，凡百四十里，乃漕运故道。续据通判肖以成勘称，由府城西门起，计滦河海口至天津卫四百二十六里，纪各庄通海潮处至府西门一百五十四里，沙浅一十八里半。合将原编修河人夫，免赴新河，但遇运船到海口轮班，剥船扒浚，若一年通运后，夫数有余，量为减省，盖不费钱粮，不假军夫，而事可济也。原议再委州县正官，驾舟试验，海道果否往来无阻，府委乐亭县知县宋国祚勘海道，自天津卫至乐亭县新桥海口，不但盐船往来，而民船亦通行无滞，海洋百二十里，虽恐中流遇风，有建河、粮河、新挑、大沽、小沽可避，必无虞也。原议运河故道，地势低洼，宜用闸坝。今改由滦河直抵海口，一应闸坝官吏不必增添。但粮船至海口须易轻便船只，仍于纪各庄建仓房二十间，暂卸粮石。永丰仓应添修仓廒二十间，官攒斗级，原有额设，无容别议，惟纪各庄暂贮仓房，行县委官看守。海运船约造十五只，河口拨船约造六十只仓船，通该物料工食银四千四百五十两，合于巡按赃罚银四千两扣留。如不敷，将巡关赃罚补凑。其船撑驾必须滦州、乐亭、昌黎附海捕鱼，装载惯习海道人民，酌量人丁身家，坐派大船八名，小船三名，各领官船粮，令其驾运粮完，听其捕鱼。如年久损坏，动支官银，酌量修补，则改滦河省便，无容别议。但中间倒载之所未免，间隔如海口卸至纪各庄，约有二里。滦河卸至永丰仓里亦如之。船运脚价，临期听管粮郎中处，给其该镇岁用本色。军粮数多，运道既通，则前项粮石，应该户部酌派漕运。然山海离滦仅一百里，私越易便，则海防不可不谨。合令府清军同知兼管海防，仍听兵备道督率巡视，及山海主事督巡捕把截，违禁如律。部覆从之，御史刘翾题海道险阻而罢。

万历二年二月，守备李惟学勘称，漕道前岁虽议复开，不谙水势，辄就滦河末流通海是非知运言也。今勘滦河西岸王家闸，大水劈心滩，至分出支河三百八十四步，计地凡八分。支河西岸王家闸至蔡家营九百七十步，凡二里七分。蔡家营至许家坟一千三百步，凡三里七分。许家坟至南闸八百三十步，凡三里。以上共计十二里六分，皆先年运粮故道，虽年久淤平白地，河迹见存，挑浚不可，径投滦河。须隔滦河西岸往南顺崖船行，至北复南，庶无冲径之虞。翟家庄至龙堂桥一千四百步，凡三里九分，流水半尺沟河。龙堂桥至暖泉八百步，凡二里三分，阔一丈或五尺，水深一尺。暖泉至破桥王家庄二千二百步，凡六里一分，阔二丈，深一尺。王家庄至李家桥狮子营二千三百步，凡六里四分，阔三丈五尺，深三尺。狮子营至套里庄高庙桥二千步，凡五里五分，阔二丈五尺，深三尺。套里庄桥至沙沟店一千六百六十步，凡四里一分，阔二丈五尺，深三尺。沙沟店至宋家庄桥一千四百七十五步，凡四里一分，阔二丈五尺，深三尺。宋家庄桥至翟坨庄一千一百八十步，凡三里三分，阔二丈五尺，深三尺。翟坨庄由青河费家桥土儿庄一千二百二十步，凡三里四分，阔二丈，深三尺。土儿庄由武家营罗各庄至广东营一千八百二十步，凡五里零半分，阔三丈，深三尺。广东营由北高、东高、南高等庄，至高各寺庄二千八百八十一步，凡八里，阔三丈，深三尺。高各庄由焦家庄、高各桥至潘家庄三千四百步，凡九里四分，阔二丈，深二尺。潘家庄至麻湾里一千九百五十步，凡五里四分，阔三丈，深三尺。麻湾里至公安桥一千九百五十步，凡五里四分，阔二丈，深三尺。公安桥至韩家道口九百三十步，凡二里六分，阔三丈，深二尺。韩家道口至庄坨营一千四百八十步，凡四里，阔三丈，深三四尺不等。庄坨营由白家营至廖指庄三千四百步，凡九里四分，阔三丈，深三尺。廖指庄由杜家务至刘石庄一千九百步，凡五里三分，阔三丈，深三尺。内一段三角湾长三十步，深丈余。刘石庄至阁儿坨桥一千六百步，凡四里四分，阔四丈，深三尺。阁儿坨桥至陈家庄小河岸八百七十步，凡二里四分，阔四丈，深二尺。陈家庄至郑家庄桥九百九十步，凡二里七分，阔七丈，深三尺。以上共计一百一十里，翟家庄以下暖泉，虽有水沟细流不绝，而不能成河，仍用挑挖乃可。自暖泉以下，大洋数处，番涌成河，尚未大。自破桥迤南，水势渐大。十里许与沂河合流为青河深广，至郑家桥皆河道不绝，平坦实土无沙石，岗阜相隔名为铜帮铁底。但河身稍窄，略加开阔为易。郑家庄桥至东新庄八百步，凡二里二分，阔八丈，深三尺。东新庄至石角坨桥一千三百步，凡三里六分，阔八丈，深四尺。石角坨桥至马营巡检司八百步，凡三里二分，阔八丈，深五尺。巡检司由新桥观音寺套里庄至下马坨四里。下马坨由湾坨至杨家庙三里。杨家庙由烟墩至海十里。以上郑家桥至海口，共地二十五里俱通，潮水深阔，俱六七尺不必挑浚。惟海口漫散，略加扒挖，舟楫无阻。

自王家闸至海口通百四十五里，其河岸或高低三五尺不等，无岸间亦有之，由海而直抵天津矣。时不果行。知府孙维城复议海运，故道直捷，而所经蚕沙、绿洋各口，蛎房山、十九坨险岛，有风涛之虑，舟楫多被损失，故道之所由废。此国初既通，旋罢。今诚难议复也。其通芦台漕河无危，然必从白场兔儿坨上下，挑出道路，迂纡四五百里。中多堆沙，难挑易塞，不惟工大财诎，抑且徒劳无益，民则慫咽而废食，官以覆辙为畏涂矣。因委武学科正王弘爵博访详度，据称自滦州王家闸起，引滦水入青河，导入王冢坨河，再导使由艾家青沟，下接靳家河，以通交流河，进黑洋海口，经建河堂儿上，百有十里，复出大沽海口，入通州运粮河而上天津，地理近，工费省，间虽有百余里行海，然盐船乘潮往来，不闻有覆溺，足知无虞。询之于众，皆言挑此比旧二议为便。本府乃躬视滦州迤东二十里马城堡，西为王家闸。其南闸相距十里，原系海运入滦故道，嗣因运罢久湮，遂成平田，而闸迹尚存。南闸头六里至龙堂桥北有细泉，或伏或见，成沟仅一丈，不堪载舟，是青河小发源也。再二里有暖泉，混混南流，渐远渐大，是青河大发源也。阔二丈或二丈五尺，深尺半或二三尺三四尺，再八里许则沂河。自五子山西灌之，其流益大益深矣，阔三丈或二丈五尺，深堪通艇。又二十里陷河贯之，水不甚大。又三里至歇家侨，又三里半至土儿社、李家庄，其深阔与上等然，不免从此南趋绿洋口入海。原运皆由口北上家闸，今马头营固其旧囤仓处。李家庄迤上河原宽，淤填其半，而岸有旷地。其西半沟半道，相杂民田约十数里。过即王家坨河无源，滦河涨入青不能容，必从李家庄西泻，遂下注之，加以秋露、泊湖等港，诸水辏集，故为极阔，不减二十余步。虽中间浅断不一，而深处为多，询土人老者皆言自幼未见其涸。今春深三四尺，夏秋旱甚始消，是深者常而涸者暂也。且湾环曲直，自樊各庄起，而高庙庄，而曲荒店，而砖窑店，而马孤塘，而贾各庄，而狗儿村，而印步店，凡四十余里至杨家庄，亦南趋海，庄南有沙坨长一里，高河五尺，若穿之，即艾家青沟，东西长七里间，或荒或田深如沟，十岁九淹，今旱始涸。其地多无钱粮，民视之不甚惜，堪浚为河。过梁各庄而靳家河流经焉，其初甚微，出四里至黄沱，阔一丈五尺。又五里至双坨，阔三丈。又六里至柏各庄，阔六丈皆没胸，堪载大舟。稍南散漫三股，阔里许，中股五里尽至长坨灶，阔一丈，若束三股并流，阔当数丈矣。凡盐船泊交流河者，可望相去五里。其源本相接，因盐丁不便往来遂塞。使不通河名交流者，由海潮而成，故微有五里淤浅外，则大潮所至，横斜行七十余里，入黑洋海口，又三十里则建河海口，又四十里则堂儿上海口，又四十里则大沽海口出口，入通州运粮白河，百余里天津卫矣。是此道一通，不过三百余里，舟可径天津抵滦。比西由芦台河，其道岂但倍近，且惟黑洋海口至大沽百十里，由海随盐船出入，当保无他虞。比由绿洋海口造湾，其远近、险夷、安危亦不啻十百相悬焉。中间应挑之处，计大费工力者，不过交流河接靳家河五里，黄坨抵艾家青沟十二里，李家庄抵樊各庄十里，暖泉抵南闸头八里，与夫王家坨河之经杨家庄、印步店、狗儿村、贾各庄土淤高厚者十二三里耳。其余或止应挑深五六尺、七八尺，阔五六步、七八步者，约以河五丈计之，论工大小折半通算，阔三丈，深一丈者，总不过百三十余里耳。工固不甚多也。况下因川泽不损，民居妨田，不及五顷，其价未足百金。验河所经，惟李家庄西有沙三里，杨家庄南有沙一里，其余俱土胍胶固，无忧其善崩河之所。自若暖泉，若沂河，若陷河，若靳家河，俱水性如常，可弗苦其变迁，则语有利无害，又孰以逾乎。此惟王家闸一处，议者每言挑接滦河，虽便通舟，然滦河西下，平岸一丈八尺焉，能使之逆流而上入青河哉。且滦暴湍，常带沙石，涨则闸不能制，退必遗沙填积，将来岁挑繁费，恐反为青梗。莫若挑青至马城本堡，方议修壕，以壕土筑城，而借壕为河，使可容数十舟南来运艘俱住此焉。虽隔滦尚五六里，道不甚多，且平坦便车，至滦易舟而运，则青不受沙石扰，而挑夫可省岁费似于计两便也。诚于可挑者挑之，可因者因之，而李家庄、杨家庄南岸，各筑大坝一道，以阻青河，并防顺王冢坨河入海。量置函洞，备大水宣泄，使青之水尽入王冢坨。接靳家河之所置闸，设夫守之，潮至则启，退则闭。又于暖泉上，亦置闸以蓄上流细水，则水常足，舟可挽行，天津之运饷无不顺下于滦矣。由滦而北运建昌、太平，西运滦阳、汉庄，陆转喜峰、松棚、三屯附近营路，东运桃林等口，其水路皆可次第毕通。岂惟沿边兵食足，即州、县、卫岁从丰歉，粟有出入，商舶百货辏集，而永变富饶之区矣。况辽东海运常苦损舟，若永平运通，则由府城而车至山海，或舟车至辽东，皆免风涛之险，其士饷尚亦有赖，是所谓无穷利也。合行各路客兵，应修边工暂行停减或量分。主兵代修，而移其众，以浚河计名限日画地分工。若尚有不足，则量加民夫三四千佐之。仍委贤能有司分督则众力竞劝，可不月而成，无烦奏请，无费帑金，于客兵未为重劳，于边方实为永赖矣。按弘爵议建闸六处，以驱滦水入青河，则王家闸当复旧，而今惟达于马城，复唐之旧规，则此闸不复置，其云驱青河水西通曲王店。歇驾桥当置闸，驱王冢坨水通梁各庄河。印步店当置闸，三水皆会于海河之下流。稍各庄当置闸，今议于李家庄、杨家庄各坝，而亟惟于接靳家河闸之，而于暖泉上置闸蓄焉。是皆要领肯綮矣，然弘爵云海边潮河自芦台南旱沽子起，东行三十里至大坨可通巨船。坨东北四十五里，由椿树沟、高家庄至李家庄，通于建河下稍。顺河东北行十里，至碓臼儿，又东十五里至于家沽入黑洋潮河，则黑洋河海迤西，全用建河上稍，迁安、丰润所汇白场之水，每年积聚不涸。今开漕当闸碓臼儿束水，东入于家沽，以接黑洋河闸、李家庄，使水西通大坨，接旱沽子。是东为李家庄坝，西为李家庄闸，中间宜泄合宜。尤为万全之计也。视之沙河既省，而于海运故道，其挑浚之费相当，且获避蛎坨之险，当路不为国为民则已，如为之当决策而从事矣。（以上采取各史及删录旧志。）

自万历年间，议开漕通海，未行而罢。至天启崇顺间，因添设沿边兵马，需粮甚多，青河卒难挑浚，乃从海运，由天津航海三百余里至乐亭县刘家墩海口，入滦河二十五里。上至银夯柳仓交卸改用河船，运至府城西门外，盘入永丰仓。计水程自银夯柳至府西门百八十里。春夏秋三时水运，至冬冰坚难行，设陆运车夫自银夯柳挽输永丰仓。海漕既通，商舟乃集，南北物货亦赖以通，荒瘠之区稍变饶腴。若云海道风波险阻，乃行之几二十年，未闻有覆溺之患，此海运可行之明验也。至顺治初年，边圉无警，兵卫日削，需粮不多，海运遂废。而沿河仓房，因历年不行修葺，坍毁无存。其乐亭刘家墩海口为登莱津辽海道极冲。崇祯年间设海防一营驻扎汛防，今革。

本府行各州县查据，滦州回称：明季漕运规则并无卷可查，其城北仓房三间，因先年大兵扎营，俱经烧毁。卢龙回称：查得城南虎头石离城八里，因河道通银夯柳海运，于明季万历年间，修造仓廒，堆贮粮料，以备军需。因屡遭兵火坍塌无存，漕运规则无卷可查。昌黎回称：明末之时有海防五城兵马住扎本邑，索饷鼓噪衙役四窜，文案无存，无凭稽查。乐亭回称：漕运卷案，明季时俱在永平户部经理并无卷案在县，今蒙行查询诸旧时父老据称亭乐海口，自刘家墩上通滦河，自海口至银夯柳二十五里，银夯柳至府水程一百八十余里，刘家墩至天津海口三百余里。明季时北边关各口上多设防，兵需用粮米，特设户部专理兵饷，照经制额定官兵请拨漕运，其粮米由天津航海运至银夯柳交卸，先时未建仓廒，粮米俱是露囤。至崇祯三年，兵多粮增，蒙户部发银到县，起建廒房二十七间，户部委官收贮，春、夏、秋由滦河水路运粮，至冬河冻，陆路挽输，历年滦河水发，廒房坍塌无存。刘家墩海口系登、莱、津、辽通路。崇祯六年间分山海南海口营兵将驻防，所食粮饷，是截留户部项下米粮等语。抚宁回称：海运漕粮，明季时事属饷司经管，原不由县。再查仓房基址，于崇祯四年离县城四十里在南戴家河创建房二十四间，贮积户部海运。经今年久颓坏不堪，止有檩木竖架，不堪贮用。其天启四年并崇祯三年文卷，已经兵火无存。

盐　法

余尝览彭惠安公盐政之图，而知灶丁之苦固天下之所同也。矧永平僻在一隅，获利既鲜，行盐亦窄，非若江淮之间，通都大邑，可以致百万之赢，而济军国之亟。故盐以票行，课以包纳，旧制相沿，上下均便。新例召土商中盐纳课，灶户日夜煎办，入盐于商，商转发卖，而又不时给直，利在商而病在灶，盖国与民胥敝焉。昔武皇权制，用孔仅之筹；昭帝深仁，采文学之议。此亦地方疾苦之一端，敢不谨书，而备录之乎！

《管子》齐有渠展之盐，燕有辽东之煮，乃下令北海之民无得庸聚而煮盐，其割无棣北予燕，乃辽西地皆北海民也。后魏永兴间迁邺，始置监盐官。太傅清河王怿奏于沧、瀛、幽、青四州境傍海煮盐，皆计灶有额。幽州一百八十，青州五百四十六。

唐置盐铁官在河北。刘守光僭燕，置芦台军于海口镇。后唐同光中，赵德均镇幽州，置盐场及榷院，谓之新仓。

辽太祖天赞二年，徙石城于滦州南以就盐官。太宗会同元年，晋献山前地。辽遂有煮海之利，海阳、阳乐皆平州盐地也。五京计司，各领其地煎取之。

金世宗大定三年，榷盐院置使司，设副判官管勾。十一年十二月，罢平州桩配盐课。十三年二月，罢平滦盐钱。

元宪宗七年，平滦路达鲁花赤阿台请蠲银、盐、酒等税，课八之一。而细民不征。世祖至元四年八月辛酉，申严平滦路私盐、酒、醋之禁。二十四年，置滦州四处盐局。武宗至大元年四月戊戌，以永平路盐课赐祥哥吉剌公主，中书省臣执不可，从之。

明洪武二年正月戊申，置河间长芦都转运司，郡之四场隶之，曰济民、曰石碑、曰惠民、曰归化。其盐法灶户自备器皿煎煮，每丁岁办盐四引地，每亩办盐一十六斤，车一辆办盐二百斤，牛驴每头办盐一百斤。五年五月戊辰，命户部募商人于永平卫鸦红桥，纳米中盐。十四年三月癸卯，户部奏定永平中盐法，凡商人于永平输粟一石二斗者，给淮盐一引，一石一斗者，给浙盐一引，四石者，给河间一引，从之。十七年正月辛亥，定河间盐工，本钞八百文为一贯，引必由分司批验，其无引者为私。批验所二，分南北府境，四场之引，径北批验所，居天津之小直沽，距分司三百三十里，使司二百四十里。（《会典》并列于沧州分司，后误）

巡检司旧制不隶运司，隆庆三年总理都御史庞尚鹏题准各附近巡司，悉听运司节制。每季缉捕私盐，俱令赴司，倒换循环，而有责成。于是乐亭县新桥海口巡司遂属运司矣。其弓兵虽有额，设若赘旒焉，后移巡司于滦州榛子镇，而新桥之司遂废。

其场官，元制，每场设司令一员，司丞一员。明制每场设大使一员，副使一员。今因之。郡之四场无副，其大使俸米本折，济民于滦州。石碑于乐亭。惠民于昌黎。归化于抚宁支之。

其四场之境

济　民　则距分司七十里，使司五百七十里，南滨海，东极潮河接石碑，北至倴城，滦州境西，跨运河连越支延亘百三十五里，中盐坨三，东曰青坨，中曰孙家林坨，西曰十九圈坨。堡三：曰东，曰中，曰西。煎滩八处，灶房八间，浅锅五十四面。草场四处：大泊口、刘家河、海家井、兔儿头。

石　碑　在济民东七十里，距分司一百四十里，使司六百四十里。南临海，东接乐亭界之石各庄，北跨永平之南河，西抵刘家河，广百七十里。中盐坨三：曰石碑厂，曰马城廒，曰如何廒。堡五：曰刘家林，曰王家庄，曰大滩，曰羊栏坨，曰如何滩，俱在场南。灶房二十间，浅锅五十七面，草场一处，东至大海，南至桑坨，西至刘家河，北至本场。

惠　民　在石碑东一百五十里，距分司二百九十里，使司七百九十里。南滨海，东南至洋河海口，西连石碑接昌黎境，北至龙王庙。周二百二十里。中盐坨三：曰官庄，曰蒲河，曰团林。煎滩三处，灶房四十间，浅锅四十面，草场一处，共地五顷。

归　化　在惠民东南一百四十里，距分司四百五十里，使司九百五十里。东抵山海关，西北连惠民接抚宁境，南临海接秦皇岛，延二百里。中盐坨三：曰东、曰中、曰西。堡三：曰东、曰中、曰西。滩，倚山荡麓。灶房二十间，浅锅二十面，无草场，煎时买山柴。

盐有煎、晒二种。晒易而煎难。晒宜南，而北则煎，风气殊也。其煎法，择碱地畚锸起之摊，晒候干，乃实土池中，以水浸淋，而卤渗之，投以石莲子，验其浮沉，须莲子浮立卤面，乃可入锅，沉则卤淡，不可煎矣。投卤于锅，炽薪于灶，卤乾盐结，随干随添，必盐至满锅乃起。锅有大小不等，每锅可煎数斗，有至石者。然必资于水草，故必冬窨冰，秋积草，而春有淋煮之劳，夏复谋食而耕。昼作而夜候潮，盖四时无宁晷焉。既计时而事，遂计灶而课，户无虚口，岁无虚时，困苦之极，逃亡者半矣。

其课额，明初损益，元制每一大引四百斤，折二小引，每包二百斤，外加包索五斤。后增至八十斤，计一引凡二百八十五斤。

嘉靖八年，御史傅炯奏，长芦济民、石碑、惠民、归化四场，离小直沽批验所窎远，外接境山海等关，舟楫不到，商旅不通，商引支掣，实难丁课，倒增相继，商遂弃引不返。先年准纳布价，至今商灶称便。合将四场灶丁，每引改折银一钱解司，给商收置勤灶余盐，以补原中之额，是亦疏通之法也。从之。

济民场　供用七十四引一百四十九斤十四两，折价三千二百一十五引一百七十五斤九两四分，折布三千二百九十引一百二十五斤七两四分，征价二百一十三两八钱九分六毫四丝。

石碑场　供用一百一十三引一百四十九斤，折价四千一百一十五引一百五斤九两六钱折布四千二百二十九引五十四斤九两六钱，征价二百七十四两九钱二厘五毫六丝九忽五微。

惠民场　供用三十九引一百六斤，折价一千五百四十二引一百九十九斤十两四钱，折布一千五百八十二引一百五斤十两四钱，征价一百二两八钱六分四厘一毫四丝六忽一微二纤五尘。

归化场 供用四十六引四十九斤四两九钱，折价一千三百十五引七十二斤十一两一钱，折布一千三百六十一引一百二十二斤，征价八十八两五钱四厘六毫五丝。

其白盐形散色洁，以上供内府及藩府京用，此惟正之供也。外本色以给商及布价折价，俱征予总催，而场官督之，验实以通关。是岁事之成也，其杂征乃户口盐钞原额本折二项。嘉靖六年改本色，每贯折银一厘一毫四丝三忽，折色每贯铜钱二分，每七文折银一分。济民场本折各二千六百四十三贯，共折一十两五钱七分二厘。石碑场仝上。惠民场本折各一千七百七十贯，共折七两八钱。归化场本折各一千六百七十七贯，共折六两七钱八厘。隆庆四年御史苏士润奏准，自五年起，各场盐钞尽数豁免，永罢追征。

其黑土课米，惟近海数场有之，乃刮取黑土，淋煎成盐，工力极省。但若海潮往来，遂废不煎，舍盐而渔。洪武三十年，查近海场户船，共办黑土课米。永乐元年增户加米。嘉靖二十九年，改课米为折色，每石折银五钱，赴司经解，官司纳完，给批关销照，济民七石三斗，石碑五石五斗五升，惠民四石六斗，并解永平府界岭口仓。

其祗候、马夫、力役之征，各场逐年计口派征，皆令总催输司，每口派银一分四厘一毫五丝五忽六微。济民银十七两八钱六分四厘三毫六丝七忽一微。石碑银二十两三钱八分四厘六丝四微。惠民银八两八钱八分九厘七毫一丝九忽八微。归化银八两七钱一分九厘八毫四丝九忽六微。此解司之数也。其门库皂快水手，各工食每名九两六钱。石碑六人，济民、惠民、归化各一人，皆计口派而自取之。

行盐，地方以课之多寡，量地之远近，分界立制，不许越境搀卖，违则具有律例。嘉靖三十九年户部定派永平三千九百十八引，分属州县滦州、卢龙各一千八十九引，迁安、抚宁、昌黎、乐亭各四百三十五引。官立循环簿记，买过引盐，并水程期限，按季送盐院稽考。隆庆五年盐院议额派商引，因边境不通商贾，故将盐引酌量州县大小计里分引，每引纳银一钱，题准减派为一千引，滦州七百，迁安一百，卢龙、昌黎、乐亭、抚宁各三百引，共纳引银二百两。又于丁口食盐，每百斤抽纳税银一分五厘，共多银一百六十余两。本府印票发州县填给卖者，如数纳课，按季解司。滦州一百二十三两六钱六分，迁安五十七两七钱二分二厘四毫，昌黎六十两三钱，乐亭六十二两八钱四分六厘，抚宁二十九两八钱七分一厘八毫，卢龙二十五两三钱八分，以上共三百六十两七钱八分一厘二毫。至次年，复加银及六卫共五百两为年例，滦州加十四两，迁安加十两二钱一分八厘八毫，昌黎加十两，乐亭加十二两，抚宁加十五两，卢龙加八两，共六十九两二钱一分八厘八毫。六卫共加七十两，俱州县卫分纳。至万历三年，将附郭一县三卫之课，归之税课司。府给号票每张纳银六分。各卫具领，送县投府，而发司如数。给领县径解运司，若羡入之府库，登循环簿，其外二县有卫，各附县。至十七年，山海亦归之抚宁，为之代征解焉。

其不附卫者三，滦州、乐亭、昌黎无代征解。其附卫者三，迁安代解兴州右屯卫十两，抚宁代解抚宁卫十二两、山海卫十三两，卢龙代解永平卫十一两、卢龙、东胜左二卫各十二两。

通计六属六卫，每岁包纳课银五百两，官给小票，行贩纳钱于官，自行买卖法，至便也。自嘉隆以来，通行无滞，以至新朝，仍沿旧例。顺治四年户部奏立画一之规，因天下各司俱有盐商，惟顺、保、永三处无商，遂题奉旨改引招商，以州县户口之多寡定额，每丁岁食盐十斤四两，府属共定五千八十六引，每引岁纳银二钱六分，至十三、四年，以兵饷不继，每引加银四分，十六年又加八分，计旧额新增，每引该银四钱，计府属共该课银二千三十四两四钱云。

顺治四年改包课为行引，纲商武国臣、张希稳赴部认商纳引。

滦州额盐一千四十引。

卢龙县额盐四百七十七引。

迁安县额盐三百四十六引。

抚宁县额盐五百六十八引。

昌黎县额盐一千二百三十三引。

乐亭县额盐一千四百二十三引。

以上共盐五千八十七引。

附：户科都给事刘鸿儒条陈疏，题为《畿东行盐之法未善，请厘正以资民用，以无损国课事》：臣窃惟盐政之设，因民生日用之需，取天地自然之利，必使上能裕国，下不厉民，始堪为经久不易之策也。如江淮诸处，水陆四达，产多食广，商人资本富厚，招中销引，自属成法。惟臣乡永平，所属州县，地方无几，食盐止取给滦、昌、乐濒海诸处，产亦无几，惟产与食一隅，亦自相准。自明季清初以来，行贩流通郡邑，悉地方有司给票，收其正税，禁遏私贩，名为包课，而课亦不至失额，民颇便之，忽于顺治四五年，有等无籍棍徒，规时射利，亦借纳银销引之名，投认盐商，力承课税，所司自易信从，一自纳银之后，遂于每州县居要地方，各张盐店。一区行贩，悉行禁绝，小民居止不齐，即有买自邻近店中者，亦坐以私盐首告。胥远近而惟一区是资，已属艰苦，况其以扼吭自恣，价凭自定，数倍于昔。至于升斗抑勒，尤难悉状。以致民间咸称不便，怨讟丛生，至有宁甘食淡，而不肯一窥盐店者矣。如此专利病民，即使国课足额，已非善计。乃诸人本属赤手贫棍，实无蓄贮多盐可售，不过初由借债以支撑，意图取偿于重价。然价既腾踊，买者自少，所谓贪贾三之势，所必至也。及于年例应输，额课依然，拖欠封纳不前，竟至公私交受其困矣。平时有司以承课有人，不复管理，及至销引不及，纳课失期，复以于已考成，从而为之代纳，则其累及于有司者又如此。昔人云塞人之养，而隘其途，犹云将以取利也。今此一事，而上下咸属不便乃尔，则将安用此坐店之盐商为哉。臣请部察其积弊，将畿东盐店商人，尽行裁革。所有当发额引，仍责令有司，支领给票通商，禁止私贩，务俾正课足额，而民间亦不致苦窳，庶公私两便之道也。此事止一隅，似属细故。以臣乡见闻最真，不敢不以上闻。如果臣言不谬，祈敕部议施行。

卷之九

莱阳　　宋　琬撰次
宜兴　　路　遴参校
广宁　　常文魁续补

边　防

考之前代防边之制，长城始筑于燕，而秦汉修之。渝关始见于隋，而唐守之，皆此郡之故实也。及徐武宁准古揆今，依山面海，屹然东方一重镇矣。故建文之世，东兵据山海，遂与靖难争衡。中叶以还，军政多门，戎昭不竞，然犹补坏苴漏，以收凭城保塞之功。如戚少保之所经画于三屯，其遗垣废垒，即不得与孔明八阵并垂，而追想其人亦一时之英杰也。在昔子长《史记》，徐光禄之亭鄣特详。宋祁《唐书》，张仁愿之三城具录。是以采摭旧志具而书之，俾后之言边政者有以考焉。

《一统志》：

刘家口关　在迁安县北，东至桃林口关，凡四口。

桃林口关　在卢龙县北，东至界岭口关，凡四口。

界岭口关　在昌黎县界，东至义院口，凡六口，其间差大者为箭杆岭口。

山海关　在抚宁县东，其北为山，其南为海，相距不数里许，实险要之地。本朝魏国公徐达移榆关于此，改今名。

青山口　在迁安县西北，西接大喜峰口，东至冷口，凡十二口。

冷　口　在迁安县西北，东至刘家口关，凡三口。其间差大者曰河流口、徐流口。

义院口　在抚宁县北，东至董家口，凡五口，其间差大者为石门寨。

董家口　在抚宁县北，东至山海关，凡十口，其间差大者为大毛山口、大青山口。内本朝二字系原文，例不敢改。郭造卿曰：按榆关自唐后废久矣，魏国之山海，乃改元之迁民镇立关，非移旧关而置也。然昌黎县不临边，界岭口乃抚宁地也。大喜峰乃迁安西北地，且于顺天遵化县云在县北，凡七十口，至永平府青山口。青山口与永平府接，不过三四口耳，即至大青山关亦无七十口也，误矣。

旧志：

山海路边城　东自南海口关靖卤台至寺儿谷化皮山墩西五十二里三十七步（凡八千五百七十六丈六尺）。**关城**砖垒，高四丈一尺，周千五百二十八丈，凡八里百三十七步。**月城**二，**水关**三，居东西南三隅。四门楼：东曰镇东，西曰迎恩，南曰望洋，北曰威远。东南角楼曰**靖边楼**。各重键竖橹圜，**铺舍**二十有六，池千六百八十余丈，广二丈，深二丈三尺，外夹池深广半之地势，下泄城中积水而引以灌池。八所画有分地界碑，设之女埤。**钟鼓楼城**中央，月城外罗城。周五百四十七丈余，高三丈三尺，广二丈四寸余，敌楼便门各二。附墙**候台**有七，**池**周四百四丈余，**城隍庙**在城西北隅，**教场**在城南郊。

南海口　城东南，砖高二丈八尺，西北土高丈五尺，周百十三丈，门楼列南。**角山关**　城石，高丈五尺，周三十丈七尺，烽墩军士十八名。**三道关**　城石，高丈有尺，周六十八丈，门楼南列。**寺儿谷**　城石，高丈二尺，周百十七丈，门楼二。**台**二十三：曰靖卤，曰王受，曰白铺，曰北小铺，曰大湾，曰界牌，曰南水，曰北水，曰腰铺，曰旱门，曰角山东，曰三道小口，曰桃园东，曰三道正关，曰烂石，曰唐帽十六，曰唐帽西，曰尖山十八，曰尖山西，曰松东，曰松山，曰松西，曰松岭。**烽**十四：曰任城，北角曰高台，曰腰铺，曰界牌，曰角山，曰东山六，曰青阳，曰桃园东，曰东山九，曰唐帽山，曰半边山，曰长岭，曰东南山，曰化皮山。**墩**十二：曰东山，曰大安口，曰青阳峪，曰桃园西，曰尖山，曰东南山，曰东北山，曰东山，曰唐帽山，曰半边山，曰长岭，曰东南山。**偏坡**千六十四丈九尺。本路无提调分关，详烽墩险隘为例，他路略之。

石门路边城 东自一片石关南山崖号台，至甘泉堡套马岭烽墩西百里三十步（凡万二千三百八十五丈九尺）。**台**百九十五，**烽**七十五，**墩**二十六，**偏坡**九千五百九十七丈。关城，石高二丈八尺，周二百三十九丈七尺，增东西南三百二十丈，高三丈五尺，濠二百二十七丈。南门有楼，东为便门，教场城南。

黄土岭关提调，驻一片石 城东西砖，南北石，高二丈六尺，周二百二丈八尺。东南门各楼，附城石，周二百二十七丈，西隅高三尺。教场城西北。**庙山口** 城石，高二丈二尺，周百五丈二尺，南门有楼。**西阳谷** 城石，高丈二尺，周百八十丈一尺，南门有楼。**黄土岭** 城石，高二丈二尺，周百七十余丈，西北门各楼。**炕儿谷** 城石，高丈五尺，周八十三丈，西门有楼。**大青山** 城石，高丈八尺，周百十丈二尺，南门有楼。**小河口** 城石，高丈四尺，周二十九丈九尺，西门有楼。**黄土岭营** 城石，高二丈七尺，周二百七丈，西门有楼，西南便门二。

大毛山关提调，驻城子谷 城石，高二丈四尺，周百三十九丈三尺余，西南门各楼，教场城东。**娃娃谷** 城石，高丈五尺，周五十一丈三尺，南门有楼。**大毛山关** 城石，高丈五尺，周百五十丈余，东南门各有楼。**董家口** 城石，高丈六尺，周百九丈六尺，西门有楼。**柳河冲** 城石，高丈五尺，周五十丈八尺，南门有楼。**水门寺** 城石，高丈四尺，周八十四丈，南门有楼。**平顶谷** 城石，高二丈，周百六十四丈余，东南门各楼。**长谷驻操营** 城石，高二丈四尺，周二百十丈四尺，西南门各楼，北为便门。

义院口关提调 城石，高二丈五尺，周二百三十丈七尺，门楼曰东，曰西，曰南。教场城东南。**长谷** 城石，高丈五尺，周二十九丈七尺，东南门各楼。**板场谷** 城石，高丈五尺，周九十二丈四尺，南门有楼。**拿子谷** 城石，高丈三尺，周百五十九丈三尺，门楼曰东，曰南。**花场谷** 城石，高丈五尺，周百二十一丈，南门有楼。**苇子谷** 城石，高丈六尺，周百十八丈九尺，东门有楼。**平山营** 城砖，高丈三尺，周二百五十一丈八尺，门楼曰东，曰西。

台头路边城 东自星星谷马思岭空，至乾涧儿关防秋墩台西百二十四里（凡一万六千二百二十五丈五尺）。台百三十一，**烽**四十六，**墩**十八，**偏坡**五千六百二十三丈。路**关城**土，高三丈，周三百二十七丈，壕百六十一丈五尺，门楼：曰西、曰南。教场城南。

界岭口关提调 城砖，高三丈五尺，周三百七十五丈四尺，西门有楼，外有月城。教场城西南，左右山上有荒城。**星星谷** 城石，高丈七尺，周八十八丈二尺，西门有楼。**中桑谷** 城石，高丈八尺，周百三十二丈七尺，南门有楼。**箭杆岭口关** 城石，高丈八尺，周二百九十二丈三尺，西门有楼，其荒城在东南山。**罗汉堡** 城石，高丈八尺，周百二十丈，门南。**附马寨营** 城砖，高二丈，周百六十八丈，门曰东、曰西、曰南。

青山口关提调 城石，高丈六尺，周百七十一丈九尺，门在南，城内北隅石台一，教场城西。**东胜寨** 城石，高丈五尺，周百二十八丈八尺，门在南。**乾涧儿** 城石，高丈四尺，周百九十二丈，门曰西，曰南。**青山驻操营** 城石，高二丈，周三百四十七丈，门楼曰东、曰西、曰南。

燕河路边城 东自桃林星峪口大石门西山墩东空至冷口白道子、白草洼号台西六十四里（凡万三千六百四十六丈九尺）。**台**百四十六，**烽**四十六，**墩**三十六，**偏坡**万三千三百二十九丈七尺。**关城**砖，高三丈，周四百二十一丈八尺，壕七百二十八丈，东、西、南门各楼。教场城西南。

桃林口关提调 上城砖，高三丈六尺，周二百四十丈，门曰西、曰南。其北曰便下城，石，高丈二尺，周百二十五丈六尺，门曰南，教场城西。**重谷口** 城石，高三丈，周百九十一丈三尺，门楼曰东、曰西、曰南。**梧桐谷** 城石，高丈余，周百三十二丈尺，门曰南。**正**

水谷　城石，高丈五尺，周百十八丈，门曰南。**孤窑谷**　城石，高丈五尺，周八十三丈九尺，门曰南。**佛儿谷**　城石，高丈五尺，周百四十八丈九尺，门曰南。**刘家口关**　里城砖，高三丈四尺，周百二十三丈八尺，门曰南，外城石，高丈四尺，周百六十九丈六尺，门曰东、曰西。**桃林营**　城石，高二丈五尺，周二百九十八丈三尺，门曰东、曰西、曰南。**刘家营**　城石，高二丈五尺，周三百十一丈，门楼曰东、曰西、曰南。

冷口关提调　城砖，高二丈九尺，周三百八十七丈有尺，门曰东、曰南。教场城南。**徐流口**　城石，高丈五尺，周二百五十丈一尺，门曰东、曰西、曰南。**河流口**　城石，高丈七尺，周二百二十四丈有尺，门曰东、曰南。**石门子**　城石，高丈五尺，周二百十丈有尺，门曰东、曰西、曰南。**徐流营**　城石，高丈五尺，周二百六十二丈尺，门曰东、曰西、曰南。

太平路边城　东自白羊谷水眼寺台，至大青山岭西百十三里（凡万二千三百六十九丈二尺五寸）。**台**百十二，**烽**四十九，**墩**十一，**偏坡**七千五百六十九丈。**关城**石，高二丈六尺，周五百六丈六尺，堑五十一丈，东西南门各有楼，西小门，北水关，中鼓楼，教场城南。

擦崖子关提调　城石，高丈四尺，周三百十七丈余，门西，南北各楼。教场城南。**白羊谷**　城石，高丈四尺，周二百十四丈三尺，门曰东、曰南。**五重安**　城石，高丈五尺，周百二十七丈五尺，门曰西、曰南。**新开岭**　城石，高丈四尺，周百六十九丈，门曰南、曰北。**城子岭**　城石，高丈四尺，周百六十八丈五尺，门曰东、曰西、曰南。**五重安营**　城土，高二丈五尺，周二百六十七丈四尺五寸，门曰东、曰西、曰南。

榆木岭关提调　城石，高丈五尺，周百四十七丈三尺，门曰西、曰南。教场城南。**大岭寨**　城石高丈五尺，周百六十三丈一尺，门曰东、曰西。**烂柴沟**　城石，高丈四尺，周百三十丈三尺，门在南。**青山营**　城石，高丈五尺，周二百四十三丈，门曰东、日南、日北。

喜峰路边城　东自喜东寺儿谷，至团亭独石台西百三十里。（凡万二千四百二十三丈四尺五寸）。**台**四十六，**烽**三十四，**墩**二十，**偏坡**五千一百四十四丈。**关城**石，高二丈，周四百十八丈六尺，堑八十一丈五尺，西南门各楼，荒城在北，正关有月城，教场城西。

董家口关提调 城石，高丈五尺五寸，周百八十一丈，门楼曰东、曰西、曰南。教场城西南。**青山口关** 城石，高丈四五寸，周六十六丈九尺，门在西。**游乡口** 城石，高丈五尺五寸，周百一丈二尺，门在南。**青山驻操营** 城石，高二丈四尺，周二百三十一丈二尺，门曰东、曰西、曰南。

李家谷关提调 城石，高二丈五尺，周二百二十八丈一尺五寸，南门有楼。教场城南。**铁门关** 城石，高丈三尺五寸，周百二十七丈，门曰南。**团亭寨** 城石，高丈三尺，周百七十三丈余，门曰西、曰南。

松棚路边城 东自潘家口垂纶台，至小岭西百十六里七十一步（凡万二千六百七十四丈七寸）。**台**百七十二，**烽**五十五，**墩**三十二，**偏坡**万二千六百四十二丈九尺。**路城**砖，高二丈五尺，周三百八十丈五尺，堑二百十九丈，门楼曰东、曰西、曰南。东角日观兵台，北隅日真武阁，教场城南。

潘家口关提调 城土，高二丈二尺，周二百十九丈六尺，门曰西、曰南。教场在城南。**西常谷** 城石，高丈六尺，周百九十二丈九尺，门在东。**三台山** 城石，高丈六尺，周百四十八丈八尺，门在南。**龙井关** 城石，高丈五尺四寸，周二百九十丈七八尺，门曰南，曰北，东北月城高二丈，周二十一丈一尺五寸。**椽八谷** 城石，高丈七尺，周百四十三丈五尺，门在东。

洪山口关提调 城石，高丈五尺，周三百十三丈八尺，门曰东、曰西、曰南，教场城东。**西安谷** 城石，高丈五尺，周百二十二丈二尺八寸，门在南。**白枣谷** 城石，高丈四尺，周百四十三丈，门在东。

外罗文谷提调 虽属本路，非郡境不具，凡边旧数具里步，新数具丈尺，折算不同而存之，其外品坑、囤墙多增，内驻操教场，久废不具。

三屯营　城石，高三丈，周千百九十丈七尺，门三：东曰宾日，西曰巩原，南曰景忠。四隅有角楼，中间以敌台门，各有重城。东西北隅各有小门，鼓楼在城南中，即上古营南第一楼也。钟楼在鼓楼后池深二丈广倍之。城隍庙在城内西北，教场在城外西北，车前营旧汉儿庄，潘家口属也，城土，高二丈，周五百二十六丈，门三：曰东，曰西，曰南。教场城东。车后营旧滦阳营，喜峰口属也，旧城土，高丈余，周六百丈，门三：曰东，曰西，曰南。教场城南。二营，今为三屯车营，兵赴三屯操练。故附。（车前瓦盖未堞，车后毁平未筑。）

建昌营　城砖，高三丈五尺，周八百五十三丈六尺，门三：曰东，曰西，曰南，有月城，有楼，西便门，四隅有角楼，有腰铺，鼓楼在城中，城隍庙在城西北，教场城西。**开平卫**城砖，高二丈五尺，周四里，门三，曰东，曰西，曰南。有楼，教场城北，属蓟州遵化守备。以境内城池，故附。

附：海口三营

新桥营　在乐亭南，城周八百四十二丈，墩台十四：曰野猪口，曰羊拦坨，曰马城厂，曰新河套，曰施凤局，曰韭菜沟，曰猫儿港，曰大蓬台，曰刘家河，曰蚕沙河，曰大伯口，曰西长坨，曰娘坨，曰沙河口。

赤洋营　在昌黎东南，城周三百八十七丈，墩台五：曰赤洋口，曰黑道口，曰北口，曰青口，曰五家铺。

牛头崖营　在抚宁东南，城周三百八十七丈，墩台六：曰蟹儿口，曰秦皇岛，曰牛头崖，曰金山嘴，曰河南寨，曰猪圈坨。

三城各高丈余，门三，年久俱坏，但存故址。

山石道

山海关　即城之东门。**南海口关**　城南十里。**南水关**　城南二里，关设二门，河自东来入之，先年边警不作，以后春夏则启之，以通水道，冬间则闭之，以防外盗内止，列木为栅，数有边警。嘉靖四十三年，主事孙应元集议呈部，添设铁叶闸板二扇，每扇阔一丈二尺，高一丈四尺，旁用大木柱，亦以铁叶包裹。柱上各有护朽石柱，下各有出水石城，上设悬楼以蔽风雨，没滚水辘辘以便启闭。无事则高悬城半，有事则闸至水底。卒遇警急，可无虑云。**北水关** 城北二里，关设一门，河自东来入之，嘉靖四十三年添设闸板一扇，制度与南水关同。**旱门关** 城北六里，相传先年放夷人及故枢在此，今砌塞。**角山关** 城北十二里，角山之巅，长城补截谷纡迥共上。先年守备所属，以此为界。**三道关** 城东北二十里。**寺儿峪关** 城东北三十二里。以上二关，旧属石门寨。隆庆三年，裁革守备，改设参将。拨付山海路管理。**南水关敌楼** 在本关城下。**北水关敌楼** 在本关城下，俱万历元年总督军门刘公应节建。

边　墙 嘉靖以前原额八千五百七十六丈六尺，万历七年，增筑南海口入海石城七丈。（都督戚公继光、行参将吴惟忠修，凡有损坏坍塌，制抚行文，本路修补。）

敌　台 镇城敌台五座，罗城一座，西关南北二座。**靖卤一号台** 在南海口尽头，屹立海水中。嘉靖四十四年主事孙应元建，实为敌台之始。隆庆四年总兵戚继光改名靖卤台。又旱门关外，镇卤敌台一座，亦孙公建，后因边里筑台遂废。**王受二号台** 万历二年军门杨公兆、行参将沈思学建。**白铺三号台、北小铺四号台、大湾五号台、界牌六号台** 俱万历十二年，军门张公佳胤、行真定游击董承祺建。**南水七号台** 万历元年，军门刘公应节、行参将林岐建。**北水八号台** 万历二年，刘公、行参将林岐建。**腰铺九号台** 万历十四年，军门王公一鹗、行参将谷成功建。**旱门十号台** 万历二年，军门刘公应节、行参将林岐建。**角山东十一号台** 隆庆四年军门谭公纶、行参将管英建。**三道小口十二号台** 隆庆五年军门刘公、行参将管英建。**桃园东十三号台** 万历六年，军门梁公梦龙、行参将吴惟忠建。**三道正关十四号台** 隆庆三年，军门谭公纶、行参将莫如德建。**烂石十五号台** 隆庆四年，谭公、行参将管英建。**唐帽十六号台** 隆庆五年，军门刘公、行参将管英建。**唐帽西十七号台** 万历六年，军门梁公梦龙、行参将吴惟忠建。**尖山东十八号台** 万历五年，军门杨公、参将王有臣建。**尖山十九号台** 万历十五年，军门王公、行参将谷成功建。**松山东二十号台** 隆庆三年，军门谭公纶、行参将莫如德建。**松山二十一号台** 隆庆五年，军门刘公、行参将管英建。**松山西二十二号台** 隆庆四年，军门谭公、行参将管英建。**横岭二十三号台** 隆庆三年，谭公、行参将莫如德建。以上敌台共二十三座。每座传烽墩十四处，炮空三十六位，设防守百总一名，南兵五名，北兵二名。统以千总一员，把总二员，每台置佛郎机八架，快枪八杆，火箭五百支，铅子四千五百六十个，石炮三百位，火药五百斤，火器什物俱全。

烽　堠 山海共计一十四处，每军士六名，遇警，旗炮接传。隆庆四年都督戚公继光始设。

演武场 在南门外，有望军台。

新军营房 在城东南角。

营　制 按关门营制之设，东事以来，总戎时援辽境，官如传舍，兵若借乘。自天启二年，阁部孙公承宗始置三部元戎，设立营伍。迨崇祯五年，抚台丘公禾嘉，六年抚院杨公嗣昌，九年抚台冯公任，俱有更置。抚台朱公国栋，熟酌人地，因势而变通之。确然有一定之经制云。

天启二年始定经制。

中部五营：神武营、威武营、戡定营、纬武营、戢武营。

南部五营：宁武营、襄武营、定武营、耀武营、龙武营。

北部五营：振武营、奋武营、英武营、雄武营、翼武营。

前部副将五营：广武营、宣武营、肃武营、壮武营、彰武营。

后部副将五营：骠武营、骁武营、捍武营、捷武营、冲武营。

一片石五营：招武营、健武营、靖武营、经武营、修武营。

以上阁部孙公承宗，定自天启五年，至崇祯四年更换营制，因东援官掾阵亡，文卷无存难稽。

崇祯五年酌定营：

骠骑营、镇标内丁营、骁骑左营、骁骑右营、本道标下飞骑营、镇城中营、镇城左营、镇城右营、罗城营、南海中营、南海左营、南海右营、北山中营、北山左营、北山右营、一片石营、黄土岭营、城子峪营、义院口营、中前所骑营、中前所城守营、铁场堡并永安堡海防左营，沙唬辽船五十只，山海军器局，石门军器局。以上抚院丘公禾嘉定。

崇祯六年，更换营制：

亲丁营、铁骑中营、铁骑前营、铁骑后营、铁骑右营、骠骑营、骁骑左营、骁骑右营、镇标内丁营、道标飞骑营、镇城中营、镇城左营、镇城右营、罗城营、南海中营、南海左营、南海右营、北山中营、北山左营、北山右营、一片石营、黄土岭营、城子峪营、义院口营、海防左营、中前城守营、铁场堡，山海军器局，石门军器局。以上抚院杨公嗣昌更。

崇祯七年更营制：

监标营、亲丁营、内丁营、飞骑营、骁骑中营、骁骑左营、骁骑右营、铁骑中营、铁骑前营、铁骑后营、铁骑左营、铁骑右营、镇城中营、镇城左营、镇城右营、罗城营、南海中营、南海左营、南海右营、北山中营、北山左营、北山石营、一片石营、黄土岭营、城子峪营、义院口营、海防中营、海防左营、海防右营、中前所城守营，铁场堡，山海军器局，石门路军器局。以上自崇祯七年至本年终，抚院杨公嗣昌更。

崇祯八年更营制同前。

崇祯九年新定营制：

监标两营、抚标两营、大拨营、铁骑中营、铁骑左营、海防营、陆运营，余营仍前。以上抚院冯公任定。

崇祯十三年更定经制：

抚标前营（骁骑左营改）、抚标后营（监标右营改）、镇标左协中营（监标右营改）、镇标左协左营（监标左营改）、镇标左协右营（骁骑火攻营改）、镇标右协中营（镇标左营改）、镇标右协左营（镇标右营改），余仍旧。以上抚院朱公国栋定。

石门路关堡　石门城　旧城窄小，仅容居民二三十家。万历十八年，本路参将刘承恩呈允，展修东西南三面，共四百六十丈。又城中无井，遇急不可守。万历二十四年，参将管一方新浚三井，军民始不苦远汲，缓急无恐云。**一片石关**　去庙山口二里。**庙山口堡**　去西阳口三里。**西阳口堡**　去黄土岭五里。**黄土岭**　去炕儿峪八里。**炕儿峪堡**　去大青山二里。**大青山口关**　去大毛山一十五里，以上俱属黄土岭提调官总之。**大毛山口关**　去董家口二里。**董家口堡**　去城子峪五里。**城子峪关**　去水门寺三里。**水门寺**　去平顶峪五里。**平顶峪堡**　去板场峪十五里，去长峪一十五里，以上具属大毛山提调总之。**板场峪堡**　去义院口五里。**义院口关**　去拿子峪三里。**拿子峪堡**　去花场峪十里。**花场峪**　去孤石峪二十五里。**孤石峪堡**　去甘泉十五里。**甘泉堡**　去平山营十五里。以上俱属义院口提调总之。近因抚夷冲关，改为守备职衔。**老岭**　原在旧边之外，因山陡险，难修边墙。后零贼每从窟隆山了望内地，乘虚肆掠。万历元年，戚总理修边，始于其上建立敌台，以戒不少虞云。

按蓟镇分东、西、中三协，而东协为路者四，嘉靖以前，山海、石门共为一路，而山海仅设守备一员。暨三十六年，石门改设参将，而山海守备实属之，俱燕河副总兵所辖。后嘉靖末，隆庆初，□屡犯山海等处，始题准山海仍设参将，割一片石以东，三道关、寺儿峪改隶山海，而屹然列为二路矣。自东事起，万历四十八年，置道，山海山石俱为所辖，然要害相连声势相应，二而一者也。（右崇祯十三年，范公志完所修山石道，其燕河、建昌二路，增兵设官。修城建堡之事无考矣。）

国朝更定经制（据各路关报）：

山海路　旧辖城堡自寺儿峪起接一片石关南山墩，南山崖止，计地五十里。

山海关、东罗城、南海口关、角山关、三道关、寺儿峪关、旱关（塞砌）。边墙，敌台，俱同前。

石门路所辖关堡　东自一片石南山崖起，西至甘泉堡，西界接星星峪堡交界止，计一百六十里。

一片石有城，二里至**庙山口关**，有城，二里至**西阳谷堡**，五里至**黄土岭关**有城，八里至**炕儿谷关**，有城，二里至**大青山关**，弘治年，移无名口并此，有城，黄土岭提调辖。十五里至**娃娃谷堡**，小河口关归并于此。**大毛山关**有城，小毛山失守，移入，二里至**董家口堡**，并石门儿、柳河冲二堡，移此，五里至**城子谷堡**，嘉靖元年移西家庄，仍旧名。三里至**水关寺关**，嘉靖元年，移黄土坡，仍旧名。五里至**平顶谷堡**，以上大毛山提调，辖十五里。至**长谷口堡**，五里至**板场谷堡**，五里至**义院口关**，城最壮鹿。**拿子谷关**，十里至**花场谷关**，移细谷口闫家庄，仍旧名。二十五里至**孤石堡**，十五里至**甘泉谷关**，十五里至**黄土岭营、长谷岭营、平山营**俱义院口提调辖。

燕河路所辖关堡　西自冷口石门子口关西琵琶稍墩，东至河东关止，计八十七里。

星星谷堡，移堡退四十里于潘家庄，仍旧名。**中桑谷堡**，旧桑坌谷、中庵二堡，后置梁家湾，合为堡，有城。箭杆岭关、界岭口关（三十三关，此关最为要害。**罗汉洞堡**、**青山口关**（有城）、**东胜寨**、**乾涧儿口关**（有城）、**重谷口关**（有城）、**台头营**、燕河营（旧寨）、**青山驻操营**。

建昌路所辖关堡　东自梧桐峪东尖山，至太平路擦崖子白羊峪止，计六十九里零七十七丈六尺。

梧桐峪堡桃林口关、正水峪寨、孤窑儿寨、佛儿堡寨、刘家口关（有城）、**徐流口**（有城）、**河流口关**（有城）、**冷口关、石子关**（有城）、**白道子**（有城）、**桃林营、刘家营、徐流营、建昌营**（有城）。

海　防

赤洋海口营（昌黎南）。**牛头崖海口营**（抚宁南）。**新桥海口营**，乐亭南俱海滨，永乐七年，因倭寇乐亭设。**南海口龙武营**天启壬戌，

阁部督师孙承宗设船兵，以防海沙虎辽船五十号

此四路所辖边城，自山海路南海口关起，至建昌路白道子关，延袤二百三十六里。

石门路迤西至建昌路，嘉靖后改创增修。

墙　台一百五座，山海路十二座，洪武年建。石门以东三路（座），嘉靖年建。

墩　台一百六十九座，旧建，**敌台**，北角山、南海口各一座，嘉靖年建。

空心台三百三十五座　隆庆三年至万历九年，总理戚继光创建。

设　兵

山海路属

山海南海口，明季原设海防三营，官兵三十员名。

顺治三年经制，官兵二百零三员名。

本口分防汛守四处：

老龙头（极冲），上有望海楼一座，安设目兵五十名，西至南海口五里。

南海口（极冲），建天妃圣母行宫一座，三官行宫一座，小圣行宫一座。设立守备一员，目兵一百名，西至秦王岛三十里。

秦王岛（次冲），建望海观音殿寺一座，安设把总一员，目兵二十名，西至白塔岭十里。

白塔岭（极冲），海岸建有小圣庙一座，安设把总一员，目兵三十名，迤西系蒲河营分防汛守。

石门路属

石门路**义院口守备**下，明季时，所辖东至大毛山，西至界岭口，扒喇岭止。共计空楼八十一座。顺治三年，改设墩台十座，边墙隘口计长百里，每墩安设兵三名，共兵三十名。

大毛山操守下，明季时所辖东至黄土岭关交界起，西至义院口交

界止，共计边六十里。共计空楼七十六座。顺治三年，本关楼台拨与黄土岭关二十四座，义院口关拨给本关楼台三十六座。东至董家口七十六号台起，西至板场峪一百七十四号台止，共计边长八十余里，共计楼台九十座，改设墩台十座，每墩兵三名，共兵三十名。

黄土岭操守下，明季时所辖东至山海路交界起，南山崖石黄一号台，至新尖山六十二号台止。顺治二年，奉文均拨大毛山下空楼二十四座，至董家口八十六号台，西至大毛山交界止，共计八十六座，止存改设墩台十座，边长八十余里。每墩兵三名，共兵三十名。

燕河路属

燕河路，明季原设参将一员，统辖界岭（极冲）、青山（次冲）守提二员，内属长边九十七里零六十步，原设墩台共一百六十七座。顺治三年，户、兵二部大人诣边挨查险隘，革参将，设立守备一员，统辖台头、界岭、青山三关营。设立操守三员，改那设墩台共十六座。每台设墩兵三名，共墩兵四十八名。

建昌路属

桃林口，明季沿边东至梧桐峪，西至白家山，路长三十三里，原设墩台七十九座，传烽墩二十一处。敌台七十九座，每台设台总一名，台正副二名，台兵五名。传烽墩二十一处，每处设墩头一名，烽军五名。顺治三年更定本口沿边，东至梧桐峪，西至香油峪、刘家口交界止，改设墩台五座，每台设墩兵三名，共兵十五名。

刘家口，明季系桃林口守备所管。顺治三年，更定操守一员，分管沿边。东至本口月城楼西，至偏坡楼冷口交界，路长四十二里止。

设墩台七座，每墩设兵三名，共兵二十一名。

冷口关，明季原管楼台一百零四座，每台设立台总一名，台正副二名，台兵五名。顺治三年，更定本口沿边，东至刘家口，西至白羊峪交界，路长六十里止。改设墩台七座。每墩设兵三名，共二十一名。

刘家墩海防营

滦河口（极冲）**要口**，明季时设有水楼一座，值今将毁，至西非菜沟三十五里。

韭菜沟（次冲）**要口**，明季时设立土墩一座，今已筑存竖旗，至西清河二十里。

清河口（极冲）**要口**，明季时设立土墩一座，今已筑存竖旗，至西高糜河八里。

高糜河（次冲）**要口**，明季时设有木楼一座，值今将毁，有土墩一座，今已筑存竖旗，至西蚕沙口四十里。

蚕沙口（极次）**要口**，明季时设立土墩一座，今已筑存竖旗，至西望风东交界三十七里。

蒲河营

本汛海口地方，东自金山嘴起，西至小滦河交界止，共计二百里。汛长极冲海口二处，洋河口、蒲河口。明季设有副将一员，兵三千名。旧有营房、仓廒基址见存。次冲海口四处，沙崖口、野猪口、胡林河、赤洋口，内牛头崖、赤洋海口。明季各设坐营官一员，兵各八十名，驻防海口。旧有土墩六座，今经年久，俱各倒坏，基址见存。

顺治新更经制，蒲河口一带设都司一员，千总一员，把总二员，目兵四百名。按汛冲缓，安设官兵，修盖窝铺，垒砌炮台，督率目兵，昼夜了望。巡防各县设有木楼十座，旧基土墩六座，见今奉行各县补修。

金山嘴土台一座，金山嘴西岭土墩一座，西至戴家河二十里。联峰寺土墩一座。

戴家河，木楼二座，西至蒲河口四十里。

洋河口西土墩一座。苏家鐣西木楼一座。

蒲河口旧修木楼一座。口南木楼一座，西至沙崖口七十里。沙崖口木楼一座。口东木楼一座，西至野猪口二十五里。野猪口补修土墩一座，西至胡林河十五里。胡林河补修土墩一座，西至刘家墩三十里。

边　　政

山永协镇

旧山永分协，今并为一。副将一员，协标左营中军守备一员，协标右营守备一员，左右营千总各一员，把总各二员。兵丁：左营马步战守兵四百名，官五员。以上官兵，月食俸饷银五百八十六两五钱，米一百二十石。马七十八匹，月食料七十石二斗，草四千六百八十束。右营马步兵四百名，官四员。以上官兵月食俸饷银五百五十四两四钱，米一百二十石。马七十八匹，料七十石二斗，草四千六百八十束。

永平道标营

中军守备一员，千总一员，塘拨千总一员，兵丁一百名以上。官兵月食俸饷银一百六十一两四钱四分，米三十石。马二十五匹，月支料二十二石，草一千五百束。

永平卫

守备一员，岁支俸薪、蔬菜、烛炭、心红纸张银共一百一十五两三钱九分四厘。千总二员，每一员岁支俸薪银六十六两七钱六厘。百总二员，每一员岁支廪给银三十六两。经历一员，每年支俸银四十五两（今裁）。

山海卫

守备一员，岁俸薪、蔬菜、烛炭、心红纸张银共一百一十五两三钱九分四厘。千总一员，岁支俸银六十六两七钱零六厘。百总一员，岁支廪给银三十六两。经历一员，岁支俸银四十五两（今裁）。

山海卫儒学

教授一员，岁支俸银，并斋夫、喂马草银七十九两五钱。训导一员，岁支俸银，并斋夫，马草银同（今裁）。

山海路

都司一员，千总一员，把总一员，目兵三百名，以上官兵月食俸饷银四百两一钱零，米九十石。

山海关

守关都司一员（即山海路都司兼守关门），城守章京四员，西罗城坐营官一员，东罗城坐营官一员，南水关（今闭）。北水关（今闭）、北旱关（今闭）、南海口、角山关、三道关、寺儿峪关、边城南北共八千五百八十三丈六尺长。

明武宁王徐达建，总理戚继光增修，墩台九座，号台二十七座，烽堠十四座。

石门路

都司一员，千总一员，把总一员，目兵二百五十名，以上官兵月食俸饷银三百三十七两六钱，米七十五石。边城，东自一片石南崖起，西至甘泉堡西界星星峪堡交界，共长一百六十里。

一片石关、庙山口关、西阳峪堡、黄土岭关、坑儿谷关、大青山关、娃娃峪堡、大毛山关、董家口堡、城子峪堡、水门寺关、平顶堡、长峪口堡、板场峪堡、义院口关、拿子峪关、花场峪堡、苇子峪堡、孤石峪堡、甘泉峪堡。

黄土岭关，操守一员，兵五十名，墩兵三十名，以上官兵月食俸饷银九十六两五钱，米二十四石。

义院口关，守备一员，把总一员，目兵一百名，墩兵三十名，以上官兵月食俸饷银一百六十两，米三十九石。

大毛山关，操守一员，目兵五十名，以上官兵月食俸饷银六十六两五钱，米十五石。

燕河路

守备一员，把总一员，目兵一百名，墩兵四十八名。以上官兵月食俸饷银一百九十五两，米四十四石四斗。边城，西自冷口石门子口关西琵琶稍墩起东至河东关止，共长八十七里。

星星峪堡、中桑峪堡、箭杆岭关、界岭口关、罗汉洞堡、青山口关、东胜寨、乾涧儿关、重峪口关、附马寨。

台头营，操守一员，目兵五十名，以上官兵月食俸饷银六十六两五钱，米十五石。

界岭口，操守一员，目兵五十名，以上官兵月食俸饷银六十六两五钱，米十五石。

青山口，操守一员，目兵五十名，以上官兵月食俸饷银六十六两五钱，米十五石。

建昌路

都司一员，千总一员，把总一员，目兵二百五十名，以上官兵月食俸饷银三百三十七两六钱，米七十五名。操马八匹，月食料七石二斗，草四百八十束。边城，东自梧桐峪东尖山，西至太平路擦崖子白羊峪止，共长六十九里一百五十五步。

梧桐峪堡、桃林口关、正水峪寨、孤窑儿寨、佛儿峪寨、刘家口关、徐流口关、河流口关、冷口关、石门子关、白道子关、桃林营、刘家营、徐流营、建昌营。

桃林口，操守一员，目兵五十名，以上官兵月食俸饷银六十六两五钱，米十五石。

刘家口，操守一员，目兵五十名，以上官兵月食俸饷银六十六两五钱，米十五石。

冷口关，操守一员，目兵五十名，以上官兵月食俸饷银六十六两五钱，米十五石。

以上边城，自山海路南海口起，至中协太平路白羊峪止，共长三百六十里。墙台一百五座。墩台一百六十九座。空心台三百三十五座。

附海营：

蒲河营

都司一员，千总一员，把总一员，目兵四百名，以上官兵月食俸饷银五百二十八两，米一百二十石。

南海口

守备一员，把总二员，目兵二百名，以上官兵月食俸饷银二百七十三两五钱，米六十石。操马十五匹，月食料十三石五斗，草九百束。

刘家墩

守备一员，把总二员，目兵二百名，以上官兵月食俸饷银二百七十三两五钱，米六十石。

军　卫

卫之有官也，其典近于封建；卫之有军也，其制近于府兵。以封建之心，而行府兵之法，其於庸勋固圉之道兼得之矣。承平日久，令甲浸弛，官有纨绔之风，国无搜狝之实。迄于后代，而李氏名败，王离生获，往往失师律而颓家声。而至今日，则七姓之胤，处于荜门。八卿之孙，降为皂隶，可哀也已。郡自靖难时，勋最多，不能详其功状、世系，而具其姓名，略取太史公功臣表之意云。

永平卫　在府治南，洪武四年建，领中、前、后、中左、中右、中前、中后、左前八千户所，原额官军六千四百名。

指挥使　李宏、马敬、谷祥。

指挥同知　李祯、李忠、罗政、张福、李杰。

指挥佥事　谷成、胡斌、姚全、庞英、马七十、陈雄。

卫镇抚　王刚、李得。

中　所　正千户司贵、陈聚、葛兴、贾长儿、汪祥、李端。

副千户　张荣、刘忠、倪旺、高鸾、周隆。

所镇抚　王成、陈福。

百户　贾宣、华得、戴受、李成、毛成、李信、田旺、曾勋。

前　所　正千户　陈鉴。

副千户　章永、朱贵、陈敬。

所镇抚　张壹。百户　刘安、王荣、吴世美、王春。

后　所　正千户　吴海、孙玉。

副千户　张忠、邹和、白卯那海、刘广、曹清。

百户　朱真、臧文成、王宁、管受骡儿、陈京、白聚。

试百户　李福、王道安。

中前所　副千户　蔡成、倪永清。

百户　安贵、邵原善、郑安、胡海、朱保、俞忠、姚纯、何成、姜銮。

试百户　陈华、蔡旺。

中后所　正千户　缪纪、李承爵。

副千户　王忠、李凯、张能。

百户　孙旺、杨勋、高林。

中左所　正千户　路彬。

副千户　杨胜、赵成、马升。

百户　郝贵、谢兴、夏聪。

中右所　正千户　张辅、殷贵、吴本。

副千户　陆阿升　潘旺、张隆、王兴、武章。

百户　曲清、郭得、王友、李斌、王荣、侯胜、钱大全。

试百户　萧淮。

左前所　正千户　石忠。

副千户　顾暹、马庸、杨允。

百户　吴兴、沈均祥、丁秀、顾成、刘成、谢剑、盛昂。

试百户　陶景、杜继宥。

东胜左卫　在府治东北，旧属山西行都司，永乐元年移建于此。领中、左、右、前、后五所。原额官军五千三百一十名。今并入永平卫。

指挥使　王贵、李永昌。

指挥同知　吴海、陈得、汪锐。

指挥佥事　唐泽、李春、张鹏、张观音保、谭澄、陈隆、孟祥、雷信。

卫镇抚　杨荣、曹得。

左　所　正千户　罗源、高秃子、刘鉴。

副千户　陈端、张福。

百户　陆毅、黄庆、潘甫祥、陶兴隆、徐贤、缪辉。

右　所　正千户　陆胜。

副所千户　徐得、林信、金得。

百户　孟添受、张林、刘福兴、萧全、阎聚、张举。

试百户　周连。

中　所　正千户　陈贵。

副千户　李祥、王海、陈凯、薛昂、萧清、李艺、李成。百户杜敏、司能。

前　所　正千户　周裕。副千户　董旺、刘凤。

百户　白恭、陈兴、朱真、葛兴旺、汪汝川、马忠、张斌、田贵。

后　所　正千户、解恭、卢俊。副千户、周山。

百户，陈琦、徐福、杨三、李肃、沈福、孙方、康宁。试百户、卜羊秃、冯琦。

卢龙卫　在永平卫南，永乐四年建，领中、左、右、前、后千户所，七百户所。原额官军五千七百四十八名，今并入永平卫。

指挥使　吴旺。

指挥同知　焦恕、朵堂、刘江。

指挥佥事　高彝、董兴、郭昱、陈宗、袁镇、张仁敬、张雄、李贤、尚九皋、李瑾。

卫镇抚　刘升、赵本。

左　所　正千户　许达、杨宣、刘鉴、许寿。

副千户　才任礼、杨教。

百户　王衎、赵进、夏贵。

试百户　廖自当。

右　所　正千户　聂宣。

副千户　王升、孙胜、赵敏、仇兴、陈义、刘景。

百户　李官保、沈荣、李雄。

中所正千户　吕通、李英。

副千户　刘义、李真。百户，王成、贾清、卢旺。

前　所　正千户　李海。

副千户　王兴、邵谅、王成、陈宗。

百户刘海、张保儿、冯僧奴。试百户　周海马。

后　所　正千户　李安、姜彝。

副千户　任政、周成。

百户　孙道、许铭、徐英、吴铎。试百户　李三圣奴。

七百户所百户　黄善、孙礼、赵铭、李升、陈礼。

兴州右屯卫　在迁安县城。旧在口北大宁，永乐三年，移建于此。领左、右、中、前、后五千户所，原额官（军）四千五百名，今并入永平卫。

指挥使　魏显。

指挥同知　潘仲祥、许斡、朱克恭。

指挥佥事　陆贤、彭源、刘云瀚、张锐、梁珍。

卫镇抚　程恭、何旻。

左　所　副千户　曾敏孚、黄胜、汤清、赵睿、潘世武。

百户　陆贵、危原、夏斌、郝三姐、周方、任贤、包义、李友儿、王二姐、张友、李兴、韩璿、梅春、聂胜、徐继勋。

右　所　正千户　赵海、朱辅。

副千户　李荣、沈名、张真。

百户　刘福、张贵、吴兴、孟真、靳七儿、周礼、陈奇、殷广、杨兴、刘升。

中　所　正千户　燕贵、孙堂。

副千户　杨忠、牛信、侯兴、王贵、段先。

百户　李寿、张资、韩福、孙能、杨兴、阎敬、王玺、马斌、周真、蒋虞。

前　所　正千户　张恭、张端、张应爵。

副千户　韩玉春、周钺、曹信、刘润。所镇抚　许兴、王端。

百户　韦思义、国润僧、赵宗、杨茂、王英、刘永、刘顺、李福、林福敬、韩贵、黎海、高禄、金贵。

后　所　正千户　王大重。

副千户　王兴、陶能、李相。

所镇抚　黄贵。

百户　刘忠、轩林、赵敬、丁鉴、阎实、邢宗友、周源、滕俊、陈聚、赵智。

抚宁卫　在抚宁县十里。永乐三年建，领左、右、中、前、后五千户所，原额官军四千五百名，今并入山海卫。

指挥使　陈斌、孟永、毛纪、林良。

指挥同知　孙能、陈英、刘禧、赵铭。

指挥佥事　高镛、萧鹏、周常、吴浩、刘荣、曹勇、纪成、宋忠、凌海、夏寅、张昂、魏国勋。卫镇抚　陈得。

左　所　正千户　范庸、任俊、陈有谅、程和。

副千户　王祯、傅斌、罗忠、胡琳、朱贵。

百户　李忏保、郭伴儿、成原、董兴、苗见儿、杨安、方敬。

右　所　正千户　丘安、李胜。

副千户　王得、汤回子、贾锦、陈兴、白玉、谢成、潘相。

百户　王成辅、牛彬、陈兴、陈贵、陈旺、康贤、徐胜、龚景。

试百户　尹顺。

中　所　正千户　王兴。

副千户　白钦、毕达、袁钦奇、韩荣、田兴、蔡智。

所镇抚　徐斌。

百户　贾成、梁通、曹保儿、张剪、白整、康荣、李春、王宗儒。

前　所　正千户　王智、陈洪、侯三锡。

副千户　邸得新、张能、宋虎、王成、黄忠、石玉。

百户　魏廷玉、陈贵、解仕、贾兴、许能、王兴、十海、张堂、晏友。

后　所　正千户　余宣、王聚、王福。

副千户　沈英、殷纪、卢旺、张全、孙成、陆永。

百户　吴真、王全、赵有通、郝福、公谅、赵成、王敬。

试百户　苏贵。

八百户　所副千户　荣春。

百户　苏良、李安、谭整、刘聪、赵鉴、于鉴、高镗。

山海卫　在山海关口，洪武十四年建。领左、右、中、前、后、中左、中右、中前、中后、山海十千户所。宣德五年调左、中二千户所于辽东，止领八千户所。

指挥使　施亮、吕瑛、魏振、张俊、徐铎、符浩、於佩、赵进、李胜、王玺、刘凯、孙贵。

指挥同知　石金、唐旺、郭旺、徐庸、戴良、涂奇、王福、李冕、李堂、杜鸾、王佐。

指挥佥事　刘得、徐敬、苏能、林得、李哈喇勤、赵忠、胡海、刘毅、吕升、李忠、任洪、傅政、何隆、李玺、徐锦、周瑶、张懋勋。

卫镇抚　佘显。

右　所　正千户　冯良、任弘、王鬼黑赤、高英。

副千户　邢二、李贵、李军童。

百户　徐成、何礼、刘兴、谭忠、李源、谭贵。试百户　周才。

前　所　正千户　赵谅、韩谅、李智中、于化、谢成、居端、孙良。

副千户　李聚、刘兴、蔡义、周翱、施信、杨瓒、潘瓒、李英。

所镇抚　陈纪。

百户　虞贵、郭顺、王斌、徐斌、贾荣、白俊、鲍义。

后　所　正千户　徐成。

副千户　赵兴、朱官儿、张智、杨雄。

百户　周亮、查义、樊温、潘旺、傅贵、高虎儿、吴廉、徐韶。

试百户　仇铭、刘顺、蒋名。

中　左　所正千户　王礼保。

副千户　钟兴、孙三。

百户　马旺、潘兴、陈忠、潘刚、赵铭、程锐。

中　右　所正千户　孟受、陈聚、狄观、薛滕、王忠。

副千户　张文秀、高兴、朱胜。

所镇抚　汪斌。

百户　杨荣、张大都驴、张雄、郑海、吴旺、孙忠。

山海所　正千户　任忠。

副千户　李成、张胜、孙德、解聚、杜旺。

百户　陈聚、高兴、贺贵、边荣、计旺、李兴。

中前所　正千户　洪海、李小四。

副千户　王佑、徐胜、周源。

百户　王海、温泉、魏成、常顺、熊彪、张信。

中后所　正千户　范保山。

副千户　孙荣、张林儿、蔡应寅、徐端。

百户　段信，李茂、张忠、刘贵、许敬、张奴儿、张通、任得、倪成。

卷之十

莱阳　　宋　琬撰次
宜兴　　路　遴参校
广宁　　常文魁续补

古　迹

昔敬宗帝丘之辞，李珽内黄之对，咸见褒世主，增重史书。

挽代以还，士趋荒陋，官皆墙面，靡往哲之多闻；学鲜殖根，有大人之患失。黄图赤县，犹自茫然。紫塞青陉，弥同绝域。况兹平营之壤，山川盘互，郡邑纷更，蓟载辽名（唐武德六年，徙辽西于幽州城中），青蒙幽号（侯希逸为平卢淄青节度使），易淆名实，莫辨曩今，览故迹于荒原，纪雄风于殊徼。水接清湍，尚想袪衣之状，冈留矗石，恒传饮羽之踪。所恨耆旧不存，简编难究。杜元凯之注经，多云地阙；郦道元之释水，亦曰靡详。学穷山海，犹疑伯益之经，书遍周秦，须实献王之事！

［**夏**］

碣　石　案书《禹贡》夹右碣石入于河，传曰：碣石海畔山。疏云：在右北平骊城县西南。《汉书》地理志，右北平骊城，大碣石山在县西南。言大揭石山，则必有小揭石山矣。其辽西絫县下云碣石水，言水不言山。而武帝纪注文颖曰：碣石山在辽西絫县，絫县今罢属临渝，始与地志之文异，而《后汉》郡国志两存之，引《水经》云：在临渝县南，又引郭璞云：或曰在右北平骊城县海边山也。是亦谓碣石有二也。《史记·夏本纪》索隐曰：《汉书》地理志云，碣石在右北平骊城县西南。又《太康地理志》云：乐浪遂城县有碣石山，长城所起。又《水经注》云，在辽西临渝县南水中，盖碣石山有二。此云夹右碣石入于河，当非北平之碣石，是有三碣石也。《隋书》卢龙下云有碣石。《新唐书》平州石城下云：有临渝关，有碣石山。营州柳城下云：又东有碣石山，是二州各有碣石，而营州之碣石又在柳城之东也。杜氏《通典》云：卢龙县有碣石山，秦筑长城所起之碣石，在高丽界非此也。凡此诸说人各不同，韦昭以为碣石旧在河口海滨，历世既久，为水所溢渐沦入海，已去岸五百余里。而《水经注》云：濡水又东南至絫县碣石山，汉武帝尝登之以望巨海，今枕海有石如埇道数十里，当山顶有大石如柱形，往往而见，立於巨海之中，潮水大至，及潮波退，不动不没，世名之天桥柱，今并无迹可据。又考：秦始皇三十二年之碣石刻铭。二世元年东行到碣石并海。汉武帝元封元年，东巡海上至碣石。魏武帝诗：东临碣石，以观沧海。后魏高宗大安三年登碣石山观沧海，大飨群臣於山下，改碣石山为乐游山，筑坛记行於海滨。齐显祖天保四年，登碣石山临沧海。自秦以下登此山者凡六帝。唯隋唐二史不言碣石，而太宗纪则云次汉武台，刻石纪功，今其碑趺台址亦一切不存。第据故老所传，以为昌黎之仙人台而已。若《史记》苏秦传南有碣石、雁门之饶。《索隐》以为在常山九门，则去此绝远，不得援以解夏书之碣石也。

[商]

孤竹城 《汉书》令支有孤竹城，《魏书》肥如有孤竹山祠，《水经注》玄水又西南迳孤竹城北，西入濡水。又云祠在山上，城在山侧，肥如县南十二里水之会也。《史记·正义》引《括地志》云：孤竹古城在卢龙县南十二里。肥如县，唐武德二年更名卢龙。今城南已无其迹，而祠在府城西北二十里滦河之左，洞山之阴，夹河有孤竹君三冢，岂唐之卢龙治尚在其东北耶？又案，孤竹始封于此，在令支黄雒之间，其地俭于百里。而《辽史》云兴中府本古孤竹国，汉时为柳城地，则又在今祠东北五百余里，幅员之广，几方千里矣。岂殷末诸侯兼并而致之？与旧志引《尔雅》，孤竹北户，以为孤竹是北荒之总名。盖犹五岭以南言瓯、言越，本其国名，后乃概而称之耳。《史记·齐世家》桓公伐山戎，至于孤竹而还，不得言至于北荒而还也。（郭造卿曰：今有土筑垝垣不过千年物耳，宇内商周城其存者有几哉，未可信以为孤竹之古城也。）

首阳山 《论语·注》马融曰：首阳在河东蒲坂，华山之北，河曲之中。《史记正义》曰：曹大家注《幽通赋》云，夷、齐饿死于首阳山在陇西。又戴延之《西征记》云：雒阳东北首阳山有夷齐祠，今在偃师县西北。又《孟子》云：夷、齐避纣居北海之滨。《首阳山说文》云：首阳山在辽西，史传及诸书，夷、齐饿于首阳凡五所，各有案据，先后不详。《庄子》云：伯夷、叔齐西至岐阳，见周武王伐殷，曰：吾闻古之士，遭治世不避其任，遇乱世不为苟存。今天下暗，周德衰，其并乎周，以涂吾身也，不若避之以洁吾行。二子北至于首阳之山，遂饥饿而死。又下诗：登彼西山。今渭源县首阳山，在岐山西北明，即夷齐饥死处也。宋白《北番地理志》曰：首阳山在平州。《旧志》言今府城东南十五里有崵山，一作阳山，即其地。窃意二子当日之逃，为国人之将立已耳。及中子既为君，则名分已定，可以无嫌。子臧之反于曹，季札之反于吴，古之人有行之者，在二子何独不然。况西土之人，皆为仇国。箕子之去，又适东夷。天下宗周之时，舍故都其何往？《旧志》云孤竹远在夷陬，周初隔山戎而蔽于燕，燕史无通于中国，中国之首阳人表为口实，而海滨孤竹无从称之矣，是后日入于夷史失表之，是或一说也，存之以备采。

[周]

山戎国 《春秋》庄公三十年冬，齐人伐山戎。《史记》山戎越燕而伐齐，齐釐公与战于齐郊，其后四十四年而山戎伐燕，燕告急于齐。齐桓公北伐山戎，山戎走。杜预《春秋注》曰：山戎，北狄。胡三省《通鉴注》曰：自汉北平、无终、白狼以北，皆大山重谷，诸戎居之，春秋谓之山戎。郭造卿曰：山戎、北戎是二种，山戎种一为无终，齐伐之，晋灭之。北戎种二：东为离支，齐所灭；西为代，晋所灭。自燕东北为辽西、辽东以外，无非北戎地。西北为上谷。以外无非山戎地，而北戎为尤大，故必平山戎而同许男以伐之。

令　支　《国语》桓公北伐山戎，刜令支，斩孤竹。《史记·齐世家》作离支，《周书》王会作不令支，皆令支之转也。二汉辽西郡俱有令支，独《晋书·地理志》无之，而于其末曰：慕容熙以幽州刺史镇令支，其见于载记者段氏都令支。石虎伐段辽入令支，以李农为营州牧镇令支，命段兰帅所从鲜卑屯令支，燕余岩据令支，慕容农克令支，兰和屯令支，李郎留其子养守令支，李旱克令支，慕容懿以令支降魏，魏宿沓干拔令支，慕容拔攻克令支。其地在燕之西陲，故为重镇，入魏，太平真君七年，乃并于阳乐矣。《水经注》濡水东南径令支县故城，旧志令支城在迁安东，盖亦近之。

卑耳山　《国语》言齐桓公悬车束马，逾太行与辟耳之溪枸夏。韦昭注：曰太行、辟耳山名，枸夏，辟耳之溪也。《史记·齐世家》登太行至卑耳山而还。《正义》曰卑音壁。《管子》桓公二十年征孤竹，未至卑耳之溪十里。案《国语》《史记》皆云西伐，而《管子》则云征孤竹，或曰燕北一带之山，皆名太行。故旧志载之孤竹之境。又案《水经注》清夷水西南得桓公泉，桓公北伐山戎过孤竹，西征束马悬车，上卑耳之西极，故水受斯名也。则卑耳在上谷之沮阳，二说不同。今姑仍《旧志》，入之山川条下。（上谷沮阳在今延庆州境。）

［秦］

长　城　长城始于燕时，历代筑之非一。《史记》燕筑长城，自造阳至襄平，置上谷、渔阳、右北平、辽西、辽东郡以拒胡。秦始皇帝使蒙恬筑长城，起临洮至辽东万余里。《正义》引《括地志》长城首起岷州西十二里，东入辽水。齐显祖天保六年，发民一百八十万筑长城，自幽州夏口西至恒州九百余里。七年自西河总秦戍筑长城，东至于海。后主天统元年，自库堆戍东距于海，随山屈曲二千余里，斩山筑城，置立戍逻五十余所。周宣帝大象元年，发山东诸民修长城，立亭障，西自雁门，东至碣石。隋文帝开皇六年二月，发丁男十一万修筑长城。七年二月，发丁男十万余修筑长城。长城之见于史者如此，今人言长城必曰秦时筑。考之晋太康《地理志》长城起乐浪之碣石山。《魏书》长孙陈传为羽林郎，征和龙贼，自西门出，将犯外围，陈击退之，追至长城下。是长城在龙城之外，而《通典》亦言蓟州北至废长城塞二百三十五里。然则今山海关之长城，乃徐魏公所修之城，非古之长城也。《一统志》秦长城在府北七十里，误。

扶苏泉 《辽史 · 地理志》，滦州有扶苏泉，甚甘美，秦太子扶苏，北筑长城尝驻此。郭造卿疑以为狐苏之误，汉辽西郡有狐苏县。

[汉]

右北平郡 汉右北平郡治平刚，后汉治土垠。《水经注》魏氏土地记曰：蓟城东北三百里有右北平城。蓟城，今京师也。《括地志》渔阳郡东南七十里有右北平城。案，当在今蓟州玉田界，此后汉之右北平也。若平刚则在卢龙塞之东北三四百里，此前汉之右北平，而李广之所守也。旧志云今府城南有李将军射虎石固谬，《水经注》言此石在玉田、无终之间，是亦以后汉之右北平，为李广所治，与东越青陉之说自相矛盾。著书之难如此，又何怪乎后之传讹者邪！

平刚县 《三国志 · 田畴传》旧北平郡治在平冈道，出卢龙达于柳城，自建武以来，陷坏断绝，垂二百载，而尚有微径可从。《魏太祖纪》上徐无山，出卢龙，历平冈，登白狼堆，去柳城二百余里。《水经注》卢龙东越青陉，至凡城二百许里，自凡城东北出，趋平罡故城可百八十里，向黄龙则五百里。是平刚在卢龙之东北四百里矣。《晋书 · 成帝纪》咸康四年二月石虎帅众七万，击段辽于辽西，辽奔于平岗。慕容皝载记遣杨威将军淑虞攻乌丸悉罗侯于平埛，其字本作刚，一作冈，又作岗，亦作埛，又作罡。

石城县 汉右北平郡之县十六，其三曰石城，后汉无之，盖光武所并省也。至燕分置石城郡，考之《通鉴》及《晋载记》得二事，慕容宝宿广都黄榆谷，清河王会勒兵攻宝，宝帅轻骑驰二百里，晡时至龙城，会遣骑追至石城不及。是广都去龙城二百里，而石城在其中间也。慕容熙畋于北原，石城令高和与尚方兵于后作乱。注云：高和本为石城令，时以大丧会于龙城，是石城去龙城不远也。《魏书·地形志》广兴下云：有鸡鸣山、石城、大柳城，此即汉之石城矣。魏太平真君八年，置建德郡，治白狼城，领县三，其一曰石城，有白鹿山祠，其二曰广都。《水经注》石城川水出西南石城山，东流径石城县故城，南北屈径白鹿山西，即白狼山也。又东北入广成县东，广成即广都城，燕之石城在广都之东北，而此在广都之西南，是魏之石城非燕之石城矣。《隋书》始无石城，云北齐废之。而《唐书》平州石城下云：本临渝。武德七年省，贞观十五年复置，万岁通天二年更名，有临渝关、有大海、有碣石山。是武后所更名之石城，又非魏之石城矣。《辽史》滦州统县三，其三曰石城。下云，唐贞观中于此置临渝县，万岁通天元年改石城县，在滦州南三十里，唐仪凤石刻在焉。今县又在其南五十里，辽徙置以就盐官，是辽之石城又非唐之石城矣。今之开平中屯卫，自永乐三年徙于石城废县，在滦州西九十里，乃辽之石城，而《一统志》以为汉旧县，何其谬与！

土垠县 后汉为右北平郡治。《耿弇传》光武遣弇与吴汉等十三将军追贼至潞东及平谷，再战斩首万三千余级，遂穷追于右北平，无终、土垠之间，至浚靡而还。注云：土垠故城，在今平州西南。案《水经注》巨梁水出土垠县北陈宫山，陈宫山在今丰润县北七十里，则土垠当在今丰润境内，唐时未立丰润，故注云平州西南耳。《一统志》乃云在府城西南，则沿此注而失之也。（《滦志》谓今丰润东十里垠城铺，即古土垠城。）

辽西郡 汉治且虑，后汉、晋治阳乐，魏治肥如，北齐省入肥如。杜佑曰：汉辽西郡故城，在卢龙城东，至隋改置辽西郡于营州之境汝罗故城，唐武德六年又徙于幽州城中，则皆非本境矣。

肥如县 《汉书·注》应劭曰：晋灭肥，肥子奔燕，燕封于此，汉初为侯国，《史记·功臣表》肥如侯，蔡寅是也。传三世至孝景元年，奴侯蘮亡后，而肥如改为县。《荆燕世家》肥如令，郢人是也。

是时肥如虽为县，而属于燕，故燕王得以杀肥如令。及武帝析藩国，置缘边诸郡，而肥如自此定属于辽西矣。见于史者，《后汉书·和帝纪》永元九年秋八月，鲜卑寇肥如。《刘虞传》前中山相张纯等众十余万屯肥如。《晋书·载记》帝遣幽州诸军讨慕容廆，战于肥如。慕容熙大城肥如，以尚书刘木为镇南大将军，冀州刺史镇肥如。《地理志》高云以幽冀二州牧镇肥如。《魏书·冯弘传》黜世子崇，令镇肥如。《肃宗纪》城平州，所治肥如。章怀太子注云：故城在今平州。而《汉书》言有玄水、濡水、卢水。《魏书》言有孤竹山祠、令支城、黄山、濡河。《水经注》言肥如县南十二里，水之会也，则在今卢龙之境无疑矣。燕慕容垂世子令说其父守肥如之险以自保。胡三省注以为即卢龙之塞，盖今沿边一带大山长岭，古时亦属之肥如也与。

海阳县 汉初为侯国，《史记·功臣表》海阳侯，摇毋余是也。传四世至孝景四年侯省薨亡后，而海阳改为县。《汉书》言有龙鲜水、封大水、缓虚水皆南入海。有盐官。《魏书》有横山、新妇山、清水，北齐省入肥如。《水经注》魏氏土地记曰：令支城南六十里，有海阳城。《辽史》隰州平海军，海阳县本汉县，地多碱卤，置盐场于此，大抵海阳之境，北距肥如、令支，而南际于海，今滦州之东，偏及乐亭地也。(《一统志》在府城南三十里，乃剿辽史望都条下之文而不知汉之海阳其治已无可考也。)

阳乐县 后汉为辽西郡治。晋愍帝建兴元年，慕容翰攻段氏，取徒河、新城，至阳乐。《魏书》有武历山、覆舟山、林榆山、太真山。山名转易，多不可考。但言太平真君八年，并令支属于此。而章怀太子云：阳乐在今平州东，则知不出卢龙之境，《抚宁志》乃云，阳乐城在西关外，无据。

新安平县 汉辽西郡之县，后汉省，今不详所在。但据《汉书》云：夷水东入塞外。《水经注》云新河自板渠东出，合封大水，谓之交流，合水出新平县西南，流径新平县故城西，又东南流，龙鲜水注之，合而东流，注封大水乱流，南会新河，南流于海，其曰新平，即汉之新安平中脱一字耳。详其水道，则知其县，必在海阳、肥如之间也。

临渝县 《汉书》有渝水、侯水。《后汉志》有碣石山。晋无此县，而《通鉴》载褚匡说冯跋曰：章武郡临海舟楫可通，出于辽西临渝，不为难也。《水经注》渝水西南巡山径一故城，以为河连城，疑是临渝县之故城。渝水南流，东屈与一水会，世名之曰榼伧水，《通鉴》榼卢城下注引此，大约在今抚宁之东，其城不可考矣。

絫　县 《汉书》下官水，南入海，又有揭石水、宾水皆南入官。文颖曰：碣石在辽西絫县，絫县今罢，属临渝。《水经注》濡水又东南至絫县，碣石山似在今昌黎、抚宁之境。而《一统志》以为今义州卫，未详何据。

交黎县（见下）

柳城县 史言慕容皝以柳城之北，龙山之西，福德之地，乃营立宗庙、宫阙，命曰龙城。《一统志》柳城在永平府西二十里，龙山在府西四十里。《永平府旧志》柳城在昌黎县西南六十里，汉末为乌桓所据，曹操灭之。历魏、晋为慕容氏父子所据。隋置县，属辽西郡。唐置营州。元省入昌黎，为静安社。二说不同。今府西二十里全无遗迹，而静安社则嘉靖三十一年立为堡，然皆非柳城之旧也。案《唐书》营州柳城郡下云：城西四百八十里有渝关守捉城。又云西北接奚，北接契丹。《通典》营州柳城郡下云：东至辽河四百八十里，南至海二百六十里，西至北平郡七百里，北至契丹界五十里，东南到安东府二百七十里，西南到北平郡七百里，西北到契丹界七十里，东北到契丹界九十里。而平州北平郡下云：东至柳城郡七百里，西至渔阳郡三百里。东北到柳城郡七百里，是柳城在今永平之东北七百里，而慕容氏之龙城、昌黎及魏以后之营州，并在其地。唐万岁通天元年，为契丹所陷，圣历二年，侨治渔阳，开元五年，又还治柳城。而今之昌黎，乃金之广宁县，大定二十九年改为昌黎，名同而地异也。又案《三国志》魏武帝用田畴之言，上徐无山，堑山堙谷五百余里，经白檀，历平冈，涉鲜卑庭，东指柳城。徐无山在今玉田，则柳城在玉田之东北数百里也。《北齐书》显祖伐契丹，以十月丁酉至平州，从西道趋长堑，辛丑至白狼城，壬寅至昌黎城，是昌黎在平州之东，北齐主之行急，犹五日而后至也。《隋书》汉王谅伐高丽，军出临渝关至柳城。《唐书》太宗伐高丽还，以十月丙午次营州，诏辽东战亡士卒骸骨并集柳城东南，命有司设太牢，上自作文以祭之。丙辰皇太子迎谒于临渝关，关在今抚宁之东，则柳城又在其东，太宗之行迟，故十日而后至也。又案《辽史》兴中府，古孤竹国汉柳城县地，慕容皝以柳城之北龙山之南，福德之地，乃筑龙城，构宫庙，改柳城为龙城县而迁都之，号曰和龙宫。魏为辽西郡。隋置营州，炀帝改柳城郡。唐武德初，改营州总管府，寻为都督府。万岁通天元年陷李万荣。神龙初徙府幽州。开元四年复治柳城，八年徙渔阳，十年还柳城。后为奚所据，太祖平奚，及俘燕民将建城，命韩知方择其处，乃完葺柳城，号霸州彰武军节度。重熙十年升兴中府，统州二，县四。其一曰兴中县，本汉柳城县地，太祖掠汉民居此，置霸城县。重熙中置府，更名。此文述柳城之故，颇为详备。元世祖至元七年十月己丑，降兴中府为州。以地图案之，当在今前屯卫之北，但《唐书》平州下云：又有柳城军，永泰元年置。盖唐时柳城之地，屡被陷没，移徙无常，此其在平州者，或即今之静安社未可知，然不可以永泰元年之柳城，为古之柳城也。且《一统志》于柳城废县，既云在府城西二十里矣，而于土产则云人参、麝香、豹尾俱废柳城县出，今府西二十里，乃滦河之西洞山之南，沙土之地，其能出此三物乎？案唐书营州柳城郡，贡人参、麝香、豹尾皮、骨骴，志本引之，而不知府西二十里之误也。

[后汉]

卢龙塞 《三国志·魏太祖纪》建安十二年，北征乌桓至无终，大水傍海道不通。田畴请为乡导，公从之，引军出卢龙塞，塞外道绝不通，乃堑山堙谷五百余里，至白狼山。《田畴传》随军次无终，时方夏雨水，而滨海湾下泞滞不通，虏亦遮守蹊要，军不得进。太祖患之以问畴，畴曰："此道夏秋每常有水，浅不通车马，深不载舟船，为难久矣。旧北平郡治在平冈，道出卢龙，达于柳城。自建武以来，陷坏断绝，垂二百载，而尚有微径可从。今虏将以大军当由无终不得进而退，懈弛无备。若嘿回军，从卢龙口，越白檀之险，出空虚之地，路近而便，掩其不备，蹋顿之首，可不战而禽也。”太祖曰：“善。”乃引军还，而署大木表於水侧路傍，曰方今暑夏，道路不通，且俟秋冬乃复进军。虏候骑见之，诚以为大军去也。太祖令畴将其众为向导，上徐无山，出卢龙，历平冈，登白狼堆，去柳城二百余里。虏乃惊觉，单于身自临阵，太祖与交战，遂大斩获，逐北至柳城。《通鉴》晋穆帝永和五年，赵王虎卒，国内大乱，慕容霸上书于燕主儁，请伐赵。儁曰：“邺中虽乱，郑恒据乐安，兵精粮足，今若伐赵，东道不可由也，当由卢龙。卢龙山径险狭，虏乘高断要，首尾为患，将若之何？”霸曰：“恒虽欲为石氏拒守，其将士顾家，人怀归志，若大军临之，自然瓦解。臣请为殿下前驱，东出徒河，潜趋令支，出其不意，彼必震骇。上不过闭门自守，下不免弃城逃溃。然则殿下可以安步而前，无留难矣。”儁从之。六年二月，儁遣霸将兵二万，自东道出徒河，慕舆于自西道，出蠮螉塞。儁自中道出卢龙塞以伐赵。命慕舆泥槎山通道。又孝武帝太元二十一年，燕清河王会使征南将军库傉官伟、建威将军余崇，将兵五千为前锋。伟等顿卢龙近百日。《魏书·常景传》，杜雒周反于燕州，以景兼尚书为行台，与幽州都督平北将军元谭御之。景表求勒幽州诸县悉入古城山路，有通贼之处，权发兵夫，随宜置戍，以为防遏。肃宗从之，别敕谭西至军都关，北从卢龙塞，据此二险，以杜贼出入之路。又诏景山中险路之处，悉令捍塞。《隋书·阴寿传》开皇初高宝宁引突厥攻围北平，令寿率步骑数万出卢龙塞以讨之。已上诸史所载卢龙之事颇详，《魏书》新昌有卢龙山，《水经注》濡水又东南径卢龙塞，塞道自无终，东出渡濡水，向林兰陉。东至青陉、卢龙之险，峻坂萦折，故有九峥之名矣。燕景昭元玺三年，遣将军步浑治卢龙道，焚山刊石，令通方轨刻石岭上，以纪事功。杜氏《通典》卢龙塞在今平州城西北二百里，张行人《旧志》云在今府城南一里误矣。

卢龙城 《水经注》濡水又东南，径卢龙故城，东汉建安十二年，魏武征蹋顿所筑也。

蹋顿城 《晋书·载记》石虎谋伐昌黎，遣曹伏将青州之众渡海戍蹋顿城，无水而还。隋炀帝征高丽，其右第七军出蹋顿道。

[**晋**]

乐安城 《晋书·载记》石虎将伐慕容皝，具船万艘，自河通海运谷豆千一百万斛于安乐城。《通鉴》作乐安。《水经注》濡水东南过辽西海阳县，又经牧城南分为二水，北水谓之小濡水，东径乐安亭北，东南入海。濡水东南流径乐安亭南，东与新河故渎合，魏太祖征蹋顿所导也，在今乐亭县境。

三 陉 《通鉴》晋穆帝永和六年，慕容霸军至三陉。魏征东将军郑恒惶怖焚仓库，弃乐安遁去。注魏收《地形志》，海阳县有横山，盖即三陉之地。

卢溥镇 《晋书·地理志》自幽州至于卢溥镇以南地入于魏。案《魏书·太祖纪》，范阳人卢溥聚众海滨，杀幽州刺史，封沓于此，盖即其所据之地以名镇，而燕之幽州乃令支也。

蠮螉塞:《晋书·载记》慕容皝率骑二万出蠮螉塞，长驱至于蓟城。《通鉴》晋孝武太元十年，燕主垂遣慕容农出蠮螉塞，历凡城，趋龙城，讨余岩。

昌黎郡 案昌黎有五,《汉书》辽西郡之县，其八曰昌黎。渝水首受塞外，南入海，东部都尉治。应劭曰：今昌黎。《后汉志》作昌辽，或黎字之讹也。《通鉴》注昌黎，汉交黎县，属辽西郡。后汉属辽东属国都尉。魏齐王正始五年，鲜卑内附，复置辽东属国，立昌黎县以居之，后立昌黎郡。《晋书·武帝纪》太康二年慕容寇昌黎，二年安北将军严询败慕容廆于昌黎。成帝咸康二年，慕容廆皝自昌黎东践冰而进，凡三百余里，至历林口。是则在渝水下流，而当海口，此一昌黎也。《晋书·载记》慕容皝徙昌黎郡。又云破宇文归之众，徙其部人五万余落于昌黎。及慕容盛之世有昌黎尹。张顺、刘忠、高云以冯素弗为昌黎尹。冯跋之世有昌黎尹孙伯仁，以史考之，当去龙城不远，此又一昌黎也。魏并柳城、昌黎、棘城于龙城，而立昌黎郡。志云有尧祠、榆顿城、狼水。而列传如韩麒麟、韩秀谷、浑孙绍之伦，皆昌黎人，即燕之旧都龙城，此又一昌黎也。齐以后昌黎之名废。至唐太宗贞观三年，更崇州为北黎州，治营州之东北，废阳师镇。八年复为崇州，置昌黎县，后沦于奚。《辽史》建州永康县，本唐昌黎县地，此又一昌黎也。辽太祖以定州俘户置营州邻海军，其县一曰广宁。郭造卿曰：此与霸州彰武军异地，而史失详别，两引其语，皆柳城焉。金世宗大定二十九年，改为昌黎，相沿以至于今，此又一昌黎也。旧志辨昌黎有二，而不知其有五。今序而列之，论古者可以无惑焉。

营丘郡 《晋书》慕容廆立郡，以统流人，以青州人为营丘郡。至跳罢营丘郡，魏复置营丘郡，《水经注》渝水又东径营丘城西。

[魏]

平　州 平州之见于书者有三，有地名，有国名，有州名。《左传》宣公元年会于平州，以定公位，地名也。《史记》朝鲜传，封王唊为平州侯。《功臣表》又有平州侯昭涉掉尾国名也，其州名亦有三：有汉末平州，有晋平州，有后魏平州，汉末公孙度自号平州牧，及其子康，康子渊并据辽东，此汉末之平州也。（平州本取辽东襄平为名）。魏分辽东、昌黎、玄菟、带方、乐浪五郡为平州。后还合为幽州。晋武帝咸宁二年十月，分昌黎、辽东、玄菟、带方、乐浪等郡国五，置平州，治昌黎（当即汉之交黎。）此晋之平州也。至后魏平州乃治肥如，而自齐以下因之。《辽史》引公孙度之平州于此则误矣。

朝鲜县 汉晋属乐浪，延和元年徙朝鲜民于肥如，置此县。齐省入新昌。

新昌县 后汉晋属辽东，魏置此。隋开皇六年，省肥如入新昌，十八年改名卢龙。

黄　山 《魏书》肥如有黄山，《高宗纪》太安三年十月，诏太宰常英起行宫于辽西黄山。四年正月巡平州。庚午至辽西黄山宫。《常英传》梦日坠其所居黄山下水中。

[**隋**]

渝　关　《隋书·高祖纪》开皇三年三月癸亥，城榆关。《贺娄子干传》授榆关总管十镇诸军事。《高丽传》汉王谅师出临渝关。关本以渝水名，而史文或作榆，一书之中，两字互见。《唐书·地理志》石城有临渝关，一名临闾关。又云：营州城西四百八十里有渝关守捉城。《高丽传》帝总飞骑入临渝关。《郭英杰传》帅万骑及奚众屯榆关。《贾循传》为榆关守捉使。《契丹传》许钦澹徙军入临渝关，《奚传》鲁苏不能制，奔榆关。《李忠臣传》袭榆关。《通鉴》后梁均王乾化三年初，幽州北七百里有渝关，下有渝水通海，自关东北循海有道，道狭处才数尺，旁皆乱山，高峻不可越。北至进牛口，旧置八防御军，募土兵守之，田租皆供军食，不入于蓟。幽州岁致增纩，以供战士衣。每岁早获，清野坚壁，以待契丹。契丹至辄闭壁不战，俟其去，选骁勇据隘邀之，契丹常失利走。土兵皆自为田园，力战有功，则赐勋加赏。由是契丹不敢轻入寇。及周德威为卢龙节度使，恃勇不修边备，遂失渝关之险，契丹每刍牧于营平之间。《通典》渝关在平州卢龙县东一百八十里，宋白曰渝关，关城下有渝水入大海，其关东临海，北有兔耳山、覆舟山，山皆斗峻，山下循海岸东北行，狭处才通一轨，三面皆海，北连陆关，西乱山至进牛栅凡六口，栅戍相接此天所以限戎狄也。《一统志》榆关在今抚宁县东二十里，又东二十里有榆关马驿关之遗址，久废不可考。或云徐武宁移之山海，非也。

临渝宫　《隋书·地理志》卢龙有临渝宫。《炀帝纪》大业十年三月癸亥，次临渝宫。

临渝镇　《隋书·突厥传》营州刺史高宝宁作乱，沙钵略与之合军攻陷临渝镇。

[**唐**]

石城县　见上。

马城县　《唐书·地理志》古海阳城也，开元二十八年置，以通水运。《辽史·地理志》在滦州西南四十里。旧志城周千四百四十四步，高丈五尺，门五。

千金冶城 《唐书·地理志》马城县东北有千金冶城。旧志在马城废县北有城。州志古城在州西七里孩古社，盖石沙可炒铁，今尚有遗石立水中。

茂乡镇城 在滦州千金冶东。

汉武台 《唐书·太宗纪》贞观十九年九月戊午次汉武台，刻石纪功。

西硖石 东硖石 《唐书·地理志》有西硖石、东硖石二戍。《契丹传》左鹰扬卫将军曹仁师等战西硖石黄獐谷败绩。武后更诏夏官尚书王孝杰等讨契丹，战东硖石，师败孝杰死之。

[辽]

海滨县 《辽史·地理志》润州海阳军统县一，日海滨，本汉阳乐县地，金人封天祚为海滨侯，《北蕃地里书》润州在卢龙塞东北，西至渝关四十里，南至海三十里。旧志在山海关东一百二十步，洪武中于其地置东门递运所，今移所于关内。

迁民县 《辽史·地理志》迁州兴善军统县一，曰迁民。本汉阳乐县地，金废为镇。《元史·文宗纪》八月丁酉，发中卫兵守迁民镇。庚子，发宗仁卫兵增守迁民镇。庚戌，发平滦民堑迁民镇。九月，上都诸王也先帖木儿、平章秃满迭儿，自辽东以兵入迁民镇。《北蕃地理书》迁州在临渝关东五十里，西至润州四十里，南至海二十里。相传以为今之山海关。

安喜县 《辽史·地理志》本汉令支县，地久废。太祖以定州安喜县俘户置，在平州东北六十里。金大定中改名迁安。《迁安志》在县东北二十里。

望都县 《辽史·地理志》本汉海阳县，久废，太祖以定州望都县俘户置，有海阳山，在平州南三十里。《金史》本汉海阳故城，大定七年更名海山县。（今乐亭有望都镇，去府城□□里，与《辽史》

不符。）

义丰县 《辽史·地理志》本黄雒故城，黄雒水北出卢龙山，南流入于濡水，世宗置县。金元二史并同，乃滦州倚郭之县。当是洪武中并入州。

松亭关 《辽史·地理志》泽州有松亭关。《宋史·刘敞传》奉使契丹，素习知山川道径，契丹导之。行自古北口至柳河，回屈殆千里。敞质译人曰："自松亭趋柳河，甚径且易，不数日可抵中京，何为故道此。"译相顾骇愧。《阎询传》使契丹询颇谙北方疆理，时契丹主在靴淀，过者导询由松亭往，询曰：此松亭路也，胡不径葱岭，而迂枉若是？"《金史·地理志》松亭关国名斜烈只，（误入滦州下。）《宗叙传》出松亭关，取牛递于广宁。《挞懒传》习古乃婆卢火护送常胜军及燕京豪族工匠，自松亭关入内地。《通鉴》注引金卤节要，景州（今遵化）之东北乃松亭关，今之喜峰口是也。

栗　林 《金史·张觉传》左企弓等赴广宁，过平州，觉使人杀之于栗林下，《辽史》言杀之滦河西岸。

兔耳山 《金史·张觉传》败阇毋兵于兔耳山，案《五代史》渝关北有兔耳山，今抚宁县北有兔耳山。

箭笴岭 《辽史·太祖纪》天赞二年三月戊寅，军于箭笴山，讨叛奚胡损获之，射以鬼箭。《奚回离保传》金兵自居庸关入，回离保知北院即箭笴山自立号奚国皇帝。《地理志》迁州有箭笴山，统县一，曰迁民。旧志云：箭笴山今石门寨北茶盆诸山也。

［金］

长春宫　长春淀 《金史》石城县有长春行宫，长春淀旧名大定淀，大定二十年更。《滦州志》长春淀在州西南百二十里废石城县，但以为辽萧太后所建，则非也。辽之长春宫在长春州，不在此。旧志，州城东八里有濯清亭。在滦河西岸东南三十里有丹阳宫，皆金所置。（历年行幸，见世纪。）

榛子岭 《金史·独吉义传》世宗次榛子岭，闻海陵死于军中，谓义曰："信如卿所料。"今榛子镇。

滦河县 辽置，与神山并属泽州。金废州，留神山以属大定府，而滦河县并废。承安置惠州，升孩儿馆为滦阳县以隶之，至泰和罢。元复惠州，无属县，而置滦阳治焉。旧志云：张行人旧志迁安县西北百六十里，元时立县，隶大宁路，国朝废县为营，备御官民居焉。今人知营非故治，指北垝垣为故县亦非也。盖辽县在今滦阳营，金滦阳县在今汉儿庄，辽人以南人为汉儿，而设南面官，有汉儿司，及汉儿行宫都部署，故馆谓汉儿，其官及民居之也。地之山川环抱，奇秀至今，父老言古汉儿城焉。盖《金史》转语以汉为孩耳，升馆为县，隔二十里非复故名殊也。元之立治，属檀景都提举司，即辽之陷河采炼而属泽州者，今因建营以名，犹三屯驿曰滦阳，永平驿曰滦河，皆非故县地也。盖山南曰阳水，南曰阴，山北曰阴水，北曰阳，汉庄在河北入滦，故金以名县焉。辽之名河为县，今之名阳为驿者，皆重山与滦隔，其名与实违也。惟永平驿临漆，汉庄驿临澈，而皆滦之支，总以滦名焉。乃信父老言不诬，为别辽金县，殊及元复县无考。今之为营者，治也。

［元］

永平屯田总管府 《元史·兵志》世祖至元二十四年八月，以北京采取材木百姓三千余户于滦州，立屯设官署以领其事，为户三千二百九十，为田一万一千六百一十四顷四十九亩。

大宁路海阳等处打捕屯田所 《元史·兵志》世祖至元二十三年，以大宁、辽阳、平滦诸路拘刷漏籍，放良孛兰奚人户及僧道之还俗者，立屯于瑞州之西，濒海荒地开耕设打捕屯田总管府，成宗大德四年罢之，止立打捕屯田所，为户元拨并召募共一百二十二，为田二百三十顷五十亩。

其不见于史传，而今有其迹者：

迁安县北二十里为**龙纪城**，周二十四步。北四十里为**杨买驴城**，周五百步，并云金萧太后所筑。旧志云：辽后世萧氏有宫卫兵，平州既有提辖司，其安喜以北，交于泽州之滦河，多中京宫卫，此地或其宫帐军耳。金后多徒单诸氏，不如辽有宫卫，妃有萧氏，而后无之。

县东三十里山颠有土城，日**万军城**，周三百余步，中有将台遗址。世传唐太宗征高丽，驻军于此。旧志云：今名为帐房山，或指为军所宿，非也。盖辽国之法，天子践位，置宫卫分州县，析部族设官府，籍帐户备兵马。崩则扈从后妃宫帐，以奉陵寝。有调发，则丁壮从戎事，老弱居守国。此特其军府之帐台，所谓平州提辖司也。

抚宁县城东南为**五花城**，连环五座，十五里为**洋河城**，方圆六里，并云唐太宗东征所筑。旧志云：太宗将征辽，太常丞邓素使高丽还，请于怀远镇增戍以逼之。帝不从，惟命北输粟，营州多储，古大人城耳。自发雒阳，春蔬亦不进，惧其扰民。但明斥堠不堑垒，虽逼卤城，终不敢出钞，而士运粮，单骑野宿，如中国焉，安得筑城于此？其洋河城，或隋之泸河镇未可知也。

县西南五十里为**山西城**。

昌黎县西五十里为**静安社城**。旧志云：其城见存周三里，高一丈八尺。《方舆胜览》燕慕容氏之福地也，今龙山正在静安西北。《一统志》柳城废县在府城南六十里，汉末乌桓所据，曹操灭之。历魏、晋，为慕容氏父子所据。隋置县，属辽西郡。唐置营州，今为静安社。异哉陋乎！无论不考古与书典异，即熙苑广十里，陵周数里。大城肥如，及宿军拟邺为门，累级三层，景云山峰高十七丈，岂安此三里城，丈有咫而已乎！虽冯通焚其宫殿，而魏因其城为营州治，至唐不改，曷削至兹哉？自卢龙名塞，山名龙多矣。彼之龙城在山西，此山在西北，则城东南也，两龙其无别乎？慕容业、霸规摹颇弘，眺而如此，其何以兴，熙而如此，其何以亡？谓之静安社者，然与盖今之昌黎，乃辽之广宁，犹今之卢龙，乃魏之新昌，必求其故，则可坐而辨也。

滦州南四十里为**李家庄城**，今为李家庄社。五十里为**柏家庄城**，今为淳风屯。九十里为**独莫城**，今为社二里地。西南六十里为倴城，今倴城社。西百二十里为**稻地土城**，今长春社地。西南百二十里为**唐**

山土城，今桥头社地。旧志云此皆乐安诸城。赵石虎使典农中郎将王典帅众万余屯田海滨，以谋击燕者。元立永平屯田总管府于马城县，其昌国、济民、丰赡三署诸屯城也。

其以**岛**名曰**秦皇**，在抚宁县东三十里，四面皆水，唯岛居中。世传秦始皇求仙驻跸于此，无可考。

其以**坟**名曰**姜女**，在山海关东南海中，其上有姜女祠。世传女为许姓居长，故称孟焉。陕西同官人，其夫为范郎，秦筑长城，郎操版至辽东不归，女制衣亲送至此，闻夫亡哭而死。土人于高阜祀之，名曰望夫石，石上有乱杵迹。夫秦无称陕，亦无称郎者，当是剿齐杞梁妻崩城之事，而附益其说，不知其所谓长城者，乃泰山下之长城，非辽东之长城也。

其以**圻**名曰**温沟**、曰**白望**、曰**常宁**。

其以**坨**名曰**双雁**，在滦州南二十里，成化中瘗二雁而名。

之曰**谎粮**，在州南五十里，世传唐太宗为此以诳高丽。州境及迁安、丰润以此名者甚多。又通州有虚粮台十余座，云前代对敌乏粮，虚设以张声势。《州志》云其处不一，有六十余座。旧志疑以为石虎伐燕时事，太宗渡辽水，征高丽，夷人岂敢至此，而安用此为哉！州西南八十里司家庄社北集西有**项家坨**，长三四里，产酸枣、野葡萄、荆棘，其南潴水数亩，通任家港，南流有古冢数十，昔耕塌出火，内有盔、甲、枪端俱铜铁铸、金镀。相传为王者墓，掘之风沙迷目，复填之莫敢动。乐亭海坨有二，曰**月坨**，形如半月。县西南隔绿洋沟入海四十里许，地数十顷，在巨浸如员峤，虽无奇峰怪石，草木繁殖，雉兔充斥，冰合居民射猎，泮则掉艇樵采。曰**十九坨**，大数十顷，居室碾碓遗址尚在。鸟兽草木与月坨同，人传为漕运时，店市民居也。旧志滦人以平坡而蓄水者为坨。

其以**台**名曰**钓鱼**，在府南三十里。有石矶曰**仙人**，在昌黎县北。并见《山川》。曰**望海**，在卢龙县，今不可考。曰**擂鼓**，在滦州西百里松梁社。志引《册府元龟》唐太宗贞观十九年十月征辽，次**汉武台**，余基三成，旁有祠至营城。帝问侍臣，对曰：此汉武求仙之处。

其地临大海，多峻石险怪，后人借此擂鼓御敌，因号为营城擂鼓台云，是亦谎粮之类也。《州志》有**将台**，在城西八十五里康庄屯，高丈五尺，广八尺，长二十步。不知何时筑。下有黄崖河，或云即料马台。又如丰润有望马台，通州有将台三，皆不详为何代矣。

丘　墓

昔之为志者，既存都邑之图，复标陵墓之记。不特以系国人九原之思，亦所以全死士之垄，不伤于异代也。以观兹郡，何其寥寥也！与《一统志》所书有三：其曰赤峰岭，及道南烽火山有公孙神康墓，则不知公孙氏之平州，非唐平州也。其曰昌黎县西五里，唐韩愈高祖以上之葬地。则不知韩氏之先昌黎，非金昌黎也。其可信者惟孤竹君三冢而已。盖此地之在古墓而不坟者多矣。况洊经兵火之后乎！故所载皆近代之葬，其人能自树以传其名，则亦无论古今可也。

卢　龙　县

孤竹君三冢，**长君冢**在双子山，**次君冢**在团子山，**少君冢**在马鞭山。《传》曰国人立其中子，盖次君也。按：此为孤竹先代之冢，岂必次君为中子哉？若是则长少二君即夷齐之葬矣，于义未允阙之。又按团子山，今属迁安县境。

［明］

王侍郎翊墓　在城东莲花源，敕赐。

李布政充浊墓　在北门外三里冢。

廖知府自显墓　在城南五里。

韩御史应庚墓　在城南二十里，钓台之北。

朱知府鉴墓　在府城西北八家寨。

韩佥事原善墓　在府城西九百户。

陈太仆王庭墓　在府城东北三里。

卢都督天福墓　在府城东北三里。

迁　安　县

[明]

王都御史　锐墓　在县东。

才襄愍公宽墓　在县东三里滦河滨。

赵都督胜墓　在县西北九十里黑汀，敕葬。

彭都督友德墓　在县城东百步。

徐光禄云逵墓　在县西三十五里大安山。

郭侍郎巩墓　在县南八里，滦河之滨。

刘处士光裕墓　在县东十五里，西牛山下。

抚　宁　县

旧志有张果老墓　在县东南七十里，无征不录。

[明]

翟尚书鹏墓　在南关外，敕赐。

萧都督升墓　在东关外。

烈女赵氏墓　在县东北一片石。

昌　黎　县

旧志有韩湘墓，蛇皮王墓，谬妄不录。

[明]

张尚书文质墓　在县南六十里，敕赐。

杜侍郎谦墓　在县西北三里，敕赐。

滦　　州

旧志有后魏段永墓，案永乃宇文国人，非魏人，生平未尝至辽西。其传云，卒于贺葛城，丧还，高祖亲临，则必无葬辽西之理也，不录。

[后唐]

姜将军墓　在州西一百二十里唐山下。

任运使询墓 在州南七十里。

[元]

张防御使普墓 在州西二里，晋孙进士德附。

卑元帅仲吉墓 在州西五十里。

王将军祥墓 在州南五十里土屋儿社。（浙江行省左丞赵简撰神道碑略：公曾祖镇国上将军圭，祖行军都统镇钦。父武略将军珍，三代勋业墓刻详矣。公讳祥字兴国，至元间，武略公屯河口，与南兵战，冒矢石，发九矢，毙九人。下高邮，绝粮道。明年武略没于王事，公荫补侍御亲军忠显校尉。八年辛巳，赐金牌进武义将军。十九年升武略将军亲军千夫长。公曰：知足不辱，知止不殆。乃累章求退，时年六十有三。大德七年癸卯正月卒，年七十有九，后赠金吾上将军，征行兵马都元帅。夫人何氏封修武校尉中卫郡君。

石副使维岳墓 在州西北五里。

[明]

王佥都御史镐墓 在横山西南二里。

厉都给事中汝进墓 在城西。

高尚书第墓 在州西一百二十里。

乐 亭 县

[金]

齐将军墓 在县西三里。《县志》云：齐氏自明威将军陶仕于金，后有信武将军者葬于此。

[元]

张大夫墓 在县北五里。《县志》云：相传即张升墓。

王总管仲仁墓 在县西南三十里。

姚郎中墓 在县北三里。

[明]

温佥都御史原墓 在县东北三里。

王尚书好问墓　在县东北二里。

山　海　卫

[明]

萧佥事显墓　在城北角山下。

詹侍郎荣墓　在城南六里。

寺　　观

自二氏之教，行于中国。而仙宫梵宇，几遍海内，百家之聚，五达之衢，莫不崇饰庄严，飞丹耸碧。于以助流王化，祈福祝禧，而高人墨客，往往栖幽览胜。访丹丘之遗事。追白社之高踪，致足乐也。他郡城中有寺，北平独无，然其在郊廛都鄙之内者不乏矣。自金元以来，为佛寺者二百七十有六，为道观者仅十有二，兴废不一，悉存其额，而释老之盛衰，亦略可睹矣。

卢　龙　县

隆教寺　在城南一里。明景泰五年，敕赐祠额，设僧纲司于内。

明末寺圮。我朝顺治六年，都御史蔡公士英捐赀重建，规模壮丽，复置藏经一部，建高阁于后以贮之。水陆诸像，绘画精绝，招集僧徒，晨钟暮梵，遂为北平第一名刹焉。**开元寺**，在南台山顶。**白云寺**　在城北三十里安山。元建，明正统中敕赐寺额。**白塔寺**　在城西八里，元建。**龙泉寺，胜水寺，临河寺，古兴寺，青莲寺，白莲寺，温泉寺，迎恩寺，大洼寺，兴隆寺，雪峰寺，清凉寺，白蟒山寺，万军寺，观音寺，云水寺，九天观，玄都观，三清观。**

迁　安　县

宣觉寺　在县东，唐建。**清宁寺**　在县南十五里，金建。明正统十年敕赐寺额。**保宁寺**　在县北四十里，明景泰四年敕赐寺额。**法华寺，兴隆寺，兴教寺，栖真寺，龙泉寺，大云寺，耀冶寺，牛山寺，**

万军寺，露台寺，石佛寺，关泉寺，黄柏峪寺，峰山寺，赤崖寺，观音寺，五重安龙泉寺，莲花院龙泉寺，九山龙泉寺，六合寺，白塔寺，圣岩寺，龙化寺，普恩寺，婆娑寺，保宁寺，龙眼寺，罗汉寺，云峰寺，兴教上下二寺，相福寺，广德寺，清水寺，旧儿峪寺，成山寺，大明寺，泉水寺，云岩寺，马古寺，水洼寺，云泉寺，尖山寺，西各寺，柏山寺，兴福寺，南觉寺，西白塔寺，兴隆寺，正觉寺，龙起寺，兰若寺，云泉寺，偏崖子寺，圆觉寺，宝峰寺，清泉寺，护国上下二寺，栖云宫，昊天观，上清观，通明宫，栖云宫，昊天宫。

抚 宁 县

观音寺　在县治西，习仪于此。**金峰寺，椒园寺，慈悲寺，大安寺，清滦寺，福圣寺，水峪寺，旧县寺，台头寺，广化寺，蟠桃寺，报国寺，碧岩寺，角山寺，长城寺，栖霞寺，元通寺，崇兴寺，**在山海关西郭。**聚会寺，杏虎寺，望海寺，庄头寺，清凉寺，水月寺，崇肃寺，清源寺，隆兴寺，福胜寺，柳会寺，东联寺，元方寺，慈民寺，云城寺，圣水寺，龙岩寺，香山寺，东流寺，五泉寺，沙河寺，团云寺，云滦寺，灵鹫寺，中峰寺，法云寺，清峰寺，石桥寺，隋石寺，弥陀寺，潮水寺，石佛寺，龙泉寺，秋月寺，**在城北天马山西岭上。嘉靖年建，庠生杨修道重建。山无泉，杨尔祚创僧舍，凿井得泉，有三鱼纯白，因立石以纪其胜。**寻真观**　在城北二十里桃花峪，刘道士创建。玉皇殿、紫霞洞、小蓬莱阁。每花开，游观者殆无虚日。

昌 黎 县

源影寺　县治西二百步有塔，塔下有井，其水独重而甘。**崇兴寺**　在县治北。**宝峰寺**　在县北八里，俗名水岩寺，有唐佛顶尊胜幢记。开元，灌顶国师不空奉诏译。辽保宁元年建石。**九圣寺，望海寺，绕湾寺，云峰寺，仙化寺，清峰寺，青龙寺，妙峰寺，清修寺，千佛寺，金峰寺，古兴寺，双峰寺，延福寺，镇龙寺，香莲寺，弥陀寺，云居寺，桥梁寺，新庄寺，孔庄寺，福安寺，述圣寺，龙泉寺，**

云泉寺，储圣寺，龙潭寺，石佛寺，观澜寺，大明寺，福云寺，香岩寺，龙安寺，休凉寺，圆通寺，沙河寺，山坡寺，三清观。

滦　州

广福寺　在州南门外，设僧正司。**荐福寺**　在城西北隅，金大定年建。**石佛寺**　在城北五里，大定年建。**法宝寺**　在城南十里，辽建。**古马寺**　在城西二十里，金大定年建。**莲台寺**　在城南二十里，唐建。**延庆寺**　在城南三十里，唐建。**云居寺**　在城西南四十里，金大定年建。**华岩寺**　在城西五十里，辽寿昌年建。**青阳寺**　在城南五十里，元至正年建。**胜严寺**　在城南五十里，元至顺年建。**巍峰山寺**　在城西五十里，金建。**崇兴寺**　在城西南七十里，元至正年建。**华麻寺**　在城西南七十里，辽建。**卑家城寺**　在城西南七十里，辽乾统年建。**西套里寺**　在城西七十里，辽寿昌年建。**黄土院寺**　在城西七十里，辽寿昌年建。**风山寺**　在城西八十里，辽建。**寿圣寺**　在城西南八十里，元至正年建。**兴福寺**　在城西九十里，金大定年建。**白云寺**　在城西九十里，金建。**洪觉寺**　在城西南九十里，金大定年建。**临水院寺**　在城西北九十里，金泰和年建。**曾家湾寺**　在城西南一百里，唐建。**兴国寺**　在城西一百一十里，唐建。**水湾寺**　在城西一百一十里，金大定年建。**开觉寺，蚕箔峪寺，北石佛寺，神台寺，寿圣寺，烽火山寺，佛头寺，沙坞寺，建福寺，毗卢寺，土山寺，红寺，华严寺，清水兴国寺，宜安寺，周家坨寺，永寿寺，草堂寺，宋家庄寺，上青龙寺，下兴隆寺，广严寺，大觉寺，龙泉寺，永安寺，延古寺，清凉寺，花港寺，兰坨寺，延福寺，砖窑淀寺，横坨寺，鸿鸭林寺，卢家庄寺，相公寺，洪济寺，坨里寺，香花峪寺，龙盘院寺，观音寺，青坨寺，白寺口寺，宝塔寺，兴唐寺，望海寺，峰化山寺，永庆寺，玄真观，玉清观。**

乐　亭　县

福严寺　在县西南隅，元至元年建，设僧会司。**兴国寺**　在县东十五里，元至元年建。**崇法寺**　在县南三十里，辽太康年建。**普济**

寺　在县西南八里，金大定年建。**隆回寺**　在县西南四十里，唐贞观年建。**鹤天寺**　在县西南二十里，元至元年建。**崇兴寺**　在县西南二十里，元至元年建。**灵泽寺**　在县西二十五里，金明昌年建。**大云寺**　在县西二十里，元至正年建。**严佛寺**　在县北三十里，元至正年建。**胜严寺，华严寺，观音寺，宝塔寺，宝峰寺，大兴寺，云峰寺，正觉寺，万福寺，毗卢寺，吉祥寺，翠峰寺，观音寺，大慈寺，君严寺，海云寺，崇福寺，庆云寺，清隆寺，兴胜寺，清鸾寺。**

石　幢　一在府治南。一在迁安县治东。方圆六丈，高三丈，上有八棱，碑刻剥落，金时所造。《县志》正德十二年，巡按刘士元命撤去，址存而今平矣。刘家口居民何均用，随燕府自刘家口至大宁，回带石香柱一根，刻至正十三年三月十八日立，今在本关南门外。

古　塔　昌黎县，一在城内西北隅二百步，创置莫考，峙立高耸。滦州七长宁寺塔，在州南三十里普利屯，高二十丈，累十三层，俗传敬德造者。白云山葛庄观音阁、塔儿山、白塔山各有之。榛子镇街中有石幢子塔。

卷之十一

莱阳　　宋　琬撰次
宜兴　　路　遴参校
辽阳　　彭士圣重订

大　宁　考

议者言当复大宁久矣。大宁不复，则宣辽之路中绝，而三协始为外边。永平当驿路之冲，而肩背单寒，终不可得而守。然而大宁之故，散在史册，世或未之考焉。郭建初以大宁无志，当附载于永平之志，然而往古之事，既难尽存，徼外之形，亦难周察。是以山川人物，不得备书。而但以建置之始末，与其地形图记附焉。固凡志之体例则然，而经国之猷，守边之说亦不敢略也。若郑端简之书可谓深切而详核矣。

元史**大宁路**上，本奚部，唐初其地属营州，贞观中奚酋可度内附，乃置饶乐郡。辽为中京大定府。金因之。元初为北京路总管府，领兴中府及义、瑞、兴、高、锦、利、惠、川、建、和十州。中统三年，割兴州及松山县属上都路。至元五年，并和州入利州。七年兴中府降为州，仍隶北京，改北京为大宁。二十五年改为武平路，后复为大宁。领司一、县七、州九。录事司（初置警巡院，至元二年改置录事司。）县七：**大定**下，中统二年省长兴入焉。**龙山**下，初属大定府，至元四年属利州，后复来属。**富庶**下，至元三年省入兴中州，后复置。**和众**下，**金源**下，**惠和**下，**武平**下。州九：**义州**下，**兴中州**下，元初因旧为兴中府，后省。至元七年，又降府为州。**瑞州**下，至元二十三年伯颜奏准，以唆都哈歹等拘收户，计种田，立屯于瑞州之西，拨频海荒间地，及时开耕。设打捕屯田总管府，仍以唆都哈歹等为屯田官。**高州**下，**锦州**下，**利州**下，**惠州**下，**川州**下，**建州**下，辽、金二志不录。

宋王曾上契丹事曰：出燕京北门，至望京馆五十里，至顺州七十里，至檀州渐入山，五十里至金沟馆。将至馆，川原平旷，谓之金沟淀。自此入山诘曲登陟，无复里堠，但以马行记日，约其里数九十里至古北口。两旁峻崖，仅容车轨，又度德胜岭盘道数层，俗名思乡岭，八十里至新馆。过雕窠岭、偏枪岭，四十里至如来馆。过乌泺河，东有滦州。又过黑斗岭、度云岭、芹菜岭，七十里至柳河馆，松亭岭甚险峻，七十里打造部落，东南行五十里至牛山馆。八十里至鹿儿峡馆。过虾蟆岭九十里至铁浆馆。过石子岭，自此渐出山。七十里至富谷馆，八十里至通天馆，二十里至中京大定府。城垣卑小，方圆才四里许，门但重屋，无筑阇之制。南门曰朱夏，关内通步廊多坊门，又有市楼四曰：天方、大衢、通阛、望阙。次至大同馆，其门正北曰阳德，闾阖城西内，西南隅冈上有寺，城南有园圃宴射之所。自过北口，居人草庵板屋，耕种但无桑柘。所种皆从垅上，虞吹沙所壅。山中长松郁然，深谷中时见畜牧牛马、橐驼，多青盐、黄豕。

《实录》洪武二十年秋九月，置北平行都指挥使司于大宁。二十二年春正月壬午，会宁侯张温及周兴奏，修拓大宁等城成，并上其规制。大宁城门五，城周三千六十丈，濠长三千一百六十丈，深一丈九尺。会州城门四，城周一千一百二十八丈，濠长一千一百八十九丈二尺，深一丈八尺。富峪城门四，城周九百丈，濠长九百八丈二尺，深一丈三尺。宽河城门四，城周八百一十二丈，濠长八百五十九丈，深一丈五尺。夏五月辛卯，置泰宁、福余、朵颜三卫于兀良哈地，在乌龙江南卢龙塞北，以处降胡。东自全宁抵喜峰外，近宣府曰朵颜。自锦义历广宁至辽山曰泰宁。自黄泥洼逾沈阳铁岭曰福余。在潢水北，大宁外边，由冷口入贡，置驿于迁安县，接达京师。二十七年六月乙西，命兵部遣官至北平布政司，议置驿传。自大宁至广宁东路四百八十五里置十驿。中路北平至开平七百六十五里，置十四驿。西路至开平六百三十里，置十三驿。土木至宣府一百里，置二驿。

三十年春正月置马驿八：东曰凉亭、沈阿、赛峰、黄崖四驿，接大宁。古北口西曰桓州、威口、明安、隰宁四驿，接独石。

建文元年秋七月庚寅，大宁总兵刘贞、都督陈亨、都指挥卜万，引大宁兵号十万，出松亭关，驻沙河，进攻遵化。壬辰，燕王援遵化，贞等退保松亭关。冬十月，燕王袭破大宁，以宁王及大宁官军归北平。

永乐元年春三月，改北平行都指挥使司，为大宁都指挥使司。隶后府，徙于直隶保定府，迁各卫于内地。营州左右于蓟州，中于平谷县，前于香河县，后于三河县。兴州前于丰润县，后于三河县，中于良乡县，左于玉田县，右于迁安县。大宁中前及会州于京师，左右于万全都司。因兀良哈三卫来朝，益求内附，以大宁故卫地，使为外藩。自古北口至山海关为朵颜，自辽东广宁前屯卫至广宁白云山为泰宁，自白云山至开原为福余，岁许百人于圣节及正旦，两贡驼马。并由喜峰口置把总提督之，即松亭关也。达于三屯滦阳驿，出迁安东北境，朝京师，而迁安驿徙于山海关，以隆平侯张信为总兵，备御桃林口。是年东胜左卫自山西行都司调至领五千户所，其右徙遵化开平中屯，卫原设大宁沙岭，洪武中调真定府，移置滦州义丰里石城废县，领五千户所。

郑晓吾《学编地理》述曰：国初，即古会州大宁地，设北平行都司兴、营诸屯卫。封建宁藩，与辽东、宣府联络东西为外边。已而魏国公经略，自古北口至山海关，增修关隘为内边。以故蓟州，西接居庸，北折而东南抵海上，尽渔阳、卢龙皆其管内，梭泛登莱，陆走赵魏，肩肘奚达，襟带原泽，冯翊京师，号称雄镇。又地壤深厚，树畜、鱼盐、黍稷之利，甲于圻内。文皇靖难，兀良哈内附，乃徙北平行都司于保定，为大宁都司。而散布兴营诸卫于京府之境，大宁地尽畀兀良哈。通贡互市，为我藩篱，朵颜、大宁、福余三卫是也。自是红螺白云之北，弃与戎寇。辽东、宣府声援隔绝，诸夷裂我险阻，闯我门庭，要我官赏，残我吏民。喜峰、三屯、密云、白羊仅仅收缩。譬之左臂痈肿，则上谷孤孑。后背伛偻，则卢龙单薄。哽其喉吭，则辽海坐隔。扼其胸腹，则陵寝警逼。失计甚矣！正统以前，夷心畏服，方隅宁谧。土木之变三卫为也先乡道，始命都御史邹来学经略，已而总兵参将内臣增设日多，三卫亦矫诈反覆，然尚未敢显言为寇也。弘治中守臣杨友、张琼烧荒，掩杀无辜，边衅遂起。正德以来，部落既蕃，朵颜独盛，阳顺阴逆，累肆侵噬花当，胁求添贡，把儿孙深入掳掠，动称结亲迤北，恫疑中国，而参将陈乾、魏祥先后陷没，以故三卫日骄。嘉靖中，革兰台辄要官赏，请益贡，祸机所伏，不待智而知也。天寿山七陵在焉，余尝从祠官至长陵，北望烽堞不数里。己巳之变，祠官不能至昌平，昌平陵卫吏卒如侨寓，增兵缮障，于斯为急，古北口、潮河川俱要害，而潮河川本残元避暑故道，尤为虏冲，作桥则浮沙难立，为堑则涨水易淤。都御史洪锺虽尝设有关城，势孤难守，议者欲塞川流，建石墩数十，令其错综宛转，下通流水，上传烽火亦一策也。喜峰口，三卫贡道，稍深峻。燕河营、太平寨、马兰峪、密云四营声势相援，虏即至，中两营当其冲。燕河、密云相犄角，遵化、三屯、建昌固其内防。虏当大挫。永平、梁城间无虏患，亦无海寇，若乃山麓林莽，樊树阻固，以供薪炭伐条枚，日就疏薄。嘉靖中胡守中又出塞，尽斩辽金以来松林百万，自撤藩蔽矣。

《兀良哈考》曰：兀良哈在乌龙江南，渔阳塞北，春秋时山戎地。元为大宁路，户四万六千，口四十四万八千。国初，割锦、义、建、利诸州隶辽东，设都司于惠州，领营、兴等二十余卫所，所谓北平行都司也。洪武十四年，封子权于大宁，为宁王。二十二年，分兀良哈为三卫，于横水之北曰朵颜，曰福余，曰大宁。处降胡以脱鲁忽察儿海撒男奚阿札失里为三卫指挥使同知，并边为我蕃篱。靖难初，首劫大宁兵及召兀良哈诸酋，率部落从行有功，遂以大宁畀三卫。宁王移封南昌，徙行都司于保定，为大宁都司。令三卫岁二贡，贡卫百人。东起广宁前屯，历喜峰近宣府为朵颜。自黄泥洼逾沈阳、铁岭至开原为福余。由锦、义度辽河至白云山为大宁。皆逐水草无恒居。三卫朵颜最强，分地又最险。永乐中最亲附。宣德时尝入渔阳塞，上率诸将出喜峰关，败诸虏于宽河，诛其大酋。自后稍驯顺。正统中又叛，侵盗东北关诸寨，索盐米赏赐而已，以故喜峰、密云间有都指挥或都督镇守验贡夷。己巳，福余大宁结也先，为也先乡道。朵颜独扼险不肯从。也先至不能入塞，不得利，大掠福余大宁人畜去。始敕都御史邹来学经略，已而设太监参将，又设总兵。景泰四年，守臣言兀良哈贡使往来不绝，为瓦剌间谍。诏自后使至，伴二三人入京，余不得辄入关。成化四年与北虏毛里孩通，侵天城。遣都督李铎诘之。十二年，通乩加思兰，谋寇辽东，敕边臣备之，然亦未敢大为寇盗。弘治中，守臣杨友、张琼烧荒出塞掩杀，边衅遂起。正德初，部落既蕃，阳顺阴逆，累肆侵盗，朵颜都督花当求添贡，其子把儿孙深入掳掠，动称结亲迤北恐中国。革兰台者，花当孙也。兀良哈朵颜为大部，朵颜花当为贵种，花当长子革列孛罗早死，其弟把儿孙骁勇。十年，把儿孙入马兰谷塞，杀参将陈乾。遣都督桂勇讨之，把儿孙遣扯秃等来言请入贡，且献马赎杀乾罪。又谩言射林孛罗干儿路阿刺忽，且夕且纠诸部大举入寇，令小失台呼扯秃等去，我亦幸无事，奏虏退班师。未几入寇。参将魏祥全军覆没，时把儿孙狡劣，屡谋夺适，诸酋恶之不相附，寻亦死。花当种人皆附革兰台。革兰台贡马迟之，未请嗣番官也。边臣言上兵部，令译部落后许贡。革兰台遂入寇，渔阳诸小关堡皆残破。嘉靖十一年九月，巡抚王大用欲通朵颜，与厚赂，城其雾灵山不果。是时酋阿堆哈利赤数入建昌、喜峰、太平诸塞，杀掠人畜。革兰台又乞升官，兵部言大用喜事，请以毛伯温代大用出渔阳巡抚，伯温至镇虏，益盗边，边人不得耕牧。二十年，革兰台挟北虏求添贡，贡卫三百人不许。请卫二百人又不许，时时出没塞下辄云结小王子，且夕大举入塞会俺答吉囊自大同，深入太原，不得已许其补前贡失期者，卫二百人。二十一年内批胡守中侍郎兼宪职提督军务抚剿中憸险嗜利乾没内帑金多，又擅出塞，尽伐辽金以来松木百万自撤藩篱，遍索富人旧将金钱，言官劾守中论死西市。巡抚徐嵩阿事守中削籍。已而有发嵩乾没库金者，建谪戍。二十二年叛人白通事道虏数侵我塞巡抚许论伏兵斩白通事论，进官副都御史，请告去朱方代论，以请撤防秋兵，大早为虏所掠，逮至京，杖死阙下，职方郎中韩勖亦杖死。二十五年虏大入塞。明年北虏道兀良哈入寇辽东。（王世贞《三卫志》略同，不录。）

斥　　候

《汉书》言李将军行无部曲行陈，不击刁斗自卫，幕府省文书，然亦远斥候，未尝遇害。而唐史言唐休璟练习边事，自碣石以西逾四镇，绵亘万里，山川要害皆能记之，故行师料敌未尝败焉。此皆昔之官于斯土者也。凡人之情，狃于目前而忽于往古，详于内地而略于边防。今日塞垣荒落，墩堡颓毁，昔人所为设防固圉之意，几一切无存，而余犹仍旧录之。语曰：前事之不忘，后事之师也。夫将使庙堂之上运筴而折冲，帷幕之中披图而聚米，则必在兹篇也已。

郡，古卢龙塞。塞外近口扎营概为三区。

直北为中区虏营：曰大宁，曰东旱落兀素，曰哈喇五素，曰舍伯兔，曰西旱落兀素，曰青城，曰磕里，曰兀拦，曰舍喇素，曰汤兔。

东北为左区虏营：曰火郎汚，曰赊白兔，曰迭儿孛只英，曰舍喇哈，曰旱赤八哈，曰厂房，曰陷河，曰拨梨克，曰察汉壕，曰黜梨根卜喇儿，曰恶木林，曰儿女亲，曰卤场，曰恶力，曰常海。

西北为右区虏营：曰五儿班，曰滦河西岸，曰舍不哈，曰斗里库，曰头条道即塔喇打坝，曰西逃军兔，曰恼奴河，曰傍牌川，曰宽河城，曰营盘里，曰瓦窑川，曰会州，曰昌毛太，曰长河台。

其日马程皆百里为度，或过不及，在行之缓急耳。

如门聚于大卤场东南，由恶力至常海。南下孤山，亦至常海。犯辽东三山营，前屯卫，迤西南至中前所，必犯山海路，而石门路当备。自三山柽入铁场堡，则先黄土岭，而大青山、庙山口、一片石迫矣，山海路当备。自常海由太平台、直北山、闯水洞南下，必犯大青山，西犯小河口，而大毛山当备。自稍腰兔南下龙潭，由东南必犯董家口、大毛山、柳河冲。西南必犯城子谷、水门寺，而平顶谷当备。由红草沟、三岔口、龙王庙，东至马蹄岭，必犯平顶谷、水门寺，而城子长谷当备。自龙王庙西过沙岭、奚河川，南下小卤场、梳头崖，必犯义院口、拿子谷，过羊圈子则犯长谷口、板场谷。自奚河川、腾山过瓦庙种、老大梯、白蒿，亦犯义院口、拿子谷。由石婆婆南下独石，则犯花场、细谷。而苇子、柳罐、孤石、温泉、甘泉前山垒障稍缓，过牛心山西南，由大小石孔，必犯箭杆岭口关。过金冈谷，由十八盘必犯界岭口关。或临边西南，由欢虎谷必犯罗汉洞。自红草沟，由兀栏直抵恶卜庄东南，亦犯界岭口。罗汉洞南，由杓子谷必犯青山口关。自杓子，由张家坟至扒答岭，必犯东胜寨、乾涧儿。又顺沟由野猪口必犯重谷口、梧桐谷。自恶庄西，由荆林过青龙河至三岔山，必犯桃林口关，及水谷寨，则佛儿刘家当备。如于会州，聚兵东南，由昌毛太至汤兔，至一揹苦列兔。自东南口，由胡石达儿至三岔口，其备犯亦如之。由黄岳川、赵家谷，其犯先水谷寨，而桃林口，佛儿谷次焉，刘家口当备。由白滩至溜渭，必犯徐流口、刘家口、佛儿谷，而水谷桃林当备。自溜渭之西，由张盘山而料崖，必犯冷口关，而河流、徐流当备。又自苦列兔西南口，由石门之荞麦山南下，过石门，亦犯冷口关。而河流、徐流当备。其自荞麦山东渡亦过石门西，由阁王鼻必犯白羊谷。则迫白道子、石门子，而新开岭当备。自石门西南之狮子坪，南下二路，并犯白羊谷、新开岭，而擦崖子、白道子当备。自昌毛太西南，由乾河川迤南至讨来打坝下老长岭，必犯擦崖子、新开岭，而城子、白羊当备。由乾河川、长河台直抵石口儿，必先犯青山口，而及榆木岭，则大岭寨当备。由熊窝头至松岭，则犯第四道关。迫本关而擦崖、城子当备，其自陡儿而过白石也，由长哨必犯董家口，而铁门关次之。如自会州直下冷岭过龙须门、聂门，由三岔口至石口儿，备犯亦如之。或不入龙须门，由大川径、宽河城、黄崖里，必犯喜峰各路。如于一马兔、一逊川、大兴州、五儿班、逃军兔聚兵东南，由恼奴河至傍牌川、至虔婆、至冰窖、至黄崖南下，亦犯喜峰路，而太平、松棚二路当备。或遇滦河浅及冰冻，自恼奴顺河南下，必犯团亭、潘家及大小喜峰、东西常谷。而洪山、罗文各关当备。又自恼奴渡河西，由起塔兀兔，至天宁寺，至流河下稍入车河川，南下谢儿岭，必犯三台山、苏郎、龙井，而洪山、潘家、罗文当备。西下乔家岭，必犯洪山口、三台山各关，其备亦如之。自五儿班南渡滦，由舍不哈至九道流河，或自大兴川，由十字道至把汉土门。西由塔喇打坝，亦至九道流河。而十字道西由黄草川至斗里库，亦至塔喇打坝，顺河八十里而至斜里喇塔川，若犯罗文各关，必自九道流河，渡潵入石夹口，则犯马蹄谷。入大羊拦，则犯蔡家谷、秋科谷。入小羊拦，则犯千家谷。入一立马口、宁车口，俱犯罗文谷、猫儿谷，及西通山寨谷。入大渌洞，则犯沙坡谷、山口寨，入小渌洞，犯亦如之。于西则犯马兰路，冷嘴头关，郡境之哨止矣。其大宁青城皆二口往来所驻扎，左寇东协必由大卤场，右寇中协必由奚河川、苦列兔，则伺虏情向往，其涂可捶控之矣。

山海路　关外川宽四十里，或半有水，东北至铁场堡。堡在大川中，川三十里，又至背阴障堡，在川北坡。南川里半又至三山营，营东野马川，营南前屯，后共川，宽六十里，卫西南至中前所及至本关。又自营北至常海，亦名大古路，西北至横河，东北至恶力，而西北至大卤场俱大川，乃二路总括，远哨所止，夷虏聚兵场也。又西北三十里，由儿女亲而至毛挨兔及恶木林，俱川十里，并有树有水。东北至黜梨根、卜喇儿，川宽里许有树。又至察汉壕，川三十丈，旁俱高崖。又至拨梨兔废城，外有小砖塔三座。又至老河南岸，各有树。又至旱赤八哈，亦名赤八哈兔。西顺老河北岸至厂房俱有榆。又有陷河兔，至大宁城，少树。其旱赤，东通辽东三岔河，西北至赊白兔，北出老河至火郎，俱有水。其赊白西北至舍喇哈，又至迭儿孛只英，亦总括路东西二卤之所会兵。又由大荒至黄台吉，插汉脑巢千三百里。一通白马川，一逊川，白庙儿穴，皆大荒川，有草木。又自卤场西北至好孙，又至心集，俱川三里有水，合恶木林，派出辽东。又至旱落兀素沟，宽三十步，高山俱有树。其兀素东南通恶木林，川多小墁山，又北至大宁三十里，夹罔川十里，外皆大荒。其川中旱落兀素也并通大举，又北至坤敦吝至插汉挠孛，至舍伯兔，至火郎兀，至公固儿。迤东至舍喇毋林里，未详。自关北至——

石门路 一片石关，川二里，去东八里，宽四十里。迤北通铁场堡。自关北至庙山口关外，川八十步俱有水，又至黄土岭关外，川里许，去东五里，宽三十里，有小树通铁场堡，山川亦如之，并通大举。自关西北至大青山口关外，川里许有树，通单马。北从间道至鹞子山拨，又至孤山子俱山高里许，沟宽二十步，又至茶条山，高如之，沟四十步。又至北直山高二里，沟如之。又至大尖山高里半，沟七十步，俱多树。又至小尖山，高如之，沟抵横河凡八十里，宽百步，间五六步，夹崖崎岖通步。又自横河东北至恶力川一里，通单马，并有树有水。其自关外小道东北至闯水洞，迤东至茶条冲，又至大谷里，左右峻险。又通背阴障川，俱里半，又自关西南至小河口，川半里，西北至白洋川，沟如之，东通闯水洞，自口西沟半里，至大毛山关外。去城北二里有水，沟里许，又迤东，沟二丈，或半通白洋，并通马西北，沟如之，去三里沟百余步，或十余丈，通董堡、龙扒山。又自关西北，至董家口关。北至龙扒山，沟五十步，或三十步多石坎。西北沟一二丈通城子谷、龙潭。又由山蹊至大高，俱有树、有水，并通步，又自关西至柳河冲，转西北至城子谷。关外川半里，又至张家庄，沟里半。东北至旧关川百余丈，或四五丈，又至大高，又至龙潭，川四十丈，或十余丈，潭极深，周八丈，东峻崖，西坡宽四十步，又川六丈，或半通单马，至三岔口，川十丈，或三丈，又由正冲至横岭。高五里，俱川三丈，或十步，水入本谷口，又至稍腰兔。北至十字河，俱川一里，或四五丈，河东通横河，川亦如之，近横宽百余步，俱有树、有水，并通马。河东北通恶力川三里，傍墁山，马由山行，有树，通大举。自旧关西北至大小龙潭，沟宽皆二丈，二潭周八丈，两崖壁立，西有线道今断，秋夏涨，容单步，冬卤扬沙布冰通单马，俱有树。又至黄崖沟，五丈或三丈。又自关外西北，至水门寺沟半里，又至平顶谷，北川五十丈，或十余丈，至黄崖堡，在山稍高，路由崖北通单马。又至驴驹岭，高里许有水，南入城子谷，北出龙王庙，西北至马蹄岭，东通十字河，俱川二里，并通马。西至义院，常海有龙王庙址，川四里或一里，通大举，并有树有水。自谷口西北通长谷、龙潭，川二十丈或七八丈，其至小口子沟宽三十丈或二丈。西南至长谷水口，有三道，东九里，西十里，中七里，东西相隔五里。川北横岗，又自本口西北，由中水口十里，东七里，西六里，俱川五里，至老岭。高二里有拦马栅城，岭北平漫水，下龙潭岭，南陡峻，水入本口，又至龙潭。迤西至羊圈子，俱沟二三丈，傍高崖，圈东水入龙潭。又自本口西北，出水口西五里，东六里，中十里，而至盘道子，俱川五里，有树有水，又沟宽三丈，至羊圈子。又腾山通义院小卤场，俱有树，并通步。又自本口西南至义院口关北，至梳头崖西南，腾山有树，步通，瓦庙冲崖，北至小卤场，西北五里奚河高，北四里奚河川渡，自场从间道八里，亦至奚河川。东北至沙岭，在奚河北岸可了又至常海。又至偏梁石堡，在奚河西山，水入奚河，又至歹彦打坝，高里许，平墁岭水南入奚河。北由三岔口出兀拦转入奚河。东北至三岔口，至黄石，又至红草沟，俱川里许或半里间十余丈。又由挨石岛至兀拦打坝，川六十步，坝陋五六尺，长四五丈，左高崖，右深沟，沟西亦高崖，此大举必经之道。口至架梁倚之，共宽丈余，十万众须二昼夜乃尽。东有间道，宽三四步，长七八里，亦分人马行之。岭西正道远十里，又至大卤场。有树及水。其红草沟东通恶力川，宽百余步，有树。属夷由此行，其自关外西北至三岔山。又西北有三道：一至大梯子岭，高半里，顶平墁，一至种老岭，高二里，北平坡，南陡崖，一至瓦庙冲，岭高三里，腰坦平，南险峻，俱川里许或十余丈，有水入院口，并通大举。其瓦庙西南，腾山至种老，又至大梯，又至白蒿，多树并通步。又自白蒿东南川一里或百丈，至本院口。西过小岭，至拿子谷，俱有树，并通大举。西北沟三丈或二丈有树及水，马通。横岭高半里，岩垒多树有水。岭南入拿子岭，北由白蒿入院口，又至白蒿沟，宽二丈或半之，多石坎。下马过白蒿西南腾山，马通。石婆婆岭高三里，北平漫，南多树，下有小龙潭，水入花场东南，沟宽三丈，单马通独石，高丈广半，有古字七行，独立川东，故名。又至清水关乃花场旧关也，至花场谷关俱川一里或半里，西过沙岭陡险，沟宽半里有树，至细谷水口，并通马，西北至仰盘沟，宽四丈或丈余，山顶平有水，由大石上而下，又至小岭，一名大横岭，高二里，北平墁，南陡险，水会仰盘入细谷，西北下岭顺乾河川，沟三丈或丈余，通独石，又半里，转西南至石虎谷，抵西北沟二丈，有树有水，并通步。又自石虎谷中南抵棺材沟，宽二三丈，旁陡有大树有水，川南叠障，马步不通。又自本关西南腾山至苇子谷，西北腾山至洞儿，转西南，至柳罐水口，有树。又西北至胜水崖，沟丈许，两旁高崖，有水及树。又腾山至旧城头有树，又自本谷西南至孤石谷水口，有水及树。又西三里转东南至大偏梁山，沟二丈，本口水源于此，其前高山马步不通。又自本谷外西三里转北至小黄崖子，迤西至土岭，俱川二丈。又腾山至清凉石，其石三片，高二丈，在道西山颠，登之可望抚宁、卢龙。又西腾山至旧城头，有拦马废垒，多树并通步。自本口西南至温泉谷，沟宽三丈有树。北至响泉川八丈或二三丈，有水及树。又至乾河川，沟宽三丈或丈余，夹崖有树。又至扒带岭，又通旧城头，俱川半里。其扒带西腾山至马思岭，俱有树，并通马。又自本口西至甘泉谷、石梯子墩。本堡自石梯子为界，西北至流冲，俱沟三丈，有树。又至钟楼岭，以形名也。东通响泉沟，宽五十丈或丈，有水及树。西北腾山通扒带有树，北至土胡同，沟宽五十步或二三丈，有水及树。西北腾山至旧城头，又腾山至砖庙儿，俱有树，并通步。转东北五里，沟三丈有树。去沟十里有水，马通牛心南口。其东南口一至种老，一至大梯，一至白蒿，俱墁坡有树，并通大举。一至石婆婆，沟五丈有树，通马。东北口顺川至奚河险要，如东南口，其自本堡口外，西至星星，西北至中桑口外，川五里或三丈，有树有水，多石坎，通单马。东北至天桥石磴，高四尺，桥东崖壁立西河，石坎丈高，下马而过。北顺崖至夹脚，石槽长丈，宽尺，东接悬崖，西临深渊，间有石坎高七八尺。步者亦缓，东沟三二丈，而通马思岭本岭，即星星边城也。又北至头架沟宽十里，岭高半里，有树水，入中桑又至二架岭平墁，又通砖庙儿，俱川三丈有树。又自本堡西北至箭杆岭口关，川一里或百步，转东北至箭杆岭，高二里。岭南水入木关，又八里小石孔在道西山腰，水由孔出。牛心又十里大石孔如屋，在道东北崖下，俱沟五丈或三丈，并通单马。又至牛心西南口，沟十丈，通马，俱有树有水。又自本关西北至葛藤岭，沟丈余，有树通步。又沟五丈或二三丈，西至——

台头路 界岭口关，东北至十八盘，沟五丈。岭高二里，北平墁水，合金冈水，出三岔，入奚河，南崒险水入关。又至金冈，其义院属夷，皆由此入关。金冈东通牛心，俱沟三丈。西北至三岔山，沟三丈。北通奚河中稍，川里许，东南通十八盘，沟五丈。俱有树有水，并通单马。西南由小庄巢，而通界岭儿，沟三丈，有树，通单马。其自关西北，川里许，至白台。台在川东冈，废矣，又川六丈，至界岭儿岭，平墁有水，南入关，北由土胡同入青龙河，西北沟三丈，有树，容单马，由小庄而通三岔山，从拨道，经梨花而至明朗。由山道至偏崖，川三里，有树，两崖若门，故号偏崖为石门也，虽通大举，至此不得长驱。又至许家去东三里无路。北沟五丈，至明朗而西过小岭，由大苇子转南，而通青山川，一里或百步间五六丈，又西至土胡同，北至恶卜庄，俱川里许。自胡同西北至松林店，川半里或三十步，平墁，东北川二里，亦至恶卜庄。庄青界二路，会哨所也。北至寺儿山，川里许，又至白石嘴。川七里，又通奚河中稍，河五丈，连川宽七里。又至兀拦川十里，东通红草沟，川一里，北至东逃军兔。又至恶力哥，俱夹高山，川一里，并有水有树，又至磕里川二里。又九十里，川宽五里，外荒川至青城俱有树。又至哈喇五素川，斥卤无草木，东北至大宁，俱川十余里。其城东由一揹精，转东北亦至大宁，俱大川有水。城西至兀胡骂岭，川八里有树，西南至接白个岭，平墁川一里，又川五六里，有水及树，而至会州。又自城西北至旱落兀素，川五里，东北通舍伯兔，西南过小岭至呵乐贺，俱川百余步，又至欧利兔。东南通接白个，西南直西逃军兔，俱沟二十余步。其自磕里，东至那林川二里，转东北荒川墁山，通东旱落兀素。西至舍喇素，川六里，又至刻儿沟，川半里，有水出会州，入宽河又至会州。川亦如之。并通大举。又自本关西北，至罗汉洞北至欢虎谷，转西通界岭儿，俱沟五丈。又西南至青山口关西北，沟五十步或二十步，至鲇鱼洞东口，又至张家坟。川半里，俱有树。东北至杓子谷，川一里，又沟三十步或二十步，至北横岭，平墁长三里，又顺坡至土胡同，俱有树有水。其杓子西，即总墙沟，宽二里，近城址，宽百步，迤南至青龙河。其张家，东至大苇子，川百步，俱有树有水，通大举。西南至扒带岭，沟七十步或三十步，其岭西即五道沟，宽十余步或半之，通单马。而至青龙河南腾山，有树，马通乾涧儿，又南至顺巢，至麻地，至枯木，至大孛，至野猪，至桃林青龙河，俱沟五十步或二十步，迤逦有小树及水，多石坎，通步。其自——

燕河路 桃林口关，北过河，至桃源川，转西北至白腊谷，又自桃林东北至三岔山，俱川百余步。东通总墙墉城址，北至金香沟十余步，俱有树有水。入青龙河，又东北至荆林，沟倍之。东通恶卜庄沟四十步，北川一里过二小岭，通奚河中稍。又自三岔西北至李家谷，沟十余步，水木若桃源。又沟三十余步，过小岭，至胡石达儿，又至一揹苦列兔。川东南口即青龙河岸，川五十余步，又川一里至一揹苦列兔。西北至把哈苦列兔，又至把哈苦列兔打坝平墁，俱川一里，并有水入青龙河，又北至汤兔川二里。自汤兔东北至舍喇素川一里，西北至昌毛太川三十余步，有水流出会州，合宽河，流入滦河。又至会州川一里，其一揹苦列兔东南口，东北顺青龙河，川一里过河四次，水深二尺余，至兀梁素。又顺青龙河川五十里，过河六次，水深如之，通奚河中稍，并通大举。又自本关西北，顺河至白腊谷，川百步，又至安子山。又自关西北至水谷寨东北，至安子山西北至正安子山。又西北至石河，东通安子山，西通佛儿水谷，岭高险。东北至安子山，又北至赵家，俱狭沟，通步。又过青龙河至黄岳川西北通苦列兔川南口，俱川三十余步，通马。又自本寨西至佛儿谷寨，东北窄沟，步通水谷岭。西北至石岭，墁山沟七八步。自本寨水口西北，过小岭至刘家口关东北。由拨道，自花台经大野猪，而至桃林第八拨，峰台谷山。又自关东北至石岭，又至小土岭。西北至溜渭沟，宽百余步。又北至白滩，一名臭泉坑，又通一揹苦列兔川南口，俱川一里或二十步，有树。西沟十余步至石门南川，又自溜渭，东通七谷口，沟四步，西至张盘山。迤南至孤树坪。俱沟六步，并通马，又自本关水口，西至徐流水口关，沟十余步，北过大川至麻地里。凡兵马出口烧荒皆此扎营。又至老鸦岭，沟二十步，东北通溜渭沟，宽百步或十余步，并通大举。自麻地西沟六七步，至砂岭，又腾山至羊圈，并通马。又至前石河沟二十步，又自本关西至冷口关东北，至斜崖川二百余步。其崖东通前石河，乃沿边夹道沟二十余丈，北至孤树坪，又至石家坟西北顺河至荞麦山，高耸可了，俱川一里。又北至石门，川里半，东北三里沟二十步，二十七里，沟一里至一揹苦列兔，俱有水，入青龙河。其石门西至召毛兔沟二十步，自本关西北，至过石门，有水，又至石牌岭，墁山东北通荞麦山。西北至察肚岭，在川南高陡下马，而过冷口关讨赏。又至狮子坪，北至龙王庙。又西北至召毛兔，俱川一里，毛兔东北通一揹苦列兔，沟二十步。西北川二里至讨来打坝，一名抄来打坝。并通大举。其过石门，东至倒梨树沟五十步，转东北过岭至石家坟，沟十余步。墁山西北沟五十步或七八步亦通察肚岭，并通马。西至阎王鼻，川一里，岭高二里，陡峻有树。岭南通边城五里，又沟十余步，单马至横岭。岭在沟南路，由沟中行岭南沟十余步，通单马，至边城。又南至——

太平路　擦崖子提调。下白洋谷水口，沟二十步，东北至白土岭，沟一里或三十步，又腾栲栳山，步通狮子坪。又自本谷西北至枯井儿，川一里，又至绿豆谷沟七八里，南腾山十五里，通边城东北沟，三十余步至东长城，岭高三里，陡峻，又沟四五步，单马通狮子坪。又自本关西至新开岭，北至芝麻坪沟十余步，东北由沙岭川十余步，马通绿豆谷。西北至獐狍谷，川六十余步，又沟百步，有树及水，通擦拨老长城岭，并通大举。又自本关至擦崖子关拨，分东西，东拨北至树木枝，川七十步，又至牌撅岭，迤东而至老长城，岭高七里，陡峻下马，鱼贯而进。又西北沟五六步，或十余步，单马至鹅石，又至讨来打坝。东北至呼奴思大岭沟二十步，又北至乾河川，并通马。东北过岭狭沟，单马通思太其。自鹅石东北至舍喇镇，沟百步，有树通马。东通龙王庙川二里，东北通召毛兔川三百余步，西北通讨来打坝川百余步，俱有水有树，并通大举。其自树木枝，东通芝麻坪，川一里有树，西至蔡家岭，又至单家岭，俱川一里或三十步，并通马。西拨西北至单家岭，又至白石山，则与榆拨陡儿互哨。又自本关西至城子岭关北，至单家岭沟五六步，西至柳子谷北沟五步，步通夹山岭。东通单家岭，沟十余步，或三四步，岭西至哈哈石，又至双树，俱川六七步，并通单马。又自谷西至大岭寨，北至莺窝崖，又至红石谷。俱川三十步，至双树川四十步，又至横河川半里，俱有树，并通大举，又自寨西至榆木岭关东北，至马道岭沟百步，又至韭菜畦沟十余步，北至长儿沟川半里，西北至鱼鳞沟东口，川二十步或十余丈，俱有水及树。又至古城北，至松岭，又至熊窝头，各川半里。东至血岭沟五十步，又通讨来打坝，又东北通呼奴里太岭，各沟宽二十步，有树。西至瓦窑川，又西至石口儿，东北至靴儿岭，又至长河台，俱川一里。又通乾河川，宽百余丈，西北沟一里至孤山北川半里至蓝子岭。东通长河台，北至三岔口，又如背答，如聂门，如龙须，俱川宽一里。其龙须夹山若门，中宽二十步，虏若犯本关，须过此门径。由大川犯喜峰，又东北至骆驼，至半壁，至打鸡，而通会州，皆大川，有树有水，并通大举。其聂门东至安答石川一里或半，又至安答打坝沟，四十步，俱有水，通马，迤北二十里，沟狭容单马，外大川通汤兔。自本关，北至第四道关，川二百余步，东通鱼鳞沟，宽二十步，北由陡儿岭通古城岭。又自本关西北至——

喜峰路　董家口提调下青山口关。北通石口儿岭，西南至艾谷口关，东北至腰岭，北至平林，各沟四五十步。又北通孤山，自本口北至黄土台东北，通平林，各川半里，俱有树，并通大举。又自本口，西至董家口关，北至黑山炮，又东北由长哨通石儿口，俱川里许，西至花园，川百余步，北至观音堂，川一里，东北至骆驼岭，川二百余步，西北至桃树谷，川一里。其桃树东通黑山炮，西南通小岭，狭沟通单马，至喜拨营盘里，东北由破房通三岔口，俱有水及树，并通大举。又自花园西至分水岭，川二十步，通马。又至铁门关，北至炮岭，各川一里。又至细岭西北，至古道岭各沟二十步，西至磨石谷沟五十步，南十里通边城沟二十余步，又西至莺窝里沟四十步。又自本关西南，至大喜峰口关西北，川宽三里，至莺盘里。凡兵马出口烧荒皆此扎营。东通莺窝崖，沟二百步，北至庙儿岭，又至梦子岭，平墁，先年有石碑记梦故名，亦名浓济岭。西北至腰站川里，东北至九姑岭，又至黄崖里，东沟十余步，过小岭，狭沟，单马通聂门，又东北至宽河城。川三里，即旧宽河所，今移遵化县。又至龙须门，俱川里许。又自黄崖西北至冰窖，川半里，又至虔婆岭，川里许。北即傍牌川，东北通会州。又北顺滦河至恼奴河川口，西北至西逃军兔川南口，俱川二里。东至丫头沟，又北通会州。各过小岭，俱沟二十步，又东北由小子沟，迤北亦通会州，沟宽亦如之。西北至呵各得岭，又川南二十里，宽七里，北十里宽里许，至五儿班川。亦名呼鲁伴，俱有树有水，并通大举。又自本关西南，至小喜峰北沟二三步，多石坎，通步一里，即大荒川。又西至团亭寨，北至栗村湾，又至夹儿庵至横河。即九道流河合滦河川口，又至傍牌川，俱川二里，有树有水，并通大举。其大小喜峰虽通大举，近边沟狭石，多通步至本寨，乃通大举。自寨西至——

松棚路 潘家口关，北至小河口，即滦河西岸。西至东常谷堡西北，西至太阳谷，川半里，东北至长城岭。又通小河口，西至西常谷，北至到沟谷，东通太阳川三里，西至三台水谷，沟宽六十步，并通马。自本堡西至三台山关东北至回回墓，川十丈，或一丈。又至土松岭，长六里，俱通单马。又至房儿岭，平墁通马。又至大古道岭，长十五里，又至横岭长二十里，及至谢儿岭。俱高险，过岭东即滦河北，即车河川。又至庙儿岭长五里，险峻，岭北水出流河，又至流河中稍，西顺滦河至大宁寺谷口，又至起塔兀兔，过滦河，迤北通恼奴河，川口有水，并有树，俱通大举。又自本关西北至鸡冠山即黑河，宽一里，又至忠义寺，址在黑河西岸，又至马海棠，又至团漂石二川，黑河石崖夹立，宽七八步，石多水急，又至大黄茶子，在黑河东北山上。又至乔家岭，长三十里，南陡峻，北平坡，并通步。其黑河源出本岭西南，又东北至小河口，川二里或五十步，通单马，并有树。又自本关西至水谷沟，又至苏郎谷水口，又至撒达沟，俱沟半里或百步，有小树。又至龙井谷关，西北至古道岭，长十里，有树。西南至洪山口关，西北至神仙岭，又至大到沟，过澉河，步通马兰谷岭，又东北至巡检司，又至偏塘，又至青阳林，各川三十余步。又至黄磜子川二十步，又至分水岭，长七里，北陡峻，南平墁，有水出澉河。又至打狗巷，川二十步，又至龙湾子，川四十步，各水入黑河，并有树，通单马。又至乔家岭，险要见上，又自本关西至马蹄谷关，东北至庙儿岭，稍高，有树有水，通单马。又北至石夹口，宽十九丈有水，又北出口即澉河关北，至短嘴子岭，高陡，东北通石夹口。西北由山路至梨树岭，稍高，多树，俱通步。又北至大羊拦口，阔十五丈，通马，并有树及水。自本关西至蔡家谷堡，东北通梨树，有水。西至秋科谷堡，北至庙儿岭，稍高，有树及水。东北通大羊拦，西北通小羊拦，又自堡西至干家谷，北至到谷岭，长五里，高陡有树，又至小羊拦口，宽十九丈余，有水。又出口即澉河，并通步，自堡西至罗文谷关北，由岔道至一立马岭，一名拦马墙，川百步，水入本关。又过横岭至一立马口，宽二十四丈有水。又过澉河，迤西北至秋木林，沟百步，俱通马。又至庙儿岭，长四里，北平墁，南陡峻，通单马，又至南松岭，长一里，岭下有水。东南至安子岭坡，东有水，又至摆宴塘。川二百步，南过澉河，步通秋科庙儿岭。转西北至窟降山，川百余步，旁高山，又至神仙岭西，川宽二百步，俱有水。自马蹄谷至此，凡水皆出澉河。又至黄石崖，川如之。又至大横河，川四百步，旁夹山，又至白马川，宽如之。又至石夹口，两山顶平，中道甚狭，宽三十步。又至分水岭，长三里，高陡，岭南水出大横河。又至寿堂坟，川四十步，又至干心河，山川若大横河。又北至头道流河，俱有水，自秋木至此俱有树。自南松至此，并通马。又北至七道流河，及九道流河，西南通斜里喇哈谷口，凡八十里，过河九次故名。东北至舍不哈川三里，又至滦河西岸，川五里，又过河至五儿班。又自九道河西北至塔喇打坝，又名头条道，沟二十步，又至赊喇不哈岭，川二里，又通把汉土门。东北至一揹打坝，平墁，川里许，又过河，亦通五儿班。其头条道东北至斗里库，川宽一里，水深三尺，出滦河前后，山阻无路。东通一揹打坝，西由黄草川通十字道土门，俱有水及树，并通大举。其五儿班川宽六七里，西北由隰陂兔，通一逊川三日程。西由呼答哈而通大兴州，日半程，亦总括之地，黄虏常此聚兵。又自本关西至猫儿谷堡，北至新开岭，长四里俱有树。岭南水入罗文岭，北至宁车口，宽五十丈，水俱出澉河。又过澉河北通秋木林，又自堡西南，至山寨谷西北，至牵马岭，长一里，俱通马。领南水入沙坡，又至桑树岭，长五里，稍高有树，岭北至大渌洞口，阔三十一丈，水俱出澉河。又北出口即澉河，自寨西南至沙婆谷，北通牵马岭西北，至山口寨东北，亦通牵马岭，西北至溜石坡岭，长三里。岭南小水入沙坡，又至安子岭，高陡俱有树，岭北至小渌洞口，宽十七丈，水俱出澉河。其安子岭西南至桃树谷，即揪树岭，东通溜石坡，西至马兰路冷嘴头关，并通步。其滦河、流河、澉河之源详见山川。

外内拨路

山海路拨九：自松山而李家堡，而鲁家山，而铁场堡，而挂牌山，而按马山，而永安堡，而将军石，而背阴障，凡九十五里，远哨至大卤场，石门、台头二路同。

石门路提调三，共拨四十八。黄土岭提调下，拨十六：自大青山关而鹞子山，而茶条山，而直北山，而大尖山，而小尖山，而三岔山，而黄土坎，而石门子，而小横岭，而大横岭，而太平台，而常海顿，而平墁川，而孤山，而五指山，凡百八十七里。大毛山关提调下，拨十六：自城子谷关而张家庄，而旧关，而大高，而龙潭，而三岔口，而正冲，而横岭，而头道河，而青阳林，而羊圈山，而稍腰兔，而十字河，而大李罗林，而长岭，而恶力川，凡百九十三里。义院口关提调下，拨十六：自本关而黑崖子，而小梯子岭，而三岔口，而段木岭，而土胡同，而切河，而安子山，而常海，而歹彦打坝，而三岔口，而黄石，而红草沟，而挨石岛，而兀拦打坝，而委素太，凡百九十六里。

台头路提调二，共拨三十一。界岭口关提调下，拨二十二：分东西二股，自本关东，由十八盘而牛心山，与义院拨互哨，凡二十七里。西由白台而界岭儿，而梨花山，而明朗谷，而土胡同，而恶卜庄，而寺儿山，而白石嘴，而红石岭，而兀栏，而兀拦岭，而大柳树，而兀梁素太，而歹彦岭，而宽佃，而红草沟，而挨石倒西，而独木桥，而兀拦打坝西，凡二百三十里。青山口关提调下，拨九：自本关而麻地沟，而大苇子谷，而三道沟，而杓子谷，而北横岭，而恶卜庄，而兀拦，而杏山，凡百八十里。

燕河路提调二，共拨三十二。桃林口关提调下，拨十九：自本关而宽哨顶，而梳头崖，而三角庄，而逯马崖，而赵家谷，而王家谷，而戚家谷，而峰台岭，而天桥，而总墙，而古道，而斗儿岭，而毡帽石，而舍白兔，而蔡家谷，凡百十里。远哨由一揹苦列兔东南口，迤东北，由兀梁素太而至东逃军兔。其刘家口三拨：由花台而大野猪，接入桃林第八拨峰台谷，凡二十里。冷口关提调下，拨十五：分东西二股，东由牛鼻子岭而挝角山，而寺儿崖，而黄崖山，而大户店，而三岔山，而石门，而逃军山，而一揹苦列兔，凡百里。远哨西北至汤兔西。由豹崖山，而察肚岭，而龙王庙，而召毛兔，而讨来打坝，凡八十三里。远哨至聂门。

太平路提调二，共拨二十五。擦崖子关提调下，拨十六：分三股，自本关东北由白羊谷而大石头，而庙儿岭，而炮儿山，而五指山，而白土岭，而栲栳山，而绿豆谷，凡六十里。远哨由狮子坪通石门，而至一揹苦列兔北，由树木枝而牌橛岭，而老长城，而鹅石谷，而讨来打坝，凡九十里。远哨至聂门西，由单家岭，而白石山，凡三十里。与榆关陡儿岭拨互哨。榆木岭关提调下，拨九：自第四道关，而陡儿岭，而古城岭，而松岭，而熊窝头，而石口儿，而靴儿岭，而长河台，而而乾河川，凡百里。远哨至龙须门。

喜峰路提调二，共拨三十一。董家口关提调下，拨十：自本关而黑山炮，而长哨，而石口儿，而三岔口，而背答岭，而聂门，而龙须门，而冷岭，凡百三十里。又自黑山炮西三十里，桃树谷转东北，由破房司通三岔口，远哨至仓州。李家谷关提调下，拨十二：自喜峰口关，由东石梯子而孛罗台，而浓济岭，而天津谷，而九姑岭，而黄崖里，而宽河城，而龙须门，而冷岭，而骆驼岭，而打鸡岭，凡百五十四里。远哨至会州。又自团亭寨，境外新设九拨：由暖泉而黄崖，而夹儿安，而清河，而土洞，而横河，而傍牌川，而滴水崖，而恼奴河，凡百二十里。远哨至西逃军兔川南口。

松棚路提调三，共拨四十六。潘家口关提调下，拨十二：自三台山关，由宽佃而回回墓，而双桥，而段岭塘，而寺儿山，而土松岭，而小古道，而中古道，而大古道，而横岭，而谢儿岭，凡百三十五里。远哨至白河。洪山口关提调下，拨十七：自本关而黄爪山，而尖项山，而柏茶山，而了高山，而巡检司，而独石，而椵木林，而梨元口，而水泉，而分水岭，而张官堂，而黄磜子，而打狗巷，而黄土岭，而龙湾子，而乔家岭。凡百四十七里。远哨至流河。罗文谷关提调下，拨十七；自本关，而岔道，而一立马岭，而一立马口，而秋木林，而庙儿岭，而南松岭，而窟隆山，而神仙岭，而花园，而白马川，而石夹口，而打狗巷，而分水岭，而逢批子，而寿堂坟，而于心河，凡百七十里。远哨至九道流河郡境，至潘家口提调辖内龙井关止，本路至山口寨止。

路　营

山海路　东界辽东无接，西至七星寨，上拨路二十里。设拨二，马军八名，步军一名。

大路拨

山海关 西至七星寨十里。马军四名，步军一名。

七星寨 西至石门界长桥庄十里。马军四名。

长桥庄 西至石门寨二十里。马军四名。

路　营

石门路 大道，东自长桥起，西至同野庄止，拨路七十三里。设拨六，马军二十六名，步军一名。边道，西北自石乔谷起，东自一片石，北自大毛山至义院口止。三关皆入石门延袤。境内拨道一百里。设拨七，马军二十一名外，台头路贴马军二名。共四十九名。

边路拨

石乔谷 南至石门寨十三里，东至长谷营八里，东北至义院口十二里。马军三名。

长谷营 东北至大毛山二十里，东南至破窑庄十里，西北至义院口八里。马军三名。

一片石 西至破窑庄十里，马军三名。

破窑庄 西南至沙河寨十里。马军三名。

沙河寨 西南至石门寨大道十里。马军三名。

大毛山 西南至长谷，里见前。马军三名。

义院口 东南至长谷营，西南至石乔谷，里俱见前。马军三名。

大路拨

石门寨 西至老岭九里。马军四名，步军一名。

老　岭 西至小悖老九里。马军四名。

小悖老 西至平山营十五里。马军四名。

平山营 西至同野庄十里。马军四名。

同野庄 西界石门路平市庄十里。马军四名。

路　营

台头路 大道，东至平市庄起，西至平坊店止，拨路六十六里。马军二十八名。边道，东自界岭口起，西至潘家庄，至枯井庄止。拨道延袤共一百三十里。设拨六，马军一十九名。内除平市庄拨贴石门路，马军二名，共止四十五名。

边路拨

界岭口 东南至双岭儿十里，西接青山口二十里。马军四名。

双岭儿 西南至郭家庄十里。马军三名。

郭家庄 西南至台头营大道十里，西北至枯井庄十里。马军三名。

青山口 东至界岭口，里见前。东南至枯井庄，西南至潘家庄，各十五里。马军三名。

潘家庄 南至平坊店大道，东北至枯井庄各十里。马军三名。

枯井庄 西北至青山口，里见前。南至台头营十里。马军三名。

大路拨

平市庄 西至李家庄九里。马军四名。

李家庄 西至聂儿庄九里。马军四名。

聂儿口 西至牵马山九里。马军四名。

天马山 西至台头营九里。马军四名。

台头营 西至平坊店十七里。马军六名。步军一名。

平坊店 西至燕河营十三里。马军六名。

路　营

燕河路 大道，东自本营拨起，西至建昌营止，拨路六十五里。设拨五，马军三十名，步军一名。腹道，东自安山起，西自歹老婆庄止，拨路一百零九里。设拨六，马军一十八名，步军八人，边道桃林口南至桃林营大道十里。冷口南至建昌营八里。各马军三名。通共马军五十四名，步军二名。

边路拨

桃林口 东西无接，南至桃林营十里。马军三名。

冷口营 东西无接，西南至建昌大道八里。马军三名。

附腹道

安　山 东北至燕河十里，西南至张家庄十里。马军三名。

张家庄 西南至永平二十里。马军三名。

永　平　西北至窑贺庄二十四里。马军三名。步军一名。

窑贺庄　西北至孤庄十一里。马军三名。

孤　庄　西北至歹老婆十二里。马军三名。

歹老婆　西北至建昌营二十二里。马军三名。

大路拨

燕河营　西至桃林营二十里。马军六名，步军一名。

桃林营　西至刘家营八里。马军六名。

刘家营　西至徐流营七里。马军六名。

徐流营　西至建昌营一十五里。马军六名。

建昌营　西至太平界新店一十五里。马军六名。

路　营

太平路　大道，东自新店起，西至白庙店止，拨路一百零五里。设拨九，马军五十四名。边道，东自鸡鸣店起，西至水谷岭止，拨道延袤共一百三十五里。设拨八，马军二名，六名外，千总下拨贴本路马军二名，共八十二名。三屯营拨贴本路步军二名。

边路拨

鸡鸣店　东南至三岭儿大道十里，西北至忠义庙十五里。马军三名。

忠义庙　东北至擦崖子十里，西至太平寨二十里。马军三名。

擦崖子　西南至忠义庙，里见前。马军三名。

太平寨　东至忠义庙，里见前，西南至梨树谷十里。马军四名。

梨树谷　西南至米谷口十里。马军四名。

石灰谷　东自太平寨，里见前，西通水谷岭十五里。马军三名。

榆木岭　西南至水谷岭二十里。马军三名。

水谷岭　西北至青山营十五里，南至石灰岭，里见前。马军三名。

大路拨

新　店　西至三岭儿十五里。马军六名。

三岭儿　西至土城八里，马军六名。

土　城　西至罗家屯七里。马军六名。

东　寨　西至米谷口八里。马军六名。

米谷口　西至韩家庄十五里。马军六名。

韩家庄　西至滦河店七里。马军六名。

滦河店　西至白庙店一十五里。马军六名。

白庙店　西至三屯营一十五里。马军六名。

路　营

喜峰路　大道，只三屯营一拨，东界白庙店，西界马逢谷。马军十二名。内除派贴松棚路四名，本路八名。步军十一名，内除派贴太平路二名，松棚路一名，三屯守备下六名，本路二名。边道东自青山营起，西南至灰儿岭止，共一百二十里。设拨九，马军三十二名，外赵家庄与松棚路合界，派贴本路马军二名，共马军四十二名。步军除分贴各路外，本路十二名。

边路拨

青山营　西北至董家口十里。马军三名。

董家口　西至胜岭寨十里。马军三名。

胜岭寨　西至李家谷一十里。马军三名。

李家谷　西至喜峰口一十里。马军三名。

喜峰口　西南至滦阳营二十里。马军四名。

滦阳营　南至铁庄十里。马军四名。

铁　庄　西南至赵家庄十里。马军五名。

赵家庄　东南至灰儿岭十里，西至汉儿庄二十里。马军三名，松棚贴本路二名，共五名。

灰儿岭　南至三屯营大道十里。马军四名。

大路拨

三屯营　西至马逢谷十里。马军十二名，步军十一名。

路　营

松棚路　大道，东自马逢谷起，西至马伸桥止，拨路一百五十里。设拨十一，马军六十八名，外马伸桥与马兰路合界，彼路拨贴马军二名，共七十名。步军八名。三屯拨贴本路一名，共九名。边道，东南自汉儿庄起，西南至萧家庄止，延袤一百七十三里。设拨十一，马军三十五名，内除本路派贴赵家庄二名外，三屯营派贴本路马军四名，通共马军一百零七名。

边路拨

汉儿庄 东至赵家庄，里见前，北至分水岭十里。马军四名。

分水岭 东北至潘家口十五里，西北至张家庵十三里。马军三名。

张家庵 西至洪山口十七里，东至潘家口二十八里。马军三名。

潘家口 西南至分水岭，西至张家庵，里俱见前。马军三名。

洪山口 西南至三道岭，东南至榆林庄，各十里。马军四名。

榆林庄 东南至松棚营十里。马军三名。

松棚营 东南至袁家屯十里。马军三名。

三道岭 西南至贾家庄十里。马军三名。

贾家庄 西南至罗文谷十里。马军三名。

罗文谷 东南至遵化大道十里，西至萧家庄二十里。马军三名。

萧家庄 东至罗文谷，里见前，西南通马兰路马相营二十里。马军三名。

大路拨

马逢谷 东至三屯营，里见前，西至袁家屯二十里。马军六名。

袁家屯 西至崔家店二十里。马军六名。

崔家店 西至遵化十里。马军八名，步军二名。

遵　化 西至十里铺十里。马军八名，步军四名。

十里铺 西至药王庙十里。马军六名。

药王庙 西至堡子店十里。马军六名。

堡子店 西至义井十里。马军六名。

义　井 西至石门驿二十里。马军六名。

石门驿 西至淋河二十里。马军六名，步军二名。

淋　河 西至马伸桥十里。马军六名。

马伸桥　西至壕门十里。与马兰路合界，彼贴本路马军二名，共六名。

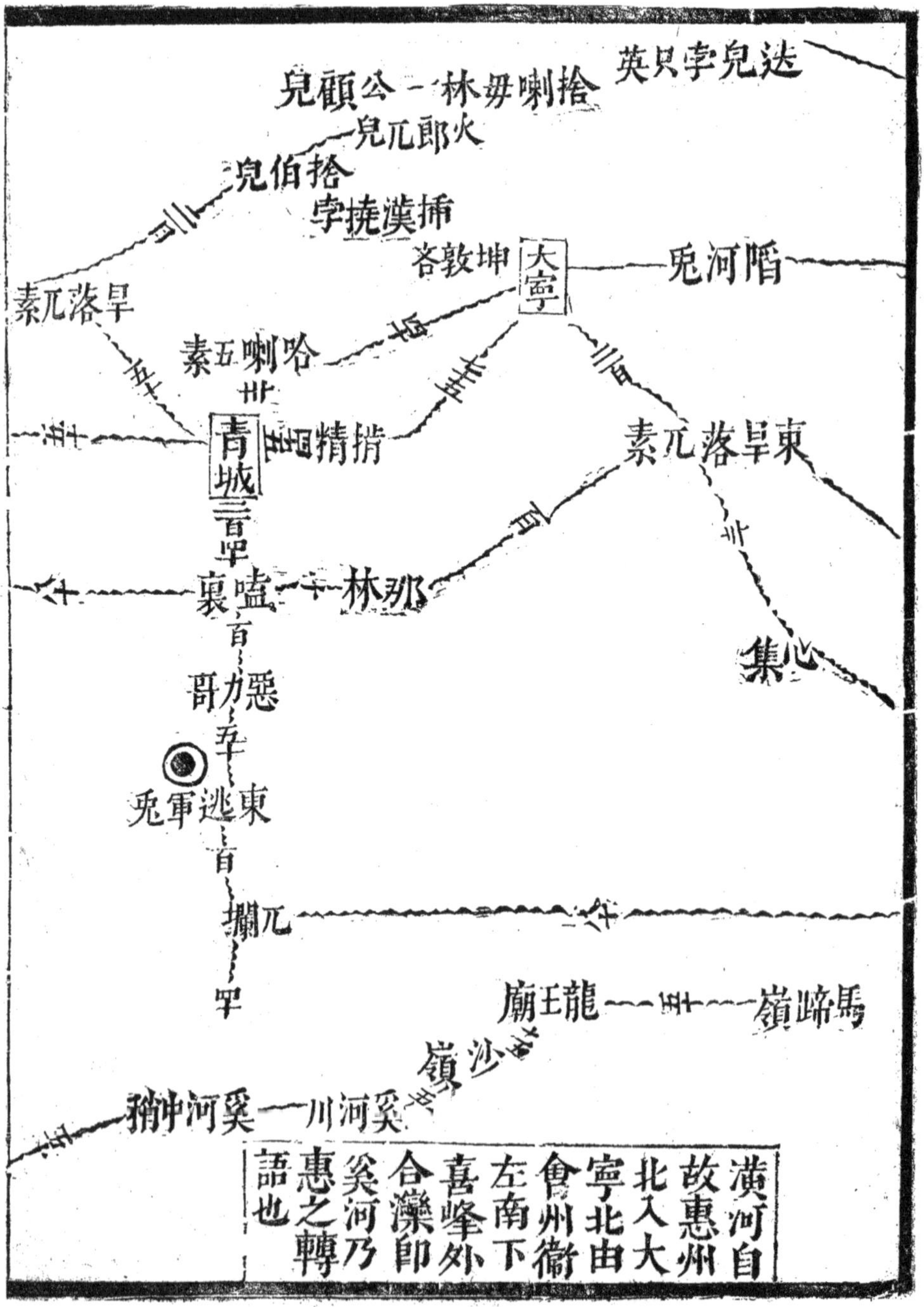
大寧
青城
潢河自故惠州北入大寧北由會州衛左南下喜峰外合灤即溪河乃惠之轉語也

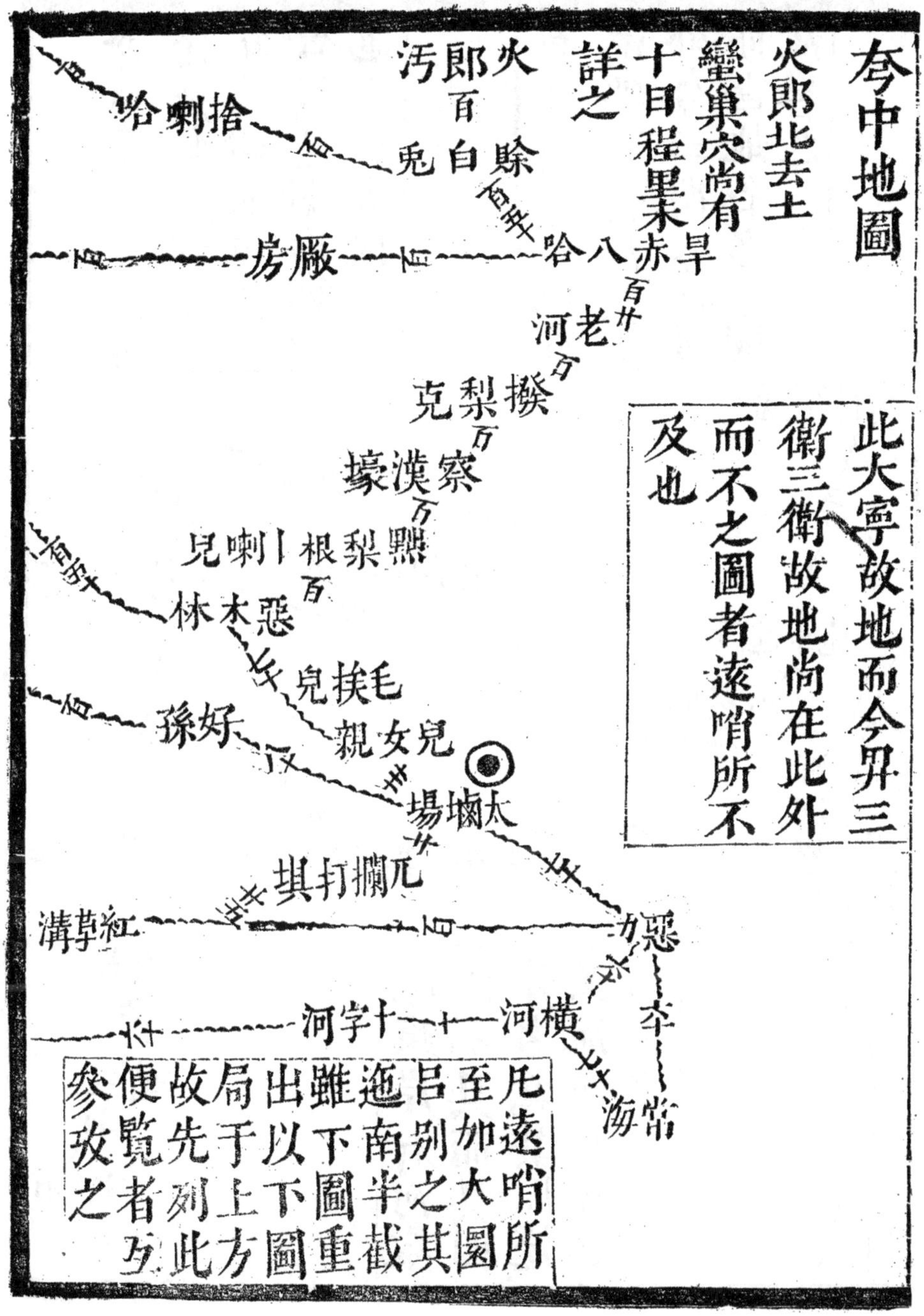
今中地圖
火郎北去土蠻巢穴尚有十日程里未詳之
此大寧故地而今升三衛三衛故地尚在此外而不之圖者遠哨所不及也
凡遠哨所至加大園吕别之其迤南半截雖下圖重出以下圖局于上方故先列此便覽者互參攷之
火郎汚
賒白兎
拾喇哈
廠房
八哈
赤旱
老河
撥梨克
察漢壕
黜梨根喇兒
惡木林
毛挟兒
兒女親
好孫
太壩場
兀爛打其
紅草溝
惡
橫河
十字河
常
海

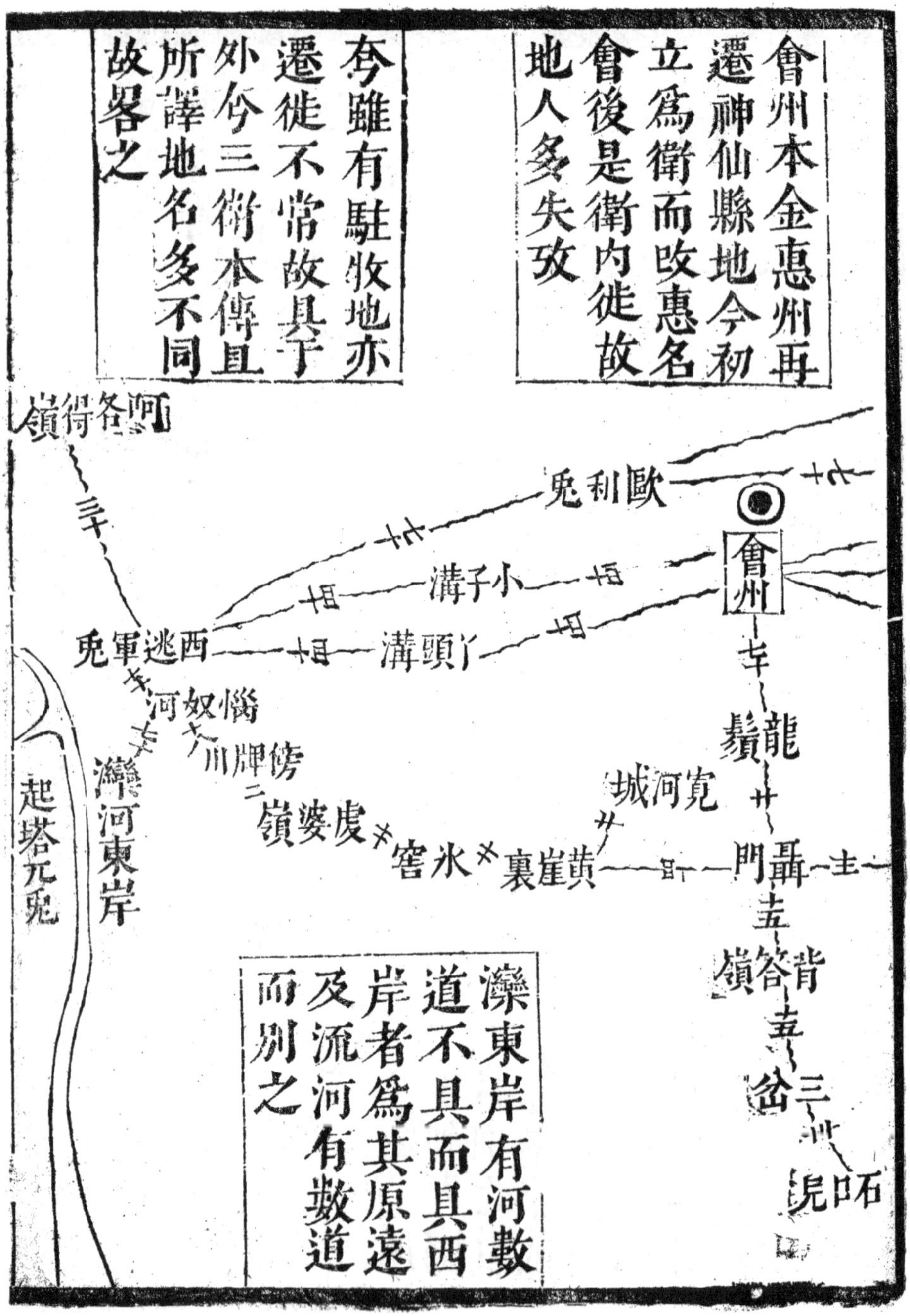
會州本金惠州再遷神仙縣地今初立爲衛而改惠名會後是衛內徙故地人多失攷
夸雖有駐牧地亦遷徙不常故具于外今三衛本傳且所譯地名多不同故畧之
河各得嶺
歐利兎
會州
小子溝
门頭溝
西逃軍兎
惱奴河
傍牌川
虔婆嶺
冰窖
黃崖裏
寬河城
龍鬚
聶門
背答嶺
石吅兒
灤河東岸
起塔兀兎
灤東岸有河數道不具而具西岸者爲其原遠及流河有數道而別之

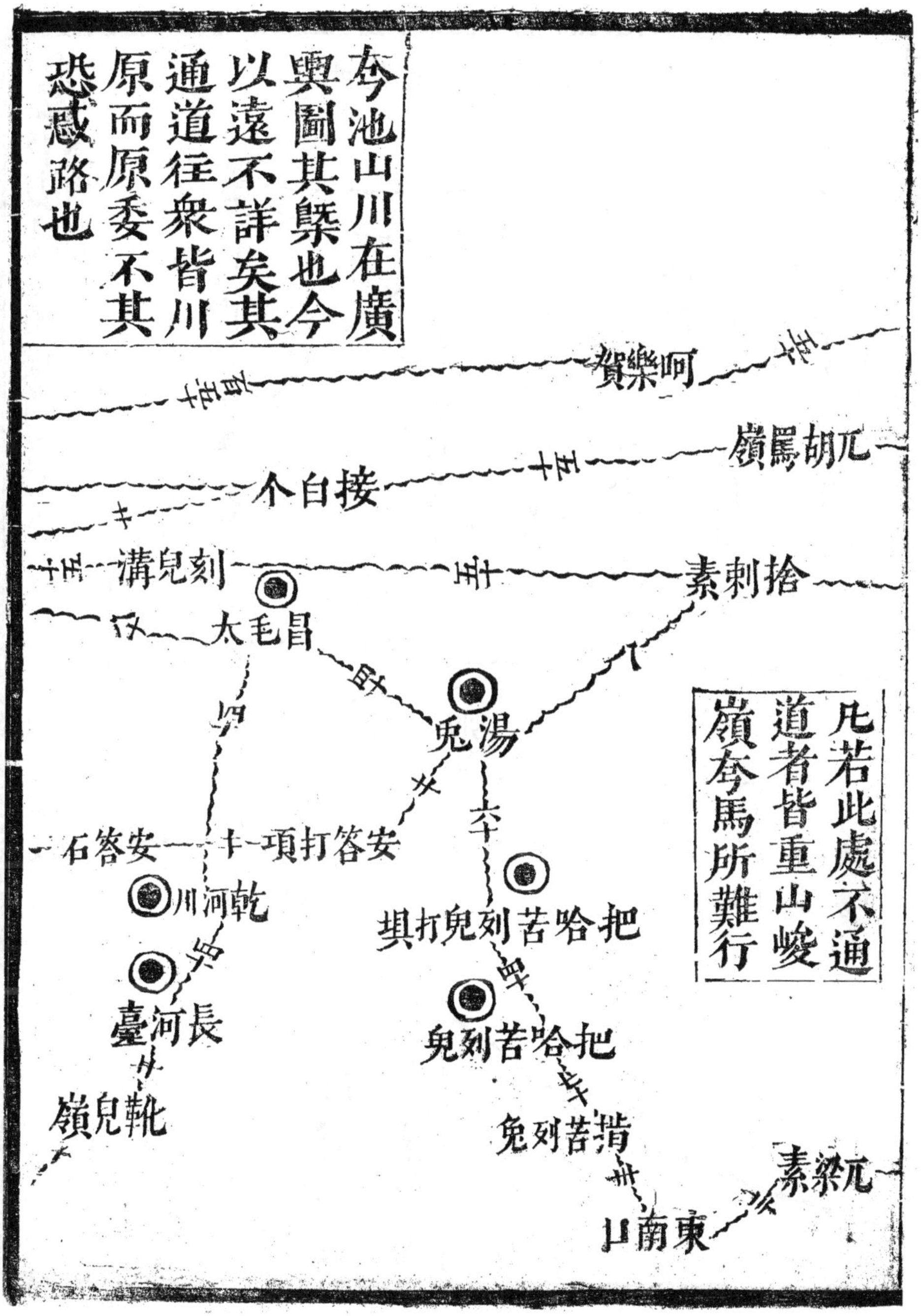
夸池山川在廣輿圖其槩也今以遠不詳矣其通道徃衆皆川原而原委不其恐惑路也
呵樂賀
兀胡馬嶺
接白个
刻兒溝
捨剌素
冒毛太
湯兔
凡若此處不通道者皆重山峻嶺夸馬所難行
安答打項
安答石
乾河川
把哈苦刻兒打埧
長河臺
把哈苦刻兔
靴兒嶺
指苦刻兔
兀㮨素
東南山

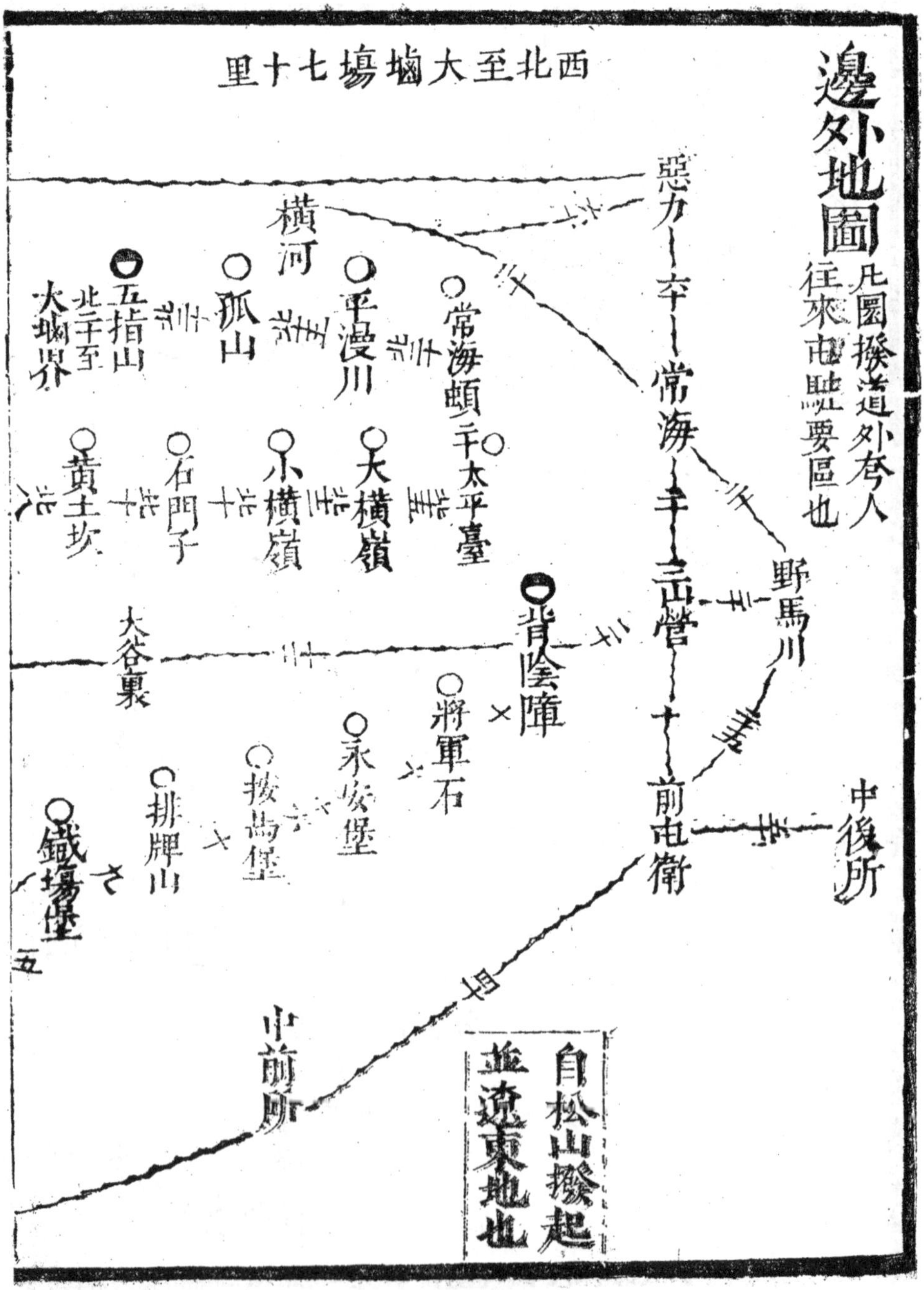
邊外地圖
凡圖撥道外夸人往來屯駐要區也
西北至大蝸塲七十里
惡力卒
常海
三岔營
前屯衛
野馬川
中後所
橫河
五指山
北二十至大蝸界
孤山
平漫川
常海頓
太平臺
黃土坎
石門子
小橫嶺
大橫嶺
背陰障
大谷裏
將軍石
永安堡
撥馬堡
排牌山
鐵塲堡
中前所
自松山撥起並遼東地也
五

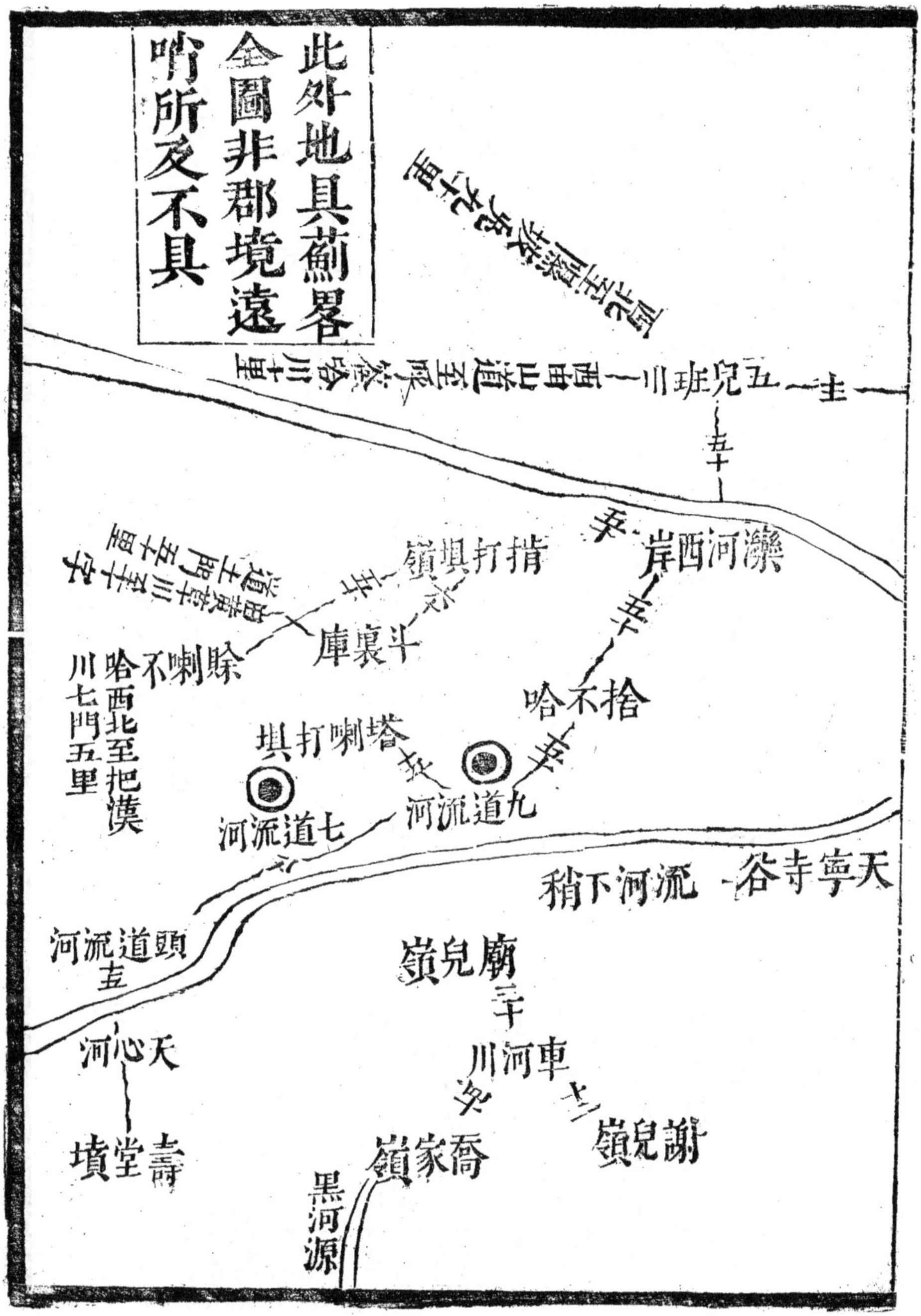
此外地具薊畧
全圖非郡境遠
哨所及不具
灤河西岸
捎打填嶺
斗裏庫
拾哈不
塔喇打填
九道流河
七道流河
天寧寺谷
流河下稍
頭道流河
廟兒嶺
車河川
謝兒嶺
喬家嶺
黑河源
天心河
壽堂墳
哈西北至把漢川七門五里

添一樣互異兩書以便覽者

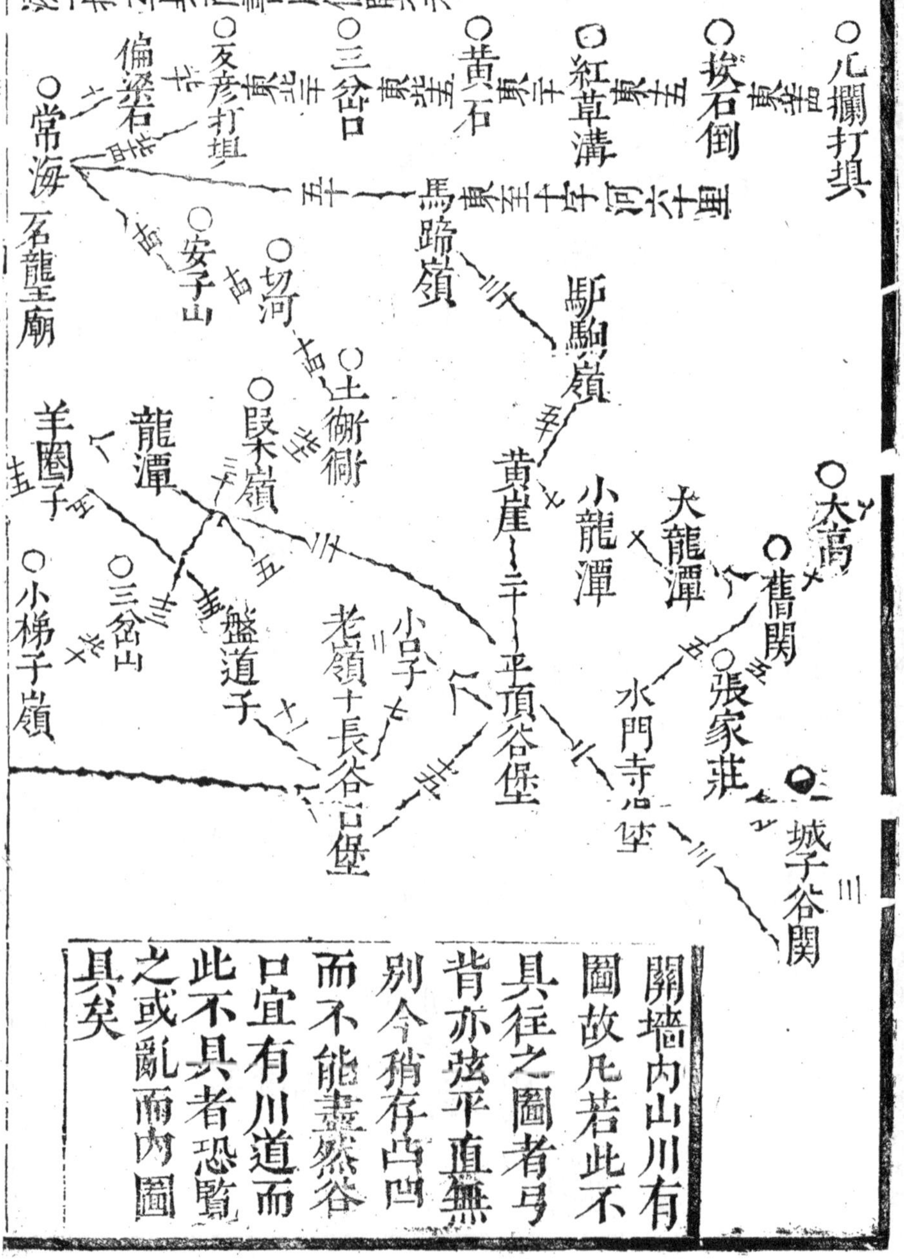

關墻內山川有圖故凡若此不具往之圖者弓背亦茲平直無別今稍存凸凹而不能盡然谷口宜有川道而此不具者恐覽之或亂而內圖具矣

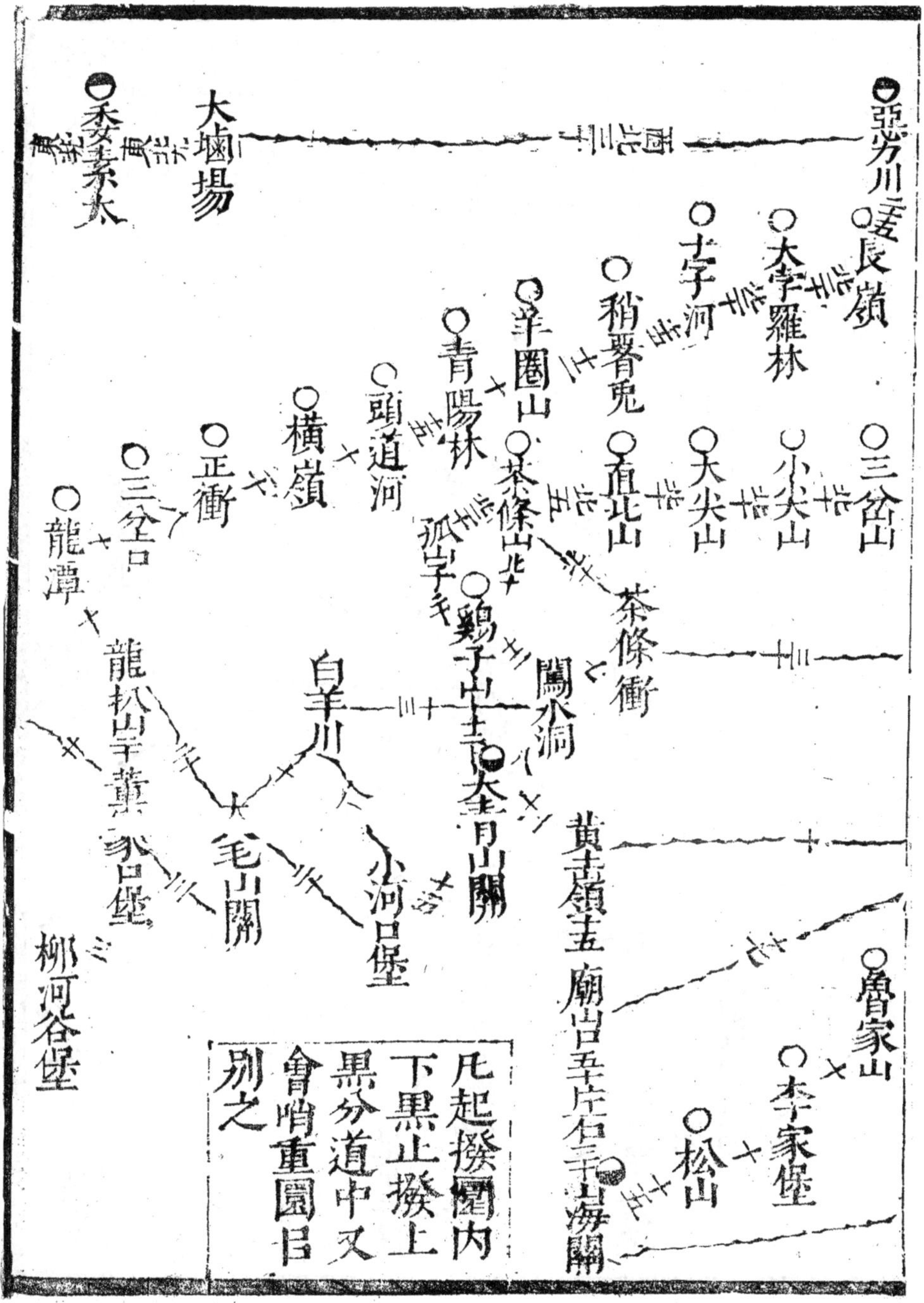

三岔山
小尖山
大尖山
直北山
茶條山
羊圈山
青陽林
頭道河
橫嶺
正衢
三岔口
龍潭
十字河
長嶺
茶條衢
白羊川
毛山關
小河口堡
柳河谷堡
魯家山
李家堡
松山
山海關
凡起撥圈內
下黑止撥上
黑分道中又
會哨重圜目
別之

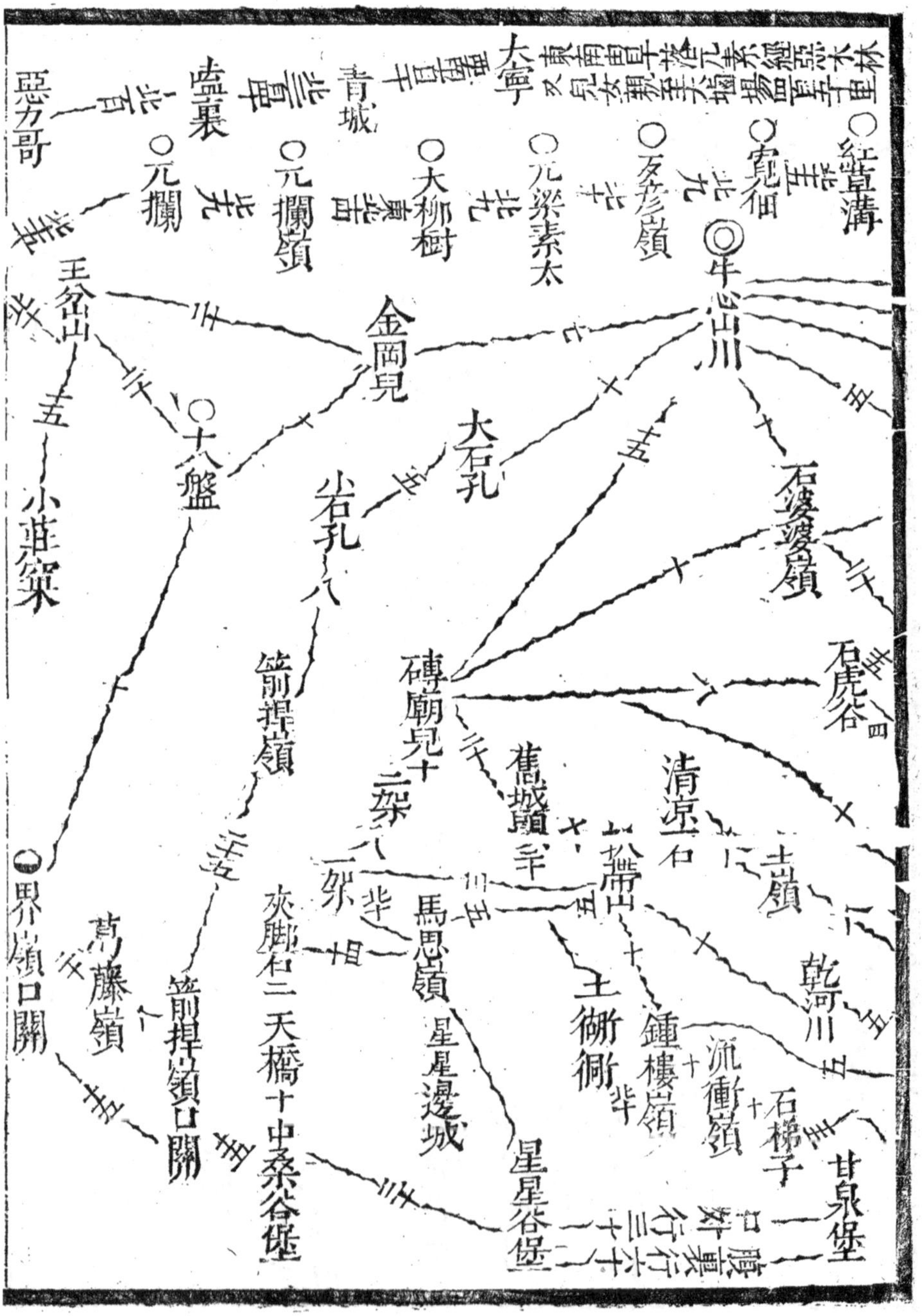
大石孔
岩孔
磚廟兒
清凉石
石婆婆嶺
石虎谷
十八盤
小莊窠
馬思嶺
星星邊城
鍾樓嶺
石梯子
甘泉堡
星星谷堡
中桑谷堡
箭捍嶺口關
界嶺口關

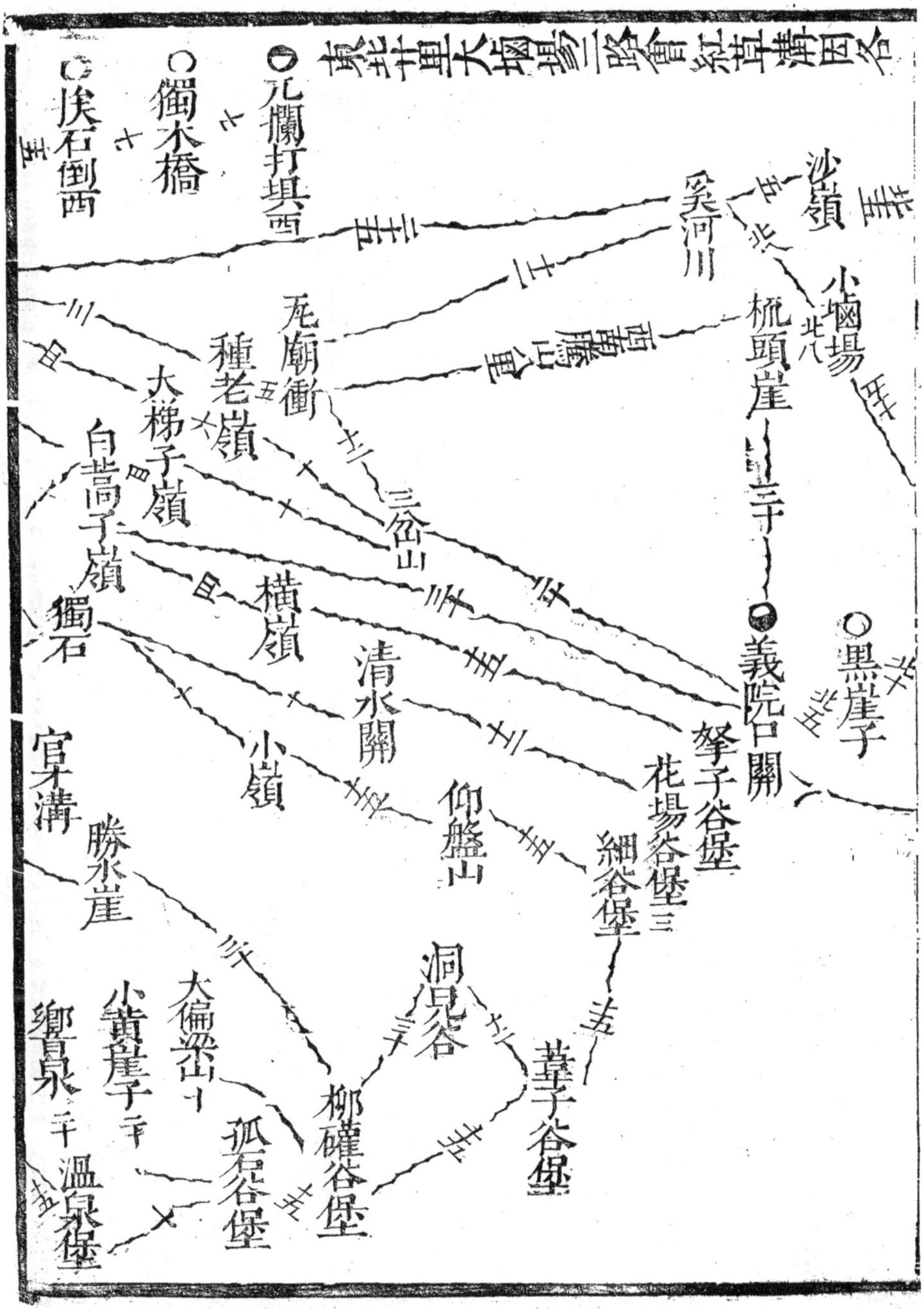
沙嶺
梳頭崖
義院口關
黑崖子
三岔山
大梯子嶺
白蒿子嶺
種老嶺
橫嶺
清水關
小嶺
仰盤山
花場谷堡
細谷堡
獨石
勝水崖
洞兒谷
柳礶谷堡
孤石谷堡
小黃崖子
溫泉堡
獨木橋

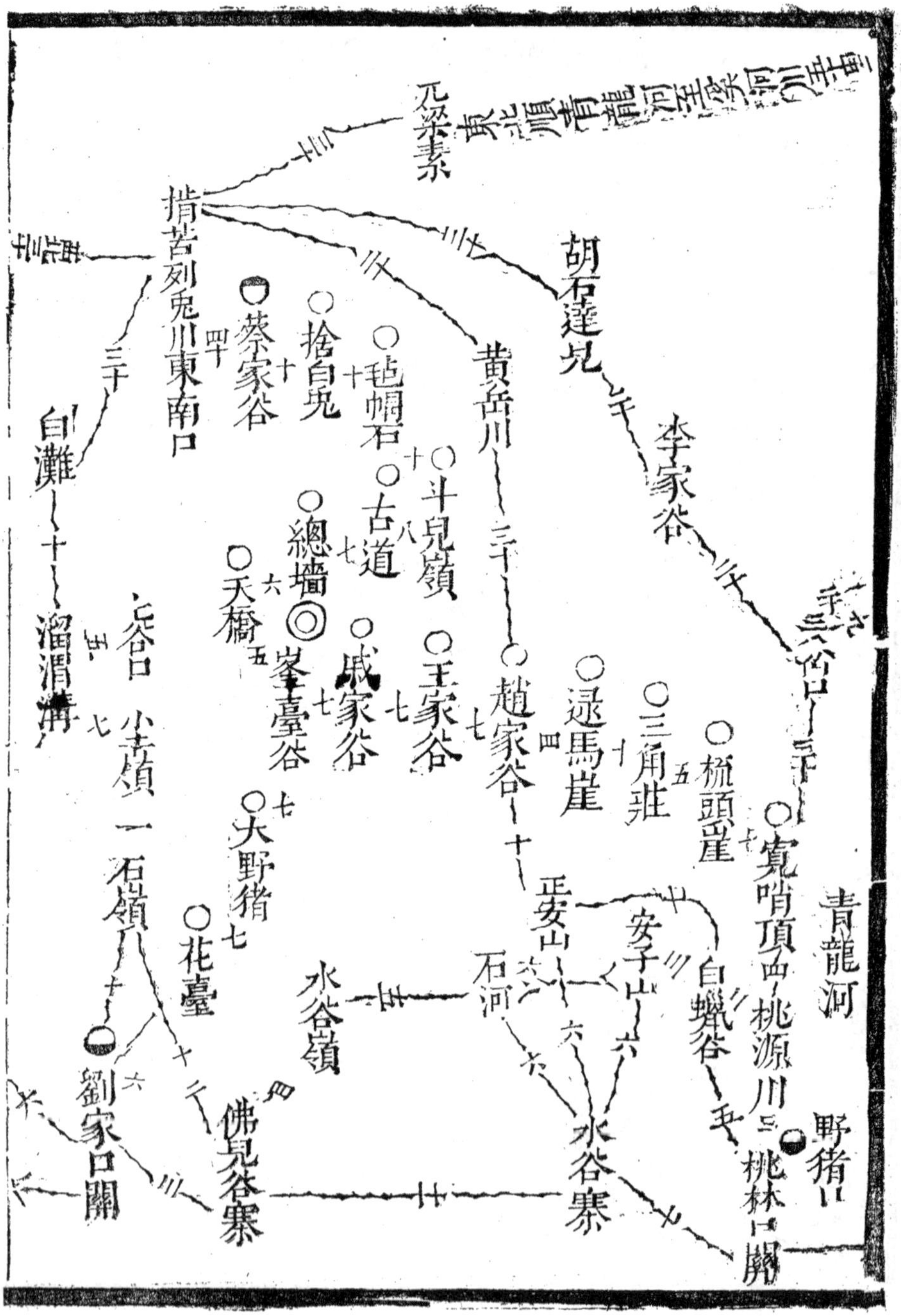
胡石達兒
李家谷
黄岳川
趙家谷
逯馬崖
蔡家谷
捨白兒
總墻
天橋
古道
斗兒嶺
王家谷
大野猪
花臺
水谷嶺
水谷寨
佛兒谷寨
劉家口關
安子山
石河
白蠟谷
寬哨頂
桃源川
桃林口關
青龍河
野猪口

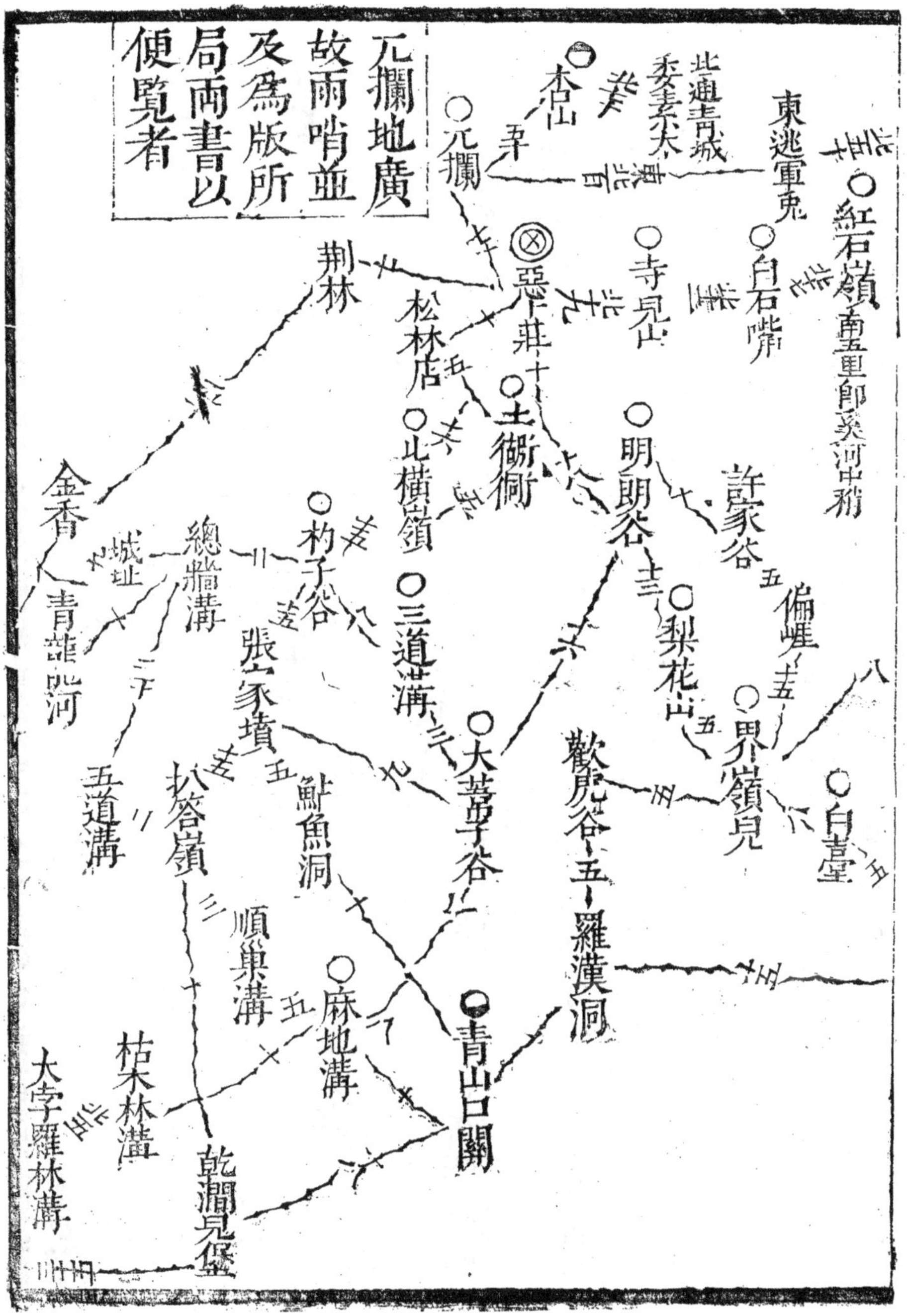
兀攔地廣故兩哨並及為版所局兩書以便覽者
杏山
兀攔
東逃軍兒
紅石嶺
白石嘴
寺兒山
荊林
松林店
明朗谷
許家谷
北橫嶺
杓子谷
城址
金香
青龍河
三道溝
梨花山
偏崖
界嶺兒
張家墳
白臺
五道溝
鮎魚洞
麻地溝
羅漢洞
青山口關
枯木林溝
乾澗兒堡

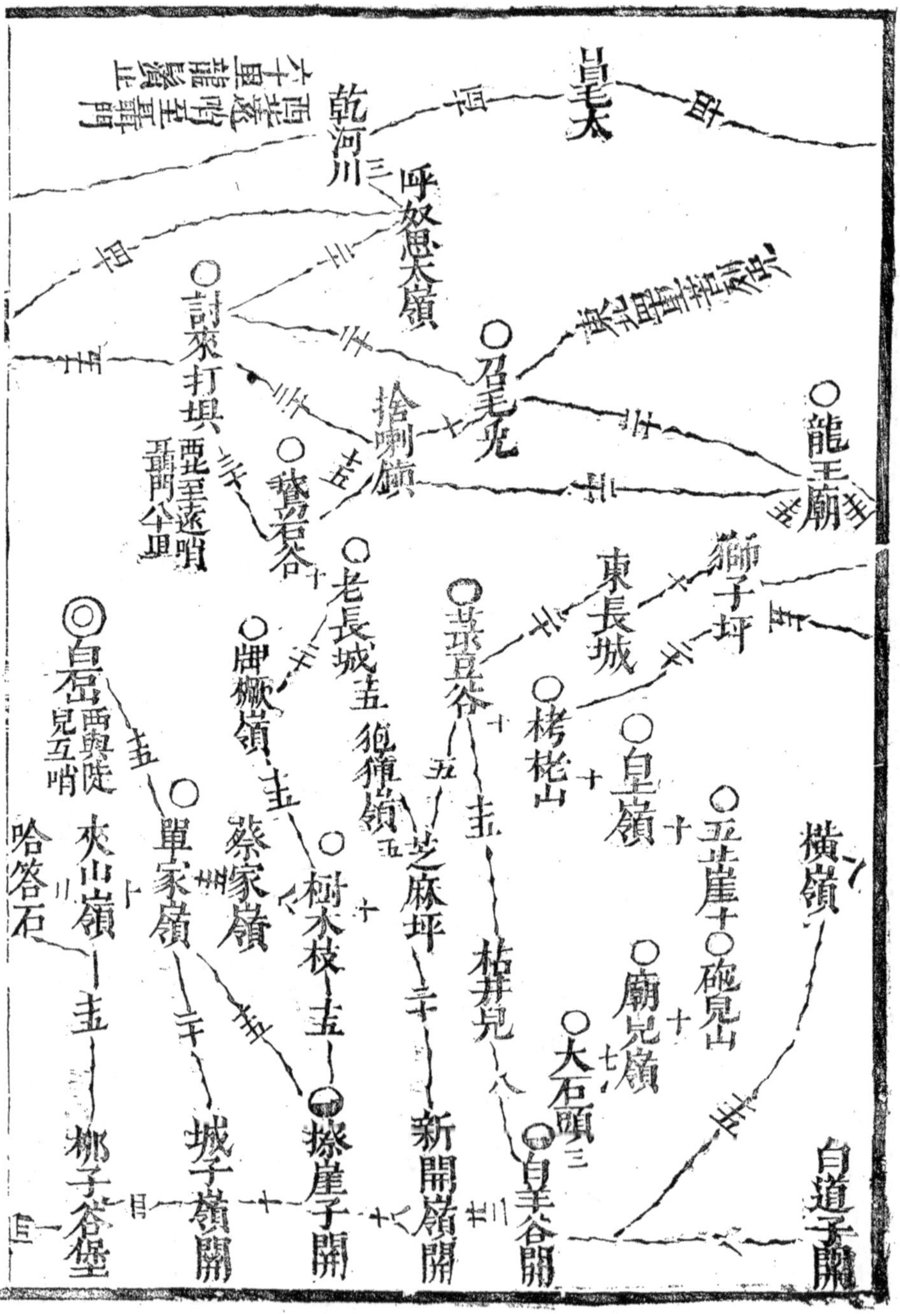
乾河川
呼奴忽大嶺
討來打墺
召毛兒
捨喇嶺
龍王廟
獅子坪
東長城
老長城
白石兒
哈答石
夾山嶺
單家嶺
蔡家嶺
樹木枝
芝麻坪
枯井兒
皇嶺
廟兒嶺
横嶺
大石頭
白羊谷關
新開嶺關
擦崖子關
城子嶺關
白道子關

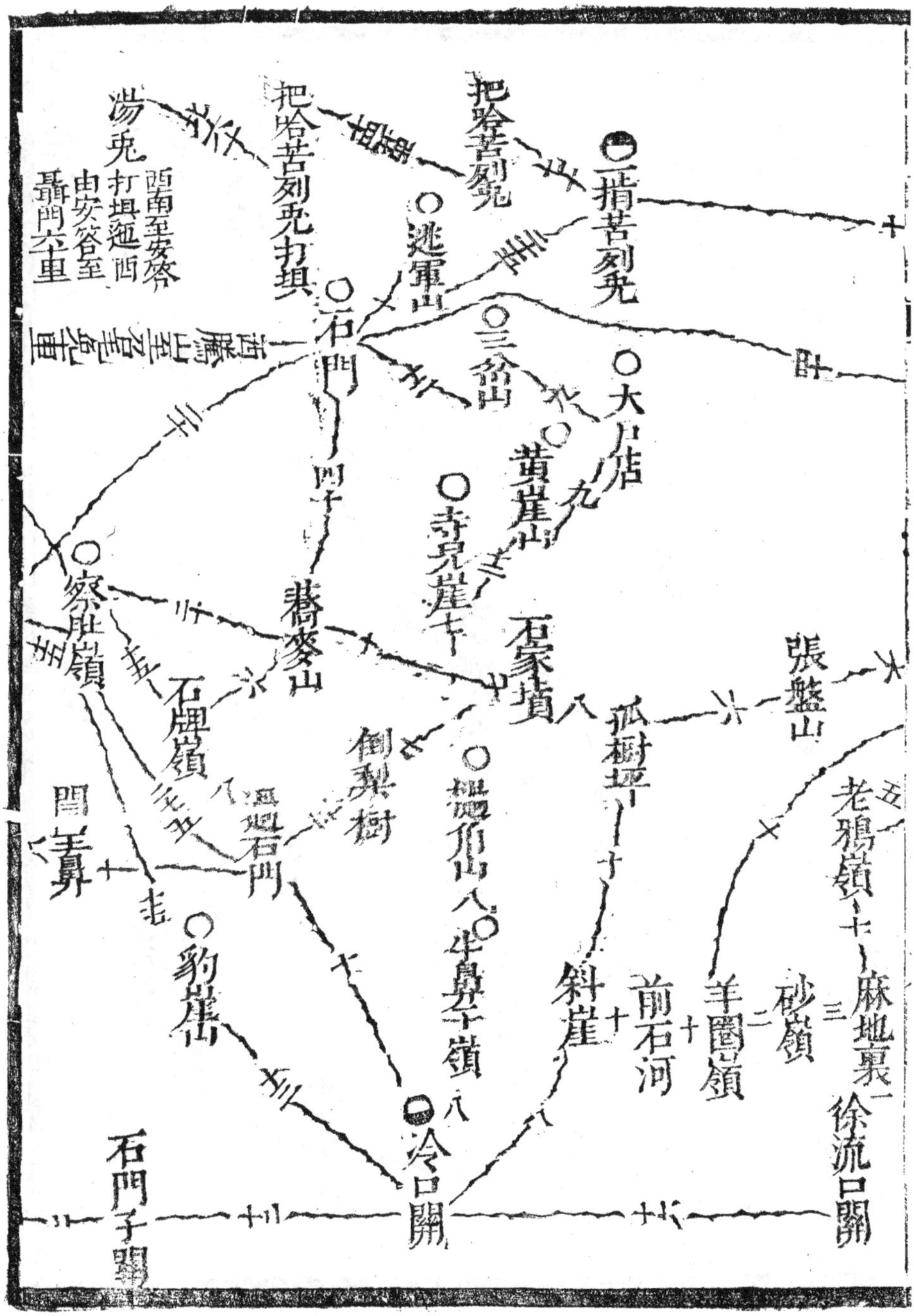
把哈苦刻兔
石門
逃軍山
黃崖山
寺兒崖
張盤山
孤樹坪
倒栗樹
老鴉嶺
麻地裏
徐流口關
砂嶺
羊圈嶺
前石河
斜崖
牛鼻子嶺
豹崖山
冷口關
石門子關

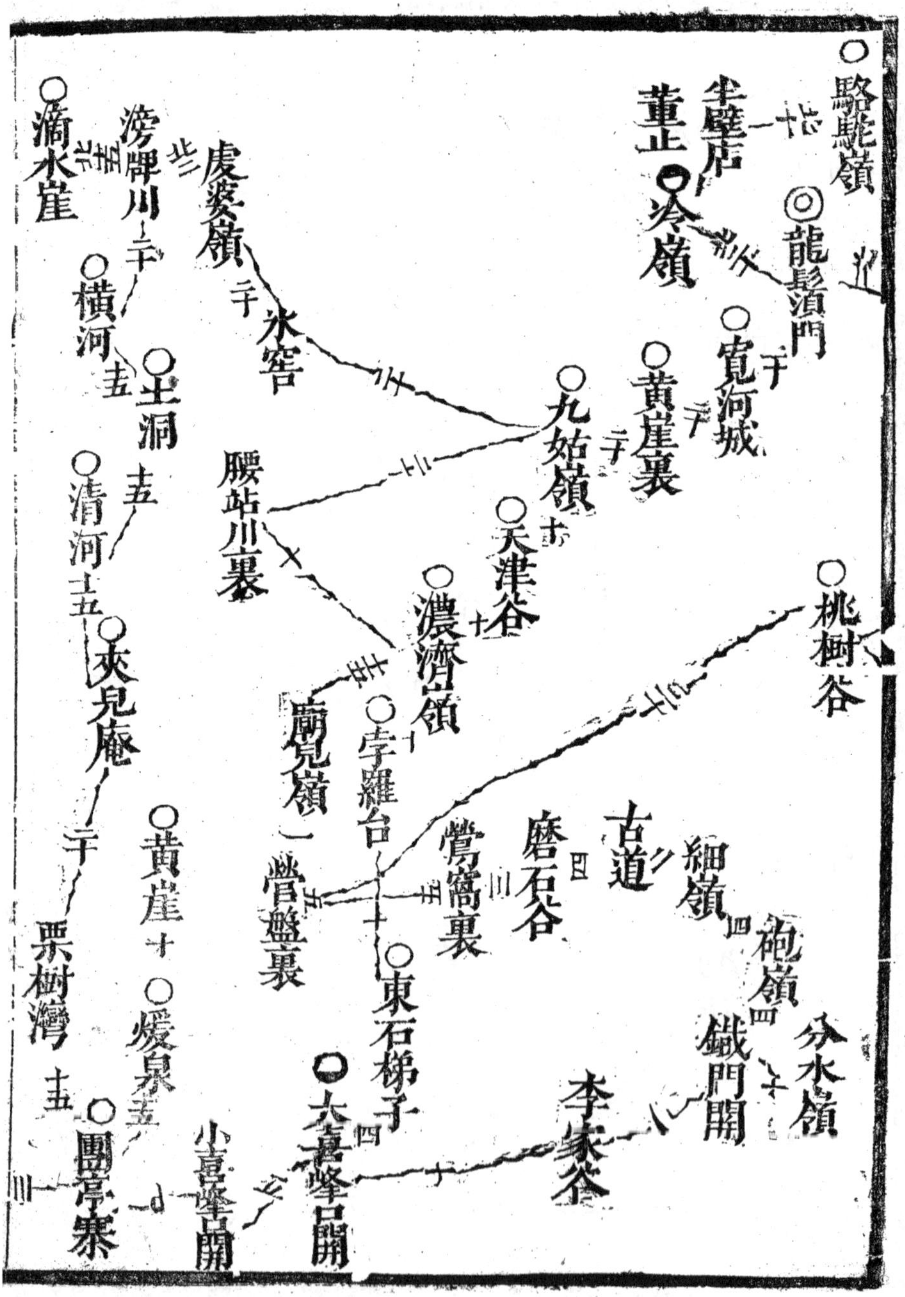
駱駝嶺
半壁店
冷嶺
寬河城
黃崖裏
九姑嶺
天津谷
濃濟嶺
桃樹谷
虔婆嶺
水窖
腰站川裏
滂牌川
滴水崖
橫河
土洞
清河
夾兒庵
廟兒嶺
孛羅台
營盤裏
鶯窩裏
磨石谷
古道
細嶺
砲嶺
鐵門關
分水嶺
李家谷
東石梯子
大喜峰口關
小喜峰口關
黃崖
煖泉
栗樹灣
團亭寨

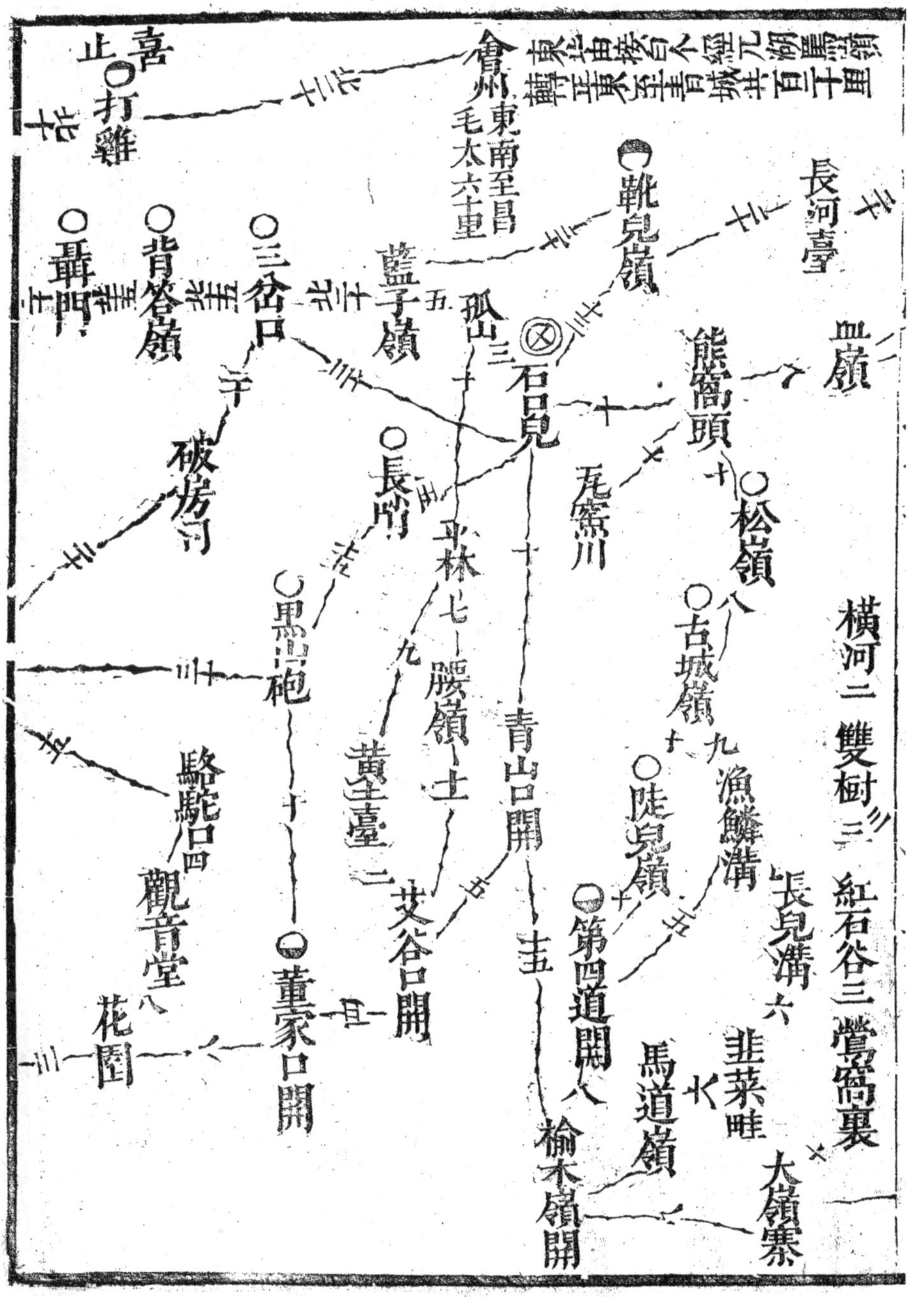
長河臺
靴兒嶺
熊窩頭
松嶺
古城嶺
瓦窯川
藍子嶺
孤山
三岔口
背陰嶺
平林
腰嶺
黃土臺
青山口關
艾谷口關
董家口關
駱駝口
觀音堂
花園
陡兒嶺
第四道關
漁鱗溝
長兒溝
韭菜畦
馬道嶺
榆木嶺關
大嶺寨
橫河
雙樹
紅石谷

邊外險要山川可知名而具者郡志比鎮不同擇其阨塞什一耳即邊帥而知此焉鹵亦在目矣大槩自當關外而問其隣擬十尚失其二三况郡志而不厭繁哉

郡境界龍井而止因屬松棚路所兼故詳其路全擬遠哨以備境外之防焉

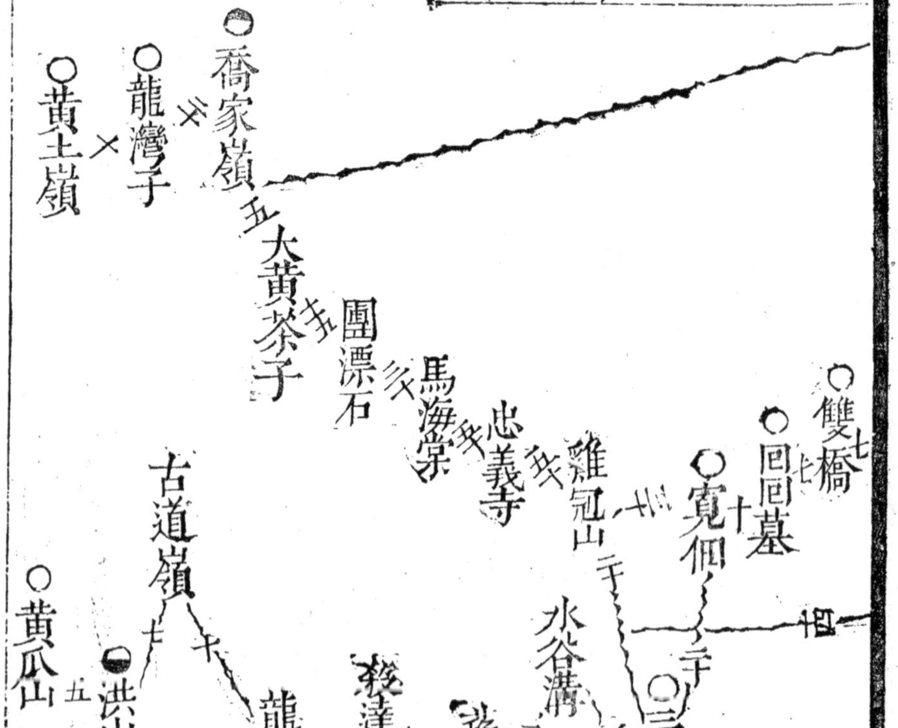

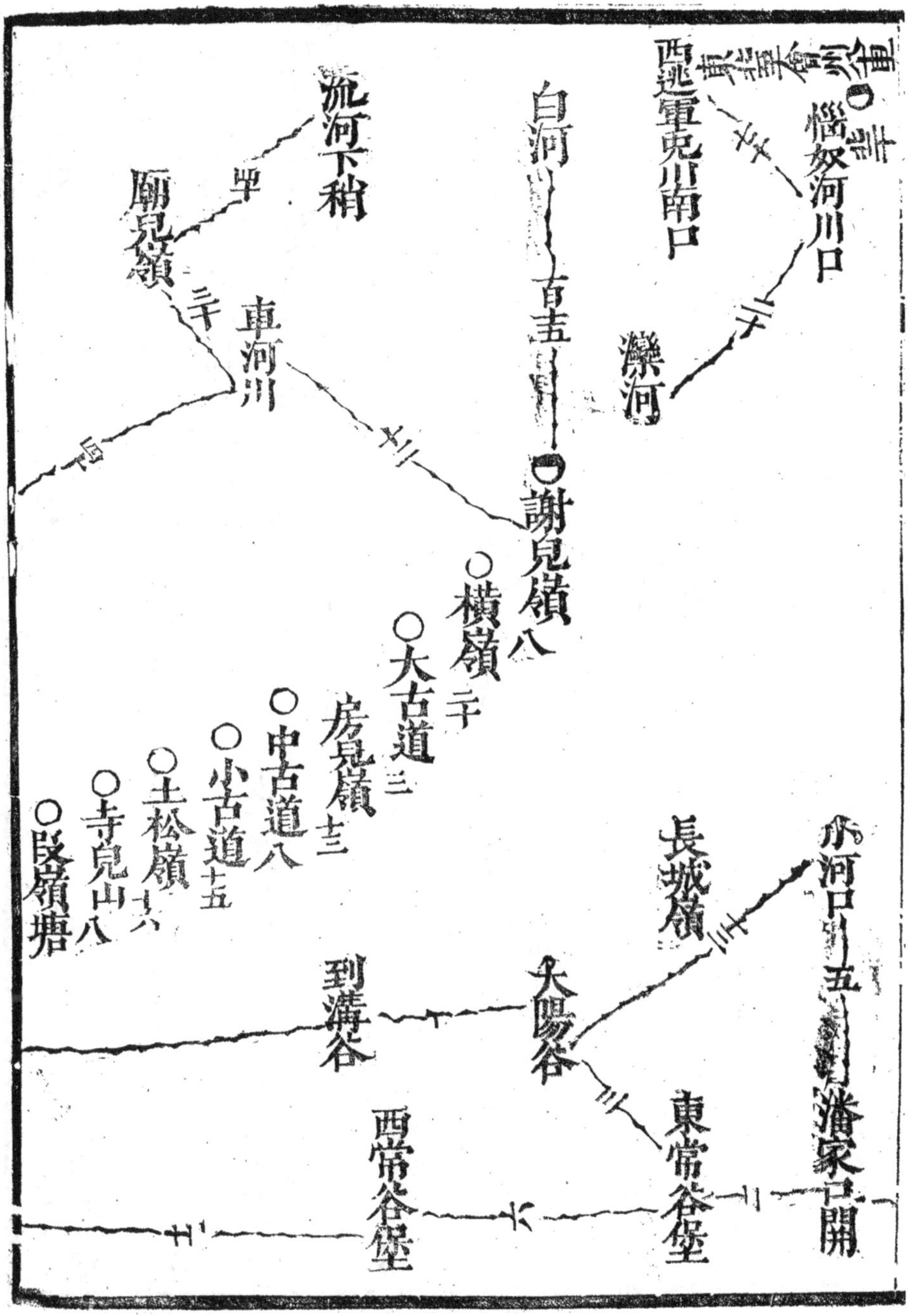
西逃軍兒川南口
白河
廟兒嶺
車河川
灤河
謝兒嶺
橫嶺
大古道
房兒嶺
中古道
小古道
寺兒山
長城嶺
東常谷堡
西常谷堡
潘家口關

邊外故地既具前圖因遠哨必至復書之于此移遠而就近局勢則然耳凡詳遠哨當諦前圖

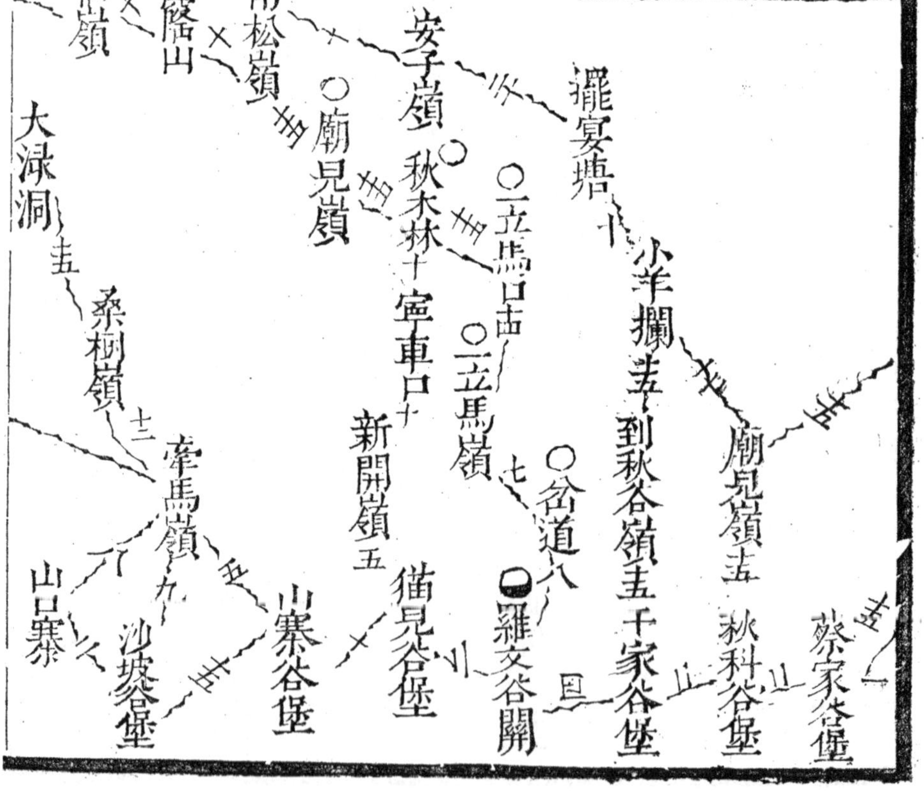

圖中曲直鄉徑或借東爲北借西爲南及以隅爲正者限方冊之狹也局子幅幀有勢若弓背而居弦之中者相去不過數里展之而若廣有隔數十里乃縮而狹之各擬縱橫綳錯若亂循環及綫條理如貫圖者變通而成在觀者之詳審爾

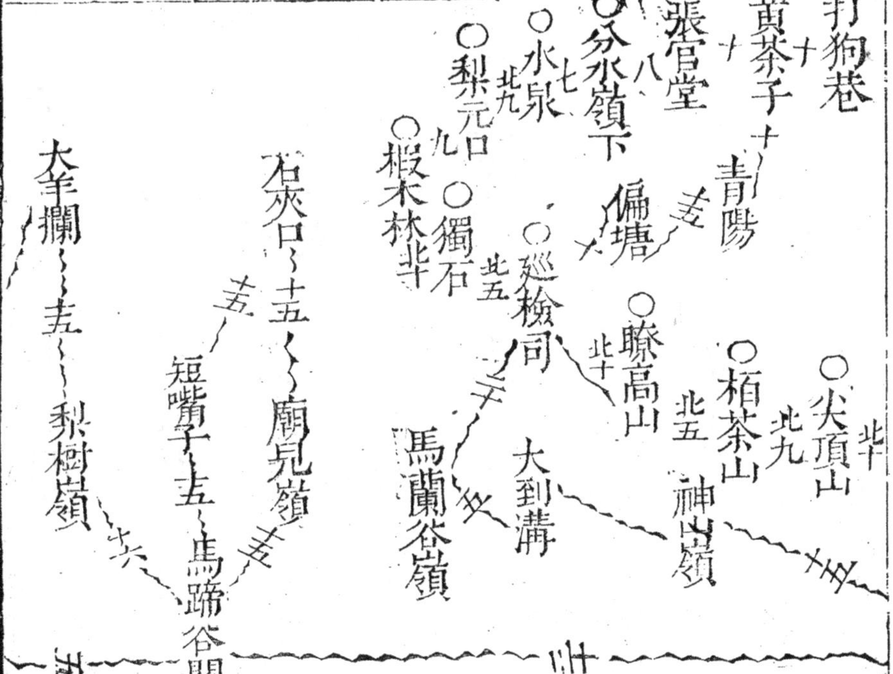

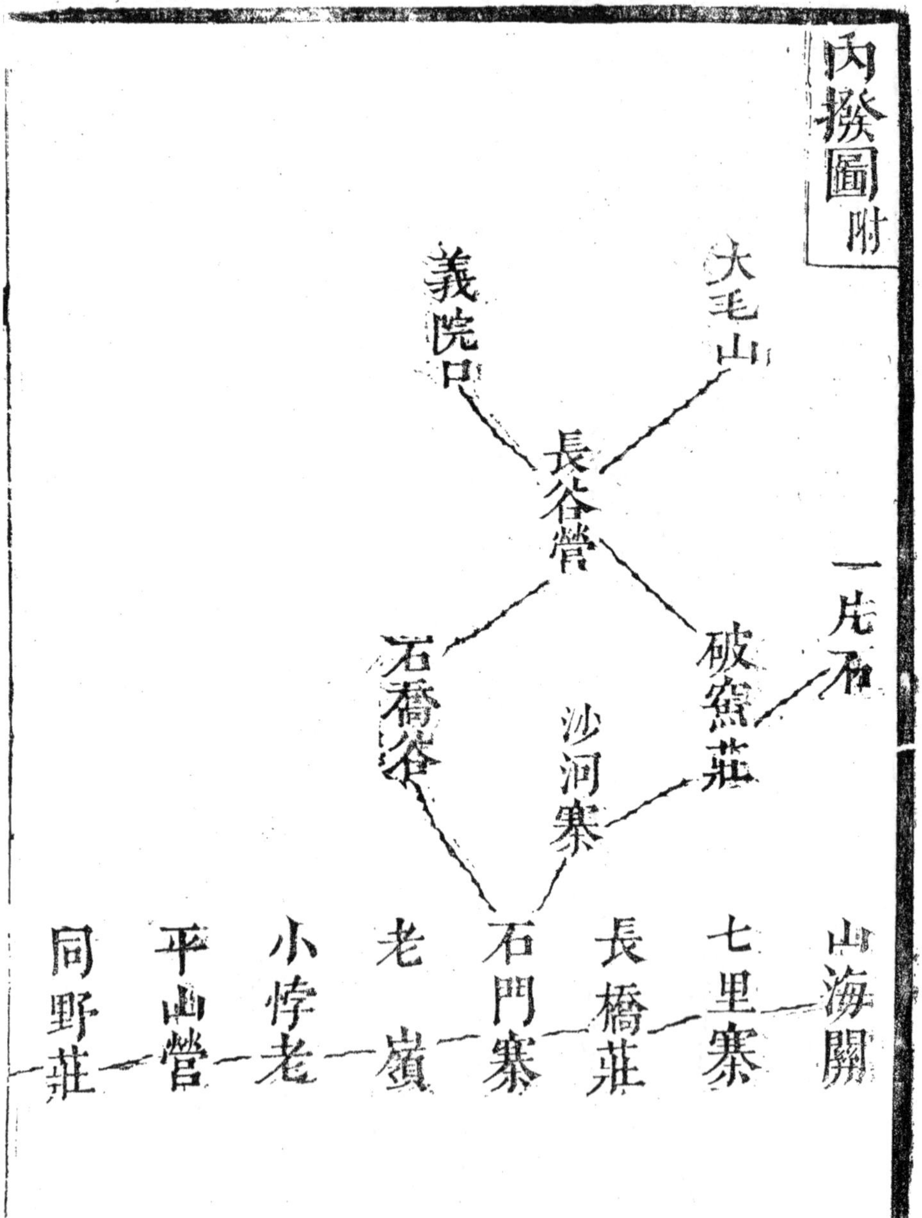
內撥圖附
大毛山
義院口
長谷營
一片石
破窯莊
石橋谷
沙河寨
山海關
七里寨
長橋莊
石門寨
老嶺
小悖老
平山營
同野莊

邊外圖下

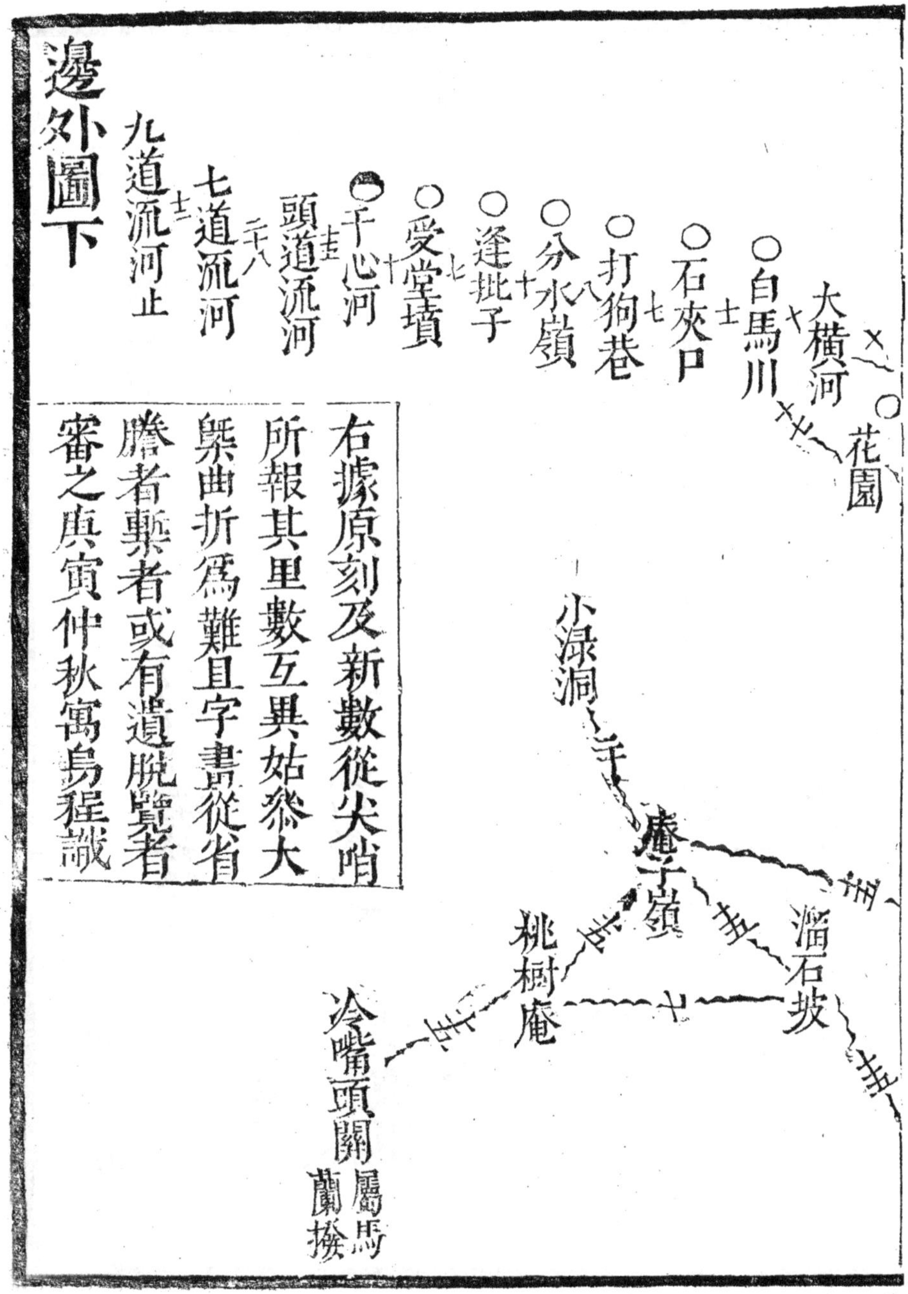

右據原刻及新數從尖哨所報其里數互異姑參大槩曲折爲難且字畫從省謄者難者或有遺脱覧者審之庚寅仲秋寓烏程識

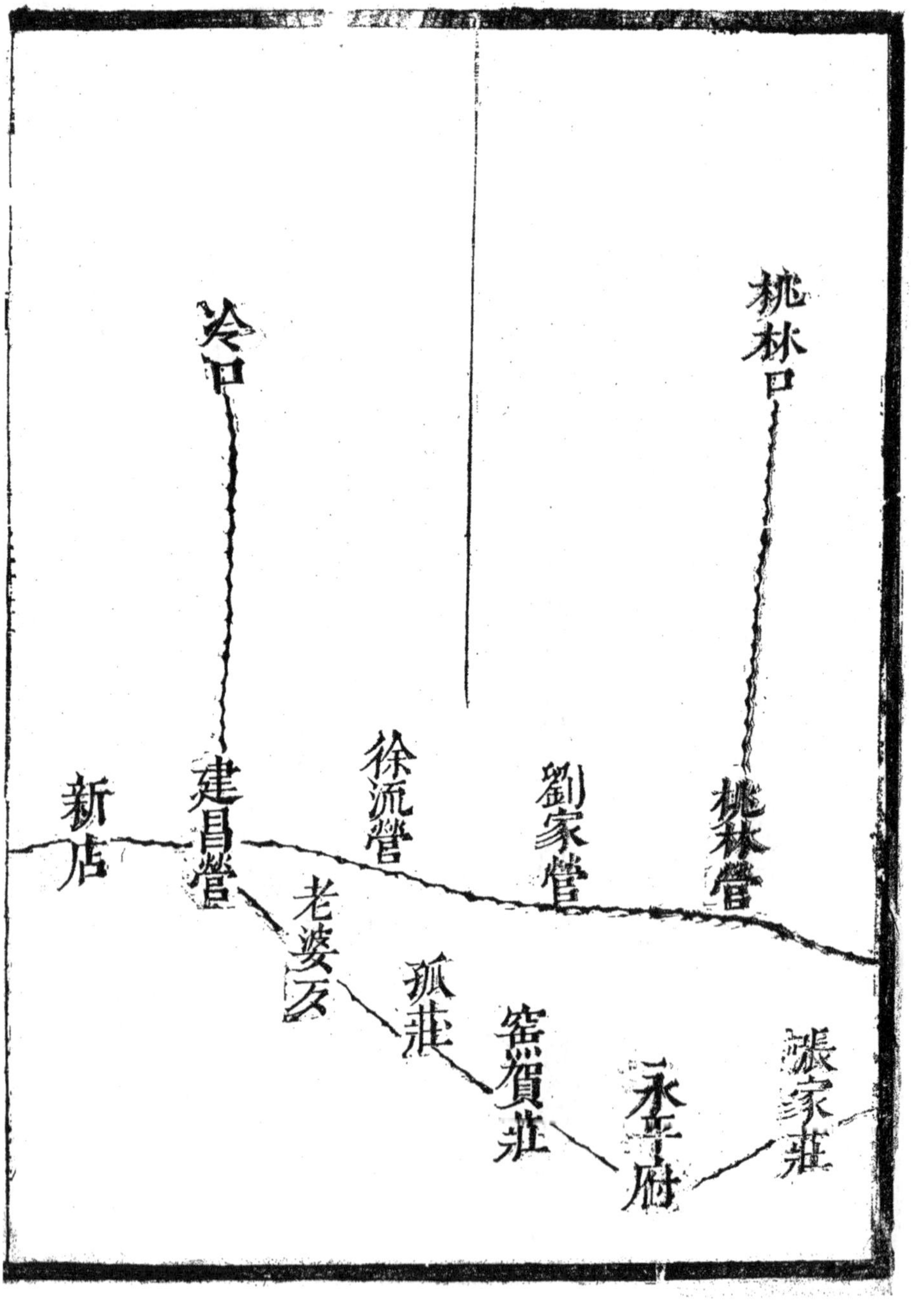
桃林口
冷口
新店
建昌營
徐流營
劉家營
桃林營
老婆歹
孤莊
賀莊
永平府
張家莊

平市莊
李家莊
尋兒口
牽馬嶺
臺頭營
平房店
燕河營
安山

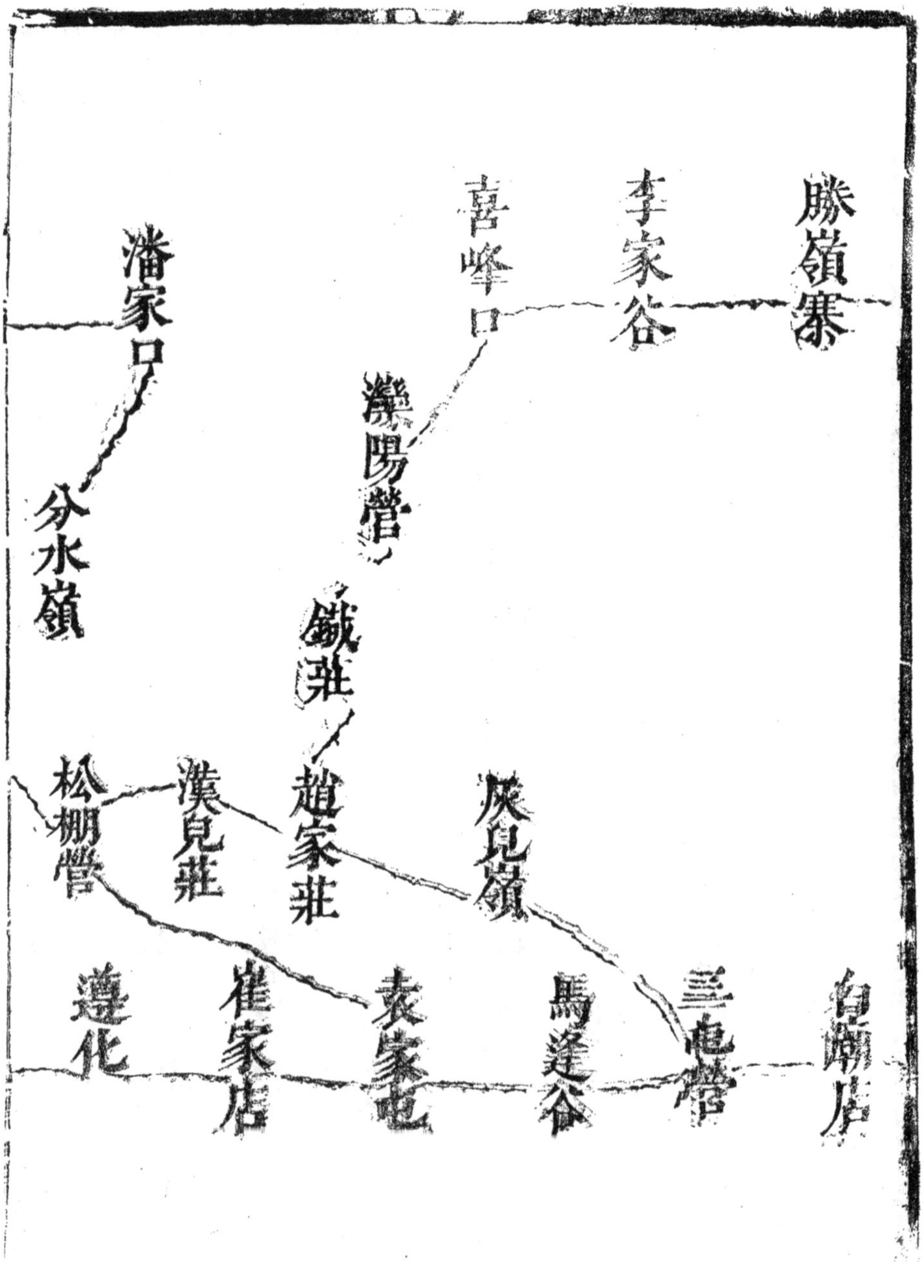
勝嶺寨
李家谷
喜峰口
潘家口
灤陽營
分水嶺
鐵莊
趙家莊
漢兒莊
松棚營
灰兒嶺
三屯營
白廟店
馬逢谷
袁家屯
崔家店
遵化

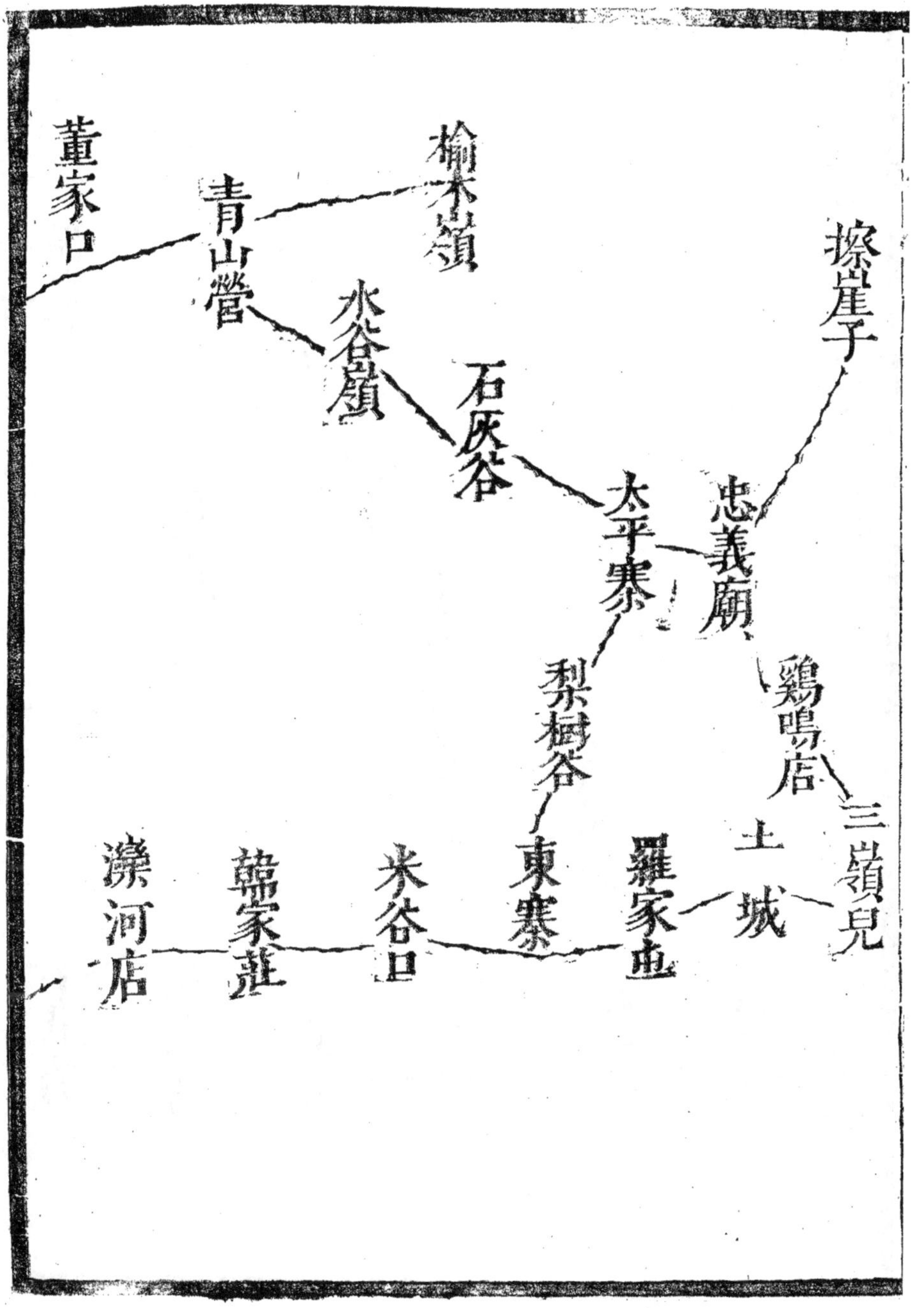
董家口
榆木嶺
青山營
水谷嶺
石灰谷
擦崖子
太平寨
忠義廟
梨樹谷
雞鳴店
三嶺兒
土城
灤河店
韓家莊
米谷口
東寨
羅家峪

承平府志卷之十一終

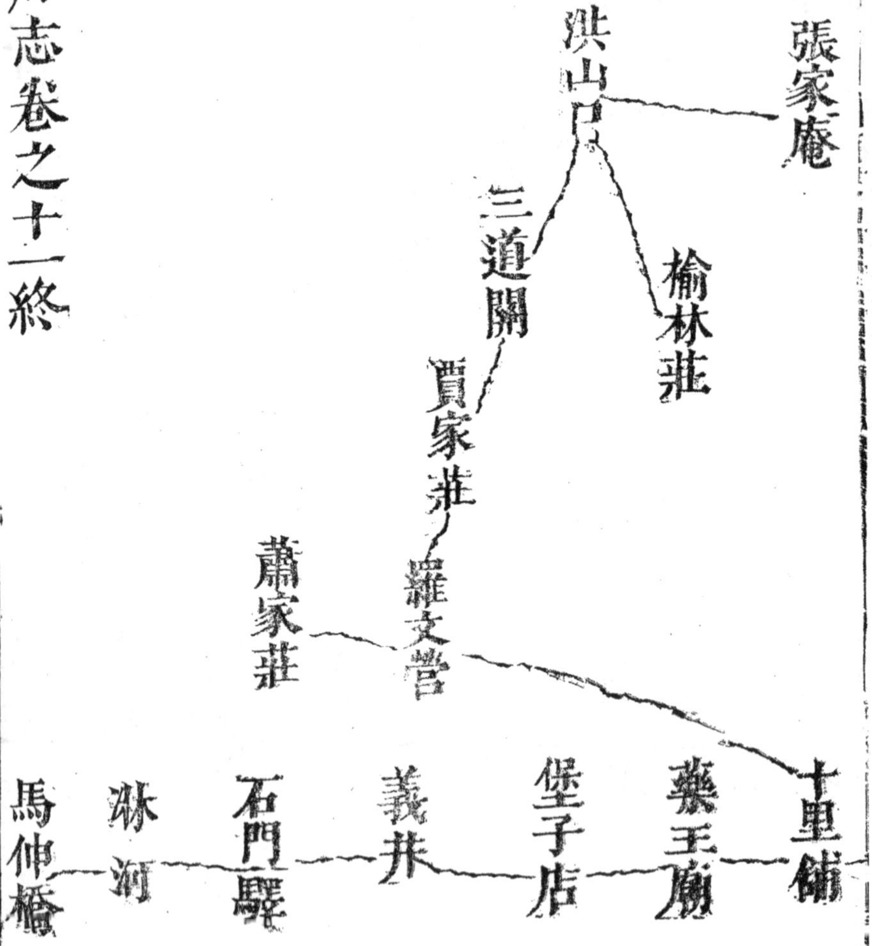

卷之十二

莱阳　　宋　琬撰次
宜兴　　路　遴参校
广宁　　常文魁续补

先　　圣

人知夷齐二子之风、之节，而不知其学与才。古之知二子者，莫如孔子、孟子。公孙丑问于孟子曰：“伯夷伊尹于孔子有同与？”曰：“有，得百里之地而君之，皆能以朝诸侯有天下。”此一言者，孟子不以许柳下惠，而以许伯夷，夷之才可知也。其论本之夫子，夫子曰：“隐居以求其志，行义以达其道，吾闻其语矣，未见其人也。伯夷、叔齐饿于首阳之下，民到于今称之，其斯之谓与！”此本一章，而后之读者离而二之，此不得圣人之心者也。及门弟子如颜、曾之徒，其好善疾恶同于夷齐，而内圣外王之学，或未及焉。夫子所以叹其未见也。呜呼！使夷齐而朝诸侯有天下焉，则真神农、虞、夏之世矣。此郡乃其故封，以其古之圣人，故不敢列之人物，而别为一篇。采太史公所引传文存之，其他谬悠之说咸所不取。

《史记》列传，**伯夷、叔齐**，孤竹君之二子也。（索隐曰：孤竹君是殷汤三月丙寅日所封，相传至夷齐之父，名初字子朝，伯夷名允字公信，叔齐名致字公达，解者云：夷齐谥也，伯仲又其长少之字。《正义》本前注丙寅作殷汤，正月三日丙寅。）父欲立叔齐，及父卒，叔齐让伯夷。伯夷曰：“父命也”，遂逃去。叔齐亦不肯立而逃之，国人立其中子。于是伯夷、叔齐闻西伯昌善养老，盍往归焉。及至西伯卒。武王载木主，号为文王东伐纣。伯夷、叔齐叩马而谏曰：“父死不葬，爰及干戈，可谓孝乎？以臣弑君，可谓仁乎？”左右欲兵之，太公曰：“此义人也”，扶而去之。武王已平殷乱，天下宗周。而伯夷、叔齐耻之，义不食周粟，隐于首阳山，采薇而食之。及饿且死，作歌，其辞曰：“登彼西山兮，采其薇矣。以暴易暴兮，不知其非矣。神农、虞、夏忽焉没兮。我安适归矣。于嗟徂兮，命之衰矣！”遂饿死于首阳山。

先　贤

韩文公　多自称昌黎，及宋元丰七年封公为昌黎伯。迨元末，而今之昌黎有祠。考之《唐书》本传，公为邓州南阳人，魏安定桓王茂之七世孙。而《韩氏宰相世表》言汉弓高侯颓当之裔，世居颍州，徙安定，武安九门而生安定桓王，与昌黎之韩支派各别。故昔之论者犹疑之，以为唐人多称郡望，如言刘悉出彭城，言李悉出陇西之比也。以史证之，韩择木封昌黎伯矣，韩长鸾，韩建，封昌黎王矣。疏封之典，取名于本望，自是唐朝之例。而韩氏之宗，最有名于北朝，如麒麟显宗者，史明言为昌黎之棘城，又非今之昌黎也。然则文公之没二百六十年而始封昌黎伯，又一百六年而始置今之昌黎县。今昌黎之于文公其有当乎？曰：不然，苏子瞻有言公之神，在天下者，如水之在地中，无所往而不在也。学者之仰文公如泰山北斗，尊之斯亲之，亲之斯效之。以其名而存之曰公亦吾乡之人也，庶有劝于后之为学者乎！是或一道也。录《唐书》本传存之。

《唐书·列传》，韩愈字退之，邓州南阳人。七世祖茂，有功于后，魏封安定王。父仲卿为武昌令，有美政，既去，县人刻石颂德，终秘书郎。愈生三岁而孤，随伯兄会，贬官岭表，会卒，嫂郑鞠之。愈自知读书，日记数千百言。比长，尽能通六经百家学。擢进士第。会董晋为宣武节度使，表署观察推官。晋卒，愈从丧出。不四日汴军乱，乃去。依武宁节度使张建封，建封辟府推官。操行坚正，鲠言无所忌。调四门博士，迁监察御史。上疏极论宫市，德宗怒贬阳山令。有爱在民，民生子多以其姓字之，改江陵法曹参军。元和初，权知国子博士，分司东都。三岁为真，改都官员外郎，即拜河南令，迁职方员外郎。华阴令柳涧有罪，前刺史劾奏之，未报而刺史罢。涧讽百姓遮索军顿役直，后刺史恶之，按其狱，贬涧房州司马。愈过华，以为刺史阴相党，上疏治之。既御史覆问，得涧赃再贬封溪尉。愈坐是，后为博士。既才高，数黜官，又下迁，乃作《进学解》以自谕。执政览之奇其才，改比部郎中，史馆修撰，转考功知制诰，进中书舍人。初宪宗将平蔡，命御史中丞裴度，使诸军按视，及还具言贼可灭，与宰相议不合。愈亦奏言："淮西连年侵掠，得不偿费，其败可立而待。然未可知者，在陛下断与不断耳。"执政不喜，会有人诋愈在江陵时，为裴均所厚。均子锷，素无状。愈为文章字命锷谤语嚣暴。由是改太子右庶子。及度以宰相节度彰义军宣慰淮西奏愈行军司马。愈请乘遽先入汴，说韩弘使协力。元济平，迁刑部侍郎。宪宗遣使者往凤翔迎佛骨，入禁中王日，乃送佛祠，王公士庶奔走膜呗。至为夷法灼体肤，委珍贝，腾沓系路。愈闻恶之，乃上表极谏。帝大怒，持示宰相，将抵以死。裴度、崔群曰："愈言讦牾，罪之诚宜，然非内怀至忠，安能及此。愿少宽假，以来谏争。"帝曰："愈言我奉佛太过犹可容，至谓东汉奉佛以后，天子咸夭促，言何乖刺耶？愈人臣狂妄敢尔，固不可赦。"于是中外骇惧，虽戚里诸贵，亦为愈言，乃贬潮州刺史，既至潮以表哀谢。帝颇感悔，欲复用之，持示宰相曰："愈前所论，是大爱朕，然不当言天子事佛，乃年促耳。"皇甫鏄素忌愈直，即奏言愈终狂疏，可且内移，乃改袁州刺史。初愈至潮，问民疾苦，皆曰恶溪有鳄鱼食民畜，产且尽，民以是穷。数日愈自往视，令其属秦济以一羊一豕投溪水而祝之。是夕暴风震电起溪中，数日水尽涸，西徙六十里，自是潮无鳄鱼患。袁人以男女为隶，过期不赎则没入之。愈至，悉计庸得赎，所没归之父母七百余人，因与约禁其为隶。召拜国子祭酒，转兵部侍郎。镇州乱，杀田弘正，而立王廷凑。诏愈宣抚，既行，众皆危之。元稹言韩愈可惜，穆宗亦悔，诏愈度事从宜无必入。愈曰:“安有受君命而滞留自顾!”遂疾驱入，廷凑严兵迓之，甲士陈庭既坐。廷凑曰:“所以纷纷者，乃此士卒也。”愈大声曰:“天子以公为有将帅材故赐以节，岂意同贼反邪?”语未终，士前奋曰:“先太师为国击朱滔，血衣犹在，此军何负朝廷，乃以为贼乎。”愈曰:“以为尔不记先太师也。若犹记之固善，且为逆与顺，利害不能远引古事，但以天宝来，祸福为尔等明之。安禄山、史思明、李希烈、梁崇义、朱滔、朱泚、吴元济、李师道，有若子若孙在乎，亦有居官者乎!”众曰:“无。”愈曰:“田公以魏博六州归朝廷，官中书令，父子受旗节，刘悟、李佑皆大镇，此尔军所共闻也。”众曰:“弘正刻，故此军不安。”愈曰:“然尔曹害田公，又残其家矣，复何道。”众乃讙曰:“侍郎语是。”廷凑恐众心动，遽麾使去。因泣谓愈曰:“今欲廷凑何所为?”愈曰:“神策六军之将，如牛元翼比者不少，但朝廷顾大体，不可弃之，公久围之何也?”廷凑曰:“即出之。”愈曰:“若尔则无事矣。”会元翼亦溃围出，廷凑不追。愈归奏其语，帝大悦，转吏部侍郎。时宰相李逢吉恶李绅欲逐之，遂以愈为京兆尹兼御史大夫。特诏不台参，而除绅中丞。绅果劾奏愈，愈以诏自解。其后文刺纷然，宰相以台府不协，遂罢愈为兵部侍郎，而出绅江西观察使。绅见帝得留，愈亦复为吏部侍郎。长庆四年卒，年五十七，赠礼部尚书，谥曰文。愈性明锐不诡，随与人交，终始不少变。成就后进士，往往知名，经愈指授，皆称韩门弟子。愈官显稍谢遣，凡内外亲，若交友无后者，为嫁遣孤女，而恤其家。嫂郑丧为服期以报。每言文章自汉司马相如、太史公、刘向、杨雄，后作者不世出。故愈深探本元，卓然树立，成一家言。其《原道》《原性》《师说》等数十篇皆奥衍闳深，与孟轲、杨雄相表里，而佐佑六经云。至它文造端置辞，要为不袭蹈前人者，然惟愈为之沛然若有余。至其徒李翱、李汉、皇甫湜从而效之，遽不及远甚。从愈游者若孟郊、张籍亦皆自名于时。

卷之十三

莱阳　　宋　琬撰次
宜兴　　路　遴参校
广宁　　常文魁续补

后　妃

燕之诸王多娶段氏，其立为后者四焉。迹其事与燕相终始。契丹之代，耶律与萧世为甥舅，此则昔人所谓昏于贵族，犹有王姬纪姜之遗意者也。段国令支已登于书，其女亦当附载。而辽之宣懿，相传以为生于滦州，故并列焉。至于白华之刺，天步艰难。青蝇之悲，谗人罔极。自古叹之，何独燕、辽诸后哉。

燕主垂前后**段氏**（晋书不立传，今采史文补之。）才高性烈。垂为吴王时，段氏自以贵姓，不尊事可足浑后，后衔之。燕主儁素不快于垂，中常侍湟浩，因希旨告段氏及吴国典书令辽东高弼为巫蛊，欲以连污垂。儁收段氏及弼下大长秋廷尉考验。段氏及弼，志气确然，终无挠词，掠治日急。垂愍之，使人谓段氏曰："人生会当一死，何堪楚毒，如此不若引服。"段氏叹曰："吾岂畏死者耶？若自诬以恶逆，上辱祖宗，下累于王，故不为也。"辩答益明，故垂得免祸，而段氏竟死狱中。出垂为平州刺史，镇辽东。垂以段氏女弟元妃为继室，及垂即位，建兴三年追谥成昭皇后。

后后**段氏**，字元妃，右光禄大夫仪之女也。少而婉慧，有志操。常谓妹季妃曰："我终不作凡人妻。"季妃亦曰："妹亦不为庸夫妇。"邻人闻而笑之。垂之称燕王，纳元妃为继室，遂有殊宠。范阳王德亦娉季妃焉。垂既僭位，拜为皇后。垂将立子宝为太子，元妃谏曰："太子姿质雍容，柔而不断，承平则为仁明之主，处难则非济世之雄。陛下托之以大业，妾未见克昌之美。辽西、高阳二王，陛下儿之贤者，宜择一以树之。赵王麟奸诈负气，常有轻太子之心。陛下一旦不讳，必有难作。此陛下家事，宜深图之。"垂不纳，宝及麟闻之，深以为恨。其后元妃又言之，垂曰："汝欲使我为晋献公乎？"元妃泣而退告季妃曰："太子不令，群下所知。而主上比吾为骊戎之女，何其苦哉！主上百年之后，太子必亡社稷。范阳王有非常器度，若燕祚未终，其在王乎？"垂死，宝嗣位。遣麟逼元妃曰："后常谓主上不能嗣守大统，今竟何如，宜早自裁，以全段氏。"妃怒曰："汝兄弟尚逼杀母，安能保守社稷。吾岂惜死，念国灭不久耳。"遂自杀。宝议以元妃谋废嫡统，无母后之道，不宜成丧，群下咸以为然。中书令眭邃大言于朝曰："子无废母之义，汉之安思阎后，亲废顺帝，犹配飨安皇。先后言虚实尚未可知，宜依阎后故事。"宝从之。其后麟果作乱，宝亦被杀，德复僭称尊号，终如元妃之言。

南燕主德后**段氏**，元妃之妹也。建平元年冬，立为皇后。德无子，梦父命早立超为太子，未立疾瞑不能言。段后大呼曰："令召中书作诏立超可乎？"德开目颔之，乃立超为太子。超嗣位，尊段后为皇太后，以慕容钟录尚书事，法为征南都督，封嵩、段宏为尚书左右仆射。超引所亲公孙五楼为心腹，出钟、宏为青徐二州刺史。钟、宏心不自安，法亦惧，遂与钟宏谋反。超征钟不赴，遂收其党散骑常侍段丰杀之。有告封嵩数与法往来，疑有奸。超收嵩下廷尉，太后惧，泣告超曰："嵩数遣黄门令牟常说吾云：帝非太后所生，恐依永康故事。我妇人识浅，恐帝见杀，即以语法。法为谋见误，知复何言？"超乃车裂嵩于东门外，遣慕容昱等攻宏于徐州。昱拔莒城，宏奔魏，太后不知所终。

南燕主超母**段氏**，德兄北海王纳之妻也。纳从燕主暐入秦，为广武太守。数岁去官，与母公孙氏家于张掖。德从秦王南征，留金刀与母别。及垂起兵山东，张掖太守苻昌收纳及德诸子诛之。母公孙氏以耄获免，纳妻段氏方娠未决。郡狱掾呼延平，德故吏也。尝宥其死罪，乃窃公孙氏及段氏逃于羌中而生超。年十岁，公孙氏临卒，授以金刀曰：“若天下太平，汝得东归，可以此刀还汝叔也。”平又将超母子奔凉。及吕隆降姚秦，超又随凉州人徙长安。平卒，段氏谓超曰：“吾母子全，济呼延氏之力，平今虽死，吾欲为汝纳其女以报之。”乃为超娶之。超恐见录于姚氏，乃阳狂行乞，往来长安间。德闻遣人寻之，超不敢告母妻，变姓名潜归见德，呈金刀。遂立为太子嗣位。求母妻于秦。秦主兴以昔符氏大乐诸伎悉入燕，要以称藩送妓乃许。超遂北面受诏，送大乐百二十人。兴乃还其母妻，厚资礼而遣之。超尊段氏为皇太后，刘裕克广固执超，数其不降。超神色自若，一无所言，惟以母托刘敬宣。超斩于建康，不知母所终。

后魏高宗乳毋**常氏**，辽西人。太延中以事入宫，世祖选乳，高宗慈和履顺，有劬劳保护之功。高宗即位，尊为保太后。寻为皇太后，谒于郊庙。和平元年崩，诏天下大临三日，谥曰昭，葬于广宁磨笄山，俗谓之鸣鸡山，太后遗志也。依惠太后故事，别立寝庙，置守陵二百家，树碑颂德。

辽道宗宣懿皇后萧氏，小字观音，钦哀皇后弟，枢密使惠之女。姿容冠绝，工诗善谈论，自制歌词，尤善琵琶。重熙中，帝王燕赵，纳为妃。清宁初立为懿德皇后。皇太叔重元妻以艳冶自矜。后见之戒曰：“为贵家妇，何必如此。”后生太子浚。有专房宠。好音乐，伶官赵惟一得侍左右。太康初，宫婢单登，教坊朱顶鹤，诬后与惟一私。北院枢密使耶律乙辛以闻。诏乙辛与张孝杰劾状，因实其事。族诛惟一，赐后自尽，归其尸于家。乾统初，追谥宣懿皇后，合葬庆陵。（《道宗纪》太康元年冬十一月辛酉，皇后被诬赐死，杀伶人赵惟一、高长命并籍其家属。辽观书殿学士王鼎《焚椒录》载后幼能诵诗，旁及经子，及长姿容端丽，为萧氏称首。既立为后，常慕唐徐贤妃行事。每于当御之夕，进谏得失。国俗君臣尚猎，故有四时捺钵。上既擅圣藻而尤长弓马，往往以国服先躯，所乘马号飞电。瞬息百里，常驰入深林邃谷，扈从求之不得。后患之，乃上疏谏曰：“妾闻穆王远驾，周德用衰。太康佚豫，夏社几危，此游田之往戒，帝王之龟鉴也。顷见驾幸秋山，不闲六御，特以单骑从禽，深入不测。此虽威神所届，万灵自为拥护。倘有绝群之兽，果如东方所言，则沟中豕必败简子之驾矣。妾虽愚暗，窃为社稷忧之，惟陛下尊老氏驰骋之戒，用汉文吉行之旨，不以其言为牝鸡之晨而纳之。”又载枢密副使萧惟信语乙辛孝杰曰：“懿德贤明端重，化行宫帐，且诞育储君，为国大本，此天下母也。何以叛家仇婢，一语动摇之乎。公等身为大臣亦当烛照奸宄，洗雪冤诬，烹灭此辈以报国家，以正国体，奈何欣然以为得其情也。公等幸更为思之。”不听。并当附录，以补史氏之阙。）

封　爵

古之封爵有二，自汉晋以上皆食其本封。有治国之官，有租赋之入，有列侯就国之典。南北朝以下，始以空名系之。故宇文周无北平，而有以北平为公为侯者。石晋无北平，而有以北平为王者。于其地不相关也，特以志例存之，而略其行事焉。古之为国有实封，故其地可考，若但采其名，则名之同者多矣。北平有郡，而亦有县，郡在卢龙，而县在定州（唐定州有北平县）。永平有路、有府，而亦有县。宋之县在靖州（崇宁中改渠阳为永平县），今之县在永昌，军民府其孰从而辨之。至若以昌黎封王公伯，如魏冯熙元、辽宇文福之。伦以龙城封侯，如高道穆以柳城封公，如唐安禄山，又皆境外之名，无庸赘之简册矣。

[汉]

肥如侯**蔡寅**　谥曰敬，传子戎孙奴。无后，国除。

海阳侯**摇毋余**　谥曰济信。传子昭襄，孙建，曾孙省。无后，国除。

[晋]

辽西公**段务勿尘**　有传。

[**燕**]

辽西王**农**

辽西公**定**　后立为太子。

[**北燕**]

辽西公**素弗**。

[**魏**]

辽西王**冯崇**。

北平王**长孙嵩**　谥曰宣王，子颓谥安王，颓子敦谥简王，敦子道降为公，谥曰慎，道子悦复王爵，又降为公。

北平王**拔拔**　子右文肱。

北平王**超**　北平王**冯风**　一作夙。　北平王**冯始兴**。

辽西公**意烈**。辽西公**婴文**。辽西公**贺赖卢**。辽西公**冯朗**。辽西公**常英**　以太后兄赐爵，追赠祖海辽西简公，父澄辽西宪王。英卒，谥辽西平王。

北平侯**安国**。肥如侯**贺护**。肥如侯**冯燕**。肥如子**高育**。朝鲜侯**常泰**。新昌子**毕祖晖**。新昌子**孙绍**。新昌男**窦瑗**　有传，让爵于其兄叔珍。

[**北齐**]

北平王**仁坚**。北平男**王峻**。

[**后周**]

北平公**寇绍**。北平侯**和雄**。

[**隋**]

北平侯**段文振**　追封。

[**唐**]

平王**隆基**　后为帝，庙号玄宗。按此亦取平州之名，然与本郡实不相关也。

北平郡王**高开道**。北平郡王**武居常**。北平郡王**偕**。北平郡王**阿史那什钵苾**。北平郡王**李过折**。辽西王**高交简**。

[后晋]

北平郡王**刘知远**　后为帝，国号汉。

[辽]

平王**隆先**。

辽西郡王**旅坟**　《辽史》皇族表有辽西郡王驴粪，未知即一人否。

辽西郡王**萧虚烈**。辽西郡王**耶律良**　追封。辽西郡王**萧余里也**。辽西郡王**耶律白**。辽西郡王**杨晰**。辽西郡王**杨绩**。北平**郡王淳**。

[元]

北平王**南木合**。

北平王**镇国**　子聂古台袭爵，表作聂古歹。

北平王**那木罕**。永平王**燕赤**。永平王**伯撒里**　追封。抚宁王**彻里帖木儿**。永平公**阿台**。永平郡公**锁咬儿**。

[明]

永平侯**谢成**。

抚宁伯**朱谦**　子永进封侯，又进封保国公。

段田二传

天下无事，而尺土一民皆为郡县。及其有变，而豪杰争起，宰制一方，夫亦其时然也。段氏出徒何，而国于令支者五世。田氏本卢龙而镇魏博者五十年。段为有土之君，而田氏又其地之人物，皆史法所不当遗也。是以摭晋唐二史录之。其不书慕容者何？于龙城、于蓟、于邺，未尝国于此也。虽营州无志，固不得越境而收之矣。

《魏书》徒何（《晋书》作徒河）段就六眷（晋书作疾陆眷），本出于辽西。其伯祖日陆眷，因乱被卖为渔阳乌丸太库辱官家奴。诸大人集会幽州，皆持唾壶，唯库辱官独无，乃唾日陆眷口中。日陆眷因咽之，西向拜天曰："愿使主君之智慧禄相尽移入我腹中。"其后渔阳大饥，库辱官以日陆眷为健使，将之诣辽西逐食，招诱亡叛，遂至疆盛。日陆眷死，弟乞珍代立。乞珍死，子务目尘代立（晋书作务勿尘。）即就六眷父也。据有辽西之地，而臣于晋。其所统三万余家，控弦上马四五万骑。穆宗时，幽州刺史王浚以段氏数为己用，深德之。乃表封务目尘为辽西公，假大单于印绶。浚使务目尘率万余骑，伐石勒于常山封龙山下，大破之。务目尘死，就陆眷立。就陆眷与弟匹磾，从弟末波等（晋书作末杯）率五万余骑，围石勒于襄国。勒登城望之，见将士皆释仗寝卧，无警备之意。勒因其懈怠，选募勇健，穿城突出，直冲末波，生禽之。置之座上，与饮宴尽欢，约为父子，盟誓而遣之。末波既得免，就陆眷等遂摄军而还，不复报浚，归于辽西。自此以后，末波常不敢南向溲焉。人问其故，末波曰："吾父在南。"其感勒不害己也如此。就陆眷死，其子幼弱，匹磾与刘琨世子群奔丧。匹磾阴卷甲而往，欲杀其从叔羽鳞及末波，而夺其国。末波等知之，遣军逆击，匹磾刘群为末波所获。匹磾走还蓟，惧琨禽已，请琨宴会，因执而害之。匹磾既杀刘琨，与羽鳞、末波自相攻击，部众乖离。欲拥其众徙保上谷，阻军都之险以拒末波等。晋文帝闻之，阴严精骑，将击之。匹磾恐惧，南奔乐陵。后石勒遣石虎击段文鸯于乐陵，破之，生擒文鸯。匹磾遂率其属及诸坞壁降于石勒。末波自称幽州刺史屯辽西。末波死，国人立日陆眷弟护辽为主（晋书单作辽，中间尚有末杯弟牙为辽所杀，见世纪）。烈帝时，假护辽骠骑大将军，冀州刺史，大单于，北平公。弟郁兰抚军将军冀州刺史，渤海公（晋书单作兰）。建国元年，石虎征护辽于辽西，护辽奔平冈山，遂投慕容晃（晋书作皝），晃杀之。郁兰奔石虎，虎以所徙鲜卑五千人配之，使屯令支。郁兰死，子龛代之。及冉闵之乱，龛率众南移，遂据齐地。慕容俊使弟玄恭（晋书作恪）帅众伐龛于广固，执龛送之蓟。俊毒其目而杀之，坑其徒三千余人。

《晋书》段匹磾，东部鲜卑人，种类劲健，世为大人。父务勿尘遣军助东海王越，征讨有功，王浚表为亲晋王，封辽西公。嫁女与务勿尘，以结邻援。怀帝即位，以务勿尘为大单于，匹磾为左贤王，率众助国征讨，假抚军大将军。务勿尘死。弟涉复辰，以务勿尘子疾陆眷袭号。刘曜逼洛阳，王浚遣督护王昌等，率疾陆眷及弟文鸯、从弟末杯，攻石勒于襄国。勒败还垒，末杯追入垒门，为勒所获。勒质末杯，遣使求和于疾陆眷。疾陆眷将许之，文鸯谏曰："受命讨勒，宁以末杯一人故，纵成擒之寇，既失浚意，且有后忧，不可。"疾陆眷不听。以铠马二百五十匹，金银各一簏，赎末杯。勒归之，又厚以金宝彩绢报疾陆眷，令文鸯与石虎同盟，约为兄弟。遂引骑还。昌等不能独守亦还。建武初，匹磾推刘琨为大都督，结盟讨勒，并檄涉复辰、疾陆眷、末杯等三面俱集襄国。琨、匹磾进屯固安，以候众军。勒惧，遣间使厚赂末杯。末杯既思勒旧恩，且因匹磾在外，欲袭夺其国。乃间匹磾于涉复辰、疾陆眷曰："以父兄而从子弟邪？虽一旦有功，匹磾独收之矣。"涉复辰等以为然，引军而还。匹磾亦止。会疾陆眷死，匹磾自蓟奔丧至右北平。末杯宣言匹磾将篡，出军击败之。末杯遂害涉复辰及其子弟、党与二百余人，自立为单于。及王浚败，匹领幽州刺史，刘琨自并州依之。复与匹磾结盟，俱讨石勒。匹磾复为末杯所败，士众离散，惧琨图已，遂害之。于是晋人离散，匹磾不能自固。北依邵续，末杯又攻败之。匹磾被创，谓续曰："吾夷狄慕义以至破家，君若不忘旧，要与吾进讨，君之惠也。"续曰："赖公威德，续得效节。今公有难，岂敢不俱。"遂并力追末杯，斩获略尽。又令文鸯北讨末杯弟于蓟城及还，去城八十里，闻续已没，众惧而散。复为石虎所遮，文鸯以亲兵数百人力战破之，始得人城。虎复抄城下，文鸯欲出击之，匹磾不许，文鸯曰："我以勇闻，故百姓仗我，见人被略而不救非丈夫也。"遂将壮士数十骑出战，杀胡甚多。遇马乏伏不能起。虎呼曰："大兄与我，俱是戎狄。久望共同，天不违愿。今日相见，何故复战，请释仗。"文鸯骂曰："汝为寇虐，久应合死。吾兄不用吾计，令汝至此。吾宁死不为汝擒。"遂下马苦战，槊折执刀，力战不已。虎军四面解马，罗披自鄣前捉文鸯。文鸯战自辰至申，力极而后被执，城内大惧。匹磾欲单骑归朝，续弟乐安内史洎勒兵不许。洎复欲执台使王英送于虎，匹磾正色责之曰："卿不能遵兄之志。逼吾不得归朝，亦已甚矣。复欲执天子使者，我虽胡夷所未闻也。"因谓英曰："匹磾世受重恩，不忘忠孝。今日事逼，欲归罪朝廷，而见逼迫。忠款不遂，若得假息，未死之日，心不忘本。"遂渡黄河南。匹磾着朝服持节宾从，出见虎曰："我受国恩，志在灭汝。不幸吾国自乱，以至于此。既不能死，亦不能为汝敬也。"勒及虎素与匹磾结为兄弟，虎起而拜之。匹磾到襄国，又不为勒礼。常着朝服持晋节经年。国中谋推匹磾为主。事露被害，文鸯亦遇鸩而死，惟末杯存焉。及死，弟牙立，牙死，其后从祖疾陆眷之孙辽自立。自务勿尘已后值晋丧乱，自称位号，据有辽西之地，而臣御晋人。其地西尽幽州，东界辽水，所统胡晋可三万余家，控弦可四五万骑。而与石虎相侵掠，连兵不息，竟为虎所破，徙其遗黎数万家于司、雍之地。其子兰复聚兵，与虎为患久之。及石氏之亡，末波之子勤，鸠集胡羯得万余人，保枉人山，自称赵王，附于慕容儁，俄为冉闵所败。徙于绎幕，僭即尊号。儁遣慕容恪击之，勤惧而降。

《唐书》田承嗣，字承嗣，平州卢龙人，世事卢龙军，以豪侠闻。隶安禄山麾下，破奚、契丹，累功至武卫将军。禄山反，与张忠志为贼前驱，陷河洛。尝大雪，禄山按行诸屯，至其营若无人，已而擐甲列卒，阅所籍，不缺一人。禄山异其能，使守颍川。郭子仪平东都，承嗣以郡降，俄而复叛。安庆绪奔邺，承嗣自颍川来，与蔡希德、武令珣合兵六万。庆绪复振，抗王师。岁余，史思明乱。承嗣又为贼导，及朝义败，与共保莫州。仆固瑒追北，承嗣急，乃诈朝义，身自求救幽州。承嗣守莫，因执贼妻息降于瑒，厚以金帛反间瑒将士。瑒虑下生变，即约降。承嗣诈疾不出，瑒乃驰入取之，承嗣列千刀为备，瑒不得志，承嗣重赂之以免。乃与张忠志、李怀仙、薛嵩皆诣仆固怀恩谢，愿备行间。朝廷以二贼继乱，州县残析，数大赦。凡为贼诖误，一切不问。当是时怀恩功高，亦恐贼平则任不重，因建白承嗣等分帅河北。赐铁券，誓不死。拜承嗣莫州刺史，五迁至贝、博、沧、瀛等州节度使，检校太尉。承嗣沈猜阴贼，不习礼义。既得志，即计户口，重赋敛，厉兵缮甲，使老弱耕，壮者在军，不数年有众十万。又择趫秀疆力者万人，号牙兵。自署置官吏，图版税人，皆私有之。又求兼宰相。代宗以寇乱甫平，多所含宥，因就加同中书门下平章事，封雁门郡王。宠其军曰天雄，以魏州为大都督府，即授长史。诏子华尚永乐公主，冀结其心，而性资凶诡，愈不逊。大历八年，相卫薛嵩死。弟崿求假节，牙将裴志清逐崿，崿以众归承嗣。而帝自用李承昭为相州刺史，未至，承嗣使人诱吏士，反阳言救，实袭取之。帝遣使者谕罢兵，承嗣不奉诏，遣将卢子期取洺州，杨光朝取卫州，胁刺史薛雄乱，不从，屠其家，悉四州兵财以归。擅制守宰，逼使者行磁、相，遣刘浑从之，阴使从子悦讽诸将诣使者剺面请承嗣为帅。使人不敢诘，于是厚赏请已者。帝乃下诏，贬承嗣永州刺史，许一子从。悦及诸子，皆逐恶地。诏河东节度使薛兼训、成德李宝臣、幽州朱滔、昭义李承昭、淄青李正已、淮西李忠臣、永平李勉、汴宋田神玉等兵六万讨之。其下霍荣国以磁降。李正已攻拔德州，李忠臣攻卫，筑偃月壁河上。承嗣列将往往携阻，杀数十人乃定。帝又遣御史大夫李涵，督诸节度并力。承嗣遣裴志清等攻冀州，志清以兵附成德。承嗣悉众围之，为宝臣所逐。火辎重归于贝，计益穷，不知所出。遣其下郝光朝奉表，请委身北阙下。又使悦与卢子期将万人攻磁州屯，东山宣慰使韩朝彩等固守。兼训以万骑屯西山，成德、幽州各遣兵救磁。时承昭以神策射生继进，入河东垒。诸军进讨数有功，颇顾赏。天子使中人多出御服、良马、黄、白金万计劳赉，使人供帐高会，诸军少懈。而正已、宝臣二军会枣疆，更相见会，正已军辄引去，忠臣乃弃月垒济河，屯阳武。承昭使成德、幽州兵，循东山袭子期军，自闭壁以骄贼。子期分步骑万人环承昭壁，以兵四千乘高望麾而进。河东将刘文英、辛忠臣等决战。而成德、幽州兵绕出子期后，于是围解。更阵高原，诸将与承昭夹攻，大战临水。贼败尸旁午数里，斩九千级，马千匹，执子期及将士二千三百，旗纛、器甲、鼓角二十万。诸军乘胜进，距磁十里，暮而舍。承昭举燧，朝彩出锐兵鼓噪薄魏营，斩首五百。悦惊，率余兵夜走，尽弃旗幕铠仗五千乘。成德将王武俊以子期归宝臣，宝臣方攻洺州，因以示城下降之。复徇瀛州，瀛州亦降，得兵万人，粟二十万石，献子期京师，斩之。天子遣中人劳，宝臣不为礼，宝臣乃贰，反攻朱滔，与承嗣和。承嗣与之沧州，正巳又请天子许承嗣入朝。十一年，帝遣谏议大夫杜亚持节至魏，受其降，许阖门还京师，赦魏博所管与更始，承嗣逗留不至。其秋复略滑州，败李勉兵。会李灵耀以汴州叛，诏忠臣、勉、河阳马燧合讨。灵耀求救于魏，承嗣使悦将兵三万赴之，败勉将杜如江、正巳将尹伯良，死者殆半，乘胜屯汴北郛，与灵耀合。燧、忠臣逆击破之。悦脱身遁，斩获数万。灵耀东走欲归承嗣，为如江所禽，并魏将常准献京师。明年承嗣上书请罪，有诏复官爵，子弟皆仍故官，复赐铁券。承嗣盗有贝、博、魏、卫、相、磁、洺七州，而未尝北面天子，凡再兴师会国威中夺穷而复纵，故承嗣得肆奸无怖忌。十四年死，年七十有五，赠太保。

悦早孤，母更嫁平卢戍卒。悦随母转侧淄青间，承嗣得魏，访获之。年十三，拜伏有礼，承嗣异之，委以号令，裁处皆与承嗣意合。及长，剽悍善斗冠军中，贼忍狙诈，外饰行义，轻财重施，以钩美誉，人皆附之。承嗣爱其才，将死，顾诸子弱，乃命悦知节度事，令诸子佐之。帝因诏悦自中军兵马使府左司马擢留后，俄检校工部尚书，为节度使。悦招致贤才开馆宇，礼天下士，外示恭顺，阴济其奸。帝晚年尤宽弛，悦所奏请，无不从。德宗立，不假借，方镇诸将稍愓息，会黜陟使洪经纶至河北，闻悦养士七万，辄下符，罢其四万归田亩。悦即奉命，因大集将士，以好言激之曰："而等籍军中久，仰缣廪养父母妻子，今罢去，何恃而生。"众大哭，悦乃悉出家赀给之，各令还部。自此魏人德悦。及刘晏死，藩帅益惧。又传言帝且东封泰山，李勉遂城汴州，而李正巳惧，率兵万人屯曹州，乃遣人说悦同叛。悦因与梁从义等阻兵连和，以王侑、扈崿、许士则为腹心，邢曹俊、孟希佑、李长春、符璘、康愔为爪牙。建中二年，镇州李惟岳、淄青李纳求袭节度不许，悦为请不答，遂合谋同叛，会于邵。令狐峘等表汰浮屠，悦乃诈其军曰："有诏，阅军之老疾疲弱者。"由是举军咨怨，悦与纳会濮阳，纳分兵佐悦。会幽州朱滔等奉诏讨惟岳，悦乃遣孟希佑以兵五千助惟岳。别遣康愔以兵八千攻邢州。杨朝光以兵五千壁卢疃，绝昭义饷道。悦自将兵数万继进，又使朝光攻临洺将张伾，伾大破悦军，有诏河东马燧、河阳李艽与昭义军救伾。燧乃自壶关，鼓而东破卢疃，战双冈，禽贼大将卢子昌，杀朝光。悦遁保洹水。燧等距悦军三十里，筑垒相望。悦与纳合兵三万阵洹水，燧引神策将李晟夹攻悦，悦大败，死伤二万计，引壮骑数十夜奔魏，其将李长春拒关不纳以须官军。而三帅顿兵不进。明日，悦得入，杀长春，持佩刀立军门，流涕曰："悦藉伯父余业，与君等同休戚。今败亡及此，不敢图全。然悦久稽天诛者，特以淄、青、恒、冀子弟不得承袭。既弗能报，乃至用兵，使士民涂炭。悦正缘母老，不能自到。愿公等斩悦首以取富贵，无庸俱死。"乃自投于地。众怜皆抱持之曰："今士马之众，尚可一战。事脱不济，死生以之。"悦收泪曰："诸公不以悦丧败，誓同存亡，纵身先地下，敢忘厚意乎！"乃断发为誓，将士亦断发，约为兄弟。乃索富民大家财，及府库所有，大行赐与。而李再春及其子瑶以博州降，悦从兄昂以洺州降。燧等受之。悦皆族昂等家。后十余日，燧等始进薄城下。未几，王武俊杀惟岳，而深州降朱滔，滔分兵守之。天子授武俊恒州刺史，以康日知为深、赵二州观察使。武俊恨赏薄，滔怨不得深州。悦知二将可间，乃傀路使王侑、许士则说滔曰："司徒奉诏讨贼。不十日拔束鹿，下深州，惟岳势蹙，故王大夫能得逆首，闻出幽州日有诏，破惟岳得其地，即隶麾下。今乃以深州与康日知，是朝廷不信于公也。且上英武独断，将诛豪杰，扫除河朔，不使父子相袭。又功臣刘晏等皆旋踵破灭，杀梁崇义，诛其口三百余，血丹汉江。今日破魏，则取燕、赵，如牵辕下马耳。夫魏博全，则燕赵安，鄙州尚书必以死报德。且合从连衡，救灾恤患，不朽之业也。尚书愿上贝州，以广汤沐，使侑等奉簿最孔目，司徒朝至魏，则夕入贝。惟孰计之。"滔心素欲得贝，大喜，使侑先还，告师期。先是诏武俊出恒、冀，粟三十万赐滔，使还幽州。以突骑五百助燧军。武俊惧悦破，将起师北伐，不肯归粟马。滔因使王郅说武俊曰：“天子以君善战，天下无前，故分散粟马，以弱君军。今若举魏博，则王师北向，漳、滏势危，诚能连营南旆，解田悦于倒悬，大夫之利也。岂特粟不出窖，马不离厩，又有排危之义，声满天下。大夫亲断逆首，血蔑衣袖日，知不出赵城，何功于国，而坐兼二州。河北士以不得深州，为大夫耻。”武俊既得深亦喜，即日使使报滔。于是滔率兵二万屯宁晋，武俊以兵万五千会之。悦恃救至，使康愔督兵，与王师战御河上，大败弃甲走城。悦怒闭门不纳，蹈籍死堑中者甚众。其夏滔、武俊军至，悦具牛酒迎犒。燧等营魏河西，武俊、滔、悦壁河东，起楼橹营中，两军相持，自秋汔冬。燧遣晟以兵三千，自邢、赵与张孝忠合，攻涿、莫二州，以绝幽蓟路。悦重德滔，欲推为盟主而臣之，滔不敢当。乃更议，如七国故事。悦国号魏，僭称魏王，以府为大名府署，子为府留后，以扈崿为留守，许士则为司武，曾穆司文，裴抗司礼，封演司刑，并为侍郎。刘士素为内史，舍人张瑜、孙光佐为给事中，邢曹俊、孟希佑为左右仆射。田晁、高缅为征西节度使。蔡济、薛有伦为虎牙将军。高崇节知军前兵马，夏侯頳为兵马使。晁以兵数千助李纳守郓。明年夏，滔屯河间，留大将马实以兵万人戍魏。会朱泚乱，帝出奉天，燧还太原。武俊等皆罢。悦饯之，厚遗武俊，实官属皆有赠。兴元元年，滔自将兵，欲南度河助泚，使王郅见悦，约济河合势，以取太梁。是时悦闻天子已赦罪，复官爵，心不欲行，重遽绝滔，阳遣薛有伦报滔如约，滔大喜，复使舍人李琯申固所言。先是，武俊阴约悦背滔，使相望。及闻滔要悦，西使田秀驰说悦曰：“闻大王欲从滔度河，为泚犄角，非也。方泚未盗京师时，滔为列国，且自高如得东都与泚连祸，兵多势张，返制于竖子乎？今日天子复官赦罪乃王臣，岂舍天子，而北面滔泚耶？愿大王闭垒不出。武俊须昭义军出为王讨之。”悦因秀还，具道其谋，而遣曾穆报滔。滔喜，自河间悉师而南，逾贝州，次清河，使人报悦。悦不至，进屯永济，使王郅等督之曰：“王约出馆陶，与大王会，乃济河。”悦良久曰：“始约从王，今举军持悦，曰魏比困侵掠，供拟屈竭，以悦日拊循犹，恐携间一日去城邑，朝出夕变，且何归不然。悦不敢背约。今遣孟希佑悉兵五千助王，因使其属裴抗卢南使报命。”滔怒骂曰：“逆卤前日求救，许我贝州，我不取。尊我为天子，我与同为王，教我远来而不出，是贼不击，尚何诛。”乃囚抗等使马实取数县，已而释抗还之。悦兵不敢出，遂围贝州。滔取武城，通德棣供军馈，尽囚诸官吏，唯清阳不下。滔围之，实拔清平，杀五百人，俘男女赀财去。于是李抱真、武俊约出兵救魏，会有诏拜悦检校尚书右仆射，封济阳郡王。而给事中孔巢父持节宣劳。始悦阻兵凡四年，狂愎少谋，亟战数北，死者什八。士苦之，且厌兵。既巢父至，莫不欣然。悦与巢父张饮，门阶皆彻卫。至夜分，从弟绪与族人私语曰：“仆射妄起兵，几赤吾族。以金帛厚天下，而不至兄弟。”或谏止之，绪怒杀谏者，乃与左右逾垣入。悦方醉寝酣，绪挺刃升堂，二弟谏止，绪斩之，因手刺悦，并杀其母妻。悦死年三十四。比明，以悦命，召许士则、蔡济计事，皆杀之。

绪字绪，承嗣第六子。悦待诸弟无所间，使绪主牙军。而凶险多过，常笞勖之。悦于饮食衣服，俭啬有节。绪常苦不足，颇怨望，故作难。悦既死，惧众不附，以其徒数百，将出奔邢。曹俊率众追还。绪乃下令军中曰：“我先王子，能立我者赏。”众乃共推绪为留后，归罪扈崿，斩其首以徇，复杀悦亲信薛有伦等数十人，因巢父遣使者听命天子。滔闻悦死，以兵五千合寔军，进攻魏州。实濒王莽河壁，南距河东，抵博州，杀略甚众，使人入魏招绪降。绪新篡而寔围且急，乃遣使以好言见滔。滔许与盟。会穆劝绪绝滔，而绪部分亦定，乃乘城战。武俊、抱真各修好如悦时，诏即拜绪节度使。寔围魏凡三月，滔败走。贞元元年以嘉诚公主降绪，拜驸马都尉。李希烈平，以功赐一子八品官。绪猜忌，杀兄弟姑妹凡数人。兄朝仕李纳为齐州刺史。或言纳将入之魏，以代绪。绪厚赂纳，且召朝，朝以死请不行，乃送之京师。过滑绪将篡取之，贾眈以兵援接乃免。累迁检校尚书左仆射，常山郡主。又徙王雁门，实封五百户，加同中书门下平章事，暴疾死，年三十三，赠司空，少子季安嗣。

季安，字夔，母微贱，公主命为己子，宠冠诸兄。数岁为左卫胄曹，参军节度副使。绪死时年十五，匿丧观变，军中推为留后，因授节度使。除丧，加检校尚书右仆射，进位检校司空，俄同中书门下平章事。季安畏主之严，颇循礼法。及主薨，始自恣，击鞠，从禽，酣嗜欲，军中事率意轻重，官属进谏皆不纳。会诏中尉吐突承璀以神策兵讨王承宗，季安谋曰："王师不跨河二十五年，今越魏伐赵，赵诚虏，魏亦虏矣，奈何？"或请以五千骑决除君忧，季安曰："善沮军者斩。"时幽州刘济将谭忠适使魏，闻之，入见季安曰："往年王师取蜀，取吴算不失一，是宰相谋也。今伐赵，不使耆臣宿将，而付中臣。不起天下甲，而出秦甲。君知谁为之谋？此上自为谋，以夷服臣下，若师未叩赵，而先碎于魏，是上之谋不及下。岂能不耻？既耻且怒，必任智画仗猛将，再举涉河，鉴前之败，必不越魏诛赵。校罪轻重，必不先赵后魏，是上不上下不下，当魏而来也。"季安曰："计安出。"忠曰："王师入魏，君厚犒之，悉甲伐赵。"而阴遗赵书曰："魏若伐赵为卖友，魏若与赵为反君。"卖友反君，魏不忍受。执事能弛障鄗，遗一城，魏得持之，献捷天子，以为符此，使魏北得以奉赵，西得以为臣，不世之利也。赵不拒君，则魏安矣。"季安然之，遣大将率兵会王师，伐承宗，粮饷自办，取堂阳以报，加太子太保。有丘绛者，父时宾佐，与同府侯臧争权。季安怒斥为下县尉，俄召还，先坎道左，既至生瘗之。忍酷无忌惮，大抵如此。死年三十二，赠太尉。妻元谊女，召诸将立其子怀谏，最幼不能事，政决于私奴蒋士则，数易置诸将，军中怒，推田兴为留后，以怀谏归第，杀士则等十余人。季安既葬，送怀谏京师，授右监门卫将军，宠锡蕃渥。绪弟缙、华显于朝。缙字云长，贞元十年入朝，授左骁卫将军，封扶风郡公。元和中，拜夏绥银节度使。始开元时置宥州，扼寇路，久而废，缙复城之。王师伐蔡，缙上橐它牛马助军。吐蕃寇丰州。缙设伏邀其归，俘斩过当，入为左卫大将军李听代之。听劾缙盗没军粮四万斛，疆取羌人羊马，故吐蕃得乘隙，贬衡王傅。俄而吐蕃又攻盐州，贬房州司马，长庆初终左领军卫将军。华，太常少卿，尚永乐、新都二公主。田氏自承嗣至怀谏四世，凡四十九年。

弘正，字安道，父廷玠，尚儒学，不乐军旅。与承嗣为从昆弟，仕为平舒丞，迁乐寿、清池、束城、河间四县令，以治称，迁沧州刺史。李宝臣、朱滔与承嗣不协，合兵围沧州。廷玠固守连年。食虽尽无叛者。朝廷嘉其节，徙相州。承嗣盗磁，相廷玠无所回染，及悦代立，忌廷玠之正，召为节度副使。廷玠至让悦曰："而承伯父绪业，当守朝廷法度，以保富贵。何苦与恒、郓为叛臣。自兵兴来，叛天子能完宗族者谁邪？而志不悛，盍杀我，无令我见田氏血污人刀也。"遂称疾不出，悦过谢之，杜门不纳，愤而卒。弘正幼通兵法，善骑射，承嗣爱之，以为必兴吾宗，名之日兴。季安时为衙内兵马使，同节度副使，封沂国公。季安侈汰，锐杀罚，弘正从容规切，军中赖之，翕然归重。季安内忌，出为临清镇，将欲因罪诛之。弘正阳痹痼，卧家不出乃免。季安死，子怀谏袭节度，召还旧职。怀谏委政于家奴蒋士则，措置不平，众怒咸曰："兵马使吾帅也。"牙兵即诣其家迎之。弘正拒不纳，众哗于门。弘正出，众拜之，胁还府。弘正顿于地，度不免，即令于军曰："尔属不以吾不肖，使主军。今与公等约能听命否？"皆曰：惟公命。"因曰："吾欲守天子法，举六州版籍，请吏于朝。苟天子未命，敢有请吾旅节者死，杀人及掠人者死。"皆曰："诺。"遂到府杀士则及支党十余人。于是图魏、博、相、卫、贝、澶之地籍，其人以献，不敢署僚属，而待王官。先时诸将出屯质妻子，里民不得相往来。弘正悉除其禁，听民通馈、谢庆、吊服。玩僭侈者，即日撤毁之。承嗣时，正寝华显。弘正避不敢居，更就采访使堂皇听事。幽、恒、郓、蔡大惧，遣客镌说钩染，弘正皆拒遣之。宪宗美其诚，诏检校工部尚书，充魏博节度使，又遣司封郎中知制诰裴度宣慰，赉其军钱五百万缗，六州民给复一年。赦见囚，存问高年茕独废疾不能自存者。度明辩，具陈朝廷厚意。弘正不觉自失，乃深相结纳，奉上益谨。复请度遍行其部，宣示天子恩诏。因令节度金谋布衣崔欢奉表陈谢，且言天宝以来，山东奥壤化为戎墟，官封世袭，刑赏自出，国家含垢，垂六十年。臣若假天之龄，奉陛下宸算，冀道扬太和，洗濯伪风，然后退归丘园，避贤者路，死不恨。制诏褒答，且赐今名，锡与踵涂。天子讨蔡，弘正遣子布以兵三千进战，数有功。李师道疑其袭已，不敢显助蔡，故元济失援，王师得致诛焉。王承宗叛，诏弘正以全师压境，破其众南宫。承宗惧穷，归于弘正。弘正表诸朝，遂献德棣二州以谢，纳二子为质。俄而季师道拒命，诏弘正与宣武等五节度兵进讨。弘正自杨刘渡河，距郓四十里坚壁，师道大将刘悟率精兵屯河东，战阳谷，再遇再北，斩万余级。贼势蹙悟乃反，兵斩师道首，诣弘正降。取十有二州以献。初悟既平贼，大张饮军中凡三日，设角牴戏，引魏博使至廷以为欢。悟盱衡攘臂助其决，坐中皆惮悟勇。客有白弘正者。弘正曰："郓士疲于战，疮者未起，悟当恤亡吊之，尉士大夫心。奈何取快目前耶？吾奉诏按军，伺悟去就。今知其无能为也。"既而诏悟为义成军节度使，狼狈上道。时称知悟之明，以功加弘正检校司徒同中书门下平章事。是岁来朝，对麟德殿、眷劳殊等。

引见僚佐将校二百余人，皆有班赐，进兼侍中，实封户三百。擢其兄融为太子宾客，东都留司。弘正数上表，固请留阙下。帝劳曰："昨韩弘以疾辞不就军，朕既从之矣。今卿复尔，我不应违。但魏人乐卿之政，四邻畏卿之威，为朕长城，又安用辞！"弘正遂还，常欲变山东，承袭旧风，故悉遣子姓仕朝廷，帝皆擢任之。朱紫满门，荣冠当时。穆宗立，王承元以成德军请帅，帝诏弘正兼中书令为节度使。弘正以新与镇人战，有父兄怨，取魏兵王千自卫，入其军，天子赐钱一百万缗，不时至，军有怨言，弘正亲加抚谕乃安，仍请留魏兵为纪纲，以持众心。度支崔俊吝其廪沮却之。长庆元年七月归卫，卒于魏。是月军乱，并家属将吏三百余人皆遇害，年五十八。帝闻震悼，册赠太尉，谥曰忠愍。弘正幼孤，事融甚谨。军中尝分曹习射，弘正注矢联中，融退挟怒之。故当季安猜暴时，能自全及为军中推迫，融不悦曰："尔竟不自晦，取祸之道也。"朝廷知其友爱，诏拜相州刺史，赐金紫。弘正性忠孝，好功名，起楼聚书万余卷，通春秋左氏与宾属讲论终日。客为著沂公史，例行于世。弘正子布、群、牟。

布字敦礼，幼机悟，弘正戍临清，布知季安且危，密白父请以众归朝。弘正奇之。及得魏，使布总亲兵。王师诛蔡，以军隶严绶，屯唐州。帝以布大臣子，或有罪且挠法。弘正请以董畹代，而士卒爱布愿留。帝乃止，凡十八战，破陵云栅，下郾城，以功授。御史中丞裴度轻出观兵沱口，贼将董重质以奇兵掩击。布伏骑数百，突出薄之，诸军继至，贼惊引还。蔡平，入为左金吾卫将军。谏官尝论事帝前，同列将麾却之，布止曰："使天子容直臣，毋轻进。"弘正徒成德，以布为河阳节度使，父子同日受命。时韩弘与子公武亦皆领节度，而天下以忠义多田氏。布所至必省冗，将募战卒宽赋，劝穑，人皆安之。长庆初，徙泾原，弘正遇害，魏博节度使李想病不能军，公卿议以魏疆而镇弱，且魏人素德弘正，以布之贤，而世其官，可以成功。穆宗遽召布解缞，拜检校工部尚书，魏博节度使，乘传以行。布号泣固辞不听，乃出伎乐与妻子宾客诀曰："吾不还矣。"未至魏三十里，跣行披发，号哭而人，居垩室，屏节旄，凡将士老者兄事之，禄奉月百万，一不入私门。又发家钱十余万缗，颁士卒，以牙将史宪诚出麾下可任，乃委以精锐。时中人屡趣战，而度支馈饷不继，布辄以六州租赋给军，引兵三万，进屯南宫，破贼二垒。于是朱克融据幽州，与王廷凑唇齿河朔三镇。旧连衡桀骜自私，而宪诚蓄异志，阴欲乘衅。又魏军骄惮格战，会大雪，师寒粮乏。军中谤曰："它日用兵，团粒米尽仰朝廷。今六州刮肉与镇，冀角死生。虽尚书瘠己肥国，魏人何罪。"宪诚得闻，因以摇乱。会有诏分布军合李光颜救深州。兵怒不肯东，众遂溃，皆归宪诚。唯中军不动，布以中军还魏。明日会诸将议事，众哗曰："公能行河朔旧事，则生死从公，不然不可以战。"布度众且乱叹曰："功无成矣。"即为书谢帝曰："臣观众意，终且负国。臣无功不敢忘死，愿速收元翼，毋使忠臣义士涂炭于河朔。"哭授其从事李石讫，乃入至几筵，引刀刺心曰："上以谢君父，下以示三军。"言讫而绝，年三十八，赠尚书右仆射，谥曰孝。子鐬，宣宗时历银州刺史，坐以私铠易边马论死。宰相崔铉奏布死节于国，可贷鐬以劝忠烈。故贬为州司马。群，会昌中历葵州刺史，坐赃且抵死，兄肇闻之不食卒。宰相李德裕奏汉河间人尹次，颖川人史玉坐杀人当死。次兄初玉毋浑诣官请代，因缢物故于时，皆赦其罪，于是武宗诏减死一等。牟，宽厚，明吏治，为神策大将军。开成初，盐州刺史王宰失羌人之和，诏牟代之。累迁鄜坊节度使，再徙天平，三为武宁，一为灵武军，官至检校尚书左仆射卒，诸子皆有方面功，以忠义为当世所高。

卷之十四

莱阳　　宋　琬撰次
宜兴　　路　遴参校
广宁　　常文魁续补

官　师

宋、元人作志，载宦迹而不载题名，盖仿史家之指循吏传，酷吏传，而庸吏不足传也。今比而书之，亦已赘矣。况及于晋之平州，燕之昌黎，则名同而地异。卫瓘、张华，都督、将军之号，以尊官遥统而不亲，丞簿、学正、税使、监酒之属，则微者而可略。三者悉去之而其它庸吏之没没无关者，以俟后之删除可也。

[汉]

右北平太守

李　广　有传。　　**路博德**　有传。

辽西太守

邳一吉　见邳彤传。

肥　如　令

郢　人

[新莽]

辽西太尹

田　谭　追击高句骊战死。

[后汉]

右北平太守

和　旻　刘　政　卑　躬

辽西太守一

闵　业　见寇恂传。　　　**赵　苞**　有传。

窦　崇　见魏书宝瑗传。

[晋]

平州刺史

鲜于安

[后赵]

北平太守

阳　裕

肥　如　长

赵　揽　《晋书》太史令谏，赵王虎不听，黜为肥如长。

[燕]

北平太守

杨　铉

辽西太守

阳　豪　邵　颜　怡　宽　李　朗

朝　鲜　令

孙　泳

[后魏]

仪同开府持节行平州事

辛珍之

平州刺史

元　纂　邢　逊　王　睹　常　英　崔长文　东平王匡
侯　渊　窦　瑗　有传。

北平太守

阳　固　　张　岱　　房思安

辽西太守

那　颉　　宋　谟　字乾仁，西河介休人。
于天恩　赠东平将军，燕州刺史。
司马灵寿　有传。　　尹　录　有传。
柳　脆　王买奴

肥　如　令

常　英

[北齐]

平州刺史

稽　晔

北平太守

宋景业　元景安　睦　寂

[后周]

平州刺史

源　雄　李昌哲

[隋]

北平太守

长孙洪　邓　暠

辽西太守

突地稽

[唐]

平州刺史

田仁会　有传。　**邹保英**　**张公素**　有传。　**刘守奇**

北平太守

史思明

[辽]

辽兴军节度使

韩德枢　有传。　**韩德让　武　白　萧道宁　迪里姑　耶律那瓜　耶律遂贞　耶律德政　胡都古　刘慎行　萧虚烈　查　葛阿　挞　耶律合里只　耶律独颠姚景行　耶律王九　何葛荣哥涅　里　韩高十梁援　韩知让　萧兀纳　萧常哥　耶律大石**　右按：重熙七年，详稳锄窘太王为平州节度使。郭建初云：若节度使，当称辽兴军。平州当称刺使，或误。

同知辽兴军节度使

耶律玦

辽兴军节度副使

张　珏　有传。

滦州宣慰使

宋仲义

［金］

平州都统

张敦固

兴平军节度使

宗　永　本名挑挞。**耶律德元**　**刘麟**　**仆散浑坦**　**张玄素**　有传　**徒单拔改。**　**乌延查剌**　**独吉思忠**　**蒲察阿里**　**乌林答乞住**　**纥石烈执中**　本名胡沙虎。　**乌古论庆寿**　有传。　**奥屯襄**

兴平军节度副使

路伯达　　**纥石烈桓端**

同知卢龙军节度使

完颜守道　本名习尼烈。

平州路转运使

杨伯渊

平州观察使

孟　浩

同知兴平府事

移剌福僧

滦州刺史

永　元　海　里　**完颜京**　本名忽鲁。**夹谷查剌**　隆州失撒古河人。

仆散揆　**武　都**　有传。　**卢启臣**

义丰县令

李宝信

马城县令

宋　倬

乐亭县令

韩　昶　奉直大夫，赐绯鱼袋。

[元]

兴平路行省都元帅永安军右监军节度使

鲜卑仲吉　有传。　**塔　本**　**阿里乞失铁木儿**　有传。

权滦州节度使

卑　群

卢龙军节度使

刘　整

平滦路总管

谭　澄　有传。

永平路总管

刘德温　有传。　**贾惟贞**　有传。

平滦路副都总管

李邦献

平滦路达鲁花赤

阿　台　有传。

滦州知州

孙　朋　**高云鹏**　**祁　逮**　**孙　明**　有传。

迁安县尹

郭仁义　有传。

昌黎县达鲁花赤

忽都花大

昌黎县尹

刘　懋　　**左　阔**　有传。　　**周　宏**　有传。

义丰县尹

张　翰

乐亭县尹

岳　志　洪沟，兼督诸军提军人、举学校事。

安　逸　兼督诸军奥鲁事。　　**柴本立**　有传。

石城县尹

葛　弘　　**那　谦**

行省参政

崔文耀　洪武元年九月十一日以城降命署永平府事。

[明]

永平兵备道山东按察司副使

嘉靖

温景葵　大同人，举人，副使。　**王惟宁**　兴平人，进士，副使。

沈应乾　五河人，进士，副使。

隆庆

张学颜　肥乡人，进士，副使。　**王之弼**　泾阳人，举人，佥事。

杨　兆　肤施人，进士，副使。　**孙应元**　钟祥人，进士，副使。

万历

宋守约　长治人，进士，副使。　**陈万言**　南海人，进士，副使。

雷以仁　夷陵人，进士，副使。　**成　逊**　长垣人，进士，副使。

叶梦熊　归善人，进士，副使。　**李后聘**　周至人，进士，副使。

王毓阳 绥德人，进士，副使。 **白希绣** 肤施人，进士，副使。
杨　镐 商丘人，进士，佥事。 **詹思谦** 常山人，进士，副使。
方应选 华亭人，进士，副使。
顾云程 常熟人，进士，左布政。
应朝卿 临海人，进士，参政。 **王　编** 宁乡人，进士，参政。
武之望 临潼人，进士，副使。 **黄一腾** 宁国人，进士，参议。
刘泽深 扶沟人，进士，副使。
袁应泰 凤翔人，进士，按察使。
泰昌
杜　诗 滨州人，进士，按察使。
天启
朱本洽 华亭人，进士，副使。
岳和声 桐乡人，进士，右参政。
张　春 同州人，举人，佥事加按察司。
崇祯
郑国昌 邠州人，进士，右布政。
张　春 见前，庚午起复，恢复监军，右参议。
方一藻 歙县人，进士，副使。
王凝祚 安邑人，进士，左参政。
刘景曜 登封人，进士，右参议。
丘民仰 渭南人，举人，右参政。
石声和 平坝人，举人，副使。 **姚　恭** 海丰人，进士，佥事。
朱国梓 辽东人，选贡，佥事。

[国朝]

顺治
李丕著 曲沃人，进士，佥事。 **石镇国** 黄梅人，进士，佥事。
陈弘业 辽阳人，生员，佥事。
毕元彩 辽阳人，生员，右参政。

王廷宾　锦州人，生员，副使。　**宋　琬**　莱阳人，进士，副使。
赵胤翰　兴化人，进士，副使。　**张云龙**　辽阳人，贡士，参政。
钱世清　钱塘人，佥事。

通　永　道

康熙八年，永平道移驻通州，更为通永道。
钱世清　浙江钱塘县人，辛卯，康熙四年任。
崔谊之　山东平度州人，壬辰十年任。
龚佳育　浙江仁和县人，由特拔。
霍　炳　山东青城人，丙戌进士，十七年任。

工部分司

顺治十五年设，驻扎永平采木。
张登云　辽阳人。　**王　沣**　常孰人，进士。
孟　安　满州人，康熙十八年七月内任。

知　　府

永乐
董　翥　太原人。　**胡伯辉**　东阳人。
马负图　临汾人。　**张从道**　京山人。
正统
李文定　临海人，进士。
景泰
张　茂　咸宁人。　**米　瓘**　山阴人。
天顺
周　荿　安阳人。
成化
王　玺　周至人，进士。　**郑　岑**　慈溪人，进士。
刘　杰　高陵人，进士。　**姜　琏**　兰溪人，进士。
陈　谊　德州人，进士。　**王　问**　武城人，进士。

弘治

吴　杰　江都人，进士。　　张　祯　平度州人，进士。

惠　隆　钱塘人，进士。

正德

何　诏　山阴人，进士。　　唐　夔　柳州人，进士。

毛思义　阳信人，进士。　　王　光　河南人，进士。

郭九皋　锦衣卫人，进士。

嘉靖

陆　俸　吴县人，进士。　　曹　怀　无锡人，进士。

黎　良　洛阳人，进士。　　胡体乾　安城人，进士。

王　旒　济阳人，进士。　　刘　隅　东阿人，进士。

毛秉铎　福清人，进士。　　周汝范　安福人，进士。

孙应辰　考城人，进士。　　张　玭　石州人，进士。

郭　监　高千人，进士。　　宋大武　余姚人，进士。

李　逊　新建人，进士。　　孟　官　咸宁人，进士。

纪公巡　恩县人，进士。　　阎光潜　东平州人，进士。

廖逢节　固始人，进士。

隆庆

刘　庠　钟祥人，进士。　　席上珍　南郑人，进士。

万历

辛应乾　安丘人，进士。　　顾　褒　余姚人，进士。

任　铠　平定州人，举人。　　张世烈　延安人，进士。

陈维城　丘县人，进士。　　马崇谦　安邑人，进士。

徐　准　新城人，进士。　　曹代萧　山东人，进士。

程朝京　休宁人，进士。　　高邦佐　襄陵人，进士。

史文焕　盂县人，进士。　　刘泽深　扶沟人，进士。

项良梓　鄞县人，进士。　　陶　珽　云南人，进士。

天启

药济众　和顺人，举人。　　徐廷松　掖县人，举人。

陈所立 永乐人，举人。

崇祯

张凤奇 阳曲人，举人，死难。**黄运昌** 平坝卫人，举人。

王四聪 鱼台人，进士。**雷一凤** 蒲州人，进士。

唐世熊 灌阳人，举人。**石声和** 平坝卫人，举人。

彭 份 南昌人，举人。**李在公** 三原人，举人。

[国朝]

顺治

冯如京 振武卫人，恩贡。**李日芃** 满州人。

李中梧 满州人。**林起凤** 满州人。

张懋忠 满州人。**朱衣助** 满州人。

罗廷玙 新建人，官生。**杨呈彩** 林县人，举人。

路 遴 宜兴人，进士。

康熙

彭士圣 辽阳人，举人。**李兴元** 遵化人，贡生。

陈 丹 淮安山阳县人，举人。**蔡兴周** 辽阳人，贡士。

唐敬一 四川成都人，甲午十年任。

常文魁 广宁人，戊子贡士，十五年任。

佟世锡 辽东抚顺人，康熙六年荫生，十九年任。

同　知

洪武

梅圭 **潘 粟** 白水人。**贾 杲** 高平人。

永乐

唐 琚 **任 佑** 灵宝人。

姚 纪 上海人。**王 泽** 郾城人。

胡 谦 孟县人。**张 振** 夏县人。

刘 让 朝邑人，进士。

弘治

刘　遂　清涧人。　　**楚　麟**　密县人，进士。

成化

李　性　陵县人，举人。　　**邵　逵**　淳安人，举人。

曹宗琏　郑州人，举人。　　**王　祯**　山东人，举人。

张　桂　涪州人，进士。

嘉靖

张　守　泾阳人，举人。　　**张三畏**　长安人，举人。

刘　隅　　**李　冕**　章丘人，进士。

杨土魁　兰阳人，进士。　　**孙允中**　兖州人，进士。

赵沛然　梓潼人，举人。　　**苏　烈**　清源人，举人。

何继武　灵宝人，官生。　　**刘世绅**　怀仁人，举人。

方　瑜　歙县人，举人。　　**程鸣鹤**　休宁人，举人。

任服休　大同卫人，举人。

隆庆

贺　溱　临汾人，举人。　　**陈王道**　临汾人，进士。

万历

张　勋　寿光人，举人。　　**杨维乔**　富顺人，进士。

张民范　泰州人，举人。　　**范伯荣**　休宁人，举人。

林烣章　莆田人，举人。　　**曹署篆**　交城人，举人。

王暤如　朝邑人，举人。　　**杨秉铎**　溧水人，举人。

熊梦祺　南昌人，举人。　　**薛国彦**　韩城人，举人。

李居简　同州人，举人。　　**刘嘉会**　武定人，举人。

王家相　成山卫人，贡。　　**曲　楷**　掖县人，举人。

王家胤　朝邑人，举人。　　**张运道**　五台人，贡。

罗世美　南昌人，举人。　　**左立功**　洪同人，举人。

天启

左之龙　莱阳人，举人。　　**魏若谟**　山东左卫人，举人。

崇祯

李之佳　晋江人，举人。　**郭宗宪**　华州人，举人。

杨葆和　太和人，举人。

[**国朝**]

顺治

常三锡　静海人，贡士。　**张　斗**　温县人，贡生。

冯　珍　同官人，贡士。　**冯如京**　代州人，恩贡。

朱求构　山西人，贡士。　**李　持**　江津人，贡士。

胡守德　长治人，举人。　**王觉民**　颖上人，岁贡。

刘曰永　湖广人，贡士。

康熙

韩　章　汉阳人，恩贡。　**梁泰来**　寿州人，举人。

罗　京　会稽人，贡监。

郑四国　山东乐陵县人，十二年任。

朱用砺　浙江山阴县人，由中书科舍人。

管关通判

驻扎山海

[**明**]

吴天胤　江西人，贡。　**李　岱**　丰都人，贡士。

罗大器　安宁人，举人。　**江一蔚**　婺源人，举人。

周三聘　三原人，举人。　**马河图**　嵩县人，举人。

常自修　来安人，贡士。　**王修行**　陈州人，进士。

焦思忠　延津人，举人。　**牛象坤**　陕西人，举人。

邓武沆　南直棣人，贡。　**张文逵**　陕西人，贡。

万有孚　偏头人，贡。　**邵宗周**　陕西人，贡。

宋廷讻　山东人，贡。　**唐如渊**　南直隶人，贡。

天启

孙正气　浙江人，贡。　**赵广胤**　陕西人，贡生。

崇祯

杨葆和 云南人，举人。 **沈澄源** 余姚人，贡。

于　锈 山西人，贡。 **阎盛德** 山西人，贡。

郑　材 太原人，选贡。 **李梦祯** 延津人，贡。

葛　悝 平定州人，贡。 **桂继攀** 河南人，举人。

[国朝]

顺治

朱仲毕 山西人，贡。 **王廷勷** 山东人，举人。

白　辉 平定州人，拔贡。 **杨生辉** 辉县人，拔贡。

刘观澜 洛阳人，拔贡。 **赵振麟** 商南人，贡监。

陈天植 永嘉人。 **安达里** 满州人。

孔得孟 鹿邑县人，十六年任。

推　官

永乐

凌　璿 南陵人。 **莫　驯** 岐山人。

张　远 兴县人。 **宋　恭** 闻喜人。

正统

杨　浑 **杨　琰** 钱塘人，监生。 **吕　卣** 无锡人，进士。

弘治

周　宣 朝邑人，进士。 **杨承祺** 仪封人。

杜　澜 淮安人，举人。

嘉靖

李　凤 河南人，举人。 **李学诗** 平度州人，进士。

钱　岀 南通州人，进士。 **卞仲仁** 河南人。

唐　宽 平定州人，进士。 **柯　乔** 青阳人，进士。

薛广伦 宁夏人，举人。 **杨胤贤** 寿张人，进士。

霍　冀 孝义人，进士。 **刘廷锡** 维县人，举人。

刘　鹏 濮州人，举人。 **傅宗鲁** 尉氏人，举人。

宋　缥　商城人，进士。
丁　诚　安邑人，举人。
高尚仁　新蔡人，举人。
辛如金　恩县人，进士。
陈　训　长子人，举人。
刘　鲁　安阳人，进士。
冯　显　咸宁人，举人。
乔学诗　东阿人，进士。
丁汝谦　吉州人，进士。
宋伯华　益都人。
沈之吟　乌程人，进士。
王业弘　安丘人，进士。
詹献策　常山人，举人。
费　逵　定远人，举人。
饶景晖　进贤人。
王之犀　亳州人，进士。
孙毓英　辽州人，进士。
任芳鉴　绥德州人，进士。
喻守初　石首人，进士。
刘进明　潍县人，进士。
宋若愚　武定州人，举人。
李乔仑　高陵人，举人。
王　策　蒲州人。
董思稷　海宁人，进士。

崇祯

罗成功　高要人，举人。
韩国植　泾阳人，进士。
耿始然　山西人，进士。
卫周柞　曲沃人，进士。
修廷献　山东人，进士。
宋学程　华州人，举人。

[国朝]

顺治

褚应于　山西人，官生。
刘万策　胶州人，贡生。
林起宗　文登人，进士。
尤　侗　长洲人，贡。
刘浑孙　景陵人，进士。
刘　瑺　潜江人，举人。
任暄猷　息县人，进士。

府学教授

[国朝]

陈　丹　遵化人，贡生。
邹国琬　真定人，贡生。
贾永升　晋州人，贡生。
王　美　昌平州人，贡生。
郭履礼　静海人，贡生。
苏之屏　良乡人，贡生。

王思牧 固安人，贡生。
李含春 通州人，进士。
谢国擢 延庆人，贡生。
纪五典 宛平县人，举人。
高居敬 宁晋县人，举人。

训　导 三

隆庆二年裁一员，国朝裁一员。

王凤鸣 顺义人，贡生。
李上举 枣强人，贡生。
程　灿 新河人，贡生。
杨呈秀 通州人，贡生。
符永培 盖州人，贡生。
霍文灿 沙河人，贡生。
伊　棐 阜城人，贡生。
高士奇 武清人，贡生。
蒋甲春 大兴人，贡生。

辽学教授 三员

都司教授分管：都司自在州、铁岭、沈阳、定、辽五学。广宁教授分管：广宁、开原、义州、海州、盖州五学。宁远教授分管：宁远、永宁、锦州、开原、义州、海州、盖州五学。宁远教授分管：宁远、永宁、锦州、前屯、右屯五学。后因平西王设陕西辽学，分去教授一员。迨后奉天府已设儒学，则教官俱改归奉天。其关内辽籍赴永平府考者，并属府学教授，代理辽学。存留如故。

武学科正 一员

今裁，府学授代。

税课司大使

凡商侩、屠市皆有常征，以时榷之，而输直于府。凡民间质田宅，操券典出直百之□请即而藏之。司吏一人。

府属首领

[国朝]

经历 知事 裁

王嘉相 西安人。
吴淑训 山阴人。

陈文英 浙江人。

康熙

刘德玉 华州人。 **俞 献** 慈溪人。

赵廷玑 山阴县人，十六年任。

照磨 检校裁

金国祚 山阴人。 **杨继晋** 典国州人。

李文华 太和人。

司典吏 三十九名

司狱司 典吏一人

盛永富 江南丹徒人。 **金 试** 苏州人。

倪继徐 福清人。

林正秾 湖广人，康熙十七年任。

盐 课 司

济民场 滦州。 **惠民场** 昌黎。

石牌场 乐亭。 **归化场** 抚宁。

永平镇库大使 俱裁。**永丰仓大使** 俱裁。**东关递运所大使、新店递运所大使、西关递运所大使** 裁。嘉靖八年令永平府属**山海仓、刘家口仓大使**就近带领黄土岭营、建昌营仓场、添设汉儿庄营、太平寨营、燕河营、石门寨四仓大使 裁。

滦州知州

李益谦 德州人。 **刘 政** 南昌人，举人。

谈 辉 华亭人，监生。

永乐

卢 聪 颍州人，监生。 **何 敬** 新都人，监生。

张 敏 阳曲人，监生。 **王务信** 贵池人，举人。

陶 安 常熟人，举人。

宣德

李　宁　南海人，进士。

正统

刘　弁　大同人，监生。　　稽　昭　昆山人，进士。

郭　泰　延安卫人，举人。

景泰

蔡　颙　长泰人，举人。

天顺

尤　瓛　武进人，举人。　　郑　鼐　武进人，进士。

成化

李　端　郴州人，举人。　　薛　穣　鄞县人，举人。

杨　鼐　南昌人，进士。　　李　智　曹县人，举人。

潘　龄　嘉定人，举人。

弘治

吕　镒　郓城人，举人。　　汪　晓　六安人，举人。

曹宗琏　郑州人，举人。

正德

王　溥　海丰人，举人。　　李　伟　丰城人，举人。

陈　溥　乐安人，举人。　　彭　璘　兰州人，监生。

高　堂　米脂人，举人。

嘉靖

张国维　定远人，进士。　　赵　叶　东阳人，进士。

魏　谧　汝宁人，举人。　　刘体元　南海人，进士。

周　佐　永丰人，进士。　　陈　道　陵县人，举人。

卢　杰　商河人，举人。　　徐　祯　长洲人，进士。

张士严　内江人，举人。　　陈士元　应城人，进士。

张　璜　海丰人，举人。　　王家士　光山人，举人。

董宗舒　真阳人，举人。　　孟鹏年　洛阳人，举人。

韩应春　茌平人，举人。　　李　成　江陵人，举人。

隆庆

邢元彻 阆中人，举人。 **崔　炳** 永宁人，举人。
刘欲仁 陈留人，举人。

万历

严守约 顺德人，举人。 **邢子深** 南郑人，举人。
周五凤 富顺人，举人。 **吴敬夫** 余姚人，举人。
郑　璘 石首人，举人。 **陆从平** 华亭人，进士。
白应乾 博兴人，举人。 **黄景泽** 襄陵人，举人。
张元庆 山阴人，举人。 **王应选** 阳谷人，举人。
刘从仁 解州人，恩贡。 **张尧辅** 宜州人，举人。
李鸣皋 博平人，举人。 **赵　桐** 应州人，举人。
何士伟 陇西人，举人。 **孙　慈** 蕲水人，举人。
林养栋 番禺人，进士。 **李乔狱** 南郑人，举人。
周　宇 成都人，进士。 **林应聚** 漳州人，进士。

天启

胡来聘 河南人，举人。 **吴震元** 太仓人，举人。
刘绳祖 汝宁人，举人。 **段耀然** 三原人，举人。

崇祯

杨　燫 铜仁人，举人。 **柏之焕** 盖州人，举人。
施镜光 福建人，举人。 **张鸿猷** 商丘人，举人。
崔钟庆 商丘人，举人。 **辛志谔** 三原人，举人。
冯如京 代丹人，拔贡。 **王瑞麟** 河南人，举人。
吴方思 武进人，进士。

[国朝]

顺治

孙维宁 青县人，贡生。 **朱　伸** 陕西人。
郑　伸 **许安邦** 辽东人。
王光晋 辽东人。 **傅成勋**

刘大勋 辽东人。 **刘汉杰** 辽东人。
萧如芝 辽东人。 **石　鲸** 湖庆人，进士。
吴景炜 文水人，十四年任。
马如龙 绥德州人，十六年任。

同　知

顺治

赵钟瑞 **姜　镇** 盖州人，贡生。
王梦弼 辽东人。 **史在德** 山阴人，贡生。
邓天栋 辽阳人，监生。 **洪进生** 池州府人。
冯希进 代州人，十六年任。

州　判 二裁

吏　目

顺治

李翔世 山阴人。 **张文钦** 山阴人。
雍际飞 华州人。

康熙

都廷楷 钱塘人。 **俞士章** 山阴县人，十六年任。

儒学学正

顺治

董　恪 高阳人，贡。 **韩唐愈** 永平人。
王　瀚 大城人，举人。

康熙

王麟图 四年任，保定人。 **刘元炷** 枣强县人，十一年任。
张问明 安肃县人，十七年任。

训　导　二

嘉靖三十二年裁一

顺治

马士骐　博野人。
李经济　魏县人。
马之霜　雄县人，贡。
赵　璧　河间人。
韩城溥
董德温　灵寿人。

康熙

张国猷　密云人，岁贡。
郭大鹏　满城人，十六年任。

榛子镇巡检

顺治

朱尚禹　丹徒人。
高以书　福建侯官县人，康熙十一年任。

卢龙县知县

洪武

胡　炳

永乐

尹守道　阳曲人。
郑　彝　临清人。
张　谔　岚县人。

正统

胡　琮

成化

刘　魁　高唐人。
乔　聪　河内人，举人。
李景华　江都人，举人。
吴　杲　山阳人，监。

弘治

谭　绅　滨州人，举人。

正德

韩　敏　**刘世卿**　**李永昌**　**何　宏**　**戴　钰**　**王宗尧**

王大猷　**张维贤**　辽东人。

嘉靖

高凤鸣　河南人。
陆　果　无锡人。
乔一举　山西人。
胡景旸　河南人。
吴道南　濮州人。
李绍光　盂县人。
王　纶
赵　弁　山西人。
杨保庆　泽州人，举人。
王　高　延安人。
赵敬简　益都人，举人。

隆庆

平　章　山东人，贡。
张　澜　冠县人，进士。
杨舜臣　商州人，举人。
潘　愚　峄县人，举人。

万历

臧仲学　辽东人，举人。
武　成　宁州人，举人。
王与可　蓬溪人，举人。
杨时誉　祥符人，举人。
白希颜　山西人，恩贡。
王　衮　阳谷人，举人。
刘　魁　**李景华**　**乔　聪**
叶世英　广宁卫人，进士。
王象恒　新城人，进士。
赵　绂　山西人，进士。
谢廷赞　沔阳人，举人。
侯胤祯　商丘人，举人。

天启

刘　诏　杞县人，进士。
孙止孝　山东人，进士。

崇祯

张养初　山西人，进士。
邓绍禹　湖广人，举人。
张　煊　介休人，进士。
赵明远　河南人，进士。
张若麒　胶州人，进士。
马孔健　河南人，进士。
刘浚源　浙江人，进士。
王三俊　山阴人，进士。
荣尔奇　德州人，进士。

[国朝]

顺治

夏之中 顺天人，举人。 **金一凤** 辽东人，生员。

梁应元 辽东人，生员。 **赵　汲** 锦州人，生员。

熊一龙 南昌人，贡生。 **李士模** 高密人，进士。

康熙

闵　峻 乌程人，贡士。 **魏师段** 湖广黄冈人，贡士。

吕宪武 山东掖县人，十三年任。

县　丞 旧裁

主　簿 旧裁

典　史

[国朝]

顺治

高光照 陕西人。 **赵之璋** 陕西人。

程启先 湖广人。

康熙

戴万象 南昌人。 **汤　旺** 巩昌府人，十一年任。

冯　杰 山阴县人，十五年任。

儒学教谕

韩秉正 扶风人，贡生。 **黄扬化** 元城人，贡生。

王纳谏 大成人，贡生。 **王家彦** 宁津人，贡生。

杨应运 昌平人，贡生。 **马　备** 大兴人，贡生。

杨芳声 宣府前卫人，岁贡，康熙十六年任。

朱持正 大兴县人，岁贡，康熙十七年任。

训　导

郑　锐 广平人。 **杨　复** 保定人，贡生。

刘硕辅 无极人，贡生。 **贾　源** 通州人。

张缵栻 清苑人，贡生。

徐焕然 魏县人，岁贡，康熙四年任。

康熙

邢宗孔 新河县人，岁贡，六年任。

孙　琮 河涧县人，岁贡，八年任。

李　升 清苑县人，岁贡，十三年任。

赵孟豪 清河县人，岁贡，十七年任。

滦河驿驿丞

杜文翰 顺天人。 **田生桂** 陕西人。

康熙

周大璋 三原县人，十四年任。**沈世麒** 山阴县人，十八年任。

迁安县知县

洪武

萧　颐

永乐

金彦祥 **邢　冕**

宣德

贾永年

正统

商　辂 浙江人。

景泰

干　羽 **费永宁**

天顺

江　征 丰城人。

成化

王　彝 济宁人，举人。 **王　丹** 曹县人，监生。

赵　祯　乐陵人，监生。　　戚　胜　遂平人，监生。　**张霄**

弘治

逯　鼎　章丘人，监生。　　张　济　阳曲人，举人。

周　密　　　　　　　　　　邓万斛　富顺人，进士。

正德

高　岱　盂县人，举人。　　罗　玉　南充人，进士。

郭　祯　陕州人，举人。　　钟　驯　汾州人，举人。

吕　端　濮州人，举人。

嘉靖

孙　宥　新蔡人，进士。　　张　镐　沂水人，举人。

杨　缙　寿张人，进士。　　温志敏　岚县人，监生。

许穑卿　海宁人，进士。　　陈　策　益都人，官生。

王　锡　代州人，举人。　　徐　州　杨林所人，举人。

韦文英　泾阳人，举人。　　宋时俊　祥符人，举人。

崔文宠　临汾人，监生。　　宋承郊　咸阳人，举人。

罗凤祥　蒲州人，举人。　　刘　钰　邹县人，举人。

赵文显　观城人，举人。　　马　仁　益都人，举人。

随　府　鱼台人，进士。　　赵云翔　平阴人，进士。

刘邦彦　龙阳人，举人。

万历

王淑民　咸宁人，进士。　　冯　露　襄城人，进士。

傅纳诲　定襄人，举人。　　白　夏　颍州人，举人。

申　安　日照人，举人。　　徐　安　平山卫人，举人。

张　鉴　泾阳人，贡生。　　仇际可　章丘人，举人。

金光初　长洲人，举人。　　孟履长　泽州人，选贡。

雷　声　禹城人，举人。　　钱吾德　嘉善人，举人。

张九三　新蔡人，官生。　　倪莹嗣　高密人，贡生。

林翰英　莆田人，举人。　　骆行健　夏邑人，贡生。

刘仪凤　周至人，举人。　　刘　济　肥城人，举人。

张廷拱 同安人，进士。
薛永宁 祥符人，举人。
张懋德 青阳人，贡士。
田化霖 山西人，举人。
王吁俊 陕西人。

天启

王四维 河曲人，选贡。
屠登元 都匀人，举人。
李可观 岚县人，举人。

崇祯

朱运泰 河南护卫人，举人。
胡文烈 永宁人，贡生。
任明道 清涧人，进士。
黄道济 曲阜人，举人。
彭光祖 江夏人，举人。
何　官 大理人，举人。
高承埏 秀水人，进士。
张　祺 盖州人，举人。

［国朝］

顺治

阙士登 桃源人，贡士。
徐逢时 满州人。
王　宏 济宁人，进士。
张　玉 满州人。
张自涵 平原人，进士。
吴德方 当涂人，贡生。
刘光远 商丘人，举人。
戴廷对 中江人，举人。
武纮周 肤施人，岁贡。
杨　鸣 安陆，举人。
王永命 临汾人，举人。
张一鹗 浙江山阴县人，十五年任。

县　丞　嘉靖二十四年裁

主　簿　裁

典　史

康熙

张朝相 无锡人。
殴阳超 湖广钟祥县人，康熙八年任。

儒学教谕

顺治

蒋文灿　昌平人，举人。　**乔大绶**　三河人。

田　宇　定兴人，举人。

师若渠　安肃县人，己酉科举人，十六年任。

训　导　一

顺治

岳毓粹　保定人。　**马攀龙**　房山人。

白方岳　河间人。　**冯尧年**　赵州人，康熙十年任。

三屯营仓大使　攒典一人，裁。

滦阳驿驿丞　各吏一人。

七家岭驿驿丞　改滦。

抚宁县知县

洪武

娄大方　奉化人，儒士。

永乐

陈　坤　石泉人，监生。

泰景

王　懋

成化

胡　方　新俞人，监生。　**姜　镐**　修武人，举人。

弘治

李　海

刘　玉　乐陵人，监生。　**窦　信**　武进人，进士。

曹　年　寿张人，监生。　**高　翔**　临海人，监生。

赵之彦　泾阳人，举人。

嘉靖

陈思谦 揭阳人，进士。

盛　懋 仪真人，监生。

李　岩 海州人，监生。

叶宗荫 遂昌人，举人。

袁　滨 南通州人，举人。

陈　谏 保安人，监生。

王良臣 绛州人，监生。

谢应征 安邑人，贡生。

黑文跃 常德人，举人。

郭　涞 咸阳人，举人。

萧　铸 上蔡人，监生。

段廷晏 太原人，监生。

姜　密 夏津人，举人。

隆庆

李一本 郏县人，进士。

张彝训 宁阳人，进士。

万历

宁　笏 河内人，举人。

徐汝孝 嘉祥人，恩贡。

雷应时 芮城人，举人。

崔时亨 浮山人，选贡。

孟　召 灵州所人，贡生。

梁　槐 陕西人，贡生。

崔敬立 临清人，举人。

仝　梧 郏县人，进士。

阎国魁 山西人，举人。

李尚恒 新淦人，举人。

曹司礼 潞城人，举人。

王　台 临清人，举人。

天启

黄中色 绥德州人，举人。

薛寅宾 临县人，贡生。

王道同 黄县人，贡生。

崇祯

余　爵 禹州人，进士。

卢以岑 太原人，举人。

李果珍 雒南人，举人。

霍　藻 南海人，举人。

孙廷铨 益都人，进士。

刘名彦 山西人，贡生。

[国朝]

侯一匡 山西人，生员。

张毓中 阳城人，举人。

李三元 辽东人，贡生。

张懋忠 辽东人，贡生。

王德新 辽东人，贡生。

王全忠 辽东人，贡生。

雷腾龙 三原人，贡生。
张弘猷 榆林卫人，贡生。
刘翊圣 闽县人，恩贡。
王文衡 江宁府人，生员。
谭　琳 湖广崇阳县人，康熙十年任。
刘　馨 湖广沔阳县人，十四年任。

县　　丞 旧裁。

主　　簿 旧裁。

顺治

钱良基 江南人，裁。

典　　史

顺治

魏邦秀 山西人。
彭尚式 湖广人。
李亘古 富平人。
汪　湄 苏州人。
胡大鹏 无锡人。

儒学教谕

顺治

黄可献 辽东人。
王梦旭 唐山人。
王家遴 高阳人，举人。
霍文炳 顺德人。
萧功一 宛平人。
王希彦 鄞县人，康熙六年任。
辛进修 新安县人，康熙十七年任。

训　　导

顺治

杨应麟 辽东人。
丁与玉 宛平人。
吴　瑛 顺天人。
刘三德 顺义县人，康熙十六年任。

县仓大使 裁。

榆关马驿驿丞 吏一人。

昌黎县知县

永乐

杨　禧 大兴人。　**田　璠** 乐陵人。

张　约 山阳人。

正统

于显祖 蓬莱人。　**王　玺**

景泰

王　懋

天顺

王永亨

弘治

白纯道　**殷　玘** 寿张人。

梁　谊 山东人。　**张云凤** 济宁人，举人。

张　完 辽东前卫人，举人。　**陈　纲** 金华人，进士。

赵　澜 修武人，举人。　**郭　祯** 钜野人，监生。

李　钺 金乡人，举人。

正德

高文学 繁时人，监生。

嘉靖

秦廷锐 武城人，举人。　**阎　凤** 汝州人，举人。

袁　禧 肤施人，监生。　**泰志仁** 长子人，监生。

康绍光 巩县人，举人。　**李　桐** 洛阳人，选贡。

文世英 广西护卫人，举人。　**郭　锡** 汾州人，举人。

李希洛 太原人，进士。　**王世业** 宁阳人，举人。

胡　溪 清平人，监生。　**张彦良** 辽阳人，举人。

刘　宪 赣榆人，监生。　**楚孔生** 曹州人，举人。

陈良辅 莒州人，举人。

隆庆

刘　泮　江都人，进士。　　**张存智**　历城人，举人。

孟　秋　茌平人，进士。

万历

吴应选　会宁人，举人。　　**曹世卿**　稷山人，举人。

胡　科　武安人，举人。　　**桂　伊**　石埭人，举人。

石之峰　丘县人，贡士。　　**冯　恩**　代州人，举人。

张正蒙　历城人，举人。　　**张孔思**　乐安人，举人。

洪　霖　鹤庆人，举人。　　**王道平**　高苑人，进士。

吴望岱　会宁人，举人。

前令应选子。

王汉杰　南郑人，进士。　　**杨于陛**　剑州人，举人。

徐州儒　固原人，举人。　　**姚一让**　五台人，举人。

天启

陈廉善　湖广长沙人，选贡。　　**尚　镰**　河南安阳人，举人。

王我锡　淄川人，举人。

崇祯

左应选　榆次人，举人，加按察佥事。

景可观　猗氏人，贡生。　　**秦士英**　夏县人，贡生。

黄映黼　沂州人，贡士。　　**樊腾霄**　宁州人，举人。

张三槐　代州人，举人。　　**傅继悦**　利津人，举人。

蒋三捷　辽东人，功贡。　　**徐可大**　镇武卫人，举人。

[国朝]

刘应锡　开原卫人，生员。　　**程　量**　杏山卫人。

石应泰　满州人，生员。　　**陈家修**　即墨人，贡士。

刘彦明　三原人，举人。　　**宋　荐**　陇西人，举人。

洪世讲　黄梅人，举人。　　**王日翼**　阳城人，举人。

万　任　江西南昌人，进士，康熙十四年任。

陈邦齐 盖州人，康熙十五年任。

县　丞

永乐十五年，添设县丞官马。嘉靖四十二年裁，存一，今裁。

主　簿 嘉靖十六年裁。

典　史

顺治

莫胜之 山阴人。　**高大成** 山阴人。

王国兴 山阴人。　**王　懋** 山阴人。

儒学教谕

顺治

吴凤起 雄县人，举人。　**孙兆祯** 完县人，举人。

训　导

顺治

石成璋 保定人。　**刘尚信** 涞水人。

田　芸 怀来卫人。　**王　渠** 顺天人。

张含章 大城人。

乐亭县知县

洪武

王文贵　**章似兰** 平原人。

刘　晟 昌化人。

永乐

周彬甫 桂阳人。　**魏　准** 武城人。

王继贤 德兴人。

宣德

吕　渊 凤翔人。

天顺

董　昱　武荥人。
元　弘　安阳人，举人。

成化

王　弼　栖霞人，举人。
李　瀚　沁水人，进士。

弘治

蒋廷桂　海阳人，进士。
张　谦　叶县人，监生。
郝　本　阳曲人，进士。
田　登　武城人，进士。
原　轩　阳城人，进士。
王渊学　东平人，监生。

正德

王　溥　海丰人，进士。
赵　宽　垣曲人，举人。
王　恩　宜兴人，举人。

嘉靖

苏　文　南阳人，举人。
柴　轲　山东人，举人。
马　浍　武定人，监生。
王　述　吉州人，监生。
蔡　洞　宿迁人，举人。
卢　臣　钧州人，监生。
彭　钦　定远人，监生。
陈德安　章丘人，举人。
杨凤阳　宿州人，贡生。
梁公奭　高唐人，举人。
缪　俊　江阴人，举人。
吕　鸿　太原人，举人。
相文祥　钱塘人，举人。
侯　庶　泽州人，举人。
冯时中　范县人，举人。
宋国祚　钧州人，举人。

隆庆

王　暹　肥县人，岁贡。
李邦佐　陈留人，进士。
尧久和　怀庆人，举人。

万历

冯　露　襄城人，进士。
马　速　曹州人，举人。
林景桂　东宁人，举人。
赵于仁　辽阳人，举人。
于永清　青城人，进士。
杜和春　陇西人，进士。
潘敦复　夏津人，进士。
刘芳久　安阳人，举人。
胡　绩　丰城人，举人。
叶敬愿　德州人，进士。

王国祯 咸宁人，进士。
李继祖 延津人，举人。
张　鉴 灵石人，选贡。
雷春起 同州人，举人。
桑　高 太原人，举人。
赵延庆 孟县人，进士。
刘　松 卫辉人，举人。

天启

曹养气 同州人，举人。
刘　檄 历城人，贡生。

崇祯

李凤翥 乐安人，举人。
王文晋 宝丰人，进士。
陈昌言 泽州人，进士。
刘所创 临潼人，举人。
王之祥 宁州人，举人。
朱光熙 山阴人，进士。

[国朝]

顺治

龚懋学 辽东人，贡。
金廷献 辽东人，贡。
梁宇曜 辽东人，贡。
姚时采 静乐人，贡。
韩　望 泾阳人，进士。
李日润 利津人，贡。
叶矫然 闽县人，进士。
黄兆丹 邵武人，举人。
于成龙 锦州人，荫生。
张承瓒 辽阳人，荫生。
于成龙 复任。
唐懋淳 高淳县人，举人，十九年任。

县　丞 今裁

主　簿 嘉靖十六年裁。

典　史

顺治

陈尚典 仁和人。
虞斐然 奉化人。
胡以宁 山阴人。
钱青选 钱塘人。
陶彬儒 会稽人。
马有良 山西太原府人，七年任。

张秉辉　绥德卫人，九年任。
孟　琇　山东益都县人，十一年任。
叶士琮　江南江都县人，十三年任。

儒学教谕

顺治
傅作衡　大兴人，举人。　　**胡继芳**　三河人，举人。
辛调羹　山海卫人，贡。　　**崔　冕**　安平人，举人。
孙肯廷　正黄旗人，康熙十六年四月内任。
王世遹　镶蓝旗举人，十六年十月内任。

训　导

顺治
王元宾　三河人，贡。　　**韩章美**　永清人，贡。
朱家麟　宣府保安卫人，康熙四年任。
王之造　大名府浚县人，康熙七年任。

永平卫经历

卢硕辅　西和人，贡。　　**窦更新**　富平人，吏员。

山海卫儒学　贡廪、膳、增广额数照县。

教　谕

顺治
王养正　滦州人，贡。　　**徐乃恒**　广宗人，贡。
姚舜臣　固安人，贡。　　**梁国衡**　饶阳人，贡。
韩雄胤　高阳人，进士翰林降。
钱裕国　顺天宛平县人，由庚子科举人，康熙六年任。
孟赉予　滦州人，庚□十八年任。

训　导

顺治

苗有秾　宛平人，贡。　**刘　龙**　曲阳人，贡

王　烨　顺天人，教习。

李昌宗　保定容城人，十六年任。

府　**阴阳学正术**　占候咎刻供救日月食报时。

医学科正　司方药诊疗人民。

县　典术　典科。

州　典术　典科。

府　**僧纲司**　都一，副一裁。

道纪司　弘治年裁。

县　僧会司，僧会。道会司。

州　僧正司，僧正。道正司。

凡救日月食，祈雨，祷晴，祀厉坛纲纪，率其徒施其教事，凡春秋奏乐于先师，则道童充乐舞生。

山海卫经历

顺治

武永臣　太谷人，贡。　**闵应魁**　湖广人，吏员。

旧设衙门

山海督师经略

[明]

汪可受　黄梅人，进士。　**杨　镐**　商丘人，进士。

熊廷弼　江夏人，进士。　**袁应泰**　凤翔人，进士。

文　球　固始人，进士。　**王象乾**　新城人，进士。

王在晋　太仓人，进士。　**孙承宗**　高阳人，进士。

高　第	滦州人，进士。	**王之臣**	潼关卫人，进士。
袁崇焕	藤县人，进士。	**范志完**	虞城人，进士。

山海巡抚　今裁

[明]

阎鸣泰	清苑人，进士。	**喻安性**	嵊县人，进士。
刘宇烈	绵竹人，进士。	**丘禾嘉**	贵州人，进士。
杨嗣昌	武陵人，进士。	**冯　任**	慈溪人，进士。
高登龙	山阳人，进士。	**张应泰**	泾县人，进士。
留敬臣	晋江人，进士。	**张士雅**	霸州人，进士。
宋继登	莱阳人，进士。	**曾绍芳**	永兴人，进士。
周之夫	麻城人，进士。	**王应豸**	见前。
方岳贡	谷城人，进士。	**陈此心**	光山人，进士。
罗应许	广东人，举人。	**刘胤直**	任丘人，官生。
张云鹗	榆林人，举人。	**陈　箴**	崞县人，举人。
孟绳祚	蒲州人，官生。	**姚兆豸**	襄城人，官生。
李国瑞	府谷人，选贡。	**陈　璟**	孟津人，举人。

[国朝]

吕鸣章	山海卫人，选贡。	**孟凌云**	赵州人，拔贡。
汤大临	大兴人，举人。	**鄢　广**	城固人，举人。
万邦翰	吴桥人，拔贡。	**白　芬**	洛阳人，举人。

山海户部分司

[明]

白贻清	武进人，进士。	**郭竹征**	胶州人，进士。
唐登俊	富顺人，进士。	**杨呈修**	华阴人，进士。
王嘉言	寿阳人，进士。	**孙如兰**	陈留人，进士。
王　畿	开州人。	**王建侯**	山丹卫人，进士。
阎顾行	蒲城人，进士。	**刁化神**	江津人，进士。

林　玄　莆田人，进士。
王鳌永　淄川人，进士。
严　鉴　顺德人，进士。
刘孔敬　崇阳人，进士。
刘在朝　监利人，进士。
郑仪凤　襄阳人，官生。

山海兵部分司

[明]

罗　恪　宜春人，进士。
刘　华　随州人，贡士。
萧余庆　华亭人，进士。
王　俊　清苑人，进士。
章　瑄　会稽人，进士。
祁　顺　东莞人，进士。
尚　䌹　睢州人，进士。
吴　志　遂昌人，进士。
熊　禄　进贤人，进士。
朱继祖　高安人，进士。
黄　绣　清江人，进士。
张　玠　宛平人，进士。
张时叙　沧州人，进士。
顾　正　海盐人，进士。
丁　贵　滨州人，进士。
黄　绶　邮县人，进士。
刘　序　长安人，进士
徐子贞　馀姚人，进士。
郐　间　新昌人，举人。
葛守礼　德平人，进士。
诸　燮　馀姚人，进士。
张敦仁　丽水人，进士。
张鹗翼　上海人，进士。
刘　钟　江夏人，举人。
张　璝　崞县人，贡士。
刘　玑　鄢城人，进士。
裴　翙　洛阳人，监生。
杨　琚　泰和人，进士。
杨　愈　湖口人，进士。
胡　赞　余姚人，进士。
苏　章　余十人，进士。
尚　缙　睢州人，进士。
张　恺　无锡人，进士。
陈　钦　会稽人，进士。
徐　朴　上虞人，进士。
鲁得禄　郧阳人，进士。
汪　瑛　处州卫人，进士。
李际元　阳谷人，进士。
黄景夔　丰都人，进士。
王　冕　洛阳人，进士。
马　敭　上蔡人，进士。
楚　书　宁夏人，进士。
吕调羹　濮州人，进士。
徐　纬　山阴人，进士。
王应期　蒲州人，进士。
方九叙　钱塘人，进士。

谷中虚 海丰人，进士。
吕　荫 阳信人，进士。
陈　绾 上虞人，进士。
商　诰 平原人，进士。
熊秉元 丰城人，进士。
王继祖 咸宁人，进士。
裴　赐 稷山人，进士。
孟　秋 在平人，进士。
杨　植 阳城人，进士。
陈　果 新安人，进士。
张时显 南城人，进士。
来俨然 三原人，进士。
李如桧 阳信人，进士。
王致中 太和人，进士。
邹之易 黄岗人，进士。
林翔凤 崇善人，举人。
陈民情 辽阳人，进士。
赵广胤 延安人，岁贡。
陈　瑾 宣化人，举人。
黄廷师 晋江人，进士。
刘士名 满州人，进士。
张　延 陕西人，举人。
王献圆 宁陵人，进士。
吴仲礼 贵池人，进士。
孟　重 渭南人，进士。
孙应元 承天卫人，进士。
赵慎修 胶州人，进士。
任天祚 天津人，进士。
王家栋 嘉兴人，进士。
王邦俊 鄜州人，进士。
马维铭 平湖人，进士。
张　栋 安肃人，进士。
吴钟英 高陵人，进士。
李本纬 曲沃人，进士。
邵可立 商州人，进士。
吴光义 无为州人，进士。
莫在声 灵川人，进士。
陈祖苞 海盐人，进士。
张元芳 蓟州人，进士。
郭捍城 平乡人，进士。
李国俊 进士。
魏肯构 曲阜人，进士。
朱国梓 辽东前卫人，贡士。

管粮通判　今裁

李　谦 阳城人。
张　毅 茯嘉人。
张　鹏 潞安人，举人。
彭　举 建昌人。
王　中 高邮人，监生。
邹仁升 黄岗人。
雁　云 广安州，举人。
韩　嵩 德州人。
刘淑成
高　宁 蓬莱人。

段　玑
胡　纬　交城人，监生。
白　金　武进人，进士。
荣　福　山东人。
王　雄　京卫人，进士。
张九霄　商河人，举人。
孙　辚　石州人，举人。
李光先　代州人，举人。
管世禄　洛阳人，举人。
庞友黄　青州人，举人。
陈宗年　嘉鱼人，举人。
董希孟　山西人，监生。
余本纪　福清人，举人。
刘世绅
张自期　利津人。
韦文英　泾阳人，举人。
石　麟　益都人，监生。
彭时望　永嘉人，监生。
张叔献　舒城人，贡生。
孙志纯　万全卫人，贡生。
陈大为　巴陵人。
王克访　临川人。
法　皑　丹徒人，举人。
马　徐　澄城人。
杨莹卿　龙溪人。
李　元　陕西人。
孙荆玉　辽东人。
魏　兰　利津人。
李应期　静乐人。
朱　瑄　曲阜人，监生。
孙　骥　夏邑人，举人。
周　义　陕西人，举人。
程　福　辽东人，举人。
喻　圭　四川人。
夏时中　湖广人，举人。
刘致中　榆次人，举人。
孙　让　山西人，举人。
曾梦祺　吉林人，举人。
赵　镗　颍上人，举人。
白　悦　武进人，举人。
常　淶　河南人，举人。
费　完　铅山人，举人。
乔　文　京卫人，举人。
成　印　耀州人，举人。
李　宋　陈留人，举人。
张　义　大监人，监生。
洪　溉　通城人，监生。
尚　爵　颍州人，举人。
郭　郊　屯留人。
李　佩　长治人。
程思岱　巢县人。
侯　封　山西人。
李　橙　铜梁人。
陈　价　河南人。
陈可言　确山人。
林　相　宁海人。
李世相　盖州人，举人。
萧以成　滋阳人。

郑世用 铁岭人，贡生。
陈万卷 黄岗人，吏员。
张文襄 常熟人，吏员。
王　建 固始人，监生。
徐举直 庐江人，举人。
秦可久 咸宁人，举人。
樊　宝 榆林卫人，贡生。
龙　游 峄县人，举人。
郭维价 徽州人，举人。
李一言 新蔡人，贡生。
马廷荆 临邑人，举人。
安所止 归德卫人，举人。
柳　明 临清人，举人。
徐应麟 莆田人，举人。
赵魁甲 虞城人，贡生。
冯国贤 汾阳人，贡生。
随　荫 鱼台人，举人。
孟国诏 富平人，举人。
赵无咎 寿光人，举人。
赵　兰 西宁卫人，贡生。
杨舜臣 商州人，举人。
石朝选 同州人，举人。
赵维屏 寿光人，举人。
杨　枝 阳城人，举人。
方惟一 桂林人，举人。
毛志忠 中牟人，举人。
杨廷楠 屯留人，举人。
刘秉注 观城人，贡生。
吴天胤 金溪人，贡生。
张重恩 祥符人，举人。
孙兴贤 狄道人，贡生。
黎民化 宁番卫人，贡生。
林瑞芝 恩州人，贡生。
李如宝 石楼人，举人。

山海海运通判　已裁

李　曾
万起鹏
张　珍 山东人，贡生。
黄登云　**施王政**
臧嗣光 东人，举人。
罗九有 云南人。
郭　敦 陕西人，贡生。
王国臣 陕西人，贡生。
徐廷松 掖县人，举人。
王应豫 山西人，举人。
赵宋儒 浙江人，举人。
霍萃芳 山西人，贡生。
刘德溥
李梦祯 河南人，贡生。

山海理刑推官　今裁

李　增 陕西人，举人。
陈祖苞 见前。

黄师夔 福建人，进士。
严　鉴 广东人，进士。
刘祖生 通许人，举人。
许启敏 歙县人，举人。
邹启胤 云南人，举人。

武　职

协镇山永副总兵

顺治

张惟一 京卫人，勋卫。
鲁国男 长清人，銮仪卫指挥。
朱运亨 辽东人。
王国栋 临清卫人。
张思盛 辽阳人。
张　镇 绥德人，驻扎三屯。

康熙

李廷楠 西安府人，顺治十六年任，升寿春镇副总兵。
张应标 陕西崇信人，康熙七年任。
喻三元 江南徐州人，康熙十二年任。

协标左营中军守备

顺治

齐可常 保定人。
李大龙 复州人。
王著名 临朐人，武举。

康熙

杨　梓 吴县人，康熙六年任，十八年升南赣镇都司。
尹得功 滑县人，康熙十八年任。

协标右营中军守备

原设游击，顺治六年改守备。

崇祯

汤自道 滦州人，游击。
郑五典 河南人，游击。
李之祯 万全卫人，守备。

顺治

苏弘功 铁岭卫人，守备。 **刘 保** 京卫人，进士，守备。

康熙

李一奇 通州人，康熙十年任。

永平道标中军守备

康熙□年俱奉文裁。

崇祯

杨志和 河州人，都司。 **杨 丽** 新城县人，守备。

于 龙 天津卫人，都司佥书。**王国相** 宛平人，将材守备。

崔毓德 昌黎人，道标千总。 **高 标** 延安人，□拨千总。

永平卫掌印守备

顺治

王之熙 宣府人，进士。 **高君锡** 大兴人，进士。

冯邦彦 宣府人，康熙十年任。

康熙

杜进梅 辽东人，康熙十五年任。

永平卫屯捕千总 今裁

孙大谋 绍兴人，武举。 **萧云汉** 南宫人，武举。

康熙

程 墨 陕西人。 **徐九伟** 江宁人。

秦 钺 曲沃人，十八年任，裁。

永平卫经历 今裁

卢硕辅 陕西人，拔贡，通州改授。

窦更新 富平人，吏员。

山海卫掌印守备

康熙

陈廷谟 京卫人，九年任。

王天福 京卫人，康熙十三年任。

山海路都司

原设参将，顺治六年改都司。

顺治

张开士 淮安人，都司。 **陈　锜** 高邮人，进士。

康熙

钟　声 淮安人，康熙十二年任。

石门路都司

原设游击，顺治六年改都司。

吴汝凤 兖州人，进士，游击。**李三阳** 顺天人，都司。

赵　琳 唐县人，康熙十三年任。

义院口守备

张宿曜 海州人。 **张异珍** 榆林卫人，指挥。

俞锡命 慈溪人。

大毛山操守

原设提调，顺治六年改操守。

党从戎 陕西人，提调。 **龙　纲** 榆林卫人，操守。

张志国 束鹿人，操守。

黄土岭操守

原设守备，顺治六年改操守。

张弘基 广宁卫人，指挥守备。**周　鼎** 铁岭卫人，指挥守备。

王问明 山西人，操守。 **蒋□□** □□□□□□□□。

张志翔 遵化人，操守。

燕河路守备

□□参将，顺治□年改守备。

侯　全　锦州卫人，参将。　**李世魁**　辽东人，守备。
董正巳　宣府人，进士，守备。**龙　纲**　榆林人，守备
葛天绮　京卫人。
张　光　清苑县人，康熙十五年任。

台头营操守

原设副将，顺治六年改都司，寻改操守。

张邦谟　□□人，进士。　**姜文惠**　四川人，副将。
黄胜蛟　镇江人，都司。　**印士奇**　卢龙卫人。
张得龙　卢龙卫人，操守。

界岭口守备

□□守备，顺治□年改操守。

何□□　□□□□□□□□。　**李世魁**　益州人，守备。
窦良臣　内丘人，操守。　**窦良□**　内丘人，操守。
杨廷昌　绍兴人，操守。

青山口守备

原设守备，顺治六年改操守。

李如登　京卫人，千户守备。　**徐洪勋**　京卫人，操守。
金辉汉　抚宁人，操守。　**王国臣**　密云中卫人，操守。

建昌路都司

原设参将，顺治六年改游击寻改都司。

高　宗　榆林卫人，指挥参将。**卢拱极**　东胜卫人，游击。
骆长升　遵化人，都司。　**王丕振**　历城人，进士。
毕世龙　靖远卫人，康熙十三年任。

桃林口操守

原设守备，顺治六年改操守。

胡希孔　辽东人，守备。　**佟绍圣**　辽东人，守备。

李之祯 宣府人，进士，守备。**赵国鼎** 榆林卫人，操守。
齐治平 辽东人，操守。**刘　恩** 卢龙卫人，操守。
秦世隆 辽东人，操守。**刘有德** 京卫人，武生。

刘家口操守

原设守备，顺治六年改操守。

高师文 榆林卫人，指挥守备。**岳　立** 永平卫人，操守。
俞文彪 京卫人，操守。**马如骕** 遵化人，操守。
虞民皞 兴州卫人，生员。

冷口操守

原设守备，顺治六年改操守。

赵　忠 榆林卫人，守备。**许天福** 山海卫人，守备。
俞锡命 慈溪人，操守。**刘　恩** 卢龙卫人，操守。
秦世隆 江阴人，操守。**缪嘉谟** 江阴人。

蒲河营都司

黄腾蛟 江南人，儒学。**尤起龙** 上元人，进士。
张德杰 滨州人，康熙十七年任。

南海口守备

崔　吉 辽东人。**萧九韶** 东胜卫人。
陈万□ 辽东人，康熙十二年任。

刘家墩守备

俞应坤 金华人。
孙中一 商丘人，康熙十二年任。

山海关城守章京

悉　怛 满州人。**塔不害** 满州人。
石　汉 满州人。**祈富哈** 满州人。
朱登科 辽东人。**吕逢春** 辽东人。升关内道。

王镇伦 辽东人。 **李国柄** 辽东人。
李兰芳 国柄子。

旧设武职衙门

镇守蓟州、永平、山海总兵

永乐

张　信 隆平侯。 **陈　志** 遂安伯。
陈　敬 京卫人。 **陈景先** 东胜右卫人。

宣德

王　彧 密云卫人。

正统

孙继先 应城伯。 **宗　胜** 遵化卫人。

景泰

胡　镛 永平卫人。

天顺

吴　得 隆庆卫人。 **马　荣** 兴州前屯卫人。
沈　煜 修武伯。

成化

焦　寿 东宁伯。 **冯　宗** 京卫人。
刘　清 京卫人。 **李　铭** 山东邹平人。

弘治

刘　福 宁晋伯。 **蒋　骥** 定西侯。
阮　兴 京卫人。 **王　铭** 锦衣卫人。

正德

温　和 河间卫人。 **吴　玉** 遵化卫人。
马　澄 京卫人。 **陈　镛** 遂安伯。
戴　钦 绥德卫人。

嘉靖

马　永　金吾左卫人。　**张　挽**　大同卫人。
杨　慎　辽东人。　**□　云**　榆林人。
萧　升　抚宁卫人。　**刘　渊**　山海卫人。
祝　雄　山海卫人。　**戴　廉**　蓟州卫人。
周　彻　抚宁卫人。　**罗希韩**　平谷人。
李凤鸣　京卫人。　**成　勋**　蓟州卫人。
周益昌　辽东人。　**欧阳安**　宣府人。
李　广　京卫人。　**张承勋**　怀安卫人。
孙　膑　绥德卫人。　**胡　镇**　阳和卫人。
王孟夏　宁武人。

隆庆

李世忠　绥德卫人。　**郭　琥**　永昌卫人。
戚继光　登州卫人。

万历

杨四畏　辽东人。　**张　臣**　榆林人。
董一元　宣府人。　**张邦奇**　蔚州人。

山海关镇守总兵

杜　松　榆林卫人。　**柴国柱**
刘　渠　**孙显祖**　**江应诏**　**马世龙**　**王世钦**
尤世禄　榆林卫人。
杨　麟　**赵率教**　**满　桂**　**杜文焕**
朱　梅　中前所人。　**宋　伟**
刘源清　**尤世威**　榆林卫人。
张时杰　**侯拱极**　**马　科**
于永绶　宁远卫人。　**卢天福**　东胜卫人。

[国朝]

高　第　榆林卫人。　**朱万寿**　绍兴府人。

东路协守副总兵

嘉靖

戴　廉　镇朔卫人。
九　聚　金吾右卫人。
韩承恩　辽阳人。
王继祖　密云中卫人。
毛绍忠　密云后卫人。
程　棋　兴州右屯卫人。
张世武　兴州右屯卫人。
吴　涞　通州人。
王　住　居庸关人。
唐大节　山海卫人。
李　鸾　陕西人。
龚　业　大同人。
王应岐　密云后卫人。
李　意　蓟州人。
戴　卿　保定人。
毛绍忠　再任。
李　贤　榆林卫人。
吴　珮　开元卫人。
蒋承勋　义州卫人。
张承勋　怀安卫人。
马　芳　宁夏人。
雷　龙　巩昌人。
黄　演　榆林人。
尤　月　榆林人。
董一元　万全人。
戴　纶　宣府人。

隆庆

胡守仁　观海卫人。
史　纲　大同卫人。
史　宸　永平卫人。
杨　文　台州卫人。
孙朝梁　陕西人。
日　福　山西太原人。

万历

史　宸　再任。
李如柏　铁岭卫人。
杨绍勋　广宁前卫人。
麻承恩　大同左卫人。
张　玠　真定卫人。
任自强　阳和卫人。
彭友德　兴州右屯卫人。
陈　霞　大同左卫人。

山海关参将

隆庆

张良臣　宁远卫人。
莫如德　龙门所人。
管　英　金吾右卫人。
孙朝梁　榆林人。

聂大经 大宁前卫人。

万历

□□□ □□□人。

陶世臣 永平人。

沈思学 宿州人。

王　通 榆林人。

王有臣 东宁人。

吴惟忠 义乌人。

杨　立 延安人。

谷承功 永平卫人。

王守道 广宁左卫人。

王有翼 铁岭卫人。

谷承功 再任。

张应种 东宁卫人。

姜显忠 榆林卫人。

张守职 彰德卫人。

孙一元 宣府卫人。

郭梦征 广宁中卫人。

李承祖 绥德卫人。

杨　元 定辽左卫人。

蔺登赢 龙骧卫人。

聂　钰 燕山右卫人。

李自芳 小兴州人。

石门寨参将

嘉靖

龚　廉 易州人。

王　芝 保定人。

王久中 辽东人。

张　勋 涿州人。

李　章 大同人。

佟　登 辽东人。

白文智 陕西人。

张　功 山东人。

隆庆

李　信 绥德卫人。

董一元 陕西人。

李　珍 榆林人。

张拱立 甘州左卫人。

万历

李　信 再任。

王抚民 绥安人。

毛　策 辽海卫人。

杨四德 辽东人。

戴朝弁 辽东人。

王　挽 榆林卫人。

刘承恩 淮安卫人。

李应春 虎贲右卫人。

陈愚闻 绥德卫人。

樊崇礼 榆林卫人。

管一方	安东中屯卫人。	**胡世芳**	蓟州卫人。
王国梁	宣府前卫人。	**丁世用**	榆林人。
李芳春	□□□人。		

建昌营参将

嘉靖

卢国让	临清人。	**周孚光**	蓟州卫人。
李　潮	绥德卫人。	**张懋勋**	山海卫人。
胥进忠	广宁卫人。		

隆庆

杨　腾	广宁中卫人。	**谷承功**	永平卫人。
王　轸	涿州人。		

万历

谢惟能	开平卫人。	**姚天兴**	广宁左卫人。
张　爵	忠义中卫人。	**黄孝感**	睢阳卫人。
王国翼	万全左卫人。	**解一清**	宣府前卫人。
陈汝忠	锦衣卫人。	**林　桐**	太原右卫人。
麻承训	大同右卫人。	**周　俊**	太原右卫人。
李如梅	铁岭卫人。	**王承业**	太原右卫人。
詹鞠养	铁岭卫人。		

燕河路参将

成化

胡　镛	永平卫人。	**王　福**	
吴　铎	**赵　源**		
李　铭	山东人。	**王　瑄**	
阮　兴	会州卫人。	**赵　昶**	**杨　胜**

弘治

白　琮		**高　瑛**	武城中卫人。

正德

李　洪　山海卫人。　　刘　玉　金吾右卫人。

王　钦　应天卫人。　　张　安　府军前卫人。

陈　勋　宣府人。　　程　漢　济阳卫人。

夏　仁　蓟州人。　　叶凤仪　锦衣卫人。

高　谦　燕山卫人。　　王孝忠　辽东人。

嘉靖

朱　卿　真定人。　　杨　鼎　义勇右卫人。

白　珩　京卫人。　　周良臣　营州前屯卫人。

王　钰　大同前卫人。　　赵　卿　山东人。

邓　安　京卫人。　　李　镇　武骧左卫人。

萧　宝　永清右卫人。　　成　勋　蓟州人。

朱　楫　永平人。　　叶　昂　大同人。

何　镇　卢龙人。　　蒋承勋　辽东人。

王久中　辽东人。　　李康民　永平人。

时　銮　榆林人。　　雷　龙　巩昌人。

李　意　蓟州卫人。　　佟　登　辽东人。

傅　津　榆林人。　　王治道　辽东人。

隆庆

张　冬　昌永卫人。　　张　礼　榆林人。

史　纲　大同前卫人。　　王　通　榆林人。

马承胤　永平人。

万历

张　爵　忠义中卫人。　　聂大经　大宁前卫人。

陈文治　登州卫人。　　高如桂　绥德卫人。

胡天定　义乌人。　　姜显宗　榆林卫人。

钱国用　汤和卫人。　　徐从义　绥德卫人。

王　通　再任。　　任自强　汤和卫人。

孟尚义　宣府人。　　褚东山　羽林卫人。

管一方　安东中屯人。
薛虎臣　定兴人。
刘继本　莱州卫人。
张　楷　济宁卫人。
陈愚闻　绥德卫人。

建昌都司

万历

叶　鳍　处州卫人。
刘德温　开平人。
李　蓁　密云卫人。
艾应诏　榆林人。
朱　寿　通州右卫人。
马魁武　河间卫人。
胡懋功　青州卫人。
茹宗汤　京州右卫人。
宗应魁　密云后卫人。
陶思仁　金吾右卫人。
王　问　义勇右卫人。
李宗牧　营州右屯卫人。
刘国威　广宁中卫人。
王养贤　山海卫人。
胥应征　南京留守左卫人。

永平守备　正统以后至嘉靖年无可考。

罗　政　永平卫人。
胡　镛　北平卫人。
陈　瑄　永平卫人。
胡　瀚　镛之子。
罗　纲　政之子。
郭　英　蓟州卫人。
王　瑾　羽林前卫人。
郭　铉　金吾前卫人。
刘　瑁　羽林前卫人。
单　聚　锦衣卫人。
萧　瑾　锦衣卫人。
杨　玉　锦衣卫人。
周　侨　锦衣卫人。
康　雄　锦衣卫人。
刘　宁　羽林卫人。
黄　瑾　京卫人。
李　镗　旗手卫人。
张天民　旗手卫人。
陈宗言　辽东前屯卫人。
毛绍忠　密云卫人。
姚　海　腾骧右卫人。
成　勋　蓟州卫人。
吴　涞　定远卫人。
周孚先　蓟州人。
陈　淮　东胜左卫人。
祝　福　山海卫人。
郭秉中　彭城卫人。
孙　昂　镇翔卫人。

周孚先 再任。
陈尧勋 宗言之子。
卢国让 临清卫人。
陈逢吉 涿州卫人。
徐　勋 蓟州人。
胥进忠 广宁卫人。
罗维冕 广宁卫人。
姜　俊 金吾左卫人。
李　沛 真定卫人。
葛绍忠 永平人。
李惟学 济宁人。

万历

王添职 绥德卫人。
刘应时 德州卫人。
陈汝忠 锦衣卫人。
吴道行 扬州人。
陈邦拓 定辽左卫人。
陈永福 腾骧右卫人。
陈　仲 济阳卫人。
陈　爕 滁州人。
王　洪 苏州卫人。
陈曰栋 河南卫人。
王　诰 陕西人。
青若水 陈州人。
周永佑 锦衣卫人。
顾邦镇 天津卫人。

山海守备

正统

王　整 羽林前卫人。

天顺

谷　登 永平卫人。

成化

陈　善 龙骧卫人。
陈　宣 永平卫人。
李　铨 锦衣卫人。

弘治

李　增 永清卫人。
申　宁 沂州卫人。
王　喜 济州卫人。
赵承文 锦衣卫人。
杨　恭 府军前卫人。

正德

王　福 旗手卫人。
叶凤仪 锦衣卫人。

李　英　锦衣卫人。
田　琮　大宁都司人。
韩　聪　金吾右卫人。

嘉靖

钟　杰　抚宁卫人。
宋　琦　景陵卫人。
田　登　平谷人。
九　聚　金吾右卫人。
宋　经　金吾右卫人。
张世武　兴州后卫人。
栾　锐　营州右卫人。
萧　宝　永清右卫人。
赵　仁　兴州后卫人。
龚　廉　茂山卫人。
胡　潭　永清右卫人。
涂永贵　山海卫人。
杨　舟　镇朔卫人。
李康民　永平卫人。
胡宗舜　神武右卫人。
唐承绪　东胜左卫人。
戴　卿　保定前卫人。
何　凤　忠义后卫人。
朱孔阳　保定中卫人。
申维岳　遵化卫人。
倪云鹏　天津卫人。
谢　隆　忠义后卫人。
周　冕　神武左卫人。
杨四畏　定辽左卫人。
赵云龙　义州卫人。
王廷栋　东胜右卫指挥。

隆庆

周承远　大仓卫人。
张良臣　宁远卫人。
莫如德　龙门所人。
管　英　金吾右卫人。
孙朝宗　榆林卫人。
聂大经　大宁前卫人。

万历

林　岐　彭城卫人。
陶世臣　永平卫人。
沈思学　宿州人。
王　通　榆林人。
王有臣　东宁人。
吴惟忠　义乌人。
杨　立　延安卫人。
谷成功　永平卫人。
王守道　广宁卫人。
王有翼　铁岭卫人。
谷成功　再任。
张应种　东宁卫人。
姜显忠　榆岭卫人。
张守职　彰德卫人。
孙一元　宣府卫人。
郭梦征　广宁中卫人。

李承祖 绥德卫人。

杨　元 定辽左卫人。

蔺登瀛 龙骧卫人。

聂　钰 燕山右卫人。

李自芳 小兴州卫人。

卷之十五

总漕　蔡士英鉴定
督学　蒋　超较正
武林　钱世清参校
莱阳　宋　琬遗次
广宁　常文魁续补

宦　迹 前

古之司民牧者，代不乏人，秩亦各异。如领一郡，曰太守，曰刺史，曰防御使，曰节度使。制虽不一，大抵上与朝廷宣治化，下为百姓计生全则一也。元明凡领一郡，曰知府，佐以同知、通判、推官，次以经历、知事、照磨、简校辅之。虽时有裁留，酌行沿革，试因实而详其名，更因名而核以实。前人命名立义，至深远矣。今虽间有奉裁，宜全列之以备参考云。

北平太守

[汉]

景帝

李　广　陇西成纪人，秦将李信之后，家世受射，为人长猿臂善射，讷口少言，以其才气，天下无双。汉孝景皇帝授为陇西都尉，后徙为上谷、代郡、云中太守，皆以力战知名。孝景崩，武帝立，辽西太守韩将军败于匈奴。天子拜广为右北平太守。匈奴畏之，号曰飞将军。避之数岁，不敢入右北平。广出猎南郊，见草中石以为虎而射之，中石没镞，视之石也。因复更射之，终不能人。石今府治南五里许，遗踪尚在。广居郡，籍事省约文书，行阵弗正部曲，劝屯垦，修战守，一时边民安枕，每考称最。所得上赐，辄分麾下，饮食与士兵共之。终广之身，为二千石四十余年，家无余财，不言家产事，终年六十余。贤士大夫及一军皆哭。百姓闻之，知与不知，无老壮皆为垂涕。立祠于北平廓南之射虎处，至今岁时祭祀不绝。有子三：长曰当户，早亡。次曰椒，拜代郡太守。季曰敢，从骠骑将军击左贤王，夺王旗鼓而还，封关内侯，食二百户。皆有父风。

赵　苞　武城人。为辽西太守，峻厉威严。戍边迎母及妻子，道经柳城，值鲜卑寇，钞为所劫，质以击郡。公率众与敌，敌出母以示，公悲号谓母曰："为子无状，不图为母祸！"母遥谓曰："人各有命，何得相顾，以亏忠义也。"即时进战，敌悉摧破，母妻皆被害。诏封公为侯。公曰："食禄而逃难非忠也，杀母以全义非孝也，何面目立于天地。"遂呕血而死。至国朝康熙庚戌，督学蒋公超行本府代祭其祠。

平帝

邳　吉　信都人，宁寿侯彤之父。前汉末为辽西太守，及王莽篡汉，公免官家居。至更始时，王郎于邯郸诈称帝子舆，起兵攻破信都，执公以招彤。彤不顾。会更始遣将攻王郎败之，信都得全，公亦获免。至国朝康熙庚戌，督学蒋公超行本府代祭其祠。

闵　业　上谷人，耿况门下椽，与寇恂同劝况归汉，有功，拜关内侯，辽西太守。

［晋］

元帝

慕容廆　鲜卑人。幼而魁岸，美姿貌，雄杰大度。元帝时为安北将军，平州刺史。刑政修明，虚怀引纳，士庶多襁负归之。后都督幽平二州诸军事，封辽东公。

成帝

慕容皝　廆之子，英武有父风。成帝时督都平州。先是石勒遣宇文乞得龟击鱿，鱿迎攻之，悉得其众，乘胜拔城，收其资用，徙其人数万以归。又败石虎军于汲城，遣使献捷于晋穆帝。永和四年卒。

[后魏]

熙平

于天恩　代郡人。熙平间任辽西太守。赋性中和，百姓怀之。

[唐]

田仁会　平州刺史。岁旱，自暴以祈雨，雨大至，谷遂登。人歌曰："父母育我兮！田使君挺精诚兮！上天闻中田致雨兮！山出云仓廪实兮！礼义申君当在兮不患贫！"后迁右金吾。子归道、孙延、三世并为金吾将军，祀名宦。

通天

邹保英　万岁通天初，为平州刺史。契丹入边，城且陷。妻奚氏率家僮女丁以拒不下。诏封诚节夫人。

懿宗

张仲素　懿宗朝为平州刺史。有威望，人敬服之。

[辽]

韩德枢　为辽兴军节度使。厘纷剔蠹，恩昭信服，劝农桑，兴教化，民获苏息。后迁平滦营三州观察使。

[元]

大（天）历

刘德温　永平路总管。当大历兵革之余。野无居民，公为政期年，而户口增，仓廪实，学校兴，庶事毕。举岁旱，竭诚祷祀，甘霖大至，其年大稔。

道 宦 迹

古者有文事即武备，秦汉以来，设官分职，将相兼资。如太守文秩也，而汉则拜将军为之。兵备武勋也，明人又以道臣监之。其后又推此义，或以饷司加衔兵部，或以协镇兼理地方。但事权相轧，开嫌构隙，遇有紧急，互相推诿，贻误疆场，不可救药。

国朝新制，文武各分。文司民牧，以整饬地方，武治军旅，以诘戎弭盗。无相牵制，各守职司，何其善欤！宋公第十四卷之题名，以道府部列于古太守、刺史之后，在今知府之前。兹叙宦迹，犹仍之，以合题名次序焉。

永平道

永平旧无兵备，向以蓟州道兼摄之。嘉靖中，时值多事，自蓟至永，延袤三百余里，地称冲要。永属重镇，一遇有警，猝难救援。朝议专设监军使者，备兵永平，称为东协，蓟镇为中协焉。康熙四年，改兵备为整饬，不司戎务。八年四月，内奉文移驻通州，改为通永道。

永平道山东按察司副使

[明]

嘉靖

温景葵 字汝阳，号三山，山西太原人。三十九年任自霸州移任创制筹画，详审精密，莅任四年。练兵裕饷事惬人心立籴贮法以厚农，入仓法以苏商人，稽运法以清冒支，设径解惜薪司法，以全活卫职。修诸营寨、城堡，新郡城楼七座，约束军卫，宽严相济，居民赖以安枕。公又遴入庠之士，馆之孤竹书院，聘师丰廪，严课鼓舞，如亲子弟。癸亥之变，总兵阵殁，督抚重谴。朝议以公夙望，特授都御史，巡抚顺天。

隆庆

杨　兆 字梦镜，号晴川，陕西肤施人。隆庆三年任，为政平和近人，抚恤疮痍，作兴学校，凡坊、表、署额，皆出其笔。升都御史，巡抚顺天。

万历

孙应元 号华山，湖广人。由进士，隆庆四年任，时坐商籴饷，罄赀赔补，犹拟远戍。公力白当道宥诬，坐土商戍边者四十馀家。永人世尸祝之赒恤贫士，加意学校，至巡视边徼不惮险阻，皆公自检核，立除虚冒军卫敛手牙侩，足其刚介精敏如此。万历五年升山西巡抚。

叶梦熊 字男兆，号龙塘，广东归善县人。由己丑进士，十三年任。政尚宽平豁达，而持大体。时守台南兵欲为乱，公设法抚定之。聘旧门下生郭造卿修府志，以备一方文献，升山东按察司。

杨 镐 号沧宇，河南归德府商丘县人。由庚辰进士，二十年任。才猷挥霍，风采历然。旧例石门产煤，县辇送道府各署，以供官用。里民挽运络绎，苦累不支，公至方禁之。熟谙边务，下笔数千言立就，按之皆中綮要。迁辽东参议，寻升经略尚书都御史。

刘泽深 字警图，河南扶沟县人。由辛丑进士，四十六年任。治政刚决，不容奸伪，人莫敢干以私。其所兴除，皆大利大害。四十七年升湖广参议，入名宦。至国朝康熙庚戌，督学蒋公超行本府代祭其祠。

天启

张 春 号太宇，陕西西安府同州人，由万历庚子举人，□□□时值多事，朝议以公有经济才，由刑部主事特命备兵永平一时治政琤琤有声，寻转山石道以执法不阿移病归，二年复起为永平兵备，收复永滦。严禁屠掠，全活难民甚众。论功加太仆寺少卿，仍请告回籍，再起备兵通州，不数月又调永平。皇清兵下大凌河，公率兵救援，兵衄被执，坚求自尽。太宗文皇帝聆其忠直，优养十年，及卒，仍以礼葬之。至死留发不剃云。越今三十余年，公子伸乞骸归葬，今上康熙三年特旨准从所请。路经山永，有慕公忠直者，皆祖道焚镪，络绎不绝。挽诗祝文。几盈囊笥。先是永人闻公死难，建立专祠，凡四区，一在东郭门外百步许，一在北廓外汤坨庄，一在县治东伏魔宫，一在滦州。岁时伏腊，香火不息。其德泽入人之深如此。入名宦祠从祀。公败绩时，夫人尽节于永平韩氏楼中，公每食必具箸遥逊同食。父忠子孝，夫义妇烈，皆出性成。真古今所不多得者，洵宜受享于不朽云。

崇祯

郑国昌 号天符，陕西邠州人。由万历丁未进士，元年二月内任。时边圉多事，羽檄交驰，公应之裕如。崇祯二年己巳季冬，皇清兵下永平，四境纂严。时议土著防兵单弱，调阳武营卒协守。岁除，主客争酒食丰啬，治兵相攻，因纵火焉。众大哗，永城遂破。公策马亲冒矢石，力挥武营兵数人，复率内丁堵马道，攻射武营逃兵。事已无济，卒有劝出亡者，公厉叱之。回署公服西向再拜曰："臣力竭，臣罪不可赎矣。"乃约夫人子女阖门缢死。公从容自尽，举火焚之。事平追赠太仆寺卿，立坊表之，仍从祀武庙表忠祠。

刘景耀 号嵩曙，河南登封县人。由壬戌进士，六年备兵永平。赋性正直，不轻言笑。时中官奉使阅兵，有总监、总督、监视、钦授等名，横甚，稍弗遂意，辄奏行逮治。公独不往，谒疏揭凡七上，时称敢言。察边阅操，例兵备伺赔，以属礼见。公乘肩舆，直至演武中堂，总监出幄，迎以宾礼会，而公犹抗言不稍假以颜色。永镇各边将士得免横索凌铄，皆公力也。督师孙公传庭，奉命赴山海监视，倚上方剑，纵获卫兵，不守纪律，声势赫然，所过地方，民争趋避。公馆之郭外，不令一骑入城，行粮自陴上运给之。孙公怒。提协将知县、乡总欲填以法，公不为礼。事旋解，而满城避兵，民得免糜烂，永人德之。升山东巡抚，所著有《嵩山文集》，及北平名景诸书。

丘民仰 号石门，西安府渭南县人。由举人，十二年任。公有文武才，历贵州道御史。凡条议时事，皆中要紧，有声于台。旋督蓟辽兵饷，锐运有方，中外倚重。以永平岩疆，简公备兵。甫下车，严饬边防，稽核士马，颁固圉录，以备城守。著《帅中录》，以教战攻。习火攻诸法，以资行阵。讲《马政录》，以备征调。所部将士乐其驰驱。热其训练，一时甲胄旌旄，严翼生色。次年七月内，调为辽东宁前提学道，一时称为得人云。

朱国梓 字邓林，前屯卫人。由贡士，十六年任永平道事。操持耿介，治政刚方，慎重案牍，特募役吏，严饬体统，屏除陋习。甲申春，逆闯陷京，将薄永郡。公高尚不屈，挂冠长往。携家赴关，与总镇吴公，共为据关扼要，誓师拒敌。值国朝大兵扫荡寇氛，靖一寰宇，公淡薄自甘，惟奉母石门，不急仕进。前任关门主事简静不苛有裨关政，如建且止亭于关外，以为候关内舍，至今称便。人皆推有忠孝廉节之实云。

［国朝］

顺治

李丕著　号愚公，山西平阳府曲沃县人。由丁丑进士，元年四月内备兵永平。当鼎革初，府县俱无专官。公多方调护，委官料理城市，始知有法。乘乱为盗者，许其首身自新，严禁诬讦。有弗革者获之，杖系锒门。盗风少息，招抚流离，民得复业。公又请设寓学，绥恤远士，立月课以鼓舞师儒。凡有不便于地方者，不待陈控，即革除之。人服其担荷而乐其爽决。升淮海道，士民感其有镇定安辑功，肖像立祠于南山之巅，以福德神君颂之。

宋　琬　字玉叔，山东登州府莱阳县人。由丁亥进士，十四年任。公慨慷明决，遇事立剖。至永，首诘凶暴，禁樗蒲，严惩衙蠹，一时奸宄敛迹，境内肃然。乐属番役贺进保，罗织良善，为地方害。公捕之，立毙杖下。亲鞫民间冤抑，数语即决，人心惬服。府学两庑倾圮，不蔽风雨。公设法重修之，添设左右角门及增修东西便门，与名宦乡贤两祠。开棂星门云路，其规模壮丽，藻采焕然，皆前此所未有也。又设立乐舞生六十四人，捐修乐器，以光圣祀。纂辑府志二十三卷，以备百年文献。公素有文望，所建条议，多出人右，时服其有识，著《安雅堂文集》《秦州记异》诸书。升浙江分守宁绍台道，寻进浙江廉使。

康熙

钱世清　字生一，浙江杭州府钱塘县人。由辛卯选贡，康熙四年任。公甫筮仕，即簪笔直庐，周知朝家制度典章沿革要务。所在居官忠宽敏惠，廉静端凝，所巡历皆有声。其佥臬北平也，地剧土寒，崇尚省约，维咨恤民隐为务。而遇事练达，莅任数年间，凡屯田、驹牧、邮传诸大政，以迨城郭、学校、仓廪、堤圩，罔不具饬，一时守令郡倅、州佐、亭长、督邮、咸承风化焉。时有营弁讦镇将者，奏付所司，营弁方窥伺，哗闻于外。公从容持议，既以伸国法，而僚属之体不伤，释然以解。又有以邪教摘发抚宁寺僧者，公曰："此特浮屠氏庬言耳。"律无深文，而原诘僧摭古证律，谓干重典且不测，司谳者言人人殊。公覆鞫之，得其平。部议卒从末减。又梁同知赔补官粮银两，贫不能偿，以镌级解任，寻殁于官。公矜恤之，代措银一千五百余两，周全以归。盖公生平持大体，识量过人，类如此。旧制，本道监军有兵环卫，后改归营伍，给役、胥隶皆按月捐钱，赡之代理饷司，不私毫厘。所部贫士，悉周给之。士亦从公如归市，鼓舞庶司嘉善而矜不能，未尝受赂遗一钱。祠庙载在祀典，有关风化者，亟修葺之。吏治民安，上下恬然，享和平之福，咸戴若父母云。寻移驻通州道，衔加通永自公始。康熙十年大计，□议公为天下道臣，清廉第一。本年七月内，特从所请予告养亲，时以忠孝廉惠称。去之日，商民吏役，攀辕涕泣，如失怙恃。议入名宦祠崇祀。

崔谊之　号老山，平度州人。由壬辰科进士，康熙十年十月内任通永道事。公初筮中州令，爱民礼士，持廉而多惠政，以卓异行取民部，操守清慎，佐理精勤。转郎中，未几，特授通永道佥事。公赋性宽和，御下仁恕，治政明决，体恤属僚，惠爱百姓。凡鞫理民词，虚公执法不阿，不徇念各属冲繁，不轻差役，以滋烦扰，馈送悉屏绝之，时以廉静闻。

山　石　道

[明]

崇祯

范志完　河南虞城人。由进士，十二年任，公多材艺优干辨，任事三年，百废俱举。峻城，浚池，宽徭，敕驿，鼓舞行伍，作兴学校，崇秩祀，奖节孝，救荒恤困。一时政治为之改观。升山西巡抚，擢总督。时不可为，未得以功名终，士论惜之。

［国朝］

顺治

吕逢春　满州人。由城守章京擢升山海道。三年任，值定鼎初，士子服色虽定，奢俭未尽合式。公履任初，即留心学校，捐俸先制顶带披领及蓝衫四袭，照依新式。其赭纹章缝，曲尽其制，以范多士。诸生服之，彬彬文雅，顿然改观，至今效之，遵为程法。七年升大同左卫右参议佥事。

永平户部分司郎中

明末永平设有监军，称为畿东重镇，号曰东协。因兵设饷，士马刍饷俱取给于蓟州。往返千里，士卒苦之。嘉靖四十二年用巡按董公尧封议，令设户部分司于永平以专理之，便以部扎提调各省额派银两便其呼应灵也。事系军与，宜继兵备道附列焉。国朝顺治九年仍移驻蓟州，后亦裁。

［明］

嘉靖

程鸣伊　字希正，号消溟，山东安丘人。四十四年任，创永丰仓廒，修建衙署，助粮以修学宫，捐俸以恤寒士，为分司题名碑记，大意俱继先任郎中吕公霍经画旧制，可称萧规曹随，董蔷张发也。升山西大同知府，晋太仆寺卿。

隆庆

许守谦　字子受，号益斋，直隶藁城人。由进士，隆庆四年任。嘉靖时充商者，悉荡产赔粜。后诬坐侵欺充戍四十余人。公力为辩豁，人皆戴之。历兵部。

宋　豸　字思直，号直庵，直隶容城人。由进士，五年任，时议蠲商未决，公知应者苦，遂一蠲之，有利于水。升汝宁知府，至运使。

万历

马瀚如　字纾之，号抱白，陈留人。由进士，十三年任。时郡岁租甚鲜，议佥商籴买，以实仓庾。永人骇愕，咸鬻产为逃避计。公如广开中法，令盐商输粟各仓，不用土著，而佥商之议寝矣。人俱德之。

陈名华 字诚甫，号章阁，晋江人。由进士，九年任。文望素著，申明不用土商之令。客兵屯海上扰民，请撤之。士民立石以颂，二十三年调礼部主客司郎中。

李开芳 字伯东，号还素，福建永春人。由癸未进士，二十年任，博学通才，出纳明允，善属文，精隶篆，公署、祠宇表额，多出其手。

黎　芳 字兰谷，四川丹棱人。由进士，宽厚博大，军民并戴，东征烦费，支应有方。重修永丰仓，以储兵饷，升陕西兵备副使。

泰昌

宋继登 字先之，号子亭，山东莱阳人。由进士，万历四十六年任，修理仓廒，设立银库，以专责成，收授称平，力豁佥派，军民戴之。泰昌元年，升淮津海运兵备道。

天启

方岳贡 字四长，号禹修，襄阳谷城县人。由壬戌进士，六年任。公气仁性廉，凡仓库钱谷出纳，丝毫不取。余羡有通户解，比者不事敲朴，帷劝令速输而已。诸生有以文艺谒者，给灯火，厉课之。其日用蔬菜，专人检点，无使滥费。严杜借扣放饷，刻期不爽。凡遇属员吏役，平易近人，一时同事各寮属，咸以长者重之。升松江府知府，寻升督粮道。时有以受贿误谒者当宁，廉知其实，廷质加升都御史，寻入内阁。未几乞骸归，囊箧潇然，授徒自给。门生故吏，道经谷城，修谒衣文绮者，拒而斥之。所亲有怪公拙于谋利者，公付之一笑，其廉介如是。

[国朝]

顺治

白　芬 字倚若，河南武城人。由举人，八年任。公刚果有为，御下明决。尝自谓云，兴一利不若除一害。甫下车，严饬仓库，示各役出入勿滥，门下员役，稍有弄法者，悉痛治之。积弊顿清，放饷按月支给，无预支，无过期，出入权衡皆出自较，军民悏服。所著有《四书干程》《墨然》诸书，以教诸生。顺治九年移驻蓟州，而永平饷司自此裁矣。

山海兵部主事

[明]

天顺

杨　琚　江西泰和人。由进士，五年任。公练达庶务，凡举措，一中典型关法。自讥察外无少留滞，人咸称便。时卫学始建，拘行伍子弟充诸生，皆以为厉已弗乐。公雅意作人，士习用变，如郑侍御亲蒙讲受，卒成大器。至今士民称颂不置。

弘治

张　恺　字元之，江南无锡县人。由进士，二年任。公操持严介，有冰檗声。关旧法止验籍与年，公始稽貌，以杜诈冒之弊，至今因之。其待士惠民，外内一致，虽黠诈者亦不忍欺，其平恕如此。

黄　绣　号文卿，江南靖江人。由进士，五年任。公宅心平恕，政尚宜民。时关内薪水颇远，居民仰给关外，公给木牌悬之，出入樵汲甚便。公绝有目力，一经睹记，终莫能眩。遇诡称牵缝求合繻者，一见辄指摘之，卒无敢欺。启闭有常期，虽祈寒暑雨，及他务丛集弗爽。代去之日，男女夹道，遮留车马，至不得行。后转巡辽东，再经其地，居民依依不忍舍去。

嘉靖

葛守礼　山东德平人。进士十年任，公平生敦礼法，谨言笑，提躬范物，一准古道。至取与尤严一介，关法肃然。时典章草昧，自公始行乡饮，风厉耆德，创立养济院，著为令，茕独赖之。

万历

张时显　江西南城人。由进士，二十三年任。公长于治才，精核整肃。重修关志，俱出亲笔主裁，学识赡雅。时征倭总兵陈璘幕下鼓噪，赖公抚定，一宇获宁。

来俨然 陕西三原人。由进士，二十九年任。公居官端重严整。时税珰高淮煽虐厚币馈遗，公尽却之。迎送过客，不与同事。至有害于民，力为解释。淮亦畏其清鲠，不敢纵恶。任未久卒于官，士民痛之。西罗城外龙王庙后建有专祠。

邵可立 陕西商州人。由进士，三十六年任。公廉直刚断，道学入阃，加意人文，建文昌书院，购古今遗书。充之俊彦鼓箧其中，面吏指南乡会两榜发者彬彬，岁饥公令屯官清绝产置牛具分给婚不举者卫有布花之施，贫不葬者，普济会有棺木之给，赏三劾貂珰四减关税。修镇东楼，工师苦无大木。忽海上浮若于至，及落成无羸余者。亢阳不雨，公三祷三应，正直清惠，格于神祇，士民咸叹异之。

天启

陈祖苞 浙江海盐县人。由进士，五年任。公一日坐堂上，忽有骡马自关外闯入，向堂长鸣。公命人尾之，至一家直入，跑地得尸，廉其图财致命状抵罪。又有四人失路，引回关，中官竟以奸细论，公执不可，竟得放归。以此致忤罢去，后复起。东门瓮城伏魔宫侧有专祠，公遗像在焉。

知　府

[明]

永乐

马负图 山西临汾人。十年任，牧御有方，修举废坠，百姓戴之如父母。升山西布政。

正统

李文定 临海人，由进士，五年任。遇事立辨，刚果有为。修建郡学，殿堂斋舍，及鸣远楼，皆极壮丽。升福建布政使。

成化

王　玺 陕西周至人。由进士，四年任。公率属洁己爱民，尝辟郡学基壖，奏复夷齐庙，请赐额及祀典祭文。时论伟之，入祀名宦。

弘治

吴　杰　江南扬州府江都县人。七年任。首崇祀典，缮治坛壝。滦漆二河船夫岁用千余人，百姓苦之，公悉力裁减如制。旧有志，永乐初年失之。公下车首访得一篇残缺舛讹，乃属致仕行人张公廷纲，教官吴公祺，率诸生修之。培植学校，时称师帅之冠。

正德

何　诏　浙江山阴人。二年任。时中贵王宏镇边，踞视郡邑长吏谒者如属官，公独不往。其所诬盗，成狱者十有四人，竟出不坐。郡有叔杀人，而赂见知者，移罪于侄，狱成且二年，公一讯立辩，厘宿弊，均粮役，即奸胥老吏不能索一钱。兴学校，勤考课，闻母艰去，百姓皆追送泣别，立去思碑，入祀名宦，历官工部尚书。

嘉靖

张　玭　山西石州人。由进士，二十五年任。下车即厘剔宿弊，凡事有不便于民者，悉力除之。置脂膏簿颁示，各属吏无敢扰民。立孤竹书院，以风励士类。集文行优者，肄业于中。拓夷齐故城，修举废坠如制。祠成编志，畀守祠者世守之。升酒泉兵备，寻转蓟门巡抚，入祀名宦。

廖逢节　固始人。由进士，四十三年任。设立木铎，自府治达闾巷，晨昏以六谕号诏之，有崇古化民之意。时左道盛行，结众酿乱，公罪其倡首者，众始解散。其自奉，衣不罗绮，食不兼味，设义仓，编保甲，立乡约，勤蒙养，息讼缓征，与民休息。莅任三年，芝产后庭。四十五年，升山西副使。

万历

顾　褒　浙江余姚人。由进士，二年任。历事精明，划如风雨。公闻不假胥吏，援笔数千言立就。听断狱讼，一见即决，庭无留系，尽革赎锾等弊。时各衙门雇差驿递，雇役为时大累，公严禁止之，小民十省七八。滦州书役傅中江辈，舞文遗螯，立杖毙之。其执法如此，一时境内，吏治肃然。

任　铠　山西平定州人。六年任。时料丈田地，公以小民无知，十止报九，当罪者众，乃新制步弓，比旧暗增五寸，俾执以度，则地视前丈分数相合，众俱免辜。存心宽厚，御下不尚鞭笞，时论称为仁厚长者。建南门楼凭虚阁。升宁夏副使。

陈维城　山东丘县人。由进士，十五年任。操守廉清，衣履若寒士。卫余佥大户征收，立致罄产。公决议以收纳事，尽责各卫首领，著为令甲舍余得苏。又尝留心郡乘，与郡司李、沈之吟聘闽名士徐造卿，重修百年旷典。升山西赤城道副使。

高邦佐　别号衷白，山西襄阳人。由乙未进士。初履任，即谢绝填宅，供应所需，日用薪米，悉与平值。文移朝进暮发，无阁停者。输内尽去赢羡，官衙如水，胥侩如继。闻有书手朋匿粮地，寻稽得其状入籍，而贿财飞诡无所容，两巨商重辟斗牵，问者逡巡久不决，一经平反，人心皆服。榷税六属分认，岁为额，每苦为累，不难以公用抵补，折大珰高淮诬抢驿卒，及士元毒噬良善，公皆全力挽救之。朝觐不用邮递夫马，禁加派，苏凋敝，惠政累累，永人立石诵德。升天津道副使。

徐　准　山东新城县人。由进士，二十四年任。明通多智料，临事爽决，动中款綮。时倭警方炽，海防单弱。公请兵二千海防，一时恃以无恐。倭平，仍申文撤之。又奉调征倭兵十万，由永渡辽，供需飞挽，增派地丁银若干，倭平，悉飞告减复如旧。六属欢呼，一时称快。至条议河工利害，曲折详尽，遇事敢为，屹然莫夺。朝议以公长才，加河南按察司副使。二十七年升辽东海盖道，山西参政。

天启

陈所立　字如有，福建长乐县人。由举人，二年任。性嗜经术，甫下车，即于府治后建立书院，以清圣主于中。政事余，集诸生，较论文义，终日不倦。每嘱教官勿因拙于文者弃之。讲学正以激励其不学者。甫半载，诸生皆发愤，萤窗兢相，执经问义。士有文行俱优者，格外礼遇之，仍汇卷报院，准置高等，每岁暮各给灯火炭资，以励其学。诸生益奋，三年之间，士无贤不肖，皆彬彬可观。北郭外，淝漆二水潆汇，夏秋涨，辄啮城趾。公乃设法，自拱辰门至菊花台，横筑砖堤里许障之，傍植柳，堤内栽莲、菱以资民利。公又穿井通衢，以济道渴，今遗趾尚在。著有北平诗赋诸集，书院题名，石板名景，镌石犹存。

崇祯

张风奇 山西阳曲县人。由举人，元年任。莅任初，即值羽檄交驰，军需旁午，公修补废垒，设备刍粮，为固圉计。二年己巳季冬，永平戒严。公悉心捐募，鼓励军士。又出库银犒头，以饷乡勇。三年庚午永城不守，公尽出所有，散诸行市及舆隶，命其自尽，后代为焚之。乃咽药而殁，夫人阖门雉经。事平，赠光禄寺卿，从祀名宦。

彭　份 字洗存，江西南昌人。由举人，十三年任。公赋性慈愍，留心疆域。甫下车，约法三章，首严填设悬锣中门，民有冤抑者，任其不时申诉。筑敌台以固东圉，修泊岸以障西河。前官遗逋累公，镌级者六矣。终不遗一骑，以督各属。岁祲蝗不入境。永人有秋，尽数年逋欠，争相效输，公得尽复所镌级。汇童子试，聚同官于察院，考毕即封门谢客，公阅试卷，榜发始返署。既不滥收，亦不多送，是岁寒微得入泮宫者倍常。修补府县学宫设处二千余金，并未扰及民间。庚辰大饥，米价腾涌。流民万计趋永就食者，僵仆载道。公措处裤袄，设厂煮粥，择修空舍为暖屋以居之，所全活甚众。车骑营兵乘夜鼓口噪，公戒守栅扼巷，始开门击之。噪兵以无内应宵遁，城中得免屠掠。时服其有担当，而快其有定识云。升贵州道副使。

[国朝]

顺治

冯如京 山西太原府振武卫人。由恩贡，元年任。值开国初，以本府同知，人地相宜，擢授本府知府，弹压变乱，招集流离。申请创立寓学，以恤远士。革除明季陋规，以抚疮痍。六属钦服，士民爱戴。二年四月内，升榆林道副使，历广东江南左右布政。

李日芃 字培原，辽东籍满州人。由生员，二年任。惩投充，革滥派，吏不能为奸。升霸州道副使，历官操江都御史，卒於官，敕赐祭、葬、谥。

李中梧　号灿宇，辽东辽阳人。三年任。公厚重少文，不轻颦笑。居官兼明有威，不避豪右。有以镊刃毙人，久未成狱。公命以谷草灸锄，血迹俨然，乃脱诖误者于狱，坐实杀人者。有富民执旧券理父逋，公询之得实，其人愧服，愿还券自赎。公义其行，赏千钱，鼓乐导出之，其恩威并济如此。升蓟州道，士民攀辕泣送，自永至蓟凡三百余里，络绎不绝。历湖广按察司，告疾回籍，大计天下清官第一。

康熙

彭士圣　字青琳，辽阳籍正白旗人。由举人，元年三月内任。修孤竹城夷齐庙。滦水泛涨，飘集柴木无算，适供应用，亦属神异云。但毁祠中古今联额，及延僧建庵，恐非两圣心也。

李兴元　号时崧，字若始，直隶顺天府遵化县籍，满州人，由丁亥贡士，五年任。捐俸修本府学宫，自正殿、南庑戟门、泮池、桥梁，以及棂星门、明伦堂、抱厦，修补一新。旧制，永平谯楼为六邑中枢，屹然杰立，远近具瞻，岁久就圮。公多方劝募，凡六阅月，增修如制。巍峨壮丽，焕然可观。又浚挑久没，古井重修，近郭虸蚄祠。是岁蝗不入境，祈雨辄应士民，公为立石以德之。所著有《云鹤轩诗集》，七年升长芦盐法道。

陈　丹　字自修，号顽龙，淮安府山阳县人。由辛卯举人，七年六月内任。公文武兼资，天文、遁甲、舆图、行阵，无不精晓。初仕邓州，及守广西浔州，以循良称。县宪三楚，好持矜恕以失出。左迁永平，下车即尽撤地方供应，还各属，仍出示严杜侵冒留用什物，见给市估价值。治事精勤，一切文移详稿，朝进夕发。立限编号，约承辨者不得逾期。丛弊严绝，馈送丝毫不染，署内另舍自居，仅可容膝。日用蔬水，悉与寒士无异。未几卒於官，六属士民，如丧考妣，从祀名宦。公以武科起家，即仕淮安总戎从事，辛卯重入太学，应举子业，父子同榜，士论荣之。初归诚时，世祖章皇帝赐以宫媛罗氏，公询其家世，知是士妻，养为己女，逾年访其夫，还之长安。士大夫争为诗歌，以颂其事。

蔡兴周　字姬桢，辽阳县人。由镶黄旗丁亥贡士，八年任。初令完县，治政有声。行取御史，历参议，八年迁知永平府事。未入境，恤念民艰。即发银委员置辨应用器具，禁止填设，以清科派之原。励精图治，敬士爱民，洁己秉公，斥抑豪悍，治政公恕不苛，至听讼得情而止。和从民便，一应文移，不差衙役，州县得以安静。凡遇紧急公文，止署限期。州县惧差繁扰，如限遵报，案无沉阁。快皂两班，衣不完体，食不充腹，衙蠹尽消，其能洞剔时弊如此。

唐敬一　字耕留，四川成都府城都县人。由甲午科举人，十年十一月内任。北平向称繁冲，公于诸务悉心料理，禁革铺垫陋习，劝民休息词讼。严饬吏胥，不轻差役。事关重大，间有鞫理者，必两造集庭虚，公详讯得情方止，讼者交相惬服。至于勤学、课艺、品骘精详，谈文亹亹，多所启迪，士心预附。点童子试矢慎，亲裁论文，前后其名，不徇情以倒置上下，一时寒微称快。壬子夏，亢旱不雨，凡三阅月，土热禾焦，百姓惶惧。公捐赀设坛，早夜路拜，仍三致告文，以问守土之神，凡五日，霖雨大至。前推官太平府，啣命招抚安南，军功丕著，特升长安二府，继补临洮同知。去之日，两郡士民，俱称颂之。十四年升洮岷道副使。

常文魁　字月生，号独占，广宁人。由正蓝旗戊子科贡士，十五年十二月内任。公治政精勤，历事敏练。莅任初，见公署多属颓废，不堪居止。即雇觅工匠，内自穿堂住宅，外自仪门牌坊，倾者重修，隘者阔大，俱再造一新。元旦日，谒文庙，见圣宫颓圮，即择日鸠工，凡圣宫内祠，庑门坊，皆悉心查阅，或应重修，或应补葺，俱期完固。棂星坊前，新添石坊、石栅、及东西贤、关圣域二大牌坊，碑楼二座，周围环缭三百余丈，圣路白有余丈。又修明伦堂，连抱厦十间，东西斋房、中门、角门、大门，新添东西神库、神厨，共六间。及内外垣墙。又学前置买民间旧房隙地，创建书院一区，共计二十七间。其中前后堂廊号舍外，而坊额门壁四围界墙，曲折尽制。招集生儒，会文读书，以为养育人才之所。又栽松柏百余株，以培荫风水。以上三工，起工于正月望日，毕工于十一月朔日，计费一千八百余金。除劝助官生银七百余两，余皆公捐修完工。武学倾废年久，公于七月内，亦开工重修。凡百日，其大殿、戟门、棂星、大坊俱焕然一新。又添修东西两庑十间，以祀百将，名乡二祠六间，以祀忠烈。重竖东西储将毓英二大坊表，以崇观瞻。碑亭一座，以记岁月。计费七百余金，除劝助官生二百余两，余皆公捐修完工。蜡庙久载祀典，为民报赛祈年，祠居僻地，荒废难观，公为移建高阔之地，增修正殿、配殿、中门、大门及茶舍、戏楼，又为置地，以资香火。五旬而举，计费三百余金，劝助一百余金，余俱公捐修完工。最可异者，开光之日，螟蝗倏至，丛集庙前，信宿仍去，亦属罕闻。又于府治公廨内创修箭厅一处，正堂抱厦共计六间，其侧房、厨舍、将台、照壁、围垣，旬日完备，用以教练弓兵，以备不虞，计费二百余金，皆公自为措办。冠星楼倾塌，公为择地重修，又重修廓外龙王古祠。公莅任将及二载，不惜罄囊，不惜劳攘，而数大工，一力告成，皆人所难能。公每于政余，亲临劝董，度量地基，计画规制，若取诸豫，工匠皆服。凡大小工匠，每日给餐给值，凡有营造，皆蝇集恐后，其修造有方如此。至治政，公则励精图治，秉烛公□将□堂事□毕六牍肃然，听讼则片言折狱，两两俱服。向者旗丁与投充肆横地方，闻公至，皆谨守知法，地方安堵。如讲乡约，以化民俗。先季考以励士，习禁词讼，以恤民力。惩无良以警刁顽，祈两立应，祭蝗远徙，皆公实心实政。永平为两京咽喉，差使繁多，向称难于支应。公在应备有方，未闻有经临之扰。永平北近边，南滨海，多事之地，公恐有逃盗，官兵难应缓急，乃自为教练仆从，使娴骑射，每于迎春视操之日，亦设旗纛，各持执把，循次排布成列，使知行伍。公亦另设帷幄以教之，以备不时之用。仍设牛酒，以犒军士，使知鼓励，俾留心防御也。其文武合衷如此。自公莅任后，时和年丰，士安于学，农安于野，商买安于市廛，皆公隆崇祀典，留心地方之所致也。

同　知

郡丞，自古有之，历代名称各异。制曰同知，自前朝始也。永平设有边卫，而增其衔，则曰清军管马。继而沿海多事，增其衔，则曰兼管海防。国朝易其衔曰贴堂至粮署。奉文归并，则曰：清军管粮曰军粮督捕，遂为定制焉。

[明]

嘉靖

张　守　陕西泾阳县人。由举人，三年任。廉慎爱民，署滦篆。旧例，草束上京输场，岁费不赀，民甚病之。公为疏请近属，得改派附近仓驿，岁省银十之九。建昌营中贵镇守，恶其不利已，谮以妄奏，械系京师。南北科道，交章荐救。升南京刑部员外，滦人入名宦祀之，郡亦祀焉。

[国朝]

顺治

王觉民　字心任。江南凤阳府颍上县人。由恩贡，十七年七月内任。持重练达，人称宽厚长者，升太原府知府。

康熙

韩　章　字桐庵，湖广汉阳县人。由恩贡，元年任。收授粮刍不取额外羡金，丁内艰归行橐萧然，牛车一乘，仅供刍秣而已，补升广西南宁知府。

梁泰来　字吉人，江南寿州人，由举人，四年任，学识优长，治政简恕，经理粮储，收授惟慎，奉批词讼，公以执法署本府篆，推诚待物廉静自持，留心郡乘修补时，以厚重长者称之，惜用未竟以携级去。

罗　京　字周师，浙江会稽县人。由内秘书院中书舍人升授。□□□□□治政，慎重公恕清核仓粮，严饬胥□□□□礼士廉介，有笃听讼，爽决不阿不徇，至民间利弊每虚，公间利弊每虚，公谘询有粮头绩逋鬻女完欠，公矜悯之，□□□□□令赎女以归，境内无告茕孑尝捐俸赈济，公有督捕责，滨海寥阔军民杂处，海盗□□□民□□□公设方□□□防汛官共□□□□□□□□□□□□。贾守备恪供职司，防御有法。公核其实，具详院宪，请给鞍马，以示劝励。一时防守诸营路，传为盛事。秣马励师，皆以防汛为务，咸公鼓舞有方力也。代管关篆，修举废升，爱士恤穷，严饬轻生，浇俗丕变，关民戴之。十一年十月丁外艰，讣闻哀毁弗遑，为文自责，一时同城文武及绅士商民哭临焚镪者殆无虚日，为诔文以挽者接踵焉。其得人心若此，皆从前所未有也。

山海管关通判

[明]

崇祯

杨葆和 云南大理府人。由举人，二年任。为人方正，不肯俯仰，数精鉴识。佘仪部初为童子试，公即以大受期之，勉望谆至。以不得于上官，移病归。

[国朝]

顺治

刘观澜 河南洛阳人。由拔贡，十五年任。时当鼎革，悍卒抗衡，顽民狂逞，公劳心抚御，忧愤成病，卒于官。贫不能归，关人为敛赀，付其婿张生，扶榇还里。士民哀之。

康熙

陈天植 字培生，浙江永嘉县人。三年正月内任。分理关政，简静不苛，治政明恕，与民相安。修学宫廊庑，及同助修《山海关志》。九年升西安府同知。

安达里 字羡之，满州籍广宁县人。由正红旗都统下笔帖式哈番加一级，十年四月内任。洁己持公，治政宽猛兼施。待绅士和而有体，至临民明决不□。岩关倚重。十六年内艰。

孔德孟 字尚诚，河南鹿邑县人。由贡监，十六年五月内任。治政明决，历事谨厚，抚恤地方，留心学务。□静不繁，公恕不苛，士民德之。

推　官

推官者一郡之官，评籍以论定，讼狱赖以平反，仕宦之功名，百姓之性命系焉。固不重欤！

新命虽奉裁，恐虚其款，而致将来之无征也。因附录之，以备考云。

[明]

万历

乔学诗　山东东阿县人。由进士，五年任。公严明整肃，人不能欺。顺天属邑，有匿官用银数千金，以虚批应查，数年罔觉，公一见发之。卫官征收徭银耗用，贫苦无告，公建议令徭银输于各卫首领，允为良法行取。补刑部主事。

沈之吟　浙江湖州府乌城县人。十三年任。公扶持义类，绰有担当。丁亥滦水灾，缚筏拯溺，散粟赈济，生全甚众。督修水圮城垣，增修下水关、瓮城，创南关、明滦门，一时才猷四应。当事伟之，擢南京给事中。

崇祯

罗成功　高要人。由举人，六年任。历崇祯三年永城不守，公慷慨尽节，视死如归。事平立坊表之，仍从祀表忠祠。

韩国植　泾阳人。由进士，四年任。郡当残破之余，土著稀少，流寓甚众。人文寥落，士气衰靡，公查府治后，已废孤竹书院粗加修饬，延请郡士友中有文行者董厥事，使鸠民间子弟，肄业其中。仍以东郊外营房隙地九十三亩为学俸。永郡至今食其福利云。

□□□　字文石，山西曲沃人。由进上八年任。公持身清介，听断务崇平恕。故一时长吏感其陶铸，两造对簿，咸自以为不冤。行取擢部主事。皇清历官少保，兼太子太师、内院大学士。

[国朝]

顺治

刘万策　字全庵，山东蒙阴县人。由恩贡，二年任。操守廉洁，俭静不烦，其衣不数浣不易，目（日）用饭食惟蔬食菜羹而已。升陕西延安府同知。

任暄猷　字美君，息县籍，正白旗人。由进士，十七年任。治政严敏，不畏强御，听讼虚心，观理易气，审情真伪，曲直一见立决。凡胥役、拘提、吏书、承辨不敢留难，以公能洞悉猾胥，故民无冤滞。康熙六年奉裁转补。

顺治

尤　侗　字展成，江南长洲县人。由选贡，九年六月内任。公学识优长，治政明决。时文武属员贤否，俱由推官品骘。凡溺职者，每直触无私，优礼学校，训课多方。每进入庠，师儒具餐，督课或娴古作诗赋，或长于策论。表判者，因材鼓舞，人文奋发，士习丕变，一时称为盛事云。十三年以执法不阿，调任去。刊行廷试卷《临场艺小草》及《北堂秋梦》《北征轴五九枝谭》《西堂杂组》诸书，至今脍炙人口。

经　　历

[国朝]

康熙

刘德玉　陕西西安府华州人。由儒士，十六年六月内任。临事详慎，文移字画，亦皆检点。工致咸有能声。三年升浙江处州府宣平县知县。

俞　献　浙江宁波府慈溪县人。四年二月内任。佐理堂政，持重明练。至于奉批讯理词讼，不蹈冗员陋习，必虚公执法。圣驾东幸奉委修路及筑搭桥梁，调度有方，奉公惟谨，所在称能亦府首领之琤琤者。

赵廷玑　浙江山阴县人。十六年四月内任。供职惟谨，佐理惟谨，历事敏练，持己豁达。代理榷务，公正不苛。

教　授

郡设广文，上为朝廷宣教铎，下与诸士立仪型，明伦之任，风化攸关，厥典甚重。元明以来，咸谓学校乃人材所自出之地，简令翰林，克之成弘，而后易以明经。领以教授一，佐以训导三，掌教生徒，各分廪增四十人。附学无数，法制甚备。今简其有行修学广，足以垂范将来者，详注其迹，庶踵武者有所矜式焉。

[明]

万历

叶崇贤　广宁卫人。二十一年任。公操持有守，周恤贫士。故事诸生有岁时束修，新生有贽见礼，皆力却之，时称其廉。

[国朝]

顺治

陈　丹　字孩赤，顺天遵化县人。由贡生，元年九月内任。值定鼎初，干戈甫定，人文寥落，公每于试期，集州县有文望诸生，较课鼓舞。乙酉开科，多有孚其月旦者，人皆服有汝南之识云。四年九月升国学助教，历江西恤刑。

王　美　顺天府昌平州人。由岁贡，十一年十二月内任。公识见超卓，临事明敏。各宪司有紧急公务，任使乏员，皆委公摄行，事果得济，上下皆服其安静，而羡其有干才。启圣宫颓坏，请申修补，公先劳鼓舞，工程立竣。凡军民以事讦诸生者，公收牒斥逐之，封牒付本生，令其自省。时进诸生，讲论经史，奖其所能，而进其所不及。人以方李宗思、常浚孙云。秩满，升郾师县丞。

苏之屏　字翠石，顺天府良乡县人。由岁贡，十三年七月内任。公事母孝谨。每岁请额金，修理学宫，多方补葺，事竣支销如数。惟求内无愧于已心，上无愧于圣贤，其廉介如此。十四年升福建建宁府建安县知县。

康熙

李含春 字梅谷，顺天府通州人。由进士，十七年任，公学识清古，训课精勤。诸生有执经问义者，必虚心讲解，终日不倦，晋谒者如坐春风中，不见有严厉色。制有乐舞，诸生与祭时，公必详考，礼明乐备，以崇祀典，其恭慎不忽如此。有选刊程墨名文，以教诸生，至今行世，以为后学津梁。元年正月内丁艰去，永士至今忻慕之。

谢国擢 字心斋，直隶延庆州人。由贡士，四年任。时值新更策论，七年又改正八股，两变文体，奉檄月课诸生，娴习制艺。公必慎重乃事，每具壶餐进诸生，毕穷日力，至较射武诸生，俱备赏格，多方鼓舞，以副上意。其教官住宅废圮年久，司教者皆僦民房居之。时武学归并，公就科正宅遗址重修，凡住宅侧房、大门、二门及墙垣俱修葺一新。咸出苜蓿之余，人所不及。九年诸告回籍。

纪五典 顺天宛平人，由举人，九年三月内任。清古自持，推诚待士。理课精勤，检束群下，其积习陋规，概弗责备，醇以平恕为范铎云。至诸生有缘事者，廉其不辜，每矜恤之，人咸以长者称。康熙十六年诸告回里。

高居敬 真定府宁晋县人，由丁酉科举人，十七年十月内任。

训　导

[明]

成化

殷　衡 山东历城县人。公学行优长，有邹鲁遗风。以三礼诲生徒，捐俸置纸笔油烛，资之永平，甲第汇征，多其教益。母性嗜鱼，扶舆迎养，值滦涸，公祝河，水涨鱼跃。后辟为德庄王审理，王政多所裨益，卒赠礼部尚书兼武英殿大学士，入祀名宦，淮南王公世贞为文镌石，以纪其胜云。

[国朝]

顺治

符永培 奉天府盖平县人。由贡生，六年任。持行恭谨，治政公勤，御士明恕，而士亦多受其陶镕之益。历任八载，两署滦篆，不轻差，不扰民。百姓感戴，去之日，置万民帐，以颂其功德云。

康熙

周弘勋 保定左卫人。由岁贡，十七年三月内任。重视执掌，留心学务，勤于考课，以励士习。

山海卫儒学教授

[明]

成化

李　英 江西饶州人。由岁贡，嘉靖间任。公潜心圣贤之学，每事务躬行实践。期可盟幽独，尤以师道自任。教人不专事举子业，对诸生燕坐，谈理道辨义利，谆谆不倦。徒辈有能厚人伦，尚礼义，举□奖进不容口。后闻兄讣，哀毁逾礼。见者感泣因□时政，竟弃官归，乃赋诗云："来时行李书一束，去时行李一束书，孤竹二君今始别，清风百世竟何如。"当时与胡敬斋先生齐名，西江至今推理学，必曰胡李云。

教　　授

[国朝]

康熙

钱裕国 字圜府，顺天府人。由举人，六年十一月内任。敦厚持躬，忠诚垂范，虚公训课，诸生多受其资。益摄府庠篆，值催补郡志，宦迹之成，尤赖其指南云。

训　导

[明]

嘉靖

张　伦　山西沁水人。由岁贡十五年任。公躬严整，诲人必以圣贤诚、正、修、齐为事。每岁取得博士俸，及春秋祭肉，悉捐赐贫士。朔望振铎，诸生森森就业，毋敢惰者。以故桃李成蹊，最贵显者刘太仆卿复礼，而府县官正佐出仕者不下十余辈，皆其衣钵焉。

滦州正官古宦迹

刺　史

[金]

天德

尹　京　本名忽鲁。以宗室子累迁，天德二年除翰林学士承旨，兼修国史，加开府仪同三司，迁工部尚书，改判大宗正事。封曹王，除河间尹。正隆二年例封沈国公，北京留守。以丧去官，起复益都尹，后坐违例，降滦州刺史。

夹古查刺　隆州矢撒古河人。父谢奴，官至工部尚书。公状貌魁伟，通属国语言文字。天德初，以荫克获卫。二年授武义将军。未几擢符宝郎，再考出为滦州刺史。

仆散揆　本名临喜，以世胄尚公主为近侍奉御，以与外人窃议，罢归田里，寻起为滦州刺史。

节　度　使

[元]

至元

鲜卑仲吉　字庆仲，其先中山人，辟石晋乱，徙居滦。居家尚义、敦孝，后膺选勇敢。寇陷滦，公率土兵吉巨昌等平之。州佐杨滨、王钦等，共推公权领军事。至元丁丑，命为本州节度使，兼管内观察使元帅右监军。时军兴，岁洊饥，公率民务耕织，境内恬然。是年秋，进金吾上将军，授金虎符，同诸将讨信安水军。辛卯，为兵马都元帅，将四行台，六总管。行军多谋略，不嗜俘戮，全活郑、宋、徐、燕、韩、赵之民甚众。按元史，初元兵定中原，率平滦路，诣军门降。太祖命为滦州节度使，从阿木鲁南征克右副元帅，以功赐虎符，授河北等路汉军兵马都元帅。平蔡有功，加金吾卫上将军、兴平路都元帅、右监军、永安军节度使，兼滦州管内观察使，提举学校。国朝康熙庚戌，督学蒋公超行本府，遣本州代祭其祠。

知　州

孙　明　至正四年任，大宁人，英锐不拘小节，好学能诗，以明经任山北宪司幕，迁知州，刑清政举，修学养士，州人赖焉。

[明]

洪武

李益谦　德州人。由人材三年任。当草昧初，城墉、官署、学校、祠宇，多所肇立，在任九年。

永乐

陶　安　常熟人。由举人，十七年任。吏事精敏，每农时出郊劝农，在任三年，境内殷富，后致仕去。民追思之。

宣德

李　宁　广东南海人。由进士，六年任。词貌庄严，衣冠无替，精吏事，行移皆自属。九年民无怨言。

正统

稽　昭　昆山人。由进士，九年任。刚介不阿，以廉静自守。博学善楷书，莅民得体。既去，民不忘焉。

景泰

蔡　頵　福建长泰人。由举人，六年任。操履勤慎，法令严明，吏民畏敬。

成化

杨　鼎　南昌人。由进士，十五年任。博学雄文，修黉宇，铸祭器，作新学校，有成都文翁，北州伏氏遗意。

李　智　曹州人。冢宰炳之子。由举人，二十一年任。廉明公正，吏民畏服，以内艰去，历官知府，前后清操如一。

弘治

吕　镒　字世重，山东郓城人。由举人，十年任。公在任轻徭薄赋，兴学育贤。先是滦税输，边民多苦之，公特建白，改运近地，滦人至今德之。

汪　晓　字孟哲，六安人。都御史霖之子。十三年任，平易近民，民不知苦。擢福建泉州府同知。

正德

高　堂　字升之，陕西米脂人。由举人，十四任。廉明谨惠，修学造士。士人颂之。至国朝康熙庚戌，督学蒋公超行本府，遣本州代祭其祠。

嘉靖

赵　叶　字子玉，浙江东阳人。由辛巳进士，七年以建宁国同知左迁至滦，劝农捕蝗，兴学课士，升部郎去，民思之树碑于道。

张士俨　字敬思，四川内江人。由乙酉举人，二十年任，性纯雅，政尚慈惠，赈饥民，葺学宫，升保定府同知。

陈士元　应城人，由甲辰进士，二十四年任。作公堂，造祭器，赈饥修仓，名宦乡贤，修《滦志》书为一时文献。

张　璜　海丰人，由辛卯举人，二十八年任。修养济院，治桥梁，疏滦河，浚濠渠，环城植柳，士民追思，崇祀名宦。

韩应春　茌平人。由举人，四十一年任。朴茂廉明，释诬坐军四十名。滦民怀之，撰碑立祠。

万历

陆从平　乐亭人，由进士，十年任。勤慎精敏，革积役，裁浮羡，岁省数千金。升临江府同知。

白应乾 博兴人。由举人，十一年任。亲编徭役，筑环城短墙，以咨守御。

张元庆 山阴人。由举人，十四年冬任。岁饥，兴赈全活万人。

刘从仁 解州人。由贡士，二十一年任。威惠并宣，庭无留讼。缮城浚濠，修学宫，造祭器。不逾年，百废俱兴。时称循卓。

张尧辅 宜川人。由举人，二十三年任。性耿直，爱民如子。以蔑诬去，公论惜之，撰去思碑。

何士伟 陇西人。二十九年任。诚心爱民，积谷备荒，廉明特著。

孙　慈 蕲水人，由举人，三十四年任。裁冗费，革浮役，垦荒田，抑强暴。去后士民思之，立祠撰碑。

林养栋 番禺人。由进士，三十六年任。不畏强御，遭流谤去，后起工部。公博雅，善诗文，精隶楷，今偏凉亭尚其遗迹云。

李乔岳 南郑人。三十八年任。真心实政，始终如一。升河间府同知。

周　宇 武都人。由进士，四十二年任。赈饥、捕盗，续修州志。

崇祯

杨　爃 贵州人。由举人，二年任。庚午皇清兵克永平，州人李际春以城降。士民惊窜，首领广文俱逃，公拔刃自刎没，予赠荫专祠。

柏之焕 盖州人。由举人，四年任。兵燹之后，修城隍，练乡勇，制造火药神器。讫今鼎革、守战资用不尽。

冯如京 代州人。保举恩贡，十二年任。居官清介有惠政，常革老人应驿之苦。立法攒槽，至今赖之，任升永平海防同知，历官至广东江南左右布政使。子云骧，进士，见任户部主事，能诗。

吴方思 武进人。由进士，十六年任。以卓异行取，寻奉旨留守边缺。在滦一年，升南部去。

[国朝]

顺治

孙维宁 青县人。由岁贡，元年任。初授本州训导。甲申三月，王师平闯逆过滦，率士民出迎，赐袍帽，擢本州知州。寻调延庆，历任府同。

郑 伸 锦州人。二年任。推诚待物，一介不取，时奉旨圈田，力护近城园舍。晋大同佥事，殁祀名宦。

王光晋 字康侯。辽东人。由贡士，五年任。公蕴藉儒雅，华年丰质，曾中东省副车以廷对为守，天资明敏，一切簿书毫不假手，胥吏，代滦赔垫逋课千余金。报成擢苏州太守，旧人中龚遂卓鲁也。

萧如芝 沈阳人。由贡士，十四年任。因公左迁山西汾州府通判。

石 鲸 武陵人。由进士，十六年任。擅诗文，草圣以榜。责投充人夺官，濒行垂橐，士绅醵赀，以备行李。

康熙

陈钟斗 古田人。由辛卯副榜，四年任，以逃人诖误免官，州民叩阍辩，复补徐州，升长沙二府。

李溉之 长山人。由荫生，六年任。鞫盗得实病不忌器。坐诬去，士民思之，树碑记德。

马如龙 字见五，陕西延安府绥德州人。由举人，十六年二月内任。治政明爽，英发有为。除积弊以恤民艰，培斯文以振士习。听讼虚公案无留牍。崇黉序，捐修启圣古宫重黄华，再建榛镇旧署，留心地方，修举废升，士民德之。皇清擢东城兵马司指挥晋户部员外郎，累差粮储。

[国朝]

顺治

赵钟瑞 本州义丰社生员。元年王师过开平召用，寻升杭州府通判。

史在德 山阴人。由拔贡，十三年任。持身醇谨，雅善古文辞，永属公私辞命，多出其手。以代庖邑篆，诖误去，士民惜之。

康熙

邓天栋 字华岳，辽阳人。由监生，二年任。历事详慎，治政敏练，其识力担荷，皆出人右。至代摄各州县印务，咸以能称之。

判官宦迹

[明]

永乐

郭 让 益都人。十五年任。滦州设管马判官自此始。

弘治

商良臣 淳安人。由监生，十五年任。催征不扰，修学有义。

嘉靖

苏 术 广西阳朔人。嘉靖丙戌进士，十六年任。公英敏笃学，善篆隶，嗜古典，三仕令尹。丁酉，擢四川道监察御史。谪添注判官。恤茕剔暴，百废聿兴，政暇辄召生徒讲论不倦。居三年升南京兵部主事，绍兴知府。

幕属宦迹

吏 目

[明]

万历

徐一贡 宁国人。由吏员，十七年任。精敏有才干。升东昌府照磨。

崇祯

王嘉相 陕西人。十四年任。王师过永平，授府经历，寻升三司首领去。

[国朝]

顺治

张文钦 字君明，山阴人。三年任。公洁己爱民，不扰狱市。八年迁常德幕，父老童孺攀送，经数日夕，马不得行，张饮数十里外，信宿始克就道。自来承尉所未见者。

滦州学正宦迹

[明]

弘治

吴 祺 字贵德，丰城人。由弘治辛丑乙榜，六年来掌州教。绩学种文，训士不倦。戊午聘南畿分考，壬戌登进士，历官都御史。

夏廷芝 字钟秀，章丘人。由癸未经魁，十六年任。善诗文，以亲老就教。正德丁卯，典福建文衡至佥宪。竟以父殁不起，人称笃孝。

万历

熊胤震 由举人，四十四年任。中天启壬戌进士，有诗文传世。

崇祯

施尧中 昆明人，由解元元年任。高才博学，遭难夺官，士谕惋惜。

许中泽 字雍门，顺天人。由举人，九年任。冲融简静，式士以和。迁秦令去，多士怀之。

[国朝]

顺治

董 恪 高阳人。元年王师过滦授任，寻升府教授去。

康熙

王麟图 顺天保定人。四年任。捐俸修理文庙及两庑、启圣祠、魁星楼，资用不足，至出家人簪珥助之，至今鸠工未辍。

训　　导

[明]

天顺

方　经　字世才，黄陂人。由举人，三年任。公资识英敏，勤学善诲，一时士习为之丕振。至六年乞归，士子慕焉。

[国朝]

顺治

张国猷　密云人。十六年任。为人爽亮善吟，能书诸家草楷行隶。庙学倾圮，捐俸募修，殚竭心力，始建圣殿及明伦堂，坚丽改观。未几以裁缺改补清河，遗两庑启圣祠未塈，深以为恨。赖继任学正王公麟图至，续成之。捐俸不给，至出私珥助兴百方，劳来厥举，仍寓书报，张不欲居其成也。士两贤之。

卢龙县知县古宦迹

[唐]

德宗

张仲武　为卢龙节度使，镇边有功。李德裕《幽州圣德碑》具载其事。

[辽]

卢龙巡捕官

室　昉　会同初登进士第，为卢龙巡捕官，累迁翰林学士，兼政事舍人。数延问古今治乱，奏对称旨，改南京留守。决讼平允，人皆便之。迁工部，寻改枢密院副使，参知政事。顷兼北府宰相，加同政事门下平章事，监修国史。进《尚书·无逸篇》以谏，太后闻而嘉奖，立朝辅政，整折弊蠹，知无不言，息民薄赋，以故法度修明，朝无异议，晋郑国公。进所撰《实录》二十卷，手诏褒之。上以公年老苦寒，赐貂皮衾褥，许乘辇入朝。病剧遣使就第存问，及卒赠尚书令。

知 县

成化

刘 魁 山东高唐州人。二年任。立行超卓，廉以持己，能以御事，公以存心，正以率下。政满擢御史。

乔 聪 河内人。由举人，十八年任。宽猛适宜，升衢州府通判。

李景华 扬州府江都县人。由举人，二十一年任。治尚节爱，御事精敏，性不肯奔兢。时称为三代遗直云。

万历

王 衮 山东阳谷县人。由举人，二十年任。性坦易，临事敏决，尝并柜以省收头，俵马市之都门，免贴银赔累之苦。倭警，当事欲藉民为兵，远近骇窜。公力陈当道，更为召募。应者立集，六属安堵，升耀州知州。至国朝康熙庚戌，督学蒋公超行本府，遣本县代祭其祠。

叶世英 字春谷，广宁卫籍宁波府人。由进士，二十四年任。公明敏倜傥，有应变才。万历二十六年奉调征倭，广兵五千，噪变于山海。公单骑陈以大义，悉抚定之。内三卫编徭，例属附郭，县官审定之，访役诋欺。卫弁率意报徭，骤减骤增，骇愚启幸，为时大害。公先期谕众，革除前弊，令各户自平，一时承应如流，六属咸取法焉。尤属意学宫，修辟云逵，及增建魁星阁于埤上，树平临北斗坊，以应斯文兴起之兆。自是科第蝉联，郡称仕国，迁兵部主事。

王象恒 山东新城县人。由进士，二十八年任。公性廉洁，多惠爱人。万历甲辰，值滦漆涨溢，郭内行舟。岁饥流民载道。公开厂煮粥，全活甚众。学宫倾塌，设处修补。至莅政临民，咸以廉平称。

赵 缓 号怀东，山西乐平人。甲辰进士，三十年任。公实心为政，勤俭自厉，征收弗遣役滋扰，与民约四仲受输，无后期者。羡余仅足供支解，听讼有当罚者，听输谷备赈。此外惟论曲直，无赎锾也。岁饥赈糜活人无算，编审佥富家应役，以苏贫民。四境咸服，擢御史。至国朝康熙庚戌督学蒋公超行本府，遣本县代祭其祠。

孙止孝　山东历城县人。由进士，四十五年任。公英毅有远略。时值多事，立射会练习乡勇，以备缓急。体恤里甲，清白自矢。尤作兴斯文，岁时督课，设立赏格，以示鼓舞云。

崇祯

张若麒　山东胶州人。由进士，七年任。革除贫民佥派收纳之累，立柜书收受，至今便之。俸满行取。

马孔健　河南陈留县人。由进士十年任。公当兵燹余，劝农兴学，固圉安民。己卯，畿东告警，督师孙公传庭休兵永平，欲入郡城，民间骇甚。公设馆城外，请督师禁兵无入城，民赖以安。被难男妇千余人，给资归之，病者养之。庚辰，台司檄县，运粮十万石至辽。民大困，公条议令卫卒营兵协力津递，刻期竣役。里中子投充戚里为苍头庐儿，横噬小民，公寘诸法不贷。有大家兄弟，讼家产，公闭阁引咎，数日不视事，两家惭谢，和好如初。后争以重赂酬德，抗颜却之。其持正惠民如此，擢御吏。至国朝康熙庚戌。督学蒋公超行本府，遣本县代祭其祠。

刘浚源　山东曹州人，由进士，十四年任。廉静爽决，恬淡□□行装止挟一布被于行舆中，服不衣帛，日用惟供蔬菜一束。时出巡行，预备饼数枚自给，于当道毫无馈遗，听讼执法，虽势力者，不能干以私，永人以赵清献颂之，因介直不阿，调顺德府邢台县知县。

[国朝]

顺治

梁应元　字仁吾，辽东辽阳人。由生员，三年任。存心宽恕，弗事苛核，士民爱而畏之。学宫自崇祯戊寅遭风变，悉就倾圮，公捐俸募修，自正殿、两庑、戟门以及名宦、乡贤两祠，皆创造一新。升江南池州府知府，寻升天津道。

赵　汲　字学夫，号润宇，锦州中屯卫人。由丁亥贡士，五年任。公沉静练达，推诚待物，有古君子风。甫下车，诸生有以前令学工未竣白之者，公乃慨然自任，重修明伦堂、棂星坊及门廊、斋舍，刻期告竣。时部檄召买刍豆，赴三屯，备行幸，羽书旁午，民间供应不及，公乃给值铺商，以所收米豆雇运，公事立济，商民称快。俸满升江南泰州知州，积有惠政，年逾七十，请告归。士民攀辕，不忍舍去。泰人至今交口称颂不止云。

康熙

李士模　字可庵，山东高密县人。由进士，顺治十四年四月内任。才识优长，遇事立剖。卢邑旧无专志，公留心纂辑六卷。设处刊刻，约束胥吏，不假辞色。康熙四年，擢大理寺评事。

闵　峻　字山纡，浙江湖州府乌程县人。由甲午拔贡，康熙四年六月内任。卢邑土瘠民疲，地冲事剧，公秉性廉洁，悉心抚字，劝谕输将，禁止杂耗，力行保甲，盗息民安。编审持公，不畏强御，民颂持平。考试严禁冒籍，力拔寒微，士服衡鉴。悬赏辑逃，民免株连，听讼明决，狱无冤滞。本县学宫年久圮坏，公捐俸及劝募，身亲料理，重修一新。治卢五载，咸以忠恕称。考绩称最，升兵部职方司。十一年□□太平桥钞关督税。

魏师段　字松岩，湖广人。九年八月内补知卢龙县事。治政简当，历事敏捷，听讼虚公，曲体民隐，清丁除耗，不畏权势。礼士爱民，遇剧有为。至于丁徭积弊，久为民累，公履任初，适值编审，公为悉心研核，尽除逃亡，老幼均平。则例以释民累，更正名字，以杜□□□□□□示或吏道知。一应诸务亲裁，吏胥奉簿惟谨。钱粮立限征收，百姓遵期自纳如伺。来押社陋规，俱为革除。催科不扰，抚字□方。康熙九年冬，圣驾东狩，驻跸于滦水之西，召见询以爱民之实，奏对称旨。又两跸跸于滦水之西，修理桥梁坊表，龙坊□□□方皇上登舟观鱼，见梁坚固，预备□□喜悦，赏银二十两。陵工急需石碑重器，车夫苛索，人莫敢撄。公开山修路，区画周详，经过之时，处之裕如，既未劳民伤财，又克公事有济。其四应之才，人皆钦服。

邻邑有自殪其仆，而反以诬人鞫之者，顾其豪势不能执法。招案已定，公严讯得情，竟反坐自殪其仆者，人以神明云。其听讼虚公，人莫敢干以私，虽强御跳梁之辈，一经讯理，交相惬服。向有豪右旗丁肆行无忌，闻公执法不阿，皆袖手自艾，与民相安。同城文武闲有小嫌致忿，及关地方重大事务，不惜罄囊，务期事济，互相辑睦乃止。新令设堤防，严保甲，稽核户口，扼巷防秋。法有不得不过于严，失于猛者，公体恤调和之。既不碍上之慈爱，又不贻下之怨嗟，全上安下，稍无矜能色。为附廓令，上而二千石□丞，下而佐贰督邮之属，公不刚不□，皆□咸宜。邑治年久颓圮，因无额设银两修理，不蔽风雨，公至捐俸，辨买物料，修整如新。向有填设陋规，公念切民艰，尽发还之。其留用陶器铁釜及案衣笔砚之类，俱估给时值现价，其廉介如此。至日用蔬粟布帛之类，禁革行户，见给时值，境内无告。贫民念切瞻依，公于朔望日期逐名给米，以济其饥。属吏戴典史，积劳病殁，贫不能殓，公哀矜之，捐俸代为之殓。向有称贷于公者，悉还其券，仍赠路费，复劝绅士乡耆醵金，以备行李，周全以归。前此所未闻也。大抵公磊落慷慨，重然诺，担荷承当，求危济急，皆出人右。其制度威仪，及大经大法，皆公所夙学。至临政批答应对，若取诸预，咸称吻合，人皆羡服。时以官清民安颂之。康熙九年庚戌有秋，十年辛亥称大有年，十一年壬子夏旱有秋，虽阖郡有年，皆郡大夫诸邑宰公致之。但自公莅任屡遇丰年，不无差异云。

吕宪武　字瑞县，山东莱州府掖县人。十三年九月内莅任。治政公廉，历事明恕，卢邑当郡会东西要冲咽喉重地，差使络绎，支应繁难，公才堪四应，从容料理，皆克有济。如征收银米，禁革火耗。修理文庙，捐赀首创，严缉逃盗，百姓安堵。审词讼务，期得情剖疑牍，不畏强御。四野无催呼之扰，小民有召杜之称。大抵公诚实为心，敦厚成性。故临事则慷慨义气，临民则惠爱明决，威而不猛，直而不阿，人以慈父母称之。

卢龙县典史

［国朝］

康熙

□万象 江西南昌人。由吏员，三年任。恪守职司，奉公惟谨，留心捕务，详慎不忽。饶有担荷，不畏强御，历事爽决，与民相安。

汤　旺 陕西巩昌府人。由吏员，十一年任。巡捕公署，向称狭隘，公莅任初，即重修堂宇，增修中门、大门，正其方向，扩其基址，留心衙廨，公慎有为。

冯　杰 浙江山阴县人。十五年七月内任。勤以供职，慎以治政。留心逃盗，有资佐理，词讼虚公，咸以能称。

教　谕

［明］

天启

张　玳 辽东义州卫人，由岁贡二年任，持己耿介，遇士明恕，勤干考课，以鼓舞有志人才。不较贽仪，仍周济贫乏以恤寒士，一时感戴。

崇祯

赵允植 辽阳人。二年任。公品行端方。勤于训士，其诱诲启迪，必以忠孝行谊为先。值庚午兵燹，与妻钦氏暨女同死。祀名宦。

［国朝］

康熙

朱持正 顺天府大兴县人。由岁贡十七年正月内任。勤以供职，赞理修学及督修魁星楼阁，俱先劳无倦。详请课士，留心学务。

迁安县知县古宦迹

［元］

郭仁义 武州人。惠爱及民，秩满当代，县人保留不得，立石颂之，祀名宦。

知　县

［明］

洪武

萧　颐　二年任，草昧之初，诸事未举，公首建学校，庙貌俨然。诸生游息得所，弦诵洋洋，人称其知先务也。祀名宦。

弘治

张　济　阳曲人。由举人，九年任。时县残于兵燹，公宇圮秽。民为赋重流离，公子惠困穷。平定安集，诸废并举，犹加意学校。九年擢保定府通判。

邓万斛　富顺人。由进士，十八年任。清慎慈爱，酌处粮差，以均贫富。时镇守中贵熏灼，人莫敢撄。公独力拒之，一切征求，每为阻抑。升南京大理寺评事。

正德

罗　玉　南充人。由进士，七年任。驭吏严而待民恕。岁旱徒跣祷烈日中乃雨。民饥，请发通州仓粟，全活者众，以才调武进，民攀号之。寻迁御史，祀名宦。至国朝康熙庚戌，督学蒋公超行本府，遣本县代祭其祠。

嘉靖

徐　州　云南杨林所人。二十年任。廉介自守，惠爱元元，兴学课士，有古循吏风。

韦文英　泾阳人。由举人，二十六年任。发奸摘伏，爱民作士，亹亹不倦。升本府通判，卒于官，祀名宦。

万历

冯　露　襄城人。由进士，四年任。申请减免永平等卫徭银，民沐其德，咸以循良称。见《备述志》。

白　夏　颍州人。由举人，九年任。谒庙即问县志无之，闻邑致仕训导王之衡有草，遂属焉。迁安县志始此。升山西汾州府知府。

雷　声　山东禹城人。由举人，二十四年任。莅任不受里递导行例金，革步快，惩市豪，清算经费，以足岁支酌议。公解俵马以省各社递马银，并东寨中伙之费。迁有渡滦桥，每岁秋赋民草束木架甚夥。公令民遇夏折收，所省不赀。公初下车，即能摘发部民兰文选杀弟事。一切文移，俱出亲裁。奸胥敛迹，编审徭役，不避权势。卒于官，士民哀思，请入名宦。

张廷拱　同安人。由进士，二十六年任。优礼学校，均平徭役，奸胥积猾，禁革一空。行取回部，士民环绕遮留，泣送载道。如赤子之离父母，竖碑建祠，至今思慕不置。历官至佥都御史。

[国朝]

顺治

徐逢时　字盛寰，广宁卫人。由生员，二年任。值开国初，诸务丛错。公处之裕如，不多事以滋扰，礼士爱民。持重明决。三年六月内，升顺德府知府。

戴廷对　四川潼川州中江县人。由举人，十五年任。才力优长。治政敏练。凡圣驾东幸，驻跸迁属，一切供应，预备有方。既不误公，亦不扰民，百姓德之。十八年十月内，升湖广沅州知州。

康熙

王永命　字九如，山西临汾县人。由举人，推官改授，九年七月内任。持躬清正，历治廉明，莅任初不用里甲导行夫马，悉革铺垫陋规，条鞭银两，令民自封投柜。禁革火耗，所用食米器具薪水之属见给时值，商民称快。补葺城垣，以固疆域。重修学宫，以育人才。修集邑志，以存文献。捐修公廨，以肃观瞻。讲乡约，以化民俗。立月课，以训士子。奉文补修冷口边墙一十三处，无间寒暑，鼓舞有方，如法完固，时以能称。九年冬圣驾东狩驻跸境内，预备有方，供应不误，修筑桥路，俱称得济，其四应之才如此。升行人司行人。所著有《六言通训》《松韵堂余笔》《边工漫记》《别黄台山诗》，祀明宦。

张一鹗　浙江山阴县人。由恩拔，治政公勤历事仁恕，整新黉序，修补城垣，旌节孝以维风俗，勤考课以鼓人文，详豁协济，禁革行户，周恤驿递，听讼明允。增赋裕国，诚能致雨。有游棍诱卖故民之妻冯氏于旗下者，其妇控部准赎，公悯其穷代为赎回。又民赵姓者，因贫自鬻，其妻姚氏因子女稚幼，奔诉于官。公代偿卖价，令其完聚。其惠爱百姓如此。

迁安县主簿

[明]

洪武

金国彦　崇德县人。元年任，二年己酉，故元遣将姜文靖内侵攻围永平，公馈粮不乏，及兵迫县，拒守益力。事平，擢知本县，转工部主事。至今称之。入府名宦祠。

儒学教谕训导

[明]

成化

胡　宪　泰和人。督训甚严。尝夜过号舍，察诸生诵读者，辄劳以果蔬，否则有罚，故篝灯达旦不辍。以学在东郭门外，奏展东城，包学于城内。士民颂之。

嘉靖

李　臣　获嘉人。师弟间谆谆训迪，恩义兼进，卒于任。士哀慕焉，入祀名宦。

姚廷凤　句容人。仪度循雅，才高学博，有诗古文传世。

杜　伟　濮州人。垣彝豁达，勤训迪，善吟咏，意在尘表，无叹老嗟贫之态，人是以贤之。

[国朝]

康熙

马负图　河间府故城县人。康熙九年任，行仪端方，学问渊邃。善诗文，尤勤课士。十年正月内卒于任，士多哀惜之。

训　导

[国朝]

康熙

冯尧年　真定府临城县人。十年七月内任。负性淳古，历事廉介，遇士明恕。不较束修。督修学工。捐捧三十两以助之，此苜蓿中之最难者。

抚宁县宦迹

督学蒋批云：抚宁知县，无唐、宋、元何也？鼎历考抚宁碑记云：永平又东八十里，有县名曰抚宁，在汉隶右北平郡，汉以后率多荒废。至金大定末，升新安镇为抚宁县。元时无抚宁、昌黎二县，以其或并或析。至明洪武七年，知县娄公大方，以避寇请迁城于兔耳山之阳，民卫并为一城，而抚宁之城之宰至此方定。故大方以前无所征。考宦迹载自大方始也。

知　县

[明]

洪武

娄大方　奉化人。由儒士，七年任。率吏民避兵于洋河之西兔耳山，得免于患。事后经营布置，创造城垣如法。士民怀德，入祀名宦，至国朝康熙庚戌，督学蒋公超行本府，遣本县代祭其祠。

成化

姜　镐　河南修武人。由举人，十九年任。恢廓县治，修建学校，勤政爱民，县仪门外有去思碑，入祀名宦。至国朝康熙庚戌，督学蒋公超行本府，遣本县代祭其祠。

弘治

赵之彦　陕西泾阳人。廉明仁恕，待士有礼，治邑三年，百废俱举，行取监察御史。

嘉靖

叶宗荫 浙江遂昌人，广西仪卫籍。由举人。资性明敏，兴利除害，一境萧然。致仕去，士民攀送至永平，涕泣如失估恃。

段廷晏 江南太平府人。由监生，四十三年任。存心恺悌，行所无事，民受其福。止以赋性朴直少文，为人所恚。赴部日，行李一肩。士民流涕载道，虽妇女孩提，无不为之垂涕者。

姜　密 山东夏津人。由举人，四十五年任。廉明善断，凡事务从节省。擢户部主事。

隆庆

李一本 郏县人。由进士，二年任。赋役公平，词讼明达，擢户部主事。

张彝训 山东宁阳县人。五年任。恩优学校，泽洽黎民，有去思碑在西门。

万历

雷应时 山西芮城人。由举人，十一年任。耿介端方，不事韦脂，有实惠及民。保留加通判治政，七载边邑晏然，有古循吏风。

王　台 字古柏，临清州人。由举人。敷政宁人，筹边足国，士民爱戴如真父母。有生祠碑记。

崇祯

余　爵 字天有，河南禹州人。由进士，十一年任。长才卧理，百姓安堵。厘奸剔弊，吏胥畏服。历兵部职方司监军，征寇殉难，赠太仆寺少卿，谥忠庄。

李果珍 字荆函，陕西雒南人。由举人，十三年任。端方古质，治本经术。招详皆出亲笔，尤作养学校劝课不倦，以清廉闻。历官户部山西司郎中。

孙廷铨 山东益都人。由庚辰进士。沉静寡言，吏胥不能窥其涯际。待民恩礼兼至，甲申升推官，蓟标管饷，至皇清历官吏部尚书、内院大学士。

［国朝］

顺治

侯一匡　山西人。当鼎革之初，刑清政简，深得民心。未几卒于官，时论惜之。

张毓中　字去偏，号泊水，山西阳城人。由己卯举人，二年任。抚邑当明末，差繁徭重。及包赔滩塌地亩钱粮，为民大累。公甫下车，彻底清察，悉除逃亡丁口，及水冲河剥田地，尽数详申题请，公念切民瘝，极力斡旋，得如数开除。至今民荷土著，家有盖藏，徭不赔累，万姓尸祝。尤留心兴学教士，养老、恤孤，奖善、惩恶，公议崇祀名宦，以报公于不朽也。历刑部主事，终凤翔府知府。

康熙

王文衡　字季平，江宁府江宁县人。由贡生，五年十月内任。公赋性明敏，立行超卓，治政精勤，听讼爽决。邑治繁冲，公静以处之，诸事称当。至于学宫或境内坊表，以及关祀典祠庙，俱留心修葺之。增建谯楼、魁楼，与四门楼橹，俱焕然一新。劝输多方，不劳功倍。可称才能良吏。蒙督学蒋批，才猷练达，筹画精详。现在筑城、修学、缮治、邮传、桥梁，不动公帑，出自捐募。费省工钜，人以为神明云。十年三月内升陕西巩昌府同知。士民感戴，建立书院于西关以祀公。公力辞之，遂改为碧霞宫。去之日，士民遮留，如失怙恃，祖道而饯者，自县至府，百有余里，络绎不绝，其得士民之心如此。议入名宦祠从祀。

刘　馨　字敬庵，湖广沔阳州人。十四年正月内任。治政淳厚，历事和平，捐资创建武庙，设立小学，修建书院，课训生童，征收令民自封投柜，查地劝民自首勿隐。留心邑乘，恣访节孝，城池仓库，自捐时加修葺，安静不繁。蒙抚院奖政简刑清，不愧民牧云。

抚宁县典史

[国朝]

康熙

王希彦 浙江宁波府鄞县人。由吏员，元年八月内任。遇事精详，供职勤慎，萑苻肃靖，词讼不滥，蠲革陋规，民颂慈廉。

抚宁县教谕

[明]

嘉靖

吴 宜 滨州人。天性孝友，处众宽和，训士以道义相期。束修不计，前为迁安训导。至今两庠慕之。

隆庆

曹应诰 郓城人。性严行修，动必以礼。工诗文，勤训课，士论称之。

[国朝]

康熙

刘三德 顺义县人。由岁贡，四年十月内任。铎范端方，士子一见矜式至，留心学校，躬督大工，无间寒暑，尤称雅才新意。

辛进修 新安人。由拔监，十七年二月内任。期负英发，端凝范士。修理灵堂，毅然自任。蒙督学吴奖品学端雅，办事克勤。

昌黎县宦迹

[后魏]

张 卓 上谷淮阳人。初为昌黎太守。父翼为辽东太守。子衮为幽州刺史。三世二千石，俱有善政，人称美之。

神龟

张 伟 字仲素，太原人，大武神龟四年，兴咸阳公高允等三十四人并征。公为卫大将军选营州刺史，有善政，卒，赠建安公。

陆士懋 字元伟，代郡人。天平中，以其祖陆丽，有翼载之勋，诏懋袭祖爵钜鹿公，仕营州刺史。

[唐]

贞观

张 俭 于贞观时，为营州都督。太宗征辽东，拜行军总管，领诸蕃骑为六军先锋。

[元]

至正

周 宏 字希道，迁安人。任真定无极尹，调辽阳、宁昌。至正间，复调昌黎。抚字有方，民怀慈父。时平章程思中作乱，公率民赴永平拒守。城陷，被执不屈。七日不食，骂不绝口而死。民思其德，为之勒石。

泰定

左 阔 良乡人。泰定五年，任昌黎，尊崇学校，轻徭薄赋，慎用民力，老稚咸感思之，有勒石纪德。

[明]

永乐

杨 禧 大兴县人，十年任。劝课农桑，作兴学校。莅任数年，逃亡招集，屯卒畏威钦戢。民思不忘，祀名宦。

张 约 江南山阳县人。十二年任。勤于政治，六事并举。

田 蕃 山东乐陵人，十六年任，廉能公正，政绩著闻。

正统

于显祖 山东蓬莱县人。平易近民。不尚鞭朴，百姓怀之。

弘治

张云凤 山东济宁人，举人，恩威兼著，民怀不忘。

殷 玘 山东寿张县人。八年任。清慎有为，庶务毕举，以内艰去。

陈　纲　浙江金华人。进士，十七年任。公廉有为，吏民畏服。升大理寺评事。

嘉靖

文世英　广西护卫，举人，二十二年任。八年惠政，民皆感戴，升保安知州。祀名宦。

李希洛　山西太原人，进士，三十三年任。文章政事，濯濯炳著。升给事，祀名宦。

胡　溪　山东清平县人。监生，三十六年任。约己便民，志向不污，民咸思之。

楚孔生　山东曹州人。举人，四十年任。清操雅量，惠政多端，莅任五年，士民感戴。以县无志，属教谕杨公志高草之，滦州学正梁公桂臣修饰焉。

陈良辅　山东莒州人。举人，四十五年任。巨寇薄城，公与民死守城池获全。后被诬谪官，昌民立祠祀之。

隆庆

张存智　山东历城县人。举人，二年任。时邑残破，修筑安集，尽瘁国事，士民至今思之。官至户部郎中。

孟　秋　山东茌平人。进士，五年任。精于理学，治才饶治。均徭役，集流离，造士会讲。一时被其陶铸者甚众，累官至□□寺少卿，卒不能殓。士民肖像立祠祀之，入名宦。国朝康熙庚戌，督学蒋公超行本府，遣本县代祭其祠。

万历

吴应选　陕西会宁县。举人，五年任。服官清慎，真诚待物。士民爱之，升户部主事，有专祠。

石之峰　山东丘县。贡士，十六年任。修城葺学，士民允赖。

冯　恩　山西代州人。举人，二十年任。廉以持躬，勤以任事。营建鼓楼，修筑月城，通北门，置北关。增栈房，浚棠泉。士民思之，祀名宦。

吴望岱　会宁人，前令应选子。举人，三十五年任。吏治精明，断狱敏辨，人不敢欺。父子同任，昌黎人以北传僧佑毕元宝云。累官南户部郎中。

杨于陛 四川剑州人。由举人，四十四年任。抚民训士。补缺兴废。文学吏治，两擅其美。重修邑志，笔削简尽，详略合法，仿佛龙门扶风遗意。升广西郁林知州，迁云南武定同知。

崇祯

秦士英 夏县人，由贡士。仁恕廉明，爱士极意抚循。以病去，士民思之。

左应选 榆次人。由举人，二年任。甫任三日，即城守戒严。庚午正月，皇清兵下永平，滦迁俱陷。大兵攻围昌黎八昼夜，公誓死励众，百计守御。遣人突围，密约乐亭死守，以通京师山海之路。灭白莲教数千人于云峰寺。以功加按察司佥事。

[国朝]

顺治

刘应钖 辽东开元卫人。由生员，三年任。当定鼎之初，人心惶怯公。公廉慈惠，加意拊绥，人心始定。升大名府知府，去之日，民送如市。

康熙

寇新民 字振之，河南开封府西华县人。由拔贡，七年任，仁恕不苛，敬士恤民，持重而多惠政。九年以诖误去，百姓怀之。

王曰翼 字健斋，山西泽州阳城县人。由举人。清慎有为，悉心抚字。敬上爱下，吏畏民怀。甫下车，禁除铺设，以恤民艰。其应用器具悉照时值市价自买，向有米羡陋规为病民大害，公张示永除，以苏民累。时称其廉，学宫颓圮，公捐俸修葺魁星楼及名宦、乡贤两祠。百废俱举，至治政曲体民隐，剔奸厘弊。有强点害民者必绳之以法，民获安堵，听讼则片言剖决，两□□服其公。开课士艺业，□庠钦为师范。时□□□□□□□能感格云摄抚篆预□□□□者民科派，士民感戴之，两邑之民□□□□□吏风。

陈邦齐 字君弼，镶红旗，奉天盖州人。由荫生，十五年十月内任。操持廉介，治政仁明。向者昌邑钱谷微输，原有成例，因地瘠民贫，积逋拖欠，百姓流亡。自公莅任，详悉此弊，一切陋习繁滋之扰，不便于民者，俱行禁革。省刑薄税，百姓接踵复业，安静不苛，四野得享和平，听讼虚公，人服明决，勤于政务，案无沉牍。城隍庙灾，捐募重新，其留心地方如此，百姓以慈父母称之。

教谕训导

[明]

嘉靖

杨　志 汤阴人。由岁贡，十四年任。诚心教士，一时称颂之。

张　锦 山东兖州府人。二十八年任，嘉恕不形，训课无倦，有胡安定遗风。

景泰

阎高锡 河南洛阳县人。由举人，以训导。造士有法，行修学博。升国子监丞，寻迁北畿督学御史。

[国朝]

康熙

李维揖 定州人。由岁贡，六年十月内任，持躬耿介，课士精勤。多士钦其模范。

乐亭县知县古宦迹

知　县

[元]

柴本立 至元间任。谦恭敏慎，敬士爱民，学宫颓圮，捐俸修葺，成于不日。时称廉能。

[明]

洪武

王文贵　由人材举卓异科，三年任。时当草昧，公励精为政。六事修举，凡学宫、坛壝、祠宇、公署，悉留心修补之。历大理寺少卿。

成化

李　瀚　沁水人。由辛丑进士，十八年任。邑治旧惟土垣，巡抚阎公檄令以砖甃之。未果，公下车即属意修筑，以竣厥工，至今攸赖。儒学旧在文庙后，公令迁于庙左，前后拓地数亩，规模宏敞，与庙相称。铸造祭器，储育贤才，一时人文丕振。及隆庆中，城经再修，其东北隅十余丈坚固异常。民不忍撤，而止瞻者比甘棠焉。擢御史，历户部尚书，赠太子少保。国朝康熙庚戌，督学蒋公超行本府，遣本县代祭其祠。

正德

赵　宽　垣曲人。由举人，己巳年任。醇厚宏博，不事苛察。吏民畏戴，以父母颂。时嬖幸擅权，有鹰房阉人，绎骚地方，人莫敢何。公召而诘之，阉倨侮无状，乃怒笞焉，坐是被逮下狱，讯之者得情，拟赎还职。大家宰亟贤之，未几挂冠去，迄今人称贤之。至国朝康熙庚戌，督学蒋公超行本府，遣本县代祭其祠。

隆庆

李邦佐　陈留人。由进士，隆庆元年任。时值多事，公为修缮城池，高厚有加于昔。增修四门、月城，各置铁栈、楼橹、敌台，简募丁壮，制造火器，民恃无恐。性强直，毫无阿徇。至于剖决如流，除奸若刈，一方共戴为神君云。擢礼科给事中，去后乐人合前令李瀚共祀之。至国朝康熙庚戌，督学蒋公超行本府，遣本县代祭其祠。

万历

潘敦复　夏津人。由进士，十八年任。公为政，不事催科，首崇抚字。简练乡兵，以备城守。邑无专志，公纂辑二百余年故实，遂成一代文献。历升大同府知府。

崇祯

李凤翥　字瑞征，乐安人。由举人，元年任。才裕性果，加惠茕氓，人多蒙福。值皇清兵下永平，公鼓舞士民，多方悍御，援兵抵邑，驻扎调停，应付有方。俾兵民相安。因忤当道排挤之，士民争先保举不得，立石颂之，入祀名宦。士民至今德之。

陈昌言　字道庄，山西泽州人。由进士，六年任。持身廉介，人比玉壶冰壑。公每坐，堂皇端方严重，肃若神明。一时士敦廉让民，崇信义。且文学博洽，长于著作，所著文集，脍炙人口。俸满擢浙江道御史，巡抚山东。皇清提督江南学政。得士最甚，子元、侄敬，俱内弘文院庶吉士。

［国朝］

顺治

韩　望　字俨然，陕西西安府泾阳县人。由进士，九年任。吏治精警，剔蠹祛奸，一时萑苻不惊，强暴敛迹。满汉军民，两相帖服。尝请设防兵，安插得法，擢户部福建司主事。士民遮留悲号，接踵相望，自辰抵暮，不忍舍去。

康熙

于成龙　字振甲，镶红旗人。由荫生，康熙七年任。品行洁清，才力英敏。首严苛派，不事敲朴。岁饥请赈，散给有方，民沾实惠。圣驾东幸，修理桥路，备应供给，自力承当。不扰里下，念恤民艰，供应往来差使，皆出私囊，民无加派之苦。劝民开垦，邑无荒芜之地。严禁游赌，以靖盗源。缮修城垣，以固城守。革里催令，民自封投柜，民无赔累。免供给日用，悉出俸薪，永著为令署滦篆。诖误免官，邑士民叩阍保留。十二年二月内复任，重修圣宫以储育人才。再修魁阁，以鼓舞士习。请退任丘拨补地亩，民无赔累，详除美化，屯额粮以恤丁□□□□致祥。十六年丁巳，乐邑境内，麦秀三岐、五岐，遍满四郊。士民编为歌谣，以称颂之。十八年升北通州知州。

乐亭县县丞

[明]

嘉靖

任　建　江南萧县人。由岁贡，丁未任。事亲至孝，亲终庐墓。及佐邑掺持清慎，政专慈恕，人以谓无愧孝慈圣训云。

典　史

贾　澄　液县人。由吏员，戊申年任。秉性介直，志向高明，不以刀笔自期。尤笃爱百姓，令每属以听讼，虚心研审。屈者愧服。以忧归，囊橐萧然。后邑人李瑶判平度，过而访之，衡门栖迟，略无愠色。冗末员中，范丹高顺也。

乐亭县儒学教谕

[明]

嘉靖

王　棐　湘城人。由岁贡，辛酉年任。志行高明，才学卓越。诸生贫者馈皆怯之，修祭器，植松柏，时以敏政，君子称之。

隆庆

刘邦彦　龙阳人。由举人，戊辰年任。公学宏邃，凡威仪词章，卓有矩度。以行谊作人，以经术迪士，一时学者翕然向风。升高邑知县，历大理寺寺正。

万历

杨　芳　山东益都人。由岁贡，已卯年任。公年已耆，人谓志在温饱，往例新生进贽，先定甲乙，众以请，公笑曰："子视我为市肆贾人耶？"诸生大喜，贽见多不成飧。公略无芥蒂意，其高迈若此。居常待生徒，曲尽恩礼。有过必正色戒谕，不少阿徇，诸生皆乐亲就焉。

训　　导

[明]

正德

邵　鉴　洛阳人。由岁贡，丁卯年任。平易笃实，善笃课业，训迪有方，士风丕变。祀名宦。

贾　奎　蔚州人。由岁贡，庚午年任。性行刚方，持守廉洁，造士勤敏，绰有矩度。尝条陈八事以献，为上官所止。志大有为，一时称之。殁于官，士类悼焉。从祀名宦。

嘉靖

崔　佩　沁州人。由岁贡，己未年任。立志端肃，待士宽恕。馈贽厚薄，概置弗较，以廉静著闻，弟子员□□为亲就焉。

武　　功

[元]

皇庆

怀闻公　皇庆初为瑞州达鲁花赤。时海滨县宣圣庙毁于兵燹。前政数十辈，咸置弗理。公至，邑人请之，遂慨然兴复，不十旬成。其崇儒慕义，类如此。

[明]

洪武

徐　达　凤阳人。洪武十四年，帝以燕民新附，又地邻大海，命公镇之。乃依山阻海，创立关城，复修筑边墙，阻塞隘口。联络周密，规度宏远。累官太傅中书右丞相，进爵魏国公。卒，追赠中山王，谥武宁。景泰间，山海士民感念功德不置，请于朝得建专祠，春秋以时祭享云。

隆庆

戚继光　登州卫人。以剿平倭寇功，隆庆初言官交请，召入京营练兵。寻兼总理镇守蓟永山海等处，巡历各边，相度平险，建筑敌台，千里森列，大兴军民不病，皆公调度得宜所致也。又尝增饷廪，制车战及火器、兵械，立传烽制，擎旗举炮，顷刻千里。百废俱举，奔走诸将，檄飞随羽，至太阅三十万众，咸遵纪律。阅视大臣每以李郭称之。著有《止止堂集》《纪效新书》《练兵实录》。至今三屯营立祠祀之。

山海旧设衙门

督　　师

[明]

天启

孙承宗　号恺阳，直隶高阳县人。万历甲辰进士，廷试第二。为人沉毅豁达。天启壬戌，公以内阁督师关内，设三镇，置营房于城内外，军民异处，各安其所。捐俸修学，广科举额，以兴人文。施谷济贫，三载劳悴，告病回籍。崇祯己巳，特旨起公匹马就关，躬督士民防守关城，赖以保全。当多事之际，执掌军务，安详镇定，不动声色，有纶巾羽扇之风焉。

山永巡抚

[明]

崇祯

杨嗣昌　字文弱，湖广武陵人。由庚戌进士，山石道升山永巡抚。公豁达沉毅，聪颖绝伦，每条对行间要害，顷刻千言，皆中款綮，凡阅武用人，其将士勇祛才貌，一经其目，终身不忘。赏信罚必毫忽不爽。以魁路狭窄，卜学宫乾地，捐俸修建明伦堂三楹，规模壮丽。自是关门科第，较前颇盛云。所著有《中枢奏议》及《乡约化民书》数万言，抚山永时，令有司朔望讲解，以正风俗焉。

马成名 江南溧阳人。辛未进士，由密云道擢升山永巡抚。崇祯十五年任。厚重端凝，才优识练，设备边防，简练士马，人心慑服。岩关中外，倚为屏翰。未几匝岁以事就逮，时论惜之。

武 秩

永平自庚午不守，设有城守三营，分中、左、右军，专设副将一员，游击二员统领之。继因多事，间或防守各边，及征调应援去留不常。国朝新制，止设副将一员，守备二员，定为驻防城守营，兼管山、石、燕、建等处，及海防各营路焉。

协守山永副将

[国朝]

顺治

张思盛 号至隆，辽阳人。十三年任。公威勇而多智料。永平为东西两京要冲，行旅络绎。盗有冒干办使臣公行劫掠者，地方苦之。公履任初，遇有劫盗，恐游兵莫敌，每躬领健丁穷追，不令兔脱，务期必获。于是劫盗者敛迹。又严禁各弁克扣兵饷，军士得沾实惠。一时军容严肃，器械鲜明。赤丁有生事者必执法不获，终其任，兵民相安，奉文调防浙温等处，剿寇有功，奉旨加级。

李廷楠 字若梓，陕西西安府人。由功荫，顺治十六年六月内任。五年戊子，自一片石备御，升山东沂州镇游击。分守台庄，防护漕运，征剿各寨叛寇，所向克敌取胜。升大同镇参将。时东粤负固，朝议遣兵，以公镇守山东勇战识名，部议调取随从下广。公统领所部，秦晋之众分路进取。首克凌江一带，悉通进兵要路，直抵信安。论平定功，即授广东肇庆府副将。时封川、开建诸处，尚多未靖。公奉将军令，代宣恩信，不旬日传檄悉定。十六年己亥，加左都督，升永镇协守副将。向者边道衔代监军，前任协镇，每以登降小节，各不相下，以致构隙生嫌。公履任初，惟以封疆为重，凡会道，必易肩舆，以骑乘。一遵仪注接见，务期文武相睦，其公慎如此。至兵饷，念系三军命脉，严借支，以清克扣之源。待寮属俱温温恭人，有推解之风。禁馈送，练士马，制旗帜，以新行伍。勤考射，以练技勇。虽幼历疆场，未工文墨，礼士尊贤，勤学好问，指顾间饶有文士之风。历升协守江北寿春营副总兵。

康熙

张应标　号正吾，陕西崇信县人。由特举将材，康熙七年任。三年甲辰，奉四川总督檄，领所部兵与四川提督郑合兵进剿陈家坡巨寇刘二虎，一战夺贼老木吼窝巢，刘二虎失势雉经，余党悉平。又楚有大逆李来亨者，久据茅麓山寨，声势汹涌，为湖湘大害。复与统领八营梁家琦合兵会剿，值茅麓深险，难与较力。公与梁总统分兵扼险，掘壕筑堤，割汛分守。时来亨突冲公汛夜遁，公连宵截杀，贼众败绩自杀。兵部汇叙剿荡功，加升都督佥事。六年丁未，推升山永镇协守副将。公胆略过人，智勇素著，历事精详，持躬敬慎。凡所属，自都阃以至百夫长下及部伍之微，俱推诚以待。和而有体，稍无町畦严厉之色。凡境内间，有不逞飘忽之辈，闻烽即单骑叱驭，迅飞奋击。明赏罚，勤操练，严饬官兵，威守纪律，时称其稳重不浮，有古良将风。

喻三元　字魁一，江南省徐州人。十二年十二月内任。持己洁清，治行直敏。公于国初，从王征收闽省，宣力攻剿。论靖平功，叙升游击，复加署都同，镇守北楼隘口。北楼一带，邻近五台，向为盗薮。公至防御有方，恩威并用，肃清山野，萑符潜消，地方安堵，军民交感。升授都同，协镇永山等处。严城守，谨堤防，清核士马，简练兵卒，约束部伍，法令严明，军民相安，一时称便。所辖各边营路将校，咸遵纪律，各供执掌。留心防汛刍饷为三军命脉，公念各兵差繁役苦，照依库领分数，按名给散，分毫不扣。间有鼠窃辈，乘间骚扰地方。公闻报，即单骑叱驭，奋弧先登，务期必获，以靖盗源。其有勇知方如此。

山海城守章京

[国朝]

顺治

祁富哈　满州人，九年为山海城守章京，清慎有守，约束士卒，不许生事扰民，关民德之。

永镇左营游击

汤自道　号后庵，滦州人。由将材，十五年任永镇左营游击。顺治五年，升山西北楼口参将。五台巨寇刘千等作乱，占据代州、应州，围攻附近城壁屯堡，公详请大兵援剿。及领宣府、阳和、偏关、固关八路官兵协力讨平，尽复被陷州郡。大同军门佟公奇其功，题授副将。顺治六年姜瓖叛，公鼓舞军民。固守北楼一带，疏通征进要路。端重王俱嘉其忠诚，并其子原任都司汤文福，各赐以貂裘、蟒袍、帽靴及马，折银五十两，议升未几乃卒。北楼军民得免叛逆之误，至今颂其德云。

武学科正

[明]

崇祯

唐之靖　浙江绍兴府山阴县人。由举人，元年任。三年庚午，值大清兵下永平，公先令阖家俱焚。因谓左右曰："吾死之后，亦焚吾户。"遂西向再拜，自缢而亡。从容就义，论者惜之，事定入武庙忠烈祠崇祀。

永平道标下中军都司

[明]

崇祯

程应琦　山阴县人。由将材，元年任。沉毅英发，有应变才。崇祯三年，永城不守。公挺戈巷战，事不济，拔所佩剑自刎不死。令家丁断头，众皆不忍，涕泣劝慰。公竖发裂眦，复起自杀。事平立坊，表之祀表忠祠。

城守中军

房应祥　号泰寰，永平人。元年任，时永平多事，城守单弱，兵备张公春，会抚按汇题，为城守中军专司团练乡勇。崇祯三年，扬武营兵守降，纵火陷城，公分守东面，率所部堵陴血战，冒矢石死。事定，赠骁勇将军，立坊表之，仍从祀武庙、表忠祠。子三：长风华，戊子贡士，历福建漳州府知府。次星耀，不慕仕进，多侠气，人雅重之。季星焕，历山东武德道副使，有政声，卒于官，人以为公忠烈之报云。

山永协镇守备

[国朝]

康熙

李一奇　字秀实，通州人。由特拔将材，康熙十年四月内任。识力优卓，长于骑射。元年壬寅，随通州协镇，合剿山东锯齿牙山巨寇，临敌宣力，多所斩获，事平论歼剿功授以千夫长。八年己酉圣驾东狩，驻跸于黄花店、河西务二处地方。俱命公御前考射。九年庚戌于通州北马厂地方，又命考射，再命考射于孤山地方。四次考射，俱连发中的，皆得与晏，更蒙谕优擢。十年辛亥，加升永镇右营守备。重视职守，清核士马，勤于防御，恤爱部伍，赏罚严明，与民相安。志曰："九重深邃，草莽之臣。世不能一睹龙光者多也。公得屡觐天颜，亦云幸矣。周之兔罝兴歌，楚之献璞致叹，知遇之际盖亦难言也。"公能数进御览，得献所长，且叨优擢，何其奇也。公真发创有基，世宁多得也哉！

永平卫守备

[明]

成化

罗　纲　永平卫指挥，成化间代胡瀚守备永平。刚毅有为，兼通文事，有声于时。

嘉靖

祝　福　山海卫指挥。嘉靖中，任永平卫守备。清操如玉，绅士多敬重焉。

崇祯

陈靖华　字养素，东胜卫指挥。元年任永平卫事。明决有为，安静不扰，百姓爱戴之。

[国朝]

顺治

高君锡　字康侯，大兴人。由进士，十年任。旧制永、卢、东、兴四卫，各有专司，新令归并永平一卫，兼摄料理房地。又经拨补，规画纷纭。公能调度有方，四卫慑服。编审时设立卫城隍庙，开笔明心以示公。与民相约期如原额，不事苛求，百姓称便，一时怀之。

山海卫守备

[明]

正统

王　整　羽林前卫人。十年任。沉毅有谋，长于干济。山海设守臣自此始。前此治尚草创，规制未备。公至次第兴举，凡学庙、楼橹及廨舍之属，多所增建。且抚士驭下，宽而有体。任十五年，军民畏而爱之。

天顺

刘　刚　山海卫指挥佥事。天顺间，视卫篆以贤能称，卫司供帐，邮传公先期宿购器用食物，一遇台使至，辄出以应之，不敛诸下。创建文庙东西庑暨学舍，诸生违教者辄廷责之，罔敢不服。其公严综密类此。

谷　登　永平卫指挥使。天顺间领敕，守备山海，骁勇善射，其作为皆出人右，一时倚重之。

弘治

申　宁　沂州卫人，守备山海。安静不扰，地方德之，升山东都司，以廉勤勒石于石门路之彰善碑。

[**国朝**]

顺治

郭之俊　宣镇人。由武进士，七年任。为人慷慨任事，清正不苟。至爱民如子，办事克勤如其家事。时抚宁卫初并山海，公视之如一，下民戴之。升任后，民遮送，不忍舍去。数年后解任，偶至关门，绅衿馈候，商民趋谒，依依如初至云。

康熙

王御春　陕西人。由武进士，顺治十六年任。诚悫为实政，征缉不苛。康熙五年，升山西阳河堡都司。

陈廷谟　京卫人。由戊戌科武进士，六年四月内任。历事详慎，御下冲和，明恕不繁。百姓爱戴，修山海关志及劝募重修望海楼。

卷之十六

莱阳　　宋　琬撰次
宜兴　　路　遴参校
广宁　　常文魁续补

科　贡

王制大乐正论造士之秀者，以告于王，而升诸司马曰进士。进士之名自此始。三代之制，皆乡举里选，而后乃以射策甲科为进士，其次举人、贡士三者并用，而得人之盛，自昔记之。永平在唐时未有所考。自辽金以至于今日，则彬彬矣。庄定山有言士当家食，即荷国恩，既免其庸，复供其饩。自贡举而上，其费更多。恩礼虽自于天朝脂膏，实出于百姓。静言念此，能无内惭。惟穷恐负乡人，斯达能不负天子。夫志夷齐之志，而学文公之学，余于此邦之士，望之矣。（各志有牌坊诰命二款，今删。）

[辽]

张　珏　进士，有传。　　**孟　浩**　有传。
冯唐卿　大安元年进士。　　**张　瑴**　乾统元年进士。

[金]

刘敏行　天会三年进士，有传。

李　杭　乐亭人，滦志云：天会四年。《郭志·考史》元年十一月，时以急欲得汉士，以抚辑新附。初无定数，亦无定期。故二年八月，凡再行焉。至五年号为南北选，则杭登非是年矣。

李元道 滦州人，皇统词赋进士。

李元璋 正隆元年，律科进士，有传。

张　芝

任　询 并滦州人。正隆二年进士。《郭志考》：询本易州人，官老归休于滦耳。

史　愈 滦州人，大定六年进士。

牛子元 滦州人，大定十二年进士。

张　介 正大元年，经义进士第一，有传。

[元]

鲜卑仲权 乐亭人，太祖十年进士。《郭志·考史》：自太宗始取中原，中书令耶律楚材请用儒术选士，从之。九年八月，乃下诏命官历诸路考试，以论及经义、词赋分三科取士，皆一时名士。当世或以为非，使中止。

杨　绍 中统三年进士。

赵仁举

赵　衍 并至元二十年进士。

成　祚 大德七年进士。

张　德 皇庆元年进士。

已上并《滦州志》《郭志考》：元进士科，自世祖议，至武宗未尝行。至皇庆二年十一月乃下诏，以三年八月天下郡县，兴其贤者能者，充赋有司。次年二月会试。京师中选，亲策赐第，今因而行之是也。则是年以前，凡登进士者谬矣。

进　　士

[明]

洪武乙丑

宋弘道 乐亭人，左佥都御史。

永乐乙未

王　翱 滦州人，吏部尚书，太子太傅。

辛丑

崔　碧　昌黎人，御史，历山东佥事。

宣德庚戌

解　贯　抚宁人，太仆寺少卿。

正统己未

王　锐　迁安人，巡抚延绥右副都御史。

壬戌

张文质　昌黎人，礼部尚书，太子太保。

乙丑

李　和　迁安人，河南参议。

景泰辛未

刘　宣　卢龙卫人，南京工部尚书。

杨　福　永平卫人，御史。

李　胜　永平卫人，御史，历河南佥事。

周　斌　昌黎人，御史，历湖广布政。

甲戌

杜　谦　昌黎人，工部左侍郎。

李　文　迁安人，户部主事，运使。

阎　鼐　滦州人，御史，谪主簿，升知县。

天顺丁丑

王　佐　卢龙人，阳武知县。

庚辰

刘　恭　乐亭人，兵科，历河南参议。

甲戌

刘　珙　抚宁人，刑部员外。

成化丙戌

郑　己　山海卫人，御史。

萧　谦　永平卫人，湖广副使。

杨　祥　永平卫人，山西佥事。

齐　章　滦州人，燕山卫籍。

己丑

张　忱　昌黎人，文质子，兵部郎中。

齐　文　章弟。

壬辰

萧　显　山海卫人，兵科历佥事。

周　茂　卢龙人，永州知府。

谢　纲　滦州人，上虞知县。

郝　隆　滦州人，金华知府。

张廷纲　永平卫人，行人。

乙未

魏　琮　迁安人，乌程知县。

赵　绣　抚宁人，行人。

戊戌

高　璁　滦州人，临邑知县。

茆　钦　卢龙人，御史，历江西佥事。

王　和　迁安人，御史，历山东副使。

才　宽　迁安人，工部尚书，太子太保。

辛丑

杜　源　昌黎人，谦子，青州知府。

余　璘　滦州人，南京员外郎。

申辰

郭　镛　兴州卫人，御史，历副使。

崔　锦　山海卫人。

丁未

朱　玑　滦州人，蒙化卫籍，按察使。

王　济　滦州人，太仆寺少卿。

弘治戊戌

李宗商　乐亭人，陕西行太仆寺少卿。

癸丑

高　谦　滦州人，巩昌知府。

王　廷　迁安人，兵科历山西佥事。

许　庄　滦州人，陕西参议。

李　金　迁安人，云南副使。

郭　瑀　滦州人，和阳卫籍。

丙辰

孙　炯　兴州卫人，苑马寺卿。

王　春　抚宁人，检讨，改周府左长史。

郭　经　卢龙人，开封同知。

任　惠　滦州人，南京吏科给事中。

王　蕃　滦州人，御史，历平凉知府。

己未

李　炫　迁安人，陕西行太仆寺卿。

朱　鉴　卢龙人，青州知府。

王　珝　永平卫人，兵部侍郎。

王　辅　滦州人，河南副使。

壬戌

张秉清　永平卫人，按察佥事。

鲁　铎　抚宁人，山东佥事。

陈　鼐　迁安人，御史，历陕西副使。

李　鉴　滦州人，御史。

正德戊辰

翟　鹏　抚宁人，总督宣大，兵部尚书。

吴　吉　滦州人，户部主事。

辛未

王　念　迁安人，九江知府。

甲戌

杨百之　迁安人，御史，历湖广佥事。

王道中 抚宁人，顺天府尹。
王　翰 昌黎人，行人，赠御史。
丁丑
高　轩 迁安人，户部主事。
白　麒 永平卫人，邱县知县。
辛巳
廖自显 卢龙人，御史，历汝宁知府。
嘉靖癸未
赵得佑 卢龙人，御史，历苑马寺卿。
卢耿麒 乐亭人，山西副使。
李　涵 迁安人，贵州左布政。
王　庚 滦州人，陕西右布政。
万　义 山海卫人。
蔡　铳 滦州人，永清卫籍。
丙戌
詹　荣 山海卫人，兵部左侍郎。
李充浊 永平卫人，左布政。
段　麒 滦州人，顺天府丞。
己丑
高　擢 滦州人，都御史。
钱　澍 迁安人，知县。
王　镐 滦州人，巡抚宁夏，右佥都御史。
戊戌
历汝进 滦州人，户科给事中。
甲辰
周　冉 滦州人，汉阳知府。
庚戌
王好问 乐亭人，好学弟，户部尚书，太子少保。

癸丑

穆宁中　山海卫人，户部主事。

丙辰

王尚直　昌黎人，工部郎中。

壬戌

廖际可　卢龙卫人，嘉兴同知。

隆庆戊辰

王大用　东胜卫人，陕西参政。

辛未

李安仁　兴州卫人，湖广按察副使。

王胤祥　抚宁人，刑科给事中，历陕西副使。

万历丁丑

韩应庚　东胜卫人，御史。

庚辰

冯时泰　山海卫人，山东参议。

己丑

高　第　滦州人，经略辽东，兵部尚书。

魏可简　昌黎人，尚宝司卿。

朱文运　卢龙人，南户部主事。

冯盛明　昌黎人，涿州籍，左布政。

己未

白　瑜　东胜卫人，刑部尚书。

徐云逵　迁安人，光禄寺卿。

戊戌

张鹏翼　滦州人，工部郎中。

辛丑

程大猷　兴州卫人，山东兵备参议。

龙负图　昌黎人，户部主事。

甲辰

白养梓　瑜子，山东兵备参政。

丁未

韩原善　东胜卫人，开原兵备佥事。

张国瑞　乐亭人，陕西左布政。

陈王庭　卢龙人，太仆寺卿。

庚戌

石维岳　滦州人，湖广按察副使。

癸丑

冯　铨　盛明子，见任内阁大学士。

郭　巩　迁安人，兵部左侍郎。

刘廷宣　山海卫人，大理寺左少卿。

丙辰

邸存性　昌黎人，兵部主事。

己未

冯运泰　滦州人，斗华子，太仆寺卿。

天启乙丑

崔及弟　卢龙人，行人。

崇祯丁丑

严梦鸾　滦州人，宝鸡知县。

癸未

高辅辰　第子，范县知县。

顺治丙戌

刘鸿儒　迁安人，见任户科都给事中。

李成性　迁安人，山东新城知县。

石　申　滦州人，维岳子，见任吏部右侍郎兼翰林院侍读学士。

李云起　昌黎人，毓舟子，黎城知县。

丁亥

田国足　抚宁人，饶州推官。

佘一元 山海卫人，礼部郎中。
穆尔谟 山海卫人，现任礼部主事。
己丑
赵映斗 迁安人，见任马邑知县。
壬辰
孙如林 滦州人，祥符知县。
乙未
冯源济 铨子，见任翰林院编修。
戊戌
程观颐 山海卫人。
顺治十六年己亥科
高　岗 滦州人，蓬莱县知县。
汪淑问 犍为知县。
康熙九年庚戌科
杨振藻 进士。
康熙十五年丙辰科
翁叔元 永平卫籍，殿试第三。
刘衍嗣 进士。

辽学进士

[国朝]
顺治丙戌
夏敷九 锦州人，翰林院侍读学士。
乙未
吴允升 锦州人。
壬辰
田　麟 自在州人，戊戌殿试，现任弘文院编修。
己亥
陈尧言 宁远人，考。

举　人

洪武甲子

温　厚　见人材。　宋弘道　见进士。

永乐乙酉

姚　著　迁安人，高州知府。

戊子

刘　哲　卢龙人，襄垣训导。　尹　恭　迁安人，知府。

田　翥　迁安人，应天治中。

辛卯

李　旺　卢龙人，潜山知县。　崔　旭　迁安人，府谷县丞。

刘　让　迁安人。　吴　杰　抚宁人，湖广参议。

甲午

赵　忠　卢龙人，御史，改刑部郎中。

吴　敏　迁安人，知县。　刘　会　滦州人，固始知县。

刘　干　滦州人，曹县知县。　王　翱　见进士。

丁酉

杜　兴　迁安人，户部员外。　姚　政　抚宁人，两浙运司。

费　隐　昌黎人，泽州同知。　刘　鸿　昌黎人，照磨。

阎　本　滦州人，徐州同知。　张　勖　滦州人，御史，历参政。

武　信　滦州人。　孙　白　乐亭人，杞县知县。

邢　润　乐亭人，商河知县。　崔　碧　见进士。

庚　子

刘　诚　卢龙人，工部郎中。　高　明　迁安人，岳阳知县。

张　震　昌黎人，永和训导。

癸卯

邵　俨　卢龙人，陕西参议。　臧　敬　卢龙人。

任　泰　卢龙人。　刘　静　迁安人，西安推官。

刘　纪　迁安人，平湖县丞。　孙　缙　昌黎人，税课大使。

李　昉　昌黎人，邹平知县。

宣德丙午

陆　逵　迁安人，祥符训导。

壬子

白　璧　抚宁人，沁源训导。

乙卯

刘　懋　乐亭人，袁州知府。

正统戊午

王　锐　见进士。　**张文质**　见进士。

辛酉

沈　继　迁安人，栖霞教谕。　**崔　砺**　迁安人，三万卫教授。

甲子

赵　玉　迁安人，汉中知府。　**李　和**　见进士。

刘　钺　抚宁人，浙江布政。

丁卯

沈　礼　滦州人，淮安通判。　**阎　鼐**　见进士。

李　懋　乐亭人，衢州通判。

景泰庚午

谢　衷　永平卫人。

陈　暹　永平卫人，通许知县。

徐　义　迁安人，安庆通判。

唐　福　东胜卫人，南通州知州。

马　聪　迁安人，平凉同知。　**王　杰**　昌黎人，南阳通判。

魏　安　昌黎人，运使。　**郭　鼐**　昌黎人，陵川知县。

陈　恕　滦州人，开封同知。　**王　亮**　乐亭人，蔚州知州。

刘　宣　解元，见进士。　**杜　谦**　见进士。

癸酉

李　宽　卢龙人，齐东知县。　**陶　献**　卢龙人。

刘　钺　抚宁人，介休知县。　**颜　真**　抚宁人，曹州训导。

戴　纪　昌黎人，济宁同知。　李　敬　昌黎人，温县知县。
曹　纪　昌黎人。　吕　旻　滦州人，邹县知县。
李　文　见进士。　周　斌　见进士。
丙子
崔　镛　迁安人，武定州训导。
张　镛　迁安人，国子监录事。
欧阳懋　抚宁人，宁波同知。　杨　森　昌黎人，池州学正。
翟　旻　昌黎人，沁州学正。　牛　本　乐亭人，九江知府。
张　忱　见进士。
天顺己卯
谢　宁　永平卫人，项城知县。崔　鉴　碧子，安阳知县。
李　贯　滦州人，忻州同知。　萧　显　见进士。
壬午
俞　衡　乐亭人。　汪　理　昌黎人。
郁　瑄　乐亭人，知县。　郑　己　见进士。
成化乙酉
李　昶　卢龙人，中府经历。　马　銮　永平卫人，大同知县。
朱　缨　迁安人，沾化知县。　宋　铭　昌黎人，通许知县。
杨　琇　滦州人，堂邑知县。　卢　敬　乐亭人，兵部司务。
郝　隆　见进士。　杜　源　见进士。
戊子
印　玺　永平卫人，太和知县。谢　宥　永平卫人，亳县知县。
周　本　卢龙卫人，济南同知。王　泽　迁安人，长子知县。
吴　谦　抚宁人，蒲圻教谕。　刘　昶　乐亭人，昌乐知县。
周　汉　乐亭人，临汾知县。
辛卯
萧　临　永平卫人。　吕　麟　卢龙卫人，凤阳知县。
郝　谦　卢龙人，六安知州。　郭　钦　抚宁人，遂平知县。
谢仲达　抚宁人，孟津知县。　张　慥　谦子。

宋　儒　滦州人。　　　　　　王　琰　乐亭人，忻州同知。
谢　纲　见进士。
甲午
金　瑛　永平卫人，兵部员外。李　炳　兴州卫人，户部员外。
章　英　迁安人，自在知州。　黄　敬　抚宁人，盖州卫训导。
金　茂　抚宁人，昌乐知县。　李　鼒　昌黎人，户部员外。
曾　韬　山海卫人，应州学正。魏　琮　见进士。
王　和　见进士。
丁酉
李　时　永平卫人，知府。　　王永清　迁安人，延津知县。
刘　琦　抚宁人，兖州通判。　刘　玫　抚宁人，汝宁通判。
贾　琇　昌黎人，交城知县。　才　宽　见进士。
庚子
赵　璞　卢龙卫人，蒙阴知县。李文盛　卢龙人，溧水知县。
杨　东　东胜卫人，商河知县。田　增　滦州人，凤翔知县。
余　璘　见进士。
癸卯
杨　润　卢龙人，金州知州。　杨　相　卢龙人，安定知县。
朱　瑄　卢龙人，兴平知县。　潘　魁　卢龙人，洪县知县。
王　溥　迁安人，安定知县。　沈　阶　滦州人，亳州同知。
吉志学　滦州人，东昌通判。　冯　清　滦州人，鄘县知县。
毛　凤　乐亭人，万全知县。　郭　镛　见进士。
崔　锦　见进士。
丙午
王　用　滦州人，西平知县。　许　庄　见进士。
任　惠　见进士。
弘治己酉
李　祯　永平卫人。　　　　　高　胜　昌黎人，通判。
安　民　滦州人，户部郎中。　徐　瑞　滦州人，宝丰知县。

张秉清 见进士。 **李宗商** 见进士。
李　金 见进士。 **王　廷** 见进士。
壬子
黄　胜 卢龙人，沂州训导。 **刘　振** 乐亭人。
高　谦 见进士。 **孙　焖** 见进士。
乙卯
李　秀 兴州右卫人，卢州府通判。
胡　宪 抚宁人，大同通判。 **范　兰** 滦州人。
李宗夏 乐亭人，汾州学正。 **李　炫** 亚魁，见进士。
陈　鼐 见进士。 **王　蕃** 见进士。
吴　吉 见进士。 **周　纪** 卢龙人。
李　溥 卢龙人，东阿知县。
崔仲淮 昌黎人，鉴子，翼城知县。
朱　鉴 见进士。 **鲁　铎** 见进士。
王　辅 见进士。
辛酉
田　跃 山海人，金乡知县。 **王　念** 见进士。
甲子
王　鼐 永平卫人，淳化知县。
李士杰 兴州卫人，经历。 **才　英** 迁安人，平定知州。
王　轸 滦州人，孟县知县。
正德丁卯
王　诚 乐亭人，禹城知县。 **翟　鹏** 见进士。
庚午
杨　锐 迁安人，宁陵知县。 **王　玮** 乐亭人。
高　轩 见进士。 **王　翰** 见进士。
癸酉
李　宏 永平卫人，山东参议。 **许廷章** 东胜卫人。
刘　镇 迁安人，费县知县。 **李时佑** 滦州人，沁源知县。

任　佶　滦州人，郓城知县。　**李伯润**　山海人，知县改教授。
白　麒　见进士。　**杨百之**　见进士。
丙子
张　炳　滦州人，汝宁通判。　**王　庚**　见进士。
乙卯
周良臣　抚宁人，卫辉通判。　**赵得佑**　见进士。
段　麒　见进士。　**廖自显**　见进士。
嘉靖壬午
纪　纶　卢龙卫人，延安同知。**李　涵**　见进士。
赵　瑞　昌黎人，伊阳知县。　**王　镐**　见进士。
卢耿麒　见进士。　**万　义**　见进士。
乙酉
朱　淳　永平卫人，昌邑知县。
阚　杰　卢龙人，石州知州。
李充拙　永平卫人，南通州通州。
梅如玉　兴州卫人，福山知县。
李充浊　见进士。　**詹　荣**　见进士。
戊子
韩　梅　永平卫人，大同同知。**胡守仁**　永平卫人。
邵鹤年　卢龙人，苛岚知州。　**王　钲**　滦州人，获嘉知县。
钱　澍　见进士。　**高　擢**　见进士。
丙卯
吉　占　滦州人，通判。　**周　冉**　见进士。
甲午
郑　钦　滦州人，河南通判。　**厉汝进**　见进士。
丁酉
李一致　卢龙人。　**张效俭**　兴州卫人，兖州通判。
刘　卿　滦州人。

庚子

王好学 乐亭人，楚雄知府。

癸卯

廖献可 卢龙人，即墨知县。 **茆世亨** 卢龙人，易州知州。

王　宥 念从孙。

丙午

郝宗启 滦州人，泽州知州。 **陈　情** 滦州人，孝义知县。

谭　坊 由海卫人。 **王好问** 见进士。

己酉

古　守 滦州人。 **翟绍先** 鹏子。

穆宁中 见进士。 **廖际可** 见进士。

壬子

陈嘉谟 滦州人，济南通判。

刘　复 礼山海卫人，陕西行太仆少卿。

萧大谦 山海卫人，泰安知县。

乙卯

白　经 抚宁人，寿张知县。 **王尚直** 见进士。

戊午

李　缥 迁安人，陵县知县。

辛酉

张文炳 滦州人，知州。

甲午

王　淦 滦州人。 **王大用** 见进士。

隆庆丁卯

李鸣鹤 乐亭人，西华知县。 **王胤祥** 见进士。

李安仁 见进士。 **张汝楠** 乐亭人，羽林卫籍。

庚午

韩应奎 东胜卫人，华阴知县。

李承爵 迁安人。 **张所修** 滦州人。

谭　纳　山海卫人，知县。

万历癸酉

李汝茂　永平卫人。　**张重立**　山海卫人。

冯时泰　见进士。　**刘思诚**　山海卫人，济南同知。

丙子

韩应庚　见进士。

己卯

魏可简　见进士。　**朱文运**　见进士。

壬午

高　甲　滦州人，巩昌推官。　**魏汝桐**　兴州卫人，知县。

崔凤雏　东胜卫人，贡县知县。

乙酉

白　瑜　见进士。　**冯盛明**　见进士。

赵养正　滦州人。

戊子

徐云逵　见进士。　**沈育民**　滦州人。

高　第　见进士。　**孟陈义**　滦州人。

辛卯

杨文粹　兴州卫人，松江通判。

张鹏翼　见进士。　**王之屏**　昌黎人。

甲午

龙负图　见进士。

丁酉

冯斗华　滦州人，长山知县。　**张孔教**　滦州人。

曹司牧　乐亭人，苑马寺卿。　**邸存性**　见进士。

秦时跃　滦州人。

庚子

薛三桂　卢龙人，永宁知州。　**刘汝桂**　昌黎人，固原知县。

石维岳　见进士。　**赵养蔚**　滦州人，尚宝少卿。

程大猷 见进士。

癸卯

宋文熏 昌黎人，显州知州，进中宪大夫。

白养粹 见进士。 **冯运泰** 见进士。

张启源 滦州人，鹏翼子。

丙午

陈王庭 见进士。 **崔从教** 迁安人，太原同知。

张国瑞 见进士。 **刘廷宣** 见进士。

韩原善 见进士。

己酉

张联奎 滦州人。

壬子

严梦鸾 见进士。 **郭 巩** 见进士。

乙卯

廖从周 卢龙人，教谕。

吕鸣夏 山海卫人，官至固原兵备。死事。

刘廷征 山海卫人，洛南知县。

戊午

王调元 抚宁人，滕县知县。

天启甲子

严梦鹏 滦州人，梦鸾弟。 **崔启亨** 卢龙人。

高辅辰 见进士。 **崔及第** 见进士。

丁卯

李成性 见进士。 **伦之楷** 滦州人，巡仓御史。

张汝贤 滦州人，巩昌同知。

崇祯庚午

陈兴门 乐亭人，铜仁推官。 **穆尔鹏** 山海卫人。

癸酉

王胤吉 抚宁人。

丙子

贾重隆 昌黎人。　　**赵永祉** 滦州人。

己卯

张　直 滦州人，见任郧阳知府。

佘一元 见进士。　　**管声扬** 卢龙人，常州通判。

壬午

高翼辰 第子，湖广参政。　　**石　申** 见进士。

李云起 见进士。

[国朝]

顺治乙酉

刘鸿儒 见进士。　　**沈所端** 山海卫人。

陈性天 乐亭人。　　**穆惟乾** 山海卫人，滑县教谕。

戴殿云 兴州卫人。　　**田应升** 昌黎人，固安教谕。

丙戌

白培极 滦州人。　　**田三接** 昌黎人。

田国足 见进士。　　**崔联芳** 山海卫人。

鞠惟谦 滦州人。　　**穆尔谟** 见进士。

戊子

黄忱孝 乐亭人。　　**赵映斗** 见进士。

梁　祯 滦州人。　　**高　岗** 滦州人。

辛卯

李若璋 毓英子。　　**孙如林** 见进士。

赵启晋 昌黎人。　　**赵天锡** 昌黎人。

秦文标 滦州人。　　**程观颐** 见进士。

甲午

马逢乐 昌黎人。　　**谭从简** 山海卫人。

裴式度 迁安人。

丁酉

汪淑问 东胜卫人。　　**崔　巍** 卢龙人。

张元复 昌黎人，智临子。 **彭　翚** 迁安人。
宋景时 昌黎人，铭玄孙。
庚子
刘名远 滦州人。 **孟赉予** 滦州人。
田元扶 昌黎人，即三接。
康熙癸卯
阎允吉 昌黎人。 **刘疏泗** 卢龙人，贡。
邢吉士 滦州人。
丙午
沈锡眉 卢龙卫籍。
己酉
周之祯 永平卫籍，景州学正。
壬子
翁叔元 见进士。 **李　沛** 永平卫籍。
乙卯
刘　伟 永平卫人。 **刘之源** 滦州人。
戊午
张开第 山海卫人。

辽学举人

[国朝]
顺治丙戌
吴三元 自在州人，现任遵义府知府。
陶鼎铉 中后所人，镇江府同知。
陶成玉 沙后所人。 **王共赡** 右屯卫人，知县。
王天成 沙后所人，兵部车驾司郎中。
董以威 广西知县。 **吴允升** 见进士。
戊子
李如桂 沈阳人，现任浙江提学佥事。

张羽明 宁远人，松江府知府。
王应诏 金州人，南和县知县。
罗绍伦 金州人，温州府推官。
辛卯
田　麟 见进士。
项天成 盖州人，赵州学正。
刘应龙 宁远人，平阴县知县。
甲午
范章祖 沈阳人。
陈尧言 见进士。
丁酉
刘　瑸 广宁人。
陈日晋 宁远人。
康熙癸卯
罗衍嗣 金州卫人。
田惟兖 自在州人，麟子。

人　　材

洪武
温　厚 一作原，乐亭人，洪武时，荐至都御史。
齐　桂 昌黎人，明初以荐管山海关。
韩　通 乐亭人，知县。
崇祯
郑中选 滦州人，任文登知县。
[国朝]

孟乔芳 总督陕西三边四川等处，太子太保，兵部尚书兼都察院右副都御史，谥忠毅。

蔡士英 原锦州世职，于天启年间，入永平卫籍，寄俸，历官至兵部尚书，总督七省漕运。

杨文魁 工部侍郎。
杨文科 户部理事官。
胡来相 历太常寺少卿。
崔维荣 兴安知州。
蔡毓荣 川湖总督。
陈遇主 处州知府。
胡三祝 陕西道御史。
孟熊臣 福建汀州府知府。

卢兴祖 大理寺少卿。 **卢登科** 吏部理事官。
蔡毓秀 荫生，候选六品。 **蔡毓华** 候选知县。
孟熊飞 北城。 **孟熊弼** 世袭三品。
房星烨 漳州知府。 **房星焕** 武德道副使。
杨士俊 固城知县。 **李正茂** 隆平知县。
崔尚朴 南康知府。 **杨士伟** 富平知县。
刘自清 丹徒知县。 **蔡毓茂** 佐领。
张崇德 浑源知州。 **田养民** 孝丰知县。
王荣国 鱼台知县。 **孟乔荣** 牛录章京。
蔡朝辅 三品官。 **蔡朝佐** 三品官。
刘良佐 武提督。 **刘良臣** 甘肃总兵。
杨凤翔 二品前程。 **杨凤来** 内院笔帖式。
刘泽洪 世袭二品前程。 **刘泽涵** 二品前程。
杨凤鸣 牛录章京。 **陈君锡** □宁知县。
刘骏名 平远知县。 **孟缵祖** 荫生。
孟继祖 荫生。

贡　士

府　学

马　定 抚宁人，翰林典籍。 **杨　讷** 昌黎人，布政使检校。
孙　谦 抚宁人，郓城知县。 **李　益** 滦州人，华阳知县。
张　彬 抚宁人，江宁知县。 **马　德** 滦州人，满城县丞。
马　毅 卢龙人，永化知县。 **李　举** 卢龙人，宁乡知县。
王　佐 卢龙人，瑞安县丞。 **裴　友** 滦州人，镇江同知。
李　芳 迁安人，平陆县丞。 **阎文昌** 昌黎人，河东运判。
姚　贵 抚宁人，肥城知县。 **王　纲** 抚宁人，萧县知县。
才　通 迁安人，淮安经历。 **王　纶** 昌黎人，恩县县丞。
王　贵 昌黎人，庆阳知府。 **张　忠** 滦州人，广德州判。
马　旺 昌黎人，高邮州判。 **姚　善** 永平卫人，武定学正。

邸　定	昌黎人，扬州照磨。	李　玉	卢龙人，襄城县丞。
龙　震	永平卫人，庆阳同知。	王　毓	滦州人，鲁府典仪。
鲁希贤	昌黎人，登州照磨。	卢尚质	乐亭人，布政检校。
赵　祥	迁安人，嘉善县丞。	孟　华	滦州人。
安　远	永平人，河津知县。	蒋　泰	永平卫人。
赵　定	卢龙人，临邑知县。	魏　洪	昌黎人。
杨　瑛	永平卫人。	骆　胜	永平卫人，济宁吏目。
殷　玘	永平卫人。	胡　宁	滦州人，磁州判。
奉　昂	滦州人，蒲台训导。	朱　辉	卢龙人，任丘训导。
傅　荣	东胜卫人，鱼台训导。	王士英	滦州人。
胡　缙	迁安人，阳谷训导。	陈　磁	永平卫人，岐山主簿。
瞿　昂	昌黎人，诸城训导。	刘　铭	迁安人，洪洞知县。
邵　瑄	卢龙人，知县。	李　旺	卢龙人，大谷知县。
张　凤	卢龙人。	朱　杰	永平卫人，知县。
孙　武	滦州人。	叶　华	卢龙人，知县。
张　昂	永平卫人。	谢　寰	永平人。
冯　安	永平卫人。	杨　珍	卢龙卫人，黎城训导。
张　文	迁安人，主簿。	宋　景	卢龙卫人，训导。
俞　能	永平卫人，训导。	阎　辅	滦州人，任主簿。
王　璋	卢龙人。	张　学	迁安人，知县。
胡　铨	滦州人。	杜　浚	昌黎人，礼部司务。
孙　宏	永平卫人。	瞿　让	马　恺
商　臣	县丞。	张　仁	王　阳　检校。
吕　鼎	卢龙人，冠县教谕。	靳　鸾	东胜卫人，教谕。
张　宁	训导。	周　锐	昌黎人，桐柏教谕。
葛　玺	吏目。	张　敏	卢龙人。
方　珍	训导。	许　禄	训导。
范孔贤	巩县教谕。	王　闰	卢龙人。
刘　儒	训导。	钱　胜	永平卫人。

俞　熊	永平卫人，教谕。	吕　贤	卢龙人，忻州学正。
刘　壁	教谕。	王　宗	训导。
杨　淳	永平卫人。	瞿　临	训导。
俞　璋	训导。	刘　经	教授。
吕　辅	训导。	张　阳	教授。
朱　瑾	永平卫人，武陟知县。	张　待	卢龙人。
邵　岳	卢龙人。	徐廷璋	训导。
傅良弼	检校。	李　景	训导。
谢　泾	永平卫人。	朱鉴之	永平卫人，温县县丞。
靳　泽	东胜卫人，主簿。	李思睿	永平卫人，大同知县。
胡　铉	永平卫人，博兴主簿。	李　鹏	迁安人，章丘主簿。
唐　驷	东胜卫人，汝州学正。	汪　浩	东胜卫人，江安知县。
潘　恩		罗　乔	东胜卫人，学正。
杨　昆	永平卫人，教谕。	唐　采	东胜卫人，州判。
杨继恩	东胜卫人。	张可直	永平卫人，教谕。
胡　江	永平卫人，蓬莱教谕。	陈　悉	永平卫人。
杨　鼐	永平卫人，新泰训导。	唐　寅	东胜卫人，屯留知县。
王须用	兴州卫人。	吕　鹏	卢龙人，原武教谕。
吴　蒸	永平卫人，训导。	朱　侣	卢龙人，肥城训导。
赵　英	永平卫人。	张惟吉	兴州卫人，泽州训导。
李　举	卢龙人，大兴主簿。	戴　擢	兴州卫人，河内训导。
杨守和	卢龙卫人，主簿。	谢　恩	兴州卫人，历城教谕。
朱允升	卢龙卫人。	卢　伟	东胜卫人。
刘天禄	卢龙人，教授。	胡　朴	永平卫人，教授。
陆　纶	卢龙卫人，青州训导。	杨守忠	卢龙人，兖州教谕。
程　祯	兴州卫人，朔州训导。	侯　泽	永平卫人。
谢　塘	永平卫人，教谕。	王应鸾	永平卫人，莱州训导。
潘国栋	东胜卫人，淄川训导。	杨　济	永平人，辉县教谕。
王　用	迁安人，乐陵训导。	杨　坡	卢龙人，盖州训导。

白　相	卢龙人，辽阳训导。	**彭述古**	卢龙卫人，卢龙教谕。
曹一新	训导。	**周　宦**	兴州卫人，金州教授。
王继志	迁安人，朔州学正。	**孔思敬**	兴州卫人，安州训导。
李　瀹	永平卫人，郯城知县。	**唐承光**	东胜卫人，昌乐知县。
俞志定	永平卫人，齐河训导。	**李守平**	永平卫人，海州学正。
魏仕贤	昌黎人，训导。	**陈一正**	永平卫人，岢岚学正。
程蓄德	卢龙人，嵩县教谕。	**张思仁**	迁安人，介休训导。
宋德正	卢龙人，郓城训导。	**李子敬**	永平卫人，闻喜训导。
王廷献	迁安人，东光训导。	**唐　守**	东胜卫人，衡州推官。
任守约	迁安人，训导。	**李充道**	东胜卫人，应州训导。
朱大鼎	永平卫人。	**张彦中**	卢龙人，密云教谕。
韦维翰	兴州卫人，铁岭训导。	**严　锜**	卢龙人，兴化教谕。
朱友仁	永平卫人，金州训导。	**韩继仁**	永平卫人，金州卫训导。
李登瀛	迁安人，高州通判。	**王尚宾**	迁安人。
韩　珏	永平卫人。	**唐承先**	东胜卫人，赞皇教谕。
王建中	迁安人，涿州训导。	**李　鉴**	永平卫人，训导。
朱子恭	永平卫人，昌平训导。	**徐可久**	迁安人，获嘉知县。
赵养粹	滦州人。	**何大吉**	迁安人。
韩继忠	永平卫人，沧州训导。	**韩师范**	永平卫人。
曾耿麟	永平卫人，大名训导。	**李可培**	卢龙人，两当知县。
罗文达	东胜卫人。	**李承福**	可培父，徐州学正。
赵安国	**孔应征**	**韦孔修**	阌乡知县。

卜永清　**王　法**　**陈　擢**　**陶世宰**　**卜文显**

吕际可	两当知县。	**卢思门**	东安训导。

王重华　**周　寅**　**王三才**

方梦斗	来州府训导。	**傅一梅**	顺天训导。
钱　府		**罗光裕**	保安州训导。
李鱼跃		**吴际盛**	
李时阳	广灵知县。	**许汝高**	蓟州训导。

张守愚　**王　谥**

伦之模　顺天训导。

白生华　**张鹏羽**　**田龙见**　**孟元吉**　**张　嵘**　**王继绪**

徐兰芳　顺天训导。

杨复元

杨国栋　乐亭人。

刘冒泰

郝俊髦　黄县主薄，死节。

王运泰　安陆知事。

[国朝]

刘廷讲　镇江检校。

葛攀凤　永平卫人，保安州训导。

沈光国　**崔元吉**

姚时俊　**赵际可**　**杜蔚然**　**许有勋**　**郝鹏宇**　**曾继儒**

穆显谟　咸宁县丞。

王化征　乐亭人。

刘尚宾

李更新　乐亭人。

王谦吉　淇县知县。

韩鼎业

卜昌运　江都知县。

卜文炷　东胜卫人，任县教谕。

邢维翰　昌黎人。

刘廷召

解所蕴　抚宁人，州同。

孟尝裕　孟津知县。

王　亶

韩弘业　礼县知县。

以上恩贡、贡监。

康熙

刘以隆　永平卫人，岁贡。

姚乐尧　永平卫人，岁贡。

张观成　乐亭人，岁贡。

严应魁　滦州人，岁贡。

余大知　永平卫籍，拔贡。

张成章　昌黎人，监生。

王遹修　滦州人，监生。

王业宏　泽州人，监生。

薛　隽　永平人，监生。

袁起鹏　卢龙人，□□。

刘文焵　乐亭县人，岁贡。

张文煊　永平卫人，岁贡。

董　铣　永平卫人，拔贡。

白培元　滦州人，监生。

张应宿　昌黎人，监生。

王御世　泽州人，监生。

李天育　永平人，监生。

徐兰芳　顺天训导。

刘冒泰　**杨复元**

郝俊髦　黄县主簿，死节。　**杨国栋**　乐亭人。

王运泰　安陆知事。　**刘廷讲**　镇江检校。

□昌运　江都知县。　**葛攀凤**　永平卫人。

沈光国　**崔元吉**　**卜文炷**　东胜卫人。

姚时俊　**赵际可**　**杜蔚然**　**许有勋**　**郝鹏宇**　**曾继儒**

穆显谟　**邢维翰**　昌黎人。

王化征　乐亭人。　**刘廷召**　**刘尚宾**

解所蕴　抚宁人，州同。　**孟尝裕**　孟津知县。

王谦吉　淇县知县。　**李更新**　乐亭人。

韩鼎业　**韩弘业**　礼县知县。

王　亶

卢龙县学

苏　实　太仆寺丞。　**任　豫**　襄陵县丞。

刘　侃　卫辉经历。　**甄　显**　建宁照磨。

张　杲　通政司经历。　**王　礼**　御史。

刘　本　澄城知县。　**刘　恭**　工部郎中。

国　用　御史历佥事。　**郝　深**　鸿胪序班。

贾　升　神木知县。　**宋　铎**　知县。

陈　英　解州同知。　**王　瑄**　鸿胪序班。

张　壁　临洮推官。　**蒋　荣**

王　炳　彰德知事。　**王　翔**　中牟县丞。

邵　光　腾骧卫经历。　**乐　恕**　德平主簿。

解　宽　兰阳主簿。　**朱　昭**　金乡知县。

顾　本　茌平知事。　**陈　卤**　蒲州判官。

张　溥　杭州知事。　**邢　端**　鸿胪序班。

柏　茂　遂平知县。　**李　诚**　严州照磨。

庞　恕　秀水主簿。　**王　道**　安定知县。

刘　恭　　　　　　　　　　　　　　李　雍　石头港巡检。
郑　杰　绥德州同知。　　　　　　　郝　清　灵壁县丞。
景　源　阳武知县。　　　　　　　　郑　广　醴泉知县。
萧　英　义州卫经历。　　　　　　　贾　瑄　滕县知县。
窦　广　鱼台县丞。　　　　　　　　刘仲钦　陕西照磨。
周　瑀　　　　　　　　　　　　　　董　胜　晋府教授。
张　敩　　　　　　　　　　　　　　王　玉　馆陶知县。
胡　忠　青城主簿。　　　　　　　　彭　铭　安邑主簿。
李　正　　　　　　　　　　　　　　李　信　晋府教授。
杜　祥　棠邑训导。　　　　　　　　韦　安　　张　纯
时　恭　怀庆训导。
薛　钦　　王　深　　岳　寿　　张　纶
刘　锐　教授。　　　　　　　　　　杨　升
王　博　知事。　　　　　　　　　　苗　盛　照磨。
杨　滋　知县。　　　　　　　　　　沈　秀　秀水教谕。
胡　渊　教授。　　　　　　　　　　徐　英　县丞。
冯　恭　训导。　　　　　　　　　　李　龙　教谕。
刘　金　教谕。　　　　　　　　　　郑　麟　主簿。
易　鸾　教谕。　　　　　　　　　　孟　熊　训导。
薛　纯　州判。　　　　　　　　　　李　纯　县丞。
李永寿　县丞。　　　　　　　　　　岳　镇　县丞。
郑　时　主簿。　　　　　　　　　　杨存性
邵　骥　训导。　　　　　　　　　　张　源
王　阎　　胡　梁　　窦崇德　　王登之
牛仲贤　训导。　　　　　　　　　　刘　经　经历。
李一方　训导。　　　　　　　　　　朱朝用
李芳春　吏目。　　　　　　　　　　萧永常
白　凤　教谕。　　　　　　　　　　刘　雄　训导。
刘　纶　教谕。　　　　　　　　　　俞天爵　训导。

茹一蒙　高秉清
冯国相　训导。　鲁东山　训导。
石　声　州同。　柏友松　训导。
张思聪　训导。　韩应箕　见封荫。
朱正颜　训导。　陈三策　训导。
石　璞　□宝。　张文华　教谕。
魏凤鸣　陆　鉴　铁岭卫训导。
王汝器　南皮训导。　吕登洲
刘　礼　训导。　方　至　滦州人。
徐登云　迁安人，训导。　杨尔俊　卢龙卫人，思恩同知。
钱清选　卢龙卫人。　李崇德　房山教谕。
张邦治　真定教授。　方从矩　顺天训导。
李鸣时　茌平教谕。　王汝成
白　珩　环县知县。　丁应时　刘注清
周鸣凤　保定教授。　崔启亨　拔贡。
康兆民　拔贡，安庆同知。　冯景运　李发先
朱民爱　邵阳训导。　李本实　泌阳训导。
赵　宸　永宁知县。　赵鸣雷
罗拱极　新城训导。　石光斗　光山主簿。
黄　卷　陈夔元
李元培　丹阳训导。

[国朝]

宋五聚　平原知县。　刘士模　怀宁知县。
张星煌　现任浙江山阴县丞。　任三元　武清训导。
翟凤翥　王太征　阮玉振　冯华翰　李虞龙　刘疏泗
蔡维新　以上岁贡、拔贡。　李炜然
张奇勋　平凉训导。　张钟英　兖州府同知。

康熙

张克勤　岁贡。　白纯修　康熙三年岁贡。

刘炳辰　九年岁贡。　　　　张宗孔　十一年岁贡。
孙　彦　十三年岁贡。　　　许国用　十五年岁贡。
陈际隆　十七年岁贡。　　　王显祖　恩贡。
王基文　拔贡。　　　　　　黄榜中　监生。
李廷桂　候选县丞，监生。　陈重耀　候选县丞，监生。
魏　凌　监生。　　　　　　李　贞　通州人，监生。
常文质　辽东人，监生。
常声扬　辽东人，万载知县，监生。

迁安县学

李　英　户部员外。　　　　李　镇　清源知县。
李　恕　陕县县丞。　　　　杨　昭
周　凤　序班。　　　　　　张　琛　户部主事。
何　彬　本县丞。　　　　　张　鲁　清平知县。
邓　俊　知县。　　　　　　王　通　　马　麟
张　晔　户部主事。　　　　王　苑
魏　源　温州知事。　　　　朱　镛　盱眙知县。
吴　诚　河南道御史。　　　刘　清
崔　勉　南昌推官。　　　　石　琳　　刘　海　　边　通
刘　杰　代府典簿。　　　　李　芳　辰州通判。
李　珝　　窦　震　　王　址　　张　玘
张　纲　靖州知州。　　　　李　荣
张　智　定远知县。　　　　王　升　潼关卫教授。
刘　耀　郏县县丞。　　　　玄　圭　长沙知事。
刘　辉　河南县丞。　　　　杨　琏　长清县丞。
田　治　无为州判。　　　　杨　春　　周　诚
董　德　颍州吏目。　　　　李　纲
章巨川　海丰教谕。　　　　谢　纶　冠县训导。
曹　智　抚州知事。　　　　李　祯

王　辅　嘉兴大使。
孙　琮
蒋　盛　　唐　忠
王　瀛　清水知县。
包　诚　高邮州判。
杨　显　汉中照磨。
李　祥
景　昭　秀水主簿。
邓　昶　周府教授。
张　旻　荥泽训导。
许　闽　馆陶县丞。
玄　端　　傅　俭　　李士杰　　史　祥
周　浚　青州知事。
韩廷玉　沈丘训导。
徐　升
韩　举　　郭　浩　　吴　诚
马文明　武城教谕。
徐登高　乾州训导。
李　晟　宁远训导。
李自立
王　宥
侯　升　周府教授。
申　儒　孟县知县。
赵邦岱　绛县训导。
王　汶　代府祀正。
李　培
张　立　汜水训导。
孙　愚　孝义训导。
王　科　全椒教谕。

吴　性　两当知县。
徐　琮　太仓经历。
石　磬　曹县丞。
李　桀　寿阳县丞。
魏　琮　　梅　忠　　李　治
徐　礼　祁县主簿。
李　友　伊阳教谕。
张文遂　宜君知县。
李　彬　　周　文
王　荣　榆次训导。
李　浚　阳武训导。
赵崇礼　长清训导。
张　钦　蒲城训导。
徐　伸　礼子。
徐　塘　石楼教谕。
赵　清　平原教谕
韩守忠　阳信训导。
郭　璇　泰安教谕。
刘　东　亳州吏目。
李介福
李　节　荣和训导。
李　泳　宁远训导。
国　翰　息县训导。
张效良　两当知县。
王之衡　虹县训导。
张效恭

杨　纶　周府教授。
李应魁　历城教谕。
唐　润　涿州学正。
李亦桂　诸城县丞。
杨汝继　安州学正。
章　铭　周府教授。
李　铎　高苑知县。
魏尚贤　顺天训导。
刘汝庚　偏头关训导。
章国泰　　章国贤
蔡维良　前屯训导。
侯　度
崔　岩　怀庆同知。
王廷贵　博野训导。
蔡天鹭　宁海训导。
张行义　滑县训导。
王应元
彭友直　抚州通判。
周治隆　铁岭卫教授。
赵国贤　容城教谕。
刘学古　　张效礼
李联芳　新乐教谕。
徐云逵　平阳教授。
王天相　　李时新　　许成章
王与位　永清训导。
孙荣先　扬州教授。
彭好学
阚守忠　元城训导。
陈时策
王士选　蓟州训导。
李国璧　深泽教谕。
李毓秀　邢台教谕。
杨述贤　柏乡训导。
李树名　东光教谕。
潘鹏程　　李国梓　　张正养
程大猷　恩选，见进士。
杨树声　恩选。
李毓英　恩选，武昌通判。
韩　范　恩选。
程　量　恩选。

[国朝]

赵凤起　安定知县。
李正临　辽阳训导。
崔登华　保定训导。
郭　联　安塞知县。
杨开泰　　刘承禄　　徐宸亮
宋国宾　恩选，隆德知县。
徐真修　恩选，侯选通判。
郭　铨　恩选。

裴成性 恩选，改名式度，见举人。

郭　珮 恩选。　　**吴景隆** 己未年岁贡。

宋　瑶 甲寅年岁贡。　　**郭觐宸** 丙辰年岁贡。

马　上 戊午年岁贡。　　**胡明宾** 乙卯年恩贡。

候国□ □子年监生。　　**任思诚** 壬子年岁贡。

王　楫 壬子年拔贡。

抚宁县学

杨　建 户科给事中。　　**乔　益** 寿州知州。

李　式 工部主事。　　**朱　莫** 光禄寺署丞。

赵　通 韶州府经历。　　**李　震** 知州。

李　升 葭州知州。　　**刘　本** 严州知府。

周　郁 垣曲县丞。　　**刘　清** 猗氏县丞。

赵　春　　**赵　祯**

李　显 户部员外。　　**葛　永** 华阴县丞。

袁　节 青城知县。　　**张　鹏** 阳和卫经历。

张　建　　**冯　晟**　　**王　辅**　　**张　端**

王　恂 崇德县丞。　　**张　献** 太康知县。

陈　洁　　**张　勉** 安乐知县。

李　惠　　**王　干**　　**赵　壁**　　**董　鉴**

刘　俊 滨州判官。　　**贺　祥** 山西按察经历。

王　春 桐城县丞。　　**周　密** 荥泽知县。

刘　芳　　**王　瑶** 怀庆知事。

郭　瑄 西乡知县。　　**吴　洪** 上虞县丞。

俞　让 定远知县。　　**马　驯** 绥德判官。

韩　升　　**乔　嵩** 长山知县。

冯　彰 英山县丞。　　**李　敬**　　**赵　宠**

张　本 略阳知县。　　**陈　琰** 沁水县丞。

宋　吉 定辽经历。　　**金　镛** 光禄寺署正。

单　雄　太原知县。　　**姚　让**　汝州判官。
袁　通　扶风知县。　　**白思谦**
乔　忠　新野知县。　　**王　绍**　思明州吏目。
郭　理　通州判官。　　**邵　镛**
王　楫　晋府奉祀。　　**李　麟**　安庆经历。
张　琦　祥符县丞。　　**孟　诚**　泽州吏目。
张　相　高密知县。　　**堵　昶**
李　昱　复州卫训导。　　**胡　英**
李　恕　范县县丞。　　**周　南**　盐城县丞。
冯心宁　徐州判官。　　**王　深**
金　夔　武城县丞。　　**王廷相**　衢州照磨。
赵　通　获嘉主簿。　　**乔　璜**　长洲县丞。
刘　堂　中书舍人。　　**袁　奎**
陈　翱　临漳主簿。　　**贺　表**　宁海主簿。
金　溥　江浦主簿。　　**王　廷**　招远教谕。
赵　镗　莱州府教授。　　**赵　武**
张　淳　茌平主簿。　　**郭宗智**　赵州吏目。
陈文辉　　**姚希贤**
袁　栋　建水州吏目。　　**陈　镗**
张　诚　广宁卫经历。　　**张　伟**　　**陈文质**
石　坤　栖霞训导。　　**马　钚**　　**赵　宏**　　**徐　行**
潘士英　甘州卫知事。　　**傅　金**　观城知县。
李　儒　绩溪主簿。　　**朱　珍**　京太仓经历。
潘　锦　宝丰县丞。　　**谢思浩**　　**杨　闰**
冯学诗　武城教谕。　　**乔明叙**　崇德县丞。
萧　韶　　**王　凤**　永城主簿。
吴　锦　　**袁　钱**　　**杨　泽**
鲁　东　卢氏县丞。　　**顾　伟**
赵　钦　金华知县。　　**朱　跃**　闻喜县丞。

李　相　　金　榜
张尚质　崇信教谕。
郭　相　临县教谕。
陈　言　顺宁经历。
黄　镇　大同训导。
黄　铃　荥阳训导。
吴光晦　太平训导。
王汝珍　延长知县。
陈　清　招远教谕。
王　卉　榆社训导。
赵　相　中牟教授。
赵　轩　容城教谕。
朱自新　太平县丞。
张九三　汝宁通判。
丘维德　定兴教谕。
朱正心　房山教谕。
王嘉礼　赞皇教谕。
杨凤仪　儒官。
周尚卿　米脂知县。
刘朝彦　汉中教授。
傅如兰　沧州训导。
周尚亦　邱县训导。
黄道东　复州卫训导。
陈所学　　王学礼
黄道南　训导。
李蕴粹　知州。
陈中行　　周宗尧
苗来贡　训导。
翟凌云　兖州同知。
萧奇栋　太原同知。
俞秉直　阶州同知。
温克敏　汉阳通判。
郭永静　邵武同知。
翟登云　训导。
罗士佳　教谕。
贾继业　训导。
郭典学　训导。
张东铭
龚　祚　训导。
王际明　沔县知县。
王之聘　训导。
田大有
张　汉　训导。
徐文耀　训导。
王德育　训导。
周之祯
魏之藩　经历。
姚应光
徐　升　教谕。
张鹏云　县丞。
郭朝元　州同。
王之葵　许州同。

［国朝］

徐延周

李弘亟 蕴粹子，完县训导。

陈　谟

赵君镛 考通判。

徐延荣 考通判，改新乡县丞。

杨定国

王　简 昆山知县。

李惟艳　**邹　勷**

以上岁贡、恩贡。

冯泰运 知县。

冯隆运 长山知县。

侯更新 州吏目，以上准贡。

张凤羽 岁贡。

康熙

鲁大治　**解起元**　**王运恒**　**徐廷翠**　**杨毓奇**　**陈治恒**

张　复 恩贡。

钟蕃胤 监贡。

赵应瑞 恩贡。

冯永洁　**冯永璨**　**杨仲昌**　**罗国玺**　**唐之迪**　**张　雯**

张　霦

昌黎县学

万　信 开封知府。

王　贵 庆阳知府。

龙　云 工部主事。

阎文昌 河东运判。

杨　讷 布政司检校。

邸　定 扬州照磨。

鲁希贤 登州照磨。

魏　洪

马　旺 高邮判官。

王　沦 恩县县丞。

瞿　昂 诸城训导。

马　贵 延安照磨。

王尚德 河南经历。

卢　兰 汉阳知县。

刘　澄 叙州推官。

祖　述 福建参政。

张　让 经历。

石　确 溧阳知县。

戴　成 应山知县。

赵　彝 宁远知县。

李　宁 济宁吏目。

刘　森 盐运同知。

崔　清 朝邑知县。

王　俘 瑞州经历。

李　泽　汾西主簿。
于　原　齐河知县。
张　⿰豸隹　郯城知县。
李　超　益县县丞。
张　麒　平原县丞。
马　让　知事。
王　琳　阳曲县丞。
张　羽　按察检校。
刘　璘　信阳知县。
刘　⿱羽肅　羽林卫经历。
杨　弘　均州吏目。
才　俊　华阳知县。
刘　信　太平经历。
刘　翔　泗水主簿。
申　旻　曲阳县丞。
任　震　濮州判。
石　瑀　　姜　颐　　郑　义
张　瑾　溧阳知县。
雍　泾　彰德教授。
赵　凯　大使。
董　敬　秣陵关巡检。
孙　琦　青城县丞。
顾　宁　德州判官。
张　深　大使。
费　文
范希贤　朝城训导。
张时忠　宁乡训导。
张　麟
高　陵　静乐知县。
傅　贞　齐河主簿。
张　伟　郓城知县。
孙　通　夏津知县。
郭　翰　磁州判官。
李　新　龙安巡检。
宋　祥　乌撒卫经历。
齐　聚　吏目。
冯　义　孝义主簿。
白尚文　上蔡知县。
张　冲　燕山经历。
牛　麟　兖州知事。
王　袒
赵　范　西安照磨。
萧　政　孟津县丞。
喻　昭　考城主簿。
郭　玘　知事。
李　志　闻喜县丞。
王　霖　　田　贡
董　济　商河主簿。
朱　玉　大使。
李　凤　忻州同知。
冯　得　安阳县丞。
刘自道　吏目。
马添寿　大同知县。
刘　隆　乐陵主簿。
景　德　万泉主簿。
王　缨　吉安照磨。

周　明　武定训导。　　张　润　济阳县丞。
竹　祥　太仆少卿。　　仕　凤　阳信主簿。
卜　昌　贾　玺　万　实　李　春　冯　璪　王　臣
宋　鉴　大康训导。　　赵　绅　大同卫教授。
李　贤　李　棠
贾　琮　德清主簿。　　郭如京　池州检校。
魏文益　石泉教谕。　　李　祺　平定判官。
汪大绅　文登教谕。　　王　鉴　怀仁训导。
宋　宽　东平学正。　　宋　端　济南训导。
范　芝　登州训导。　　马　鼐　阳信主簿。
李聘儒　齐东县丞。　　白　瓘　常熟县丞。
李　梅　邓州判官。　　景维杰　蓬莱主簿。
郭　晟　宜兴县丞。　　魏　诰　王府教授。
张从智　冠县县丞。　　贾　韶　瑞安主簿。
汪大方　蒲城训导。　　邢　念　蓬莱主簿。
孙　严　义州训导。　　邢　润　金坛主簿。
张　昂　上元主簿。　　李　珩　秦州判官。
李跃浪　永城知县。　　齐宗尧　河东运同。
张奇龄　莱阳主簿。　　周　急　武城训导。
齐宗文　泰安知州。　　王尚贤　翰子富平知县。
高从本　山西王府工正。　　李学诗　兰阳知县。
王　槐　工部左侍郎。　　张　汲　王府工正。
齐克肖　平凉通判。　　赵克励　盂县知县。
汪可诏　临洮同知。　　田桂林　费县知县。
秦廷符　　宋可大　涞水训导。
龙进忠　潞城县丞。　　赵文蔚　山阳主簿。
邹养正　莒州判官。　　张宗鲁　江阴县丞。
王纯义　马呈瑞
齐鸣凤　宗尧子，自在知州。　　陈志俊

齐应祥 阳城知县。 **刘思恭** 知县。
张彭年 新乡教谕。 **张充鲁** 景州学正。
王　荐 **宋文灿**
宋维周 交城训导。 **齐鸣雷** 宗尧子，林县知县。
蔡志学 丰润教谕。 **汪德立** 可诏子，卫学授。
张国祥 昂子渭源知县。 **贾秉节**
宋洛儒 长垣训导。 **宋濂儒** 遵化训导。
所无逸 保定训导。 **张所性** 充鲁子，山阳知县。
孙　栋 肥乡训导。 **李惟极** 保宁通判。
龙载图 进忠子，马邑知县。 **孙明德** 栋子，训导。
魏功懋 可简子，吴县主簿。
龙呈图 进忠子，郑州同知，城守功，进中宪大夫。
齐士斌 鸣雷子，吉安同知，城守功，进中宪大夫。
王　任 **田宗周** 保安卫学授。
邸养性 存性弟，永清卫教谕，死节。
万人杰 东安教谕。 **张智临** 国祥子，选贡。
鲁可毅 深泽训导，死节。 **冯光大** 遵化训导。
王克顺 沙河训导。 **齐拱极**

［国朝］

李毓舟 惟极子，汾州府判。 **王思问** 清源知县。
李似楠 邵武同知。 **赵民瞻** 延庆卫教谕。
田起鹏 宗周子，庆都教谕。 **刘秉仁** 韶州府判。
李先春 禹城知县。 **王天毓** 通州，改滁州卫经历。
石光狱 **赵启泰** 民瞻子。
张元复 见举人。 **郭宪泰** **赵国才**
以上俱岁贡，恩选贡。
陈廷干 **张我藉** 德州同知
高二正 归德府判。 **张翰宸** 翁源知县。

以上准贡。

田　本　辽籍，兵马副指挥。

昌黎县 续补

张庄临　顺治十八年贡生。
贾九苞　顺治十八年贡生。
周　元　贡生。
宋杰士　己酉年贡生。
齐如仑　壬子年贡生。
张　宏　肃宁县教谕。
曹士鹏　丙辰年贡生。
才天纵　丙辰年贡生。
邢纯政
赵梦兰　监生。
张　宾　监生。
龙日升　凤阳府泗州吏目。
李　安　监生。
张灿宿　监生。
刘祯麟　监生。
龙家柞　监生。
赵一元　监生。

滦　州　学

李　益　华阳知县。
马　德　满城知县。
裴　友　镇江同知。
张　忠　广德判官。
马　琇　应天通判。
袁　谊　光录署丞。
张　彧　蓬莱知县。
萧　俊　固始知县。
李　春　临汾主簿。
艾　寿　汾州吏目。
王　毓　鲁府典仪。
艾　广　开化知县。
师　颜　许州同知。
任　亨　湘潭知县。
赵　伦
李　谦　吏科给事中。
崔　卣　户科给事中。
王　恕　江阴知县。
孟　华
徐　铉　商河知县。
杨　兴　费县知县。
程　选　韩城知县。
宋　吉　怀庆同知。
张　质　漂阳主簿。
张　泰　蒙阴知县。
张　翊　祥符知县。
张　铨　寿张知县。
刘　信　太仆寺丞。
王　威　解州判官。
王　鲤　夏县训导。

宋　宁　陇州同知。
李　恭　怀庆照磨。
邸　泉　杭州通判。
吴　宏　绛州判官。
齐　义　兵马。
李　彝
张　亘　平原县丞。
刘　永　泗川知州。
张　弼　灵宝县丞。
赵　冕　寿州判官。
王　睿　陕州知州。
赵　玘
冯　宁　范县主簿。
王　铎
张　文　鄠县知县。
杨　晃　即墨主簿。
王　佐　峄县县丞。
史　忠　孟津县丞。
伦　瑛　布政理问。
秦　昂　蒲台训导。
鲁　文　辽东卫知事。
徐　衡　绍兴知事。
高　铭
邢　端　益都主簿。
史　经　清源主簿。
邶　琛
王　端　诸城县丞。
张　举　昌邑主簿。
贺　盛　思明同知。
刘　进　按察司佥事。
刘　源　永和知县。
刘　贵　许州同知。
安　泰　稷山县丞。
邢　政　馆陶知县。
王　珣　繁昌知县。
尚　庸　宣武卫经历。
崔　清　五河知县。
高　谅　武乡知县。
王　琉　武进县丞。
马　震　长兴知县。
谢　宁　原武知县。
田　华　常熟县丞。
周　让　星子知县。
李　让
安　和　马邑知县。
崔　礼　解州判官。
王　钦　京卫经历。
胡　宁　磁州判官。
王　轨　　王世英
赵　鉴　晋府奉祀。
薛　茂　莱州知事。
雷　进　华阴县丞。
杨　宁
王　德　满城县丞。
吴　昂　建宁通判。
吉　哲　商河知县。
高　玘　汶上训导。
王　镗　通州同知。

张　勋　　刘　鼎

薛廷实　米脂知县。

卢　胜　沛县知县。

王　进　潞州同知。

高　亮　西乡知县。

艾　棋　　许　临

杨　聚　序班。

杜　澄　睢州吏目。

高　嵩　凤阳卫经历。

杨　铨　通许知县。

侯　爵　商河县丞。

邸　隆

李　举　浑源州吏目。

郑　举　昌化知县。

师　仁　贵溪主簿。

马　璘　怀庆照磨。

冯顺亨　兴化主簿。

陈　因　榆社主簿。

涂　敏　原武教谕。

熊　瓘

张　仁　宿迁县丞。

雷　泽　陈留主簿。

张　吉　夏邑训导。

张　诈　辽海卫教授。

王　章　王府教授。

刘　鲸　黎城县丞。

于　隆　昌邑主簿。

伦秉忠　长子教谕。

赵凤岐　海州判官。

吴　俊　益都县丞。

张　渭　行太仆司主簿。

吉志道　王府教授。

周朝献　　解　经

萧　镇　临清判官。

韩廷震　临邑训导。

崔　鼒　东阿训导。

刘　洋　昌邑县丞。

田舜耕　宣府卫经历。

曹　章

李　瀚　灵璧主簿。

杨　鲁

李　永　吉州判官。

王　镛　长州县丞。

王应昭　灵石主簿。

张　珠　隰州同知。

刘良臣　吴江县丞。

李　霈

王　钥　邳州判官。

卫　江

王　结　洪洞主簿。

高　荐　主簿。

张文学　辽阳卫训导。

杨　铁　主簿。

任　价　主簿。

马应期

刘克勤

冯余庆 西华知县。

王廷玺 齐河主簿。

吉　杰 主簿。

王好言　**王　钿**　**翟世祥**　**刘　芗**

刘　昂 莱芜教谕。

徐守信　**王廷蕙**　**高吉昌**

王承荣 安丘主簿。

谢嘉谟

谢九容 铁岭卫经历。

安如盘 青州训导。

任　午 训导。

叶一芝 同州同知。

王大化

王承恩 辽东训导。

周汝夔 主簿。

孙　扬 武清教谕。

吉　宧 训导。

刘鹤来

吴学颢 荆门州同。

陈国教

萧继志 洛川教谕。

葛为绤 知县。

王　浡

王立本 知县。

王　松 密云训导。

刘　照 辽阳卫训导。

吴学颐　**张文耀**

吉士赉 福山知县。

萧士毅 沂水训导。

张名世 武昌府判。

王子奇

王文台 宝坻训导。

高思聪 定辽卫教授。

任应昌 钜野县丞。

赵养心 井陉训导。

崔凤毛 顺义训导。

高　等 辽东教授。

王　队 晋州训导。

陈之宠

沈鱼化 隆平教谕。

吉士举 义州卫教授。

徐可教

陈三纬 镇原知县。

王时信

张怀仁 深泽训导。

白廷魁　**田子实**　**赵国彦**　**陈善道**

曲文光 邳州知州。

王　樌 恩贡。

赵国翰 钜野知县。

张塾礼 卫经历。

张寿源　**李充桂**　**吴际盛**

赵应瑞 阳曲县丞。 **李守约**
刘三顾 卫辉教授。 **张崇本** 夏县县丞。
熊加志 定兴训导。 **张静源** 沂州经历。
刘维祯 宝坻训导。 **张汝恭** 功贡。
刘光国 **郑　鼎** 清涧知县。
秦允明 拔贡。 **冯运亨** 黄梅教谕。
冯运隆 河涧训导，死节。 **王　柚**
厉尽臣 怀来训导。 **吉先见**
王养正 青县训导。 **郝誉髦** 洪洞县丞。

[国朝]

郝光辅 广济知县。 **赵焕然** 芜湖知县。
吉　民 **崔　灿** 梧州府同。
谢天锡 **孟陈王** 将乐知县
冯运嘉 **赵明瑞**
李二阳 布政经历。 **苏　贤**
刘绳武 三水县丞。
李应祥 **边柔远** **何若奋**
伦品卓 候选府判。 **赵　缵** 候选知县。
孟赉予 **高显辰** 第六子，见任府同。
孙学惠 平凉府判。 **孙学冉** 阳曲知县。
袁四维 兴县知县。 **赵申宠** 开平人，汀州府同知。
赵联瑞 渭源知县。 **赵济胜** 开平人，知县。
以上准贡
刘洪宗 辽籍，绍兴府同知。
康熙
梅调鼎 甲辰年岁贡。 **孙延祚** 庚戌年岁贡。
张光组 辛亥年岁贡。 **常执中** 壬子年岁贡。
高士麟 甲寅年岁贡。 **石　端** 丙辰年岁贡。

张　志　戊午年岁贡。

雷思元　乙酉年荫生。

石　几　辛丑年荫生。

石　章　癸卯年荫生。

乐亭县学

何　兴　湖州知府。

李　乐　御史，历副使。

艾　兴　修武县丞。

刘　瑞　知县。

崔　规　光禄署丞。

李　辉　宁州同知。

刘　钧　寿州卫经历。

李　春　临汾主簿。

史　怡　参政。

赵　凤　工部主事。

崔　庸　卫经历。

刘景文　确山县丞。

崔　瓒

李　茂　高邮知州。

段　宁　安丘县丞。

齐　文　运判。

张　杰　临邑主簿。

郁　昌

孙　勖　缙云典史。

王　畿

张　秀

张　泰　开封通判。

王　佐　醴泉主簿。

郭　佐　宁乡知县。

郭进忠　临淄主簿。

刘　浩　广信府推官。

刘　规　检校。

刘　郁　长山知县。

张　贵　曲阳县丞。

吴　瓒　卫经历。

单　清　金吾卫经历。

苗　盛　鲁府引礼。

张　亨　榆次知县。

张　庸　鲁府典仪。

魏　升　吴江知县。

卑　铭　阳武县丞。

高　智　卫经历。

侯　彬　安丘县丞。

李　瓒　序班。

郭　瑞　按察照磨。

丁　深　汲县县丞。

冯　杰　巢县知县。

李　杰　永康主簿。

王　能　蒲县知县。

李　琮　高苑县丞。

张　振　平湖县丞。

晁　清　胶州判官。

李　祥　太仆寺主簿。

王　福　大使。

蔺　泰　石埭主簿。

赵　讯　咸宁县丞。　　　　崔　翺　怀仁知县。
稽　源　　何　增
侯　铎　吏目。　　　　　　毋　瑄　周府典簿。
姚　祯　江浦主簿。　　　　吴　睿　曹州同知。
王　庆　堂邑县丞。　　　　吴　斌　高平县丞。
李　振　蒲州吏目。　　　　王　卿　常熟县丞。
王　钺　　　　　　　　　　侯　爵　商河县丞。
郁　昕　陵县知县。　　　　张　璠　会稽县丞。
刘　钦　训导。　　　　　　吴　哲　蒲台县丞。
李　晟　隰州训导。　　　　赵　锡
孙　辂　县丞。　　　　　　张　锦　淄川主簿。
魏　瓒　信阳县丞。　　　　郁　时　仪封教谕。
刘　瑶　信阳县丞。
马　寅　　张　鏊　　张　寅　　王　闻
李宗儒　林县县丞。　　　　杨廷璋　闻喜知县。
卢　梁　山西参议。　　　　王　铨
王致中　常熟县丞。　　　　吴　佑
郁　佐　章丘县丞。　　　　李　瑶　原武知县。
张应祥　汉阳照磨。　　　　王天佑　章丘县丞。
刘孟纲　　　　　　　　　　郁从舜　训导。
郭孟豪　　　　　　　　　　王嘉言　荣河知县。
王来聘　新泰知县。　　　　王好问　见进士。
杨　沔　平原县丞。　　　　刘　佑　平原县丞。
杨　湖　山西都司断事。　　冯恩孚　　董承恩
王平康　淇县训导。　　　　孟　春　栖霞主簿。
韩世贤　　李时元　　李　栋
曹九霄　临清判官。　　　　萧云汉　河东运同。
张士让　乐陵县丞。　　　　徐　瓘　沁州判官。
刘大章　文水县丞。　　　　王三省　三河训导。

萧守卿 泽州判官。 **王用和** 密云训导。
高志颜 **温德基** 宝坻训导。
张目镐 **李子香**
栗崇本 上海主簿。 **曹九思** 淄川教谕。
张 镐 真定教授。 **王用刚** 锦州卫训导。
刘存仁 蠡县训导。 **高文熙** 葭州判官。
任 相 怀柔训导。 **王熙载**
李如松 吴桥训导。 **萧馨春** 浚县训导。
陈继业 锦州卫教授。 **刘驯洛** 景州训导。
谷迁乔 临清训导。 **王孟豪**
纪凤鸣 **孙思顺** 良乡教谕。
萧发春 温县教谕。 **李惟贤** 南和训导。
单道中 建平训导。 **赣 芳** 镇武卫经历。
温而栗 恩贡，历城主簿。 **邵孔彰**
韩思范 教授。 **赵鸣鹂** 恩贡，北城副兵马。
王确然 顺天训导。 **张鹏翼** 魏县训导。
韩孔育 良乡训导。 **陈经济** 永和知县。
萧时泰 **吴邦理**
张世升 长治知县。 **王时熙** 满城训导。
王 选 教谕。 **侯服休** 魏县知县。
萧启泰 房山教谕。 **宋尚德** 静乐知县。
王利宾 兵马司指挥。 **王时显** 兵马司副指挥。

[国朝]

孙荣祖 广平教授。 **张内恬** 庄浪知县。
张一跃 见任开化知县。 **萧连珠** 候选鸿胪序班。
赵允厚 如皋训导。 **邢于畿**
党化圣 考府判改授高邮卫经历。
王启元 **倪蕴用**
曹尔饬 教习考知县。 **孙 驯** 拔贡。

张光胤 教习。

以上岁贡、恩贡。

王 典 候选经历，例贡。

李廷弼 辽籍，北流知县。

曹三省

高启睿 甲辰年岁贡。

邵胤升 己酉年岁贡。

王 彪 壬子年岁贡。

姚 采 壬子年拔贡。

山海卫学

曹 广

王 铎 卢州检校。

刘 铭

苏 豫 同州判官。

赵 仁 博平主簿。

李 春 邹平主簿。

张 宁 磁州训导。

刘 鉴 鸿胪序班。

戴 刚 黄县主簿。

蒋 英

张 铉 朝邑县丞。

李 琛 沂州经历。

房 绾 汝宁吏目。

李 敬 贵州知事。

陈 策 莒州训导。

赵 纬

侯 荣 行太仆主簿。

杨 聪 德州典宝。

萧凤鸣 显之子。

王道亨 登州训导。

张 礼 清江主簿。

张 谦 新城县丞。

何 清

陶 恕 砀山县丞。

王 相 旗手卫经历。

赵 聪 临清训导。

王 伟

李 锦 庄浪知县。

马应奎

李秉玉 沂州州同。

路 通 三万卫教授。

萧大观 商河县丞。

白九经

毛 传 潍县教谕。

刘 俊 新乐教谕。

沈 渊 平度州同。

田 鹰 静宁州同。

高 宁 秀水县丞。

萧瑞凤 襄阳推官。

刘汝祯 卢州照磨，赠工部郎中。

郭大伦 博兴教谕。
林　锦 长洲县丞。
辛三畏 文登知县。
崔弘沛 石楼知县。
李承恩 广昌教谕。
曹　蕙 钺之子。
张德立 乐陵知县。
张思聪 淯川教谕。
何秉元 辽海卫训导。
谭　诗 太原知县。
李东升 河间教谕。
鲁应芳 定远教谕。
于思敬
王从政 莱阳知县。
侯汝敬 怀来卫训导。
田汝耕 前屯卫训导。
于思明 永清教谕。
袁　钦 遵化教谕。
刘　倮 宜阳教谕。
邹大珍 兴济教谕。
沈国兆 堂邑训导。
辛　浚 潍县教谕。
房自新 顺天训导。
吕际可 两当知县。
田大登
吕鸣章 陕西参议。
刘克勤 丰润训导。
穆齐方 柏乡训导。
何天祚
曹　钺 东城兵马指挥。
孙　鸾 褒城教谕。
高　肃 临漳主簿。
刘　栋 海州卫训导。
鲁孟秋
萧道远 显孙，武城教谕。
冯　瀛 平原县丞。
毛　恕 铁岭卫教谕。
辛　涵 山阴知县。
曹　芹 齐东教谕。
赵　鹗 成山卫教授。
郝宗元 锦州卫经历。
王之藩 兴县知县。
萧大咸 通判。
张问明 雄县训导。
何景奎 即墨教谕。
刘熙载 崇宁知县。
沈　琇 广平教授。
王嘉宾 房山教谕。
程　正 合肥训导。
刘思明 赠府同。
何志重 曲周教谕。
吕大成 深州训导。
蔡茂旸 吴桥教谕。
郭廉远 南昌通判。
刘廷召
吕世臣 天津卫教授。
张　翘 卫辉训导。
杨呈芳 鲁山知县。

刘克肃 涿州训导。
穆齐正 献县训导。
何天宠 获嘉知县。
栾东龙 平阳知府。
刘应祯 茌平训导。
刘延龄 顺德府授。
张朝栋 濮州学正。
郑文楫
高　儒
穆思恭 河津主簿。
马应端 辽东宁卫训导。
詹世烈 禹州州判。
刘廷讲 镇江经历。
陈继贤 尚宝司卿。

[国朝]

潘凤翼 宁远知县。
郑允升 临湘知县。
赵　钺 巩昌通判。
辛调羹 潼关卫教授。
程观颐 见进士。
栾正馥 高邑教谕。
穆尔鹗 无为州州同。
冯九光
吕爆如 黄陂知县。
李集凤 恩拔。
程体乾
赵于升

以上俱岁贡、恩贡。

郭仲金 平阴知县。
马维熙 功授忻州州同，殉难，赠知州。
穆齐英 训导，商城县丞。
刘克孔 潞安同知。
王应坤 东昌府判。
冯祥聘 长沙同知。
曹时敏 灵璧知县。
高　选 广信同知。
刘克望 马邑东流知县。
朱时显 开州同知。
穆嘉祯 凤阳县丞。
辛宗尧 大冶知县。

以上俱功贡。

辽　学

陶天培 前屯人，襄阳同知。
赵廷臣 铁岭人，浙江总督。
白秉真 杏山人，山西总督。
李新台 通州兵备。
姚世胤 前屯人，德安通判。
姚世选 本学教授。
姜鹏程 武昌通判。
薛良心 宝振知县。

李天池 宿州知州。
喻三畏 钦州知州。
黄尔性 陕西巡抚。
张奇勋 平凉知县。
张宏猷 湖广粮道。
宋文然 兵马。
刘维城 广宁人，教职。
应时章 雄县训导。
房文登 自在州人。
郭　镃 铁岭人，确山知县。
薛征泰 广宁人，范县训导。
张士芬 义州人，定兴训导。
夏之时 盖州人，通判。
萧泽远 永宁人，献县训导。
李日增 前屯人，沂州学正。
任学曾 锦州人。
张　棋 开原人，四川通判。
李若冀 义州人，永康知州。
吴绍琯 都司人，通判。
杜名世 定辽人，濮州知州。
徐　昱 沈阳人，黄梅知县。
田　本 永宁人，辉县知县。
孙光先 石屯人，邠州州判。
彭冲汉 自在人，新城训导。
张文灿 自在州人。
邹文郁 宁远人，广西知县。
□文启 义州人，兴县知县。
宁弘猷 自在人，贵池知县。
寿无息 前屯人，通判改经历。
林天擎 盖州人，南赣巡抚。
龚家玉 江南粮道。
邹　文 舒城县丞。
辛良器 宁远人，塑州知州。
龚勉吾 乐亭知县。
张希轼 日照训导。
杨应麒 宁远人，兴县知县。
蔡廷琇 都司人，德平训导。
王懋敬 定辽右人。
李如柏 沈阳人。
程良友 开原人，山东训导。
张世珩 海州人，广西知县。
柏世杰 宁远人，莒州学正。
余日新 锦州人。
赵廷佐 右屯人。
宁弘谟 广宁人，华州知州。
裴国熙 海州人，通判改经历。
巩邦畿 盖州人，河间知府。
刘洪宗 自在人，松江知府。
戴天德 铁岭人，郑州知州。
李廷弼 宁远人，通判改县丞。
朱国材 锦州人，通判。
佟希圣 宁远人，广西知县。
张师圣 广宁人，玉田训导。
王应麟 盖州人。
冷然善 铁岭人，涞水训导。
周旋礼 锦州人，教谕。
李应麟 盖州人，通判改经历。
童宗圣 义州人，训导。

徐养魁 锦州人，广平训导。

刘立极 宁远人，训导。

尚廷辅 海州人，训导。

李天滋 永宁人，训导。

霍光祥 自在人，容城知县。

陈尧言 见进士。

黄家魁 盖州人，训导。

方尧典 义州人，县丞。

刘　瑸 广宁人。

张　伟 义州人，训导。

陈嘉谟 锦州人，县丞。

朱朝詹 锦州人。

马中骐 广宁人。

孔启秀 右屯人，训导。

鲁　启 盖州人，训导。

曲登科 广宁人，训导。

张维栋 定辽人，训导。

张光臣 广宁人，训导。

呼中陛 前屯人，训导。

铁国光 右屯人，训导。

裴承泽 前屯人，江南县丞。

曾守元 都司人，训导。

卢必登 自在人，县丞。

吴廓元 沈阳人，县丞。

王大经 海州人，县丞。

以上俱恩岁贡。

岳登科 宁绍道。

姜　镇 兴化通判。

陈全国 常德道。

陈永吉 行人司行人。

裴承谟 荥泽知县。

娄镇远 辰常道。

杨美生 吉安知府。

崔国祥 开建知县。

邴一茹 连州知州。

姚　艮 前屯人，授县丞。

以上俱廪例监。

卷之十七

莱阳　　宋　琬撰次
宜兴　　路　遴参校
广宁　　常文魁续补

武　勋

自古将帅之材有三，曰世胄，曰武科，曰卒伍。是不一途，而其宣力疆圉为国家干城则一也。以观永平，当永乐、宣德之间，以功封侯伯者五人，并皆勋在盟府，泽流后嗣，岂不盛哉！洎乎中代，而七萃之良、百夫之御、熊罴之士、不二之臣，犹且辈出。固风气沉雄，人性朴茂之所致也。故序彻侯，而以世胄科名附焉！听鼓鼙而思将帅，览图画而念股肱，必此其选矣。

[明]

郭　亮　合肥人。父聚，开国功，升流百户。亮嗣官，征胡功，历升永平指挥。从靖难，与都督耿献战，又与都督杨文战，皆有功。当是时靖难兵南下，亮独守永平，与北平为声援。建文四年，封成安流侯，世伯，食禄千二百石，出守开平，筑烽堠。永乐二十一年卒。赠兴国公，谥忠壮。

赵　彝　虹人。洪武初虎贲百户，调燕山右卫，从颍国公征沙漠，城宣府、万全、怀来，历升永平卫指挥佥事。靖难兵至永平，彝以城降。从徐忠等转战有功，升北平都指挥使。文皇即位，封忻城伯，食禄一千石，与世券。永乐十三年镇徐州，仁宗召还，卒。

吴 成 本名买驴，辽阳人。父通伯，元辽阳省右丞。洪武中随观童来降。买驴充总旗，出塞征胡功，升永平卫百户。从靖难功，真定、大宁、郑村坝功，升指挥佥事。广昌、白沟，馆陶功，再升指挥使。夹河、藁城、西水寨功，升都指挥佥事。战淝河、小河齐眉山灵壁先登，渡淮，克扬州，入金川门，再升都指挥使。永乐八年，从上出塞征胡功，升都督佥事。已而三出塞，斩获多，洪熙元年升左都督。是年大松岭破虏，封清平伯，食禄千一百石，与世券。宣德初，从擒汉庶人。三年出喜峰塞，败虏宽河斩获。进封侯，禄如故。八年卒，赠渠国公，谥壮勇。

费 瓛 定远人。祖遇洪武，中为燕府左相。已革府相，改护卫指挥使。父肃，嗣官。肃卒，瓛嗣官。事成祖靖难功，累官都指挥同知，镇守山海关。永乐五年，召佥事后府。六年充副总兵，备倭海上。七年征湖广叛寇。八年充总兵镇宁夏，甘肃讨平，亦令真巴。十年又出甘肃防御。仁宗即位，充平羌将军镇甘肃，寻升右军都督。宣德元年入朝，上念瓛旧臣累著功名，封崇信伯，食禄千一百石，与世券，复出镇。瓛和易善抚循士卒，守边二十年，塞境宁静。征汉庶人，尝为先锋将，佐薛禄有功。

刘 江 山海卫总旗，骁勇有谋略。洪武末年从靖难，累建殊勋，升中军都督府左都督。永乐中镇守辽东，剿杀倭寇有功，进爵广宁伯。卒，赠广宁侯。

萧 升 抚宁卫佥事，累升马兰峪参将。嘉靖癸巳，大同内变，结连北虏。兵部推升以副将协守大同。升至兵事戒严，内外不通。升诣督抚献捣巢计，以贼全部在内，巢穴必虚。督抚任之，贼遂瓦解。升前军都督佥事，镇守蓟州。卒，赐祭葬。

刘 渊 山海卫佥事。刚之孙，刚视山海篆有名。渊自三河黄花镇守备，入坐显武营，历延绥游击，宣府参军，迁协守副总兵，升后军都督佥事。挂镇朔将军印，改镇蓟州有名，调提督西官厅听征总兵官，赠刚及父镇官。

祝 雄 广宁前屯卫佥事，调山海卫，擢京营听征参将，老营游击，偏头关副总兵，升后军都府佥事，挂征西前将军印，镇守大同，改镇蓟州代渊。善养士，而乐为用。虏入塞，率子男为士卒先。子少却，立斩以殉。虏望旗帜即遁，在镇三年，虏马不敢南牧。名闻书于御屏，廉静自持，奉客无□，行边布袍毡帽如行伍，卒于官。私囊仅足以敛，蓟为立祠。三人并起列校，为方镇而皆属卫职，又相继镇蓟。前志称之。

周　建　抚宁卫指挥佥事。成化十六年管界岭驻操营事。三月虏入寇，参将王宣督令截杀，至白石店夺回被虏人畜，回至椴木岭，伏贼突出，前贼复回，夹攻战死。事闻诏加实授指挥同知。

武　勋

赵　胜　迁安人，宣德中世官。景泰元年累功升都指挥佥事。天顺五年讨曹贼功，升都督同知，已而充参将出固原，捕虏有功。成化四年升都督，充总兵官，镇辽东。七年捕斩朵颜有功召还。十二年，修京城，加太子太保，三屯营总兵。十九年封昌宁流伯，食禄千石。又明年，加太保，卒赠侯，谥壮敏。子先卒。弘治元年，孙鉴乞嗣伯。吏部言昌宁初封流伯，鉴嗣世指挥使，铨锦衣。

马　永　字天锡，迁安人。世金吾左卫指挥使。父荣镇番参将。永读左氏春秋及兵法，袭父官，机警善骑射。正德六年流贼起，督战功，升都指挥同知。江彬统宣府兵练西内。永以千总颖彬，称疾不起。彬强起，称病笃，以故得脱彬祸。十年守备遵化，明年虏入马兰峪塞，杀参将陈乾，以永为参将守太平寨。十二年虏入塞战柏崖堂，再战白羊峪，斩首五十。十三年升署都督佥事，充总兵，治三屯营，寻署都督同知，尽简诸军，散遣老弱，听其农市，取其庸倍，给诸健武者衣饷。士皆喜，人人奋习武艺。当是时，渔阳一军称雄。未几，上至喜峰口，欲出塞。永扣马谏，上注视久之顾内侍曰："此马永耶？"笑而止。朵颜酋把儿孙，结诸虏邀官赏不得，辄入塞。永迎击洪山口，大败虏斩首五十八，升右都督。嘉靖三年，把儿孙入青山口塞，斩其骁，酋遁去。把儿孙自是效顺。保塞四年，大同军乱，杀都御史张文锦，参将贾鉴用兵不利。朝议且抚，永上疏，力言不可抚，他日九边效尤，将有唐室河北藩镇之祸。敕永提兵出居庸讨贼，俄以流言中止。五年，永上言乞宥诸言大礼获罪者，又言陆完有平贼功，宜赎罪，录用其子，夺总兵，寄禄南京督府。十二年大同再乱，杀总兵李瑾。讨之久无功，廷臣荐永召至，业已抚罢兵，复还南京。十四年辽东军乱，逐都御史吕经，召永总兵辽东。十七年虏入塞，率兵五千人捣虏巢，焚其庐还。十八年辽军再乱，率家兵逼贼斩四十余人遂定，升左都督。永卒于辽东，辽人为罢市，哭丧过渔阳，渔阳人皆哭。两镇皆祠永。永为将善詷虏情，先知所从来及众寡，设伏待虏，以胡虏往来失利去。永善养士，能同甘苦，又善知人，奖拔萧升、刘渊、祝雄皆起列校为方镇。

武　秩

[明]

胡　镛　任蓟镇总兵。

陈景先　任蓟镇总兵。

马　永　任辽东总兵，有传。

萧　升　抚宁卫佥事，任蓟镇总兵。

刘　渊　山海卫佥事，任蓟镇总兵。

祝　雄　任蓟镇总兵。

高　瑛　任燕河营参将。

张世忠　任偏头关参将。有传。

李光启　乐亭人，任葛峪堡参将。

赵文明　历任游击。

祝　福　雄子，任保定总兵。

赵　卿　山海卫指挥，任宣府总兵。

周　彻　抚宁卫指挥，任蓟镇总兵。

程　棋　兴州卫人，协守东路游击。

张世武　兴州卫人，协守东路游击。

唐大节 山海卫人，任协守东路游击。
史 宸 永平卫人，任协守东路副总兵。
陶世臣 永平卫试百户，任蓟镇总兵。
谷承功 永平卫人，任山海路参将。
李 洪 山海卫人，任燕河路参将。
彭友德 兴州卫指挥，任保定府总兵。
徐 技 山海卫人，任京营都督佥事。
朱 楫 永平卫人，任燕河路参将。
何 镇 卢龙卫人。任燕河路参将。
张懋勋 山海卫人，任神枢营游击。
钟 杰 抚宁卫指挥，任独石参将。
周承聘 兴州卫指挥，任昌平游击。
周大观 承聘子，任松棚路参将。
丘 陵 抚宁卫指挥，任葛峪堡参将。
李康民 永平卫人，任燕河路参将。
李逢时 永平卫指挥使，武进士，任阶文参将。
曹应登 永平卫指挥，任燕河路参将。
章思恭 永平卫副千户，任黄甫川参将。
孟国用 宁夏总兵。
吴尚贤 抚宁卫指挥，任太平寨参将。
卢天福 东胜卫人，任山海经理镇总兵。
谷九有 永平卫人，任德州参将。
吕鸣咸 山海卫指挥，任山海南部副总兵。
刘 恩 抚宁卫指挥，任大同都司。
刘 汲 抚宁卫指挥，任神机营游击。
赵文明 山海卫指挥，任宁山参将。
赵 勋 山海卫人，任五军营参将。
熊文济 山海卫武举，任游击。
朱尚义 山海卫人，任阳和副总兵。

潘光启 东胜卫千户，任龙井关参将。
罗 灿 永平卫指挥，任沈阳游击。
郑国忠 永平卫千户，任南兵营游击。
骆子秀 永平府人，任永镇右营游击。
罗 墀 永平卫指挥，任昌平参将。
李魁春 永平卫千户，任山西掌印都司。
赵应元 山海卫千户，任山海路参将。
任国琦 山海卫武举，任督师标下副总兵。
孙承业 山海卫千户，任建昌路参将。
穆朝臣 山海卫指挥，任经理镇标副总兵。
张惟忠 辽东人，卢龙县籍，任冷口副总兵。
李鸣岗 山海卫指挥，任镇标右营都司。
赵宗舜 滦州人，锦衣千户。
谢天爵 永平卫人，山永抚标旗鼓。
李自馨 昌黎人，任山永抚标旗鼓。
丁明盛 永平卫人，任石匣副将。
曹 纲 抚宁卫指挥，任河间游击。

附昌黎县守城功授守备

宋文煌 王九州 李际春 田养茂 王正道 王世臣 杜文奇
史登云 李多闻 马性美 王目壮 王 培 李士奇 杜茂秋
蔡时茂 李时贤 任自得 贾有元 刘光远 杨开泰

[国朝]

惠应诏 抚宁县人，任四川总兵。
汤自道 滦州人，任北楼口参将。
萧奇楹 抚宁县人，任章丘参将。
卢拱极 东胜卫人，任大靖堡参将。
刘绍祖 昌黎县人，任洮岷守备。
郑弘谟 乐亭县人，任三省总督旗鼓游击。

李聚良 昌黎县人，任三眼井守备。
谭九畴 东胜卫人，任彰义堡都司。
曹光启 卢龙人，任狼山守备。
张师圣 迁安人，任浙江江定海参将。
周　鼎 迁安人，任浙江都司，阵亡，赠荫。
孟乔荣 东胜卫人，任牛鲁章京。
王　栋 迁安人，倒马关都司。

武　进　士

[明]

正德

程　源 兴州卫人。
李　贤 兴州卫中军守备。

嘉靖

常　润 山海卫百户。
张世忠 山海卫镇抚。
郭　淙 兴州卫人。
李介明 兴州卫人。
陆万钟 状元，兴州卫指挥。
陆　祯 东胜卫百户。
司　伦 永平卫人。
徐　惠 卢龙卫百户。
朱承芳 永平卫百户。
李　恩 东胜卫百户。
程　照 兴州卫舍人。
周　径 抚宁卫舍人。

隆庆

李逢时 永平卫指挥。
郭应坤 卢龙卫舍人。

万历

王维新 忠义中卫人。
程　灿 兴州卫人，义院守备。
张九德 兴州卫人。
张世忠 忠义卫应袭。
王养贤 山海卫应袭。
熊文济 山海卫人。

天启

马先登 迁安人，本道中军建昌都司。

崇祯

丁明盛 卢龙人，副总兵。

[国朝]

丙戌

张　曜　迁安人。

张武扬　山海卫人，宣城守备。

乙未

周　彝　迁安人，见任多罗机豸遮里虾，二品服俸。

钱　标　燕河营人。

戊戌

李廷斌　卢龙人。

举　人

[明]

程　源　见进士。

李　贤　见进士。

嘉靖

张世武　兴州卫千户。

谭　伦　东胜卫人。

谭时中　伦子，二科。

彭　鑫　兴州卫人，二科。

张　麒　卢龙卫人。

韩廷玺　东胜卫人。

邵　永　卢龙县人。

汪承恩　永平卫千户。

杨承光　东胜卫人。

罗　泾　抚宁卫人。

郑　康　永平卫百户。

徐　惠　见进士。

朱承芳　见进士。

吕　镗　山海卫指挥。

周　德　抚宁卫人。

周尚文　抚宁卫指挥。

李　恩　见进士。

谭　章　山海卫人。

谷继节　卢龙卫人。

周　径　见进士。

夏时霖　卢龙卫千户。

李时芳　东胜卫应袭，二科。

程　照　见进士。

徐国柱　卢龙卫百户。

戴时动　兴州卫人，二科。

程世禄　永平卫人。

赵　佑　卢龙卫人。

陈　忠　兴州卫人。

李时茂　东胜卫舍人。

米　实　卢龙卫百户。

程　默　兴州卫人，二科。

隆庆

蒋国卿	兴州卫人。	**吴自科**	兴州卫人。
李逢时	见进士。	**郭应坤**	见进士。

万历

程　灿	二科，见进士。	**王梦奇**	永平卫百户。
高　腾	东胜卫人。	**吕复亨**	卢龙卫人。
张　昆	山海卫人，二科。	**王维新**	见进士。
陈应魁	卢龙卫人。	**张九德**	见进士。
侯维翰	永平卫人，二科。	**陶世学**	永平卫人。
马逢乐	永平卫人。	**马士元**	永平卫人。
张世忠	二科，见进士。	**胡自强**	永平卫人。
毕邦辅	忠义卫应袭，二科。	**李平政**	永平卫人。
毕邦几	邦辅弟，忠义卫舍人。	**王养贤**	见进士。
张世忠	见进士。	**翟居正**	忠义卫人。
徐方言	东胜卫人。	**李廷臣**	卢龙人。

天启

马先登	见进士。	**李养性**	迁安人，本道中军。
曹维肖	都指挥管，乐亭练总。		

崇祯

谭九畴		**钱　标**	见进士。
曹光启	**董其戎**		
王　标	以上并卢龙人。	**马中骥**	山海都司佥书。

[国朝]

戊子

王弘胤	乐亭人。	**贲鹏举**	山海卫人。
王奋征	山海卫人。		

甲午

李廷斌	卢龙人。

封　荫

人臣服官于国，皆得徼天子之命，以荣其亲。而其品之崇者，又得贻其泽于子孙。盖上之人所以体群臣者至矣。《虞书》言赏延于世，是有荫而无封。今日之典，视三代为优焉。兹志也，非直纪恩命之荣，忠孝之道，于此焉备。未可以其不登于朝而略之也。

[明]

卢　龙

朱　有　以子鉴，赠刑部主事。

李□凯　永平卫百户，以子时赠平凉府知府。

王　堂　以子大用，赠刑部郎中。

廖　儒　以子自显，赠广东道御史。

韩廷义　以子应庚，封监察御史。

白　钥　南锦衣卫经历，以子瑜，赠大理寺卿。

韩应箕　应庚弟贡士，以子原善，封兵部主事。

陈志文　以子王庭，赠监察御史。

迁　安

吴　纪　以子诚，赠监察御史。

王　民　以孙锐，赠副都御史。

王　都　以子锐，赠副都御史。

李　元　以子和，赠礼部主事。

王　政　以子和，赠监察御史。

郭　洪　以子镛，赠监察御史。

才　整　以孙宽，赠工部侍郎。

才　通　以子宽，赠工部侍郎。

李　中　以子文，赠户部员外。

王　路　以子廷，赠兵科给事中。

李　叶　以子炫，赠兵部主事。

陈　瑛　以子𤩽，封监察御史。
李　臣　以子安仁，赠大理寺评事。
徐　伸　以孙云逵，赠光禄寺卿。
徐可久　以子云逵，赠光禄寺卿。
程　墀　以子大猷，封户部郎中。
郭如藩　以子巩，赠兵科给事中。

抚　宁

金　禧　以子镛，赠光禄寺署丞。
姚　斌　以子政，赠运使。
翟　昊　以子鹏，赠户部主事。
王　忱　以子胤祥，赠刑科给事中。
张　楫　以子九三，赠国子监学正。

昌　黎

张　广　以孙文质，赠工部尚书。
张　鉴　以子文质，赠工部尚书。
杜　复　以孙谦，赠工部左侍郎。
杜　敏　以子谦，赠工部左侍郎。
魏　栋　以子可简，赠尚宝司卿。
刘　锐　以子汝桂，赠登州府判。
邸尚信　以子存性，封河内知县。
齐鸣雷　以子斌，封灵石知县。

滦　州

王　海　以孙翱，赠左都御史。
高　聪　知县，以子谦，赠文林郎，孙擢赠顺天府尹。
王　侃　以子蕃，赠太常寺博士。
任　玉　以子惠，赠吏科给事中。
安　和　以子民，赠户部员外。

吴　宥　以子吉，赠推官。
厉　鉴　以子汝进，封吏科给事中。
高　谦　以子擢，赠顺天府尹。
张大钧　以子鹏翼，封工部主事。
高　玉　以孙第，赠兵部尚书。
高吉昌　以子第，赠兵部尚书。
石　璞　大使，以子维岳，赠怀庆府知府。
冯余庆　知县，以孙运泰，赠太仆寺卿。
冯斗华　知县，以子运泰，封太仆寺卿。
伦　浃　以子之楷，赠陕西道监察御史。
张　夙　以子汝贤，赠定陶知县。
张秉真　以子联奎，赠临洮推官。
韩邦直　以子友柳，赠襄府长史。
郝　兴　以子隆，赠大理寺评事。

乐　亭

刘　溥　以子懋，累赠户部员外。
李　升　以子霖，赠柘城知县。
李　霖　以子宗商，赠户部主事。
卢　梁　以子耿麒，赠山西右参议。
王　茂　以孙好问，赠户部尚书。
王　臣　以子好问，赠户部尚书。
萧　富　以子云汉，赠应州知州。
王永昌　以子利宾，赠兵马指挥。
张问道　以子国瑞，赠陕西左布政。
曹克勤　生员，以子司牧，赠巩昌府知府。
陈说论　生员，以子兴门，封铜仁推官。

山　海

萧　福　以子显，赠兵科给事中。

詹　玉　以孙荣，赠副都御史。
詹　通　以子荣，赠副都御史。
刘　刚　以孙渊，赠都督佥事。
刘　镇　以子渊，赠都督佥事。
王　荣　以子相，赠经历。
刘汝祯　以子复礼，赠工部郎中。
冯　琦　以子时泰，赠工部主事。
刘光大　以子思诚，赠济南同知。
刘思诚　同知，以子廷宣，赠大理寺左少卿。
程　矩　以子继贤，赠工部员外郎。

[国朝]

陈靖华　以子君锡，赠睢宁知县。
佘崇贵　以子一元，赠朝仪大夫，礼部侍郎。
胡宪玉　以子来相，赠山陕道监察御史。
穆齐英　以子尔谟，封文林郎，赣榆县知县。
刘　愤　以子克孔，赠承德郎，温州通判。
以上封赠。

卢　龙

王道平　以父翊巡抚功，荫授都察院经历。
白养元　以父谕刑部左侍郎，荫太仆寺主簿。

迁　安

王　世　以从父锐都御史功，世袭锦衣百户。
才　荣　以父宽总制三边功，世袭锦衣百户。
徐真修　以父云逵光禄卿荫。

抚　宁

刘　镗

昌　黎

张　皋　以祖文质，礼部尚书荫。

杜　浚　以父谦工部侍郎荫，任礼部司务。

杜　汉　以父谦侍郎荫，至知府。

王子兴　以父槐，工部右侍郎荫，任詹事府典籍。

滦　州

高　霄　以父擢都御史荫，任后府经历。

高应辰　以父第都御史荫，任户部照磨。

乐　亭

刘光大　以子思诚，赠济南同知。

刘思诚　同知，以子廷宣，赠大理寺左少卿。

程　矩　以子继贤，赠工部员外。

［**国朝**］

陈靖华　以子君锡，赠睢宁知县。

佘崇贵　以子一元，赠朝仪大夫、礼部侍郎。

胡宪玉　以子来相，赠山陕道监察御史。

穆齐英　以子尔谟，封文林郎赣榆县知县。

刘　愤　以子克孔，赠承德郎，温州通判。

以上封赠。

迁　安

刘光裕　以子鸿儒贵，赠兵部左侍郎。

滦　州

石　璞　以孙申贵，赠吏部左侍郎。

石　岳　以子申贵，赠吏部左侍郎。

雷　声　以雷鸣德太医院，赠光禄大夫。

雷　逊　以雷鸣德太医院，赠光禄大夫。

雷以动 以雷鸣德太医院贵，赠光禄大夫。
王浑然 以父好问工部右侍郎荫，至马湖知府。

山　　海

詹　廷 以父荣兵部左侍郎荫。

滦　　州

石　几 以父申学士荫。

山　　海

吕焯如 以父鸣夏荫，任隰州知州。
毛凤仪 以父应坤荫，任阶州知州。
高　进 以兄选荫，入监。
刘芳显 以叔克望荫，任河南布政司理问。
吕焕如 以叔鸣章荫，入监。
吕炜如 以父鸣夏殉难荫，任太原通判。
佘　瑜 以父一元四品京官荫，入监。
以上恩荫。

东　胜　卫

孟熊弼 以父乔芳荫，旗下世袭梅勒章京。
孟熊飞 以从父乔芳荫，旗下世袭牛鲁章京。

迁　　安

刘　涵 以父鸿儒荫，入监。
刘　冲 以父鸿儒荫，入监。

滦　　州

石　章 以父申侍郎荫，官生。
王应麒 以父可就都佥荫，官生。
王应豸 以父可就督同荫，官生。

永 平 卫

蔡毓华 以父士英总漕贵荫，选知县。

蔡毓秀 以父士英总漕荫，候选六品。

孟缵祖 以父北城御史熊飞贵荫，官生。

孟继祖 以父汀州知府熊臣荫，官生。

卷之十八

莱阳　　宋　琬撰次
宜兴　　路　遴参校
广宁　　常文魁续补

人　物 前

自古哲士伟人，多奋迹于边陲之地。况永平为燕东大郡，夷齐二子之故墟。自汉以来，垂名史册者，代不乏人。乃昔之为书者，不读全史，于其本郡之人多缺遗未考，而旁援它郡之贤者以附益之，是果足为永平重耶？夫田畴无终人，玉田县志详之矣。韩麒麟、豆卢通之属，皆古昌黎人。李光弼、姚枢皆柳城人。在今之塞外，以其无志可书，而附之犹可也，遂以为今之昌黎非也。且夫古之内郡，而今沦于徼外者多矣。交趾之往哲，不闻祀于广西。朔方之旧勋，不闻报于宁夏，以《载记》及《北史》考之，古昌黎之传人多矣，可尽书耶？今志皆不取焉，而录郭凉以下诸人之荦荦见于史传者，其余别为一则，以俟后之君子考焉。

[后汉]

郭　凉　字公文，右北平人。身长八尺，气力壮猛，虽武将然通经书，多智略，尤晓边事，有名北方。初幽州牧朱浮辟为兵曹掾，击彭宠有功，封广武侯。建武九年，为雁门太守。与骠骑大将军杜茂击卢芳将尹由于繁畤，其将贾丹、霍国、解胜等杀由诣凉降。诏送委输金帛赐茂、凉军吏，自是卢芳城邑稍稍来降，凉诛其豪右郇氏之属，镇抚羸弱，旬月间雁门平，芳遂亡入匈奴。帝擢凉子为中郎，宿卫左右。

魏　攸　右北平人，为幽州牧刘虞东曹掾。虞与公孙瓒有怨，乃密谋讨之以告攸。攸曰："今天下引领以公为归，谋臣爪牙不可无也。瓒文武才力足恃，虽有小恶，固宜容忍。"虞乃止。顷之，攸卒。虞积忿不已，遂自率诸屯兵十万人攻瓒，大败，为瓒所杀。

公孙瓒　字伯圭，辽西令支人。家世二千石。瓒以母贱，遂为郡小吏。为人美姿貌，大音声，言事辩慧。太守奇其才，以女妻之。后从涿郡卢植学于缑氏山中，略见书传。举上计吏太守刘君坐事，槛车征，官法不听吏下亲近。瓒乃改容服，诈称侍卒，身执徒养，御车到洛阳。太守当徙日南，瓒具豚酒于北芒上祭，辞先人，酹觞祝曰："昔为人子，今为人臣，当诣日南。日南多瘴气，恐或不还，便当长辞坟茔。"慷慨悲泣，再拜而去，观者莫不叹息。既行于道得赦，瓒还郡，举孝廉，除辽东属国长史。尝从数十骑出行塞下，卒逢鲜卑数百骑。瓒乃退入空亭，约其从者曰：今不奔之，则死尽矣。乃自持两刃矛，驰出冲贼，杀伤数十人，瓒左右亦亡其半，遂得免。中平中，以瓒督乌桓突骑，车骑将军张温讨凉州贼，会乌桓反叛，与贼张纯等攻击蓟中，瓒率所领追讨纯等有功，迁骑都尉。纯复与叛胡丘力居等寇渔阳、河间、勃海入平原，多所杀略。瓒追击战于属国石门，虏遂大败，弃妻子逾塞走，悉得其所掠男女。瓒深入无继，反为丘力居等所围于辽西管子城二百余日，粮尽食马，马尽煮弩楯，力战不敌，乃与士卒辞诀，各分散还。时多雨雪，坠坑死者十五六。虏亦饥困，远走柳城。诏拜瓒降虏校尉，封都亭侯复兼领属国长史，职统戎马，连接边寇。每闻有警，辄厉色愤怒，如赴仇敌，望尘奔逐，或继之以夜战。虏识瓒声，惮其勇，莫敢犯。瓒常与善射之士数十人，皆乘白马为左右翼，自号白马义从。乌桓更相告语，避白马长史。乃画作瓒形，驰骑射之中者，咸称万岁。虏自此之后，遂远窜塞外。瓒志埽灭乌桓。而刘虞欲以恩信招降，由是与虞相忤。初平二年，青徐黄巾三十万众入勃海界，欲与黑山合。瓒率步骑二万人，逆击于东光南，大破之，斩首三万余级。贼弃其车重数万两，奔走渡河，瓒因其半济薄之，贼复大破，死者数万，流血丹水，收得生口七万余人，车甲财物不可胜算，威名大震，拜奋武将军，封蓟侯。及瓒与袁绍有隙，乃上疏数绍之罪，举兵攻绍。于是冀州诸城，悉叛从瓒，瓒乃自署其将帅为青冀兖三州刺史，又悉置郡县守令，与绍大战于界桥。瓒军败还蓟，绍遣将崔巨业将兵数万攻围故安不下，退军南还。瓒将步骑三万人，追击于巨马水，大破其众，死者七八千人。乘胜而南攻下郡县，遂至平原。遣其青州刺史田楷，据有齐地。绍复遣兵数万，与楷连战二年。绍乃遣子谭为青州刺史，楷与战，败退还。是岁瓒破禽刘虞，尽有幽州之地。前此有童谣言："燕南垂，赵北际，中央不合大如砺，唯有此中可避世。"瓒自以为易地当之，遂徒镇焉。乃盛修营垒楼观数十，临易河，通辽海。刘虞从事渔阳鲜于辅等合率州兵，欲共报瓒。辅以燕国阎柔素有恩信，推为乌桓司马。柔招诱胡汉数万人，与瓒所置渔阳太守邹丹战于路北，斩丹等四千余级。乌桓峭王率种人及鲜卑七千余骑共迎虞子和，与袁绍将麴义合兵十万，共攻瓒。兴平二年破瓒于鲍丘，斩首二万余级。瓒遂保易、京，开置屯田，稍得自支，相持岁余。麴义军粮尽，士卒饥困退走，瓒邀破之，尽得其车重。是时旱蝗谷贵，民相食。瓒恃其才力，不恤百姓，记过忘善，睚眦必报，州里善士名在其右者必以法害之。常言衣冠皆自以职分，富贵不谢，人惠故所宠爱，类多商贩庸儿，所在侵暴，百姓怨之。于是代郡、广阳、上谷、右北平各杀瓒所置长史，复与辅和合兵。瓒虑有非常，乃居于易京，以铁为门，斥去左右。男人七岁以上，不得入门，专侍姬妾，其文簿书记皆汲而上之，令妇人习为大言声，使闻数百步，以传宣教令。疏远宾客，无所亲信。故谋臣猛将稍稍垂散。自此之后，希复攻战。或问其故，瓒曰："昔我驱叛胡于塞表，扫黄巾于孟津，当此之时，谓天下指麾可定。至于今日，兵革方始，观此非我所决，不如休兵力耕，以救凶年。兵法百楼不攻，今吾诸营楼橹千里，积谷三百万斛。食此足以待天下之变。"建安三年，袁绍复大攻瓒，瓒遣子续请救于黑山诸帅，而欲自将突骑直出，傍西山以断绍。后长史关靖谏，瓒乃止。及绍渐相攻逼。瓒众日蹙，乃却筑三重营以自固。四年春，黑山贼帅张燕与续率兵十万，三道来救未至。瓒乃密使行人赍资书告续，期于北隰中，举火为应。绍候得其书，如期举火。瓒以为救至，遂出战。绍设伏，瓒遂大败，复还保中小城。自计必无全，乃悉缢其姊、妹、妻子，然后引火自焚。绍兵趣登台斩之。续为屠各所杀。

［吴］

程　普　字德谋，右北平土垠人。初为州郡吏，有容貌计略，善于应对。从孙坚征伐，讨黄巾于宛邓，破董卓于阳人，攻城野战，身被创夷。坚薨，复随孙策在淮南，从攻卢江，拔之。还俱东渡，策到横江、当利，破张英、于麋等转下秣陵、湖熟、句容、曲阿。普皆有功，增兵二十千骑五十匹，进破乌程、石木、波门、陵传、余杭，普功为多。策入会稽，以普为吴郡都尉，治钱塘。后徙丹阳都尉，居石城。复讨宣城、泾安、吴陵、阳春谷诸贼皆破之。策尝攻祖郎大为所围。普与一骑共蔽扞，策驱马疾呼，以矛突贼，贼披靡。策因随出，后拜荡寇中郎将，领零陵太守，从讨刘勋于寻阳，进攻黄祖于沙羡。还镇石城。策薨，与张昭等共辅孙权，遂周旋三郡，平讨不服。又从征江夏，还过豫章，别讨乐安平之。代太史慈备海昏。与周瑜为左右督，破曹公于乌林，又进攻南郡，走曹仁。拜裨将军领江夏太守，治沙羡，食四县。性好施与喜士大夫。周瑜卒，代领南郡太守。权分荆州与刘备，普复还领江夏，迁荡寇将军。卒，权称尊号，追论普功，封子咨为亭侯。

韩　当　字义公，辽西令支人。以便弓马，有膂力，幸于孙坚，从征伐周旋，数犯危难，陷敌擒虏，为别部司马。及孙策东渡，从讨三郡，迁先登校尉，授兵二千骑五十匹，从征刘勋，破黄祖，还讨鄱阳，领乐安长，山越畏服。后以中郎将与周瑜等拒破曹公，又与吕蒙袭取南郡，迁偏将军，领永昌太守。宜都之役，与陆逊、朱然等共攻蜀军于涿乡，大破之。徙威烈将军，封都亭侯。曹真攻南郡，当保东南，在外为帅厉将士同心固守，又敬重督司，奉遵法令，权善之。黄武二年封石城侯，迁昭武将军，领冠军太守。后又加都督之号，将敢死及解烦兵万人，讨丹杨贼破之。会病卒。子综袭侯领兵，综淫乱不轨惧罪，载父丧，将母家属部曲男女数千人奔魏。魏以为将军，封广阳侯，数犯边境，权常切齿。东兴之役，综为前锋败死，诸葛恪斩送其首，以白权庙。

[晋]

阎　亨　辽西人。苟晞为大都督，督青徐六州诸军事，刑政苛虐，纵愤肆欲。亨以书固谏，晞怒杀之。

[后魏]

卫冀隆　辽西人，官国子博士。为服氏之学，上书难杜氏春秋六十三事。

窦　瑗　字世珍，辽西阳乐人。自言本扶风平陵人。汉大将军窦武之曾孙崇为辽西太守，子孙遂家焉。曾祖堪，慕容氏渔阳太守。祖表，冯弘成周太守入国。父冏，举秀才，早卒。普泰初，瑗启以身阶级，为父请赠，诏赠征虏将军，平州刺史。瑗为御史，转奉朝请兼太常博士，为太原王尔朱荣所知，遂表留瑗为北道大行台左丞，以军功赐爵阳洛男，除员外散骑常侍，封新昌男。因从荣东讨葛荣，事平，封容城县开国伯，食邑五百户。除征虏将军，通直散骑常侍，仍左丞。乞以容城伯让兄叔珍，诏听以新昌男转授之。叔珍历太山太守，除征南将军，金紫光禄大夫，敷奏侃然，前废帝甚重之。出帝时为廷尉卿。天平中，除镇东将军、金紫光禄大夫。寻除广宗太守，有清白称。转中山太守加征东将军，为吏民所怀。授使持节本将军平州刺史，在州政如治郡，又为齐献武王丞相右长史，除大宗正卿，寻加卫将军。宗室以其寒士相与轻之，瑗按法推治，无所顾避。官虽通显贫窘如初。领本州大中正，以本官兼廷尉卿。卒，官赠本将军太仆卿，济州刺史，谥曰明。

[后周]

怡　峰　字景阜，辽西人。本姓默台，因避难改焉。高祖宽，燕辽西郡守，魏道武时，率户归朝，拜羽真，赐爵长蛇公。曾祖文，冀州刺史。峰少从征，以骁勇闻。永安中，假龙骧将军，为都将。从贺拔岳讨万俟丑奴，以功授给事中，明威将军，转征虏将军，都督，赐爵蒲阴县男。及岳被害，峰与赵贵等同谋翊戴太祖，进爵为伯。时原州刺史史归犹为侯莫陈悦守。太祖令峰与侯莫陈崇讨擒之。及齐神武与魏孝武帝构隙，帝频勒太祖简锐卒入卫京邑。太祖乃令峰与都督赵贵等率轻骑赴洛阳。至潼关，值魏孝武西迁，峰即从太祖拔回洛，复潼关，拜安东将军，华州刺史，寻转大都督，讨曹泥有功，进爵华阳县公，邑一千户。大统二年从太祖破窦泰于小关，还拜散骑常侍，车骑大将军，仪同三司，又从复弘农，破沙苑，进爵乐陵郡公。仍与元季海、独孤信复洛阳。率奇兵至成皋，入其郛，收其户口而还。东魏遣行台任祥率步骑万余攻颖川，峰复以轻骑五百邀击之。自是威名转盛，加授开府仪同三司。东魏围洛阳，峰与季海守金墉。太祖至围解，即与东魏战于河桥，时峰为左军不利，与李远先还。太祖因此班师，诏原其罪，拜东西北三夏州诸军事，夏州刺史。后与于谨讨刘平伏，从解玉壁围。平柏谷坞，并有功，凉州刺史宇文仲和反，峰与于谨讨之。十五年，东魏围颍川，峰与赵贵赴援至南阳，遇疾卒，年五十。峰沉毅，有瞻略，得士卒心，当时号为骁将。赠华州刺史，谥曰：襄威。子昂嗣官至开府仪同三司，朝廷追录峰功，封昂郑国公。昂弟光，少以峰勋赐爵安平县侯，起家员外散骑常侍，累迁司土中大夫，左武伯，出为汾泾邠三州刺史，加开府仪同三司，进爵龙河县公。光弟春少知名，历官吏部下大夫，仪同三司。

[唐]

阳惠元　平州人，以趫勇事平卢军，从田神功、李忠臣浮海入青州，诏以兵隶神策，为京西兵马使，镇奉天。德宗初立，稍绳诸节度跋扈者。于是李正己屯曹州，田悦增河上兵，河南大扰。诏移兵万二千戍关东，帝御望春楼誓师，劳遣诸将，酒至神策，将士不敢饮。帝问故，惠元曰："初发奉天，臣之帅张巨济与众约，是役也，不立功，毋饮酒，臣不敢食其言。”既行，有馈于道，惟惠元军瓶罍不发，帝咨叹不已，玺书慰劳。俄以兵三千，会诸将击田悦，战御河，夺三桥。惠元功多，以兵属李怀光。及朱泚反，自河朔赴难，解奉天围，加检校工部尚书摄贝州刺史。诏惠元与神策行营节度使李晟、鄜坊节度使李建徽，及怀光联营便桥。晟知怀光且叛，移屯东渭桥。翰林学士陆贽请移惠元、建徽二军与晟合。帝不从，怀光果夺二军，惠元、建徽走奉天，怀光遣将冉宗驰骑，追及于好畤。惠元披发呼天，血流出眦，袒裼战而死。二子晟、翯皆遇害。建徽独免。诏赠惠元尚书左仆射，晟殿中监，翯汾州刺史。少子旻字公素，惠元之死，被八创，坠井以救得免。历邢州刺史，卢从史既缚、潞军溃，有骁卒五千，从史尝以子视者奔于旻。旻闭城不纳，众皆哭曰奴失帅，今公有完城，又度支钱百万在府，少赐之，为表天子求旌节。旻开谕祸福，遣之，众感悟遂还军。宪宗嘉之，迁易州刺史。王师讨吴元济，以唐州刺史提兵，深入二百里，薄申州，拔外郛，残其垣，以功加御史中丞。容州西原蛮反，授本州经略招讨使击定之，进御史大夫。卒，赠左散骑常侍。

周　宝　字上圭，平州卢龙人。曾祖代选为鲁城令，安禄山反，率县人拒战死之。祖光济事平卢节度使侯希逸为牙将，每战得攻鲁城者，必手屠之，历左赞善大夫，从李洧以徐州归天子。父怀义通书记，系检校工部尚书，天德西城防御使，以徙城事不为宰相李吉甫所助，以忧死。宝藉荫为千牛备身。天平节度使殷侑，尝为怀义参军。宝从之为部将，会昌时选方镇才校入宿卫，与高骈皆隶右神策军。历良原镇使以善击球，俱补军将。骈以兄事宝，宝强毅未尝诎意于人，官不进，自请以球见。武宗称其能，擢金吾将军，以球丧一目，进检校工部尚书，泾原节度使。务耕力，聚粮二十万斛，号良将。黄巢据宣、歙，徙宝镇海军节度兼南面招讨使。僖宗入蜀加检校司空。时群盗所在盘结，宝练卒自守，发杭州兵戍县镇，判八都。中和二年，进同中书门下平章事，兼天下租庸副使，封汝南郡王。宝和裕喜接士，以京师陷贼，将赴难，益募兵，号后楼都。宝子玙，统后楼都，孱不能驭军，部伍横肆，宝亦稍惑声色，不恤事。初镇海将张郁以击球事宝，光启初剧贼剽昆山，宝遣郁领兵三百戍海上，郁醉而叛，宝遣将拓跋从讨定之。郁保常熟，因攻常州，刺史刘革迎降，宝遣将丁从实督兵攻之，郁走海陵，从实遂据常州。及董昌徙义胜军节度使，宝承制擢杭州都将钱鏐领州事。高骈领盐铁，辟宝子佶为支使，宝亦表骈从子在幕府。骈为都统，浸久不礼宝，宝衔之。帝在蜀，淮南绝贡赋，谩言道浙西为宝剽阻，帝知其诬不直骈。自是显隙，骈出屯东塘，约西定京师，遣人请会金山，谋执宝。宝答曰："平时且不闻境上会，况上蒙尘，宗庙焚辱，宁高会时耶？我非李康，不能为人作功动欺朝廷也。"骈遣人切让，宝亦诟绝之。会部将刘浩、刁顒与度支催勘使、太子左庶子薛朗叛。宝方寝，外兵格斗，火照城中。宝自青阳门出奔常州依丁从实，召后楼都，无一士至者。钱鏐遣杜棱、徐及攻薛朗，棱子建徽攻从实，声言迎宝，遂围常州，从实奔海陵。鏐具櫜鞬迎宝，舍樟亭，未几杀之，年七十四，赠太保。

[宋]

郭　琼　平州卢龙人。祖海，本州两冶使。父令奇，芦台军使。琼少以勇力闻，事契丹为蕃汉都指挥使，后唐天成中挈其族来归。明宗以为亳州团练使改刺商州，迁原州。清泰初移阶州，城垒未葺，蜀人屡寇。琼患之，因徙城保险，民乃无患。受诏攻文州，拔二十余砦，生擒数百人。晋天福中移刺泾州，属羌浑骚动。朔方节度张希崇表琼为部署，将兵共讨平之。连领滑、坊、虢、卫四州。开运初为北面骑军排阵使。阳城之役，战功居多，改沂州刺史。充荆口砦主兼东面行营都虞候。擒莫州刺史赵思以献，改刺怀州，俄为北面先锋都监。契丹陷中原，盗贼蜂起，山东为甚。契丹主命琼复刺沂州以御盗，琼即日单骑赴郡，盗闻琼威名，相率遁去。汉乾祐中，淮人攻密州，以为行营都部署，未至，淮人解去。会平卢节度刘铢恃佐命之旧，称疾不朝，将相大臣惧其难制，先遣琼与卫州刺史郭超以所部兵屯青州，铢不自安，置酒召琼，伏壮士幕下，欲害琼。琼知其谋，屏去从者，从容就席，略无惧色。铢不敢发，琼因为陈祸福，铢感其言，遂治装，俄诏至，即日上道。琼改颍州团练使，又加防御使。时朗州结荆、淮、广南合兵攻湖南。诏琼以州兵合王令温大军攻光州，寻以内难不果，罢归朝，遣诣河北，计度兵甲刍粮。周祖祀南郊，召权知宗正卿事。世宗征刘崇为北面行营都监，历绎蔡齐三州防御使。在齐州，民饥，琼以己俸赈之，人怀其惠，相率诣阙，请为立碑。宋建隆三年告老，加右领军卫上将军致仕，归洛阳。乾德二年卒，年七十二。琼虽起卒伍，而所至有惠政，尊礼儒士，孜孜乐善，盖武臣之贤者也。

姚内斌 平州卢龙人。仕契丹为关西巡检、瓦桥关使。周显德六年，太祖从世宗北征，兵次瓦桥关，内斌率众五百人以城降。世宗以为汝州刺史。吏民诣阙举留，恭帝诏褒之，从平李筠，改虢州刺史。西夏数犯西鄙，以内斌为庆州刺史，兼青白两池榷盐制置使。在郡十数年，西夏畏伏，不敢犯塞，号为姚大虫。内斌初降，其妻子在契丹，乾德四年子承赞密自幽州来归。五年，幽州民田光嗣等又以内斌儿女六人间道来归。太祖并召见，赐衣服、缗钱、鞍马，令中使护送还内斌。开宝七年春卒，年六十四。遣中使护丧归，葬洛阳，常赙外赐田三十顷，承赞为供奉官閤门祗候，死于阵。承鉴至殿中丞。

陈思让 字后己，幽州卢龙人。父审确仕后唐，至晋历檀、顺、涿、均、沁、唐、祁、城八州刺史。预征蜀，权利州节度，终金州防御使。思让初隶庄宗帐下，即位补右班殿直。晋天福中，转东头供奉官，再迁作坊使。安从进叛于襄阳，以思让为先锋右厢都监，从武德使焦继勋领兵进讨，遇从进兵于唐州花山下，急击大破之。以功领奖州刺史，从进平，授坊州刺史。八年冬，契丹谋入寇，以思让监澶州军，讨杨光远于青州。又为行营右厢兵马都监，兵罢改磁州刺史。会符彦卿北征契丹，思让表求预行，未几，改卫州。连丁内外艰。时武臣罕执丧礼，思让不俟诏，去郡奔丧，闻者嘉之，起复隋州刺史。汉初移淄州，罢任归朝。淮南攻湖南，马希广来乞师，令思让往郢州赴援，兵未渡而希广败，思让留于郢。周祖即位，召思让及所部兵还。

刘崇僭号太原，遣思让率兵诣磁州，控扼泽潞。未几授磁州刺史，充北面兵马巡检，未行升磁州为团练，即以思让充使。广顺元年九月，刘崇遣大将李瑰领马步军各五都，乡兵十都，自团柏于窑子店。思让与都监向训张仁谦等，率龙捷、吐浑军至虒亭西，与瑰军遇，杀三百余人。获崇偏将王璠、曹海金。俄遣王俊援晋州，以思让与康延昭为左右厢排阵使，令率军自乌岭路，至绛州，与大军合。崇烧营遁去。思让又与药元福袭之，俄命权知绛州。明年春，迁绛州防御使。显德元年，改亳州防御使，充昭义军兵马钤辖。屡败并人，及契丹援兵，迁安国军节度观察留后，充北面行营马步军排阵使。五年败并军千余于西山下，斩五百级，改义成军节度观察留后。六年春，世宗将北征，命先赴冀州俟命，及得瓦桥关为雄州，命思让为都部署，率兵戍守。世宗不豫，还京留思让为关南兵马都部署。恭帝嗣位，援广海军节度，宋初加检校太傅。乾德二年为保信军节度。皇子兴元尹德昭纳思让女为夫人。开宝二年夏，改护国军节度，河中尹。七年卒。年七十二，赠侍中。思让累历方镇，无败政。然酷信释氏，所至多禁屠宰，奉禄悉以饭僧，人目为陈佛子，没后家无余财。弟思诲至六宅使，子钦祚累迁至香药库使，长州刺史。钦祚子若拙，字敏之，幼嗜学，思让尝令持书诣晋邸，太宗嘉其应对详雅，将授以军职，若拙恳辞。太平兴国五年，进士甲科，解褐将作监丞，通判鄂州，改太子右赞善大夫，知单州。以能政，改太常丞，迁监察御史，充盐铁判官。益州系囚甚众，太宗览奏讶之，召若拙面谕，委以疏决，迁殿中侍御史，通判益州。淳化三年，就命为西川转运副使。未几改正使，召归改度支员外郎，通判西京。留司久之。迁司封员外郎，通判泾州。部送刍粮至塞外，优诏奖之，入为盐铁判官，转工部郎中。与三司使陈恕不协，改主判开拆司。车驾北巡，命李沆留守东京，以若拙为判官。河决郓州，朝议徙城以避水患，命若拙与阎承翰往规度，寻命权京东转使，因发卒塞王陵口。又于齐州浚导水势，设巨堤于采金山。奏免六州所科梢木五百万，民甚便之，河平，真授转运使，召还，拜刑部郎中，知潭州。时三司使缺，若拙自谓得之，及是大失望，因请对，言父母年老，不愿远适，求纳制命。上怒追若拙所授告敕，黜知处州，徙温州。代还，复授刑部郎中，再为盐钱判官，改兵部郎中，河东转运使，赐金紫。会亲祀汾阴，若拙以所部缗帛刍粟十万，输河中助费，擢拜右谏议大夫，徙知永兴军府。时邻郡岁饥，前政拒其市籴，若拙至，则许贸易，民赖以济。移知凤翔府，入拜给事中，知澶州。蝗旱之余，勤于政治，郡民列状乞留。天禧二年卒，年六十四，录其子映为奉礼郎。

［辽］

赵思温　字文美，卢龙人，少果锐，膂力兼人。隶燕帅刘仁恭幕下，晋人伐燕，思温统偏师拒之，流矢中目，裂裳渍血，战犹不已。为周德威所擒，庄宗壮而释其缚。久之，日见信用，与梁战于莘县，以骁勇闻，授平州刺史，兼平营蓟三州都指挥使。神册二年，太祖遣大将经略燕地，思温来降。及伐渤海，以思温为汉军都团练使。力战拔扶余城，身被数创，太祖亲为调药。太宗即位，以功擢检校太保、保静军节度使。天显十一年，唐兵攻太原，石敬塘遣使求救，上命思温自岚宪间出兵援之，罢兵改南京留守、卢龙军节度使、管内观察处置等使，开府仪同三司兼侍中，赐协谋静乱翊圣功臣，寻改临海军节度使。会同初从耶律牒蜡使晋行册礼，还加检校太师。二年卒，赠太师魏国公。子延昭、延靖官至使相。

张　珏　一作觉，平州义丰人。以进士仕至辽兴军节度副使。天祚之走山西也，平州军乱，杀其节度使萧谛里，珏抚安乱者，州人推珏领州事。秦晋王淳既死，萧德妃遣时立爱知平州。珏知辽必亡，练兵畜马，籍丁壮为备。立爱至，珏弗纳。金帅粘罕入燕，首问平州事于故参知政事康公弼。公弼曰：“珏狂妄寡谋，虽有乡兵，彼何能为，示之不疑，图之未晚。”金人招时立爱赴军前加珏临海军节度使，仍知平州。既而又欲以精兵三千，先下平州擒珏。公弼曰：“若加兵是趣之叛也。”公弼请自往觇之。珏谓公弼曰：“辽之八路，七路已降，独平州未解甲者，防萧干耳。”厚赂公弼而还。公弼复粘罕曰：

“彼无足虑。”金人遂改平州为南京，加珏试中书门下平章事，判留守事。金人既克燕，驱燕之大家东徙，以燕空城及涿、易、檀、顺、景、蓟州与宋，左企弓、康公弼、曹勇义、虞仲文皆东迁，燕民流离道路，不胜其苦。人平州言于珏曰：“宰相左企弓，不谋守燕，使吾民流离，无所安集。公今临巨镇，握强兵，尽忠于辽，必能使我复归乡土，人心亦惟公是望。”珏召诸将议，皆曰：“闻天祚兵势复振，出没漠南，公若仗义勤王，奉迎天祚，以图中兴。先责左企弓等叛降之罪而诛之，尽归燕民，使复其业，而以平州归宋，则宋无不接纳。平州遂为藩镇矣，即后日金人加兵，内用平山之军，外得宋为之援，又何惧焉。”珏曰：“此大事也，不可草草。翰林学士李石智而多谋，可召与议。”石至其言与之合，乃遣张谦率五百余骑，传留守令，召宰相左企弓、曹勇义、枢密使虞仲文、参知政事康公弼至滦河西岸，遣议事官赵密校往数其十罪，曰：“天祚播迁夹山，不即奉迎，一也；劝皇叔秦晋僭号，二也；诋许君父，降封湘阴，三也；天祚遣知阁王自庆来议事而杀之，四也；檄书始至有迎秦拒湘之议，五也；不谋守燕而降，六也；不顾大义，臣事于金，七也；根括燕财，取悦于金，八也；使燕人迁徙失业，九也；教金人发兵先下平州，十也。尔有十罪，所不容诛。”企弓等无以对，皆缢杀之。仍称保太三年，画天祚像，朝夕谒事必告而后行，称辽官秩榜，谕燕人复业，恒产为常胜军所占者，悉还之，燕民既得归大悦。翰林学士李石更名安弼，偕故三司使高党往燕山，说宋王安中曰：“平州带甲万余，珏有文武材可用为屏输，不然将为肘腋之患。”安中深然之，令安弼与党诣宋，宋主诏师臣王安中、詹度厚加安抚。与免三年常赋。珏闻之自谓得计，金阁毋闻平州附宋，以二千骑至营州，珏以精兵万骑与战于兔耳山。阇阇毋大败，珏报捷于宋，宋建平州为泰宁军，以珏为节度使。以安弼、党为徽猷阁待制。令宣抚司出银绢数万犒赏，珏喜，远迎。金人谍知，举兵来袭，珏不得归，奔燕。金人以纳叛，责宋安抚司索珏，王安中讳之，索之急，斩一人貌类者与之。金人曰：“非珏也。”以兵来取，安中不得已，杀珏，函其首送金，燕京降将及常胜军皆泣下。

（案:《金史》列之《叛臣传》，珏在辽固不得为纯忠，亦岂金之所得，而书叛者乎？今采《辽史 · 天祚本纪》补之。）

[金]

赵兴祥 平州卢龙人。六世祖思温，辽燕京留守，封天水郡王。《辽史》但云赠魏国公。父瑾，辽静江军节度使。兴祥以父任閤门祗候。谒告省亲于白霫，会土贼据郡作乱，兴祥携母及弟妹奔燕京。不能进，乃自柳城涉砂碛，夜视星斗而行，仅达辽军，而不知辽主所向，遂还柳城。及娄室获辽主，兴祥乃归国，从宗望伐宋，为六宅使。天眷初，累官同知宣徽院事。母忧去官，熙宗素闻兴祥孝行，及英悼太子受册，以本官起复，护视太子，转右宣徽使。天德初，改左宣徽使。海陵尝问兴祥，欲使子弟为官，当自言，兴祥辞谢，海陵善之，赐以玉带，诏曰:“汝官虽未至一品，可佩此侍立。”为济南尹，改绛阳军节度使，召为太子少保，封广平郡王。改封巨鹿。正隆初，例夺王爵，迁太子少傅，封申国公，起为武定军节度使。海陵伐宋，兴祥二子从军。世宗即位，海陵尚在淮南，二子未得还，兴祥来见于平州。世宗嘉其诚款，以为秘书监，复为左宣徽使。久之，以其孙珣为閤门祗候。十五年上幸安州春水，召兴祥赴万春节，上谒于良乡，赐银五百两。卒官。

刘敏行 平州人。登天会三年进士，除太子校书郎，累迁肥乡令。岁大饥，盗贼掠人为食，老弱入保郡城，不敢耕种。敏行白州，借军士三十，护县民出耕。多张旗帜为疑兵，敏行率军巡逻。日暮则阅民入城，由是盗不敢犯，而耕稼滋殖。转高平令，县城圮坏久不修，大盗恣掠，县镇不能御。敏行出己俸，率僚吏出钱雇役缮治，百姓欣然从之。凡用二千人，版筑遂完。乡村百姓入保，贼至不能犯。九迁为河北东路转运使。致仕，卒。

孟　浩 字浩然，滦州人。辽末登进士第。天会三年为枢密院令史，除平州观察判官。天眷初，选入元帅府，备任使承制，除归德少尹，充行台吏礼部郎中，入为户部员外郎、郎中。韩企先为相，拔擢一时贤能，皆置机要。浩与田珏皆在尚书省，珏为吏部侍郎，浩为左司员外郎。既典选，善铨量人物，分别贤否，所引用皆君子。而蔡松年、曹望之、许霖皆小人，求与珏相结，珏薄其为人拒之。松年因以事构陷珏坐死。其妻子及浩等三十四人，皆徙海上，仍不以赦原。世宗在熙宗时，知浩等冤。及即位召见，以浩为侍御史，寻为左司员外郎。浩笃实，遇事言无所隐。上加其忠，有疾，求外补，除祁州刺史，致仕归，七年起为御史中丞。浩年老，世宗以不次用之。再阅月拜参知政事。故事无自中丞拜执政者，浩辞，上曰："国家用人，岂拘阶次，卿公正忠勤，虽年高犹可宣力数年，朕思之久矣。"浩顿首谢。世宗敕有司，东宫凉楼增建殿位。浩谏曰："皇太子义兼臣子，若所居与至尊宫室相侔，恐制度未宜，当示以俭德。"上曰："善。"遂罢。其后进尚书右丞，兼太子少傅，罢为真定尹，以通犀带赐之。十三年薨。

王　信　字立斯，滦州人，屡试乡荐不第。天会三年，以户纪从元帅屡战有功。皇统五年，特授信武将军，九加至镇国上将军，开国侯。四任县令，判横海军。皆以廉平称，先业俱让诸弟，荫叙首及弟侄。

李元璋　字宝臣，滦州人，词赋进士元道之弟。少颖悟，每数千言，一览成诵。未弱冠，登正隆元年律科上第，任西北路招讨，知法有能名。升左三品校法，历石城主簿，丰润县丞，夏津令。泰和间，访山东官能干者，璋为第一。章宗特旨宣问，擢吏部尚书，官至少中大夫，上护军府陇西郡开国侯，食邑二千户，实封一百户，赐紫金鱼袋。元璋事父母甚谨，公余拱立父侧，命退乃退。温清观省，曲尽其礼，乡拜称之。《州志》：四子：邦基，榛子镇监酒，邦秀，忠显校尉，邦彦，平州观察推官；邦献，以文字科出身，授元平滦路副都总管。《府志》孙纬，警使缨千户；纲，惠州同知；经，元帅府镇抚；绘，敦武校尉。

张仅言　幼名元奴。珏之子也。宗望攻下平州，仅言在襁褓间。里人刘承宣府得之，养于家，其邻韩夫人甚爱之。年数岁，因随韩夫人得见贞懿皇后，留之藩邸。稍长侍世宗读书，遂使仅言主家事，绳检部曲，一府惮之。世宗留守东京，海陵用兵江淮，将士往往亡归，诣东京，愿推戴世宗为天子。仅言劝进，世宗即位，除内藏库副使，权发遣官籍监事。海陵死扬州。仅言与礼部尚书乌居仁，殿前左卫将军阿虎带，御院通进刘珫，发遣六宫百司图书府藏在南京者，还以本职。提控尚食局，转少府监丞，仍主内藏。仅言能心计，世宗倚任之，凡宫室营造，府库出纳，行幸顿舍，皆委之。世宗尝曰：一经仅言，无不惬朕意者。”六年，提举修内役事，役夫掘地得白金，匿之，事觉法当死。仅言责取其物与官，释其罪。寻兼祗应司，迁少府监，提控宫籍监祗应司如故。护作太宁宫，引宫左流泉灌田，岁获稻万斛。十七年复提点内藏，典领昭德皇后山陵。迁劝农使，领诸职如故。仅言虽旧臣，出入左右，然世宗终不假以权任。二十一年尚书省奏宫苑司直长黎伦，在职十六年，请与迁叙。上曰：“此朕之家臣，质直人也，今已老矣。如劝农使张仅言，亦朕旧臣。纯实颇解事，凡朝廷议论，内外除授，未当得干预。朕观自古人君为谗谄蒙蔽者多矣，朕虽不及古人，然近习憸言，未尝入耳。”宰臣曰：“诚如圣训，此国家之福也。”世宗欲以为横海军节度使，而不可去左右，遂止。仅言始得疾，犹扶杖视事。疾亟，诏太医诊视，近侍问讯相属，及卒，上深惜之。遣官致祭，赙银五百两，重彩十端，绢二百匹，棺椁、衣衾、银汞、敛物葬地，皆官给，赠辅上将军。

张景仁　字寿甫，辽西人。累官翰林待制。大定二年，仆散忠义伐宋，景仁掌其文辞。宋人议和，朝廷已改奉表为国书。称臣为侄，但不肯世称侄国。往复凡七书，然后定其书，皆景仁为之。世宗称其能尝曰：“今之文章，如张景仁，与宋人往复书，指事达意辨而裁，真能文之士也。”五年罢兵，入为翰林直学士。七年迁侍讲。八年迁翰林学士，同修国史。十年兼太常卿学士，同修国史如故。转承旨，兼修国史，改河南尹。二十一年，召为御史大夫，仍兼承旨修国史。未几诏葬元妃李氏于海王庄，平章政事乌古论元忠提控葬事，都水监丞高杲寿治道路不如式。元忠不奏，决之四十。景仁劾奏元忠，辄断六品官，无人臣礼。上曰："卿劾奏甚当。"使左宣徽使蒲察鼎寿传诏，戒敕之。元忠尚豫国公主。怙宠自任，倨慢朝士。景仁劾之，朝廷肃然，是岁薨。

赵　质　字景道，辽相思温之裔。大定末，举进士不第，隐居燕城南，教授为业。明昌间，章宗游春水过之，闻弦诵声，幸其斋舍见壁间题诗，讽咏久之。召至行殿，命之官，固辞曰：圣明在上，愿托巢由为外臣。上益奇之，赐田千亩，复之终身。泰和二年卒，年八十五。

王元粹　平州人，为南阳酒官，有诗，名诗见《中州集》（按《文艺·王郁传》同以诗鸣者雷馆、侯册、王元粹云。）

赵思文　平州人，累官至礼部尚书。时朝廷多难，思文在间关羁旅中，未尝坠于非礼，时人称之。

张　介　字介甫，平州人。正大元年，经义进士第一。为国用安参议。用安表请哀宗幸山东。上以其言示宰臣，宰臣奏用安反覆，本无匡辅志，此必参议张介等为之，业已迁参议，遂寝。

[元]

鲜卑仲吉　中山人。岁乙亥，国兵定中原。仲吉首率平滦路军民，诣军门降。太祖命为滦州节度使，从阿术鲁南征，充右副元帅。攻取信安、关州诸城，以功赐虎符，授河北等路汉军兵马都元帅。岁壬辰，平蔡有功，加金吾卫上将军，兴平路都元帅，右监军，永安军节度使，兼滦州管内观察使，提举常平仓事，开国侯，寻卒。子准充管军千户，从札台火儿赤东征高丽。中统元年赐金符，扈驾征阿里不哥，以功受上赏。三年从征李璮。至元十年，授侍卫亲军千户，昭武大将军，大都屯田万户，佩虎符，卒。子诚袭授宣武将军，高邮上万户府副万户，佩虎符。改授怀远大将军，佥武卫亲军都指挥使司事，领兵征爪哇，攻八百媳妇国，使广东，克勤于役，寻以疾卒。子忽笃土袭。以上《元史》本文。《旧志》卑仲吉，字庆仲，滦州人。姓出鲜卑，汉有北平太守躬，太传掾整，皆以卑姓显，世次远不可考。仲吉先家中山，石晋末，徙滦西万石山下，后为义丰卑氏庄人。祖谦，父彦明，孝养尚节气，好给施。金贞佑元年卒，乱不克葬，亡何，长子仲成避岚山流矢贯颊，仲吉负走，及土岭岗，乃死，火其骨抱归。岁凶疫大乱，仲吉日令家人掘凫茈以食，有贷者倒囊与之。州牒令监迁安园栗，凡求者即资之，园为空。素与巡检许枚善，枚死，父髦无所归，载之家，事惟谨，及终还其葬。仲吉膺选勇敢，充副统。平州陷，郡中豪杰推权领永安军事。乙亥首率滦州军民，诣蒙古军门降。丁丑以破贼功，拜本州节度使，兼管内观察使。躬耕陇上，与百姓同劳苦，妻孥亦蚕织自给。于是郡人争务勤本，号令严肃，境内以安。丁亥进金吾上将军，兼授金虎符，许世传，赠父如其官。葬父以兄骨附。未几入觐，遣副阿木会诸将南征信安诸寨。寨城四面阻水，金北平公张进独固守不下。仲吉以滦人王仲添为副都统。仲添胆略过人，同士卒甘苦，且耕且战，为持久计。敌至城下，与都统赵简松引兵逆战。少却，简松陷敌军，仲添入其阵，击刺所向披靡，以简松出。虽中流矢，必战罢而后取，独殿以归。戊子四月，信安兵复至。仲添被围，鏖战至晚，力尽死之。辛卯，以破诸城功为兵马都元帅，将四行台、六总管。壬辰春，兵将南征，会行省苏椿叛，中外震扰，仲吉与主将定之。或欲尽屠其众。仲吉曰："椿反，百姓何与？"于是魏人遂定。大驾南下，一日卧营中，主将外来谓曰：受敕尽杀在营诸俘。仲吉力言不可，附主将以奏。上甚喜，悉除前令。明年从征邳州，降之。主将欲屠其城，仲吉止之，全活以数万计。甲午还家。仲吉性聪悟，《通鉴》一过，历历上口。凡与人论，辄引古人行事，折中之。居无何，以旧勋起为兴平路兵马都元帅，总管上将军，平滦总管，右监军，永安军节度使，兼滦州管内观察使，提举常平仓事，开国侯。仲吉诣阙，以老病辞，不许，曰："右北平易治，吾欲汝卧镇焉。"赐之燕令，位在侯上。甲辰年秋孟以疾薨于家。年五十有七。仲冬葬于万石山。先人兆次娶五氏为夫人，有子十人，巩、肇、群、萃、庠、中、准、华、章、常，以巩袭爵，年十七。肇年十六，射虎西山下。群迈爽辩，而能文。萃能家。庠勤学。中、准以下皆幼孙六人。女一十三人。葬后群权滦州节度使，使立神道碑勒铭。

赵　炳　字彦明，惠州滦阳人。父弘有勇略，国初为征行兵马都元帅、积阶奉国上将军。炳幼失怙恃，于从兄。岁饥，往平州就食，遇盗欲杀之。兄解衣就缚。炳年十二，泣请代兄，盗惊异，舍之而去。甫弱冠，以勋阀之子，侍世祖于潜邸，恪勤不怠，遂蒙眷遇。世祖次桓抚间，以炳为抚州长，城邑规制，为之一新。己未伐宋，会北方有警，括兵敛财，燕蓟骚动。王师北还。炳远迓中途，具以事闻。追所括兵及横敛财物，悉归于民，世祖嘉其忠。中统元年，命判北京宣抚司事。北京控制辽东，番夷杂处，号称难治，时参知政事杨果为宣抚使，闻炳至，喜曰："吾属无忧矣。"三年，括北京鹰坊等户丁为兵，蠲其赋，令炳总之。时李璮叛据济南，炳请讨之。国兵围城，炳将千人独当北面，有所俘获，即纵遣之。济南平，入为刑部侍郎，兼中书省断事官。时有携妓登龙舟者，即按之以法。未几其人死，其子犯跸诉冤，诏让之，炳曰："臣执法尊君，职当为也。"帝怒，命之出，既而谓侍臣曰："炳用法太峻，然而非殉情者。"改枢密院断事官。济南妖民作乱，赐金虎符，加昭勇大将军，济南路总管。炳至，罪首恶，余党解散。岁凶，发廪赈民，而后以闻，朝廷不之罪也。迁辽东提刑按察使，豪猾屏迹。至元九年，迁京兆路总管，兼府尹。皇子安西王开府于秦，有吏卒横暴扰民者，即白，绳以法。王命之曰："后有犯者，勿复启请，若自处之。"自是豪猾敛戢。有旨以解州盐赋给王府经费，岁久积逋二十余万缗，有司追理，仅获三之一。炳密启王曰："十年之逋责偿一日，其孰能堪，与其哀敛病民，孰若惠泽加于民乎！"王善其言，遽命免征。会王北伐，诏以京兆一年之赋充军资，炳复请曰："所征逋课，足佐军用，可贷岁赋，以苏民力。"令下，秦民大悦。十四年加镇国上将军、安西王相。王府冬居京兆，夏徙六盘山，岁以为常。王既北伐，六盘守者构乱，炳自京兆率兵兆捕，甫再旬，元恶授首。十五年春，六盘再乱，复讨平之。王还自北，嘉赏战功，赉赐有加。十一月王薨。十六年秋，被旨入见便殿，帝劳之曰："卿去数载，衰白若此，关中事烦可知。"已询及民间利病，炳悉陈之。因言王蕘之后，运使郭琮、郎中郭叔云，窃弄威柄，恣为不法，帝卧听遽起曰：“闻卿斯言，使老者增健。”饮以上尊马湩，改中奉大夫、安西王相兼陕西五路、西蜀四川课程屯田事，余职如故。既令乘传，偕敕使数人行按琮等至，则琮假嗣王旨，入炳罪，收炳妻孥囚之。时嗣王之六盘，徙炳等于平凉北崆峒山，囚闭益严。炳子仁荣诉于上，即诏近侍二人，驰馹而西，脱炳且械琮党偕来。琮等留使者醉以酒，先遣人毒炳于平凉狱中。其夜星陨有声如雷。年五十九。俄械琮等百余人至，帝亲鞫问，尽得其情。命仁荣手刃琮、叔云于东城。籍其家以付仁荣。仁荣曰：“不共载天之人，所蓄之物，何忍受之？”帝善之，别赐钞二万二千五百缗为治丧，具赠中书左丞，谥忠愍。子六人，仁显早亡，仁表、仁荣、仁旭、仁举、仁軓。仁荣仕至中书平章政事，仁举登至元中进士知晋州，政清讼理，入为立碑，余俱登显仕。

陈　颢　字仲明。其先居卢龙，有名山者，仕金为谋克。太祖得之，以为平阳等路。军民都元帅。子孙徙清州，遂为清州人。颢幼颖悟，日记诵千百言。稍长游京师，登翰林承旨王磐、安藏之门。磐熟金典章，安藏通诸国语，颢兼习之。安藏乃荐颢入宿卫，寻为仁宗潜邸说书。于是仁宗奉母后出居怀庆，颢从行，日开陈以古圣贤艰贞之道。仁宗入定内艰迎武宗。颢皆预谋。及仁宗即位，以旧勋特拜集贤大学士、荣禄大夫，仍宿卫禁中，政事无不与闻，科举之行显替助之力尤多。颢时伺帝燕闲，取圣经所载，大经大法有切治体者陈之，每见嘉纳。帝尝坐便殿，群臣入奏事，望见颢喜曰：“陈仲明在列，所奏必善事矣。”颢以父年老，力请归养清州，帝特命颢长子孝伯为知州，以就养，颢固辞，乃以孝伯为州判官。帝欲用颢为中书平章政事，颢辞而止。仁宗崩，辞禄家居者十年。文宗即位，复起为集贤大学士。上疏劝帝大兴文治，增国子学弟子员，蠲儒生徭役，皆嘉纳焉。颢先后居集贤，荐士累数百。有讦之者，颢曰：“吾宁以谬举受罚，蔽贤诚所不忍。”顺帝元统初，颢扈跸行幸上都，至龙虎台，帝命造膝前握其手曰：“卿累朝老臣更事多矣，凡政事宜极言无隐。”顿首谢不敏。后至元四年致政食全俸于家，明年卒。年七十六。至正十四年赠摅诚秉义佐理功臣、光禄大夫、河南江北等处行中书省平章政事、柱国。追封蓟国公，谥文忠。颢出入禁闼数十年，乐谈人善，而恶闻人过。大夫士因其荐拔，以至显列，有终身莫知所自者。是以结知人主，上下无有怨尤。次子敬伯至正中仕为中书参知政事，历左右丞，二十七年拜中书平章政事。

周　宏　字希迁，迁安人，尹真定、无极，调辽阳、宁昌，俱有惠政。至正间，调昌黎抚字有方，利泽及人。平章程思中乱，据永平。宏率民拒守，城陷被执。宏七日不食，骂不绝口而死。

其见于各志及碑记者，北魏有青州刺史韩秀、昌黎公屈遵、襄城公卢鲁元、尚书卢丑、俱古昌黎人，有文学。韩麒麟亦昌黎人，拜齐州刺史。居官恭慎廉惠，封燕郡公。子显宗，甲科为中书侍郎，性刚直，能面折廷净。隋有豆卢通，亦昌黎人。祖长父宁，俱显于魏。通仕隋历夏、洪二州总管。弟勣渭州刺史，封楚国公，俱有惠政。勣子毓以发汉王谅逆谋遇害，封正县侯。唐有李惠登，古柳城人，隋州刺史，政尚清静。李光弼，亦柳城人，中兴功第一，封临淮王。昌黎又有慕容善行，鲁征为修文学士。金有齐陶，其先弘政人，徙居马城，官明威将军，以好义称。鲜于仲权、李杭，俱乐亭进士，以文学称。元有王统，乐亭人，子仲仁，仲仁子圭、璜、珍，珍子祥并有武功，为大帅。姚枢，柳城人，有王佐才，世祖召至，首陈治平大经。凡内修外攘之政，咸任焉，官至学士。崔煴迁安人，程思忠之乱，有保障功，官至参政。杨绍先，乐亭人，官集贤学士，赍经史千八百卷，藏于州学。学正秦本记之子有道，为永平路经历，以职田之余隶州学，学正张德记之。程锐，滦州人，捐资建沂河桥。张勖，昌黎人，官至学士。赵衍，滦州人，官至司业，并有文名。齐泰，乐亭人，为登封簿九载，有政绩。葛弘，石城人，举贤良为本县令，忠厚好施。吉士宽，滦州人。子大用，孙巨昌，世行其德。累官，赠其父为河南郡侯，皆得附见焉。

卷之十九

莱阳　　宋　琬遗次
宜兴　　路　遴参校
广宁　　常文魁续补

人　物 中

人物乃一方标榜，入郡乘者，俾得景行先哲，启迪后进，诚不可缺。要尚论古人易，而叙次今人难。何也？古人已有定评，稽诸史册，其为贤与否，俱凿然无可异议，但考其世而及焉，则信为可征也。如今人不能亲得于见闻者，又或旁采于传说。蔡中郎为人作墓志，自称惟于郭有道为无愧，其他可知矣。操汝南月旦，岂不难哉！自汉至元，前经莱阳宋公撰次无遗，惟是明人悬帙未备，予续貂，谊不容辞。固来守已四载，虽极留心咨访，却不敢以耳食之姓字，溷干公论。亦止搜辑旧乘原著者胪列，用补阙略，其原所未载，以及国朝硕望，留俟后贤再续，知我罪我，谨以质之。

［明］

习　成　卢龙人。洪武中以材能擢用，历湖广按察佥事。

赵　忠　卢龙人。永乐甲子举人，任御史，改刑部郎中致仕。以行谊为乡饮宾。曾孙得佑，三岁失恃，长为诸生，遭邻人横逆，而读书自如，人服其雅量。登嘉靖癸未进士，甫三月，授陕西道御史，巡按应天，掌南京畿道，严察苏松等府案牍，及纠劾辅臣，群党侧目。外转贵州佥事，未几，以边材调辽东。再调山西兵备，分巡冀南道。

转贵州毕节道。升山东参议，分守辽海东宁道。升陕西副使，备兵肃州。其在贵州，却金而服蛮苗。及抚哈密，酒泉颂之。升陕西行太仆寺卿，致仕。历任二十七年，以清介终，林居泊然，宅第敝甚。郡守纪公巡以罚锾置瓦甓于城扃，将为葺之。得佑闻而艴然曰："得佑薄宦时，无敢取一介，恐虐地方。今顾累及桑梓邪！"寿七十三卒。

邵　俨　卢龙人。永乐癸卯举人。石州同知，升南京户部郎中，历陕西右参议。文章、政事，乡邦所称。子瑄岁贡，知朝城，以行谊著。父子祀乡贤。曾孙鹤年，嘉靖戊子举人，知岢岚州，谢政屡空，有祖父之风云。

李　时　其先凤阳人。御史二公，谪为卢龙民子，从义以靖难功，为永平卫中所试百户。五世至凯，凯生时，父产悉让诸兄，独养老母，中成化丁酉举人，知岢岚州八年，廉平多惠政。民俗因财退婚，曲为解谕完聚，吏卒鳏者捐俸备礼以配之，论财之俗为变。升汉中府同知，在任六年，升知平凉府。持守不渝，忤逆瑾，改思州府，又诬以前任库藏不明，落职追问，逾年乃白，补思恩军民府，行至南宁，中瘴疠卒于途。时刚毅有治行，所至吏民畏戴，居乡有厚德。二子充浊、充拙同中嘉靖乙酉举人。浊字澄之，丙戌登进士，知叶县。收黄山巨寇，民为立生祠，与楚叶公、汉王乔为三令祠。擢为礼科给事中，屡上封事，历左右都。六年升浙江右参政，改补河南。修筑隘口，自顺德界抵山西，延亘九百余里。升陕西按察使，辨宦室子弟五人积冤，升河南右布政转左，寻改贵州，赈铜仁荒歉，活万余人，募民以备苗变。罢归，于城北营万柳庄，结故人为饮社。长子瀹，字伯通，处世阀以谨俭称，由岁贡授郯城县丞。郯称难治，民流税逋，瀹荒田，立官庄，捐俸创庐舍三十余区，号为俸余官庄，买牛给种，招集逃民耕垦，收获足公税及庸值外，余入义仓备赈，公私称便，民亦复业。铨部廉其贤，擢知剡城，未逾年辞官归。充拙字逸之，知陈州。俗刁豪猾恋公门恩文檄，以扰害乡民，号为挂搭罗织，久莫能去。下车访首罪杖杀之，余众悉逃散，寻以母忧去。补知南通州，政平讼理，卒于官。充浊夫人张氏有壶范，其女适抚宁举人周良臣，无嗣，以继室抚先女，与妾某氏相守三十余年。其女适卢龙卫指挥焦承勋，年二十余，守遗腹孤，皆足重其家世云。

杨　润　卢龙人。成化癸卯举人，华亭县教谕，升知金州。刚方廉介，德政著闻。

阚　杰　卢龙人。嘉靖乙酉举人。任荆州推官，以治行行取，擢石州知州，遂辞归。耿介自好，足不履城市者二十余年。

朱　鉴　字缉熙，其先扬州海门人。永乐二年，遣富户实北边，遂侨居卢龙之北乡，从迁者八户，因名其地曰八家寨。始祖自名，再传至善，生有即，鉴父。天性孝友坦直，积粟三千斛，尝贷姻邻，不取息。鉴登弘治己未进士，授刑部主事。正德中，刘瑾擅政，举朝献媚者十之九，鉴处之坦然，正直不阿，升员外郎中，出为建宁知府。居官严明果断，不受嘱话。郡人有神明之颂。以母忧，归服阕，补青州知府，在任五载，其治如建宁。致政还家，村居不事交结，居左一小楼，门前有井，妇女非裙裳不敢至井汲水。里中皆以礼自制，严惮之。如王彦方云。子三：伊廪生，似早卒，侣以贡为肥城训导，年近七十，手不释卷，经书岁一周览，《通鉴》子、史无不遍涉。子文运，万历己丑进士，任丹阳知县，励精抚字，政简刑清，五年考绩称最。迁南户部主事，至任六月，奉差入都，因归省母，卒于家。子方九龄，宦橐萧然，继室李氏课子治家不坠。子济美廪生，孝友笃行。庚午之变，遂谢功名，凡三教、六壬、医卜之书，无不兼通。

韩应庚　字希白，东胜左卫人。世有隐德，曾祖文，富而好施。祖诚，益大其业。嘉靖中，岁屡歉，先后贷乡人粟至二万石，不责其偿。父廷义生而英敏，通百家众技，尝擒巨寇以靖一方，封监察御史。三子：应庚其长也，少励清操，登万历丁丑进士，授彰德府推官。其治务廉明宽厚，下车取沉狱验问，数日间决断殆尽。受领新讼，遣当直设灶公署前，呼对簿者自炊，未及餐而事已判矣，平反冤狱无计。入为福建道御史，出按甘肃值大祲，不俟命即发仓粟以赈。再按山东，锄强豪，黜贪墨，共出死囚二百六十余人。时年四十七即引疾归，日与亲故徜徉山水间。于城南二十里石矶上，筑石名曰钧台，以图书花鸟自娱。七征不起，从不干有司，遇不平事，辄为代白。闻者敬信昭雪，罔敢后岁。甲辰饥，输米公府，而施糜掩骼无虚日。又鬻负郭田数百亩，以赡郡邑，两庠贫士，无不交口称诵。寿七十有四。至今东辅推急流勇退者，皆称西轩先生为第一人。子二：原浚，原洞。原浚字发之，居家以孝友闻，弱冠游太学，以时事多隐忧，遂告归。生平简澹，喜吟咏，寡交游。时或正冠危坐，人语以世法机事，辄笑不解谓何，无少长贵贱，皆推诚心待之。里闬敬为天民。原洞，字开之，少为诸生，诗文有奇气，当郊圉多故，尝慷慨悲歌，慕占人以身殉国之义。庚午身捍危城，出金犒师，知不可支，乃为忠国论一篇，置怀中赴斗而死。事闻祠祀。后十五年，原浚乃尽弃其田宅，与其子鼎业避地之河朔林虑间，复南渡河之鄢陵，转入嵩少山中十余年而卒。鼎业扶柩，反葬于钧台先生之墓侧。人谓韩氏其先有燕山窦氏之风，御史有疏太傅之节，次君有先轸之烈，而长君有管宁之操，无忝于卢龙世族云。

韩应奎　号东轩，御史（应庚）季弟，为童子时，饁田之暇，苦志读书。廿岁即登庚午榜，五试南宫，始谒选，得华阴知县，有惠政，至今华人颂之。历蓬莱、乐安、温诸县，皆以治绩闻。年未衰即归田，常以睦族济人为念，绝不一干有司。岁太凶，施粥赈饥，给裘御寒，邑人德之。二子，长原济，倜傥不群，仲原洁，笃信秉礼，并诸生。济子乾业，洁子坤业，庚午兵变，长与仲偕亡。仲妻王氏，不避凶秽，寻夫尸得之积骸中，欲枕尸而死。姑徐氏谓曰：“尔死置三岁孤何地？”王氏乃勉从，逾两月又生遗腹泰业，苦节教成。

韩原善　字继之，别号鹏南。父应箕，字希皋，御史之次弟也。负文武才，兼精骑射，倜傥尚谊，有古剑客风。尝出两婴孺于剧盗手，凡疏族贫交，待以举火者恒数十人。有负债，贫者焚券，不复索构。宗祠修世墓，缮义塾，动费不赀。无几微吝色，以明经人对大廷，念陪次慕年，直推逊之，后膺贡竟不仕。原善生而颖悟，沉酣经史，旁及青乌、黄石、奇门遁甲诸书，靡不研究，慨然有澄清天下之志。登万历丁未进士，授青浦知县，吴淞久塞，震泽淀湖之水，合流东下。民苦昏垫，为请赈、请蠲、请平粜、请设粥糜，不遗余力。而躬行给散。卒事无哗者。他如裁公正，均荒绝，开津贴，苏塘夫，清漕兑，无不恳恻周至，邑人尸祝之。调繁长洲，为吴郡首邑，赋役甲天下，又当水陆之冲，治之独游刃有余县田一百二十二万三千亩，自创立官甲，政在乡绅，诡计花分，民户坐困，巡抚徐公请均之，原善身任怨劳，按亩科差，增役田三万一千四百七十顷。精于造士，是岁中乡闱者十人，五年考最称廉。治窝访触忌，仅迁户部郎。在县时父尝斥产贻之佐廉，及转户曹，父益喜，为能不瘠民以媚当道也。旋丁外艰服阕，补兵部。东事方棘，以不次推开元兵备。拜命疏陈方略八款，又言召募有六难，有四易。疏入，上遂俞发帑金七万四千，抵关门五十日，募官兵一千六百余名，马六百五十余骑。甫出关而开元报陷，乃兼程趋至广宁。先是全辽军需，仰给海运莱津，岁运二十万，卸三犋牛地，距辽六百余里，水陆烦费。原善冒雪行至海上，经画以登莱、海盖两道累年会议不决者定泊，盖套岁节费数千金，不匝月而完粮二十二万。丁母艰归，累荐不起，卒。原善生平孝友，性豪爽，有远略，周人之急，有如其身。所著诗文八卷，奏疏二卷，尺牍四卷、六壬指掌二卷。仲兄原性，廪生，有学行，喜奖拔后进。千里之内，负笈从游者甚众。庚午，守榛子镇，不屈死。长兄原道、弟原德，并以文学称，早世。子广业、弘业。

程蓄德　卢龙人。刚正有执持，以明经为嵩县训导，转藁城教谕，不责执仪，士敬惮之。

刘景周　字宪之，卢龙人。邑庠生，有孝行，性沉静，博研今古，手著《易义心解》三卷，并编族谱，家训，刻俭约说，数千言。

王　锐　迁安人。正统乙未进士，由知县历官都御史，任事有担当，不为势怵。巡抚延绥，值叛兵构乱，锐率众讨平之，叙功荫子，世袭锦衣卫百户。

赵　玉　迁安人，正统甲子举人，初知山东高唐州，在任九年，著有治绩。升汉中知府，亦历九年，吏畏民怀，政无不举。致仕家居十年，平心率物，乡人推重焉。

才 宽 迁安人，登成化戊戌进士。县令，历郎署、太守、方伯、都宪，转工部侍郎，以不附阉瑾出为陕西总制，加工部尚书。军法甚严，部将怯懦辄巾帼耻励。临阵躬亲督战，奋不顾身，遂遇害。上为辍朝哀悼，谕祭，赠太子少保，谥襄愍，仍荫子世袭锦衣卫百户。

王 和 迁安人，登成化戊戌进士，历南北道御史。论劾户部尚书张凤，西厂太监汪直，声动朝野。外转山东海道副使，巡海中瘴，卒于官。生平廉介刚正，卒之日，贫不能殓。廉宪陈公璧，赙以百金，始得归葬。

李 金 迁安人。登弘治癸丑进士，任户部郎中，奉命勘贵戚田土，不附权势。孝宗书其名于御屏。升德安知府。赈荒汰冗，民甚德之。会有疑狱，祷神示梦得其情。历官至山东宪副使，道不容于时，浩然解组，归杜门教子。

王 春 抚宁人。登弘治丙辰进士，授翰林院检讨，侍寿王讲，出邸，迁春左长史，日以善道开悟。有所陈对，必云尊天子，守祖宗法度。孝宗嘉之，赐正四品服。庚申，改周府左长史。王在幼冲，启迪如在寿邸。将婚，汴之巨室，有贿谋为元妃者，春发其奸，别选当嗣爵。庶兄托内，使行金钱于春，谋夺嫡。春正色叱之遂寝。乙亥，王以春辅道勤劳，奏加三品服。庚寅力求去，嘉靖丙申卒。

鲁 铎 抚宁人。登弘治壬戌进士，授岳州推官，升大理评事。会刘瑾擅权，有党系狱，铎忤瑾竟抵罪谋中伤，自分必死，乃以他事谪河内县丞。瑾事败，转沂水县令，升刑部主事，历官至山东按察司，分巡海道，为人多执法，辽人服之。

翟 鹏 抚宁人。登正德戊辰进士，授户部主事。抽分河西务，先至者往往以墨败，鹏至，首革常例，上不损国赋，下深得商心。遂见重于台部，转员外郎，出守卫辉府。历四年，抚按以贤能荐者二十五疏，举卓异者三。及入觐，铨考天下第一。时豫抚疏请改守开封，蜀按疏保改守成都，上竟从开封请。鹏至开封，遂有并包之谣。抚按交荐，乃迁陕臬，兵备洮岷，转按察使，寻擢佥都御史，巡抚宁夏地方。有《筹边录》行于时。诸凡厘奸革弊之政，载于《宁夏志》及《全陕志》可征也。会总兵诬排，赖清议东还。至嘉靖二十年，敌寇山西，边镇失利，守臣运疏告急。兵部尚书张瓒及府部会推鹏，请以原职，奉敕提督北直、山东、河南等处军务。鹏至寇平，复命还京，升兵部右侍郎兼右佥都御史，总督宣大偏保等处军务。至议预请兵粮以御边警不时之患，疏上不报，革回籍。亡何，敌果深入，复起鹏照前总督。二十三年值犯边，督兵追剿，斩获甚众。捷闻，晋秩兵部尚书，兼都察院右副都御使。又设策，生擒王三，夺获马械。华人拱手，咸曰：宣大数十年来，仅有此捷也。鹏天性慷慨，有气节，多谋略，故所至成功。他如挫逆瑾之党，却白爵之金，修已废之边，擒黠叛之首，奇猷石画见于礼部侍郎闵如霖墓志铭者，甚悉也。赣直不阿，观其"惟有寸丹悬帝阙，更无尺素达权门"之句，可以知所养矣。竟以此被逮，卒于京。至穆宗嗣位，追论前功，始复原官，加恤典，赐祭谕葬。

王道中　抚宁人。登正德甲戌进士，授安庆府推官。太湖人多避差，有一人至县，即令赔纳，荡产倾家，民苦最甚。中亲诣其地，婉曲晓谕，止令辨纳已赋，民甚称便。扬州知府孙某者，为御史张士隆劾奏，赃私巨万，朝廷遣给事中王俊民同御史陈杰会勘，久之未决，中一勘辄明。时宸濠之变，余党未尽，当事者往往以平民诬作奸细，收捕甚冤，中查有赃，仗旗帜止坐四人，余三百余人尽释之。庚辰，升刑部主事。嘉靖癸未，转员外郎，甲辰，升鸿胪寺右卿，旋转左卿，十二年侍经筵，敬谨如一。乙未，改大理寺右卿，乙亥，升顺天府尹。辛亥卒，著有《黄斋集》。

崔　碧　昌黎人。登永乐辛丑进士，官至御史。持躬謇謇，绰有能声。

张文质　昌黎人。登正统壬戌进士。谨厚有容，言笑不苟，官至礼部尚书，加太子少保。

祖　述　昌黎人，授嘉定知县。公廉谨饬，历官福建右布政。

万　信　昌黎人，以明经任开封知府，有异政，详《皇明一统志》。

杜　谦　昌黎人。幼失恃，事继母甚谨，不拂父意，人以孝状元称之。比长，登景泰甲戌进士，官至工部侍郎。廉能经济，剔历有声。父祖皆赠侍郎。

周　斌　昌黎人。登景泰辛未进士，授御史。劾忠国公石亨骄恣不法，调江阴知县，多惠政，升开封知府。未几转陕西参政。军民遮道攀留。白于提学副使刘昌，记其遗爱，官至湖广布政。

宋　铭　昌黎人。成化乙酉举人，任通许知县。仁恕清廉，士民爱戴。子孙绳绳，人咸谓循良所致。

王　翰　昌黎人。登正德甲戌进士，授行人。以直谏被谴，卒赠御史，谕祭。有疏章存旧志。

赵　瑞　昌黎人。幼有才行，于嘉靖壬午举乡试，授河南伊阳知县。居官清介，逸兴飘然，出尘俗，负陶靖节操，卒，无遗金，不能殓，人皆痛惜。

马　鼐　昌黎人。以国学生，授主簿。性淳厚，厌浮华，清声克著。

贾　韶　昌黎人。以明经授瑞安主簿，志行严谨，六载卒于官，民感德，为之立祠。

齐鸣雷　昌黎人。父宗尧，由明经为河东运同。鸣雷亦以明经任林县知县。居乡醇谨，士林称之。

王　翱　字九皋，滦州人。登永乐乙未进士，授翰林庶吉士，己巳改大理寺左寺正又改行人。宣德初迁监察御史，十年升佥都御史，巡抚江西。正统七年，提调辽东军务。法明令严，升左都御史。景泰三年加太子太保，总督两广，寻升吏部尚书，铨察信度。天顺八年，加太子太傅。卒年八十有四。为人刚方廉俭，随所任历，多追慕焉。

刘　永　字致远，滦州人。性严毅刚正，以明经初令莘县，厘刈弊蠹，英声特达。迁守泗州，勋戚豪右畏其介直，不敢干以私，境内肃然。

阎　鼐　字仲辅，滦州人。登景泰甲戌进士，授监察御史，巡按两浙锄权横，清盐矿。风纪甚严，人以阎罗目之。谪广西平南主簿，升山东诸城知县。操履一致。卒于官，著有《直庵集》。

郝　隆　字景昌，滦州人。登成化壬辰进士。幼颖悟善记，初官大理评事，历左寺副，右寺正，升金华知府。政宽民悦，修通济桥，立有碑。在任九年致政归，进阶亚中大夫。

谢　纲　字廷宪，滦州人。登成化壬辰进士，素以孝友称，任上虞知县，莅政慈祥明决，有质者一判两服。卒于官，民皆望柩而哭。

高　璁　字润之，滦州人。登成化戊戌进士，性方严谦退，笃孝友，耽坟典。试南宫不第，进太学，闻见闳肆。及登第，尹临邑。勤政广积，值岁大祲，民多济活。暇即试士，请业门下者，多登仕籍焉。三载政成，遂罹疾卒，时囊无数金，几不能殓云。

田　增　字大年，滦州人。性聪敏刚直，嗜学寒暑不倦。以诗经中成化庚子乡试，尹凤翔，禁奸除暴，任六年告归。年八十一。

余　璘　字廷润，滦州人。登成化辛丑进士，力学甘贫，登第时年六十一，授行人，升南京员外郎，卒于官。

王　用　字尚宾，滦州人。性聪敏，成化丙午举人，始仕桃源令。以内艰归。补任西平，厘革冗费，凡不便于民者，极力去之。两邑至今称贤。

安　民　字修已，滦州人。弘治己酉举人，授兵部司务，历户部郎中。清慎练达，向用未衰，乃引疾乞休，加正四品服色。归初，父和尹大同客寝，民幼扶榇还，事母周氏，曲尽欢愉。母终，筑庐于村，恸毁三年，未尝近帷室，乡人称孝焉。

高　谦　字天益，滦州人。登弘治癸丑进士，性刚直不苟，父早卒，力本勤学，事母不旷，定省抚弟，详甚友爱。初拜丹阳令。迎母许氏偕往，竭力承事，务得欢颜，邑庠隘，乃拓学基，崇殿庑，讲授经术。又建津梁，创仓宇，议赈贷，百度维新，士人朝碑颂之。升青州同知，转刑部郎中，操履清介。升平凉知府，未几调巩昌。逾月而卒，大志未遂，惜哉！

许　庄　字德征，滦州人。登弘治癸丑进士，初尹临汾，内艰服阌。复尹宝鸡，俱有声。迁平阳同知，民有廉干之颂。升山东佥事，转陕西参议。为人卓荦博学，喜著述。有《康衢文集》《梅花百咏》《心鉴警语》诸作。

任　惠　字济民，滦州人，登弘治丙辰进士，授行人。两使周藩，考绩有声，迁南京吏科给事中。以弹劾太监高风革为民，后诏旌忠谏。

王　辅　字良佐，滦州人。登弘治己未进士，授行人。两使封藩，升南京监察御史。迁河南副使。时逆瑾向所司索天鹅绒布千匹，无则折价，各府敛解八万两。辅曰："此民膏血，我甘鼎镬，不可从。"发回给民。瑾因假会审邓丙事，谪辅阳城知县。迁户部主事历员外、郎中，复升河南副使。以疾乞休，乡人称为长者。

王　庚　字文祥，滦州人。登嘉靖癸未进士，天资纯笃，寡言笑。深易学，后进多出其门。三为县令，有廉声，历迁兵科都给事中。慷慨敢言，升山西参政，按察使，陕西右布政，卒于官。

王　镐　字宗周，滦州人。登嘉靖己丑进士，擢御史。时张桂以言礼柄用，镐独正色不阿，历都御史，抚宁夏，屡奏边功，后忤时乞归。

高　擢　字士元，滦州人。登嘉靖己丑进士，由博士升礼科给事中。建言侃侃，得名谏议体，历副都御史，风裁独凛。奉命提督操江，苞苴绝迹。晚凿偏凉汀归隐。年九十卒。

厉汝进　滦州人。登嘉靖戊戌进士，授池州推官，行取历户科都给事中，劾柄相严嵩，廷杖八十，降典史。穆宗践祚，录其忠直。

郝宗启　字文卿，滦州人。隆孙。嘉靖丙午举人，授博平知县，升泽州知州。学问深邃，事亲至孝，居乡励行，莅政有声。

陈　情　字子孝，滦州人。嘉靖丙午举人，天性孝友，见事明决。隆庆元年，令孝义，有捍御保城功，追令长葛、宿松并著廉明。且焚红莲七祖二百年肉身，大得韩退之遗心，应州城武备单弱，造大炮十二位，神枪二百杆防守。著有《五行奕薮书》行于世。

高　第　字登之，滦州人。登万历己丑进士，初令临颖。征赋不折，封即以原柜解府，力绝耗羡。岁大歉，赈粥疗医，活数万人。转户曹，榷浒墅关。旧例支河设绳，防货舟阑出。第曰但锁正关衣带水足矣。何渊察为一切报罢。升大同守，捐俸赎补宗录三千金。历楚秦、藩、臬，擢御史中丞，巡抚大同，费橐七千金，助给抚赏。寻升兵部尚书。时魏崔党炽，珰以提督郭钦求加都督同知，参将梁甫求升总兵，矫中旨特授，第皆不应。杨左被逮，榜掠甚惨，第经筵力陈党锢宜释。忠贤怒，嗾熹宗召对，切责之。会宁远警，遂出第经略蓟辽，拜命随檄道镇，坚壁清野固守，而崔呈秀衔前恨，劾第不发兵为怯，勒令闲住。崇祯初年，诏复原官，因己巳郡城陷，复谪居无棣。己卯放还归里，建白云楼为东山之墅。平生湛于理学，所著有《太极》《良知》等说。《抚云疏稿》《籁真》等集，享年八十二。

石维岳　字五峰，滦州人。登万历庚戌进士，由中牟令升刑部主事。时魏珰焰烈，戚畹李承恩下狱，法司希魏意拟辟。岳抗言曰："杀人媚人当何律！"出守怀庆，建告帝堂，凡昼行事录卷焚之。迁长沙副使。岷王妃奏王被弑，状下两台讯岳，廉实如妃言，请治逆状。奸阉倾宫金贿当事开豁。上遣都尉大臣始鞠实，逮抚按以下狱，受株累谪戍。妃特疏昭雪，岳终不自明。年七十余卒。

李　乐　乐亭人。洪武中贡入太学，永乐间拜监察御史，有激扬声，迁山东按察司副使。卒后，有行部者至询乐，得其子茂，贫甚，捐俸助之，俾就塾，则其品望可见矣。子茂，正统间贡，仕至高邮知州。茂子珏，成化间贡，任州判官。

宋弘道　乐亭人。少值元季，隐居不仕。讲授经学于乡，家业泊如。入明开科，遂登洪武乙丑进士，拜监察御史有声，寻迁河南左参政，以衰老乞归。琴书衣装，惟一挽辂而已。后起左佥都御史，未就，年七十余卒于家。

温　原　乐亭人。洪武中，荐辟人仕。历职勤能官至都察院左佥都御史，有声。载《一统志》。

史　怡　乐亭人，贡士。永乐初，辽东军乱入关，怡守城有功，授户部郎中，历江西左参政。

张　泰　乐亭人，贡士。景泰间授知桐乡。是时桐乡新辟，诸所未备，泰至三载始有秋。乃措置建树，六事修举，民不告劳。俗多水火葬，泰禁之，购地置义冢，他如辟险塞，核兼并，招商贾，皆可纪焉。九年荐有成绩，升开封通判。

牛　本　乐亭人。景泰丙子举人，授九江同知。素性谦恭，莅官廉慎有惠政。九年将代郡人赴部保留，即擢本府知府。

李　霖　乐亭人。性警敏，领乡荐，授拓城令。考绩，赠父升如其官。寻升衢州通判，义方训诸子，复以子贵封主事。伯子宗夏，弘治乙卯举人，任邠州学正。仲子宗商登弘治庚戌进士，字尚质，性沉静，寡言笑，嗜学，授户部主事，历员外郎，中升陕西行太仆寺少卿。有操守。谪两淮运同，执持不变，以休致归。季子宗儒勤励好学，伯仲相继科第，儒醇谨诚悫，温恭抑抑，略无矜炫色。贡入太学，授林县丞，亡何，栖迟丘壑，益禔躬睦里，为乡邑望者几四十年。嘉靖间扁其名于旌善亭。年九十七卒。

卢　敬　其先山阳人，徙定州，元时又徙乐亭。高祖和甫，致和间闻于乡。父斌生敬，嗜学领乡荐，授兵部司务。侃侃不阿，水操凛著，五载考最进阶，尝语其子梁、棐辈曰："世有营利者，为子孙计耳，竟何益？吾厄一第，子孙必有第者，若曹勉之。"丁外艰卒，家业萧然。仲子梁，岁贡不仕，以子贵封右参议。梁长子耿麒，字仁淑，年十三入庠，过目成诵，弱冠登嘉靖癸未进士，授工部虞衡司主事，历员外郎，升陕西佥事，屯田甘肃，给戍牛种，丁内艰，起补江西佥事，洗雪沉冤，升山西参议。比驻云中，当外叛甫平，恩威并著，即强藩亦敛戢，防边有运筹功，建修五堡世庙，赐纶音，有巨镇赖以永安之褒。复丁外艰，起补山东参议，升山西副使。以疾卒，年四十有五。麒貌玉立，性直方，笃孝友。父产悉让二弟，所居庭前无旋马地。尤博群书，诗造唐语著《蓝山集》。莅官所至，以明敏闻，然议论辨博，长官前亦不少逊，终以此取忌于人。君子曰：乐亭自开科以来，登甲第者四人，麒实于明争光焉，天不假年。惜哉！

郁　宣　其先昆山人，祖彦忠，明初任潮州同知，徙乐亭。父昌，岁贡生。宣勤学励行，天顺壬午领乡荐，授知县。宣仲子昕，岁贡，任陵县知县。季子时，岁贡，任仪封教谕。居乡长厚不浮时，子从舜聪敏好学，名籍甚，岁贡，授训导，赍志而卒。

王　臣　乐亭人，父茂有孝行。臣善楷书，郡辟为从事。有罪人通赂求逭，臣指天自誓，郡守贤之，每疑狱，辄召与议，能白人冤。亡何，奉母柩归里，山水暴至，舟几覆，臣抚柩悲号，竟无患，若神助焉。有客怀二十金，欲籴粟入市，遗金哭之悲，臣怜助之。年四十七未举子，往祷泰山，梦神告曰："以吾二子与尔。"逾年生太守好学，又三年生尚书好问，若与梦符。以二子贵，累赠至南京户部尚书。伯子好学，领嘉靖庚子乡荐，尝试南宫。父卒痛为肖像，及令陈留，蠲逋修学，擢刺泽州，佐归德，在在卓多善政。及补太原，弭盗祥刑，请治宗室骄横，檄抚石州，为画战守之策。历升户部郎中，督饷昌平。时内使往来，能正色戢之。升楚雄知府，乞休归，著有《游艺集》。仲子好问，生有异兆，弱冠抱当世志，举于乡即却馈金。登嘉靖庚戌进士，授太常博士。时分宜当权，乃泊然自守，久之方擢御史，即劾巨珰不法。嘉靖末，出按秦晋，上兴革便宜数事，却诸祥瑞不以闻。穆宗御极，益多献替，而重孝思，止行幸，查内库，诸疏并劾近侍谋典兵柄，尤极凯切。迁大理丞，历通政使，晋工部侍郎，改刑、户二部，擢南京右都御史，拜南京户部尚书。忧时思职，无一少替，南中米涌贵，例当改折问，遽发仓粟，而后以闻。诏赈江南，不待移文发赈，曰："奈何稽朝廷意以忍饥民！"有古大臣风。先是为卿贰时，即抗疏求退，至是章屡上，始得优允，归数月卒，赐祭谕葬，赠太子少保。天性恬静，自奉澹泊，立朝虔恭，动由矩矱，谦抑折节，若不胜衣，而内实毅然不可夺。乡谊族范，遐迩共孚，所著《春煦轩集》三十六卷。好问子浑然，事亲极孝，闭户读书，中辛卯乙榜，授中府都事，历刑部郎中。时南康守吴宝因税珰李道诬奏被逮，然问拟还职，上怒，罚俸三月，南康得以从轻。徽生光妖言，事东省无行，老生流言，彼中有闻者，然恐蔓延无辜，解发山东抚按鞫问，保全大族甚伙。升马湖知府，革漆户板税，修学缮城。奢西争杀，片言力解。总督王象乾题擢遵义兵备副使。下议时，疏请骸骨归，著蜀游草，寻卒，穷约至甚，十年后，夙债始完。

萧　富　乐亭人，少孤，事母孝。母卒，富供王事不在侧，归而痛极呕血。终身言及，泪泫泫下。仲兄积私财，独泊然绝不置齿颊，竟以祖居让伯仲，而自居他所。尝为府吏，廉而有阴德，既归省即隐不仕。嘉靖丁酉大饥，乡人求贷，仍转贷负累代偿，抚孤睦族，重义轻利，数此始艰，嗣后连举四子，长即云汉，博学工古文词，贡游太学，授大同通判。累荐考最，升河东运同，致仕归，赠父如其官。

李　胜　永平卫人。登景泰辛未进士，授御史，升河南按察佥事。发摘如神，讼无冤滞。

杨　祥　永平卫人。登成化丙戌进士，授宜兴知县，升户部主事，历山西佥事。清慎无玷。

张廷纲　字朝振，永平卫人。登成化壬辰进士，授行人，赐一品服。使安南回，太监汪直执送西厂狱，未几厂革各散去，罢归。纂府志。

王　珝　字汝温，永平卫人。登弘治己未进士，授兵科给事中，督工泰陵。中使董役者，剥削军士，伐近陵山木代薪以规利，劾之伏辜，升工科左给事中。徽州有豪族争讼，数年不决，命勘遂得情，改御史，核应天诸郡。公藏，知府某不职，惧得罪，密以金愧。即发其脏私，罢之。升刑科都给事中，武宗铺宫，奏省费数千金，以济边饷。升顺天府丞，岁荒饿殍载途，竭力赈活甚众。升都察院左佥都御史，提督雁门等关，兼巡抚山西，裁宗室骄横，以法权要，规盐利者峻拒之，阖境肃然。会敌分路入寇，督兵御之宁武关，将吏以逗留失利，劾其罪，械系京师，因自劾并三边抚臣俱左迁，寻降浙江左参议。豪民有匿租数十载，躬履亩，得数百顷为公税。孝丰有作乱者，远近骚然，众议调兵剿之，请先往，至即解散，升河南右参政，分守南阳，捕浙川矿贼，乃别胁从若干。值盛寒，多冻饿死，悉活以粥遣之。升左佥都御史，巡抚山东。择有司布各郡审编户则，以均徭役。王师讨逆濠，道经齐鲁，筹刍粮，供亿兵，皆无敢犯者。及六飞南幸，有司预集夫役数万候境上，疫作且乏食，第令及期无误，悉散归，活者不可胜计。镇守指以供御，大肆科索，玥正色责之，欲击以笏乃止。升右副都御史，巡抚陕西。秦中宗室蕃衍，禄每不给。为有司累令多方务积。折补其数，上下称便。河湟黠寇，欲南下牧马，督固原将士严御之，遂遁归，略无所失，边民安堵。升南京大理寺卿，擢兵部右侍郎，卒，赐祭，葬于城东莲花源之原。子二，长道平，荫国子生。

韩　梅　字应元，永平卫人。嘉靖戊子举人，任大同同知六年，廉平多惠。有范驿丞死于官，妻流落，鬻女为婢，梅捐俸赎归其母。居家惇伦任质，乡党称之。

李思睿　永平卫人。由府学选贡，知大同、安定两县，有惠政。以侍养告归，闭门谢客，教训生徒，足迹不至公庭。年六十二卒。

刘　宣　江西吉安人，成卢龙卫。以春秋应景泰元年乡试，侍讲刘铉主考，定为第一人。同考者欲更。铉争曰："朝廷立贤，无方不可。"乃止。次年殿试第二甲，授编修。累官至南京工部尚书，名德为时所推重。

廖自显　字德潜，卢龙卫人。家贫力学，以廉耻自持。登正德辛巳进士，知颍上，赈饥活数万人。升御史，视通州仓，革中官监收弊。按宣大，劾镇将科敛及杀降冒功。山西巡抚与参议以小嫌争忿，劾而罢之。嘉靖庚寅，镇守建昌太监缺，疏请裁革，遂更游击将军，至今称便。出按山东，巡抚邵锡清德藩军校，诡冒不从，殴府卒，乃劾其长史承奉官，为所中，锡罢待罪，出自显知汝宁府二载，持法不挠。罢归居家二十四年，日与故人徜徉东郭莲池芝垄间，有《拾烬集》《放言集》《悯遗集》。从侄际可进士，献可举人，不急仕进，三十余年，铨知即墨，旋垂橐归，亦里中高士云。

陈王庭　字心龙，卢龙卫人。登万历丁未进士，历太仆寺卿，宽厚清谨。天启中，矢贞不附魏珰。先尝巡按辽东，得将士心。辽失，收养全活甚多。庚午城陷，王庭服堇几死，复苏为黄冠。后大帅如祖大寿、张存仁、吴襄辈皆伏拜床下，报德恐后。事平，论者议其不死，逮狱绝粒而殒。耿耿之忠，堪质神明，论之者亦刻矣。

张　诗　字子言，别号昆仑山人，卢龙卫民李氏子。十岁，避佥丁，随父母逃京师。衡州同知张君抱以为子，张殁后，访卢龙得诸从兄弟，哭诸祖父墓。衡州卒乏嗣，仍子之。学文于吕泾野，学诗于何大。复遍游天下名胜，仍旋京师。所居种竹，风雪飘萧，饶有佳致。诗状貌巉岩，须髯如戟，时以燕山豪士称之。所著有《骂鬼》《诘发》《笑琳七子》等文，曼衍奇谲，草行狂放。李中麓戏云："君书揭壁，不独警人，亦可驱鬼也。"岳氏《雨华编》以昆仑为首，诗文多不载。

唐　福　东胜左卫世袭指挥，中景泰庚午举人。孝友慕义，历知随、滨、通三州，有清白声，尝铸祭器，供圣祀，加四品服俸。九年考满，升莱州知府。未任卒，祀乡贤。继妻张氏年二十四，遗腹子驹，例宜袭职，族人争之，张吁天曰："得存此息，奉烝尝足矣。"让而抚驹，由岁贡任学正。

王大用　东胜卫人，登隆庆戊辰进士，授扶沟知县。执法无所阿，当路衔之。左迁东平州判，升滕县令，明习吏事，每事必探弊端。有大珰进贡，折辱驿官索乾没，大用诣邮亭，令开箧验之，皆胖袄，遣人收捕其解户于狱，大珰甚惧求免。其明练肩事镂如此。升大理寺评事，改户部郎中，历官辽东、陕西参政。

白　钥　东胜卫人。少颖慧，为郡诸生，居家孝弟，事兄如父，嫂如母。由国学选南锦衣幕官，迁汶上丞，执陈友宽等大盗置之法，锄暴植良，百姓德之。无何，挂冠，世高其恬退，处乡恂恂课三子，寒暑弗辍。长珩、季璞皆廪生。仲瑜登万历乙未进士，选庶吉士，历刑部尚书。孙养粹登甲辰进士，历兵备参政。

卜昌运　字泰寰，东胜卫人。文行卓荦，丰润董氏延为师，彼族恶少获董，夜持乞援，昌运力却解之。董御仆严，一奴负愆惧责，以锉刀自断其首。奴家讼金吾，戚友皆避去。昌运走京师，力为昭雪。友人韩鼎业遘家难，渔利者启衅不已。昌运挽鼎业哭韩氏家庙中，曰："吾不意子豪杰自命，竟尔尔耶！"韩谢，兄弟和好如初。乙酉贡除南宫训，迁东光谕，群盗卒犯城，昌运家僮登陴奋呼，隶卒炮击渠魁，城赖以全。擢知江都县，卒于官。

白　瑜　东胜卫人。少英敏，博学善词赋，登第，改庶吉士，除刑科给事中。上疏请革煤税，降湖广按察司照磨，起历通政使，刑部左侍郎。居乡和雅，卒，赠刑部尚书。

萧　显　字文明，别号海钓，山海卫人。登成化壬辰进士，授兵科给事中。有武臣连中贵，张大边功希重赏，显批奏尾驳之，直声振一时。会巫矫邪神煽惑，复抗章劾之，并请禁私创庵观，言极剀幼，留中不报。一旦召至左顺门，命中官面诘，显气定语畅，应对了了，乃谕遣之。又数日，巫逐矣。权幸愈疾显，居省中八年，外迁镇宁同知。命下，显方对客作草书手□□，其子趣治装，仍终数纸乃罢。莅镇宁八年，复迁衢州同知。又三年擢福建佥事。所至皆尽心职业，无厌薄意，随赍万寿表入贺。时刑部尚书白昂欲有所荐，戚友亦乐为之援，不复顾恋，竟乞休归。显性醇笃，不妄言笑，尚义气，久而弗渝。所著有《海钓集》《镇宁行稿》，其书法沉着顿挫，传播朝鲜珍重之。

郑　己　字克修，山海卫人。天性颖敏，成童充邑弟子员，属俪句辄惊人，家甚窘。克意向学，寒夜燃薪诵书达旦，用是博极群书。登成化丙戌进士，选庶吉士。时刘文安公典教习，每阅己文，叹曰："山海乃有此子。"改监察御史。会廷推抚臣弗当，抗章谕之。又累疏指摘辅臣及中贵，由此人多忌己者。巡按陕西，值甘、凉灾沴，边境驿骚，乃上国时图治等疏，得举，赈济饬边备。时有勋贵亲弟怙势凌下，监司莫敢问，捕而杖之几死，竟被累谪戍宣府。其镇总戎雅敬己，馆诸佛宫，士人受学者日众。有黠卒怨总戎，诬以不道，事累己，系阙下，上白其诬放归。孝宗践祚，诏复其官。己亮节有气，嫉恶如仇，家居时谈世事不平者，辄攘臂愤惋，至面诘人罔避，以是弗亨于官云。

詹　荣　字仁甫，角山其别号也。山海卫人。性敏学赡，登嘉靖丙戌进士，授户部主事，奉差榷税。转郎中，督大同饷，会癸巳军叛，杀主帅李瑾，闭城抗师不下，荣与武臣歃血，计诛元恶，不成期以阖门报国。谋即定，遂穴地达军门，报可，乃示顺逆，激劝贼党马升等擒首恶出献，事遂定，班师。侍郎黄绾，御史苏祐，合疏闻于朝。上褒嘉，擢光禄少卿，支从四品俸。嗣历玺卿、太常卿，转佥都御史，巡抚甘肃，时大同总兵官周尚文与抚臣左，庙议惟荣足以服之，乃调抚大同。荣与尚文处，甚得其死力，屡功，进右副都御史。居二年宗室光灼等通逆，荣廉得其实，先机发之械送□□随迁兵部右侍郎。边工竣，进俸一级。值云中警，荣率将堵截退敌，召还本兵左侍郎。会尚书缺，拟推荣，适中风，舆疾归，未数月卒。荣为人忠信不欺，沉毅有谋，信赏必罚，人争效用。万历己酉孙廷赴阙请恤，赐祭葬，赠工部尚书。

刘复礼 字曰仁，号任斋，山海卫人。嘉靖壬子举人，坦易谨饬。宰长子县，刺浑源州，迁冬官郎，守保宁郡，历有异政。冏卿宁夏，预知孛拜反，默为防备，寻丁艰致政归。依居旧庐泊如也。幼以孝闻，暮年与季弟同爨，每举箸必呼，弟他往必辍不食，季弟有子口授而教之，亦成明经，里人有修郄者质成譬晓之，皆愧服。

刘思诚 字性之，号定宇，山海卫人。万历癸酉举人，英资卓识，廉直公平，领乡荐十余年，毫无请托。筮仕平原，审编征赋，设法神速，邻邑皆效法之。救荒能预，理讼称平。黉宫后有深壑，数科荒落，特为筑建五桂祠，月课子矜于中，伏腊不辍。以是蜚英振起，贫生婚葬，不举者捐橐助之。招抚流遗，盖官房百余间于郊外。创立集市，垦田十余顷，藉以为生。方春躬行劝农，力举实政，迁济南同知，署篆年余，吏请盘库，思诚斥之，其支领俸工，俱以原封出给，不除其耗。有盐商犯科，从罂贮银二千两，冒托馈酒，当堂碎罂，解入府库，竟无赦。当道议派民徭，思诚勃然色变，议遂寝。终以忤贵拂衣归。思诚事母孝，饭必侍侧，旧产尽让弟，饶有孝友风。

萧大让 字民服，号益斋，山海卫人。质朴守清屡空，微不介意。游成均时，尝拾遗金，待还其人。后领嘉靖壬子乡荐，令怀仁、秦安，皆耻结纳，专意实政。士民怀其抚字，而当道恚其无馈遗，竟取忤罢归，行李萧然，至不能充食，指处之自如。年八十有一卒，世谓厅事容旋马，薄田供饘粥，恒堪侈为美谈。如大让自海钓历宦三世，草舍仅可旋蜗，瘠田尤不充爨者，顾不愈称难耶？

冯时泰 字虞廷，山海卫人。幼敏学，寒暑不辍。登万历庚辰进士，授工部郎中，管节慎库。自能握算核积弊，著声曹署。升辽东广宁参议，守正不阿，冰蘖矢操，筑造台堡，大定老军，凡数十处，无不竭尽心力。边警，帅不用命失事，时泰奉勘略纤隐致忤当后以事坐谴，或以苞苴请，时泰徐应曰："吾莅官，惟清慎二字可揭天日，况君父之事，乌容规避，绝不为辞。"寻被逮，辽民无不称冤，欲诣阙号鸣，总督顾养谦止之，乃极为辩雪，有并褫臣职，以辨其有功无罪等语具载疏中。时执政赵相志皋、张相位、司马石星，皆交章激切力诤，竟不白。时泰尝自叹曰："由来直道忤当权，过贬潮阳路八千，一掬忠肝天所鉴，几回血泪洒蛮烟。"亡何，抱郁终。

刘廷宣 字化卿，号方壶，晚号木庵，山海卫人。登万历癸丑进士，丰神清颖，廉直谨饬，筮仕仪封，励学校，恤鳏寡，课农桑，劝孝弟。河汜滥治之，获名田几万亩，民赖以苏，征赋绝耗羡，讼俱自拘不判赎，设保甲法，萑苻克靖，革一切无名科派，省民䄢不下巨万。擢浙江道御史，弹章不避中贵，劾魏忠贤蠹国十四款。章由通政霍惟华，与有年谊，对使焚云，何为起此大衅。廷宣不先杨左而摧虎喙者几希耳。巡按陕西，未复命，转为大理丞。假归，未半载，寻因母老请终养。以大理寺少卿归，甲戌六月病卒。

詹　廷 字忠卿，号绍山，山海卫人。尚书荣之孙，由诸生补荫，筮南通政幕，以吏才著。升顺天别驾，廉能有声，升南比部主事，迁本部郎中，升广南太守。时奢酋叛，滇南一带摇动。廷赴任被围，贼胁降至再，誓以全家殉。贼揣廷志不夺，少纵阅月，得乘间出。遂达省备陈贼形及守御之策。捐俸以助军需，二载多善政，除蠹爱民，宽猛适济，奏最之日舆疾归。广南士民争负土祠祀。

［明］

周　建 抚宁卫指挥佥事，成化十六年，管界岭驻操营。巡敌入寇，参将王宣督令截杀，至白石店，追回被掠人畜，烧敌车辆，回至椴木岭，伏贼突出，前贼复反夹攻，势遂不支。有一贼欲取建衣甲，喝令脱不从，尤以刀伤贼臂，群怒争刃之。事闻，诏加实授指挥同知，世袭，已见武勋。

陈　舜　抚宁卫指挥使，任黄花镇守备。嘉靖二十五年三月内，敌入寇，舜奋身率轻骑，持短兵截战。敌众我寡，死之。事闻，诏加都指挥佥事。

冯余庆　滦州人。明经授西华令，一尘不染，捐赀费千金，建长桥于治郭，利涉归施，义田用济贫族，以孙贵赠冏卿。

刘　会　滦州人。于嘉靖十六年，输粟一千石赈饥。

高　玉　滦州人。赀颇富，于嘉靖二十五年施义田并粮二千石周贫乏。

陈　慎　滦州人。孝义令，陈情弟，事母至孝。营漏泽园，共施地六亩于府君庙东北半里许。

王永昌　乐亭人。家富好施，能周人急。乡人称贷，有以田卢为质，多负而私转鬻，昌不与竞。又尝捐地为义冢，其输粟、输金、输工役，以佐公家者，不胜纪。

李光启　乐亭人。其先李卜，当洪武间戍陕西平鲁卫。后有功升百户，世袭。光启性忠孝。有才干，累升京营都指挥使。赠其先为镇国将军，来祭其茔，为树碑，给族人衣。升宣镇葛峪参将。嘉靖丙戌，敌数突入侵，苦居人启愤焉。一日警至，率所部兵疾驰图歼之。未及为阵，敌四至，大呼杀人，启被缚引去，困饿不得死，因给敌曰："我为帅，第引我亭障下，当有赎者。"敌果引至亭障下，启骂曰："尔宜杀我，我非不肯死，虑中国人疑我真降尔徒，负辱国大罪，幸毋赎我。"敌大怒亦骂，遂支解之。事闻诏立祠，春秋祀焉。见宣镇《忠烈传》。

张世忠　字显甫，别号平山，山海卫副千户。忠貌不逾中人，而神爽英发。总发时，以世胄育胶庠，随袭职，会武试，登孙堪榜，加授署指挥佥事。寻掌卫篆，迁秩守备天寿山，历升大同中路参将。严整步伍，矢立战功，调援有奇捷，得实授正千户，缘边事诖误，听勘回籍。未几西陲告急，本兵疏名上请，特命移守偏头关，频年失利，人为忠危之。忠跃然曰：“此吾报国之秋也。”嘉靖二十一年，太原警，忠与诸将分五哨进，歃盟互援。适遇敌于六支村，忠麾下健卒仅千人，挺身血战，自已至酉，矢石俱尽，后援不至，敌且增轻骑，合围射忠中额，寻殪其马。忠犹跨墙对射，矢透忠衣袖死之。事闻赐祭葬，赠右都督，谥忠愍。

薛三桂　卢龙人。万历庚子举人，云南永宁州知州，遭奢酋之变死难，赠按察司佥事。

高如嵩　东胜卫千户。万历中任石门路千总时，泰宁寇花场峪，佯令数骑诱战，主将轻出，敌伏起，一军覆没。将窜山巅林莽间，嵩奋杀出围，力斗出入阵中者三，敌攒射落马，剖其心而死。事闻赠二级，世袭指挥同知。

李国梁　山海卫指挥。体貌丰伟，膂力绝伦，从杜将军松浑河大战，没于阵，以功加升都指挥佥事。

边万里　山海卫百户，以都司管中军事。崇祯己巳，入卫京师，行至蓟州五里桥，敌兵掩至，据桥大战，自未至酉，身被重围，力战死。

廖汝钦　字寅所。中书舍人杨尔俊，汝宁通判焦延庆，三屯副总兵张国翰，东胜左卫指挥佥事，以及城守中军房应祥，忠武营千总牛星耀、仇耀光，城守千总卜小峰、梁壮威、胡承祚、张学闵、石可玩。生员：韩原洞、冯继京、弟联京、周祚新、罗世杰并弟峻、采、圻，胡登龙并子光奎、田种、王子福、元侄、土隽、李光春、丁应抡、李文灿、胡起鸿、刘可廷。武生张鸿鸾，医官陆橘，郡民李应阳、张俊、郭重光、张宗仁、张礼、李大敬、张尚义、傅守望俱庚午死难。详载《卢龙县志》，敕祀表忠祠。

吕鸣云　山海卫人，乃孝廉鸣夏之弟，武健材勇，以守备为扬武营中军。庚午守郡城，战死，追赠游击将军。

杨开泰　山海卫百户，郡城失守，泰以本路把总率兵侦探，至榆关西，遇敌对射，死之。

杨廷栋 山海卫百户。少以勇力称，为扬武营千总，郡城破，奋击死之。

蔡国勋 山海卫千户。率兵恢复遵化，侦援遇敌，奋勇直前，战殁于阵，阁部孙承宗题恤，赠指挥佥事。

严大宽 山海卫千户，从总兵赵率教应援遵化，中途遇敌，众溃，大宽力战不退，死之。

杨呈芳 字桂林，山海卫人。由明经授鲁山令，居官平易。时土寇蜂起，与衙胥结通，芳知事不克济，冠带坐堂上，贼环侍，不忍加害，出入数次，始戕之。为其棺殓，后其弟往收其尸，经年启视，面貌如生。事闻，赠汝州知州。

王之心 字鉴吾，滦州人。司礼监太监，博学精翰墨，监督苏永，力杜馈遗，免文吏庭谒。崇祯甲申，都城陷。心同御马监太监王承恩，侍帝缢于煤山，一时称两中贵殉义。心弟之仁任苏州总兵。洪光元年率所部入海，见事不成，未几登岸赴督师洪公请死。曰："某海中自裁，人未我知，特来求明白死耳。"从容就刑，可谓兄弟合节矣。

[辽]

齐　陶 石城人，纯孝至性，孚于里闾，寿昌间征授石城令，迁明威将军。

[金]

吉士宽 尹吉甫裔也，南汉太守格之后，五代徙居滦州宜安里。事亲最孝，富而好施，赠昭勇大将军。

[元]

路进兴 字通举，滦州人。大德间，随伯颜破贼，不避矢石，累获大功。受敕牒印绶，赐敦武校尉。辞归奉母，务尽菽水之欢。母卒，饘粥缟素哀毁逾礼，乡人以孝称焉。

李彦忠 卢龙人，性至孝，父丧庐墓八年，足迹不至于室，至治中旌表。

［明］

庞　遵　卢龙人。母病肿，三年不起，思食鱼，遵求于市不得，悲叹而归。行河畔，忽有鱼跃舟中，乃取作羹，母食而病痊。

曲　祥　字景德，卢龙人。永乐初，侍父百户亮，调任金山。年十四，被倭掳，久转商。日本其王，知中国人，召见之，留侍左右，改名元贵。因得力学，遂为土官，畜妻子，然心未尝一日忘乡土也。屡讽主入贡。宣德中，与使臣抵京，上疏陈情："臣夙遭掳，抱衅痛心，死生路梗，流离困顿，辛苦万状。生还中国，夫岂由人，伏乞归省侍上。"柔远方隆，不欲迟留之，遣令还国，许给驿，暂诣金山，至唯母存耳。母曰："果吾儿则耳阴有赤痣。"验之信然。抱持恸哭悲动邻里，咸叹异为再生。未几，重违上命别去，祥至日本启以圣意。番王允之，仍令入贡申请前诏，许袭职归养。祥母子相失几二十载，又有中外之限，得遂初志难矣。祥事母，备极甘旨。闻言及父事，辄哽咽不已，后母寝疾三载，朝夕扶持，不离左右。及卒，哀毁骨立，衰绖三年。祥博览经史，通《左氏春秋》。善吟咏，年八十余以寿终。

朱　辉　卢龙庠生。母程氏亡，昼夜号泣，柴毁骨立，庐墓负土成冢，及期，白狼驯扰不去。有燕巢庐下，而乳十子，并谷双岐之异。抚院给近坟山场环五里许，官为植树。成化甲辰题旌，以岁贡为任丘训导。

王　渊　燕河营人。幼丧父，其母陈氏守节，至七十余卒，渊庐墓三年。

朱国贤、宋德诏、萧大用　俱卢龙人，各以庐墓奉旌。

杨　珍　抚宁人。克供子职，母早逝，事父惟谨，侍食、侍寝，无怠，内外咸以孝子呼之。父疾笃，医药罔效，口尝其便泄，以味甘苦，知不能起，遂治后事如礼。父卒及葬，庐于墓侧，负土筑坟，三年乃归。

金　镛　抚宁庠生。父禧早逝，母高氏守制抚孤，凛松柏操。镛性孝，负米采薪，勤于供养。母恙即忧见于色，焚香祝天，愿以身代，进食必先尝其寒热。虽贫，尝奋志读书。由恩选官光禄寺署正，乞归终养。母节子孝，萃于一门。

杨有成　抚宁庠生。八岁丧父，已知哀毁。及母有疾，汤药亲奉。卒之日，浆水不忍入口。及葬，庐墓侧，茹蔬啜粥，负土筑坟。日三哭奠，历寒暑不辍，即边警亦不少动。旧有枯松复活，禽鸟栖巢于上相依，有皆谓为纯孝所致。

袁　卉　抚宁人，素敦孝行。母早逝，及父殁，庐于墓侧三年。蛇驯蓐次，地忽涌泉，足征孝感。

侯　显　昌黎人。国学生尚气节，敦朴素，父母双亡，俱庐墓侧，鸠巢于舍，芝生于冢。

孙　渤　昌黎人。幼丧父，事母最孝，母死庐墓，哀毁如礼。

王克勤　滦州庠生。事继母以孝闻，万历十三年学按两台会奖。

田　绅　乐亭人，庠生。景泰初以亲老，陈情于督学使者，求侍养。父殁，哀毁逾礼，既葬，自跣足负土。母终亦如之。有司请旌未果，百年来封土岿然，可望数里。

冯恩孚　乐亭人，岁贡，事亲称孝，曲为承顺，有老莱风。父饮亲故家，虽隆冬深夜，必侯父还然后寝。母性严刻，孚略不违意，待人谦和无忤，未仕卒。

张自镐　乐亭人，岁贡。素谨厚，事亲最孝，母多任性，镐每几谏，久亦感悟。邑宰陈留李公廉其贤，延训其子，毫无请托，赍志以殁。乡人悼焉。

张云鹏　山海卫人，父病夜不假寐，汤药亲尝。父殁，敦古礼庐墓三年。

赵文举　山海卫人。幼极孝，母患疽痛不可忍，医皆云不治，举祝天愿代，闩自所居，三步一拜，至神庙，焚香祈祷。家甚窘，奉母即富者不过云。

萧韶凤　山海卫人。年十九，父病蛊，迎医视之曰：得樟柳木根可愈。城中求之不获，或告以产于海阳，时石河水暴涨不可渡，韶直前往觅。家人止之，泣曰：“父病笃阻，水而止，于心忍乎！”竟涉至中流溺死。三日尸浮于海，人哀之。

张懋勋　山海卫人，都督世忠子也。痛父殁于王事，每语及辄流涕。事孀母三十余年，孝养备至，母卒哀毁骨立，庐墓如礼。

傅梦良　山海庠生，性纯笃，事母孝，母殁哀毁如柴。既葬庐墓侧，秋夏霖雨累日，穴水盈尺不为动。

穆思文　山海庠生。事继母孝，曲尽子骞之节。有二弟俱继母出，财产必均。后二弟家窘，又为弟之子给产婚娶。督学汪应元疏请建孝义坊。

王士倜　山海庠生。敦朴谨慎，天性孝友。父从正知山东莱阳县，以持正忤当事，被诬系狱。倜偕弟伟，挝登闻鼓，刎颈力救，卒白父冤。

穆大任　山海庠生，至性纯笃，父早逝，事母以孝闻，母殁，躬庐墓侧，值兵变，乡人居村落者，皆入城避乱。大任独守墓不忍去。

沈　礼　字大用，滦州举人。任淮安别驾，奉亲至谨，丧祭不用浮屠，人化成俗。

王克勤　滦州庠生，事继母一如所生。

［金］

葛　弘　滦州梅二里人。金末岁饥，竭力赡恤，全活数百人，辟为石城县尹。

［元］

任伯仁　滦州人，南麓六世孙，让产于弟伯义、伯礼，孝友出至性。元贞中授银符，进义副尉、武卫亲军百夫长。

［明］

刘　甫　乐亭人。自明初至弘治间。六世同居。凡内外婚葬，礼仪必均，俱无后言。己未，巡按御史张鼒嘉其贤，命知县田登旌异。

高　汉　乐亭人，六世同居。嘉靖十六年，知府刘隅奖之。

蔡允成 卢龙庠生，年四十，丧妻不娶。秉性孤直，好学力善，年九十余，精健异常。子天祯庠生，体父志亦未娶，授徒养亲，躬为执爨，四十余年。

冯　恩 昌黎人。由都吏，任州同，律己廉明，多惠政。娶里人女郭氏，自幼目，相敬如宾。乡里贤之。

温　钦 乐亭人，质朴笃实，居平尚让，绝不与人竞，亦绝无过忒，非遇审编户徭，不至公府，既老亦罕至城市，惟耕田明农而已。贫而乐善，卓有古人风。年百有二岁，犹耘，逾年卒。嘉靖间，扁其名于旌善亭，劝俗。

马　麟　吕　信 并卢龙人，景泰间，值水旱岁饥，各输粟八百石，助赈。

许　敬 抚宁人，景泰三年大饥，出粟八百石赈济。

高信兴　才　震 俱昌黎人，景泰三年，各出粟八百石赈济。

姚　清　徐　俊　石　敬 俱乐亭人，景泰中，各输粟八百石赈济。

吴思文 滦州人，输粟救荒。成化五年诏赐七品散官。

王　信 抚宁卫人，进士王胤祥之祖也。成化七年大饥，出粟八百石赈济。

李　福 滦州人，于成化七年，为义葬，凡贫不能葬者举之。

徐　礼 滦州人，于成化十年，施衣隆冬。见无衣者辄施，每岁行之不倦。

卷之二十

莱阳　　　宋　琬遗次
宜兴　　　路　遴参校
广宁　　　常文魁续补

人　　物 后

忠孝节义，娇娇著烈。究之直，完其为人而止。固亦人人宜尽之事，却非尽人可概见之事。在人本属庸行，而禀其地间气以生，足为世道维系纲常。此则如山川之有河岳，霄汉之有日星也，垂名青史。故昔有用玉管编记者，余补人物志，采厥遗徽，别为表著，使后之观于斯者，得知某也忠，某也孝，某也节与义，其亦有感而思励也夫！

[国朝]

顺治

孟乔芳　字心亭，永平人。以世胄奇勋，早荷大清太宗皇帝识拔戎行，委托心膂畀任明刑。会大清仗义驱寇，定鼎燕都，应运从龙，扫荡凶氛。暨世祖御极之初，念百二雄关，肩巨边陲，非公不可，故特升川陕总督，专授节钺。由甲申牙纛出冀北，收服两河，绥靖三晋，旌麾旋抵关中，继以招徕遐陬。公相貌魁梧，丰项硕腹，山岩其相，而汪洋其度。怡颜霁色，褒功宥过，随材器使，悉睹实效，万姓欢呼。约束满汉健卒骄马，俾市廛无扰。后先历治关省，自中丞、藩、臬、诸大夫、总镇、征守诸大将军郡县诸有司，咸敬异如神明，倚依如师保，而归宿乎法廉。军国巨细事务必躬先临会府。虚公咨询，哀矜民隐，俾无含抑。待缙绅衿士，体备礼优，八流以内，三辅以外，实惟凭籍。叛孽贺珍连贼数万，围攻西安，雨矢雷炮，势薄声崩。公亲御敌楼，谈笑指挥，镇静无哗。城中市沽不变，若不知有贼者。遂授符总兵陈德军西门，任珍军北门。指挥戈驰，突犯贼营，斩骁猿用。是贼惧。会李固山额真兵至，合力堵杀，摧北追歼，直抵永寿，斩首万计。公身不解甲，目不交睫者七昼夜，未尝言瘁。嗣有河西回民之乱，贼兵号称百万，朝议将发大兵来秦援剿，公疏上请以身任，毋劳师众，督领标将，星驰秦州。密授总兵马宁、张勇等奇策异略，以精骑五百，夜捣贼营，奋勇砍杀，一足勍，百贼悉惊伏溃遁。刻期解巩昌之围，遂恢复五凉、甘肃。擒斩俘馘米喇印、丁国栋等，而河西遂平。嗣又有山西之变，姜瓖余炎，势逼太华，沸泊黄流。公奉命疾驰，移兵朝邑，声扬航河。阴令总兵赵光瑞，就潼关飞渡，一战复蒲版，再战破陆村，三战平芮绛，伪王授首，逆相出降。太行以西，华岳以东，莫不怀德投诚。时又有宁夏之讧，载帐孤行，钩连间谍，休肃王之貔貅，诛伏王元马德。在咄嗟间擒孙守法，金捣巢盘踞，而兴安之衅永消，荆湘余氛不敢北向，而饮马崤函，得以高枕无忧也。至于渭北、泸南，揭竿操戈之徒，闻声潜息，四境贴然，且矜闾巷谣讹，加以慰谕，禁兵马安插，毋入治城。至今愚夫妇哭号，而追慕之者。顺治十一年卒于官。语语宗社封疆，未尝及身后事。时天地苍茫，阴风大来，川陕军民，知与不知，皆泣慕之。敕赐祭葬，赠太保，谥忠毅，差礼部官致祭。上赐银四百两勷葬事。又宅一所，银千两，恤其家。入祀乡贤。子熊弼袭阿思哈哈番。

蔡士英　字伯彦，号魁吾，袭锦州左屯卫千户。明天启二年，改入永平卫。顺治元年以甲喇章京从英王征李自成，三年从经济王收福建，四年升都察院左佥都御史，寻升左副都御史。六年升梅勒章京，领八固山红夷炮军，征姜瓖，克汾州，下潞安，所向有功，秋毫无犯。九年升兵部右侍郎，巡抚江西。时当大乱之后，重以灾荒，公私赤立。公至即请免积欠银二百余万两。瑞州府自明初奸民黎伯安，袁州府自伪将欧祥，投册多开民粮几增一倍，为二郡累。且三百年户口日耗，公为考求前元故额，反覆陈请，得减浮粮二十余万石，为二郡永利。初下车，值剿叛用兵，库无一月之饷。公知州县解银苦藩司胥役勒索，令解役赴院挂号，设长牌差人押司吏，即日兑收，有故索添搭者，立杖毙三人。于是州县解者云集，兵得宿饱。先公未至，拨江南银十七万协济，犹时时告匮。公受事，未二载，而解部银四十余万，完漕米五十七万八千有奇，遂停协济之银。分遣将领，擒斩土寇刘京、李文斌、杨文、苻烈、蘧颖等，各郡底定。又招流民开荒地二万余顷，为买牛筑室，亲自巡行督察。于是江西之民，始知有生之乐。请免广信封禁山，开采木植，民赖安堵。又以其余力，修白鹿洞及白鹭鹅湖书院、澹台祠、滕王阁、荐福寺碑。百废俱举，士风骎骎振起。当大兵克南昌，凡废绅旧宗，一切指为叛逆，系累狱中，公察其无罪尽释之。其在山泽者，以文檄谕之，皆出为平民。十一年冬，升兵部左侍郎，总督漕运，巡抚凤阳等处地方。值漕政大坏之余，驾小航兼程东下，以次年二月下旬抵淮。时重运未来，回空尚阻，公请雇民舟，通融接济，悉力拮据，五阅月而毕，达京仓以至减允耗核盗折，正身率蜀，一切清盘催儹，无不下令于流水之原。在淮二载，东南之人，依公为命。以疾乞休。十六年海氛内讧，瓜仪失守，复起公前职。时江北大水，流民载道，遂不及请命，先捐俸劝助散米赈粥，后恐不继，疏请入粟三百石准贡，蒙俞旨允行，故五阅月而存活者二十余万人。又请蠲淮、凤、徐、杨四府州银三万余两，米麦二千五百余石。期年之间，岁稔民和。又请复旧制，另设巡抚驻泰州，而公但督漕务。升兵部尚书。十八岁冬，再乞休得允。公以诚感孚，特受简注，故其所上，无不朝奏夕可。江西大旱，巡行所至，甘雨随车，盛夏雨雹，公闭户修省，稼反生，而岁倍收。抵淮之初，适黄河水涸，万艘胶滞。公以牲醴祷神，正辞厉色，俄倾之间，洪流奔涓，欢声如雷，人皆谓公有回天格神之力。而公犹以长运久弊，欲仿唐人转运之法，分达淮上、济宁、德州三仓转递仁漕，尽去长运之卫，弁卫丁而一归之官收官运，使江船不逾淮，淮船不逾济，济船不逾德，德船直抵于京仓，为国家无穷之利。其所经划甚具，事未果行，然其计谟可垂于后日云。《永平志》版沉阁于浙，公认为己事，不惜重费，运载回永。又留心助补宦迹，以足其全隆教。古刹北平大观，年久颓圮，几成丘墟。公捐赀劝募，重修一新，增添藏经阁五间，巍峨壮丽，大倍于前。所著有《抚江督漕奏》《议滕王阁集》为当时名书。子四，长毓荣，川湖总督。次毓秀，官荫。次毓华，知县。次毓茂，佐领。弟朝辅四品官加二级，朝佐镇守浙江平阳等处总兵，孙珍举人，琨贡士。

杨文魁 号近楼，永平卫人。由副将，公英卓有为，文武兼济，从征宣力，屡立战功。国朝定鼎初即擢授工部左侍郎，凡条议时务，精练豁达，其知料多出人右。前奉差监修奉天诸陵寝，楼橹桥梁，暨金佛喇嘛寺院、宝塔，义州监造红夷大炮三十余位，与各项大工，俱先劳无倦，鼓舞多方，一时军役匠作，乐其驰驱，而服其明恕，考迹称最。议升军门，朝议工部缺人，加级管事，乃卒于官。

胡来相 号玉衡，永平人。性至孝，事父鲲化、母齐氏，温清惟谨，居恒言动，每以古人自期，不轻仕进。国朝丁亥，始有用世之志。筮仕得元城令。时天下初定，萑苻未息，值贼渠虎踞榆园，拥众数万，大河以北，骚然煽动，天雄为畿省要害，公日夜抚其民，人心赖以宁。固至有顽逞者，公亲冒矢石，贼无坚阵，又矜抚其流亡，谕以恩信，贼因相继降附，仍上记督臣创制卢舍，使附于籍，人情称便。岁尝苦旱，公步祷祈，霖雨大降，人咸异之。壬辰以卓异，擢山西道监察御史。其谕奏，崇大体，中外翕然，有謇谔声。巡按湖南，百以除盗为己任，区划战守，动中机宜，其清藩产，缉逃逋，劝课农桑，使民不扰，而食其利。迨巡视茶马，甫下车即召集故老，讲求遗法，定监牧之规，严勘合之制，一时豪右敛手，而私贩不行，孳息口番，差满报最。迁掌河南道，寻升太常寺少卿，克相祀典，罔或不肃，正议晋秩。康熙元年，乃卒于官。一时惜之。

房星烨 字朏如，永平人，由顺治戊子贡士，授河南睢州知州。公学识优长，豁达沉毅，与民除害，不畏权势。升漳州府知府，耆民争相肩舆，泣送数十里。其治漳，设堤防，严城守，闽南倚为保障。朝议行取内用，值海变中止。公嗜经术，兼长于翰墨，又为从龙旧彦，时辈皆推重之。方议起用，疾卒，远近惋惜。

房星焕　字皓如，永平人。由筹海功，顺治十五年，特授江西南康府通判，壤接湖山，萑苻时发，公下车即捐俸修理城濠，设炮，立旗帜，一时猖乱诸盗，愕然远遁。又以余力，修葺衙宇，室阿寝皇，焕然一新。署篆饶州，代理刑及安仁县事。痛除一切行户供应陋习。随行胥役，自备粮料，扃之署内，不令外人见之。案牍亲裁，不轻差役，时称循卓。调山东兖州府，迦河厅通判，修举废坠，设法镇守，百姓勒石纪德焉。寻升武德道副使，驻节德州。凡有害地方者，不顾权要，执法正之。德为省直咽喉，差使繁多，州县所不能应者，公每躬亲当之。民有冤抑，两造集庭，必霁颜使之各竟其说，得情而止。未几卒于官，士民哭临者，殆无虚日，至今德人犹称颂不辍。

蔡毓荣　号仁庵。总漕公长子，由刑部理事官奉旨赈恤大名府，筹画精详，民沾实惠，差满称最。值海寇窃发，侵犯浙楚，以公长于经济，领命征剿，所向有功。顺治十八年特授京畿道，旋转内秘书院学士。康熙六年补刑部右侍郎。未几转左侍郎，临政以慎，公恕不苛。八年转吏部右侍郎，奉命招抚海寇。九年回京复命，转左侍郎。寻钦命总督川湖。

孟熊臣　字辅昌，永平人。由荫生，川陕总督公犹子，初知山西保德州，治政明恕。保德山荒水涸，地瘠民贫，积逋租课，久为官民重累。公爱切茕孑，不事敲朴，称贷二千余金，代民偿逋。去之日，绅士中有醵金为公备行李者，公尽却之。政满升闽汀太守，闽以海氛不靖，军务繁兴，其征援驻防诸大将军，及台使往返络绎，刍秣军糈，俱旁午急需。公措备安置，诸事称当，而汀属不困于粟米力役者，咸公申请有方力也。顺治十八年冬，摄漳南巡道篆，值海兵数千，奉令安插杭邑，人心危疑，公星驰诣杭，排群议，力陈当道，请以东郊旷土，另造营房以居之。多方调剂，自春徂秋，亲率僚属谕民拮据，又具详家口粮额，俾不病民，其综理详练如此。至今杭之士民，为建书院于学宫之后，以报其功德云。

刘良臣　字心伯，永平卫籍。由世袭，公娴于韬略，智勇过人。以军功授右经左营游击，剿平流寇有功，历升甘肃总兵，挂平羌将军印，卒于阵。赠右都督，进光禄大夫。子泽洪，由总兵授三品前程。因父良臣阵没，又授三品前程，并授世袭二品前程，加一品服色，兼管参领事。孙骏名以父泽洪荫广东平远县知县。曾孙三：长元辂、仲元轼、季元辅，俱以祖荫六品职，三世递蒙恩遇宠渥，亦当时所不多得者。

焦庆延 卢龙卫人，由世胄，任居庸参将，操守廉介，居官尝买田自给，事母极尽子道。兵备道张公春恒称之曰："武将若庆延，何愁不得将士心耶！历任三屯副总兵，称廉孝将军。庚午闲住，战死陴间，赠光禄大夫、骠骑将军，从祀武庙，表忠祠。

韩师范 字宗文，号小泉，永平卫人。由贡士，明嘉靖戊子科举人。墨泉韩公梅之子。梅任山西大同府府郡丞，值边事孔棘，转输调度得宜。总督翁公万达器之，荐欲大用，亡何，梅以积劳构疾卒，一时惜之。时公尚幼，奉母胡氏，克尽孝道，躬耕力学。为郡诸生，每试冠军，及举明经，不乐仕进。家修益励，公学本静悟，为文悉宗秦汉大家，理脉庄重，典核衡文。诸台使及太守顾公，每称为沧海遗珠。公治家严肃，饮食有制，内外有别，长幼有序，奴耕婢织，有隐君子风。干谒人事，尤所厌绝。经年足不履市，时称为闭户先生。子韩公蓄，字悬宰，廪生，两中副榜。孙景昌，字公伯，由廪充国学生。俱有文行，至今诗礼绳绳，家声不坠，公之遗风俨然如在云。

滦州乡贤人物宦迹

[后魏]

正光

段　永 滦州石城人，晋匹擅之后。魏正光末，拜东平将军。时贼魁王伯生攻陷城壁，孝武遣娄昭讨之，昭请以五千行。公进曰："在速不在众。若星驰电发，出其不意，精骑五百人足矣。"帝然之，命公代昭，果讨平之，加公东平将军汶阳侯。

[辽]

正　隆

任　恂　滦州义丰人，正隆二年间，授进士。嗜诗书，其文章行实，载《中州集》。善书法，作真草隶篆，气完力劲，世宝传之，历北京监盐使。

[元]

太宗

张　晋　滦州人。宋横渠五世孙，历官睢州防御使。太宗六年，赐第于燕，并食邑于滦。见滦北有横山，追思其祖，榜曰横云清逸，筑横渠书院于城东南隅。弟智为王府参谋。

皇庆

张　德　滦州人，宋横渠七世孙，皇庆中登进士，授本州学正。文章学行，足世其家，至国朝康熙庚戌，督学蒋公超行本府，遣本州代祭其祠。

滦州乡贤人物补遗

[明]

景泰

陈　恕　字达道，滦州人。由庚午举人，同知开封府。子民下士，严吏胥，折狱立断。尝遇数人，若贵游者，公曰："此巨盗也。"逻其实果然，人称神明。归之日，泣送者遮路，行李萧然，跨驴入城，有司重其廉。凡有赠，即市铁，铸文庙祭器。盖公生平廉介好施，为诸生时应试，适岁饥，民输挽于府，偏凉汀道险，公出宾兴银佣工，凿为坦途，至今称便。谢政归，居乡谨厚，喜怒不形，恤苦赡孤，凡有关祀典祠庙香火，多资其力，时以纯德称。

成化

冯　清　字士洁，滦州人。由癸卯科举人。公为诸生时，亲丧，庐墓三年，手植松柏百余株。逾年蘩茂青葱，里人叹异。及为鄜县令，慈义兼施。狱有冤囚，力为详豁。后持金马以酬，公挥之不受，乃曰：“涤尔冤者国恩也，何谢！”时以廉孝先生称之。

白廷魁 字复古，号雪轩，滦州人。由贡生仕临县令，出供具学宫，月再课士，岁以为常。催科不扰，讼狱者理而遣之，不责赎锾。时税桑田助耕敛。以不善俯仰中忌调简，遂拂衣归。与同志论文，以寿终，子孙科隽不替。

天启

伦之楷 字百式，滦州人。由丁卯科举人，夙负经济，有应变才，知荣颍时，值大盗号一条龙者垂颐颍邑，纠众围城年余。百计攻击，公应有余力，乃乘夜晦，出奇兵尽歼其丑。生获者自叹：“不意死于若手，真男子也。”叙功以卓异，召对平台，擢御史，奉命巡漕，擒大蠹以清漕政，须发为白。又劾逃帅懦抚，又论陈启新。以上书幸得给谏，直声震殿陛。值丁内艰兼逢鼎革，乃筑门自窦通水火，台使屡荐不起，其志期忠直如此。

郑　卿 字省吾，滦州人。由贡筮仕河南府判，清慎自持，有悬鱼酌水之风。衙斋阒寂，与诸名彦，弹琴赋诗。抗疏归里，力辞聘征，著《省吾诗文》诸书。

崇祯

郝誉髦 字完璞，滦州人。由贡士初筮洪洞县丞。治本平恕，百民爱戴。值堂令病，士民奔吁两台，乞公摄篆。公视事一年，以贤能称，令自逊为莫及，遂告去。久之，公亦厌繁吏事，致政归。与里中同志者，游览燕谈，尝征遂于少年野老之场，莫不得其欢心。年八十余，尚举一雄。二女皆逾耄。后得者自明以至国朝，凡为乡饮大宾四十余年。康熙乙巳秋，自治后事，语家人曰：“吾将逝矣。”乃卒。享年九十，里人罔弗辍业奔涕焉。

康熙

石　申 字仲生，滦州人，壬午经魁，丙戌会魁。公韶华奇颖，诗文初搦管即成燕许手笔。始任庶常，屡元馆试，奉命督学南国，以成弘古义绳士，痛抑茁轧之习，所取士掄大魁者数人，经筵久资启沃，以学士擢吏部左侍郎。矢公无欲，门绝苞苴，有山涛高孝基之风。以抗当事，中忌夺职。事定后，起补刑部左侍郎，建慎刑一疏。一时传诵。丁继母艰服阕，补户部左侍郎。总督仓场，例厨馔交际取资斗级，衙侩藉此恣性吞啖，公悉其弊，一切罢去，日用茗醴，皆出自备。综核多方，有益天庾。庙堂材，公方拟大用，值慈母计闻，归里哀毁骨立，婴疾不起。卒于癸丑三月，遣本司赐谕祭一坛。

卢龙县古乡贤人材宦迹

［唐］

宪宗

田弘正　卢龙人。性忠孝，好功名，起楼聚书至万余卷。宪宗时，为魏博节度使，封沂国公。元和间，诏命史官韩愈，撰其先庙碑铭。

武宗

周　宝　卢龙人。曾祖侍选为武城令。安禄反，拒战死之。祖光济左赞善大夫。父怀义工部尚书。公仕武宗朝，为简校工部尚书，节度泾原，务力耕种聚粮二十万斛，号良将。中和初，进同平章事兼宋天下租庸副使，以功封汝南郡王。

［明］

崔维嵘　字岚峰，卢龙人。由贡士初授清丰令。清丰屡经兵燹户口凋敝，自公招抚流离，弭缉群盗，重学劝农，考最，升陕西兴安州知州，招集逃亡，贷粜劝垦，期年之内，民用辑宁。时防兵扰民，公轨法痛绳之。与守牴牾，请告归，宦囊萧然，躬耕自给。子胤瑜中癸卯科举人。

康熙

翟凤翥　字虞轩，卢龙人。由贡生训导平山，安重端方，纯以忠厚范士，士多乐为亲就。自常俸外，不取不与。告老回里，淡宁自处，毫不干谒，有古君子风。

李炜然　字含醇，卢龙人。由贡生，以州同改授云南江川县知县。江川地值冲繁，数罹兵火，百姓惊鸿甫定。公至悉心抚恤，多方安辑，设防御以固城守，发仓廪以集流亡。以土司变解任，士民镌石德之。

张星煌 字斗辉，卢龙人，由拔贡生，以通判改授襄阳卫经历，代篆宜安县及均州事。治政明决，士民钦服，督抚治三院荐最，升山东东昌府同知，有冰蘖声，士大夫皆服其贫而有守。代州事诖误回里，与同志者讲学问字，食贫不怨，温良之度，人乐近焉。所著有《临场艺》及《选刊生童试牍》诸书。

迁安县乡贤人物宦迹

[元]

崔　湿 迁安人，事亲以孝闻，初任辽阳行省郎中。程思忠作乱，据永平，剽掠乡民，公领兵保障之，后官至参政。

[明]

正统

李　和 由进士，历官河南参政，清慎详密，祀乡贤。

王　锐 由进士，授崇明尹。天性刚毅。历官都御史，值开城，土达满四谋反，讨平之，有战功，荫其侄世袭锦衣千户，祀乡贤。

张　旻 迁安人。由贡士训导荥泽，捐俸周乏，卒于官。士哀慕之。

成化

郭　镛 迁安人，由进士授金华推官，平反详久，郡无冤狱，倡修通济桥，用资益利涉。考选授御史，巡按宣大、辽东。纠劾权贵，绰有直声，转山西副使，督修边墙，节省粮耗，军民称便。劳卒于官，囊无一资，人称清介。

魏　琮 由进士为乌城县令，以廉谨称，乐成就后进，诸名士皆出其门。

王永清 由举人知阳武县，寻改延津，为政务尚德化，不事鞭朴，民爱戴之。

弘治

孙　烱 迁安人。登进士，历陕西苑马寺卿，峭直，不附权贵。

李　秀 迁安人。由举人，事继母孝，历知平原、齐河、诸城三县政务，爱民，善决疑狱。

王　廷　登进士，授兵科给事中。历山西佥事，才德为时所推，祀乡贤。

李　炫　幼而好学，冬夏兀坐一室。举进士，历甘肃行仆卿。河西叛将煽乱，公匿民舍中，示方略而戢之。事平，诬执甚众，公谳鞫，多全活。致政二纪，课子耕读，足不至官府。

陈　鼐　登进士，勤俭明敏。历曹、濮、彬、桂兵备副使，临阵躬帅，斩获甚众。

（《校注》编者注：此处缺一页。）

理学校，政教大行，有麦秀两岐之瑞，寻通判黄州，民不忍其去，为立祠，号清张。

张文遂　由贡士，知宜君县，寻调马邑，留心学校，加惠穷民，士民德之。

王　荣　由贡士，任榆林训导。未几乞休。居乡友睦，尝买人田，人不忍舍，辄还券无难色。

李士杰　为诸生时，聘陈氏女。女后失明，人皆劝更聘，公竟娶之。人钦其义，登乡荐。

［国朝］

顺治

刘光裕　迁安人，侍郎鸿儒之父，以子贵。诰赠兵部右侍郎，加一级。居乡施仁尚义，慈孝谦恭。抚育孤侄，聘嫁族女，助丧殡骨，赈饥施贫，甚至不使商人之金，不较窃禾之盗，尤人情所难。士民咸思慕焉，祀乡贤。

刘鸿儒　字鲁一，迁安县人。由丙戌科进士，初授户科都给事，兼兵科给事。手裁峻厉，遇事敢言。值畿东盐法大坏，不便于民，公为疏陈利弊极为凯切。几踏不测，时论伟之。以丁艰，顺治八年补蕃育署丞。重视执掌，一介不苟，历升兵部左侍郎。

抚宁县乡贤人材宦迹

[明]

隆庆

王胤祥 隆庆辛未进士，授河南偃城县知县。吏治澄清，恩威并著。县前有苦水井，化为甘泉，人咸谓善政之感。行取刑科给事中，激扬尽力，条陈九边要务，当宁嘉纳之。因劾江陵夺情，外转河南佥事，进四川参议，后转陕西副使。当事特荐者凡二十余疏，以亲老力辞，杜门终养，寿几八旬而终。

万历

王调元 字夔伯，号和阳，抚宁人。由戊午科举人。少孤，性至孝，父荩唐公早卒，母王孺人抚之，食贫支拄，无间寒暑。十七得补博士弟子员，学使者奇其文，使食饩焉。尝读书维摩方丈中，杂钟鱼梵呗间二十年如一日。万历戊午举乡荐，谒台使者刘公，胪王孺人守节抚孤状，刘公疏上报可，敕有司旌表。乌头楔掉，大书于闾曰："故茂才王尧相妻王氏贞节之门。"辛未以母老，乞署教职。乃除嵩县谕，仿胡安定教士，法与诸生相切劘，嵩人始知师弟之礼。势家仆有辱诸生者，闻公不畏强御，惶谢不谨乃已。甲戌，升山东临朐令。齐俗夸而好讼，犹有六博，蹋鞠、斗鸡、走狗之遗风，公一切以宽平简易治之。至有听断退食，必告王孺人称善乃敢就舍，其孝谨如此。时流寇犯河南，朝廷用言者议，以修城垣、练乡勇，为守令殿最。朐城故版筑，地高无水，廛闬鳞次，附女墙而居者千余家。令下之日，公曰："贼远在二千里外，先使吾民妇子露处失业，是人心先自解也。"青州道朱公，单骑来视，高墉屹屹，守御之具，歼悉毕备。乃叹公言为是。时滕人御史张公为桑梓计，上疏谓宜选良吏，以守冲要。敕抚按推择，更调以闻。当事者以公应诏，乃调知滕县。先是妖贼徐鸿儒之乱，滕人死者无算，又其民邻曹、濮，其人轻剽悍疾，多推埋探丸之盗。公令严法治，有犯必诛，于是奸盗屏息，境内肃然。会邹、峄两令缺，乃议以公兼摄，将以困之也。公请于抚军，抚军戒勿往，而檄太守再择吏。于是太守积不平曰："此鞅鞅者难为下也。"居亡何，以憨直论劾罢归。公归二年，山东被兵，州县破者十有六七，公为王孺人寿曰："使我不以得罪上官斥，安能视慈母之含禭乎，乃知忌之者，适所以成吾志也。"公家居三十年，足未尝一履公庭。邑宰到门，多以病辞。故人在铨部，招之不往。又属台使起之，公惟笑而谢之。孝廉张君启源，与公为一人之交，以其季女为公子恒妇，既委禽矣。张君早世，女遭兵燹，公不以存亡贫富易，访得为恒娶焉。季子明妻澹氏，其父世烈判禹州而客死，公为归其旅榇，而养其寡妻，诫季子以母事之。凡此皆人所难能者，而公顾毅然为之，虽前史所载范巨卿之与张劭，何以加焉。公亡年八十有五。少宰石公，仪部佘公，尝表志其墓。康熙己酉，莱阳宋玉叔先生，复赞其世家曰："余家青、齐之间，驱车而过，骈邑之墟。其父老多言王公之为宰，诚长者也。后余持节右北平，尝一再造其庐，王公辄谢不见，然知其笃行君子也。及闻张孝廉与詹州吏之事，不以生死盛衰易心，何其深于义耶？夫燕赵古多悲歌慷慨之士，而不少概见何哉？若王公者，斯无愧于己。呜乎徒循吏也哉。"

徐应登　字子科，敦行孝友，不昧孤侄遗金，乡党推重。以明经授真定，广文教人，先德行而后文艺，弟子佩服不谊。

萧奇楹　抚宁人，总戎萧升孙，任涨湫参将，居官数载，持身冰蘖，林居食贫，无所干谒，乡党重之。

徐延荣　字仁甫，抚宁人。由恩贡通判，改授河南新乡县县丞，仍加六品服俸，莅任一载，固辞而归。致政还里，杜门谢客，不入城市，人咸重之。

王际明　由贡士任清河县学博，秉性刚直，言行不苟，升陕西沔县知县。未半月，遭防兵通寇，夜袭破城，士民惊散。公执铁锏，率家僮与敌，贼多有中伤者，公为乱矢所困，犹血战不屈，贼惧乃却。未几复挟忿调兵严攻，七月不下，积劳成疾，告休还里。路经临清之变，誓不幸生，登楼自焚。山左抚按以临难不苟，于逆旅交章入告。部覆方下，闯贼陷京，未沾恤典，人至今痛之。

翟凌云 字昆瀛，由明经授山东肥城县令，不畏权势，除巨奸大蠹，擢兖州同知。浚河有功，省帑银四十万，为共事者所忌，罢归林下。三十余年，阖门养重，称乡望焉。

萧奇栋 号擎元，抚宁人。由恩贡初筮山西蒲县知县，时流寇猖獗，骚扰地方。蒲邑凋残，民不聊生，公至抚循多方，悉备战守之具。百姓恃以安辑，一时载之。寻升南阳府同知，卒于官。

王之葵 由贡士，任江南徐州河粮厅。智明胆决，不肯阿徇。当流寇之乱，州牧自焚，公亦坚求自尽，士民力救得免。以徐水陆要冲，南北限界，难治易乱，各宪司勉吕代篆。公勉视事三载，抚恤疮痍，安辑流离，民得复业，一时称颂不辍。

冯泰运 字羲轩，任江南溧水县知县。履任初，敬事爱民，兴贤礼士，溧水士民，咸为钦服。尝捐赀二百余金，助修抚宁学宫，及制铜冶祭器百余件，以光春秋祀典，以垂不朽，尤今人所难者。

昌黎县古乡贤人物宦迹

[魏]

孝文

韩麒麟 昌黎人。为人恭慎，恒置律令于座傍。魏孝文时为齐州刺史，不尚刑法。太和中京师饥，公表陈时务甚切。卒日惟有俸绢数十四，追封燕郡公，谥康和。

[隋]

卢　勣 昌黎人。聪悟有才，为渭州刺史，多惠政，军民悦服，致有白马玉桨之瑞。累功封楚国公，谥襄。子毓忠于炀帝遇害，诏赠大将军，封正县侯，谥悯。孙愿师袭仪同三司。

[唐]

李光弼 昌黎柳城人。郭子仪荐其能，授河东节度使。公谋定而后战，能以少击众。天下服其威名，唐室中兴战功推为第一。累功封追荥阳郡王，图形凌烟阁，谥武穆。

韩　愈 字退之，昌黎人。自晋韩恬入后魏为玄菟守，恬曾孙徙昌黎棘城，故公尝自称昌黎人，自其曾祖任曹州司马，因家于河阳，而子孙不复在此，遂有河南邓州之说。今昌黎有韩氏祖坟及文公祠在。公三岁而孤，会兄贬岭表。兄卒，鞠于嫂郑氏。元和间，以文学倡天下，学者仰之如泰山北斗。累官至考功郎中，知制诰，刑部侍郎，以谏迎佛骨贬潮州刺史。赠礼部尚书，谥文。宋元丰元年诏封昌黎伯，特庙祀之。

人材补遗

杜　源　侍郎谦长子。举进士，历青州知府，有廉能声。内行修谨，置义田，以周族姓，祀乡贤。

王　贵　授苏州府同知，升庆阳知府。有德望，祀乡贤。

杜　汉　侍郎谦季子，以荫至南康知府，宅心浑厚，乡里推重，祀乡贤。

王　槐　由儒士，工书翰，任中书，历工部左侍郎。清慎正直，不阿权贵。世庙嘉其忠，封赠祖父如其官。

［明］

隆庆

齐宗尧　知汾州，爱民教士，积有善政。隆庆丁卯城守有功，升运同。

万历

齐鸣凤　宗尧长子，辽东自在州知州，清廉有为，刚介不阿，师邑侯孟秋，讲良知之学，乡里重之。

王尚贤　翰之子，性孝友。堂弟郎中尚直乏嗣，令次孙承祧，而不利其产，居乡恂恂仁恕，因号恕斋。知富平县有名，及归，囊橐萧然，不异寒素。孙之屏登科，人以为善报云。

汪可诏　任巩昌府推官。莅政严明，升临洮府同知。

张国祥　少失怙恃，父昂上元主簿，死，遗妾王氏年十九，砥节苦守。公长奉事如礼。师邑侯孟秋讲学，力行不倦，后师杨公启元，悟罗近溪性命。宗旨初任丰润县学训，以身率士，士风丕变。建魁星楼，以培风气，丰庠科甲，自此盛焉。升渭源令，苏驿弊，减杂徭，阑奸保良，罢民再起。有番里曰南川，不习文教。祥择其子弟，朱际昌劝课读书，力荐入泮以鼓吹送归里中，番人聚观者塞山野，文教以兴，及解绶归，囊无长物，惟以琴书自娱。讲读课子，邑大夫及乡里推重之，尊如模范。殁之日，远近思之。子登科贡绵绵入谓其贻谋之善报云。县府道举乡贤。

崇祯

龙呈图　积学富文，天资和厚。任邓州佐，升山东都司经历，廉静有声，解组归。崇祯庚午，捐资鼓士，撄城守御，以功加四品服，授中宪大夫。

万人杰　禀性端方，谦恭孝谨，为诸生，即以廉节自饬。庚午之后，煮粥赈济，输金供费，昼夜御守，不避矢石。由贡士为祁州训，值大兵攻祁，公率众力守，卒以保全，特以性不善阿，当道忌之，故功不及录。祁之士民，至今颂其德焉。祀府庠。

田宗周　三任广文，赋性仁厚，与人交，谦谨俨然有道遗范。寿享九十有六。

乐亭县古乡贤人材宦迹

[金]

天会

李　杭　乐亭人。天会初，登进士。时平滦兵戈甫定，民未知学。公特择城东南隅，创立先圣庙，岁时祭享，以倡明圣教，维风振俗，徽猷甚远。仕至刺史，有声于时。

明昌

鲜于仲权　乐亭人，登明昌间进士，公博学好古，以道义自重。时乐亭无学舍，公慨然倡义，增建黉舍，设立学馆，汲引后学。人皆知以礼义自闲，数年之间人物彬彬称盛。弟仲毕官至昭信校尉。

[元]

王　统　世居乐亭，刚毅有才力，金末为裨将，从帅出镇高丽，东方以宁。子元初以功升大都、大同、真定等处粤鲁都总管。孙圭至元中，知商州兼诸军事，接人谦抑，政事秩秩有条。商人德之。圭子褫刚，授武略将军，带金符千夫长。

至正

杨绍先　乐亭蔡家庄人。由进士，至正中为集贤院司直学士，德行文章为世推重。尝集书三百六十三部，赍藏本县学库，备邑弟子员，及民间俊秀参考博览。子塾仕至济南路，厌次县尹。善篆书，不坠家声，见邑庙学碑。

烈　士

[国朝]

康熙

陈柱国　台上社人，由行伍，康熙十一年，援补驻防乐亭县把总。剧盗伺县官赴郡会审，伪扮行客送柩，暗袭入城。柱国赴斗，时部伍分守各门，不及招集，单身奋击，众寡不敌，中以流矢，为贼所获，缚令导引，以肆劫掠，柱国裂眦叱骂，遂遇害。具题奉圣旨赏银一百两，以襄葬事，人皆壮之。

山海卫乡贤人材宦迹补遗

[国朝]

顺治

吕鸣夏　字九三，山海人，由万历乙卯科举人。天性孝友，弟鸣云殁于王事，遗孤幼呱，抚训成立，婚娶游泮，论与重之。初仕清丰谕，继补束鹿，劝课有方，升真定二府，分驻宣镇。以抗直取忤，挂冠归里。明末贼逼关门，值公家居，佐平西王举义歼寇录功，补授卫辉太守。时天下初定，拊安百姓，政迹称最。擢陕西固原道兵备，值降将武大定等谋叛，以兵协之，公不少屈，历数其罪，骂不绝口，遂遇害。事闻，赠光禄卿荫，葬，以酬其忠云，入祀乡贤。

程继贤　号敬庵，山海人。由万历二十一年贡监，初授中书舍人，历尚宝司卿，封朝议大夫。公行四事，亲不诿诸兄，父百岁，具奏建坊。完兄产，抚兄子，时以孝弟称。有故交户曹邓公承简，以事羁京，八载有余，公每济其乏，久不厌繁，及殁为具棺殓送归。粤西一友人，曾为钱法督理，密以三千金，夜送公寓，公却之。且曲为地，复以善言相沮，未几事果败，众服其有识。本卫军徭银，两岁派催头，久为民扰，公陈诸当事，力除其弊，乡人感悦。年逾七旬，见后生童稚不挟长态恂恂下，济人亦多，亲就如怙恃云。甲申，守官都门，不臣逆闯，捶几至死。及侨寓天津，土寇忽起，独公不屈，竟遇害。乡人痛惜之。顺治庚子，本卫士民公呈转申入祠崇祀。

吕鸣章　字太吕，山海人。由选贡，公以世胄起家，尝遵父命，让爵与弟。顺母心，让产与弟。以官荫予侄。又为亡侄立嗣，其孝友如此。初筮许州判官。当事者重其才识，寄以抚寇之任，深入寇垒，能不辱命。比旋寇叛，躬率家丁巷战，保全阖城，百姓尸祝之。寻迁京秩，以内艰归。适有悍卒潜谋不轨者，抚道觉之，尝就谋方略。公但策以抚□□消未形之患。甲申革命时，佐平西王吴公，兴义旅，大战石河，努力歼寇，单骑入阵，措备糗糒，督民饷士，录功补授户部山东司员外，历关西道参议，以忤过客致政还里。相国党公重惜之，莫能挽也。归林二十年，问耕课读，清素自甘。子爆如，由顺治十年贡。历黄陂宰县，孙出增榆庠诸生，皆能克缵厥绪云。

佘一元　字占一，号潜沧，山海人。由丁亥进士，初授刑部江南司主事，以公持重端方，调礼部主客司主事。□官清正不徼不阿，升祠祭司员外郎，遇事敢言。凡所建白，多中要紧。时以廉介闻，历仪制司加从四品，告疾还里，屡征不就，闭户著书，不事干谒。岁时立社讲学，启迪后进，关门文武诸有司，重公高尚，凡有兴建，莫不就访，以决其议。至事有干于学校，名数增减，及地方兴除大务，公更留心救正之。绅士咸依公为师表，商民俱爱公如冬日云。子瑜荫生，所著有《潜沧文集》八卷，及重修《山海关志》为畿东名画。

栾东龙　字云从，山海人。由崇祯九年贡，公生而颖异，识见超卓。为诸生时，凡当事者有难决急务，每咨访于公，事果得济。初训

□□，继补雄县。随在教法严整，人钦模范，及补寿张，有治声，升平阳府同知。年已七旬，及还里，持躬清介，俭素自守，教子抚孙，不□□□□□长者称之。子正馥。由贡生任赵州学正，孙三，俱庠生，皆有祖风。

穆齐英 山海人。由贡监。顺治元年授河南商城县县丞，遇覃恩，封奉政大夫，贵而能谦，敦义让重然诺望重乡族，义训有方。子三；长尔谟，成进士，以部郎擢守莱郡。次尔诰，游京武庠。季尔训，登武乡榜。其诸孙振振，或游乡学，或跻成均，济济多人，关门族党之盛，无复出公右者。

刘克孔 字扶宇，山海人。由拔贡，顺治三年授平度州同知，寻迁温州府通判，历六安知州，及潞安府同知。所在有治声，去后咸歌思不衰。康熙初，升山西汾州府知府，甫下车，兴学惠民，轻徭薄赋，厉冰茹蘖，听断如神，讼者咸归之，大为各宪司所重。治汾十年，吏服民安，考绩称最。加一级，晋三品秩。

刘克肃 山海人。崇祯五年贡，乙酉科副榜，任涿州学正。纯功邃养，设教有年，榆关知名之士，多出其门。

冯祥聘 山海人，由顺治元年录功，授山东齐河知县，升湖广长沙府同知。事孀母，曲承养，志教及门，善诱成材。参赞宣劳，循良著绩。齐河县建有专祠。

王从政 山海人。由万历九年贡，任山东莱阳县知县。多善政，被诬莱民，代为辩之，未白，后其子以死，疏救得免。居乡称孝，与乡饮大宾。

孝　行

[国朝]

康熙

韩坤业 府庠生，东胜卫人。幼失父，事母恭谨。母亡庐墓三年，风雨不怠。康熙八年督学蒋公较士，按临八学，师生合词，公举表扬其孝。蒙赠以书币，擢以优等，覆以伞扇，自中门鼓乐导出。九年具题，奉圣旨给银三十两，立坊旌之。

徐进孝 抚宁县民，因父行善，心疾难愈。孝贫不能延医，叩神许愿病愈，以愿未偿，父疾复作，孝以镰刀割胸前肉如掌，祷还神愿，父疾立愈，将肉挂于庙前树上。经数月毫不腐臭，鹰鸟皆不忍食，人皆谓纯孝所感云。有司表其闾曰：一乡孝行。

卷之二十一

莱阳　　宋　琬遗次
宜兴　　路　遴参校
广宁　　常文魁续补

烈　女

闺门为风化之原，故二南必首《关雎》，宣尼删诗之意。盖端厥本也。俗尚贞淫，治道因之隆替。主持风教者，不可不有移风易俗之权。此女史有编，而列女传之弗容已于作也。然女有四德，断取诸贞，其中从一而终，冰霜励节，守身之凛，多有能为男子之所不能为者。观于斯，而世之号为美，丈夫反宜对之而增恧焉。又不止为闺门训已。北平固边鄙，得为京畿东辅，化行自近代堪纪者，实不乏人。嗟乎！宦光生于苎罗，王嫱出于姊归，未尝不足为其地夸艳。终不如黄绢之碑永著曹江绿珠之井遗丽合浦也。

[**金**]

义丰县令李宝信妻**王　氏**　值平州军乱陷于贼，逼室之，王氏骂不从，贼怒支解之。大定十二年，赠贞烈县君。

李伯通妻**周　氏**　滦州人。周年十六，父母许聘李，邻豪观周姿，欲贿夺之。周以死拒，卒归李。后伯通为丰润令，挈妻子之任。金末，元兵攻丰润，伯通不知所往。周与子易被执，周不屈，自投深堑。兵以为死，去之。周得不死，携易至汴，托居孀李，织纴自给，教易有成。

张　氏　信武将军齐某妻，锦州故工部尚书九思后也。适齐封汝南县君，能抚其前子。将军观史，张从旁问，将军重之。后将军卒。贞祐初，蒙古兵入平滦大掠，乃携家之燕，乱平归业，已焚荡无余。张甘辛苦，拮据治家，竟能保有宗祀。孀守三十年卒。及殡执绋送者千人，乡贡守素其子也。

[元]

任椿妻**董　氏**　滦州人。幼适椿，曲尽妇道。未三十而椿亡。董励冰霜之操，慕共姜之风，抚育诸孤。元贞三年旌表。椿为南麓先生五世孙。

王宗仁妻**宋　氏**　进士宋褧之女也。宗仁家永平兵乱偕宋避于铧子山。夫妇为军所掳，行至玉田，有窥宋色美，欲害宗仁者。宋顾谓夫曰："我不幸至此，必不以身累君。"遂携一女投井死，时年二十九。

陈　氏　昌黎人。父隆累官司徒。陈通诗经，年二十，归应州邢简。孝舅姑，闺门和睦，生六子，亲教以经学。后二子抱朴、抱质皆仕辽位宰相。卒，赠鲁国夫人。

王　氏　昌黎人。李贤卿妻，年十八，夫故，誓不他适。纺绩以养舅姑，始终人无闲言。至正十五年旌表。

[明]

李　氏　卢龙吕文秀妻。年二十二而寡，遗孤在哺亦殇，李以针工自给，天顺八年旌表。

杜　氏　卢龙生员李达妻，侍郎谦之姊也。年二十五而寡，遗孤二岁，杜守而抚成。天顺八年旌表。

孙　氏　卢龙刘俭妻，年二十六而寡。养舅姑，抚孤，克尽慈孝。成化二十年旌表。

周　氏　卢龙李泽妻，年二十五而寡，剪发自誓。姑安氏九十余，患风痹不能步履，候起居，侍汤药，经年殁，葬以礼。成化二十年旌表。

叶　氏　卢龙王铭妻，年二十三，夫亡孤守。苦节四十余年，以纺绩自给，教子有成。成化二十年旌表。

李　氏　杨江妻，燕河营人。夫死无子。嘉靖九年，敌自黄崖入犯，被获，拥之上马不从，大骂见杀。

戴　氏　府学生员陈表妻。年二十九而寡，抚遗孤，以女工自给，四十余年无异。万历元年旌表。

钱　氏　翟堂妻，燕河营人。堂卒，钱方十九，子守忠尚在襁褓，奉姑守节。姑八十余终，子亦寻卒，门无五尺童，家无升斗储，钱与子妇相依为命，人称双节。

翟　氏　府学生员李鹗妻，年二十七而寡。子学孟在抱，奉舅姑尽礼，抚孤为诸生，守节四十余年。

张　氏　卢龙进士郭经妻，家贫，事姑杨氏尽孝。夫卒抚嗣，守节终身。

胡　氏　府学生员李梦妻，年二十而寡，抚孤守节。

霍　氏　青山驻操艾绣妻。年二十余而寡，长斋守志，年至八十余。

刘　氏　卢龙故家女，御史韩应庚五十无子，知其贞静，求为侧室。父有难色，刘晓书史，翻晋络秀传。父解其意，乃嫁之。年二十八，而应庚卒，生子原浚，方十余岁。刘扶嫡郝氏坐堂上，呼家僮抱原浚于前，慨然谕以抚孤大义，内外帖然。崇祯庚午，郡城垂危，刘尽生平耕织所贮，括万金上军门犒师，命原浚避难，以存韩祀。而身与城为存亡，城陷复以智免。

杨　氏　韩御史侧室，庚午被执，大骂而死。

宋　氏　佥宪韩原善继妻，封孺人，赋性贞静，年三十而寡。力持家政，遇前子广业慈爱，佐膏火，成名士。次弘业己出也，甫数岁，佥宪卒，教之独严，今为知县。

王　氏　韩华阴令仲子原洁妻。乐亭王大司徒孙女也。庚午夫遇害，王不惮凶秽，泣寻夫尸于积骸中，即欲枕尸而死。姑徐氏，携孤坤业，百端劝慰，乃忍恸免从，逾两月，生遗腹子泰业，苦节守志，教子游泮，乡称大慈。

李　氏　布政充浊之女，适卢龙卫指挥焦承勋。勋居职廉，有父润风，早卒。李年二十余，哀毁绝粒，誓以殉夫。姑谕以遗孕在腹，当念焦氏后，李乃勉从姑命，生子效良，抚孤奉姑，靡不周至，终身非至亲不面。诏旌。

韩　氏　卢龙光禄监事李浣妻，封御史廷义女也。夫卒无嗣，哀毁庐墓，复肖夫像，并夫之父方伯公，祖郡守公之像，筑万柳庄别业，祀之。自制诗文书于壁，妇道所难得也。给事白瑜勒石记之。

陈　氏　卢龙太仆卿王庭长女，适庠生韩景昌。庚午景昌死于兵，陈扶八旬祖姑，携三岁孤遇春，皆保全。教遇春为诸生。

陈　氏　名静英，太仆卿王庭次女。字滦州高尚书孤士凤，年十四，庚午乱中，乡绅白某妻罗氏知女美而慧，欲为侄娶之，给太仆夫人云：令将选民女，迎英避其家。英往，罗伪言高阖门被杀，强之议婚，女不可，夜簪高聘钗自缢。

秦　氏　两当知县李可培妻，卢龙人。庚午不屈投井死。子生员正藻被杀，妇田氏年十九，子端，生六日投井救免。养祖姑至九十，抚端为武生，守节三十年。

彭　氏　卢龙陆纯妻。夫故，守节，抚子松成立，年至八十五。松死，妻梁氏抚孤完节，年至七十五。人称双节。

王　氏　卢龙生员韩原相妻，庚午率子妇吕氏俱缢死。

李　氏　卢龙户部主事朱文运继妻。年二十六，夫亡，事姑孝。抚子济美成诸生。

王　氏　卢龙汤世功妻，夫亡守节，抚子思道为参将。

王　氏　卢龙生员侯王臣妻，夫死不食七日而死。

陈　氏　卢龙王自省妻。夫死，陈年二十余，矢志守节，教子耀祖、显祖为诸生。

石　氏　千总朱镇胡妻，镇胡从军殁，石年二十余。或怜其少艾无子劝之嫁，石悲号欲绝，茹辛忍苦，纺绩资赡，几四十年始终一节。

蔡　氏　郡庠生韩修业妻。夫死，蔡年少无子，苦守四十余年。

尚　氏　卢龙生员李思敬妻。姑年衰暮，夫患痼疾，尚奉养服劳，克尽其道。姑与夫相继捐馆，子科甫八岁，含冰茹荼，教之游泮，守志五十余年。

岂　氏　燕河营宋成禄妻。十九夫亡，遗子鸿儒方三月。教成诸生，食饩。年七十余。崇祯十四年旌表。

陈　氏　卢龙举人廖从周子承训妻。庚午，承训与叔师周俱被害。师周妻刘氏病，遗孤雅尚未周龄。陈恐廖门无后，舍己女以乳叔，教入泮，雅亦以母事之，人称节孝。

高　氏　抚宁金禧妻。年二十五，禧故，子镛方二岁。高抚孤自守，舅姑怜其幼，欲夺其志，不从，人有慕其姿者争求之。高知，夜闭户窗，以艾灼面，及觉毁窗入救，面灼成疮矣。勤女红，课镛读书，镛官光禄寺署正。封高为孺人，年九十终，诏旌。

王　氏　抚宁乔润妻。年二十六，润故男嵩在抱，王以节自持，抚子为明经，官山东长山知县，完节诏旌。

李　氏　抚宁姚斌妻。年二十七，斌故，男政襁褓，誓不他适。纺绩供政读书，政领永乐丁酉乡荐，累官两浙盐运使。诏旌，以子贵赠太宜人。

王　氏　抚宁翟昊妻。年二十五，昊故，子鹏方三岁，王矢节自守，闭门绩纺，课鹏读书，虽至亲亦不见面。鹏登正德戊辰进士，授户部主事。诏旌以子贵赠太宜人。有翰林院修撰李廷相叙之。

刘　氏　抚宁生员许俊妻。年二十四，俊故，遗孤幼弱，刘抚成立，八十卒，人无闲言。诏旌。

李　氏　抚宁金鼐妻。年二十八，鼐故，无子。贞烈自励，矢不他适。感舅妾张氏、刘氏同守，衣食屡乏，节操愈坚，诏旌一门三节。

袁　氏　抚宁生员贾真儒妻。年二十八，真儒故，袁遂绝粒，勺水不入口，欲从其夫于地下。亲属劝之曰："姑老子幼，汝死何赖？"强起食，亲女红，敦俭约。上事六十孀姑，下抚孱弱二子，年逾七十，节坚发白，母仪妇道克尽。

刘 氏 昌黎白瑛继室。年二十，瑛故，抚前室二岁子聪视如己出，奉姑纺绩始终无二。诏旌。

汪 氏 教谕大绅女也。适昌黎张湖。湖殁，汪方二十一。自知孑嫠，难以存立。将已产遗张族，就养于母家，五十余年清节著闻。

李 氏 昌黎郭宗愚妻。愚早殁，李年二十五，抚孤子，镇纺织，以资衣食。九十而卒。

李 氏 昌黎庠生郭然妻。然亡，李年二十五，抚一子一女，历尽艰难，至九十卒。

王 氏 昌黎齐逌妻。逌卒，王年二十一，誓不再嫁，勤纺绩，孝姑嫜，藐孤宗尧甫一岁耳，抚而教之。仕宦若子，若孙、若曾，青毡世业不失，皆节所留也。

赵 氏 昌黎庠生王尚宾妻。宾早殁，赵二十五，抚二女，清白苦守。

王 氏 上元主簿张昺妾。昺卒于任，王甫十九，遗有嫡齐氏孤子国祥，王痛夫亡，携孤扶榇还昌黎守节。族人欲夺其志，自缢至再，七日不饮食，知不可夺乃止。抚祥成立且仕矣，王年七十卒，侍妾以节闻者难之，矧子非其出也。县官为之请表。

李 氏 昌黎王欣妻，年二十六守节，至八十七卒。

李 氏 昌黎省祭苏学颜妻，年十九守节，至五十七卒。

孙 氏 滦州宋升妻，守节，天顺五年旌表。

吴 氏 滦州王弘妻，未二十而寡，奉姑训子，七十余。成化四年旌表。

许 氏 名毓英，滦州王侃妻。侃卒，遗子蕃幼，稍长许训以《春秋》成进士，为御史。受封太孺人，弘治十四年旌表。

余 氏 滦州陈瑛妻，户部员外郎稹之女。年十七，归瑛二载，瑛暴卒，哀毁骨立，奉舅姑尽道。母怜其无依，欲夺志。余闻悲愤成疾以死，弘治十四年旌表。

王 氏 滦州刘敬妻守节，嘉靖七年旌表。

赵　氏　滦州监生欧阳玳妻守节，万历十四年旌表。

吴　氏　滦州生员郝郊妻守节，万历十八年旌表。

历　氏　滦州王思文妻守节，万历十九年旌表。

陈　氏　滦州李发妻守节，万历二十二年旌表。

王　氏　滦州生员李东妻守节，万历三十六年旌表。

张　氏　滦州庠生王许妻守节，万历四十年旌表。

宋　氏　滦州庠生陈蒙吉妻。崇祯三年，城破殉节，诏旌。

石　氏　乐亭人，太守石某女，适丰润县尹王伯川，生子守兴。伯川早卒，其子亦夭，石抚其妾子无异己出，又丐文立碑祖茔，纪先世功德。翁瓒恶之，为磨其文面削妾子名。石抚成立，比翁卒，犹为立石，纪瓒不仕高蹈之志。此亦妇人中之慈孝两全者。

孙　氏　乐亭宋升妻。年二十七，升殁家贫，二孤襁褓，孙旦织夜纺，以给衣食。后二子相继亡，又抚遗孙成立，八十余卒。天顺癸未旌表。

王　氏　乐亭刘敬妻，年二十二，敬卒遗一女，王不再适，纴刺自给。年六十五卒，嘉靖七年旌表。

李　氏　乐亭宫富妻。年十九，富卒。一子襁褓，守节四十年无玷。嘉靖八年旌表。

葛　氏　乐亭党文明妻，年十八归党，五月而夫逝，号痛不辍，其母止之。葛曰："夫死再嫁，岂良妇耶？"因自缢，人觉而救苏。夫殡防少弛，葛竟缢死。

商　氏　乐亭生员刘盂弦妻。子珠甫三月而孤，饘粥不给，商奉姑尽欢，年七十终。

杨　氏　乐亭生员卢继伯妻。年十六于归，未再岁夫殁，恸欲俱亡。时有娠五月，姑李恭人亦孀居，谕曰："倘得一子，亦可承祀，佘何死为？"果生子，闺范甚肃，奉姑极孝，姑病月余，昼夜扶掖尝药，及卒，哀毁，又善奉庶姑，宗族多强悍欺孤，杨诫子勤学为诸生。

王　氏　乐亭生员汪必相妻，年十九，夫殁，遗孤襁褓，哀毁骨立。自缢柩前，赖救获免。纺绩事姑。姑暑月患痈，王昼夜洗濯敷药，吁天身代，果愈。逾数岁，姑终。虽贫，殡葬如礼。历艰四十年如一日。万历三十三年旌表。

崔　氏　永平卫赠镇抚杨成妻。年二十六而寡，二子兴旺在抱，纺绩自活。宣德三年旌表。

茹　氏　永平卫生员朱廷芳妻，年二十一而寡，抚孤克俭。甘贫守节。

张　氏　东胜左卫知州唐福继室也，年二十四，福故，遗腹子騆，例宜袭。张让族袭卫职，教騆成明经，任学正，子孙绵绵仕宦。

韩　氏　卢龙卫指挥同知焦庆延妻。庚午，夫战死陴间，韩即求死，家人力止之。出城远匿山庄，守节二十余年，及卒，与夫木主合葬之。

王　氏　东胜卫程玉妻。夫亡，里媪欲夺其志，啖姑以厚利。氏窃知之，泣曰："妾即窭家儿，顾可以利失身乎！"投缳而死。总兵罗希韩葬之城西芦岗，总理戚继光为之立碑。

王　氏　卢龙卫指挥佥事孙鋐妻。夫亡，年二十二，甘贫守节。

谢　氏　永平卫杨太芳妻。夫亡绝粒，九日而死，与夫同棺以殡。

牛　氏　卢龙卫百户马逢时妻。夫故守制，训子玉聪，列郡廪生，庚午城陷，自缢完节。

杨　氏　永平卫监生张世昌妻。夫亡，无子，守节诏旌。

杨　氏　东胜左卫白镛妻。夫殁，养姑守节，人无闲言，诏旌。

刘　氏　东胜左卫总旗卢尚钦妻。年二十一而寡，遗孤彦忠甫三月，欲死以殉。姑与父母谓之曰："死矣奈孤何？"乃强从，抚孤有成。

华　氏　抚宁卫军余华寿女。母潘氏，年二十五。华寿告回原籍取军装，去无消息。时女方五龄，母曰："夫去不回，女幼无靠，我将何之！"誓守此女，贫苦不恤。及女稍长，母欲议婚，女曰："母为我而守节，我安忍离母，我亦誓与母共甘苦。"如是者几四十年。

母故，遂柩母于床侧，其节益励。破屋半间，风雨不蔽，亲宗弗倚，衣食常缺，惟闭户诵经念佛而已。甘心穷饿，视死如归，校之抚孤依亲而守节者，不又贤乎哉！至万历七年病卒，年六十余矣。邻里怜之，生常为给食，死复为助棺，完女终身。苦节称异。知县徐汝孝上其事，诏旌其门为贞孝之门。

赵　女　一片石军人赵来住之女也。年十四，其母过邻家，时同戍军窥母不在，假借针挑女。女遂怒，手批军面，军惊去。母归哭诉曰："我为女子，尚未适人。贼军辄敢淫语谑我，安用生为。"求自尽，母防之，既三日，给其母曰："盍往理煤？"母出，遂阖户自缢而死。知府张世烈勘明，置军于法，为之营葬树碑，以旌其烈焉。

黄　氏　女名妙宣，山海卫人。年十七，许字龙升，届十九未过门，而升物故。女闻讣哀恸，不食久之。有求聘者，女不可。父母强之，则以死誓，知不可夺乃止。侍亲极孝，饮食衣浣皆出其手。族叔婶继亡，遗三尺孤，时为抚养，且教之成立。年逾七旬，颜发如童。其天植之节乎！

张　氏　山海卫张千户之女，为李百户长男升之妇。升之病死无子，晨夕哀恸，见者感动。舅姑强之嫁，七日自缢死。

郭　氏　山海生员何志道妻。年二十有四，夫卒，舅姑子女俱无。父母怜其孑处，取归养之，讽以别醮，誓不可，屡强，乃徉许曰："即改嫁，须还顾何门。"及至何，痛哭竟日，中夜自缢死。

田　氏　山海卫千户刘世隆妻，监生田路女也。世隆守界岭口阵亡，时田年二十有九，孑处矢死靡他，至八十七卒。孀居五十八载，备尝艰苦。

郭　氏　山海都督张世忠妻，寿官郭茂之女也。忠死事，郭年二十有九，几欲捐生。戚属以抚孤劝矢志，二十余年卒。御史温如璋疏称："夫为国而死忠，妻为夫而苦节。昭哉双义，久矣可嘉。"特竖旌坊。

萧　氏　山海生员张云鹗妻，父萧大壮亦庠生。鹗卒，萧年二十有六，遗子重立甫五岁，室如悬磬，苦心抚育，竟荐乡书。重立又卒，遗妻王氏及幼子三人，萧复艰苦共守。后诸孙长，并攻儒业，年七十五而终。

林　氏　山海卫卒罗荣妻。年二十有七，荣死，家贫子幼，苦志自守。卒时九十有六，孀居六十九年。

郭　氏　山海卫朱澄之妻，父郭洪乃舍人。澄卒，郭年才二十二，且无子。甘守孤贫。年八十卒，茹荼六十秋。

倪　氏　山海监生栾养义妻。养义亡，倪年二十有四，抚二子苦心训育，誓不二醮。八十卒。

张　氏　山海刘复初妻，抚宁张畋女也。夫卒，张年二十有七，仅一女。语及改适，辄惭愤，孝养其姑，五十二而终。

韩　氏　山海卫千户高世勋妻。年二十六夫殁，生子尚忠方怀抱，抚育苦守。子袭职，时韩正七十。

刘　氏　山海卫千户洪大金妻。年二十夫故，家徒壁立，抚孤成人，六十余年苦节。

刘　氏　山海太学萧被远妻，冏卿复礼女。年二十八，被远故，子女俱无，孤守四十余年。闺门不出，笑言必谨。

林　氏　山海生员程继中妻。夫殁，引刀欲殉，毁容断发。

罗　氏　山海生员郑廷献妻。年二十有二，而献死，遗一子，守节不渝，子允升游泮食饩，而罗已老。

魏　氏　山海卫指挥李宗尧妻。年二十五，夫故无嗣，守节六十年。

王　氏　山海庠生萧裕远妻，知县从正女也。三十而裕远殁，遗一女。孤守无他志，动循礼法，耄年而终。

鲁　氏　山海儒士穆齐伦妻。年十六，伦殁，仅遗一子，鲁即欲殉，剪发营葬。

周　氏　山海韩国祯妻。少嫠幼孤，断火绝粒，日攻针指，抚子有成。

张　氏　山海儒士辛栋隆妻。夫故，时张方二十有一，家甚贫，遗一子尚幼，侍养姑舅，女红课子游泮。

杨　氏　山海生员张翱妻，翱孝廉重立季子也。孝廉早世，孀姑王氏在堂。时杨年二十，守孤子四岁，不辞贫窭，孝姑教子，祖姑孙三世，俱以节闻。

孙　氏　山海廪生萧行远妻。年二十以室女继醮行远，克执妇道，虑夫无嗣，脱珥置媵未育。夫故，伶仃靡倚，孤守四十年，临终几无殓者。

郭　氏　山海生员谭有临妻。年二十而夫故，誓死殉夫，幸慈姑多方劝慰，鞠养周岁呱儿，苦节四十余年。

范　氏　山海卫十户张守诚妻。笃志孤守，允称苦节。

陈　氏　山海标兵马如麒之妻。麒从镇将追剿叛兵，卸甲中风死。陈闻变誓以身殉，时年二十五，有子甫四岁，麒柩停北门外，赴柩侧哭三昼夜，目不睫，食不进。姑劝以抚孤，乃谓姑曰：“若非尔子耶？二十六岁尚不能事姑，以终天年。此茕茕者，又何恃焉。”遂弃不复顾，乘间自缢死。关内道范公志完，请于巡抚朱公国栋，允令配享贞女祠。

按关外贞女祠，乃祀孟姜女也。明末范公志完崇其祀典，春秋致享，合关门已故诸节妇，设位配享其间，颁胙妇之家。

冯　氏　滦州生员孟臣极妻。庚午兵乱，夫被创死，冯伏尸饮血，欲与同尽。舅姑力劝抚孤，冯长斋奉竺，终养二亲，葬祭尽礼，贞守四十余年。康熙十年督学胡批候题旌。

宁栋姐　滦州人，年十四有殊姿。邻人窥其母不在，强逼不从，哭泣绝食缢死于树。公举于永平道刘公景耀，强逼者置于极典，仍遣官致祭题旌。

李　氏　滦州杨德斌妻。居海陬，幼丧夫，冰蘖自励，教二子暨孙有成，苦节六十余年，寿九十无疾自卒。道府旌其门。

石　氏　滦州生员伦品著妻。夫为翁媵妾刘氏魇死，石决志报夫。小祥后，自备唅襚缇繶之属，哭别嫡姑，入室自缢。村坞远近奔视，颜色如生，泺之士大夫为传，以烈称之。

邢　氏　卢龙乡耆田国祥妻。庚午兵燹，祥殉难身殁。邢携三月孤，垂城逃难，事平，家业罄空，寒苦自甘。教子三杰、孙龙德俱为郡诸生，前成夫志，后成子名，乡人称重之。有司旌其门曰“瑶池水雪”。

李　氏　卢龙生员薛文龙妻。庚午兵燹，龙殁于兵。李抚育双孤，甘贫训海。长子国佐，中辛卯将材武举。孙延遴为诸生。协镇喻旌其门曰“节寿全德”。

李　氏　卢龙民陈靖策妻。夫亡，遗姑年耄，三孤稚幼。李食贫抚育三十余年，代夫葬母，教三子俱成立。卢龙县魏公师段旌其门曰“竹扉星月”。

王　氏　卢龙民周士昌妻。适昌百日以疾殁，值公姑年耄。王愿守遗腹孤宗翰，代夫侍奉老亲。宗翰又殁，王仍矢志不渝。近人所难，人称节孝。

刘　氏　卢龙民杨体亨妻。夫故，守孀侍老姑，下抚幼子。长复业，次履业，俱成立。有司旌其门曰“幽谷之兰”。

张　氏　迁安榆木岭军孙忠妻。年二十归忠，才三月夫病，家贫，昼夜举汤药不怠。夫死潜缢以殉。按院扁其门曰“烈妇之门”。

冯　氏　迁安生员何秉善妻。因兵乱，被执上马，至青龙河，入水中自尽。县有贞烈坊。

刘　氏　迁安生员魏儁妻。适魏四载，夫殁，事姑尽孝，抚三孤女择婿，悉为令人。苦守五十余载，萧条岁月，应门无童，年七十余，食贫无怨，乡人重之。

陈　氏　迁安三屯营高贵妻。秉性坚洁，邻有逼而污之者，赴井死。少保戚公南塘立石井旁，题曰“全节之井”。

杨　氏　迁安拔贡生韩范继室。年二十适范，范病故，杨号泣欲殉之，自缢灵前，家人觉而救之。既葬，仍饮鸩而死。乡称贞烈。

朱　氏　迁安庠生刘光珂之继妻。甫配即孀，抚前室幼子，孝事翁姑，坚心守节，府县旌其门。

余　氏　迁安民魏高登妻。十九夫亡，事继姑，恭谨纺绩，自甘鬻珥，葬亲教子成立，年逾六十，节操倍凛。

阳　氏　迁安民杨国奇之妻。三十寡居，绩纺度日，孝事公姑，攻幼子读书。守节四十余年，教子为弟子员。

王　氏　抚宁生员王尧相妻。年二十二，夫故，柩前号泣绝食，数日毁容绝发，决意殉夫。姑勉子幼，少慰存活，奉姑惟谨，抚孤王调元，中明万历戊午科举人。守节四十九年。巡按御史刘公思诲具题云:“铮铮一具铁心，凛凛满腔血性。姑无缺养，九泉子职犹存。子赖成名，半世书香不泯。”奉旨给银三十两，立坊表之。

朱　氏　抚宁民李鹤年妻。二十六岁，夫故，抚子天培成名，享年八十六岁。有司表其门曰“孀节松龄”。

范　氏　抚宁民任子孝妻。夫殁，姑欲夺其志，范不从。孀居八十年，寿九十七终。有司表其门曰“鹤龄松节”。

夏　氏　抚宁生员丘行三妻。夫故，子女俱无，夏甘心守柩，四十余年，病故。亲族为之合葬。

高　氏　抚宁进士田国足妻。年二十八，夫故，孝事姑舅，抚孤成立。邑人高其节操，有司表其门曰“柏节退龄”。

杨　氏　抚宁生员陈鸿策侧室。夫与嫡妻俱故，已无子女，衣食不给，甘贫不怨，有嫡女迎养，不肯就食，甘饿守柩二十余年，如同一日，乡人称其苦节。

惠　氏　抚宁州同郭朝元妻。夫故，抚孤成立。扁旌曰:“矢霜和凡”。

徐　氏　抚宁生员傅大成妻。夫故，二十七岁，抚孤守节，三子皆成立。寿享六十，扁旌曰:“孝慈贞寿”。

惠　氏　抚宁民茹瑛妻。年十九岁，夫故，抚孤守节四十九年。扁旌曰:“天植贞操”。

黄　氏　抚宁民王隆明妻。二十七岁，夫故，守节抚孤成立。扁旌曰，孝慈节寿。

王　氏　抚宁署渭南知县萧苇妻。年二十七岁，夫故，守节抚孤成立。

张　氏　昌黎同知齐士斌继室。六年夫卒，张二十四岁无所出，抚前妻四子，如同己生，淡薄自甘，内外无间。道府旌其门。

尤　氏　昌黎庠生宋文耀侧室。年十九而夫逝，与嫡张氏立志坚守，抚二孤成立，继嗣两门，皆尤之功，有司旌其门。

齐　氏　昌黎监生魏业懋妻。夫逝，乏嗣，委夫产于其族，依母家誓守。值客兵移驻昌黎，与民杂处。齐闭门自缢。有司旌其门。

白　氏　昌黎进士李云起妻。夫任黎城，遇贼身殁，白年二十，并无子女，纺绩自甘，艰苦无怨，姑舅殁，皆白代夫治葬，终无间言。

王　氏　昌黎民谷钟妻。年二十，钟卒，誓以死从，亲族劝不能解，防少怠，遂缢死。诏旌其烈。

刘　氏　乐亭民杨甲第妻。年十八，值夫故，刘抚遗腹孤钟秀，苦守训诲，食饩于庠，子孙绳绳。年八十九终。抚道旌其门。

齐　氏　乐亭生员宁君锡妻。年二十五，值夫故，抚四岁孤，守志不夺，上事继姑，下抚幼稚，纺绩食贫，今七十有九。

史　氏　乐亭生员魏化淳妻。二十四岁夫故，遗孤三岁，甘贫守孀，抚训成立为庠诸生。今七十有八。

赵　氏　乐亭民张应赉妻。二十一岁夫故，遗孤二岁，时有巨富者求聘，赵念姑老孤幼，两无所依，誓死不嫁。姑又复故，抚三岁幼孙成立，布衣疏食，八十一卒。

刘　氏　乐亭生员王时衡妻。年十九，值夫故，抚孤与孙相继病故，又抚曾孙，宗祧不绝，皆刘氏力也。卒年九十。

谷　氏　卢龙恩贡生王显祖妻。生而聪颖端重，才德皆出人右。幼失恃，即能代父，以主家政。及归王，不以世胄女傲其夫家，执妇道惟谨，事孀姑十余年，无怠行惰容。相夫训子，读书守正。处伯兄伯姆，恭敬尽礼，无异翁姑。疾病扶持，竭力调护，同居四十余年，毫无嫌隙。抚孤侄即同己子，御仆婢常存宽恕。教子孙妇，以和顺勤俭处。内外戚党，胥笃恩义。奄逝日，远近悲悼，如失怙恃。淑范足法，懿训可垂。以致夫显祖为贡士，子基文为拔贡，杰为庠生，孙钦、铨、镇、钧，曾孙德溥、德洪，俱业儒，半系庠生。父子祖孙，书香继美，皆谷母孝慈贤德之所致也。府县旌其门曰“贤德可风”。卒年七十有二。

王　氏　卢龙耆民马大德妻。大德早殁，王抚八岁孤一龙，贞守多年，食贫训诲。一龙成立，克尽孝道，以接宗祧。乡人贤之，有司旌其门曰“贤德可嘉”。

沈　氏　卢龙耆民王辅妻。性至孝，事继姑恭谨不怠，继姑殁，事翁舅如生父，常时饮食，病时药饵，留心调治。夫殁，又抚群孤，遴与达、选皆能成立。子孙绳绳，见存四世。有司旌其门曰：“孝慈可风”。

流　寓

天地逆旅，何莫非寓。然唯贤人君子，足迹所至，则其地随在得名，逸少之于山阴，康乐之于永嘉固矣。而苏东坡亦于黄州有雪堂，远历惠儋，卒买宅阳羡，营楚颂亭留笔扎，其眉山故武，反不必问。人顾贵自立耳，弧矢四方，亦安必骑颖段马，第使乡党称善人为。但萍踪湮没尘壤者亦多矣，高贤托足，其间览胜悠游，四时播越，亦自有幸不幸，而深为斯地之幸。山川增色，可不借以并传。

［晋］

赵　至　字景真，代郡人，寓居洛阳。幼时诣师受业，闻父耕叱牛声，投书而泣。师怪问之，至曰：“我小未能荣养，使老父不免勤苦。”师甚异之。年十四，游太学，遇嵇康于学，写石经，徘徊视之不能去，请问姓名，康曰：“年少何以问耶？”曰：“观君风器非常，所以问耳。”康异而告之，后乃亡，到山阳，求康不得而还。又将远学，母禁之，至遂徉狂，走三五里，辄追得之。年十六，游邺，复与康相遇。随康还山阳，改名浚，字允元。康每曰：“卿头小而锐，童子白黑分明，有白起之风矣。”及康卒，至诣魏兴见太守张嗣宗，甚被优遇，嗣迁江夏，相随到滑州，欲因入吴，而嗣宗卒，乃向辽西，而占户焉。初至与康兄子蕃友善，及将远适，乃与蕃书叙离，并陈其志。至身长七尺四寸，论议精辩，有纵横才气。辽西举郡计吏到洛，与父相遇，时母已亡，父欲令其宦立，弗之告，仍戒以不归。至乃还辽西。幽州三辟部从事，断九狱；见称精审。太康中以良吏赴洛，方知母亡。初，至自耻士伍，欲以官学立名，期于荣养。既而其志不就，号愤恸哭流血而卒，时年三十七。

公孙凤 字子鸾，上谷人也。隐于昌黎之九城山谷。冬衣单，布寝土床，夏则并食于器，停令腐败然后食，弹琴吟咏，陶然自得。

[元]

张 晋 字康侯，横渠五世孙。兵乱往依世父旭于鄜。时旭为保大军节度使，兼鄜州管内观察使，以晋监军器局事，诣夏军前被留，已而亡命归。皇太弟国玉拜官行兵马都提控，寻假军前都虞侯，睢州防御使等官。太宗六年赐第食邑于滦。因奉祀横渠，号横云清逸。晋孙德学问渊源，文词精粹，登仁宗皇庆元年进士。请就禄奉祀，授本州学正，历官大宁路儒学教授。

张 升 字伯高，其先定州人，徙卢龙。幼警敏过人，既长力学工文辞。至元二十九年荐授将仕郎，翰林国史院编修官，预修世祖实录，升应奉翰林文字，寻升修撰，历兴文署令迁太常博士。成宗崩，大臣承中旨，议奉徽号，飨宗庙。升曰："在典故，凡有事于宗庙，必书嗣皇帝名，今将何书？"议遂寝。武宗即位，议躬祀礼，升据经引古，参酌时宜以对。帝嘉纳之。至大初，改太常寺为太常礼仪院，即除升为判官。久之，外补知汝宁府，民有告寄束书于其家者逾三年，取阅有禁书一编，且记里中大家姓名于上。升亟呼吏焚其书曰："妄言诬民，且再更赦矣勿论。"同列惧皆引起。既而事闻，廷议谓升脱奸轨，遣使穷问，卒无迹可指，乃坐夺俸。二月历江西行省左右司郎中，除绍兴路总管。大德至大间，越大饥疫，民死者殆半，赋税盐课责吏胥代纳，吏并缘为奸。升为证于簿籍，白行省蠲之。前守有为江浙行省参知政事者，争代者禄米有隙，欲内之，罪移平江，岁输海运粮布囊三万，俾绍兴制如数，民苦之，更数守谓岁例如此置弗问。升言麻非越土所生，海漕实吴郡事，于越无与，章上卒罢之。历湖北道廉访使，江南行台治书侍御史，召为参议中书省事，改枢密院判官，寻复中书参议。至治二年又出为河东道廉访使，未行，拜治书侍御史。明年出为淮西道廉访使。泰定二年，拜陕西行省参知政事加中奉大夫。寻迁辽东道廉访使，属永平大水，民多捐瘠，升请发海道粮十八万石，钞五万缗，以赈饥民。且蠲其岁赋，朝廷从之，民得全活者众。明年召拜侍御史。天历初，出为山东道廉访使。逾年召为太禧院副使，兼奉赞神御殿事，除河南省左丞，复迁淮西道廉访使。上书乞致仕。至顺二年，复起为集贤侍讲学士。文宗眷待甚隆。元统元年，顺帝即位，首诏在廷耆艾，访问治道。升条上时所宜先者十事，寻兼经筵官。廷试进士，特命升读卷事。已告省先墓，明年以奎章阁大学士、资善大夫、知经筵事。召赐上尊趣就职。升以疾辞，命郡月给禄半，以终其身。至正元年卒，年八十一，赠资德大夫，河南等处行中书省左丞，谥文宪。

黄　瓒　江西临江人。父均道，延佑间求仕京师，留瓒江南。时瓒幼，及长闻父再娶，居永平，乃往省之。至，父已殁，其妇挟赀更嫁居乐亭。瓒求见，拒不纳。瓒曰："吾来省父，不幸父殁，幸示墓所，得奉骸骨归足矣。忍利遗财耶？"后母竟不见，其母弟怜之，与偕求墓所，又弗得。瓒日夜悲苦，祷于神，一夕梦一老以杖指葬处曰："见片砖，即可得。"明日即其地求之，果得启棺，携父骨归。

[明]

管　珍　字席之，长洲人。家世理学，品行高迈。邑人韩佥宪原善令吴时物色之，延归教授子弟，郡人师事之者甚众。珍之教先大节而后文艺，目击时事，亟谋南归。至沙流河，寄诗与其徒云："沙流河口笛声哀，插羽飞尘匹马来，东望遥怜二三子，几人安坐读书台。"

王元辅　字玉铉，扬州兴化人。随父宦游永平，爱风土淳厚，遂家焉。元辅姿性过人，补郡弟子员，每试辄冠军。家贫授徒养亲，曲尽诚孝。郡人韩令尹应奎负人伦鉴识，妻以女。元辅不爱美饰，韩女即练衣，躬行俭素，夫妻相敬如宾，有鲍宣桓少君之风。庚午殁于兵，志业未遂，士论惜之。

徐　硕　字留侯，嘉定人。父工岐黄术，迁永平。硕师事管珍，善摛词，兼精书法，为滦诸生。父殁，复入京，游公卿间，诗文益进，以疾逝。硕有死友王复一，竭力营殡，且厚赡其妻子，硕可谓善于取友者矣。

曹　玠　字公粹，上海人，曾祖宗闵，武宗时名御史。以建言被谪，直声著闻。玠幼孤，祖汉翘任永平简校，携之官。南弱冠，补郡庠，与会稽刘宪孟为师友，每试辄高等，名籍甚，汉翘解银赴京师，为藏吏盗七百金，贫无偿，惶怖归里，有司追责甚急。玠身任之，时同乡董羽宸为冢宰，德玠先世原赠，始得完负。宪孟连不第，谋入太学。玠举所余数百金为赠无吝色，陈王金嘉其孝义，以女妻之。

鲁绍芳　余姚人。性恬澹，积学有蕴籍。万历初因祖戍山海，就而相依。乃设教关门，以戴礼专业。榆庠之有礼经自此始。穆太守以此成进士，后治礼者多出其门。

赵廷臣　字君邻，铁岭人。明末寄居山海，性至孝。父殁三年，独居不入帷室。为人持正，有经济才。国朝明经入仕，历官兵部尚书，总督浙江军务。

朱国梓　字邓林，辽东前屯人。父梅尝为总戎，国梓以部使司关务，继升永平道佥事。值寇陷京师，遂弃官居海上，吴平西举兵复仇，因率家相依共事。比事成，奉身而退，侨寓关北石门寨山中，菽水养母，以琴书自娱，甘为隐君子焉。

陈培基　字心田，辽阳人。由选贡，初知山西辽州，致政归。崇祯中，寄居永平二十余年。端重自持，不事干谒，处士大夫乡邻，秩秩有礼，人皆以古君子称。至国朝顺治元年，以公治行超卓，特起为顺天府府尹。值明末积习，豪棍横肆，公为民锄强，不少假徇。忤当事者，黜知江南海州。公不愧无愠，虚心抚字，惠爱及民。七年内转刑部山东司郎中，未几升延安府知府。士民钦服，以循良称。升扬州海防道副使。卒于官，士民颂之。犹子永吉，字迪甫，初令江宁，历内中书科，皆有声于时。咸公宪宪令德，宜民宜人之所致云。

张钟英 号瑞峰，辽东义州卫人。戌子贡士，以父玳于天启时司谕卢庠，遂家永平。公初筮山东定陶令，定陶向为盗数，公甫下车，土贼纠众围城。公率众堵剿，射中贼渠，余党悉平，一时称壮。复乡饮重宾，兴除荒芜，招流离，治行称最，升黄河同知。去陶日，士民镌石德之。顺治癸巳。黄河泛溢，堤堰多决，如石香炉，富家集南北一带，俱为水乡，居民漂溺。时河北地方，皆公所属。公莅任初，即住守河干，多方修筑，节物力，恤夫役，民之居者、役者，胥赖安全，至今称颂。升福州府知府，以修河积劳未任。

康熙

王御世 字开泰，山西泽州人。居家孝友，持己恭谨，为泽诸生，每试冠军，乡里称重之。值畿东盐法坏极，台臣高公，巡盐御史冯公，具题佥议，统归纲商行，引认永平六属，增引行盐。公接管之后，留心综核，清理盐务，择人分任，安恤灶户平料价值，裕国利民，一时称快。公性敦厚古朴，尊贤敬士，重然诺，尚义气，温恭慷慨。凡有关系地方，乡邻急难，即为排解，不惜重费，以周全之，毫无矜吝色。暨游太学，授六品职。公不乐仕进，日与士大夫酌酒谈文，适情山水而已。公自顺治庚子来永将二十年，平易近人，交友始终如一，待仆从全无严厉之容。居恒与人一无抵捂，而人亦毫无闲言，皆人所难能也。教子业宏，策名太学，候选州同；仲业伟登庚戌科进士；季业隆中乙卯科举人。戊午仲夏公长逝京邸，畿东士民，焚镪者无虚日，为诔文，具牲醴，以挽公灵輀者盈庭塞路，其令人感慕若此，皆从前所未有也。前知府事唐公敬一，品其行曰："开翁，晋之畸人也，策名太学，而意不在官。混籍鱼盐，而谋不计利。持挟惠连天，为人排难解纷，缓急有足多者。余守北平三载，见其非公不至，嗜义如饴，心切高之。"因志以赠，仍额其堂曰："我辈中人。"

方 伎

艺成而下，亦足以见道。伯乐相马，庖丁解牛，以及卢扁之医，秋之奕，僚之丸，擅名厥世，皆号国能。唯兹为故，塞地荒略弗及，事淫巧则罕所见称，然多能鄙事，由不试故尔，尘埃中固不无小智绝伦者。

[明]

颜 钦 昌黎人。善医，洪武初年诏选入院，授医官，以院属掌之。相传八世孙颜有孚，犹世厥官。

马 氏 字逢瀛，昌黎刘公直妻。马自幼聪慧，随父读书，通历数，识天文。洪武二十五年，高皇差内臣陈二仔捧宝楮二百锭，召入朝。授尚宫司宫正，给冠佩，岁支俸米六十石。至三十一年，赐女使，差内官穆和送还宁家。文皇即位，复召二次，屡赐宝楮表裹，官其子刘政本县儒学训导终身。

赵 楷 乐亭人，邑诸生。少聪敏，得麻衣诀，然不欲以术售。抚宁翟中丞鹏林居，楷望见辄语人曰："翟当起重用，第不终耳。"亡何，起至大司马，总督六镇，遭厄。王司徒好问不偶，意郁然。楷曰：君当清贵可上卿，无忧不第，后果然。又能自知休咎，俱言如左券。

刘 冠 河南仪封人。祖浩从太祖取张士诚，有侦功，授都指挥不受，愿就医，随徐武宁调理军士，遂家山海。冠世其业，为医不轻试药饵，预知吉凶。时主政郇公艰嗣，宠姬多人。内有娠者，尝以疾求诊脉，冠曰："请以面盘印手。"讫出盘，冠曰："此非病乃喜兆也，主生男。"后果验。澹大司马家居病痰，一医自京来，邀冠相陪，冠一见即告司马曰："亟送回此医，公疾无恙。"司马然而送之，至潞河驿，医为马轶躏死。预断诸如此类，号为神医。

仙 释

秦皇、汉武皆求仙海上。今犹近岛，有其驻跸，而仙终不可致。

况竺乾述苦空后，其徒引事浮屠，即号为善知识者，颣多习贪嗔世法升座谈空，求其实行修证，竟万不得一。流弊忘源，自欺欺人。深为四民蠹，持世者固不可无，韩愈之卓议也。二者似不应矜奇长惑然。苟遇其人，而不摭实，以著质焉，愈滋惑矣。故用循次及之，至如韩湘子、张果老，原载昌志，其言果老世传在仙台山后修炼，至今呼为张果老院。石碾石房遗址尚存。按果老遗迹，在在多有，固宜无所不之。若此无明证，仙台名胜，第目为仙迹可矣。莫必其为果老也！韩湘，昔文公勉之学曰："吾所学者非公所知。"传湘为愈侄，及韩滂墓志，乃退之自作，自称叔祖愈。滂兄湘，湘又为其侄孙，令昌邑，西山石上影想像，指为湘子影。是又因文公而附会之，大率好事者为之也。俱不可传信，兹不复载。

[金]

玉川子 姓王氏失其名，在滦州长宁店西建庵，尸解莫知所在，后有人岭南见焉。

[元]

白云子 姓王氏失其名，初居滦州五山，因鲜卑金吾元帅请住持长宁观，阐玄教。至元二年赐号广德真人。

净　聪 乃东溟宋氏，幼削发为僧，游清水兴国寺，师蔼公颇多解悟。于是遍历丛林，探华严、金刚奥旨。后于云峰得诀始归，构庵不出。至元乙卯入定。诸沙门为造浮屠，有月泉老衲，访道清溪，为聪作铭。后至明成化初塔裂，启之，止舍利二三存焉。

[明]

杨不语 滦西人。性淳实，甘澹泊，寡言笑，幼出为僧。明初时栖祥云岛古刹，在海岸寥寥无村落，杨益苦戒。尝寂然竟日，初不哆口讲谈，人呼为杨不语。亦特信其淳实，未之奇，后往往见有二虎来卧寺门，不语汲水饮之，虎驯不加害，始知有行。至宣德间百岁余化。

马真一 自称河南人，年一百八十余岁。昔在华山学道，崇祯初年，来入广宁，居北镇庙，采蘑菇拾野菜为食。时大旱，经略袁公崇焕，曾使人致至祈雨，次日果雨。但语言颠狂，举止疏放。袁怪之，目为妖妄，羁迟山海，遇关宪梁公廷栋，尤加亲洽，与谈休答皆应，讲经论艺，剖抉如流。饮食不拘荤素，取足而止。诙谐之中，往往皆成谶兆。踪迹无常，人不能测，后不知所之。

祥　迈　别号如意野老，住持昌黎道者山。性警敏，洞悉禅机，尝注莲花经叙及注释，叙成，佛前祝曰："某愚昧，恐不能阐发大道。如文可传，辟而复合。"乃剪撒之。须臾微风鼓凑如故，一字不乱，众皆异之，遂刊传。

卦和尚　居府东阳山庵，娶八妻皆死，其寿百六十岁。人以为采补延年，能前知言祸福如神。凡访者，或城或庄，方出户即知之。呼妻曰：老伴快作饭，有几人来访。未几，大呼曰再添米，又有二人来访，少顷果然。八月十五日，有劫盗至，先期呼山下庄客伏庵侧，闻磬声，各敲铜铁器惊之，遂解散。又一日知盗来，自避庵后高处静坐，盗盈担归，至庵下百步许，迷失道，尽一夜力，周庵四围，日出若有人拘者，齐至卦前视之，各盗如梦醒，遂叩头流血，卦慰以善言，陈利害，各还所窃物于故处而去。（以上二条未详世次，姑附于后。）

卷之二十二

莱阳　　宋　琬撰次
宜兴　　路　遴参校
广宁　　常文魁续补

艺　　文 上

永平之文，其最古者，莫先于秦皇之铭，汉武之书。魏晋以还，鞠为戎马之地，简册文字，磨灭无征。若境内诸山谷残碑断碣，仅有金元一二，皆在墟墓寺刹，非开世教，而其卓然垂之千古者，仅韩吏部二作，它无可称矣。惟是近代诸公序记或志庙学，或纪城池。次则扬扢山川，流连景物，并郡乘所不可缺者。不揆芜陋，辄以鄙作附焉，亦以郡事收之，非敢自衒。其他重复之篇，靡冗之作，咸所不取。

铭

秦始皇帝碣石铭

遂兴师旅，诛戮无道。为逆灭息，武殄暴逆，文复无罪，庶心咸服。惠论功劳，赏及牛马，恩肥土域。皇帝奋威，德并诸侯，初一泰平。堕坏城郭，决通川防，夷去险阻。地势既定，黎庶无繇，天下咸抚，男乐其畴，女修其业。事各有序，惠被诸产。久并来田，莫不安所。郡臣诵烈，请刻此石，垂著仪矩。

玺　书

汉武帝报右北平太守李广书

将军者，国之爪牙也。司马法曰："登车不式，遭丧不服，振旅抚师，以征不服。"率三军之心，同战士之力。故怒形则千里竦，威振则万物伏，是以名声暴于夷貉，威棱憺乎邻国。夫报忿除害，捐残去杀，朕之所图于将军也。若乃免冠徒跣，稽颡请罪，岂朕之指哉。将军其率师东辕，弥节白檀，以临右北平。盛秋。

诏

元至元十八年十二月戊申封伯夷叔齐诏

盖闻古者，伯夷、叔齐逃孤竹之封，甘首阳之饿。辞爵以明长幼之序，谏伐以严君臣之分，可谓行义以达道，杀身以成仁者也。昔居北海之滨，遗庙东山之上，休光垂于千古，余泽被于一方。永怀孤峻之风，庸示褒崇之典。于戏！去宗国而辞周粟；曾是列爵之可縻；扬义烈以激情尘，期于世教之有补。可追封伯夷为昭义清惠公，叔齐为崇让仁惠公。

祭　文

明成化九年钦降清节庙祭文

惟神，逊国全仁，谏伐存义。为圣之清，千古无二。怀仰高风，曰笃不忘。庸修岁事，永范纲常。尚飨。

景泰四年钦降显功庙祝文

惟王，开国辅运，为时元勋。缮治边疆。万世久赖。军民怀仰，祠祝以陈。神其鉴兹，荫佑无斁。尚飨。

颂

伯　夷　颂

士之特立独行，适于义而已。不顾人之是非，皆豪杰之士信道笃而自知明者也。一家非之，力行而不惑者寡矣。至于一国，一州非之，力行而不惑者，盖天下一人而已矣。若至于举世非之，力行而不惑者，则千百年，乃一人而已耳。若伯夷者，穷天地，亘万世，而不顾者也。昭乎日月，不足为明；崒乎泰山，不足为高；巍乎天地，不足为容也。当殷之亡，周之兴，微子贤也，抱祭器而去之。武王、周公圣也，从天下之贤士，与天下之诸侯，而往攻之，未尝闻有非之者也。彼伯夷、叔齐者，乃独以为不可。殷既灭矣，天下宗周，彼二子者，乃独耻食其粟，饿死而不顾。由是而言，夫岂有求而为哉？信道笃而自知明也。今世之所谓士者，一凡人誉之，则自以为有余。一凡人沮之，则自以为不足。彼独非圣人而自是如此。夫圣人乃万世之标准也，余故曰：若伯夷者，特立独行，穷天地，亘万世，而不顾者也。虽然，微二子，乱臣贼子接迹于后世矣。

碑　铭

魏博节度观察使沂国公先庙碑铭

唐·韩愈

元和八年十一月壬子，上命丞相元衡、丞相吉甫、丞相绛召太史尚书、比部郎中韩愈至政事堂，传诏曰：田弘正始有庙京师。朕惟弘正先祖父厥，心靡不向帝室，讫不得施，乃以教付厥子维。弘正衔训事嗣，朝夕不怠，以能迎天之休，显有丕功。维父子继忠孝，予维宠嘉之。是以命汝愈铭，钦哉！惟时。臣愈承命悸恐，明日诣东上阁门拜疏，辞谢不报。退伏念，昔者鲁僖公能遵其祖伯禽之烈，周天子实命其史臣克作为駉駜泮閟之诗，使声于其庙以假鲁陵。今天子嘉田侯服父训不违，用康靖我国家，盖宠铭之。所以休宁田氏之祖考，而臣适执笔，隶太史，奉明命，其可以辞。谨案，魏博节度使、银青光禄大夫、检校工部尚书、兼魏州大都督府长史、御史大夫、沂国公田弘正，北平卢龙人，故为魏博诸将，忠孝畏慎。田季安卒，其子幼弱，用故事代父，人吏不附。迎弘正于其家，使领军事。弘正籍其军之众，与六州之人还之朝廷。悉除河北故事比诸州，故得用为帅。已而复赠其父故沧州刺史、兵部尚书，母夫人郑氏梁国太夫人，得立庙祭三代：曾祖都水使者府君祭初室，祖安东司马赠襄州刺史府君祭二室，兵部府君祭东室。其铭曰：

唐继古帝，海外受制。狎于大宁，燕盗以惊，群党相维，河北失平。号登元和，大圣载营，风挥日舒，咸顺指令。桀桀魏士，婴儿戏兵。吏戎愁毒，莫保腰颈。人曰田侯，其德可倚。叫噪奔趋，乘门请起。田侯摄事，奉我天明，束缚弓戈，考校度程。提疆籍户，来复邦经。帝钦良臣，曰维锡予。嗟我六州，始复故初。告庆于宗，以降命书。旌节有韬，豹尾神旗，橐兜戟纛，以长魏师。田侯稽首，臣愚不肖。迨兹有成，祖考之教。帝曰俞哉，维汝忠孝。予思乃父，追秩夏卿。媲德娠贤，梁国是荣。田侯作庙，相方视址，见于蓍龟，祖考咸喜。暨暨田侯，两有文武，讫其外庸，可作承辅。咨汝田侯，勿亟勿迟，观飨式时，尔祖尔思。

王公先茔碑

王　翱

翱以不肖之质，获蒙祖考余庆，以有禄位。缪膺奖擢，践更要职，国有常典，命及其先。非惟优异台宪之臣，盖以彰积善垂庆，其来有自。而欲昭潜德，发幽光，俾为臣子者，退得伸孝于家，而进得尽忠于国。是谓一施而两得，此朝廷所以推仁而广恩，而为臣子者之至幸也。翱自永乐乙未第进士，历官监察御史、行人司正佥都御史，进副都，以至左右都御史。今加升太子太保，仍兼本职。累朝恩典，随官迁转，皆受诰敕，藏之於家。而此二通，乃翱为左都御史镇辽东时，今上皇帝所赐追赠翱之祖考祖妣者也。翱之先世家滦州刘家庄，自吾祖太公而上，至讳进昌者凡十七世，俱葬滦州。元季兵乱，吾父及吾伯叔，携家徙沧州之盐山，卒葬其地，子孙遂为盐山人。今翱自辽阳还，乃得命工砻石勒祖考妣受诰文树于滦之先茔。余皆以次当勒石于盐山也。吾所以为此举者，非在夸耀于闾里乡党。侈君上之恩，彰先世之德，尔后之子子孙孙观感而兴起者，登斯垅，睹斯文，忠孝之心得不油然而兴乎！景泰三年月日，荣禄大夫太子太保兼都察院左都御史孝孙翺谨识。

记

圣清庙记

元・马祖常

大元建国，全燕以御华夏，永平为甸服，股肱郡。至元十有八年，世祖皇帝，甫平江南五岁矣。即橐干戈，放马牛而不用。大召名儒，修礼乐之事。敕有司咸秩无文，于是永平郡臣，以其邦为孤竹旧壤，伯夷、叔齐兄弟让国之所也，列闻以请。大臣以闻，上曰：其令代言为书，命以褒之。谥曰：清惠、仁惠。于今又五十年矣，郡臣前后凡不计几人，漫不兹者。某年某官等乃状上书曰："郡境庙像，清惠、仁惠之神，岁无牲牢，祭品不备，领祀无宫。尚书秩宗，有礼有义，谨以告其日。"会太常议制白丞相府，符下永平曰："夷齐求仁得仁，庙食固宜。岁春秋蠲吉，具仪有司行事。"符且署矣，乃重白丞相府。以孟轲称伯夷圣之清，孤竹其宗国也。今既像设而庙食之，宜以清圣额庙。丞相府佥曰："允哉！"呜呼！大道之郁也，则民乌得而知古焉。士盖有一二世不知其传者。大道之彰也，则民不识金革战斗之暴，内则有父子夫妇，相与饬于礼节。外则有官师之教，朋友之交，相与讲于古。岂独知己之所传，又知当时之名世者而传之。是则永平之人，遭逢国家之隆，而沐浴大道之彰也。吾将见行者让途，耕者让畔，学士相让于俎豆，工商相贷以器货，而市价不二矣。推本我世祖皇帝教化之意，顾不由此与邦之人尚砺其志，而施于行哉，毋徒神之而已也。

清节庙记

明・商　辂

成化九年癸巳，前监察御史知永平府事，臣玺言：是郡实孤竹旧壤，伯夷、叔齐所生之地也。夷齐兄弟逊国而逃，节义凛凛，虽百世犹一日。故孔子称其仁贤，孟子称为圣之清。迨夫宋元，加以封爵。至我朝洪武，初再饬祠祀。岁久祠圮，祀亦寻废。事载《大明一统志》可考见已。窃惟表章前贤，风励邦人，臣之职也。因谋诸同官，捐俸倡义，鸠工敛材，重建正堂三间，翼以两庑门二重，神库，厨斋房为间各三。肇役初是岁春三月，至秋八月落成。庙有余地数百亩，以付居民侯王等种之，岁收其租之入供祀事。伏惟皇上追念二贤，生平节义，赐以庙额，庶几永终弗坠，臣玺昧死以请。制曰："可。"赐额"清节"，并降祝，册命守臣春秋行事如仪。恩典涣颁，军民胥悦。于是守具事状，加书介郡人通政司掌司事、兵部左侍郎张文质属辂为记。谨按孤竹有国封自殷汤，传至夷之父墨胎氏将死，遗命立叔齐。叔齐逊伯夷，伯夷曰："父命也。"遂逃去。叔齐亦不立而逃之。盖伯夷以父命为尊，叔齐以天伦为重，其逊国也，皆求所以合乎天理之正，而即乎人心之安，诚有功于世教。如孔孟之所称道是已。夫有功世教，虽天下犹将祀之，况宗国乎。太守此举，可谓知所重矣。是宜朝命允俞，礼秩有加。自今二贤节义，益以表白于世，殆见逊让成风，民德归厚。由近以达远，举一以劝百，夫岂小补云乎哉。噫，邦人士，毋徒以祠祀视之则善焉。用书以为之记。

滦州修城记

高　褚

滦州去京师五百里，其地旧属冀州，再隶幽州，晋唐以来属辽西及北平。五代阿保机筑城以居之，州之有城，盖昉于此。我朝混一南北，四海为家。州隶永平为郡。文皇帝靖内难，实为邦畿内地。民安物阜，熙然太和，士习于家，农耕于野。地之蕃牧贡赋，较夫前代有加。奈何承平日久，官怠其职，吏堕其事，关门无抱击之虞，城郭无捍修之备，因循废驰，匪一朝夕矣。戊辰之秋，戎狄犯顺，边城老稚惊散，室家或不能相保。故滦民惴惴焉，未尝安乎枕席。佥都御史邹公来学，阅视滦城，土疏址平，非居守之长策。乃谋于总戎都督佥事宗胜，参将都指挥佥事胡庸、马荣，府守张茂，州同知杨雄。因旧为新高若干丈，周若干里，叠砖石以固基本，扃门钥以严开闭。楼橹器械无一不具。肇功于景泰辛未七月十有九日，毕力于是年之十月一日。民暂劳而收久逸之利，物暂费而获永宁之益。诚边方保障，中国喉襟也。功既就，宗胜书来乞文，请书其事，辞曰：冀门千里皆尧封，滦州迥接榆关东，南临瀚海北控戎，山环水绕地势雄。形胜不异崤函中，前人城此徒劳功。遗基数尺为高墉，年深岂免颓雨风。崇者咸垤卑者空，城狐社鼠无所容。百年遗事如转蓬，兴废举坠今古同。美哉贤达心忡忡，既竭目力虏奏功。伐石叠甓鸠众工，晨夕举杵声相舂，筑城言言知几重。视旧不啻丘与峰，围如铁瓮坚如锋。壁立万雉难磨砻，成楼远望遐迩通。绝彼警急清尘烽，四民乐业声渢渢。兴起礼让还祖庸，舆情但愿年岁丰。寒则有衣饥有饔，百年万祀歌时雍。

抚宁县新城记

彭　时

距京师之东五百余里，有府曰永平。有东八十里有县曰抚宁，是为永平属邑。盖其地在汉隶右北平郡。汉以后率多荒废。至金大定末，升新安镇为抚宁县。抚宁之名始于此。元无抚宁，与昌黎邻地，或并或析，最后乃并置焉。国朝因之。洪武十一年，知县娄大方以避寇故，请迁治于兔耳山之阳。永乐中，复即旧治，置抚宁卫，而卫与县相去十里许，皆未有城。居者凛焉，惟外患是惧。名虽曰抚宁，而实有不能自宁者矣。时提督左都御史李公秉，巡抚右佥都御史阎公本，询察民情利病，乃具疏请城卫，并复县治、学校于一城，制曰："可。"于是镇守右少监龚公荣，总兵官东宁伯焦公寿，相与赋材鸠工，命永平府同知刘遂，抚宁卫百户郝铭，督率军民分工筑砌。始成化三年三月一日，越明年五月告成。周围一千一百五十六丈，高一丈有九尺，其上为垛口一千八百七十，其东西南北辟门以通往来。县治、学校并列于内。自外观之，城垣崇固，濠堑深阔，森严壮观，隐然为一邑之保障矣。同知刘遂，指挥毛绶，具事本末，致书兵部左侍郎昌黎张公文质，托以求予记。予惟天下郡邑有僻有要。恒因时势为轻重，抚宁之地，在唐宋以前，僻居东北，概视为荒远，未之重也。迨永乐肇建北京以来，是为畿内要地，盖其北密迩边徼，东控扼山海，为辽阳襟喉。其要且重如此，故军卫置焉。置卫所以安民也，而县与卫异治，非因循之过与？兹当承平百年之久，所宜思患而预防，不合于一，何以相守以安生民，不固以城池亦何所凭藉以相守也！易曰："王公设险以守国"，斯其时矣。阎公有见于此，于是首倡请城之举，而龚焦二公乃能谐谋经营，以成厥事。府卫诸隽，亦殚心劳力，以佐其成，非皆有忠爱上下之心，宁及此欤？可谓得大易设险守国之义矣。虽然，险可设也，不可恃也。继今军凭城以为固，民资军以为安，拱翼京师，将有赖焉。司军民之政者，尚思和辑其心，使居有以乐，患有以捍，而奸宄不敢作，庶几抚宁名与实相称，长治久安，永为京师之巨防也。倘恃城而怠政，不恤其人，则人心嗟怨离叛，虽有金城汤池之险奚益哉？此又来者所当知也。昔圣人修春秋，凡城必书，说者以为重民力，兹所为书者，不独重民力，且将使民德诸公不忘，并告来者，是修是葺益善其政，保民于不怠矣。

重修昌黎县学城池记

王　鏊

昌黎，为永平属邑，北背碣石，南临沧海，左控榆关，右带滦水，即古营州之域，辽西之胜地也。前人令是邑者，率多因陋就简，其于学校、城池多弗留意。弘治癸丑，兖郡寿张殷侯佩玉，受命来尹兹土，下车之日，见学宫倾圮，城池废弛，乃集父老而喻之曰："学校以敷教化，所以作养乎贤才。城池以御外侮，所以保障乎生灵。二者皆为治之急务。今昌黎学宫虽设，榱桷朽腐，瓦木将坠，檐不蔽影，户不留风，不有以新之，将何以敷教？城池虽有，高不逾仞，深不满尺，车马往来，用之成路，不有以修之，将何以保障？吾将欲理而新之何如？"众喜曰："诺。"所恨者公帑所积，不足以供砖瓦木植之费。乃劝邑民好义而羡于财者，或出木植，或出砖瓦，不强其所无，故民皆咸愿致助。不数日间，砖有五十万有奇，灰有八千斛有奇，木植之类悉皆俱备。遂谋诸同寅杨公清、杨公显，而董其役于学宫也。坚者仍之，蠹者易之，倾者植之，邪者正之。侈弗过奢，俭弗致陋，则学宫焕然而一新矣。于城池也，隘者宽之，缺者完之，卑者垲之，高者平之，宽其基址，鲜其涂塈，则城池确然而完固矣。经始于弘治八年七月十三日，落成于次月初三。无何，殷侯丁内艰去任。邑中耆旧同知李凤等，相率来告于予，既而勒诸石，以示不忘之意。予甚嘉之。孟子曰："以佚道使民，虽劳不怨。以生道杀民，虽死不怨杀者，岂不信哉。"予之言，曷足为轻重，但颂前人之美者，将以为后人之式。侯有善政，使人有去后之思，有古循吏之风焉。后之来官斯土者，果能奋发兴起，亦能如殷侯之善其政，则后人必为之立石矣。

抚宁县重修庙学记

李东阳

抚宁县学教谕袁溥，训导刘瑁、沈钰具书，因县丞张俭上京师，以达于余曰：抚宁庙学久不修，惟一殿一堂，亦就倾圮。修武姜侯鄙来知县事，乃会官赢财，复劝富室为义举，图新厥制。葺大成殿五间，建东西庑为十间，饰先师及四配十哲为龛各一，为贤士二十有三龛，及主皆用木，而髹以朱。其外为宰牲之厨，为簠簋笾豆，与凡祭物咸备。为棂星门，为戟门，皆一而三。为持敬致洁门左右皆一，为碑六，覆以亭。增明伦堂三间为重檐翼室，其旁为二斋，后为馔堂，前为仪门，又前为大门。为二楼曰兴贤、育才之楼。凿地为泮池，有亭曰泮亭，为井曰桂井。为亭以习射，曰观德之亭。皆挟地势，简物财，规度宏丽，制周详密。盖曰侯莅政以来，再阅寒暑，而命工举役仅及其半。于是献荐有所，敩学有地，章缝衿佩之士，有所瞻法，闾井之民有所观化。按州部而察吏治者，有所据而称为才。侯虽不敢自以为功，而兹事也，不可以不识也，敢以是请于太史氏。予尝观之，易曰："盥而不荐，有孚颙若。"其传曰："圣人以神道设教，而天下咸服。"盖诚积会神，以示仪表，莫若于祭而设教垂训。成天下之治者，于道则甚重焉。必其为祭，不徒簠豆钥羽之仪。而所谓教者，不独以词章、句读、条格、号令为事，然后足以观于天下。此易之道，孔子之意也。今天下郡县必有学，学必有庙，庙必为孔子设者，盖道学之彝伦为著，而其著于经者，待孔子而后明。则仪刑所在，非极崇奉，以为报祀有不可者，故其名学先而后庙。彼斋居禀食者不过习口耳。为身家计，彝伦之重，漫不省为物，是自弃于孔子之教也。则所谓崇奉报祀之典，蔑为末节细务而不举也。奚惑哉！然苟祭焉，而诚不至，礼不备，徇文而遗实，其视学之末者，始无以异也。夫学者，士之所有事，而倡导训厉之政，则有司存。圣天子尝视国学，躬释奠戒饬师生，俾进学业，以为天下倡。抚宁畿内地，风化所先，承宣之功，于是乎在。而凡有事乎庙与学者，虽欲不自致于文明之治，其亦有不容已者。姜侯本官，初命为今官，廉勤而惠埤修仓库，举凡废事，多可书者。而无与乎庙学之事，故不复及云。

乐亭县重修庙学记

冯　琦

乐亭有学，创自金大定之末年。迨我太祖定天下，诏郡县饬新学宫，唯时稍稍拓旧基。成化、嘉靖间再一缮葺，迄今五十余年，蚀于蠹蠹，颓于风雨，不修且日就圮坏。邑侯潘君为令之明年，百废具举，岂弟作人建议鼎新，又以学宫西鄙闭塞，棂星门外仅数武，卑隘荒芜，夫圣道若宫墙数仞，而士贵进广大高明，奈何卑塞若是！乃出赎锾佐役，构旁含地为圣域环桥街，鸠工计赀，庀材辇石，克日始事，再稔而竣。殿庑门墙，瓦墁棼橑，金碧丹垩，莹耀参错，以镛虡、管弦、簠簋、云雷之属，靡不修饬。凡为敬一亭三楹，就中亭三楹为斋，若厨者八楹。起正月十五日，落成于七月二十四日。诸博士弟子谓不可无藉。不佞，按隋《地理志》载：邑本卢龙故郡，据险乘塞，实北上游。而清潴一带，绵亘渟滀。其人率豪杰任气，习于戎马击刺，而间不雅驯已。又读元庙学碑，乃谓士多朴茂，彬彬礼让之遗，何两者所载，刺谬甚也。岂其豪杰戎马，尚未讲于俎豆。而朴茂礼让则兴诗立礼之乎？议者谓国家二百余年，弓矢在橐，干旌在巷，畿之地。童子舞勺，成人秉椠道，且大明而比者，东西告警，所乏不在诗书，而在韬略，然则邑之故习，固今之所急，而后乃秕稗也。是又不然，诗曰："既作伴宫，淮夷攸服。"古者壁宫桥门之内，藏焉、修焉、游焉、习焉，出以受成，入以献馘，有文事，有武备，则学之所为学也。夫子不答军旅之问，而自命曰：我战则克至，其论人材，即喟然三叹于狂狷忠信之徒。夫豪杰近狂狷，而朴茂近忠信。乐邑之风气人心，吾夫子所愿见也。孚而翼之，道心弘矣。鼓而用之，德心广矣。然则昔之所谓戎马击刺，宁无悦礼乐，敦诗书，而今之彬彬礼让也。天下无事，则不争不党；天下有事，则不吴不扬。倡率化道，是在有司耳。夫子修春秋，宣榭桓楹，皆仅书之，而泮宫之作，无讥焉。录其诗以彰鲁之美。今之政者，簿书日不暇给，何暇问两楹。潘侯广励学宫，兴贤育才，不费公帑，不程民力，今且以治行高等征。而乐邑文物，日浸月长，将相文武之选，云蒸龙变，则无忘侯之教也。因为志其岁月于泮宫之左。

山海关义田记

王应明　主事

山海奠畿东北称雄，海隅惟不附于有司，是故制度纬缅典礼繄多未备。予抱关之暇，每询事采物，考制协轨图肇举焉。而以财用为不碳，访之先职方氏黄公，以关东了望地给为学田，至今居聚日繁而垦辟益广，以租而输官者仅得其半。乃与诸生议曰："遗利以藏下，遗典以陋上，非所以成民，取彼益此何为而不可哉？"遂命官度之，得地一万三百四十四亩，岁征租百七十二石。兹不惟供饩有余，而大事犹可以肇举也，乃虑事以授守备龚子，相与量功略趾，筮日分司计财，称畚平干，旬日告竣。建祭五：曰社稷，曰风云雷雨、山川城隍，曰八蜡，曰无祀鬼神，曰东镇义男。武安王举农政，一曰鞭春，咸修有坛宇，植有树木，祭有品物，办有粟米。计春秋粟米之费，共六十三石有奇。呜呼，是举也，庶工庶绩，百度咸贞，嘉畅攸宣礼，文咸秩均灵。剡剡蒸民，檐檐若将共恃之。夫先王之成民也，而后致力于神，是神导之趋也。委之典，秩示之从也。设之象，魏协之同也。律之禁令，故民乐于福，而惕于祸。是以时和年登，而神降之福，将或恃之，以为不恐焉。故曰神以幽之，君以明之。幽之故绥，福明之故训。化匪绥奚惧，匪驯胡成，斯治之大防也，山海于是乎有赖矣。于是殚心综理，则守备龚廉翊力赞相，则掌印指挥石美中度亩计征，则指挥赵伦、林洪鸠工效力，则指挥戴臣、符英，百户潘洪、王銮，嘉乐盛典。适观鲠成，则教授官善生员李承恩等也。因并书以垂永云。

重修文公祠堂记

翟　銮

昌黎县治之东北隅，故有文公祠宇在焉。我太祖高皇帝，龙飞四年建也。兹百六十载，楹桷摧毁，丹青漫漶，且规制卑隘，享祀弗称，无以上慰圣祖，崇重咸秩之典。嘉靖丁酉，山西柱史景君溱按历其地，瞻拜慨然，谓观风首事，景行莫先焉。遂属永守刘君隅，郡宪柯君乔，拓地易材，鼎新其制。越数月而告成，乃走伻京师，征予为文，以纪岁月。余读《唐史》考公世系南阳邓州人，昌黎本源地也，高祖以上，实葬于斯。其在邓，七世祖茂，后魏以功封安定王，盖以功名显。其在唐诸父，云卿铭志，擅声大历，择木书法，媲美阳水。滂湘辈文学及第，相望于时，盖以文章显。植本发源，兹地之灵，信不可诬。国初肇建祠宇，不于南阳，而于昌黎，圣祖真有见哉。顾岁久，则敝敝斯忘。方今浮屠淫祠遍天下，金碧装严，四方士女，争致金钱，日夕奔走。顾名贤之区，视若庞赘，或存或敝，恬若不闻。然则侍御君，景仰尚友之心，端不可及。宋儒论公，文起八代之衰。此记体裁之华实耳。若辟邪辅正，左右六经，羽翼圣轨，与孟轲氏相表里。岂托诸空言，无益理道者，同日语哉！又公忠勋，法应祀典。唐穆之世，藩服不庭，攻围制师，公奉命往谕，君臣上下，莫不危公，公开谕忠梗，卒折其逆将而出我王人，是公一时之功，贤于四节度之师，劳孰甚焉。夫以公经世之文，定乱之勇，崇德报功，万世血食可也。兹庙貌一新，梓里对峙。九泉之下，公必神游其处矣。侍御君望重山岳，百废俱兴，崇植风教，急先务矣。太守君幼笃必学，与郡宪君，昔以前柱史来莅是邦，是故相与以有成也。未几皆迁秩去，嗣守郡宪钱君棨，方以柱史征。乃诸君用心之勤，遂怂恿襄其事，乐善之心，咸可嘉尚也已。并书以。

显功庙记

商　辂

中山武宁王，早以雄材大略，首从太祖高皇帝举义，平定天下，混一海宇。已而率师漠北，收其余民。比还，留镇于燕，慎固封守，为长治久安计，以平滦榆关土地，旷衍无险可据，去东八十里，得古迁安（民）镇。其地大山北峙，巨海南浸，高岭东环，石河西绕，形势险要，诚天造地设。遂筑城，移关置卫守之，更名曰山海关。内外截然，隐然一重镇也。自山海以西，若喜峰，若古北，大关小隘，无虑数百，葺垒筑塞，既壮且固。所以屏蔽东北，卫安军民，厥功甚伟。景泰甲戌，今右都御史李宾奉命巡抚，卫人萧汝得等合词告言：昔中山武宁王，镇此城池，关隘皆其创建，边陲宁谧，殆将百余年矣，愿立庙祀，以报王功。为请诸朝许之。属岁屡歉，事未克就。成化辛卯，李进握院章，追惟前诏，因谋诸总戎，募义敛材，卜日蒇事，乃即山海卫治之西，建王正殿三间，翼以两庑，树以重门，缭以周垣。兴造聿始，适巡抚左佥都御史张纲下车，锐意倡率。时镇守太监龚荣，总兵右都督冯宗，参将刘辅、李铭，悉以俸赀来助，用底完美，实癸巳春三月也。纲告成于上，赐额“显功”，仍降祝辞，命有司春秋致祭，岁以为常。山海军民，闻命欢呼，踊跃称快，有以见王之功德及于人者，深且远矣。李以事之始末，属守关兵部主事尚絅述状征予以记。谨按祭法有云，能捍大患则祀之，若王之设险守国，使百年之间外侮莫能窥其隙，室家得以奠其居，其功不亦大乎。祠而祀之，岂不宜哉！虽然，王为开国元勋，当时南取吴越，北定中原，东平齐鲁，西入关陕，王之功居多。独山海之人，思慕之深者。盖王镇抚燕、蓟十有七年，丰功盛烈，宜非他处比，庙祀聿严，有以也夫。王姓徐氏，讳达，凤阳人，累官太傅中书右丞相，进爵魏国公，追封中山王，谥武宁。其履历备载国史，兹不重述。姑述立庙之意，俾刻之坚，珉庶来者有考焉。

重建永平府城楼记

陈　循

京师之东，有永平府，盖孤竹国也。虽为禹贡冀州之地，然舜分十有二州，已隶于幽矣。至秦为辽西郡，汉属右北平，魏为卢龙郡，元为永平路，国朝始改路为府，置永平卫戍守府。故有城筑土而已，卑隘不称。洪武四年指挥费愚廓其东而大之，周围至九里十三步，其形势则东表碣石，西界滦河，大海在其南，群山限其北。山之外，为朔漠之地。城有四门：东曰高明，南曰得胜，西曰镇平，北曰拱辰。门上有楼，傍有雉堞相属，已壮伟宏丽矣。而于城之东南暨北三最高处，又各为楼以望烽火，名之曰望高楼。太宗文皇帝建北京，以其畿内东藩，且为重镇襟喉之地，朝鲜诸番朝贡必由之路，乃增置卢龙、东胜左卫所，以控制守御乎一方者严矣。近岁朝廷虑典兵者久，则或生懈惰，往往简命大臣之刚廉者，俾总其事，且典其机焉。圣天子践祚之初，都察院右佥都御史麻城邹公来学，实以提督军务，巡抚是邦。而至，公既遍阅隘，悉设险，固戍守，以防外患于不测矣。顾视永平城楼颓毁俱尽，无以壮观内服威视远方，会岁楼岂人用咸给，乃聚工材，悉仍其旧，而重建之。赞襄之者，则总兵官、都督佥事宗胜，左参将都指挥佥事胡镛，暨都指挥佥事罗政。永平府知府张茂，亦皆协力助成其事。盖经始于景泰二年秋七月十六日，而落成于是年之十月十五日。文武勤于奉公，故用虽费，而不以为侈。军民乐于趋事。故成虽速，而不以为劳。其视致力于释老无益之祠庙，若其他所为者，何可同日而语也哉！既成，宗公以为不可以不记其成之岁月，乃介翰林庶吉士刘宣来请文书于石，且以彰邹公之美焉。宣，予同郡人，尝自永平戌举进士，固予所爱重者。而邹、宗二公，又都宪总戎之贤者也。故不辞而书以归之。

山海罗城记

张佳胤

开国统一，既逐故元于燕。故五郡封大藩有四。取五方间左，适戍连衡，掎角而为卫。燕首膺茅土。绣错州县间，徐太傅所经营于捶院备矣。故其幕南，为我王庭，宁出于松亭谷，出于居庸，辽出于山海，而各域以重关，岂胡马敢闯三藩窥燕，而为之设哉。盖候徼支缭遏初戍逃亡，居重以驭之，不独燕计也。乃帝念功锡祠，惟镇于山海者，二区之为劳。古有而缮之耳非若临榆久废，经始为之，再卜于山后之虏，及海上之夷枕流藉阻壮哉。关乎咽喉于一隅。吐吞乎万里，迨燕王龙飞，建都藩封，胥以南徙大宁都司，亦移其地，弃于兀良哈。辽谷之故壤中断，而松亭以外为属国，始视此。若内边羁縻之，以犬羊鲸鲵，亦遁于望海。承平久而变生焉。嘉靖初，辽暴客戕主，关事胡马如故。中季以后，乃四五至瓮城外，此间亦为诲盗资防之，斯无宁日，遂视为外边矣。岁癸未之春，参将王守道筑土墙未讫，秋而部刺史长垣成君巡边虑而将为之图。未几虏犯前屯，郊原血战为墟，惟拒墙者完，是土功固足恃也。若甓而石之，其图不亦有永哉。爰咨群策，初议雇役，用帑金四万两，佐以班军一部，期之雨防，毕役力诎而费不赀，当诘奸之严关，尤不便于讥察，弗若悉用主客便。时有大工未报命，何敢全用其力乎？况虏睥睨有日，秋而戒严，且筑且御，能不愆于素哉，不谷合而调剂之。会抚台邯郸张公以二万金请，司农不忍，予为再四于当路，司马乃复于上，圣明洞见边画，破格取太仆藏，佐以军力之半，不待毕于秋防，兹伐谋之全图也。属成君裁而巡功，文武各效厥劳。甲申仲春爰作，而告成于仲夏，日不及百，其功则倍。周五百四十七丈余，高三丈三尺，广丈四寸半，表里石址，累以瓴甋，顶则防墁之面势秩如也。西接故关，为敌楼二，附墙候台七，便门二。以楼东门，丽谯有闉出入新旧间，重关而复矣。

夫城以盛民，故众心成城，古今石画者，筹利害两端，较多少以从事。不无一彼一此，而名为俱利者，惟秦赵东西于会遇则然，非为民保障也。兹关法有期，多顿舍于外藉馆谷之利者，土人受廛日众，耕种亦取自便。相与聚族于斯，倚之安于巢幕，岂虞今有虏灾哉。自辽阳如线背瓯脱襟，渤澥而戒为畏途。离关以斯留，及关以宿留，而苛留于抱关，夜不能安枕，昼不敢解鞍躯。尝虑其不保商贾，所以垂橐而东之惮人告哀，西亦未尝席厚利，且不免震剥之虞焉。居者既晏堵，则远至如归。百利万全，而无一害。秋防届期，岂不燕胥，为奏乐府碣石，有云：天气肃清，繁霜霏霏。鹍鸡震鸣，鸿雁南飞。鸷鸟潜藏，熊罴窟栖。钱鎛停置，农牧积场，逆旅整设，以通贾商，岂不幸甚至哉，歌以咏志之秋乎！他日富庶，必倍于关内，虑始虽为御虏，乐成其究安宅矣。若但为守圉计，掌固自有司存，罗以重关而复之，非所以贵攻取也。彼陈仓连筑者，虽诸葛不能攻。而受降之退忸，不以壅城失邪。岂不谷与诸大夫，所以蜂厉戏下士，横海伏波万里外，及绝幕犁于天山之庭乎。试廷宾僚，假日登之，南秦岛，北汉塞，扶桑日出，医闾在望，朝鲜女真，叩关而贡雉。连翚飞夺，目摄志令，奏侏离之乐而佐之，以碣石鼓舞，斯民于大平，不谷愿望不浅也。今者之劳，而岂徒哉。爰附记其姓名，以旌之于左方。

重修三屯营城楼记

伦文叙

都城东迤，可五里许，为三屯营，乃总戎大师所居，凡沿边将卒皆隶焉，诚边场一雄镇也。宣德初建于峙子谷。景泰间改城今地，以忠义三屯，环列于外而得名，其实一大营而已。城既完固，楼橹率亦壮豁闳丽，诚镇域之伟观也。夫何阅岁既久，恼税歒挠，浸用费烦。正德己巳，前军都督府同知马公澄，用忠勇谋略，受知今上，命镇兹土。至则拊循战士，士皆可用，殊思奋效力。逾年仲春，登楼阅习，深用慨叹，乃度群力，善陶者瓦，善匠者斲，善葺者茨，善圬者涂，塈仍命偏校之，有工思者董焉。迄冬十月，南城楼洎四隅城楼咸就轮奂。于是部下都指挥使单聚、李兰辈，谓公临戎。未几而边城规式为之鼎新，宜营文刻石，以永后祀，爰因刑科都给事中王君汝温介而谒余。夫边防之记，记其可书者耳。春秋之义，常事不书，修葺楼橹，守圉职耳，恶用屑屑为耶？虽然，尝闻之矣，小者大之影，缓者急之图，末者本之昭。小者不张，则大者必弛，缓不为则，急无据，末不理，其本从可知。是以古之谋臣良将知周，万众必治，察乎一粒一旃之微。图惟警急，必绸缪乎。纡缓无事之际，力严守备，以为攻战之本。而其末节，亦罔弗饬焉。不如是则无以蓄威伐谋，而专阃康扞之寄荒矣。诸君事举，无亦以公，于凡大者，急者，本者，思已过半，故假是以表见其余耶？抑犹有一之。或遗行将举，以相明一心戮力，务求其至，而俾公之勋业益永彰耶？不尔，犁庭扫穴，取祁连登燕然，顾又若何而为刻哉！夫然则亦可嘉也矣。于是乎书之。

重修三屯营城记

戚继光

国初捐大宁藩封，界兀良哈为属夷。赖障辅郡，莫重蓟镇。未几，匪茹廑我宣庙，出喜峰贡路，征之而尚引外虏为梗。故初镇桃林口，移于狮子谷，天顺又移三屯营。去喜峰二舍矣。营曰三屯，忠义卫三百户屯地也，属迁安县南百二十里，左山海，右居庸，而绾毂其中。以要贡路示重，非拥武卫北城，何以张形势而抗威棱哉！旧城庳薄而隘，南有垝垣为歼杀营，即移镇府所茇也。二营间有阛阓，每以无城，戒暴客而屯戍，非土著两防空营以行，虽名重镇，虚亦甚矣。遵化县去此五十里，忠义三卫一所附之，而此惟三百户，势轻不足以犄角。镇府麾下移兵饷，顾抱檄印于卫，非所以尊统驭，而急御侮之完策也。自嘉靖来，虏震京国，隆庆之元，入蓟东陲，而是镇益重。次年乃余总理之边垣孔亟，经营六年，次第就绪，内地赖以安堵，二营阛阓日壮。恐益诲盗为虏资，虽增司守备，非若军卫可永赖。而全镇之众常练于此，弗足以容，戍者病之矣。乃谋辟城于制府刘公，抚台杨公。当上即位，诏增饬边城，二公因得所请。适少司马汪公阅师，而以移卫谋之。公于元年，条其便宜。制以忠义中卫，移之三屯城内。其掌印佐贰，巡捕指挥，及千户经历各一，佩印赴之旗军。春秋践更，而有警悉至。遂置卫增营，及缮建公署。百废具举，旧城益不足以居之矣。乃于二年秋，规外地而善其址。三年杨公为制府，王公为抚台，辛公为兵备，胥襄工于三月，撤南垣而环南营以围之，凡五百五十七丈，高二丈五尺，加五尺为雉堞，而广半于高址，广四丈有余，门三：南曰景忠，东曰宾日，西曰巩京，其谯甚丽，而闉次之。徂暑外完，秋甃其里，上下有俾以为之防。次年春二月，乃缮旧城，凡六百一十六丈，表里高厚，悉如新制，冬而毕役。正北为重阁，祀玄武，尤雄于丽。谯角楼凡五。丽视于闉旧。东西重门于上，为楼台。神祠下旁，各有开便门。周城水洞有二，敌台有九，环以牛马墙，列孔以备睥睨。东辟场以积芟藁，从衡五十丈。其北有聚星堂，为东路诸将所属。西则阅武之场，旁隍辟十丈，长二百丈以益之。其堂台昔庳陋，余新建而高敞焉。诸将之厅事有五，兼之路西来者，盖亦可寓矣。前为车营四百二十间，凡制甚具。所费公帑仅六千余金。它皆操奇以佐之。而城内外所创营房八百余间，若保河河南，南兵辎重诸署，及守备司、滦阳驿、督府行台，城心抚松西南诸馆，旗纛马祖，汉寿忠烈诸祠，不出三年，一切告成。贡夷过者，罔不警异。三军呼曰：壮哉！城也足以卫众矣。或有疑其制多异，而因军正以请业。已乐成则谂之曰：凡堞战格利用，御远若钩。援薄其下，而俯视出击为艰。乃于堞址，亦创睥睨，如悬半溜，可藏身而俯击水，且从之下，以外杀孔，多势分而注坚，瀑落内则迤丽鳞次如级，视彼内势直，而水专注，其土善崩，外因以倾者殊矣，凡池有隍高而涸也。其庳者为濠堑，故隍多复，而险以夷，乃因其势浅七尺，而深三丈，其广六七尺不等。又以北川东走，势不环抱完固，而于东门外，下高就卑引以十丈湖，其长三百五十余丈，深仅七尺，以所出土为堤，名曰：孟堤者，孟诸余别号也。莳以桃柳，上下二梁以跨之，堤之亭曰“同春”。留土中为亭，名曰“宛在”，取诸蒹葭，环流植荷而为将士休沐地，或击楫以游焉。湖曰震湖，以在东方以取镇胡，其音同也。凡边障无北户，旧为门三而已。直北经涂有岑楼，居钟鼓，金木相克，多水火灾。乃于北台旁级左右，共制四室，如城门状。及所塞旧门，各虚其内。如北制，皆为武库，以藏戎器。简书伍符避水火也。又留旧南谯悬贡鼓，岑楼独悬景钟，跨通衢重关，金革和鸣，达于四境。登而眺之，楼台署庙，联以阛阓。绣错而翚飞，谓之锦城可也。嗟夫，城制本鲧以防水，后用蓄众乃藏，窃闻之古人矣。城者盛也，所以盛众也。众则益之不展，曷以盛诸？城者成也，一成而不可毁也。制未曲尽，而孰保其毁乎？故余九年于兹，东控辽左，西护陵寝，为台一千二百有余里，凡五五标十五营，皆为保障计，于以重封疆而卫社稷也。兹奉制抚诸道之昼，幸有余日及此，敢不毕心力，藉将校百执之劳，而遹观厥成于重镇乎。凡我同事，既保我圉，而无罹于锋镝，则此亦可以忘劳矣。军正敬诺，镌之而示三军，且次执事于碑，左俾来许之毋忘是劳者。

开平中屯卫新城记

姚　夔

永平，禹贡冀州之域，秦汉为右北平郡，唐为平州，元置平滦路。我太宗文皇帝入正大统，迁都北京，而永平去京师五百里，遂为畿甸重地。又以滦负山带河，尤为要害。乃于义丰旧县，置开平中屯卫。卫自大宁沙岭徙来，今去州九十里，旧有土城颓圮。成化改元之明年，都察院右都御史李公，以其地密迩边境，是宜有城，以备非常，奏准下有司讲修筑之政。于是巡抚右佥都御史阎公，镇守印绶监右监丞龚公，总兵官东宁伯焦公，相与协谋经画，而府卫咸听约束，择廉济官。得永平府通判段玑、忠义中卫副千户陈昶，董领厥事。讨货食之出入，量工程之多寡，陶甓于山，畚土于池。因旧增新，百堵既完，雉堞翼翼，乃作南门以正面势，作东西门以通往来。浚沟隍，布桥梁，疏水道，是故甲兵有宿室，家有获，晨昏警严，钟鼓分明，民居帖安，诚可谓一劳永逸者也。周计尺九千二百七十有八，高为尺二十有三。始事于成化三年十月一日，讫工于明年五月十二日。通判以是役巨而不费，重而不劳，上卫乎国，下庇乎民，巡抚镇守总戎之功，不可无记述以示后，乃次其颠末，属郡人仪制司郎中杜君谦来请余文。余惟城郭沟池，有国者所当设也。然设必有诗，南仲以四夷之故，而城朔方。仲山甫以诸侯之故，而城东方，诗人歌颂之，盖美其得守备之要也。我国家承平百年，于兹四方无夷伙诸侯之患，而必惓惓以城郭沟池责之军卫有司，惟恐其不完固者，诚安不忘危之意也。况京东保障之地，而可后乎。虽然，民非兵无以卫，兵非民无以守，城具矣而守之非其人与无城同，人得矣而治之。非其人与无人同。有南仲、山甫而后能极守备之善，故曰：地利不如人和，长斯卫者，盍思有以和其人而善所守哉。庸书此，俾刻之城隅，以告诸执事。

乐亭县建新仓记

焦　竑

我国家稽古立法，以积贮为大计。岁俭有助，军储有供，程其盈缩，以殿最有司者。故自畿辅郡邑而下，廪庾相望，然恬熙久远矣。令甲虽具有司，或阳以名应之。往秦、晋、吴、越岁一告祲，辄输内藏以给，甚且议支转漕之粟，而竟无疗于龟肠蝉腹之氓。此仅一方一岁之非时，而中外俱困矣，矧望以佐军兴之急乎？盖卑者不府于官府于橐，高者征会簿书，稿心拮力，庶几岁满得代可幸无罪，顾安有深思遗力，及此者哉。乐亭为三辅奥区，地有遗秉，民无敛穧，旧帑虺败为尤，积粟雅不甚饶，而多露积。自潘君之令也，出牛百八十蹄，谷种二百余，而民始知缘南亩种粟以钟计。若预备，若社仓，若义仓，君常平仓三万二千有七百。而官始知有赢粮，请帑金五十，拓仓而新之。环者为廒，五十五楹。北者为祠三楹，中蹲者为亭一，东西峙者为门二，而粟始知有盖藏。余因数成绩而慨叹于君之能任事也。食为民天，积贮为民大命。姑无暇远引，即迩者扶风、冯翊告荐饥矣，岛艘塞马告交鬨矣。有如万分一转徙之，民枵腹而待哺。不遑之徙，瞋目而语，难长孺发淮南之粟，而降人仰塞下之供。人所腐心莫厝者，君不宽然应之有余哉。呜呼！自干进之风炽，任事之效微，当官者往往有不屑之心，视其官如传舍。前者既以遗之后，后者复以委之前。展转相仍，坐待其事之自坏。君既奋身倡首，而继是任者不能缵其成，或又从而隳堕之，此岂复有人理也乎？君名敦复，余乡夏津人，癸未进士，三为令，所至有能声而未调，犹勤其官若此，其德量未有涯也。余故因其请而乐书之。

乐亭县创建察院记

邹德溥

乐亭，故巨邑。以弗当孔道交，公署率圮隘弗称。间者岛夷跳朝鲜，天子惆然，遣大臣提兵往捍之。凡有事海防者，悉道出乐亭，于是乐亭遂为冲邑。邑侯潘计之曰："司理不授馆，单襄子所为，识陈亡也，吾敢忽诸。"乃请于兵宪白公，购冏寺废址，于县治西营焉。徽北而堂，堂五筵，颜曰："运筹决胜"，志防也。左乃为寝所，右记室。步出南四筵象舫，而屋穴牖焉。两厢其傍翼，而属于寝。又步出南五筵为大堂，颜曰"振扬风纪"，志职也。堂之南为台，为台左右，而室各三筵。步自台而南门焉，盖仪门也。仪门之外为大门，则张左右翼以示观，于构于饰，陶于冶，悉廪自公。不烦民给。已岛夷大创去，邑解严，乃以间问记于邹子。邹子曰：察院故主贞度观风者也，然兹署为兵防始设，姑以兵论。夫兵以豫振以果克者也。易是必败，即东征一举，以存世世贡献之朝鲜，于义得先。其未我犯，而协朝鲜并御之于计便，顾众犹或然或否。赖天子与诸大臣决策督帅致果，乃始折夷而殿属疆。曩令驻兵辽左，回翔而不敢渡，是示敌弱且益之气也。夫恶谓东蔽彻，而任自完。顾今诚胜矣，然始而悸，终而不无骚者，无亦承平久，而玩愒素也。不然蠢兹小丑，真操箠厌之耳，何至烦天子与大臣鳃鳃动色，四征戎五而后攘却乎！昔周盛时，寓兵于农，寓武于文。盖比闾皆劲卒，比闾之藏皆军储，兔罝野夫犹足任于城，托腹心。及至受命陈师，则有壮猷之老，虓虎之臣，如雷霆飞翰，不测不克，兹乃所称必胜之具与。潘侯轸虑于馆舍之，弗肃以篾王使豫矣，起而立营马果矣。余故因是，以推谕于兵策。俾嗣是舍斯者，务先于计，而奋于勇，以无负圣天子长城之托。且余所称，豫与果者，微独兵谋，即贞度观风法亦如是。盖纠吏于其既隤者，不若格之于其未隤。彼方观指于我，我导之善，而开使自新，能无祓志乎。吏诚良，即我拂拂诸贵也。必扬诚弗良，即我比比诸贵也。必激繇斯以言，夫振纪者乃所以决胜者，与兹所为两志也。潘侯名敦复，字彦恒，起家癸未进士，山东夏津人。

重修永丰仓记

黎　芳

镇仓以永丰名，由来远矣。我朝初航海以饷北平，于时建在城外，规制闳巨，后徙城内，制半之。及罢海运，而仓始废。先是营路饷务，咸隶于蓟。筴虽长难及马后，率病之。世宗朝，岁纪阏逢下部臣议，分置饷司，一如蓟密。是时计君程复葺之，仓之，沿革具载郡乘者可考。镜已嗣是，议者谓营路业置仓，而永丰如故，不已虚乎！遂议裁，而仓遂倾圮过半。嗟乎！此盖计睫前者耳。岁丁酉，余衔命来计是镇，值岛酋猖獗，需饷孔棘。前部永春李公视篆东曹，议开芦浙引凡二万，以佐军兴。故事召商中纳，余上檄制府邢公、抚台李公，佥俞缮永丰贮之木石砖瓦，藉资官帑工匠，量鸠州县，创造者凡十二楹，补葺者凡十五楹。新盖碑亭二所，大门一座，神祠官厅类皆修饰之。经始于丁酉之冬，落城于戊戌之夏，甫及一周，而废坠焕然聿新。是事也，主裁则兵宪蒲城樊公，经制则管郡事副宪新城徐公。而奉行之者，则卢龙叶君洎诸贤令也。饷厅随君新莅，与有力焉。顾土运商，夙习长芦不习浙引，巧脱者观望，掉臂几于苦窳。余数数请大司徒杨公，方得允改，而诸商始翕然乐。就后有继此而开者，其尚殷监浙焉。役既竣，卢龙尹请记其事。余惟永镇神京左辅也，顾不重耶，乃阻塞限海边关禁制，延袤可四百里许，且土瘠民贫，夫以弹丸之区，而襟喉三韩，拥卫都会，其郑重若此。主客旧额数几十万，而岁征民粟米仅四万有奇，止足支两月士饷。若遇海塞交讧，征调四集，旱涝岁俭，民多转徙。当是时召买，则室空如悬，折给则腹枵以待，是不可深长思乎！古称未雨而彻桑，土未济而谨衣，袽言贵预也。昔荆川唐公，尝请复海运，斯说盖自天津出洋，以达滦河海口。滦达郡最为省旋，以台议惊涛而寝。太守孙公亦尝议通运河，自王家闸引滦导青，以入交流，进黑洋，出大沽，入运河以通于天津。乃所勘议凿凿，可举试一仿而行之，则岁可省太仓十余万缗，而水旱师旅始无可虞矣。无已则广积贮平，东警底定，请将新开盐引留贮永丰，勿拘年例。时其敛散，易其陈新，期以恤卒济边，是又常平之遗意也。不然，庚癸以呼，而后谋及于爨，必不几矣。然则盖藏之计，顾独可忽乎哉！余黠谫代匮一稔，将半谬竿西秦，惭无裨益行矣。乃若为镇计久远，图永利，则以俟后之君子，董是役者，例得次之碑阴。是为记。

偏凉汀记

丘　浚

太行西来数十里，环帝畿而东，又数百里。散之支南出为平滦诸山。滦河自边塞迤逦东南行，入平滦境始益大。去滦州城北五里许，横渡山下，是为偏凉汀。汀出众山间，据川流之汇，山之列其旁者有五，若龙、若榆、若洞、若紫金、瓦陇之属，参错联亘，狻猊踞而龙蛇走。其间林壑幽胜，草木葱茜。水之经其下者，若漆、若澈、若沮、若横、若肥如青龙之类下流胥会，膏黛停而绮縠张，其间凫雁翔集，鳞族潜泳，是诚一郡之奇观也。昔人凿崖通道，因山建亭，岁久而圮。近时中贵人重为修筑，然未弹厥美也。及天顺庚辰，御马少监韦公，将命道兹。因旧加高下圜门，上为新亭，规制宏侈，丹碧照映，登临眺望，一目千里。山若增而高，水若增而深，与夫风景云物之美，咸若踊跃奋迅，而突出也。知永平府事古相周侯晟按属至斯，慨曰：是不可无记，乃以书走京师，征予记。予复之曰：山川信美矣，景物亦奇矣，瞩目之顷，可以尽得之，奚用记为哉。然有不可不知者，盖兹地在古为孤竹国。汉唐时皆属内地。不幸五代初始辱于夷狄，始终四百五十余年。当其时山川如故，而其人则贸贸焉，忘其为华也久矣，人伦日用之常，尚不可得而有，况有所谓山水登临之乐者哉。幸而我高皇帝再造天地，大正疆界，兹地始复于古职方氏。今日二三君子，得以于此，因胜游以恣奇观，可不知所自哉！登兹亭也，见行旅往来于此，以车以舟，而无水陆之虞。居民环处于此，或佃或渔，而遂生育之乐。近而瞰乎城市、官寺、屋宇、衣冠、文物如此；其盛远而望乎边徼、城堞、楼橹、烽堠、关隘如此。其固若是者，孰使之然欤？要不可不知也。后之人，有事过此，而登斯亭者，其尚悠然而长思，恻然而深虑矣乎？于是乎记。

北山祠祠记

朱　鉴

罗山之阳，众脉皆南走。其一支起伏而东南，约二里许，又蜿蜒而西南，仅一里许，结为陵，状如覆釜。厥土青黎，厥草畅茂，乃其钟灵毓秀于此，而结焉者也。自是而南，地皆平衍，漆水绕乎其东，滦江经乎其西，阳山环抱乎其前。东阡南陌之参错，远村近疃之联络，鸡犬相闻，牛羊被野，乃卢龙第一乐土也。先是有祠，瓦木脱朽。古杏一株。疏干少花。罹兵燹而禁风雨者，不知其经几变。故乡人旦夕往来其下，樵者、猎者、负者、戴者，远而凝望，心皆怅然，至而顾瞻，罔不兴怀。余髫年时，犹及见之。今莫考其年代为某姓名，意者昔在先民，为春祈秋报而建焉，则断乎无疑矣。建余侥幸，弘治己未科莅官中外殆二十年。正德丁丑岁致政归田。有时杖履，散步徘徊故墟，但见瓦砾半见于沙碛，石峰岿然于山巅，祠之旧物，惟此而已。曩之朽林老杏，无复余屑，俯仰令昔，未尝不迟吾行也。嘉靖癸未秋，北乡舍余王宣辈，谒于于桑梓下，而言曰："北山有祠，岁久则颓，势使然也。我辈欲重建，复敢丐一言，以纪岁月。"余即欣然而诺。盖以敬神，而有合焉，不可以不文辞。是岁孟冬工落成，祠宇一间，深一丈，广九尺有奇，高如广之数中，题木主四五。土五稷之神一，风云雷雨之神一，山川之神一，八蜡之神一，祠之前，有抱厦四楹，栋如之，为贮炉香火朔望展拜之地。祠之内，东西两壁，加以黝垩，绘以丹青，象春生、夏长、秋收、冬藏。除五谷、草木、山川、风云之外不尽焉。山灵亦知余文不流于俗也。噫！人敬神而知礼，神福民而血食。感登梁兴思之怀，遵春祈秋报之典。是岂创淫祠，徼非望之福者之比哉。生于斯者，览余文而知其重修岁月、乡人姓名，且因以知祠之创建不肇于今日，而祠之修废不能不望于后日也。

山海关天妃庙记

祁　顺　主事

天地间，海为最巨。海之神天妃为最灵。凡薄海这邦，无不祀天妃者，由其能驱变怪，息风涛，有大功于人也。直隶山海卫，去城南十里许为渤海，汪洋万顷，不见涯涘，海旁旧有天妃祠。相传为国初时海运之人，有遭急变，而赖神以济者，因建祠以答神贶。历岁滋久，故址为浪冲击，几不可支。而堂宇隘陋，亦渐颓毁。天顺癸未，太监裴公珰以王事驻节山海，谂神之灵，就谒祠下，顾瞻咨嗟，语守臣及其属曰："天妃显应，功利闻天下，而庙貌若兹，非所以崇明祀也。盍措其旧，而新是图。"遂施白金三十两以倡于众。时镇关兵部主事杨君琚暨参将吴侯得，各捐资为助。而凡好义者，亦皆致财效力，以后为愧。于是市材僦工，择时兴役，崇旧基而加广焉。为祠前后各三间，坚致华敞，足历永久。其像惟天妃因旧，以加整饰。余则皆新塑者，复绘众神于壁间，威仪跄跄，森列左右。远近来观，莫不肃然起敬，以为前所未有也。肇工于甲申年秋七月，落成于是年冬十月，众以严牲之石未有刻辞，征予纪其始末，用传诸后。夫能御大灾，能捍大患，以安生人者，征诸祭法，于祠为称。我国家，明制度，尊祠祀，岂无意哉，亦为民生计耳。尝闻东南人航海中者，咸寄命于天妃。或遇风涛险恶变怪将覆舟，即疾呼来救。见樯樯上，火光烨然，舟立定。是其捍患御灾功罕与比，故在人尤加敬事。而天妃，名号居百神之上，亦莫与京焉。渤海之广，无远不通，神之流行，无往不在，人赖神以安，神依人以立。然则斯祠之建，庸可后乎？当祠成之岁，居其旁者，厄于回禄，势焰赫然。及祠上人远望之，见烟光中人影上下，意其为护祠者。既而旁居荡为灰烬，而祠一无所损，向所望烟中人影皆无之，乃知其神也。噫！神之显赫不可掩如此。所以惠福子是邦，岂浅鲜乎哉。顺既叙其事，复作迎享送神之辞，俾邦人歌以祀云，其辞曰：荪壁兮药房，辛夷楣兮兰橑梁。杂芬菲兮成堂，神之奠兮海旁。吉日兮将事，女巫纷兮至止。蕙肴蒸兮荐芳醴，衣采兮传芑吹。参差兮舞婆娑，神不来兮奈何，轻风飕飕兮水扬波，神之来兮容与。载云旗兮驾风驭月，成再拜兮传神语。旋猋不流兮使我心苦，神庙食兮无穷。神降福兮曷其有终，海波恬兮偃蛟龙，弭怪雨兮驱暴风，灭沴弗作兮时和岁丰。人有寿兮无瘝恫，永世不磨兮神之功。

钓 台 记

伦 泱

平郡山水隩区。西南二十里为钓台，山名初不载郡志，中而筑台以栖，自侍御韩公始。公素好山水，虽身历宦途，常愿得一丘一壑栖息其间，即徼天幸，而佚我也。何必策骢马日游长安市耶？于是请告以归，而卜幽胜之处，乃得钓台兹山。山形从郡城东平山，逶迤而南为南台，又南为虎头石，连亘数里为安乐峪，曲折而西则为钓台山，东西横峙面北下临河，河固漆、滦二流，交会于虎头石下。南流夹雪峰，直抵安乐峪之崖，折而西流二百步许，其上为台。台址有石矶，右傍突起孤峰，观者当碣石云。由石矶东上丈余有小岩，盖舟子停泊之地，稍西上二丈余，有复领可置杖屣，即公所号为台者，因而广除，东西阔十余丈，南北半是。凿石层累之以为基，高三丈余。由基东横筑一壁，壁间设门，入门有巨石蹲踞，可当屏。由石右转西向，又一门，入门北转则屣台之端，平处北面，直承而上，构七楹小轩，其檐宇飞覆台之外，中三楹，向北牖，启扉下瞰河。西二楹为庖湢，东二楹贮器用。各分壁界门窦，轩内厂豁。南距四武架楼三楹，楼东西各翼一小阁楼，下中半为堂，东西各一室为寝榻。堂中设屏，由屏后蹑梯，东上则为楼，上层北面周以栏槛，凭眺则连郡山川，与夫烟云林树，一览任目。楼后基址渐高，即山为壁，东西阔数丈，南北丈许，西面复缭以垣，上接山阿，下接轩之西檐。循南崖而东上峻岭，十余丈有一洞，悬壁自洞还。东出有石阶，下出门，即所升入之门。盖周围曲达如此，连山上下树松千余章，苍翠可爱。然自河下升台路，皆崎峭不易扳跻，于是为砌磴，凡三转折共得九十阶，以白石为之。拾级而上，英英若白云，梯梯下尽，即渡河北岸有护沙圈绕，又北上二百余步，有团峦与台对峙，蟠踞如龙。堪舆家言：此地脉灵秀，亦自西北而来，临河结聚，东则安乐峪，西则灰山，相向拱抱，最为吉壤。公修为玄宅，树松数百，郁郁葱葱，如列画屏。向后北转，则此山之拖尾也，多五色石，绚若错绣。透迤而北三里许，则为雪峰，峰之对面高岭处又筑一台，与钓台南北相望，曰钓雪台。岭东西原有樵迳，崎岖不可置足，自不筑钓台，因辟为驰道。北面临渊，栏以石壁。舆马往来经行，宛在云路中。由驰道西下转北，雪峰之西岸，为张家村。有腴田置庐治穑事，以赡家之食。指雪峰之东南下渡河，林皋郁然，为宣家村。别墅田二百亩，计岁入以资钓台缮修之用，是皆缘建置后所增设者。盖台之经始在万历丁亥，阅几稔而后告成。其诸次第修补不悉记，姑记其略如此。韩公名应庚，字希白，别号西轩，万历丁丑成进士，初授彰德府司理，擢福建道监察御史，历巡甘肃山东。自归隐七征不起，称钓台山人云。

殷训导先生名宦记

王世贞

盖猗兰困于谷风，虽死不改香。亡何，而马勃陵之在下难振哉。有质桯榉，鸥鸣上托，狐鼠下族，然得谥为昂霄之雄。仁义附于高位，余窃其卑焉。乃若在下而振，弥久而闻，此非特其所寄殊也，厥亦有至质矣。余日者察狱燕赵间，间则以祠考循良吏故实，其祠类多二千石，不则千石，亡下者，退而见其父老诸儒生难之，雅未有以举也。是亡论其甚往绵邈，即能及其身耳，目睹记亡称焉，于乎！非名实相左谬戾然耶？又东游永平，永平为古辽西地，不佞盖徘徊于离枝、孤竹之封。揽先民之遗致庶几哉，有所值而不果。乃其父老诸儒生，稍稍有能言其宦之良者，不言二千石铜艾，廑言殷先生。殷先生为训导，秩百石，至卑小也。又天顺成化间人，非及父母，诸儒生耳目胡以称哉。父老诸儒生更起难言，使者胡难之易也。吾非能识殷先生貌作何状，与官所至，第吾之大王父行，及事殷先生者，家说辈臆，以故略得之。而先生行于养母事尤著。始母来，就先生养也，天大雨，道泥，先生徒由泥道中扶扳舆，诸门人人人徒由泥道中从矣。母性喜食鱼，会滦河鱼美，而河水旱无鱼。先生旦一衣冠河傍，拜且祷也，亡何，水骤溢得鱼，取以食母。迨而今乡之人，阙供者辄诧谓儿曰："啧！女不习殷先生拜祷耶。"而先生故以三礼取高第，诸亡能为三礼言者，先生晨夕诱诲之，至捐奉为油褚费，束修以上，未尝不谆谆也。永平家挟三礼，青紫比比。三礼之传永平，殷先生始。余起谢父老诸儒生，审如公等言，是不当祠殷先生耶？蜀之有文翁，盖天壤相蔽焉。大要前用殷先生法也，夫殷先生不及身，后必有显者。及余卒卒罢察狱，还治兵山东。从今国史检讨正甫游，因得闻正甫之先仕，尝至德审理，相德庄王有声，不知其为殷先生也，以姓故。语及之，正甫大惊曰："吾不足以辱先审理，后待罪太史，则不知先审理之教永平。"若是岁余，而永平守纪君使来，言其前守李君，为殷先生入祠状良悉，且谓余记之。夫二君子其犹行古之道也。夫征众公也，逮卑义也，追远仁也。假令殷先生娄起为九卿，生赫然祠矣，乌能殁而脂父老诸儒生口至今。二君子其犹行古之道也，然则不难正甫乎。诚不欲令以正甫故扬先人名，又讵宜以殷先生后故掩贤者。二君子之为永平而已矣。殷先生讳衡，武定人，后迁济南。李君名逊，今为广提学副使。纪君名公巡由给事中迁。

韩隐君传

宋　琬　永平兵备

隐君姓韩氏，讳原浚，字发之，别号发西。父应庚，明万历丁丑进士，历官监察御史，按部河西山左，有惠政，丰采著于朝廷。中岁家居，屡荐不起，学者称西轩先生。今郡城南，有峰突起，滦水汇于其下，朱楼石磴，掩映如画，盖先生垂钓处也。里人思慕先生高谊，名其地曰钓台。西轩公年逾商瞿，未举丈夫子。元配郝孺人忧之，聘于刘为亚室，是生隐君，幼而早慧，西轩公最爱之。年十七，西轩公捐馆舍，郝孺人年已耄矣。刘母佐持家，秉御僮奴严而有则，择良师以传隐君。方是时海内无事，缙绅之子席温饱之余荫，虑亡不呼鹰蹴鞠，追亟于狭邪之场，甚且有傲其诸父伯舅者。刘母躬目督责，一动止不少假。以故隐君折节读书，循循如寒士。甫弱冠为邑庠生，后选入太学。庚午之变，孺人度城不能守，以五千金诣监军犒师。已而遍召族党，纵其所取，仅以千金贻隐君，俾出亡于外。隐君泣不行，孺人叱之曰："若不念韩氏绝祀耶？且母子俱死何益。若行矣，吾以死守门户。"事平，而母子无恙也。隐君性至孝，伤西轩公早世，每馈必奠而后食。与人交，坦坦无町畦，见人之有机事，及谈说人过失者，面为之赤曰："天壤间，吾不信有此事。"甲申神京陆沉，谓其子鼎业曰："吾闻林虑，可以避兵，古之隐者多居之。"于是携拿以行，所亲者力劝之不为沮。或有问其故者，笑而不应。久之迁鄢陵，继乃买田密县，结庐大騩山之麓而居焉。丙申冬，卒于密县，享年六十。子鼎业奉骸骨还，葬于西轩公墓侧。事讫归耕于密，从遗命也。隐君之葬，容城孙征君尝志其墓，家世子孙，俱载志中。征君名奇逢隐于苏门，世人罕识其面。其铭隐君曰："不雕不琢，终身慕亲。谋不在食，忧不在贫。"乡人皆以为定论云。

重修清节庙记

彭士圣　知府

祭有十伦，匪求福也。先王神道设教，立学礼先圣先师。虞、夏、殷、周则以舜、禹、汤、文为先圣，各取当时左右四圣者为先师。汉高虽祀孔子大牢，先圣先师号尚未正，至安帝始隆阙里。唐武德中，释奠太学，犹以周公为先圣。太宗用房玄龄议，乃停周公升孔子，以颜渊配，而先圣先师始定。其后天下学校并祀名宦乡贤。诸凡古圣先贤，忠臣义士，节妇烈女，亦得崇祠于里，蜡祭报神。汉仪犹曰：报诸鬼神及古圣贤之有功于民者也。迨二氏教兴，俗以祸福动民，愚夫愚妇，惑资冥福，绀宇琳宫，侈极金碧，反将胶庠古祀，茂草荒烟，希福暗正，俗使然矣。永平属古孤竹，采薇二子，起商季逊国，叩马清节，万古为昭，上而孔孟亦称，曰贤曰圣，且推为百世师。是夷齐已在先圣师列，虽不能如孔子崇祀天下学校，而祀诸宗国。今清节祠留洞山之阴，府临滦水，当与孔子阙里等，固不仅若他贤尸祝于而已。予壬寅来守，春秋例得率属致祭。是夏，相国范公承祀祖陵东旋。追陪清风台上，纪之以诗，目击祠圮，实维有司咎。祀不祀固无与于二子，而稽自汉熹平五年已有祠，唐天宝七载祀义士八人于郡县，崇祭则自此始。宋大中祥符四年曾访庙，遣官致祭。“清惠、仁惠”谥号，则封于政和三年。进侯加公，则更于元至元十有八年。至顺元年颁庙额曰圣清。古庙久废，曾移于郡城内东北隅为明洪武九年郡丞梅圭所建，未几复废。景泰五年郡守张茂乃重建于孤竹故城。成化九年郡守王玺请于朝。赐今额，御定祭文详载，元中丞马祖常、明学士商辂两记甚著。弘治十年郡守吴杰重修，有行人张廷纲记之。嘉靖二十六年郡守张玭重修，规制大备，有侍讲袁炜记之。四十二年备兵使者温景葵始于庙北隅，隔河建孤竹君庙。隆庆六年郡守辛应乾，万历十一年兵备雷以仁、郡守任恺，二十七年郡守徐准、曹代萧等皆经重修。代萧且复同给谏白瑜辑夷齐志。嗟夫，首阳一饿，民到今称。台城同此一饿。尚肯舍身同泰，未闻顶礼先世。饿夫乞衣钵，斯民之不遑从事于兹，又奚足怪。礼曰：“有其举之，莫取废也。”非其所祭而祭之，名曰淫祀。淫祀无福，狄仁杰奏废天下淫祠，吴中止存泰伯季扎四祠。如泰伯季扎者，议废所不废。夷齐有功世教，恶可听置。俎豆不光，爰谋诸寮属，咨于士民，积黍为铢。延至甲辰夏，尚未及千金，待鸠工庀材，卜吉启土。不期大雨，滦涨平城，道没弗克往，又越月余水退，口外冲入木植集庙下，有如夙购伐，至计获命工度之已赢。止需砖瓦灰钉，并匠作食用。因以所募金催济。伴卢龙李令守，掌择乡耆，督工经营。论庙制，规模弘巨，非数千金不可。用力少而程工易，所赖浮木居多，时会相值，似亦有神助云。是役也，工肇于康熙三年甲辰夏闰六月，至十月终，粗完沍寒暂缀，越明年乙巳春融，加以丹雘。四月既望，迄用告竣。门楼、殿堂、台庑、库厨、斋房咸撤易焕然一新。其孤竹君庙就毁，恐墨台父子，异视未安。且于孔庙启圣祠意有戾，矧兹土实此君旧服，是应相继修复，往虽有庙，户恒别处，朝夕不之顾。尚或利其木石，而反侵损之，旧存地籍固可考，多被隐占，清出择僧居守。本不宜用浮屠藉司香火，岁以租供祀事并食之，庶不致斯庙无守，而仍为旷废也。予乃进邦人而告之曰："尔思享福，曷者远祸，祸几实兆于争，止争莫善于让。尔邦人嘘被其清风已久，今新其庙，岁时伏腊，瞻拜其前，仰而思而邦之前人，为子如是，为臣如是，为兄与弟又如是，即当自审，尔宜何如。为子、为臣、为兄、为弟，纵不能比节致谨而试先师，其让始而雍容于门内，继充此操于乡党。朋友之间，无不以逊让相期，廉隅共砥，自然讼狱衰息，室家和平，内侮不生，外患不作。于此鼓腹康衢，优游盛世，以载扬神休，谁谓祭不获福。"

孤竹二君祭文

蒋　超　顺天学院

维阳山之鸠毓，肆濡水之涟漪，郁贞操之皎洁，秉大义之崔巍。配扶舆而并立，夹日月以同飞。鹫冕轻其敝屣，朱户视如蓬扉。虽裴徊于岩穴，实寤寐于京畿。回周原之六辔，挽商日之余晖。天纲凛其支柱，地极奠其倾欹。武周闻而心折，孔孟仰为师资。怅飘摇于冠剑，空灭没于音仪。揣神游而莫定，访埋照其焉依。想子臧恋宗国，悲钟离之操南徽。魂遥遥而返驾，身兀兀以扶犁。抚中子之弱存，喜宗佑之留遗。料云旗与风马，必暮漆而晨泚。义感均于顽矿，瑞液浃于芳菲，鸿哀鸣而死节，麦挺秀而连岐。酿容城之让爵，激碣石之穷嫠。缘三伦而表烛，留万古于几希。关人禽而下键，揭仁义以为旗，痛彼妇之呶躏，谢薇蕨之纷披。白鹿跪而献乳，清泉溅以投饴。终逍遥于桐柏，登仙籍于紫薇。某忝学校之纲领，乏礼义以提携。羡此乡之浑朴，秉诚信而不移。贩夫耻兢于二贾，儒者躬学于耘菑。望松楸而投涕，抚榱桷而凝悲。喧檐楞之鸟雀罥，庭户之伊威。闻圭田之远拨，拟镌俸以留祠。知达人之窃笑，真贤妇之庸词。曾圭组以弃捐，何莘豆之从违。方缠绵于禁火，欲亲荐于芗萁。徒脔檀而作供，亦对锦以陈词。虽物微而诚结，愧鬼是而人非。斩颠毛而布褥，剖心血以餔饥。夫子谅有明鉴，庶援七著一尝之。

祈雨文

初致告文

唐敬一　知府

维康熙十一年壬子七月甲辰朔，祷日辛亥，直隶永平府知府唐敬一等，谨蠲白乃心，敢昭告于本府城隍，感应之神曰：呜呼！旱魃之灾，帝天非无因而降，凡我僚属，奉天子命，牧养斯民，未能实心抚字，致此失业，遗黎类多饥寒失所。其或滥怒淫威，刑罚失中，再或叱民膏血，寄我饱温，有一于此，皆足以上干天和，下积人怨。太守顽冥不察，诸司怙过不悛，灾及己身，固其宜也。民何罪之与有，而罹兹凶询耶？惟神血食北平，职司幽赞，与太守表里斯民。若太守无德，不能格天尊神，犹将显震英威谴太守以回天怒。若太守苟可告无罪于百姓，则今兹不雨，万灶立见烟寒，当亦非神之所安坐而默默也。神其度之，谨告。

再致告文

唐敬一　知府

敢再告于本府城隍之神，曰：呜呼！惟神以帝天喉舌之司，造下土一方之命。今此下民所为，岁时伏腊熏蒿，凄怆而奔走恐后者。凡以为今日也。北平财尽民穷，所恃以延如线之生者，惟有秋是赖。目今禾黍垂成，而骄阳不雨。万姓携妻挈子，头抢地，声震天。太守惴惴悔过是用，率兹僚属匍伏祷求告庙前言，尊神亦既闻之矣。朔九午刻，仰见阴云满布，霂氛霏，意微尊神响应之灵，不至此其如肤泽。

未几屯膏如昨，岂太守之呼吁，有胸无心，神不我格乎，抑亦神将吐我，而帝天之视听果高远，而不见不闻乎？非是则天道好生，当必不忍，纵旱魃之播虐此一方民，若是其甚也！太守父母此一方者也。尊神御灾悍患，血食此一方者也。百姓不敢呼天，而呼父母。太守不能问天，而问尊神。若三日不雨则土膏竭，十日不雨千里其赪矣。嗟此孓遗，弱者转壑，强者揭竿，挺走流离，将不旋踵。则太守与尊神必有分任其咎者矣。神其鉴而裁之。谨告。

三致告文

唐敬一　知府

直隶永平府知府唐敬一等，谨免冠匍伏，大声疾呼，三致告于本府城隍感应之神曰：嗟呼！此方之民，何不幸而罹此旱虐耶。北平古称瘠国，其民刀耕火种，其地水立沙飞。产无百亩之遗，家无担石之储。所恃上天降祥，时和岁穗。顾此遗黎，尚得与畿辅七郡之民承丁负版，以上报天子者，饥馑不臻，而不忍轻去其乡也。嗟呼！今何不幸而罹此旱虐耶？下官敬一奉天子命，来守兹土，未敢登堂受事，先入庙而谒尊神。循朔望跪拜之仪，尽人神祈格之礼，岂有他哉！良以地方久遭兵燹，小民鹄面鸠形，兼之弱肉无几，不堪强食。是用简刑息讼，驯暴惩刁，片纸蠲供，一钱不罚。期与二三赤子休息相安，以尽太守心所欲，为力所能为之事，庶几假此可以告无罪于天子也。至于悍大灾，御大患，人谋所诎则太守有所不能者，而神实能之。此有皇上帝，所以特简聪明正直之仙班，敕为保障城隍之显爵，俾尊神理幽赞阳，奠丽此一方民，以辅佑天子。于以享此一方之血食而无愧也。此其义，与下官之奉天子命而抚摩兹土者，将无同。今下民罹旱虐，虽或天运使然，在尊神亦有不能自主。然而天子者，天之子也，所以代天而子民也。尊神则天之吏，而太守又天子之吏也，无非为此民也。譬如父母不慈，孝子未有听其违道而不迎几以谏者；人王有失，忠臣未有徒畏膏斧而不折槛以争者。况乎帝天仁爱，养育万物，是其本心。而大兵大荒，不过数十年而一见。古之人主，六事自责，舍腹吞蝗，要亦一言之善，遂可回天，此又人事之彰彰者矣。若必欲尽此一方民而饥之，馑之，使之流离，转徙，而不恻然念者，斯又必无之理矣。今者阳日以骄，禾日以槁，万姓呼天抢地，声彻重霄。太守匍伏悔过，叩头流血，一告不已，至于再，再告不已，至于三。凡若此者，非敢为渎也，诚欲尊神大彰捍御之能，以兹下情上告天帝。亦如孝子之谏其亲，忠臣之诤其君，挽回天怒为民请命而已。若三告而神不应，是必尊神之刍狗生灵，而虚拥天爵也。尚不能与人世之敦伦闻道者比，其亦何神之与有。语云：虽有恶人斋戒沐浴，则可以祀上帝，诚为之通也。今太守之夙兴跪祷，而咄咄不休，可谓至矣。而神不我听，则旱其不可药矣。民其无如何矣。眼见千里如焚，穷檐熄爨，析骸易子，盗贼繁兴。且震惊城社绝灭烝尝，势所必至。太守既无面目见此北平父老，即尊神亦岂能腼焉血食，对万姓而无惴乎此？太守之死不择音，泣尽而继之血也，谓神不听，当不其然。神如有灵，其疾告帝天，立驱旱魃，以造万民之命。再三日不雨，则太守不职，尊神不灵，不职不灵，法当黜太守，其囚服縨颈，迁尊神之行主，于日中共受天罚。必大雨乃止。谨告。

谢　雨　文

唐敬一　知府

谨以牲牢鲁酒，致祭于本府城隍感应之神，曰：于赫惟神，至正至灵。有祷必应，理幽赞明。降此时雨，粒我烝民。捍灾御患，振古英名。回天有力，记过无心。于容颧服，其量于麾。魃敬其能，民其苏矣，永奠北平。太守暗昧，陈词失伦。譬彼盲子，妄测高深。今日之奠，悔罪负荆。神不我吐，惠然来歆。尚飨。

重修永平府文庙记

吴国对　北直督学

北平负山带海，称燕冀神皋，屹然一大都会也。考古为用兵之地，汉太守李广以神勇著下，此兵兴之事，史不绝书，今天下中外一统，人民乐业。圣天子右文崇道，弘奖儒术，多士蒸蒸向风，渐摩于道德仁义，陶淑于礼乐诗书，盖三十余年于兹矣。比年以来水旱频仍，稍稍失所。太守三韩常公甫下车，即遍访利弊，问民疾苦，闾阎疮痍，引为己疚。其间釐剔振兴有关民生者，善政不一而足。乃先则谒文庙而慨然曰："今天子岂弟作人，惟此为兴贤育才之地。士子朝于斯，夕于斯，诵法景行。而顾令庙貌之颓圮，暗汐弗章，其何以遵圣教而厉儒修也。然当此十室九空之际，下竭民力浚民财以伤吾休养百姓之意，则大不忍。"爰是捐俸庀材，给赀鸠工。经始于康熙十六年正月望日，落成于十一月朔日。殿庭巍巍，廊庑峨峨，辉煌璀璨，焕然一新。于前另建书院，其中大庭三楹，左右环以号房十二间。庭后正房五间，东西厢房四间，为诸生休息之所。庭前设照壁坊表以界内外，大门与周匝墙垣及厨爨等室，以供诸生月课肄业，又前此未有。余以试事至谒拜毕，进诸生而勖之曰：尔知二千石葺庙意乎？尔俗刚武雄悍，思以柔之；狙诈剽黠，忠以诚之。其或轻浮躁浅，董之而进于庄；鄙朴固陋，饰之而泽于雅。非圣道不为功，是故他务未遑，而汲汲于此。吾于此而知太守之能重文也，能敷教也，能体圣天子岂弟作人之意，而以兴贤育才为首务也。能以先师之道德、仁义、礼乐、诗书渐摩陶淑于斯民。而令父兄之教，必先子弟之率，必谨其用心，厚而嘉惠于尔多士与斯民，甚深且至也。异日考多士之蔚兴，大则栋梁舟楫，为邦家光；次亦孝、弟、忠、信、笃，尊君亲亲之谊。化行俗美，比户可风，自贤郡守始之而成之矣。推此以治一郡，而一郡理；以治天下，而天下理。而犹虑文教不敷，太平不可坐致也，又谁信其然哉！余顾而乐之，遂援笔而为之记。始其事者即太守常君文魁。因其事而共勷，则郡司马郑君四国，州守滦州马如龙，县尹卢龙吕宪武，迁安张一谔，抚宁刘馨，昌黎陈邦齐，乐亭于成龙，永平卫守备杜进梅，山海卫守备王天福，至督修生员杨新鼎，例得并书。

重修永平府学宫碑记

刘鸿儒　郡人　兵部

教化者制治之本也。学校者教化之原也。苟使在位者由学校起教化，由教化得制治，能令人文蔚起，喁喁向风，即龚渤海、赵京兆当俯而逊谢之。况学宫严地，先圣先贤巍示之所，博士弟子员讲肄之区，郡守、邑宰诸公瞻侍之域。而顾与荒烟丛草、败址朽楹日相寻而莫为革整，当亦升平之世所最憾也。北平为畿东名盛之处，山水潆带，先贤墨胎氏，焜耀千古。其间文人粹士，接踵历代，而建学于城西北隅，规宏而制伟。数十年以来，兵燹洊加，榛莽之所蒙塞，荆棘于焉蕴崇，遂至殿庑堂奥之间，椽毁而瓦迁。守令诸公，若与我绝不相属者。会我公祖常公守兹邦，绾绶之始，即汲汲以整理泽宫为己任。进属吏、乡士大夫而谘之，咸乐输恐后，鸠工庀材，度越前人。折正殿而新之，辍彝堂而构焉。一椽一础变腐为灿；栋宇节棁，丽若妍明。门之外有两坊，芟其朽而更奠之易柱以示别，坊之内有木栅，改以石垂为可久铲礙蕃秽。环以松翠森蔚，周匝望之巍然，猗欤盛哉！余于是服公祖之知治要，而崇先务也。夫梵宇道院所在，多居名胜地，郡邑大者百余所，小者亦数十所。商贾妇子，愿施而不倦，莫不涂朱垩碧照耀瞻视。独至于学宫，每郡邑仅处其一，兵兴以来，大半鞠为茂草，颓垣被壁，先圣先贤栖于烈风霪雨之下而莫之或恤。问师儒，而师儒无其权；问友宗，而友宗无其意。是正学彝统反不若二氏足炫愚罔也。惟我公祖常公，以文章理学，表为经济。能使墨吏解绶，豪氏怵息，而敦崇大体，首力学宫，上以承朝廷右文崇儒之至意；下以鼓士子读古明道之深心，前以接昔圣昔贤茫茫未绝之统绪；后以启十数百年十数百处，遥遥无尽之人材。虽华缛而不以为侈，虽烦重而民不告劳。致泮林閟宫之盛，再见于今日，再见于此邦，虽古名公卿，孰能洁隆于公祖也哉！夫天下者，郡国之积也。郡国者，州邑之积也。使抚兹六属，晓然知公意指之所在，则先其教化，后其刑罚者。击蔀廓蒙，学者归向，率乡曲之原悫者群，而敦诗书，明正谊力田孝悌之风，争自濯磨。民有不畏桁杨而畏清议，不矜智勇而矜名检者矣。昔文翁为蜀太守，置学宫数十区，以教养士子，而蜀文彬彬始盛，何武为刺史，行部必先至学宫而后至传舍。古今贤太守其识同力同，而经纬亦同也。余游学宫，睇观焉，既有慨于昔，因有快于今；快于今故记之，记之以风天下之凡为郡守如我公祖者。

新建北平书院志

刘　伟　郡人　解元

稽古致治之本，首重于人才。风俗以之而肇，教化藉之而兴，天下待之而理，岂不重欤？虽然，作养无术，则人才终莫能振也。丙辰岁暮，幸我常公来守斯邦。斯邦本一疲郡也，民苦瘠，上赋重，役劳且当，东西冲繁，簿书鞅掌。即有非常之才，恒虞调剂之不遑，安望余力以作养人才耶？若我公者，甫下车未几，而政事毕奏。即观风课士，修举废坠，重修文武两学，深有作养人才之意矣。于谒庙之日，见非农非士环列于前，即诘之曰："吾青青子衿也欤？"咸应之曰："唯唯。"嗟乎！青青子衿，何乃衣冠狼狈至斯哉。夫永冠狼狈至斯，遑问其诗书乎。诗书不兴，人材何由而作。爰是经营学宫前隙地。堪为弦诵之所。苦于狭隘，买近居民房四间，空地一段，方称斯院。不扰民力，不动公帑，大捐己资。公每省试几费心裁。命生员杨新鼎督监，不月余，构成讲堂三，东西书斋十二，后肄业正房五，厢房四，厨房二，中门大门共四。内外墙壁莫弗严密，又建木坊，设以廪饩。延乃师儒，无所不至。即菁莪朴棫之化，不过是矣。吾往而观焉，奇哉斯院耶！外瞻之，高耸层叠，俨然壮观，进视之，曲折周匝，幽若仙景。不觉喟然曰：幸乎北平之书院，可于西之白鹿比隆。俾吾永士子入斯院者，必致其知，必力其行，学成孝子，学成忠臣。异日掇科甲，纡青紫，龙见豹变，蔚然汇起，万古千秋，孰不相传曰：非我公之作养人才而然者哉！若后之君子继公以行，则永之人才有盛而无衰也。不然燕朋昵师，虚糜岁月，即当幡然而逝，不可一日污此地。公三韩世家也，名文魁，号独占，字月生，戊子贡士，并书以志不朽云。

重修武庙碑记

程观颐　郡人　知县

北平古多豪雄激烈之士，产斯土者类皆智勇自命，气习使然也。

苟建学而训练之，均足备干城之选。故自明隆庆间，刘公应节视师蓟门，上书请立三镇武成王庙，振武功以储将材，永平其一也，则武学之建历多年所矣。第天下事有创之者，必有继之者，然后其事可大可久，而不至于废坠。自鼎建以来，前人力而兴之，后人习而安之，悠悠忽忽，视为故事，官如传舍，民如蘧庐，不复有问创学之深心者以是。自万历二年重新之后，迄今百载，修葺罕闻，竟使殿宇就倾，庑廊告圮，鸟鼠虫蠹居其室，荆蓁芜莽鞠其庭，败壁颓垣，风雨勿蔽，木主散失，神怨神恫，何以崇享祀而作士气乎！矧我朝廷，定鼎燕京，震威殊俗，文武并重，讲阅独勤，所谓振武功以储将材，诚不可一日废也。顾欲储其材，必先谋其本。武学，储材之本也。有其学，而后简阅者于斯，讲读者于斯，由鹰扬而秉钺者于斯，则后此之运筹帷幄，决胜千里者，无不于斯也。武学所系大矣，庸可听其废坠邪？是望于新之者甚急，幸而三韩常公来守是郡。甫下车，自问疾苦察利弊而外，即以振兴教化为己任，爰捐资首新文庙，建书院，以崇文化。方告成，而复有再新武学之命，力有弗逮，则进都人士及新补博士弟子员，力劝而输之。爰是鸠工庀材，择人任事，为大殿者九间，两庑者十间，戟门之为间者二，忠祠之为间者六，仪门之为间者亦三，以及明伦有堂，读书有院，各三檐焉，棂星有门，储将毓英有坊，凡三座焉。至于围墙四周。石碑一具，无不次第修举。越百日而竣厥事，倾者植，圮者立，缺者补，废者兴，焕然一新，规模弘整，猗欤盛哉。由是而多士，简阅有其地，讲读有其资，鹰扬而秉钺有其兆，运筹而决胜有其养矣。甚哉公政之善也！能储材也，能谋本也，殆上体圣天子崇文右武之盛化，而为此可久可大之业也。公为政之深心类如此，以视昔之人，以官如传舍，民如蘧庐者，不径庭若耶？尔多士，能承公志而励厥功，精厥艺，繇是而秉节钺勒旂，常报朝廷，以垂竹帛，为斯学光，始不负我公修学深心云尔。是为记。

新建八蜡庙记

常文魁　广宁人　知府

按礼经云，蜡祭者有八：一曰先啬，二曰司啬，三曰农，四曰邮表畷，五曰猫虎，六曰坊，七曰水庸，八曰昆虫，斯皆苗之神，国家之丰亨关焉，生民之忧乐系焉。故昔天子岁十二月合聚万物而索飨之，缘仁之至义之尽，祭之以报神功乎！余丙辰岁暮来莅兹土。越明年丁巳岁旱，秋七月有报蝗虫西至丰润县者，蔽天东飞，黔黎惊悸，茕茕感伤，遭此虫食，国赋无出，饥馁难当。余闻而叹曰："天降斯蝗，实我不德。"即用刚鬣柔毛，率阖属官生商民迎祭于八蜡庙之神前，祝曰：惟神最灵，祈护群生。五谷嘉禾，万物性命。惜斯性命，风逐雨迸。倏而北飞，沿边远腾。遂不成灾，永属丰登。岂非神灵之默佑维护而然耶！观其庙宇狭隘，余与官生商民共议广袤，故经营斯地。斯地原文昌移建遗基，山环水旋，精秀难摹，宜可建焉。余先捐资，觅匠鸠工，每亲省试官生商民咸为乐捐，不逾月构成正殿三间，两廊六间，茶房四间，戏楼墙垣，绘事丹漆，灿然一新，甚胜观也。庶可以报丰功厚德于万一耳！兹庙既竣，惟愿圣神恒格享祀，斯郡维康，千亿万年勿遭蝻蝗，勒石以铭，用志不忘云尔。

重修永平府公廨志

常文魁

北平为畿东独郡，六邑中枢。固宜高阁广厦，华丽以壮观也。余丙辰季冬莅治兹郡。稽其廨，原设有百余间，则见寥寥落落，凋敝难观。敝者有栋而无椽，塌者无宇而有壁，至于稍全者，仰而观日月之所照，雨露之所坠，骇而绎之，斯属州县修葺，何废弛亦至于此？此皆有修葺之名，而无修葺之实也。阅公廨志云，邑似穷边，官如传舍，不亦大可慨乎！慨大修银裁没，补苴无资。欲修，恐劳百姓而伤民财。不修，何以蔽风雨而御寒燠？将欲托县役，虑其费一而苛百，将欲委工书，惧其用百而冒千。无可而有借赀之议，疑有未艾，会诸良牧，而良牧咸曰善。越明年丁巳寅月，觅匠鸠工，悉准时价。缘院落狭隘，东展推官废署，经营间有仍者仍，改者改，创者创，补者补。凡匠作工程，皆余亲为董劝。搜久弃之砖瓦，取故废之木料，东攒西辏，构成庭堂、侧室大小三十余间。其中曲折周贯，各适其宜。若此者非徒华丽也，蔽风雨而已，非徒壮观也，御寒燠而已。于是援笔勒名，以垂将来。愿后之君子，鉴余鄙见以踵修，庶绝用寡冒多之弊，以杜侵渔苛派之奸。斯虽微枝，亦少有补于宁民节财之小惠云尔。

新建射圃厅记

常文魁

余尝读易之系辞云：君子安不忘危，存不忘亡，治不忘乱，是以身安而国家可保也。旨哉言乎！然既读之而不法之，不亦大负圣经与？余今设立斯厅，非戏斁也，正遵圣经而御时窃也。时值奸宄乘隙，祸起不测，人心实难防矣。予曩随军前，尝见府州县中，累遭萧墙之患，虽有雄师猛将不能急拯于仓猝。以是知文事而备武事之为得也。丙辰岁暮，蒙圣恩简任北平。夫北平乃用武之地，名将之邦也。其协镇将士悉赳桓干城，可恃以无恐矣。而余犹深抱虎尾之履者何？惟身任国家之重务，印库仓狱关系匪轻，万一变起萧墙，其何以御之？将欲简练家人、衙役以防不虞，苦无简练之区。乃经营本府衙内西廨空地一区，堪为习射之场，命经历司赵廷玑、司狱倪继徐监督，其休料砖瓦等项，俱发己资照时价平买。至于鸠工驱劳，止用家人衙役，不动民间一钱一夫。不旬日构成正厅三，两廊六，照壁露台，周围垣界，粗尽其制，颜曰“射圃”。每日习射，但主于中而不主于贯革，岂非尚德不尚力之故欤？胜者乃揖，不胜者升，岂非无争之所欤？射习精而训练有方，虽有奸宄窥伺，已无可乘之隙矣。岂非身安，而国家可保欤！于是勒石以为予妄作者知之云。

重修中心台真武庙记

钱世清　钱塘人　通永道

郡国之有钟鼓，必建丽谯以居。虽按时考击，其用止于晨昏，而援古出作入息之义。抑亦治道所由关也。国家发祥辽左，定鼎燕山，北平介在孔道，龙沙曲抱，滦水回环，南台拱其前，紫塞护其后，实维东西二京一大都会也。使无飞楼杰阁，崇祀神灵于其表，何以仰迓天庥，控地势以作镇一方哉！郡故有鼓楼在城西北，栋梁无改。而锺亭在东南高垅之上，有台名曰中心，岧峣百尺，俯临巷市，每至甲夜，付声铮鋐镗礴，与灵鼍互响答，聋俗以警明旦焉。中规为庙，以奉真武。考诸前代禋享，郡方或降玺书，或赐玉册，谕有司，春秋肃拜坛下，历历可考。而此邦为尾星分野，上应斗极，例得祀之。右有文昌小阁，瑞霭飘遥，令人作天际三台想。余乙巳莅任后，从政之暇，亟为完葺，每朔望瞻眺，城郭山河参差。□□间喟然叹曰：有是哉，台之胜也，得其地矣。无何有窃饮于台者，遗火，庙为之墟。余惧胜迹之湮废，无以光前而照后，谋鼎新之。顾工料赀费，逡巡未果。会有空屋数楹，捐一年俸，购诸其土，僚属慕义，一时金钱略集。爰撤故就新，广两楹而四之，自戊申秋迄于小春，不烦公帑，比户之才力，凡三阅月而告成事，其指麾董率，则卫守御卢化凤力也。所可异者，北平地苦早寒，方在秋时，土辄凝冱，手龟水冻于以绘塑实难。而是岁，风恬日融，筑场之月，盎如春温。金碧五彩，维所涂饰。于是帝容睟然玉坐之表。岂非是凭是依，用福兹土之明验欤？余固服习文教，而家世奉真武，匣其灵迹，莫著于武当，遂额为武当别院，从所专也。夫闫伯屿领洪都，聿标滕阁，庾亮镇江夏并建南楼。昔人丽瞩江山，类多名构，矧望海台遥，卢龙塞迥，垲筑胜地，以巩神皋。俾闾阎之众，安其出作入息，跻风俗于康衢，固治道所观成乎，后之君子保障此邦，毋使狂客荒兹净域。以□□□□失坠巍乎。此台永镇北平，是尤余之祷祝而求者。是为记。

复教职疏

胡三祝　永平人　御史

题为教职请归岁贡，改授□宜停止，伏祈睿鉴，采择以培士气事：窃惟教职一途，其官虽小，然而师儒之席，风化攸关，非得明经学古之儒，未易胜任，在昔教职惟选岁贡，而恩拔不与焉。何者？以其白首穷经，阅历风雨晦明二三十年之久，不过困于时命而不获一第。于是朝廷怜其才，而悲其志，授此寒毡，一以轸念苦攻，一以风示来学。原系培植人材至意。初授之日，止选训导。后有荐举者，始升有司其他，至于教授而止。不意数年以来，举人之考教者成风，进士之就教者接踵。夫进士，高捷南宫，各有应选之官，县职乃其本等，因其不胜民社，故愿就闲局耳。今进士就教者，俸满又转有司，不如不改之为逾也，况进士多得一缺，则岁贡少得一官矣。自今以后，进士改教，永行停止可也。至于举人，登贤书而宴鹿鸣，国家抡才大典，何等郑重，无非欲拔录真才，以济时用。今九卿之中，济济班行，未尝无人。请查世祖皇帝拣选成例，速为举行。考教之说并行停止可也。又有说者，各省教官各选本省人，地相近，与州县有司背离乡井千里间关，而身蹈瘴疠之域者原自不同，又何必分别边俸腹俸，请照俸次一例升转。且进士、举人除授教职，其御俱有署字，顾名思义，其非应得之官可知。今见皇上，酌复旧章。直省岁贡已遵世祖皇帝之例，准其照旧，自应留教职一途，以为岁贡之路。彼进士、举人似不必与区区岁贡争此鸡肋一官。俾明经学古之儒，早邀一命之荣，以酬其屹屹穷年之志。一举而三途，皆通其以培人材，而励风化。非浅鲜矣。臣刍荛末议，有当与否，伏祈睿鉴。采择敕部议覆施行。康熙九年三月具题，奉旨该部议奏。

重修榛子镇公署记

高辅辰　郡人　廪丘令

北平之西，一百一十里至榛子镇堡，系蓟辽孔道，旧有公廨备冠盖使者行台。自经兵燹，鞠为瓦砾，四壁仅存。暂售民居数楹，为星轺停骖之所。而行址浅隘，庖湢弗备，庭中仅容旋马。一遇怯薛重臣，衔命乘传，留犁径路之旅，騊駼骏骑，动以千百叫计，势须刍秣于市衢，不足壮皇华四牡之行色也。太守常公以医闾异材，麟符竹郡，行部镇城。思惟卜缮旧基，建署瘠舍，敛塞墉堵，以肃门阑，计其费，匪土不尧，匪木弗植，匪工弗僝，匪粟弗给也。谋之州大夫马公不藉一民，不牒一物，出其俸缣。规度前后，作屋三间，用栖纪纲，圉人之地。自雨祀以及台门，鳞次栉立，涂茨维新，构居停以避风雨，祟户垣以代梐枑，俾使星鸾轭之临憩由亭，而安信宿磐控骕骦之役，获居处而谨藩篱。非太守大夫减膳垂橐之经营旧馆，茂草之区，不几废为瓯脱哉！倘继来州绶，但慎葺宫墉，无忘补饬，则今日太守大夫缔造之劳，嗟予勤其有念哉。是不可以不纪岁月也，敬珥管而勒诸石云。

重修启圣宫记 滦州

高辅辰

治统开于唐虞，地平天成，璇玑七政，而天事已毕。道统惟成汤始肇，圣敬日跻，一时伊训，虺诰启万古性道之学，以人文化成天下也。神明之胄，衍玉筐瑶台之瑞，传锡姓三命之裔，至郰大夫叔梁纥，始诞生至圣，为百世师。明初封启圣公，配以颜、曾、思、孟，从以程、朱等之父，袝祀明禋。前守刘公体元，择宫东巽方创建专祠，以隆爴饎。岁月遂遐，继经兵燹，鞠为茂草矣。春秋有事于俎豆，仅绵蕞蓬围粗了几筵。闻之子虽齐圣，不先父食。况崇宫绮殿，既奠先师而顾瞻圣父露栖不幕，非所以宴娱冥孝妥侑严灵也。大夫马公拜而兴叹，念时诎难以劳民，首捐俸缣以倡，绅士而身任其费。十之七，聚棼栌拱桷之材，坚甓蛎灰之具，咸罗于公庑。目综心计荐梓匠佣直垩茕应时，丹髹从质，旬月而厥工报成。博士弟子于员落成之日，尊酒劳大夫曰：百年卤圮之宫，楹鸠僝鼎建实创，始非因旧也。圣父寝面，新庙奕奕。先师陟降，在其左右。惠于宗公，神罔时恫，大夫之功。作之屏之，当与奚逝閟宫之什，并声之管弦，而寿之金石，是不可以不纪也。时岁次戊午知州事马公如龙，绥德州人，由壬子科举人。

重修卢龙县学记

吕宪武 山东人 卢龙县

卢龙为北平附廓，另设学宫，专祀先圣，所以仰法古帝王之盛典，储育此一邑之人才也。考诸碑记，创立于元末，盛建于明初，规模制度与郡国学宫无异。其历代增修，已载他碑，兹不备列。迨明季崇祯壬子岁夏月，巽二肆威圣殿，彝堂随风飘没，岂非地运逢屯，宫墙一厄也哉。然而圣碑高拱，大风雷雨弗移，泥沙瓦砾弗污，金硃俨然，观者咸肃然起敬。说者谓圣贤有灵厌，故宫之污莱，假此天风扫荡数十百年之尘垢，以俟后起者之再为维新者耶？以礼陶乐淑之地，倏而为荒烟瓦砾之场。一时官师弟子员瞻仰无地，乃捐募□买民房，重修殿庑门祠，制称粗备，谨蔽风雨而已。适会皇清定鼎燕都，首崇文教。顺治丙戌重修于梁公应元，戊子岁再修于锦州赵公汲，斯时明伦堂以及门壁方始就焉。康熙戊申，又重修于乌程闵公峻，而闵公旋行取入都矣。余于甲寅岁筮得卢龙令，将佩符东行，适闵公会余于京邸，注意卢庠，悉言卢庠兴废之故，以历代创造之宏规，忽为天风之飘没。虽经草创以重修，终不若古制之周备，向曾捐俸重修，奈规模宏厂，无能遍及，欲立石以记岁月，且劝同志于将来，嘱余代为立石以志之。余于是岁之仲秋抵卢莅事，谒庙间见学制宏阔，虽经数次重修，阙者犹然未备，以万乘崇祀之香火，而一邑小吏经营，何异蚊负泰山乎。余家东海之滨，去圣人之居不远，遥忆尼山秀气，阙里鸿模，值此景象，岂可以祀先圣耶余亦景仰前哲，乘时修葺，恐费繁之莫继，付托之无人，时拳拳于念，切切于心。戊午春，大兴朱君持正来谕卢庠，谒圣时有以修学宫为请，余与之谋画颠末，志同道合，与有同心焉。余即为捐资首创设以簿籍，示其专也，钤以印信，示其公也。仍令该房乡耆劝助于阖邑绅士、商民之尚义者，一时金钱集济。朱君先劳无倦，慨然自任。李生廷蕃协赞劝董。即觅匠鸠工，经营指点，易其颓朽，整其剥落，缮补其窦漏，再造其倾圮。增添圣位中龛，以肃威仪，更制配哲台阁，以顺位次，补全先贤先儒之木主，重葺泮桥壁水之曲栏，棂星坊前新筑品墙，以期坚久，设以栅栏，以严内外。经始仲春，毕工仲夏，凡三阅月，宫墙改色，殿庑增新，虽非彻地重新之修造，即此补修造之工程。殿庑、祠坊、堂厦、门墙可期经久而不坏也。余进朱君、李生而劳之曰：此番修造既无虚糜之费，修葺又得实济，成始成终，无旷无冒，余与共事诸君，俱有厚幸焉。何者？余有修学之盛怀，弗遇朱君可托之人，则何由谋其初。朱君有修学之美意，倘余有闵公之转迁，则何由善其后？今新庙奕奕，圣灵妥矣；徐观厥成，遇合奇矣。于是知圣贤之灵爽，原有默属。圣宫之兴废，亦有定候。同心之遇合，亦有迟早。今值告成，余拳拳念伸切切意。释敬珥笔，直书其事，以志不忘云。

修迁安县城记

王永命　临汾人　升行人

迁安距永平府四十五里，为属邑。本汉令支故城，辽以所俘安喜民值焉，因名安喜。金大定七年，更今名。左环分水，右据失山，滦河经南，塞城倚北，山川四固，邑为攸聚矣。皇清混一区宇，建极京师之邑，相讵（距）四百七十余里，实为左辅要地。余以康熙九年庚戌之秋七月终旬，承乏兹土。城垣摧圮，雉堞崩颓，门无锁钥之防，民鲜安枕之乐。不胜殷然，念曰：王公设险，古志之矣。城池，所藉以相守者也。今若此，非惟无以壮观内服，威视远方，其谓吾民之保障何？会院道批详，倒塌城垣，该地方官设法捐输修理，刻日告竣。蒙府票，自八月初七至九月二十八日，不两月而催修完者凡五行。余乃集阖邑绅、衿、耆、庶、商、贾人等，下学公议，虽士民乐言捐助，咸有费大赀绌不易告竣之虑。余则毅然以为己任。时当盛冬，庀材候举，间彝六飞东幸，奔走于搭桥迎接，而未遑也。越明年春，将有事城垣，不谓又有督修冷口边城之役。余思修理县城，令专责也。过此不修，恐有不及修者矣。遂发猛力，详报各宪，众心齐驱，并力合作。开工于仲春下浣之期，告竣于仲夏上浣之日。其间鼓众劝徒，弹财竭力，为时仅三阅月而报大成者，无一工之不举不坚，无一处之或漏或瑕也。噫！此非吾民之乐于趋事，而能遹观厥成乎。因呼父老而抚之曰：城廓坚固，内奸可不作，外患可不生。尚其各和尔家，各睦尔乡里，敦乐土而勤本业，庶几实符迁安之名而久安，以拱翼我神京于无疆哉！计修倒城垣并垛墙二十一处，共一百四十五庹四尺，造册申送在案。又未入报册而修者，系前令已报修而未完，则西面垛口二处，计五十九度一尺，南面垛口一十二处，计三十四庹二尺，外此则建城角、窝铺，立瓮城，内房设锁钥，谨防御，以与民共休息焉。其捐输姓名，勤列左方，以垂永久。夫修葺城垣，固邑令分内事，何谓是屑屑哉。余于此殆有深虑焉！念我国家当承平之日，而令有司完固城池，古圣王安不忘危之意也。倘政之不修，人将怨嗟，诚非民而吾谁与守哉？余又不禁念是役而兢兢云，后之贤者侯，兹土而莅之，以杆我城，以抚我民，相继有加。国之庆也，民之福也，则又何可以无言。是为记。

重修迁安县儒学记

王永命

粤惟贤关辟峻，文箕飏黄岫之章，圣序昭明，頖采缀滦流之藻。故褒修昔丛名诏，岂谓一邑而不列金庭。乃纪积旧多遗文，敢谢孱毫以远封。石鼓藏龙在望，杰笔谁倩张超射虎。当前云阵漫追，孙楚缮立寝庙，亭亭复翼翼，若陈思之洪声；登遐缔修斋庑，实实亦枚枚，类孝建之圣义永旦。睹黉宫之陡焉，遹焕信文教之廓尔重新，迁安县庠，久罹圮废，岿然一殿一壁之孑立荡矣，十颓十墟之同倾。径出牧马以寝，兴场供饭牛之蹀躞，圣灵俯而攸叹久矣，付之湮消。绅士过焉咨嗟，畴复收其零落。岁在壬子，冯司训毅力堪衿，月维季秋，四博士掌披殊切。暨诸官矜之辐辏既广，奈予司土之赞成独微。值少司农刘公力捐清橐，用资隆模，大厦帡幪，尽道法而遥为指导，先声传播，逐次第而争效观成。惨淡经营于庀材鸠工之余，谘诹展布于审形面势之后。补修明伦堂，已从亥夏，栋宇先复旧规，重建贤宦祠，首在子秋，名贤始安新位。两庑平列，丹雘流七十二座，辉煌二斋，对楹椽采。昭亿万千年，弘构重垣，映带红云俄灿；日一围四隅，分扉粉署惊铺雪六出。前棂门而后壁水，腾蛟已及禹浪三；左奎斗而右文昌，起凤才瞻圣尺五。规恢既厂启圣祠前，看二龙五老之翱翔，文明弥多。敬一亭上，缗九丘八索之烂熳，爽垲不矜。齐梁制度，洪规一秉唐宋。休明既苞既坚，苍松迥倚五星阁。有伦有春，圣桧斜炜万卷邻楼。猗欤盛哉，诚斯文之叠步云霄，而吾儒之联飞溟汉者也。开工于壬子季秋吉日，告成于癸丑孟夏庚辰。新庙奕奕，多士劳之，厥功离离，爰石纪之。

重修宣觉寺记

刘鸿儒

余迁邑有古刹名宣觉寺者，创建自唐后千有余年，其间兴废无可考据。按碑记，一重建于元至正之十五年，再重建于明弘治之二年。其寺基可三十亩许，规模宏远，有殿有堂，有藏经阁，有天王殿，有两庑、配阁，有斋厨、管库之属。殿后则老松盘纡若龙，殿外古槐参天，灵禽堆栖。朗月松风，疏锺鸟语，瑞霭烟笼久矣，迁邑佳胜地也。自明弘治至国朝隆兴百五十年，其间罹兵火者，又不知凡几。鹫岭之遗风日替，虎溪之胜韵谁扬。法熄僧残，庭鞠茂草，画栋雕梁，竟归空幻。余宦游京邸，三十年未尝目击其状。癸丑冬，魏生高拱者，偕比丘性灯至京邸，谋重建而鼎新之。余曰："此固盛事，恐非此时所可及。余尝游畿辅西山一带，见绀宇梵宫，飞阁联云，金碧其堂，文绣其阙，土木之盛，莫甲于此。窃叹其赀费浩巨，非出以宫掖之重，则出之太珰鹾贾耳。迁邑弹丸穷黎，其何能以一篑而望为山之举乎。"魏生曰："不然，乡里之愚夫愚妇，与之谈法律赫赫，则罔知忌畏，与之言瞿昙娓娓，则莫不提策。俾阐提之众，振怠为警，破吝为施，闻左之金钱粟帛不去而之狭斜，改陆博游冶斗讼之业而皈善地者，谓非末治之一助哉。"余善其说，随草一募引付之。无几时而余归里矣，同诸亲友，步游其地，果尔四壁不存，荒芜满目，独老松之盘屈，绿槐之清荫如故也。丈六金身，不免风雨之凄厄；藏经万卷，难保贝叶之零星。余不觉喟然曰："离乡几何时，眼底顿成沧桑。"欲创众一新，又不禁望洋之叹。魏生曰："见今有善信韩文秀发，愿出金二百两，可为经始之资。徐听四方捐输之来，可不日成之。"时有性灯弟子海滨者精勤自励，一钵不私，慨然请任托钵之役。择丙辰冬鸠工庀材，拮据经营，继而捐输者辐辏。二三年间，凡前此之所有者，整葺以复其故。前此之所无者，变易以增其新。千榍万拱，俄惊丹雘之辉；龙发螺文，复见庄严之妙。余甚嘉其志而庆其成。曰：“有是哉，一念之勇猛，而遂成万象之森然，一篑为山，吾夫子岂欺我哉！凡天下事，真能具勇猛念，而奇绩异功克塞宇宙者，皆可作如是观。”魏生复请曰：“是皆众信善之乐输以成厥功，于我何与焉？是不可以无记。”为众信善劝余曰：“是诚不可无记也。”余闻达摩有云：“一切有为迹，属无漏小果。”余以为佛法无为，其道精微。不有有为之迹，何以感百千亿万心？盖象教之易入人也，自六朝而后渐靡久矣。从兹瞻依在望，晒慧日以耀昏衢，洒法云而清火宅，合百千亿万心，入无诤三昧登清凉界，则有为之功德，宁有量耶？余故识其颠末，昭示来兹，勒之坚珉云。

抚宁县重修学宫记

王　简　邑人　昆山知县

抚宁县学立于明洪武之十有一年，事因创起，不过一殿一堂，浅陋褊迫。成化间，邑侯姜公目击心感曰：“学宫之设，所以育养人材，求进于广大高明之域。卑塞若此，何以励后学而扬休誉也。”遂制建大殿五间，东西庑十间，启圣祠三间。以及名宦、乡贤、戟门、棂星莫不备举。可谓规模宏远，制度周密矣。嗣后弘治间，刘侯再一缮葺，迟至数十载，蚀于蠹虫，颓于风雨，不无残缺荒芜之虞。即有改而重新者，或力屈于钱谷而不暇顾，或心惮于虑始而不敢为，虽修补时仅不过因陋就简，一时权宜之计，而非经久不拔之业也。金陵季平王公，下车以来百废俱兴。慨然以学宫为己任，上不费公帑，下不劳民力，自捐俸而使相劝以有成。与学博刘公，鸠工庀材，克日计事。自春徂冬，寒暑不辍。凡一木一石之微，咸经目睹，而手任之者。又择诸生老成练达，徐廷琛、萧来风、赵联壁三人，共襄此举。未期年而殿宇炊巄，门庑坚固。昔之泥沙相半者，今皆易以砖石；昔之朽蠹相兼者，今皆改以松桧。泮池狭隘，无深蓄之义，浚而通之冲潭。演著星泓四照，先师神龛廞饰，加之以髹彩，聚之以绨幕。朱栏绿树，金碧交辉。从来制作之精，工程之速，无逾此者。后之人文蔚起，燕变风俗，皆公倡导训厉之功，有以启之也哉！在公之心，修理学校，兴贤育才，有司职分应尔，固无望于人之记述也。然秦汉以降，生而有功德政事者则碑之，季平贤父母之治绩累累，实不能泯，刻之于石，志不忘也。后之莅兹土者，读是记而奋兴焉！则善善相承于无穷矣。

新建抚宁县谯楼记

佘一元　山海人　礼仪制司

读北平志，而胜迹莫备于骊邑。邑有大兴筑靡不载，而鼓楼旧阙其文。邑之改也，于明成化间，历几二百稔，不闻经始者何与，无以为斯邑肇造，城廓楼橹，一时毕兴。复烦吾民不可迟之，非数十百年，未易谋也。康熙六年，秣陵王侯来牧兹邑，政平时丰，与民休息。既而环顾四邑，见其蜿蜒飞舞之概，屏列拱立之仪，倘非岿乎其中，矗然直上者，不足挹取全胜，称岩邑也。屡欲面势审材而卒止之，乃曰："中立者头颅也，四峙者，四肢也，苟肢体不举，而头颅是崇者，何为乎？"邑城夙有四楼及二角楼，经乱关之余，皆颓废不可收拾，而西南二楼，久废无迹，仅存闉阇焉。侯曰："是皆不可不先为之，以作斯楼之权舆。"由是鸠工发废，烧瓴构材。出俸余以作之倡，给饩值以召之役。未匝月，而群楼毕起。侯顾而笑曰："四肢举矣，兹不可不安头颅。"复于邑之中逵，揆日平砥，穹窿其覆，而四辟其途。其下足以通车马，而上建谯楼三楹，矗然中峙，直可近窥星汉，俯瞰川原。而骊邑之观，于是乎大备矣。数役爰始于丁未六月，落成于戊申三月，计其赀费，不下巨千。而侯用才数百有余裕焉。侯慈明饶干才，凡其甃石瓦墁之需，榱角丹垩之用，匠石工役之数，皆能豫计，不失铢两。故能刻石而成，挥斤而就也。百废俱兴，民不知役。邑广文刘三德暨诸衿士，索余言以记斯楼。传曰：古今人不相及，余观前人重斯楼之举，不得与城郭楼橹，并谋于全力之时。而侯起既废之城楼橹，竟与斯楼并兴于凋残之日。古今人之才相去不大迳庭乎？侯才足以振举摄坠，兹略睹一班耳，后之君子慨兴废之迹，而今昔之殊。其观也，按志披图，将见斯楼，得与群楼并载于不泯者，则自秣陵王侯始。

昌黎祷雨文

王曰翼　泽州人　知县

盖闻上帝以生万物为心而寄其权于神，朝廷以爱万民为心而分其责于吏。是神与吏，共有守土之任。吏当体朝廷之心以爱万民，神亦宜体上帝之心以生万物也。使民之失所，惟吏之愆；序之失调，亦惟神之咎。今者冬既无雪，春复亢旸，二麦未布，谷种及期，杲杲出日，密云不雨，嗷嗷万姓，赤地堪忧。夫一年之计在于春，春时未种，秋何所获。终岁之需在于食，民食艰矣，民命何存？神其忍之乎？或者吏之不谨，民之暴殄，以干神怒欤？此其咎在吏，于民何尤？抑或旱魃之虐，孽龙之祟，神不及制，江海之封，神不得专，以重困此一方欤？此其害在民，惟神是赖。吏既为民请命于神，而神亦当为民请命于天，早霈甘霖，大苏民困。一雨三日，四野沾渥。惟愿应于桴鼓，庶几渎不再三，此固大造之美，惟神之力也。万民之利，社稷之福也。吏何功焉，敢用披沥，神其听之。

乐亭县重修文庙记

陈文敬　高都人　礼部侍郎

国制守令以学事为重。其间创修有时，或一人起之，不自一人成之。或众人成之，众人不克全之。无忘其始，贵有其终，斯为吏治之光。乐邑有学，前不具述。自天启丁卯而后，经四十年未闻缮理。语云苔侵鲁壁，烟障尼山，殆不妄也。叶侯前来，慨然有志，更捐金五十两，琉璃圣殿，无何而去旌揭矣。高生启祚肩其任，姚生延嗣厚其施，协力同心作庙翼翼，时康熙三年春也。嗣而学训王君之造，吴生缵圣因两庑之垣墉，而涂塈茨焉。其余戟门、棂星，日见崩坠。乡贤名宦基址仅存。于侯至，谓司训王公曰："殿庑修，而余皆吾事矣。虽然无欲速，德惠未敷，而兢事土木，其谁与我。且功易成者亦毁，补葺之谋，曾先我而图之，不旋踵复坠，况二祠破瓦颓垣，无复存乎？计此者，必养全力，而后可越。”明年政治既平，百废皆举。丁巳夏六月诹日而从事焉。计其经费之需，为集鸠义簿，捐俸百二为创于先，而司教孙君，司训王君，并阖邑之绅衿、仕宦及四方之向义者，其捐有差。乃聚尔工，工出于募，不征调于夫家；庀尔材，材出于措，不支给于公帑。既躬亲以省之，又嘱王谦韩、孙昌齐曰：霁侯宝训四斋长以督之。凡今之宜修而未修者，即因为创，而悉出之以心裁。并前之已修而未臻厥美者，踵事增华而勿仍其阙陋，视彼聊且苟完之政，则大相天壤矣。且由内及外，细大不遗，壮屏翰则崇饰其垣缭，谨出入则增设其栅栏。肃外望，则易制其天衢，以逮圣域贤关三坊。凡四阅月而观厥成。先是侯有闻于人曰：“公治留心在文，文不振，风为之也。东南城头，建文昌之阁，而祀魁宿于上，则文治可兴。”侯重其说，而为之。嗟乎！谈吏治者惟簿书是急，侯则略而不讲。以为学宫一事，司宪者所不纠，司衡者又不以之课殿最，自非循吏洞瞩治源，未足语此。此而有成，信吾道兴废在人，而不关之气运。而其心犹未已也。若明伦堂，斋房门垣，皆循次及之，又以考来春之工作云尔。

重修乐亭县魁星阁记

于成龙

魁宿主文章，灿然丽天，现则人文蔚起，而治登彬雅。凡郡邑建学必祀魁星，所以遵古帝王兴贤育才遗意也。乐邑有魁星阁，由来久矣。曩者英隽杰出，树骏流鸿，鳞鳞济济，号称极盛。迩来风雨飘摇，仅存基址，举向之巍然焕然者，竟付之丘墟而已。士之策贤书，登天府者，三十年中，二三见焉。虽然士之奋发登庸，亦不专依夫天象，但既缺此阁，值人文之否，世俗之见，未必不以此阁有无而生怨尤焉。余于士民吁留之明年，岁在壬子，正值宾兴之际，人皆谓此阁兴废，关人文盛衰。乐邑古称彬彬礼让之遗，带河滨海，必有负如河如海之奇，而云岛月坨，又具月露风云之秀。余忝司牧，何弗因天地之灵秀，而一为助发耶。爰捐俸金，谋诸绅士，共为协赞，而重构兹阁。鸠工庀材，营始于本年仲春之下旬，落成于孟秋之中旬。是役也，诸生姚子延嗣实董厥事。复将文昌帝君重塑于阁下，并妥而祀之，制称粗备。阁在文庙之东南城上，于方为巽，巽主文明，与魁宿阶，与北斗同临兹者，魁光灿灿于上，帝君穆穆于下。一堂喜起，四座生辉。新庙奕奕，高阁巍巍。瑞霭缤纷，云汉徘徊。彩笔高挥于七曲，绿袍近映夫三台。自兹已往，兴起斯文。鸿飞凤举，科甲连云。为名世辅，为王国祯。愿我邦人，勿惮苦辛。益励厥修，无负此心。有光斯阁，再造一新。庶于乐亭，有小补云。后之君子，鉴余微忱。因时补葺，勿恁沉沦，爰志岁月，勒之贞珉。以告同心，垂不朽云。

重修龙王庙志

北平古孤竹之国，夷齐故里。其清风高节，著于人间者，不啻丹日皓月之悬太虚也。代代尊仰，洵非名地与！余丙辰岁底，来莅斯郡。越年丁巳春旱，祀雨有应。次年戊午春旱甚，祈雨又应。连年丰稔，士女庆盈宁之休，国家鲜催科之烦，是谁之功与？虽曰朝廷之福，实皆龙神之力致之也。讵知己未岁，春暮夏初，烈日薰蒸，木落草枯，飓风狂作，石走沙飞，旱魃异常，亿兆惊悸。我皇上爱民若子，焦思亢旱，即下祈雨之诏，谕礼却府尹祷雨郊坛，又躬率大小臣工，步履亲诣。真尧舜之圣君，复见于今日矣！余仰承君命，俯膺民社，敢不诚求视为□□乎。即设坛于八蜡庙，斋明，盛服率属员、乡绅、士庶同淄流羽士，日祝于神前，夜宿斋坛，三日不雨，炎酷若炙，清心自绎曰：连年以来，有祷必应，今何不灵。想心有罔诚欤？抑神灵不在欤？转而思之，易云：“云行雨施，时乘六龙。”与其设坛于八蜡庙何？若虔祈于龙王庙乎？洵之耆老，咸曰：“龙王原有专祠，见在南山之麓。”余即诚心，洗足趋踏，届斯见门垣复隍，神像倾圮，独遗朽腐。陋殿三间，孓立其中，荒烟茂草，谯牧酣息。余不胜喟然太息曰：“无怪乎祈祷之不灵也。”龙王无栖灵之所，百姓□报本之诚，宫殿倾颓，乃至于斯，安冀其有应乎？考其断碣残碑，庙建于明季弘治十一年，卢龙善信李纲创建正殿三楹。继而谷君冕，添建一厦，厥后正德纪元义士孙让增一香亭，至万历乙卯岁，重修庙宇，扩大廊垣神像，庄严灿然大备。其下又漆滦二水会归之处，真北平一大奇观胜景也。惜乎年深岁久，风雨催残，坍塌已尽，将昔年之奇观胜景，竟成今日之牧场丘墟矣。于是跽而祝曰："天地好生，苗关民命。苗若槁矣，民命何济。卑府有牧民之责，敢坐视斯民之待毙而不救乎！龙王□□□之权，容吝泽而忍苗枯槁已乎？惟神有灵，来朝雨降，余当重修，永祀香火。"祝毕旋坛，晚则阴云四布，夜则雨降滂沱。噫嘻曰：龙神之灵应，不期一至此乎！念余莅仕兹土，未满三载，遇旱即祷，随祷随应，连年丰收，是神之无爽于余也。余何敢爽神乎？即发己资，命典史冯杰、乡约王应泰等，监董其工。尝读孟子云："旱乾水溢则变置社稷。"兹庙旧基，向朝西北，欲改向南，未敢自专，设阄用卜神意，阄拈南字，今遵神意，建立答阳。有乡绅、士庶惧工程浩大，执簿募化，十不及一。余感神德，不惜声囊，力竣乃庙，以谢龙王。俾来兹祈祷之有地也。于是觅匠鸠工，庀材物料，依时给价，不动民一厘一夫。构成正殿三，两廊六，以及大门、戏楼、斋室、茶房，俱焕然一新。又中立牌坊，以肃威仪，旁列碑亭，以志岁月。庙外西北一带隙地，围以垣缭，仍筑房舍三十余间，招集乡民居住，以克庙户，以供香火。又置近庙民田八十余亩，印契存庙，一以供前祭祝香火之赀费，一以资庙户焚修之廪糈。香火不休，乃见虔诚。人有养廉，方垂永久。原庙止正殿神像，今添修两司，东供五龙，西祀五雷，内而神像峥嵘，上而楼阁巍焕，外而庐舍鳞集，云山环拱，滦水纡洄，视向日之牧丘墟，不仍然昔日之奇观胜景也哉！斯庙之悠久可期万祀千龄矣。余勒石以鉴，非示功也，愿后之君子，遇旱祈泽，景此灵应，接踵以修，可为不朽。故志。

瑞　麦　志

张一跃　乐亭人　知州

天下无丕可干旋之气运，有不易感动之人心。气运听之自天，人心操之自上。为上者狼戾自用，置民生于膜外，则人心拂郁，而两间之戾气应焉。水旱、螟、螣、氛侵、雹雾皆戾征也，而气运为之一衰。为上者慈祥、恺悌，以亲民为心，尽亲民之职，则人悦服，而两间之和气应焉。条风、甘雨、嘉禾、瑞谷皆和征也，而气运为之一盛。乖和之应，盛衰之理，岂不以人哉！邑父母于公之莅任乐邑，在康熙七年。时承凶荒之后，抚字为怀。劳来安集，失业之民，转为乐生，政声四达，美不胜书。上宪廉公循吏，亟以州务委署两地，福星同心爱戴。未几以州治逃人，诖误失职，邑民遑遑，如失父母。匍匐邱阍，情迫借寇。天子念切民依，亟允所请。众喜再获怙恃，欢舞如狂。公自复任，省刑薄赋，禁奸弭盗，勤恤民隐，视前有加。如上司往来，供应烦费，旧派民间，里役乾没，岁糜不赀。公首革之，一切出诸私囊，而民无加派之苦矣。凡邑滨海，圈剩余田，抛荒且多。公责令认耕，而躬亲劝课，宽其徭赋，邑无不垦之土矣。城内恶少，游赌成群，渐为盗窃，公有厉禁，于诸巷口遍置栅栏，每夜亲巡，邑无夜吠之犬矣。外城西南角，被水冲塌。公捐赀备置灰石，备砌完固。内城颓圮尤甚，公捐赀倡诸绅矜、铺户、佣民筑作不烦里旅。未数月而告竣，邑有城守之固矣。文昌楼旧在东城南角，久颓未修，砖石木植，荡然无存。公重建之，巍然壮丽，文风丕振，士子雍雍皆向学矣。里催为民害，历年滋久，公灼其弊，一旦革去，令民自封投柜，欢然乐输，民无赔累之苦矣。此皆公治迹之彰明较著者，其他未易枚举，公亦只自尽其亲民之心。而人心慰，则天意通，为之降祥，为之呈异。康熙乙卯，乐邑四郊，麦穗以三岐五岐告者，日夕踵至。倘亦和气之感召，符其自然者耶！田叟野老，初则骇之，呀之，继而歌之，咏之，咸归德于公。公不自以为德，乃曰：适然尔夫，畿东数十州邑，永属数州邑，何独不适然于彼而独适然于此也。德之致祥，理无可疑，惟公不自满，假之一念，则有未易量者。盖祥不以物而以人，麦岐叠秀，物之祥也。麟趾踵生，人之祥也。天降大祥，有开必先，以是重膺简任，大昌厥后。为国家绵福祚于无疆者，端于公之身，与公之子孙是赖。请拭目俟之矣！公讳成龙，字振甲，镶红旗荫生。

卷之二十三

莱阳　　宋　琬撰次
宜兴　　路　遴参校
辽阳　　彭士圣重订

艺　文 下

登高作赋，揽胜题诗。备纪山川，追踪风雅。地恒因人重，人不因地传。故滕王、黄鹤，犹之乎楼阁耳，得勃、颢句，遂尔永传。世之攀巍陟峻，唐突山灵者多矣，极其磨崖、刻竹，不知几泯灭于苔藓风雨间。而剩水顽山，乃经芳躅，一游一咏，以垂千古。本不存乎其地可知已，矧陈迹已灰名言不朽。青山依旧，断碣徒新，今昔盛衰足感。地接渔阳，声多塞曲，若能已于无闻乎！

赋

吊夷齐赋

王世贞

卢龙故孤竹也，城西有伯夷、叔齐祠。吴人王世贞奉使过此，酌水酹焉，而为之辞。

曰予奉輶以车逝兮，柬马放乎令支。山巑岏而嵬垒兮，众草欑蘿而条纬。俞儿道余于卑耳兮，武大磷磷其参差。口青帝之握枢兮，颤改煦沉寥而憯凄。玄宫承云而黮霿兮，佥告余二子之所都。羌回虑以返照兮，澳沕踌靡而内疑。足次具欲却兮，又雀跃而前趋。瑕含光刿余之素兮，挽清冷使濯余之岁。碗抬沆瀣以酝醴兮，裹朝霞以为张餭。嘘玄冥之窍机兮，噫噫拊歌之懭怆。受哀弦于太娥兮，涓延和之以清商。灵萧萧而若睹兮，冀回爣烛乎微躬。又惝怳其不可即兮，掌梦疏帝以奚从。眺孤竹之亶曼兮，台要灵以故祊。生剽举而脱屣兮，宁郁郁处彼幽方。溟波委输瀸貉兮，箕蒙难而延宗。灵庶偕以翱游兮，语侏离而不可通。北海泱漭灵所辟兮，受浡潏使不得宁。将岐丰沃以愉兮，灵又簿周德而莫宫。诸毗绵延具区兮，太虞夷犹于其旁。羌德配而耦娱兮，灵谓狎附乎周盟。陂陀首阳忽嶊崿兮，益薇以荃之芬芳。灵阊阖而下临兮，将紲驾以憩息。掌梦申申以表诚兮，丰隆臾而求假。霓车殷殷以翩缤兮，皎双鸿之次翼。匪宝璐而陆离兮，舍篱芷以弥馥。介九宾而见予兮，祝史要予以靡忒。伯从父以成命兮，叔违亲以成德。俶舍君以明志兮，既殉主以明极。昔巢许之让皇兮，托勋华而稍佚。尹五就而拯涂兮，愀然面故主以惶怩。谓题跂以死名兮，庄任诞而废节。迁哓哓于骥尾兮，嗜微声之有托。彼爨修辞而求白兮，卒牢骚沈乎湘泽。绎邹人之无怨兮，乃从容于天则。世滔滔而崧涌兮，战伐莽其相仍。顾蒿目以挨挡兮，兢含沙而蛊光。驺虞草以伏食兮，於菟夸咀夫衡生。阳鱎之啮纤鳞兮，偃蜓神龙以自矜。灵既悼农虞之忽没兮，氓踯躅而殷慕。愧突梯之苟容兮，将捐足乎灵御，胡司命之不晰微兮，抑餔糟以昏骛。盼媌娥之要渺兮，捐浊躯而不及顾。

（校注编者注：本文原志书无标题及开头文）。玩心，即其度手张其机，左射右拂，策之叠四，倒必应弦。毛分血洒，腋洞心穿。或叱之而弭伏，或箠之而却走。将威有所胜，气有所全，精专于中，志决于内。故能以一人之力，战群虎之命。虽有矫牙冠郡，亦垂头榻尾，应镝而毙。如此者凡三十有一矣，其余窜匿，不敢复出。大漠之南，鸟兽咸若，胡人畏威，不敢南牧。兹所谓刚健除暴，而戎狄格。昔汉飞将军，亦为北平守，击胡有困辱之事，射虎有腾伤之患，其与将军神勇非为侔矣。郑公既写其图，俾余赞之词曰：慢彼山戎，噬我封略。有群者虎，载肆腾搏。边毗凛凛，若崩厥角。将军出塞，屏去车骑。进马前当，挺身以饵。威有所服，精有所聚。气全以难，力果而取。震惊矍矍，虎反如鼠。威武桓桓，人反如虎。（阙四字）划若破的。应发连毙，纷纭枕籍。按遥叱咤，挥箠逆击。闭目沉冥，丧精辟易。三军骇呼，万灵动魄。海波为腾，塞草皆赤。卞庄侯斗，方闻两获。汉将如飞，几为所扼。将军神勇，冠世超昔。猿号未工，饮羽非敌。弧矢之设，以威四方。群虎既夷，狄人来降。收斗罢扃，山川以宁。至今北荒，犹是其灵。

辞

古碣石辞

古碣石者，本禹贡冀州之域，盖今东南海运，自海而北达漳河，实出乎此。予喜其上符唐虞之旧制也，勒之以辞。

惟圣建国，实曰冀都。
北极之运，万邦作孚。
宫廷彤赫，时彼中居。
士女和会，溢廛塞郛。
江樯白粲，淮耜黄淤。
聿官有漕，竟海其舻。
伟哉碣石，枕我海隅。
表此水道，长为委输。
上蟠乾奥，下结坤区。
割流豯养，披秀医闾。
三月播荡，星辰盘盂。
怪神罔象，鼍鳄龙鱼。
帆扶缆守，翼奋鳞驱。
悉辇国用，来通帝家。
自国有贡，或河而渠。
或砥斯凿，或绝或逾。
茧丝纨帛，金宝象珠。
搜毫竭缕，满稛压车。

矧兹米粟，诚系藏储。
得一圭祚，悬万命躯。
汉乖转挽，唐厄征需。
于穆我后，仰唐承虞。
按之图籍，实以德符。
普天率土，瞻戴罔渝。
伟哉碣石，厥状屹如。
若杜斯植，若用斯涂。
溟涨如席，浊溯以趋。
削巉勒辞，永代是模。

诗

碣石篇

云行雨步，超越九江之皋。临观异同，心意怀犹豫，不知当复何从经过。至我碣石，心惆怅我东海。（云行至此为艳。）

东临碣石，以观沧海。
水何澹澹，山岛竦峙。
树木丛生，百草丰茂。
秋风萧瑟，洪波涌起。
日月之行，若出其中。
星汉灿烂，若出其里。
幸甚至哉，歌以咏志。

——右观沧海

孟冬十月，北风徘徊。
天气肃清，繁霜霏霏。
鹍鸡晨鸣，鸿雁南飞。
鸷鸟潜藏，熊罴窟栖。
钱镈停置，农收积场。

逆旅整设，以通贾商。
幸甚至哉，歌以咏志。

——右冬十月

乡土不同，河朔降寒。
流澌浮漂，舟船行难。
锥不入地，丰籁深奥。
水竭不流，冰坚可蹈。
士隐者贫，勇侠轻非。
心常叹怨，戚戚多悲。
幸甚至哉，歌以咏志。

——右土不同

神龟虽寿，犹有竟时。
腾蛇乘雾，终为土灰。
老骥伏枥，志在千里。
烈士暮年，壮心不已。
盈缩之期，不但在天。
养怡之福，可得永年。
幸甚至哉，歌以咏志。

——右龟虽寿

屠柳城

缪　袭

屠柳城，功难成。越度陇塞路漫漫，
北跃平冈，但闻悲风正酸。
蹋顿授首，遂登白狼山。
神武慹海外，永无北顾患。

望　海

隋炀帝

碧海虽欣瞩，金台空有闻。
远水翻如岸，遥山倒似云。
断涛还共合，连浪或时分。
驯鸥旧可狎，卉木足为群。
方知小姑射，谁复语临汾。

奉和望海

虞　茂

清跸临溟涨，巨海望滔滔。
十洲云雾远，三山波浪高。
长澜疑浴日，连岛类奔涛。
神游藐姑射，睿藻冠风骚。
徒然虽观海，何以效涓毫。

於北平作

唐太宗

翠野驻戎轩，卢龙转征旆。
遥山丽如绮，长流萦似带。
海气百重楼，岩松千丈盖。
兹焉可游赏，何必襄城外。

春日望海

披襟眺沧海，凭轼玩春芳。
积流横地轴，疏流引天潢。
仙气凝三岭，和风扇八荒。

拂潮云布色，穿浪日舒光。
照岸花分彩，迷云雁断行。
怀卑运深广，持满守灵长。
有形非易测，无源讵可量。
洪涛经变野，翠岛屡成桑。
之罘思汉帝，碣石想秦皇。
霓裳非本意，端拱且图王。

奉和春日望海

杨师道

春山临渤海，征旅辍晨装。
回瞰卢龙塞，斜瞻肃慎乡。
洪波回地轴，孤屿映云光。
落日惊涛上，浮天骇浪长。
仙台隐螭驾，水府泛鼋梁。
碣石朝烟灭，之罘归雁翔。
北巡非汉后，东幸异秦皇。
搴旗羽林客，拔距少年场。
龙击驱辽水，鹏飞出带方。
将举青丘缴，安访白霓裳。

前　　题

许敬宗

韩夷僭奉赆，凭险乱天常。
乃神弘庙略，横海剪吞航。
雷野清玄菟，腾笳振白狼。
连云飞巨舰，编石架浮梁。
周游大壑降，望极（辰）遐荒。

桃门通山抃，蓬渚降霓裳。
惊涛含蜃阙，骇浪掩晨光。
青丘绚春组，丹谷耀华桑。
长驱七萃卒，成功百战场。
俄且旋戎路，饮至肃岩廊。

送郑少府入辽共赋侠客远从戎

骆宾王

边烽警榆塞，侠客度桑乾。
柳叶开银镝，桃花照玉鞍。
满月临弓影，连星入剑端。
不学燕丹客，空歌易水寒。

送著作佐郎崔融等从梁王东征

陈子昂

金天方肃杀，白露始专征。
王师非乐战，之子慎佳兵。
海气侵南部，边风扫北平。
莫卖卢龙塞，归邀麟阁名。

前　　题

杜审言

君王行出将，书记远从征。
祖帐连河阙，军麾动洛城。
旌旗朝朔气，笳吹夜边声。
坐觉烟尘扫，秋风古北平。

古游侠呈军中诸将

崔　颢

少年负胆气，好勇复知机。
仗剑出门去，孤城逢合围。
杀人辽水上，走马渔阳归。
错落金锁甲，蒙茸貂鼠衣。
还家行且猎，矢去速如飞。
地迥鹰大疾，草深狐兔肥。
腰间带两绶，转盼生光辉。
硕谓今日战，何如随建威。

辽　西　作

前　人

燕郊芳岁晚，残云冻边城。
四月青草合，辽阳春水生。
胡人正牧马，汉将日征兵。
露重宝刀湿，沙虚金鼓鸣。
寒衣着已尽，春服与谁成。
寄语洛阳使，为传边塞情。

燕　歌　行　并序

开元三十六年，客有从元戎出塞而还者，作《燕歌行》，以示适，感征戍事，因而和焉。

高　适

汉家烟尘在东北，汉将辞家破残贼。
男儿本自重横行，天子非常赐颜色。
摐金伐鼓下榆关，旌旆逶迤碣石间。
校尉羽书飞瀚海，单于猎火照狼山。

山川萧条极边土，胡骑凭陵杂风雨。
战士军前半死生，美人帐下犹歌舞。
大汉穷秋塞草腓，孤城落日斗兵稀。
身当恩遇常轻敌，力尽关山未解围。
铁衣远戍辛勤久，玉筋应啼别离后。
少妇城南欲断肠，征人蓟北空回首。
边庭飘摇那可度，绝域苍茫无所有。
杀气三时作阵云，寒声一夜传刁斗。
相看白刃血纷纷，死节从来岂顾勋。
君不见沙场征战苦，至今犹忆李将军。

别冯判官

前　人

碣石辽西地，渔阳蓟北天。
关山唯一道，雨雪尽三边。
才子方为客，将军正渴贤。
遥知幕府下，书记日翩翩。

出自蓟北门

李希仲

旄头有精芒，胡骑猎秋草。
羽檄南度河，边庭用兵早。
汉家爱征战，宿将今已老。
辛苦羽林儿，从我榆关道。

题虚池驿屏风

宜芬公主

《女史》公主本豆卢氏女，有才色。天宝四载，奚沛无主，安禄山请立其质子而以公主配之。上遣中使护送至虚池驿，公主悲愤作诗，题屏风云云。至番其国立君矣。质子见杀，公主亦遇害。

出嫁辞乡国，由来此别难。
圣恩愁远道，行路泣相看。
沙塞容颜尽，边隅粉黛残。
妾心何处断，他日望长安。

郭造卿曰：宜芬公主《题虚池驿屏风》,《女史》与《唐书》不同,《北狄列传》以宗室所出。女慕容为燕郡公主，妻契丹郁于，郁于死，弟土于嗣携公主来奔。豆卢虽出于慕容，而燕郡则非宜芬也。奚王延宠降，复拜饶乐都督怀信，王以宗室出女杨为宜芬公主，妻之。延宠杀公主复叛，是宜芬非氏豆卢。延宠杀公主以叛，非质子见杀。而害及公主也。盖公主遇害可伤，而《女史》未详其实矣。

出自蓟北门行

李　白

虏阵横北荒，胡星耀清芒。
羽书速惊电，烽火昼连光。
虎竹救边急，戎车森已行。
明主不安席，按剑心飞扬。
推毂出猛将，运旗登战场。
兵威冲绝幕，杀气凌穹苍。
列兵赤山下，开营紫塞傍。
孟冬风沙紧，旌旗飒雕伤。
画角悲海月，征衣卷天霜。
挥刃斩楼兰，弯弓射贤王。
单于一平荡，种落自奔亡。
收功报天子，行歌归咸阳。
(《地志集略》平州在赤山之东。)

后出塞　五首之一

杜　甫

献凯日继踵，两蕃静无虞。
渔阳豪侠地，挚鼓吹笙竽。
云帆转辽海，粳稻来东吴。
越罗与楚练，照耀舆台躯。
主将位益崇，气骄凌上都。
边人不敢议，议者死路衢。

赠裴将军名旻时守北平

颜真卿

大君制六合，猛将清九垓。
战马若龙虎，腾陵何壮哉。
将军临八荒，煊赫耀英材。
剑舞若游电，随风萦且回。
登高望天山，白云正崔嵬。
入阵破骄虏，威名雄震雷。
一射百马倒，再射万夫开。
匈奴不敢敌，相呼归去来。
功成报天子，可以画麟台。

同孙构免官后登蓟楼

张　谓

昔在五陵时，年少心亦壮。
尝惊有奇骨，必是封侯相。
东走到营州，投身事边将。
一朝去乡国，十载履亭障。

部曲皆武夫，功成不相让。
犹喜虏麈动，更取林胡帐。
去年大将军，忽负乐生谤。
北别伤士卒，南迁死炎瘴。
濩落悲无成，行登蓟丘上。
长安三千里，日夕西南望。
寒沙榆塞没，秋水滦河涨。
策马从此辞，云山保闲放。

边庭怨 四首之二

卢 弼

春衣昨夜到榆关，故国烟花想已残。
小妇不知归未得，朝朝应上望夫山。

卢龙塞外草初肥，燕乳平芜晓不飞。
乡国近来音信断，至今犹自着寒衣。

卢龙塞行送韦掌记

钱 起

雨云纷纷黑山外，行人共指卢龙塞。
万里飞沙咽鼓鼙，三军杀气凝旌旆。
陈琳书记本翩翩，料敌张兵夺酒泉。
圣主好文兼好武，封侯莫比汉皇年。

送李中丞归本道

皇甫鲁

上将宜分阃，双旌复去秦。
关河三晋路，宾从五原人。

碣石山通海，滮池雪度春。
酬恩看玉剑，何处有烟尘。

塞下曲

戎昱

北风凋白草，胡马日骎骎。
夜后戍楼月，秋来边将心。
铁衣霜雪重，战马岁年深。
自有卢龙塞，烟尘飞至今。

伤温德彝

温庭筠

昔年戎虏犯榆关，一破龙城匹马还。
侯印不闻封李广，他人丘垅似天山。

送友人出塞

薛能

榆关不可到，何况出榆关。
春草临岐断，边楼带日闲。
人归穹帐外，马发废营间。
此地秋堪想，霜前作意还。

题道者山

元·宋纲

兹山介平营，时与太古存。
碣石供其侧，水岩何足论。
东北医无闾，罗列为弟昆。

喜　逢　口

许有壬

俗为父求子，而逢之于此，犹望夫之有石也。虽莫究世代名氏，而其言有足感人者，故作是以记之。

儿寒解衣重抚摩，儿饮与食孰忍诃。
长成与国远负戈，一去不返当如何。
去时云戌东北鄙，直出榆关度辽水。
白头郎罢与影俱，岂惮山川千万里。
天教此地适相逢，父曰从天坠吾子。
笑疲乐极俱殒身，谁谓情锺遽如此。
官家开边方未已，同生又别宁同死。
山云漠漠风飕飕，山头双冢知几秋。
当时不忍一朝别，今日翻为千古愁。
犹胜贞女化为石，终古孤身双不得。
清江寒影日悠悠，行人一去无消息。

塞上曲送元美

李攀龙　按察使

燕山寒影落高秋，北折榆关大海流。
马上白云随汉使，不知何处不堪愁。

卢龙道中

谷继宗　进士

白雪卢龙道，青毯使客车。
日瞻沧海近，云带碧山斜。
烽火宵传警，材官晓建牙。
降王能款塞，归及报重华。

卢龙署中偶成

王世贞　刑部　苏州人

朱帘翠箔过杨花，睡起中庭日未斜。
却似深闺娇小妇，楼头痴坐怨天涯。

卢龙署中有寄

前　人

山城小雨鹧鸪啼，杨柳辞寒绿正齐。
我梦春闺独不见，怕乘云雨过辽西。

观沧海

前　人

六神诸山，沧涟大壑。
北风勃来，簸荡不息。
帝命巨鳌，更负危揭。
冠簪东出，以为碣石。
烛龙双眸，以为日月。
下苞苍苍，浩荡靡极。
幸甚至哉，歌以咏志。

永平道中

前　人

卢龙左冯翊，白马旧安西。
浴日沧溟小，摧天碣石低。
虎沉飞将羽，龙出慕容题。
驱传令支塞，问津卑耳溪。
荒祠孤竹并，让国大名齐。

引首哀兵镞，沾膺愧马蹄。
榆关秋一带，慎莫动征鼙。

镇 东 楼

黄道夔

城角声催独倚阑，海门斜月转云端。
清辉近水应先得，永夜中天正好看。
风露欲流平野阔，星河不动夕烽寒。
早朝待踏长安路，清影疏槐带马鞍。

前　　题

陈　绾　主事

楼阁晴阴向晚开，海天秋思独徘徊。
寒生绉塞砧声急，木落荒郊雁影来。
关树不迷南国望，羽书频见朔风催。
感时忽讶潘郎鬓，作赋还怜王粲才。

前　　题

王一鹗　巡抚

百二金城保障哉，翩翩万雉拂天来。
楼悬日月扶桑近，帐拥春风细柳开。
三辅雄图环睥睨，五云佳气接蓬莱。
汉家新画麒麟阁，燕市谁登骏马台。

前　　题

戚继光　总理

楼前风物接辽西，日暮平阑望欲迷。
禹贡万年归紫极，秦城千里尽雕题。

蓬瀛只在沧波外，宫殿遥瞻北斗齐。
为问青牛能复度，愿从仙吏换刀圭。

烽 火 寺

徐汝勋

寻芳直上翠微间，梵宇潇潇出半山。
诗罢酒阑游客云，白云依旧伴僧闲。

奉陪唐荆川职方王岸泉监察

黄洪宪　编修

长城古堞瞰苍瀛，百二山河拥上京。
银海仙槎来汉使，玉关衰草戍秦兵。
星临尾部双龙合，月照平沙万马鸣。
闻道辽阳飞羽急，书生直欲请长缨。

秋日建昌有警

徐学古

秋气何萧索，千山落木空。
黄霾吹野戍，赤羽急山戎。
碣石雕戈拥，榆关铁骑雄。
将军频授钺，一战报重瞳。

和 前 韵

戚继光　总理

飞羽辽河上，移军滦水东。
前驱皆大将，列阵尽元戎。
夜出榆关外，朝看朔漠空。

但期常献馘，不敢望彤弓。
（大将，炮名。元戎，车名。）

界　　岭

刘景耀　永平兵备

界岭连云际，阳河入海流。
山川胡地近，风雨汉宫秋。
处处严烽火，朝朝逐马牛。
谁怜汉飞将，白首不封侯。

秦八冲总镇邀饮界岭正关楼得才字

前　人

城头碣石郁崔嵬，倚槛春风塞外来。
三辅河山时对酒，九边烽火共登台。
秦皇岛上仙云散，姜女祠边新月回。
莫道书生无侠骨，毛锥元负佩刀才。

桃　　林

前　人

野水年年去不还，荒林面面出高山。
小舟晚泊鸳鸯渚，画角秋生虎豹关。
出塞将军谁侠骨，中原赤子正愁颜。
悲笳遥对啼猿急，暮日争如归鸟闲。

题台头演武台松树

傅光宅　巡关

细柳环金甲，孤高见此松。
名应留汉将，爵不受秦封。

云影来归鹤，风涛起卧龙。
清霜十月尽，苍翠照千峰。

游侠儿呈同乡喜峰陈参将遵化郭都阃

陈　第　营将

江北多侠儿，江南儿更侠。
朝向长安道，暮出阴山猎。
弦动雕鹰愁，旌飞胡虏怯。
十载守雄关，威名何震慑。
不数古人勋，猛树中兴业。
石画已垂成，谤书忽盈箧。
去日逢春华，归来落秋叶。
涕泣谢知交，笑谭散仆妾。
马首囊雕弓，腰间伏长铗。
仰天叹旄头，壮志犹未厌。
矫矫双龙起，定奏燕然捷。

赠郭建初

于达真　蓟州道

塞客衣单露始零，风高木落水天清。
鸟啼横海将军幕，人识江湖处士星。
蓟史一编存往迹，燕然万里勒新铭。
莫愁旅病无供给，波满寒塘月满庭。

北平春郊

韩原浚　郡人　文学

探奇劳杖履，一上翠微亭。
晴槛云生白，虚楼梦人青。

柳深怜绰约，华落惜飘零。
莫厌连朝醉，春风不可停。

重过永平

曹 玠 文学 上海

青山啼遍杜鹃红，十载并州客梦中。
重上新亭无限泪，酒阑何处哭东风。

永 平

东荫商 举人 华州

肥子城高北斗悬，燕关东去路依然。
谁知戎骑挥戈地，翻见边疆撤堠年。
春转渔阳霜压碛，云开碣石水连天。
墨台社稷今何处，独有西山二子传。

银 杏 树

郡城西郭家庄有古树二株，大可数围，相传东汉时物。

韩原洞 文学 郡人

老干扶疏竟押霄，万山俯视日逍遥。
月来影欲移千亩，风过声如奏九韶。
众口漫传传汉迹，双桢又捧大明朝。
精灵俱可留今古，莫用攀枝叹寂寥。

隆 教 寺

谭久谦 文学 丹徒

雪晴山寺趁朝登，老衲相迎拄一藤。
鸿附尺书临玉塞（予携秣陵名纳书至），
马驮梵册自金陵（请南藏归）。

来同陕右栖禅客，还问江南结社僧。
邻庙尚存飞将在，几谁敢恃射雕能。

散米谣

一叟扶杖拄，一妪倚门伫，一夫趋檐楹，一妇隐庭柱。手中提一男，怀中襁一女。一农又一工，一商又一旅，一渔又一樵，一衲又一羽。跛者步盘跚，驼者立伛偻，喑者呼呜呜，瞽者行踽踽。尪者貌玄黄，裸者身蓝缕，寡妻逐鳏夫，孤儿随独父。或操箪与瓢，或携筐与筥，或以破帽盛，或以弊衣取，或挈瓶托钵，或将双手举。左去右复来，前推后还阻，数一以至十，至不可胜数。丁男四千余，丁女三千许。谁为算博士，分明点鬼簿，小吏在旁立，往往识尔汝。某也田舍翁，某也市门贾，某也弓之子，某也褐之父，某裙而钗，萧娘及吕姥。畴昔大有年，各能立门户，饥则食肉糜，寒亦被纨纻。一旦遭凶荒，死亡十去五。壮者走四方，弱者守此土。闻有发粟令，百里争趋府。可怜良家子，乃与乞丐伍，性命且不保，廉耻何足语。朝幸有米炊，暮尚无薪煮。今日更明日，却愁空廪庾。予顾太守叹，大无岂小补。甲哺不及乙，辰饱不待午。穷官千日粮，穷民一日肚。欲竭升斗储，衙内鱼生釜。虽蠲尚方租，难嘘寒谷黍。愿绘饥民图，献之上帝所，大发万千仓，散为天下雨。

虎头石

陈所立　知府

寝石于菟未易寻，弯弧宁致镞痕深。
将军不必皆猿臂，要使人持射虎心。

前　题

尤　侗

将军射虎阳山下，视之石也虎所化。
至今石虎尚狰狞，当日将军何叱咤。

数奇不过高皇封，时去反遭醉尉骂。
世上谁无万户侯，过此张弓不敢射。

孤竹怀古

王好问　乐亭

镐京商邑总蒿来，千载何人吊墨台。
啼鸟似伤人世改，野花还向故原开。
荒城隐隐水声去，古殿岧岧山势来。
一望凄然成旷感，尘车欲发更徘徊。

谒夷齐庙

王大合　郎中

采薇已避东山谷，荐芷谁添北海尊。
小迳松杉寒白日，荒祠烟火隔黄昏。
月明华表堪闻鹤，风急空山有断猿。
最是首阳俱浪迹，不须宋玉为招魂。

其　二

滦江一曲北平东，江上岧然有故宫。
见说孟津传叩马，谁从渭水卜飞熊。
天寒半挂千山月，树老长吹万里风。
欲撷江蓠频酹酒，松云无数落烟空。

前　题

高　第　尚书　滦人

树压荒城古庙幽，千年遗像肃悠悠。
采薇高节首阳在，孤竹清风濡水流。
香火山翁频伏腊，沧桑世代几商周。

我来瞻拜增伤感，不为登临览胜游。

前　题

韩应庚　御史　郡人

清圣非苦节，乃见纲常先。
君父固攸重，子臣情堪怜。
此情不有已，奚恤后誉延。
邈矣采薇事，市朝已数迁。
谁招饿夫魂，庙食首阳巅。
寒松覆碧瓦，古殿生黄烟。
遗像俨生存，咫尺手足连。
拱拜瞻容色，恭逊蔼周旋。
盘无周室粟，陇有涧山田。
粢盛戒清酤，伏腊击肥鲜。
光烁北海滨，历历三千年。
高风自长久，污世空颠沿。
所以嗟贪夫，身没名弗悛。

前　题

尤　侗

孤城郁岧峣，临河激寒响。
清风缭绕之，白云翔其上。
中有古贤人，端然肃遗像。
社稷已丘墟，精神自天壤。
金石永令名，俎豆芬将享。
劲飚回颓波，顽薄与慨慷。
我来北海滨，欣对西山爽。
驻马俯平畴，陟阶扫荆莽。

百年乔木圣，三春芳草长。
高台闻鸟啼，远水明渔网。
抚景迥幽瑟，披襟顿超朗。
薄宦亦苦饥，怀古用自广。
行行歌采薇，寤寐贮遐想。

前　　题

东荫商

秣马西周客，维舟北海滨。
关河犹此地，今古有斯人。
松老荒祠月，山间故国春。
自怜藜藿士，终愧采薇民。

再游清圣祠感赋

高士麟　滦州

白鱼舟渡孟津寒，八百三千愧二难。
肯学渭滨忘北海，生憎殷敏着南冠。
但存孤竹谁非嗣，除却雷阳岂有峦。
何事宗臣悲麦黍，强吞囚泣自含酸。

清　风　台

白培极

阡原禾黍自犹犹，何处风来六月秋。
脱屣顿思王子去，于人俱羡谢公游。
樽前鹅鹳铺平泽，潭底鱼龙浮晚湫。
我与月明潜有约，离骚清酒一渔舟。

夷 齐 里

张星炳　明经　江西

摇落江湖此结庐，何期得傍古人居。
粟知难与西周北，薇幸犹餐北海余。
荷戴一方新制笠，携持几卷旧残书。
见今授室余将老，归思多年已渐除。
（谒选入都，兵后无归。缚茆居此，授经自给。）

谒夷齐祠

宋玄伯　明经

孤城烟雨中，长河绕百折。
驱马越陌阡，嵬巍庙貌设。
阴森郁乔松，班驳敧石碣。
二子饿首阳，孤竹尊高节。
嗟彼黄与农，滦水常澄澈。
波光澹不流，山色远还灭。
阴晴祟朝移，烟霭众鸟悦。
夕阳满中流，发棹闻幽咽。
箫鼓夜未央，归舟月如雪。

秋日登钓台暮宿沙渚

白　瑜　尚书　郡人

仙槎遥望斗牛边，袅袅商风荇带牵。
水浴矶头时隐见，云横雁字任蹁跹。
数敲棋韵杂歌扇，几点渔灯起暮烟。
榻下主人能款客，疏星犹挂子陵川。

九日游钓台

管　珍　典籍　长洲

露桡船涌客星来，朱鹭飞飞点碧苔。
万壑争鸣孤竹水，夹溪环抱富春台。
问天渔父何年钓，到日花源几树开。
重九风光容易得，白云黄叶正相催。

钓　　台

韩应庚　御史　郡人

石壁青含雨，松台迥若悬。
碧潭鱼上下，斜洞鸟飞还。
波漾桐江月，云连渭水天。
倚楼频骋望，长啸欲携仙。

其　　二

结榭青山里，栖迟得自由。
困来眠小榻，兴到驾轻舟。
事业惭鸣凤，生涯叹拙鸠。
尘缨何处濯，台下有清流。

其　　三

不绿投白简，那得遂初衣。
无复鸣驺入，惟余携鹤归。
摄生求药饵，托兴问渔矶。
避远红尘路，栖庐向翠微。

台　上　吟

华阳陶隐君，仍号山中宰。

我已出世缘，询谋岂堪采。

其　二

孤竹城边水，阳山顶上薇。
并作鱼台供，水香薇亦肥。

其　三

卸却惠文冠，裁成薜荔服。
闲来理钓丝，时复寻樵牧。

其　四

辞别京华路，归来三十霜。
山居耽习静，身世两相忘。

钓台月白楼

韩应奎　邑人　知州

载酒过滦江，登歌兴欲狂。
台朝天北极，人在水中央。
月白芦烟淡，楼高海气凉。
一竿垂钓罢，清梦到羲皇。

登钓台吊韩开之烈士

高辅辰　滦人　知县

立马松原下，遥江过骛轻。
暗楸连雨黛，高嶂罨人声。
威斗麟栖冷，颔珠骊卧腥。
水仙空谷意，徒有碎琴情。

卢　龙　塞

徐　准　知府

燕呼黑水作卢龙，塞比风沙泣断蓬。
汉将已随羌笛老，秦人莫恨久从戎。

南　台　寺

李斐章　雒安　文学

野寺高台上，登临感慨生。
河流经绝塞，山势抱孤城。
破灶残僧去，长廊落日明。
空阶余老树，时有怪鸦鸣。

孤竹故城

方　经　训导

何年孤竹改卢龙，一片荒城宿莽中。
独向夷齐祠下拜，山河犹自起清风。

客卢龙代诸将寄京洛相知

阮自华　桐城

朔气厉高秋，将军洗髑髅。
劳云出家暗，疲马傍人愁。
风色侵重铠，霜威折大矛。
贵人能作赋，何不自封侯。

万　柳　庄

柳梦寅　朝鲜使臣

巾我河车指玉京，诸天无际是三清。

朝来失路青霞迥，物外沾衣白露生。
怪石当溪蹲老虎，晴钟殷郭吼长鲸。
茅龙展尾纡清涧，辽鹤舒翎抗画甍。
翳羽凉阴藏小店，拂天高柳满平垌。
临风袅袅齐垂线，匝地森森乱擢茎。
径掺白毯飘落絮，门张翠幄掷流莺。
清尊系马寻芳兴，玉手攀条惜别情。
嫩叶正浓红女织，新枝初畅葆蕤倾。
凋霜啄木秋声急，残绿寒蜩夕吹轻。
万里三游人不识，天高地迥我何征。
神仙缥缈吾身是，山海微茫上界行。
绣闼朱门清昼掩，寒林衰草暮鸦鸣，
风烟淡淡愁山色，歌笑悠悠送水声。
鹤背明朝参北极，鳌头归路踏东瀛。
烟波梦断卢龙塞，乡客应寻旧姓名。

钓　台

陈所立

一着羊裘动客星，非熊感遇亦无情。
临流莫学任公子，月白江空负钓名。

前　题

赵　瑾　进士　太原

绣衣人作后，空却钓鱼台。
远翠疑将滴，孤峰骇欲摧。
严陵君半去，榭眺我携来。
一自佳城闭，山河满目哀。

同韩子新宿其先侍御公钓台墓下

谈允谦

兵戈无恙有村舂，三十年前马鬣封。
同踏此中山岭月，来听今夜墓堂松。
先生早隐曾如凤，烈士虽亡终是龙。
雨过垄头多落叶，文孙往扫许游从。

游韩御史钓台

方　文　文学　桐城

绣斧文孙老布衣，风标栖遁继前徽。
三公不易青山乐，一艇长随白鸟飞。
瀚海愁闻新战伐，滦河久别旧渔矶。
故园丘壑今如此，胡不携家自雒归。
（公之孙鼎业避地中州。）

钓　台

顾　绛　文学

我登钓台山，喟焉念先民。
韩公昔盛年，隐此甘垂纶。
九原不可作，山水留清真。
于今有哲孙，逸韶追芳尘。
独抱文献怀，愧我非其人。
徒坚狷士节，与公映千春。
鸿爪虽暂留，龙性终难驯。
结交尽四海，落落星向晨。
江湖倘相忘，一笑情弥亲。

钓　台

韩广业　文学　郡人

柔烟染黛列春屏，光隐玻璃夜不扃。
云缀天空狎乱碧，峰涵江静印双青。
晴沙向暖鸥分席，晓月余寒雁过汀。
百尺渔矶清梦好，欣逢杖履近玄亭。

其　二

危石留云径未封，奇看万仞玉芙蓉。
天开鼠户延惊雀，舟小鲸田蹑睡龙。
卜筑百年初见月，衣冠隔座敬闻松。
桃源极目人烟里，槐柳春迟叶几浓。

其　三

钓罢纶竿石气舒，巨龙为凿水云居。
驯僧已老还驯鸽，种树多方更种鱼。
古雪喜曾呼白也，新碑惜未见黄初。
天涯兄弟俱头白，辋水何年共结庐。

其　四

山云无计挽征车，寄卧渔洲志在鱼。
不信梅花开绝塞，却愁风雨有来书。
中原榛棘双眸尽，两地松楸十载余。
孺子沧浪歌有意，月明归棹理徐徐。
（原善子庚午避地会稽，辞征不出。自号鹤瘖道人。）

滦　河　吟

宋　本

滦河上游狭，涓涓仅如带。

偏岭下横渡，复绕行都外。
颇闻会众潦，既远势滂沛。
虽为禹贡遗，独与东海会。
乃知能自致，天壤无广大。

滦 城 歌

高 谷

冀门千里皆尧封，滦州迥接榆关东。
南临瀚海北控戎，山环水绕地势雄。
形胜不异崤函中，前人城此徒劳功。
遗基数尺为高墉，年深岂免颓雨风。
崇者咸垤卑者空，城狐社鼠无所容。
百年遗事如转蓬，兴废举坠今古同。
嫩哉贤达心忡忡，既竭目力肤奏功。
伐石叠甓鸠众工，晨夕举杵声相舂。
筑城言言知几重，视旧不啻丘与峰。
围如铁瓮坚如锋，壁立万雉难磨砻。
戍楼悬望遐迩通，绝彼警急清尘烽。
四民乐业声渢渢，兴起礼让还租庸。
舆情但愿年岁丰，寒则有衣饥有饔。
百年万祀歌时雍。

偏 凉 汀

高 擢 郡人 都御史

凿石通周道，临流构短楹。
层云霾岭翠，落日映沙明。
野寺山腰通，长江槛外横。
凭阑遥对月，万古有余清。

其　二

危阁回风人，空台返照悬。
江鱼随意逝，林鸟倦知还。
垂钓沧浪水，行吟薜荔篇。
避喧惟藉此，坚卧可长年。

佛 洞 山

冯斗华　知县　滦人

崆茏山秀耸，登眺若穿空。
入洞幽难测，攀崖路可通。
晚江常载月，小艇任摇风。
兴剧归来晚，渔灯数点红。

长 春 宫

高吉昌　贡士　滦人

故宫鸱瓦纪遗楼，野淀斜阳水尚流。
八部国残谁有恨，十香人艳自生愁。
珮环似听松风在，奁镜虚疑槛月留。
莫叹回心空著院，玉环飞燕总荒丘。
（海陵曾三幸春水。）

偏 凉 汀

高　第　大司马　滦人

佳丽偏凉景，山环水曲流。
乾坤开胜地，今古侈奇游。
人倚空中阁，渔观岸下舟。
沿溪通棹远，别有洞天幽。

夕阳泛舟

前　人

扁舟乘夕照，万顷欲凌之。
水映天如动，波回岸自移。
探奇常载酒，蹑险更题诗。
逸兴归犹剧，江空觉月随。

春日白云楼

前　人

佳气川原合，新晴步屧收。
柳情将占燕，水沫已浮鸥。
野色青回墅，山光紫入楼。
犹嫌车马迹，契阔此林丘。

阁　黎　洞

刘廷宣

爱僻寻闲得不闲，更穿云窟学猿攀。
谈倾白马公孙社，气散青牛尹子关。
老树笙篁杂霰雨，石泉环珮澹潺𤄫。
酒阑客倦鱼歌歇，醉倚嵚岑未忍还。

岩　山　桥

王仲默

月堕惊残梦，严装欲曙星。
霜岚埋碧岫，浦树入青冥。
健仆从惟剑，迷津指但萤。
蓬飘有别意，招隐负山灵。

滦河泛月

东荫商

双舸凌风散郁蒸，飞觞度曲兴堪乘。
自怜去国同王粲，却得同舟是李膺。
云影微茫遥岸月，林端明灭远村灯。
沧溟只在帆樯外，莫道三山未可登。

偏　凉　汀

谈允谦

岩阴日气少，此地是偏凉。
石穴鱼多美，溪田稻更香。
村深秋刈获，水阔夜鸣榔。
绝与江南似，令人忆故乡。

偏凉汀登眺是故高大司马别墅

尤　侗

此地风尘埋断碣，当年歌舞醉芳茵。
荒丘剩有松楸在，废屋行于鸟雀亲。
秋水觉多濠濮意，田家时侣武陵人。
岘山魂魄应相忆，俯仰兴衰一怆神。

春日白云楼

尤　侗

独凭虚阁俯滦河，萧瑟凉风襟带过。
不断青山趋雉堞，忽来白浪出渔蓑。
夕阳背陇牛羊下，秋草平沙鸿雁多。
四野荒芜村舍少，十年回首几干戈。

偏 凉 汀

方 文

滦河东去海天空，白草黄云一望同。
惟有偏凉汀数里，两边山色似吴中。

碣 石 篇

李攀龙

碣石中怒，沧海北倚。元气吐欱，若偃若起。长风相薄，跳波千里。悬流冒颠，天汉外纪。地轴高标，毂转白日。与齐俱入，与泊俱出。

凉秋九月，塞外草衰。白日萧条，北风苦悲。边声四起，胡马成群。爝火如星，列障如云。钱鎛既置，修我戈予。裹粮坐甲，惟敌是求。

委蛇者河，千里一曲。方之舟之，匪刍伊粟。太行诘屈，西北是经。车辙马迹，日不遑宁。于铄圣人，依其在京。差次吏功，郡国以成。

羽翼未就，鸿鹄徘徊，神龙失水，蝼蚁所裁。珠不暗投，剑不倒持，能弗用利，勿处于疑。高才者妒，匪但其人。逃名避世，以保其身。

题道者山

宋 纲

兹山介平营，特与太古存。
碣石拱其侧，水岩何足论。
东北医无闾，罗列不第昆。

东水岩寺

王 翱 尚书 滦人

未到仙人顶，先登道者山。

兴随流水远，意共野云闲。
鹤泪空冥外，钟声叠嶂间。
追游赖朋友，杯酒话禅关。

昌黎石门

杜　谦　侍郎　昌黎

鳌驾山来碣石间，两崖雄峙作重关。
地桥水自龙津出，仙馆人从鸟道还。

碣　　石

陈　所

砥柱东溟碣石开，黄河万里直西来。
天鸡解唤扶桑日，起舞何人是异才。

望仙人顶

刘景耀　永平兵备

遥望仙人顶，佳气满蓬莱。
丹炉灰未灭，白鹤安在哉。
秦皇与汉武，辇路生青苔。

云　峰　寺

刘廷宣

梵声响落最高峰，一驾茅龙万壑钟。
春色奚囊状不尽，剑花昨夜吐芙蓉。

碣　　石

韩原善

凿石凭谁问巨灵，摩空古壁摘寒星。

岩深仙客时留驭，树老僧人不记龄。
松覆鹤巢山点翠，瀑翻龙洞涧流腥。
红尘永谢清凉境，招得闲云锁薜扃。

过昌黎谒韩文公祠

白胤谦　尚书　阳城

碣石当海隅，下有昔贤祠。
栋宇蔼云光，阶藓幸未滋。
斯文邹鲁后，斯人实续之。
荡辟障狂澜，功足并禹垂。
焉知乾坤秀，锺蓄乃在兹。
我来肃洒埽，瞻顾发叹咨。
微言尚不隔，努力崇令规。

游昌黎翠屏山亭

韩原善

领略烟霞太古人，鸣呼山鸟解留宾。
叹塘引水通云窦，书屋编茅与石邻。
君子风流浑是晋，大夫封事尚仍秦。
坐来下瞰诸峰尽，海气岚光共笑颦。

夏居水岩寺

东荫商

石萝盘磴幽，石髓溅云流。
不历诸天境，焉知六月秋。
山蔬邻叟采，崖果野僧收。
一榻堪容我，浮生何所求。
郁叠藏一径，巇嵲俨双扉。

得树堪消署，逢山可当归。
行看孤石立，坐待片云飞。
枯寂人谁解，吾将杜德机。

云峰寺

东荫商

遥岫乱云黑，古林残日明。
台荒多鸟迹，楼圮断钟声。
山鬼披萝出，村僧夹涧耕。
前峰问何许，碣石绝人行。

碣　石

谈允谦

万里行边且未回，高登碣石望燕台。
但看沧海新尘起，不见黄河故道来。
明德永怀神禹迹，壮游深愧史迁才。
春阳杲杲扶桑晓，溟渤涔涔烟浪开。

登五峰山韩文公祠

尤　侗　推官　长洲

五峰青不断，引入白云中。
春后山崖雪，朝来海上风。
三钩菩萨井，一尺大夫松。
怪石排如笔，森严拱巨公。
先生高坐处，北斗逼星寒。
松柏疑玄冢，芙蓉捧绛坛。
塞云浮雉堞，海日照栏干。
把酒空冥外，茫茫起百端。

昌黎韩文公祠

东荫商

双柏祠堂碣石间，高皇鲁此礼名贤。
文开大雅蓁芜日，道峻元和谏诤年。
俎豆岁时严伏腊，枌榆南北渺风烟。
只今精爽依栖地，多在苍山碧海边。

碣　石

李斐章　文学　乐安

凭高极目奈愁何，大海回风溅白波。
一柱插空标碣石，千年无处认黄河。
汉皇御道生秋草，魏武丰碑没女萝。
俯仰当时形胜地，乱山吹角牧明驼。

登西五峰谒韩文公祠

张庄临　文学　昌黎

何年巨灵手，忽地列云屏。
松透石苔翠，天涵海色青。
路从林隐见，烟罩水空冥。
如跻泰山上，平临北斗星。

新秋登龙潭

张庄临

积雨秋初霁，新凉已透裳。
泉嘶夜疑雨，沙皎月如霜。
极听穷边静，愁看野塞长。
登崖时一啸，终老此僧房。

东五峰中秋看月

张元复 举人 昌黎

玉虬初驾冰轮上，一片清光发岭东。
素魄传来松际影，幽香时送桂边风。
乘凉身在瑶台畔，踏影人行水荇中。
坐久不知霜露冷，褰裳拟入广寒宫。

祥 云 岛

曹司牧 苑马司卿

海气涵天涌晓光，日华分彩露苍茫。
东牟应有蜃楼在，何似云车驾水傍。

半 月 坨

前 人

水中见月月初弦，天水相涵月与连。
夜半不知明月上，半呈坨影半还天。

过汀流河

方 经 训导

滦水朝宗一派流，寒烟萧索古津头。
鸡鸣远浦家家月，渔老空矶处处鸥。
将伴沙边有待渡，忽呼江上客同舟。
西风回首中流楫，桐叶芦花两岸秋。

祥 云 岛

曹尔俊 乐亭文学

海岳宠炏一抹斜，冯夷曾此驻云车。

登临每羡三春浪，眺望遥期八月槎。
蜃气朝腾疑舞鹤，鲸鼍夜吼惨悲笳。
何当一假乘风翼，为访三山问玉华。

都山雪霁

朱　吉

同云冻合天一色，鸟不高飞苔石裂。
朔风卷海声如雷，一夜都山满头雪。
千岩万壑光玲珑，琼台瑶室开仙宫。
是中可望不可到，安得一访浮丘翁。

宿喜峰口城楼

王　寅

万里秋风暮，华夷到此分。
几年望紫塞，今日宿黄云。
片月临关见，孤军击柝闻。
燕歌争劝酒，强饮不成醺。

喜峰口观三卫贡马

唐顺之

贡道走东胡，关门控北都。
每逢金镜节，来献玉骢驹。
酋长花当后，山川松漠纡。
天衣沾蚪蟒，国马出駒駼。
乞赏孙随祖，专兵妇代夫。
珥珰珠错落，襁褓锦氍毹。
盘舞呈鞮革，侏言译象胥。
白狼回左衽，黑水作通衢。

宿黄崖营

前　人

栖栖终日旅边城，夜向黄崖问古营。
必家戍鼓渔阳掺，联骑铙歌蓟北行。
峡束雨湫高怒水，山凹树窍激秋声。
跃马壮年微志在，不缘此地客心惊。

晓发喜峰

前　人

客心流水与争驰，寒垒疏星度峡时。
未返王孙犹草色，初来戍卒是瓜期。
去乡只觉蝉声似，出塞方知马脊危。
辛苦下情何计达，早年曾诵采薇诗。

三屯镇城成志喜

戚继光

三春气色壮三屯，灯火烟连十万村。
版钟层台秦作塞，风云大陆蓟为门。
东来直接山河固，西望遥依帝阙尊。
百二城边还质子，千秋同戴汉家恩。

三屯呈戚光保

陶允宜　通判

蓟门往事震京华，十六年来静不哗。
路出万山通鸟道，城悬千嶂压龙沙。
空中云影连楼阁，夜半钟声动鼓笳。
老将莫怜心力破，金汤终古在皇家。

其　二

书生跃马未为狂，孤剑床头夜有光。
自喜军容同细柳，莫辞神臂异穿杨。
吐吞忽落黄河水，叱咤横飞紫塞霜。
今古勋名谁得似，天南天北两相望。

景忠山有东岳行宫及诸葛庙，今益以岳、文二公

帝城东去万山奔，忽踞中峰北极尊。
明斗在天珠可摘，闲云出岫掌堪扪。
双松可是分秦树，五丈无劳驻汉原。
仰止高山情不浅，三忠庙貌对三屯。

都山望雪

陈所立　知府

祈连绝处总燕支，到此回看北斗低。
六月山头犹戴雪，罡风吹落蓟门西。

秋杪游白塔寺

李成性　迁安　进士

三十年前向此游，今来重见梵宫修。
山峰红映扶桑日，池水清分孤竹流。
柿叶可书笼旧塔，菊英堪泛对深秋。
吁嗟陶令无知己，空忆东林社里俦。

一片石次孙洙滨韵

翟　鹏

开国资元老，中山独壮猷。

奇勋归太史，遗像肃荒陬。
宿露迷寒戍，阴风起暮愁。
不堪惆怅处，悲角咽楼头。

抚宁道中榆关驿有感

董　越　学士

晚别抚宁郭，天低海气连。
苍茫初出日，惨淡未收烟。
茅屋多依树，村氓半在田。
榆关前驿近，伐鼓正渊渊。

望联峰山

翟　鹏

不踏联峰麓，匆匆二十年。
山灵犹识否，兰若自依然。
勿假移文却，终当辟谷还。
多情林外鹤，来往故翩翩。

衙斋望兔峰

孙廷铨　尚书

高馆扬清徽，澄阴淡将夕。
好峰林外明，肃肃阴床席。
日入引村烟，纵横交阡陌。
倏忽半岩际，风雨送行役。
松杂名药香，鹤遗幽人迹。
霁景疏夜明，况复沉秋碧。
菊忆湍明篱，书成杨子宅。
谁当堪共语，一片寒山石。

前　题

前　人

人静怀幽眺，芒鞋又漫来。
山禽鸣独树，石壁渍荒苔。
水拗波光乱，天低雁影回。
春风吹白发，有酒且衔杯。

谒武宁王庙

顾　佐　都御史

云龙风虎际昌辰，铁马金戈靖虏尘。
百雉层关今尚固，千秋报祀永难沦。
乾坤疆宇恢前代，带砺山河启后人。
庙貌仰瞻生气凛，朔方长赖庇吾民。

山　海　关

马文升　尚书

曾闻山海古榆关，今日经行眼界宽。
万顷洪涛观下尽，千寻绝壁画应难。
东封辽地三韩险，西固燕京百世安。
来岁新正还旆日，拟图形胜献金銮。

姜　女　坟

陈　绾

妾身本在深闺里，十五嫁夫作胥靡。
赭衣就役筑长城，闻道辽东今已死。
妾身本为从夫来，夫死妾身朝露耳。
闻关呕血竟何归，万里将身葬水涘。

孱躯虽死心未灰，化作望夫石嵬嵬。
江枯海竭眼犹青，望入九原何日起。

秦　皇　岛

杨　琚　主事

迤逦神山峙海边，始皇曾此驻求仙。
羽翰飚驾今何在，方丈瀛洲亦杳然。
古殿远连云缥缈，荒台俯瞰水潺湲。
红尘不动沧溟阔，芳草碧桃年复年。

山　海　关

黄洪宪　编修

关城风急飏征袍，潮落天门万籁号。
槎泛银河浮蜃气，山衔紫塞卷秋涛。
月明午夜鲛珠泣，沙白晴空雁影高。
司马风流偏爱客，桃花羌笛醉蒲萄。

角　　山

尚　䌹　主事

双峰叠翠倚云端，天限华夷是此山。
蟠结应知关塞险，登临殊觉海门宽。
层城远近荒烟里，古树参差落照间。
更愿攀援凌绝顶，手摩霄汉望长安。

显　功　庙

陈　绾

太傅提兵出塞还，更因榆塞起榆关。
石驱到海南成堞，垒筑连云北倚山。

辽水至今来鞂鞨，蓟门终古镇填颜。
岁时伏腊犹祠庙，麟阁勋名孰与班。

榆　关

前　人

汉塞秦关空海隅，长城千里为防胡。
月明满地无传箭，静听军中夜博卢。

其　二

榆关东去是营州，门外车轮似水流。
夜半边城吹觱篥，何人不起望乡愁。

澄海楼为王海若司马赋

韩原善

蓬莱咫尺望中移，员峤风来吹鬓丝。
烟净玉门闲虎豹，浪翻银屋隐蛟螭。
琼沙雪霁冰初泮，绣陌春回柳未窥。
不信边头多气色，雄关新简丈人师。

其　二

习习天风动客衣，登楼把酒送斜晖。
眸随雪浪翻青海，梦逐春云入紫微。
十载浮沉肝胆是，半生潦倒鬓毛非。
樽前幸预鲈鱼会，不到秋风已赋归。

角　山

马　扬

夙抱烟霞癖，无绿脱鞅掌。

百虑荡内机，庶事劳外像。
忽忽青阳暮，遥忆山林赏。
薄言寻蹊壑，所希绝尘网。
佳气纷郁葱，宝地开虚敞。
泉声清且幽，物色何骀荡。
每苔封阶绿，松露滴石响。
举觞临东风，悠然任来往。
长歌故徘徊，古洞姿偃仰。
归来憩空堂，芳树日初上。

其　二

人生常怀忧，流光只虚过。
逍遥对珠林，忘形衣石坐。
鸟驮烟霞还，猿穿藤萝破。
雨霁觉风幽，衣冷耽云卧。
不求东海仙，愿访西山饿。

其　三

玄云邈且敻，飘渺绀园飏。
登临一以眺，上有白玉堂。
堂中何所有，一人披霓裳。
借问何所为，诵经沧霞浆。
夙怀慕真隐，悠悠逾十霜。
相逢兴不浅，谈空殊未央。
山烟横野碧，洞林带晨光。
泉水照禅心，松日窥石床。
幸兹寡尘虑，讵复论圭璋。

游角山寺

陈　绾

每日城中见角山，入山初觉远人寰。
松云细袅龙宫静，石藓斜侵鸟道班。
殿阁影从沧海落，梵锺声度碧空还。
关门吏隐无多事，犹羡僧斋尽日闲。

城头尘鞅几曾稀，此日携樽上翠微。
洞壑泄云常漫漫，藓萝迎日自晖晖。
仙人海上时乘鹤，关尹山中一振衣。
落日凭高更西望，燕台遥见五云飞。

山　海　关

闵　圭　巡抚

幽蓟东来第一关，襟澄沧海枕青山。
长城远岫分高下，明月寒潮共往还。
贡入梯航通异域，天开图画落尘环。
老臣□□瞻形胜，追想高皇创业艰。

山海关赠张职方

秦　夔

高城设险壮金汤，作镇平临大海旁。
筐篚每来重译贡，关门常峻外夷防。
草肥深谷熊生白，渡暖春洲蛎吐黄。
天遣仙郎此持节，年来文化及殊方。

燕云百二拥皇都，万里边城入壮图。

到海有山皆设险，入关无吏不持符。
诗书已足怀殊俗，筹策还看翼庙谟。
闻说秋高戎马健，也须辛苦事防胡。

出　塞

梅国祯

晓风匹马渡滦河，极目胡天感慨多。
近塞虏营还历乱，弥山雉堞自嵯峨。
林间残雪经春冻，峡口孤云带雨过。
不少谋臣夏社稷，只应暂许郅支和。

出　关

崔廷槐

关吏开金锁，邮人控玉珂。
三韩辽社稷，五镇汉山河。
白草荒原合，黄云古戍多。
从今沧海上，万里不扬波。

出榆关逢征兵使人作

冯惟讷

闻道云中将，先秋戒铁衣。
虎符千里至，龙骑五营归。
夜月明雕戟，山风曳画旂。
谁怜翰海外，杂虏驻金微。

围春庄杂感

萧　显　兵科　山海

三十年来走宦途，乞归白发半头颅。

依山结屋尘偏静，临水观鱼兴不孤。
野老踦跙寻橡实，林僧谈笑断松腴。
离家复作还家梦，一夜团栾肉骨俱。

其　二

买断山庄景最奇，也堪临水静垂丝。
畏途自庆归来早，安枕何妨睡起迟。
适兴聊沽陶令酒，感怀频咏杜陵诗。
插头柱杖堂前坐，绕膝儿孙嬉戏时。

山海关晚眺

黄洪宪

茫茫沙迹古幽州，日落鸟啼满戍楼。
万雉倒垂青海日，双龙高映白榆秋。
虎符千里无传箭，鱼钥重关有杆掫。
自古外宁多内治，衣袽应轸庙堂忧。

过　关

前　人

长城古堞瞰沧瀛，百二河山拥上京。
银海仙槎来汉使，玉关衰草戍秦兵。
星临尾部双龙合，月照平沙万马鸣。
闻道辽阳飞羽急，书生直欲请长缨。

登首山亭

佘一元

揽胜玩高亭，重峦绕翠屏。
闲云挂远岫，涧水漾寒汀。

平眺海波碧，环观峰色青。
衔杯逸兴发，长啸动山灵。

重九登角山遇雨

刘鸿儒

振腕登高菊正馡，翠微深处绀宫依。
岁荒山寂游人少，秋老边寒过雁稀。
开代战场眼底阔，旧时烽塞岭头巍。
欢酬萸盏情何极，妒雨催归恨落晖。

重九登首山

佘一元

佳节宜登高，杖履首山隅。
冠盖集僚友，绅儒接欢娱。
大海亘苍茫，层峦积崎岖。
一水纡曲流，怪石蟠覆盂。
樵采互来往，烟云乍有无。
古庙罗盘飧，亭趾飞浓醹。
樵竖向我言，猛虎初负嵎。
醉后厉声呼，我辈叱咤驱。
薄暮联鏖散，山空秋月孤。

观南海口

刘鸿儒

汪洋一派碧天低，何事潮龙不稳栖。
喧吼波中横紫塞，风云静里对青齐。
晓光登眺俗襟洗，曛暮尘遮彼岸迷。
久拟仙艖从性适，餐霞高友愿相携。

登澄海楼

周体观　翰林

祖龙鞭石神蛟怒，喝族横洋倾北注。
九点烟州天尽头，丸泥封隘不封愁。
踏断秦城回雁影，戍楼直取沧溟枕。
冯夷起舞阆风寒，谁伐鼍鼓沸狂澜。
折芦欲凌碧波去，自恨凡骨沉于石。
桧可楫兮松可舟，玄峤如何不可游。
邈邈余怀望仙子，东拜贞娘能不死。
借问陇西李细眉，一泓水泻幽梦时。
而今白玉楼中看，俯身下视见不见。

登澄海楼观海

尤　侗

茫乎望洋向若叹，大哉归虚渺无岸。
近视争看白马奔，远观不辨青霓断。
似雷非雷声殷殷，鱼鳖颠倒腾千军。
骇浪乍浮出地日，惊潮翻射垂天云。
方丈蓬瀛疑咫尺，汉武秦皇心欲死。
鲛室蜃楼有若无，瑶台琼阙非耶是。
飘飘我亦凌云游，海风吹摇城上楼。
援琴为奏水仙操，鼓棹不见鱼翁舟。
东望独存姜女墓，精卫填成血泪注。
纵使银涛万丈高，不到坟头草青处。
西行更上海神祠，罗袜凌波来几时。
雾髻烟鬟光窈窕，夜深鼍鼓舞冯夷。
上人指点先朝事，十年以前风景异。
关上皆屯细柳营，墙边乱蹴桃花骑。

水犀之师蔽艅艎，木牛之粮衔舳舻。
铁甲将军吹觱角，胭脂小妇醉酡酥。
只今眼中一事无，寒沙萧萧雁飞疾。
仰头屹峙长城孤，惟有沧海依依在。
沧海尚变桑田枯，而我感叹何为乎。

关门秋夜

韩雄胤

静夜蟏蛸响，新凉蟋蟀吟。
三山归远梦，一叶助悲心。
月色凄团扇，霜华冷素衿。
幽人寥落意，不待九秋深。

孤竹清风

范文程　内院大学士

孤竹城空隐夕阳，山中笳鼓漫悠扬。
穿林闲听松杉韵，隔岭遥闻薇蕨香。
漆水波光交婉转，滦河岛屿自沧茫。
登临宾佐多清兴，长啸高台明月光。

恭谒清节祠

刘鸿儒　郡人　兵部

碧殿风生白日寒，愁云漠漠绕山峦。
几言曲尽当年事，一饿常留万古叹。
天地为心悬皓月，乾坤不老砥狂澜。
偶来仰止勤瞻礼，惨澹癯容泪尚瘢。

其　二

莹莹峻骨向何方，千古精神绘此堂。
冷庙三春无化日，清风六月有余霜。
丹心白日虽同耀，流水青山也共伤。
百世登临凭吊者，傍台草木尽舍香。

漆滦带玉　卢龙

刘景耀　永平道　河南人

汉水悠悠塞外来，蓝田佳气接河魁。
虎头近见双龙合，罗洞还惊匹练开。
鼓枻能无浮海意，洗兵合待济川才。
勒盟不假黄河水，自有清流绕廓回。

谒景忠山　迁安

尤　侗　推官　长洲县人

蹬道盘盘七十二，板车宛转似猿扪。
举峰皆作儿孙立，绝顶应知天姥尊。
夜月灵旗招五岳，春风社鼓走千村。
迎神拟赋离骚曲，欲荐湘君乏蕙荪。

恭纪三屯营驻跸

王永命　迁安知县　临汾人

望里龙旗掣海云，晴光瑞霭竞缤纷。
三军跃跃从神武，万姓欣欣祝圣君。
自是虞廷昭典礼，非同汉帝乐河汾。
升平事业今欢遘，朱鹭铙歌次第闻。

题奎星楼 抚宁

苏 铨 交河人 丁丑进士 奉天府丞

东南山上是文峰，谁建奎楼势甚雄。
天子右文有异数，书生励志岂终穷。
贤侯况有指南意，边邑岂无奋北功。
屈指中秋应有月，东升如照碧纱笼。

联峰海市

佘一元 山海人 礼部仪制司

山寺晴封翠色高，春风雨后放夭桃。
杜烟一带人家静，雪浪千层昼夜滔。
审视蜃楼欣鼓兴，纵观海市醉持螯。
清光水景莫疑幻，隐现群仙泛海涛。

碣石闻鸡

陆得举

丹峤撑空屹海湄，孤峰笔立六鳌齐。
势雄东表三边小，气彻中天北岳依。
神斧曾劳修砥柱，仙灯应现下云梯。
扶桑枝上晨光早，常听天鸡半夜啼。

仙台气爽 昌黎

刘景耀

猿啸峰高一径通，鹤鸣丹灶火初红。
扶桑早挂三竿日，碣石常来万里风。
采药何年离海上，吹箫昨夜坐云中。
勒铭应抵黄龙府，徐问仙人白兔翁。

偏凉汀趣　滦州

刘景耀

插天危阁倚晴岚，横海长川潆碧潭。
鸟道斜穿云外树，龙宫幽缀雨中昙。
座来山水都成僻，占尽烟霞不是贪。
欲把渔翁移酷暑，可人风景一江南。

天渠应候

冯余庆

世传渠水自洪荒，造化神几岂易量。
南北异流分子午，古今递转几沧桑。
巧同刻漏浑无象，候应测圭别有方。
我欲参求不可得，好将秘旨问羲皇。

海店甘泉　乐亭

潘敦复　乐亭知县

海水从来苦且咸，此漕一井味醇甘。
鹤云作雨云床冷，晓月当潮玉鉴涵。
苔藓荒凉迷运道，波涛浩渺泻烟岚。
渔人深入泊舟处，汲取清流炊午餐。

瑞麦三岐

高辅辰　滦州人　廪丘令

十年清惠衮衣歌，并蒂双岐麦满坡。
自是天心禔化国，遂教地宝吐嘉禾。
灵灘已兆金滩羽，瑞雉新迎绿耳轲。
何幸广平春脚近，荣光百里润分河。

嘉禾志盛

祁登第

一犁甘雨一林风，万户千村化日同。
饱德不关民力厚，开祥惟有帝心公。
盈盈乍见三岐美，渐渐争看五穗丰。
为问当年何所事，讴歌满耳诵神功。

红莲捧日　山海

刘景耀

日光莲蕊海中涛，海角崔巍万仞高。
自昔爱莲者谁子，由今捧日属吾曹。
浮沉人世惊双鲤，颠倒云山见六鳌。
费尽朝朝推毂力，扶桑何用晓鸡号。

姜坟雁哢

塞水汪汪泪欲新，高坟岁晚雪如银。
凄凉海上孤鸿月，冷落天涯万事春。
雁断衡阳羞得侣，声传瀚海喜惊人。
长城莫道还依旧，几度山河不属秦。

秋日登南台漫兴

祖泽溶　北平司马

一望南台满目秋，十年前事洵悠悠。
繁华已逐浮云散，富贵还随滦水流。
塞外凉风吹落叶，边城露冷起沙鸥。
崚嶒不与人同调，且自衔杯弄酒筹。

谒清节祠恭志

祖泽溶

古殿高临滦水滨，清风独让采薇人。
烝尝不是周家粟，庙貌犹存孤竹春。
阶下苍松风谡谡，台边碧涧石粼粼。
重来瞻仰悲今昔，至德巍然万祀新。

又

空山台殿郁森森，叩马犹传此日心。
薇蕨岂知新伏腊，沧桑不易旧冠簪。
清风独六垂天壤，至德堪师自古今。
吁咈弟兄遗迹在，商周社稷久销沉。

卷之二十四

莱阳　　宋　琬撰次

宜兴　　路　遴参校

广宁　　常文魁续补

杂　志

子之所不语者，怪力乱神。而世之为书者，往往搜宣室之谭，续齐谐之志，以侈赜而炫奇。吁！亦惑矣。六合之外，存而不论。冥昭瞢暗，谁能极之。夫子尝与宰我言："鬼神必依乎类，"而大易广八卦皆本乎情。夫然则管子俞儿之篇，松之异兽之记，道元浮棺之述，吾犹病其俶诡而不经也。览僻说于稗官，采多闻于副墨，固不若考经断史者之有益于人国矣。兹所取虽皆先民之辞，然无稽者不录焉。

桓公北伐孤竹，未至卑耳之溪十里，闟然止，瞠然视，援弓将射，引而未敢发也，谓左右曰："见是前人乎？"左右对曰："不见也。"公曰："事其不济乎？寡人大惑。寡人见人长尺，而人物具焉，冠，右祛衣，走马前疾。事其不济乎？寡人大惑，岂有人若此者乎？"管仲对曰："臣闻登山之神，有俞儿者，长尺而人物具焉。霸王之君兴，而登山神见。且走马前疾，道也。祛衣，示前有水也。右祛衣，示从右方涉也。"至卑耳之溪，有赞□者曰：从左方涉，其深及冠。从右方涉，其深至膝。若右其大济。桓公立拜管仲于马前曰："仲父之圣至若此，寡人之抵罪也久矣。"管仲对曰："夷吾闻之圣人先知无形，今已有形而后知之，臣非圣也，善承教也。"（《管子》小问杂篇。）

汉哀帝即位数月，司隶校尉解光奏孝成赵皇后杀皇子状。哀帝于是免后弟新成侯赵钦、钦兄子成阳侯欣，皆为庶人，将家属徙辽西郡。(《汉书·外戚传》)。

王莽立三恪，封夏后氏之后，辽西姒丰为章功侯。(《汉书·王莽传》)。

《三齐略记》曰：始皇于海中作石桥，海神为之竖柱。始皇求为相见。神云："我形丑，莫图我形，当与帝相见。"乃入海四十里见海神，左右莫动手，工人潜以脚画其状。神怒曰："帝负约，速去。"始皇转马还，前脚犹立，后脚随崩，仅得登岸。画者溺死于海。众山之石皆倾注，今犹岌岌东趣，疑即是也。

汉灵帝时，辽西太子廉翻梦人谓己曰："余孤竹君之子，伯夷之弟。辽海漂吾棺椁，闻君仁善，愿见藏覆。"明日视之，水上有浮棺矣。蚩笑者皆无疾而死，于是改葬之。《晋书》地道志曰：辽西人见辽水有浮棺，欲破之，语曰：我孤竹君也，汝破我何为。因为立祠焉。

《博物志》曰：魏武于马上逢狮子，使格之，杀伤甚众。王乃统率常从健儿数百人击之。狮子哮呼奋越，左右咸惊。王忽见一物从林中出如狸，超上王车轭上，狮子将至，此兽便跳上狮子头上，狮子即伏不敢起，于是遂杀之，得狮子而还。未至洛阳四十里，洛阳鸡狗皆无鸣吠者也。(并《水经注》)。

唐裴旻尝与幽州都督孙佺北伐，为奚所围。旻舞刀立马，上矢四集，皆迎刃而断。奚大惊引去，后以龙华军使守北平。北平多虎，旻善射，一日得虎三十一。休山下有老父曰："此彪也，稍北有真虎，使将军遇之且败。"旻不信，怒骂趋之，有虎出丛薄中，小而猛，据地大吼。旻马辟易去，弓矢皆坠。自是不复射。(《唐书》)。

金完颜鼎寿为河间尹，有宗室居河间，侵削居民。鼎寿奏徙其族于平州。(《金史》)。

山川之经，虽稍条之，其名古今殊，而多从俗，为便《水经》诸书。如难、濡、滦，夷语相近，而转其亦以世益殊耳。若滦之为泸，隋为泸河镇，本《水经》卢水合滦，泸河即滦河。若渝之为榆，临渝至为临闾也。或以为洋河城，则其音义非矣。今朵颜谓商都水者，乃元之上都水耳。皆音相近，夷语通焉。其有名异而实同者，箭笴岭者，奚四离保所据，而《金史》为卢龙岭。如《晋书》密云山则卢龙塞在此矣。乃段辽之所奔，而《魏书》为平冈山是，违卢龙不远耳。密云为郡县自魏始，名同而山异。志县引之误矣。辽据乎辽西，是之谓平冈，今石门碣石一带。其以云名山多矣，辽为石虎所攻而避之东徙耳。今密云未郡县，乃赵之蓟北，辽岂避此就擒。况乌得入而避哉？此名虽彼此同，事则今古别也。（以下郭造卿《碣石丛谭》）。

《北魏书》纥那三年，为石勒攻于陉北。不利，迁大宁以避之，在广宁大北注为大宁也。五年奔于宇文部，后二年石虎纳翳槐于大宁，纥那出居慕容部。建国三十九年拓跋国为秦破，大乱。世子圭依舅贺讷讷，时摄东部，为大人，迁居大宁。行其恩信，众多归之。太宗永兴五年七月破越勤倍泥部落，徙二万余家于大宁川。神瑞二年五月丁亥，上次于参合东如大宁。泰常元年闰十二月壬申，幸大宁。世祖始光元年四月甲辰东巡，如大宁。书称宁者三，白大宁，曰广宁，曰宁川。广宁汉上谷属县也。上谷郡诸县后多称甯为宁，故广宁今隆庆州之永宁县，古迹有小宁城，在州城西。则大宁在东北可知，未暇详考，姑存之。

元许有壬《圭塘集》，载喜逢口事，今关名喜峰，似失厥义矣。其与丁文苑同科，为哀辞曰："文苑移官山北，山北置大宁。右白霫地，去京师东北尚八百里。陆不可以挈家，水萦纡五千里，扶病拥幼，殆不能为谋。即斯辞也，岂舟可通乎？"按史将由滦通漕，于上都造船，视为不可而止矣。今滦河之浒，尚有系缆铁椿，或以为系浮梁，或以为系行舟。正德初年，渔人获一铁缆矛，重三百余斤。则昔滦或深于今矣。岂亦以系浮梁者哉？元通漕舰或不可至上都，岂其不容刀以达于大宁乎？若召闽中清流之舟之手，今必可达小喜峰而至大宁，亦未可知也。

《方览表谱》列大宁故州县者，非专为大宁存塞上事也。今永平北境，莫非大宁州县，余尝游滦阳兴教寺，有元至顺二年碑题，颇及记云，燕之东北路曰大宁。惠州西南乡分滦阳、林河社。界山之阳，平泉之侧，麓野之间，有古招提，上下二区，同名兴教。林峦秀异，山水嘉奇，川原宽博，而资产丰饶，境物繁兴，而云游悉至。四望东至大峪流水渠，南至二郎坨，西至三十二岭西边鹰愁涧，北至大峪北白石头向阳岭界，则凡林河社，皆惠州地也。今迁安肆林河社，里有三：其一，在县西百二十里，东至太平寨营，南至夹河社，西至遵化县，北至喜峰口，三屯营在内；其二，在县西北百八十里，东至太平寨社，西至汉儿庄营，南至三屯营，北至喜峰口。滦阳营在内；其三，在县西北百六十里，东至潘家口，西至龙井关，南至洪鸦寨，北至三台山，汉儿庄在内；皆惠州地。若抚宁、山海关及石门则瑞州等地。四安、洋河二社，见之古寺碑记尤多。且洪武初年，始入山海关志。古迹虽未详，而大略可考。倘尽采其碑记，则亦如惠州矣。且古山川名多具残碣，塞外尤多。后之纂而好古，当博采之有益。《密云志》有鸦鹘安、卢家安。志者刘大夫云：余时见安字以为庵字，或传写之误。乃后问易州高兵宪云，土人谓安字为高平处。及考说文云止也，益知非误。永平古迹称七安，北安山、南安山、宜安村、新安镇、乐安镇、迁安县、永安录事司，皆以山村镇县司为名。若五重者，则安其名后，乃以为营，其名本曰安耳。且静安之社不大乎宜安哉。昔亦偶举其七，境内称安多矣，慕容钥多称固，在载记及《北魏书》盖取义犹安，为其固守也。后为堌，亦史文，犹成之为城，保为堡耳。

郡境边方营寨，称谷，称庄。请命设官者，李家谷提调，汉儿庄游击也。然谷有两音，南人称谷，切以古禄，北人呼育，切□□六，此原有两音，故“欲”俗字并从谷，而不妨两音也。其土人书加山为峪，而音义无异焉。若庄无异音，六达路为康庄，亦舍也。从士监本从土误，南北音同。但书有作庄，或以为俗书。其实庄音平而为别音别字矣。

南北呼山川，音义有同异。北凡山顶曰梁，故兵乘高了望曰架梁。不必如论语山梁邢氏解，亦非韩愈答张籍诗注，石绝水为梁也。梁凉同音，而义不相通。郡城小景，偏凉为第一。许庄赋序云：辽乾统初年，柳城张子记偏梁亭。梁字异今者，彼时水在榆南横北，舟楫留难，故作偏梁、偏桥，以通纤路，因以名亭，至今四百三十余年。水不西去，旧踪无存。盖因山势危高，水涛汹勇，故作此亭，以为关溢，保障一方。起自宣德初年，镇守阮公与金姓居士，斩石盖寺，始有石路，可通肩舆及马，商贾荷任之属。天顺庚辰，都宪邹镇守韦因亭圮，乃于极隘甓门，置亭其上。一则讥察非常，一则迎送来往。余以意测之，凉即梁之讹，偏梁即偏山之义也。山以半削为偏，此处如山梁而偏，其下虽临水，此亭则石绝水矣。辽前或为偏梁，今亭架门如梁，但于梁无取，因讹而生意耳。

《滦志》别故河入绿豆湾。许庄云别故俗传别沟，声之讹也。绿豆湾，一为绿头湾，谓泉内有绿头物，故云。一为龙斗湾，谓昔龙斗于此。俗谓绿豆多，故从焉。凡此类者，不能枚举。若岐路，南人书岔呼久，为其交错或易差也。岔为尘嵢，亦作坋粉，房吻切者，唐书坌集京师，从轸韵也。步闷切者，相如赋坌入会宫，从震韵也。北人书三坌，乃三分岐路，或取分土义可通也，但音与咤同，则从祃韵矣。其以姓名庄，名社宜曰家，多为各州县志皆然，或谓原登黄籍如此，今七家岭，史为七个岭。则个各声近本转音，讹书而然。此类今未如之何矣。

旧志抚宁县东九十里，有秦皇井，甘冽异常。世传始皇过饮此。与扶苏泉类。《府志》在府城北，《滦州志》在州城西北十五里。以《辽史》为信，则滦州是矣。孰知扶苏乃孤苏讹乎。

边塞士大夫鲜习堪舆家，故其山川原委顺知而逆则否。永平来自口外都山，凡水三岔，则其过龙南而逆北。单提以结堪舆家言，龙来自左无右亦可，故左山右河相配而成耳。至滦而近海，则形气舒衍，陈知州所称不为过矣。许庄云，滦境山川虽多，行龙止有三脉，不见其所结穴砂，不见有正形水，不见有正情鸟，得钟灵贤俊，以补朝廷，不过生长草木□艺五谷，少补程税力役而已，乃为地方谦损词也。凡志地理者，多具山川名色，不考究其原委，如旧志皆然。庄则颇有条理，词未典雅何伤，但其目款多，则原委离矣。若叙里社，各具去州县若干里，举其四至。内分山林、川流、土壤、肥瘠、居齿利病及出产生业，比邻为等则然。品地力，尤重人事。为勤而薄可厚，惰而厚者薄也。以告民牧者，或省耕敛，或劝社学，视而振作之。及科分赋徭，催征钱谷，勾摄词讼，缉捕盗贼，缓急轻重，酌量为限期，而上下皆通，远近良便矣。社四十七，屯二十六，既条具之大略可知。又于村疃，凡六百八，各具其名，其社若干，某屯若干，虽若烦琐，实益政理。但郡属多者，不能如所识。若州县式之，乃治平之书也。

旧志古迹双雁坨，成化乙卯，滦州城南有李氏子弋获雄，铩其羽。雌随飞悲鸣三日而去。雄畜久而驯，纵野以媒他雁。及春，其雌复来，飞鸣如昔累日。其家异之，出雄于隙地伺之，雌哀鸣而下，周旋俯仰，鼓翅招呼，若与之偕飞，雄竟不能去，纠颈弗释，并死之。乡人云集而叹，瘗之于高坨，名曰双雁坨。处士朱昶有诗。按金元好问赴府试，行道中，见一捕雁者云捕得二雁，内一雁死，一雁脱网去，空中上下盘旋哀鸣良久，投地亦死。好问以金赎得二雁，瘗于汾水边，垒土为丘，因为雁丘词。昶偶同此意，惜词不足步之耳。余闻迁安县城北门券有雌雄紫燕巢之，忽雄为乌鹊击死，其雌不寻配亦不食，飞鸣数日死。嗟夫！雁不再配，其性然也。燕性喜淫而独然，尤所罕闻者，若居唐燕子楼，则为所感而然矣。

元，白湛渊续演雅十诗，发挥其一滦人薪巨松，童山八百里，世无奚超。男倜怅度易水者，取松煤于滦阳，即今上都。去上都二百里，即古松林千里。其大十围，居人薪之，将八百里也，盖在松亭关外，与境外地同。关内有滦阳营及驿，而皆上都之委，此诗则为上都作。云将八百里，今为胡守中所伐。又自隆庆来蓟北，修边台桥馆万役，今千里古松尽矣。凡元臣咏滦江滦阳诗，皆上都非此也。当辨。

明初法严禁，不私亲防，不忽微于地方，二条今视若缓实切焉。洪武三十年七月，以郭驸马使辽回，私带榛子三扛，沿途擅用驿夫递送。事觉，令自备钞贯，给还役人工食。仍敕兵部于山海松亭等关，古北、旅顺口，悬挂榜文，凡公差人员不许稍带松榛等物进口、渡海，违者一二斤、三五两，俱分尸号令；所过官司纵容，一体治罪。时欧阳伦以私茶于陕西赐死，其严如此。山海关禁今大弛矣。此法所当申明者。永乐六年，军民子弟僮奴，自削发为僧者，并其父兄送京师，发五台山做工毕日，就北京为民种田。及卢龙牧马寺主僧擅容留者，亦发北京为民种田。今京东犯者，不如京西多。卢龙马政既废，某自削发，则各屯社与寺院往来者贺之，而以酒食相劳矣。

明初洪武二年，命郡县立学，三年开科。八年立社学，选国子，分教北方。十一年选武臣读书国子监。十四年颁五经四书于北方学校，为久陷于夷，而广同文治也。至十五年正月丙戌，命汇编华夷译语，上以前元素无文字号令，但借高昌书制为蒙古字，以通天下言。至是乃命翰林侍讲火原洁与编修马沙不县等，以华言译其语，凡天文、地理、人事、物类、服食、器用，靡不具载。复取元秘史，纽切其字，以谐其声。既成，诏刊行之。自是使臣往复朔漠，皆能通达其语矣。

《洪武录》大宁有新城、木榆等卫，此非定名也。其云滦阳口外，富民、宽河、柏山、会州、新城、大宁等处，且置七驿。今考滦阳驿五十里为富民，而宽河，而柏山，而会州，而季庄，而富谷皆六十里。而七十里乃大宁都司，今滦阳驿移于三屯，则多四十里矣。古城在喜峰或自口外移入也。

宪章诸录皆列开平东西八驿名。今考元大都六十里至顺义，七十里至密云，六十里至石匣，六十里至古北口。而出五十六里为青松，东北六十里为兴州中屯，西五十里为古城，六十里为灰岭，五十里为滦河。又五十里为黄崖，又六十里为哈八，又五十里为沈河，又四十里为东凉，五十里为开平。大都至此七百五十里，地高井深星大，北去庆州多古松号曰千里松林。宣德五年徙卫于独石，弃地三百里，失龙冈滦河险，而独石非通途，原无驿也。

洪武二十一年，颍国公编军金山。归附马驹等，编为小旗等军。达莫儿，金山人也，编后所军，在卢龙白佛庄住，遂依庄名起姓赐为白成。又同所有白卯海，或本同庄赐，买驴之赐吴成，皆此类也。买驴后封侯伯，卯海后为副千户，达莫儿为百户。

旧志公孙冢，在卢龙县赤峰岭。及道南烽火山，有公孙神康墓。汉末玄菟公孙度据平州传子康，岂其所葬欤？是不知汉魏平州，在辽东襄平，而此为辽西郡，度不得而有也。至康子渊为司马懿所征，经孤竹度碣石以次于辽水，彼乌得而葬此哉？滦旧志从之，且引康为神康。史传康无二名，新志则有辨矣。以为公孙瓒杀刘虞而据幽州，盖本令支人，赤峰岭烽火山汉皆令支地也。或瓒之先后族属，而瓒则焚易京子，缵亦杀于屠各，未闻故吏为收葬。神康虽不知其故，为令支人明矣。何必以援玄菟耶？许庄云，父老相传城西有谢丞相坟，孟宰相冢，因无显迹，不敢强附。则公孙之显迹，玄菟何如令支哉？均之为僭伪，何舍近而之远乎。

辽、金、元国俗，以游猎为乐，且以习武事，故《辽史》有游幸表。余并金元作《燕幸编》，于年月日纪之，亦可因行期而知地里所在。但多今口外，如千里松林之类。其在境内者，如滦河、石岭诸区。而滦志有长春废淀，在州西百二十里，旧石城废县地。即今稻地集西，旧有长春行宫，乃辽萧太后所建，凿渠通唐溪以游观，昔有月榭、风亭、莲池、柳岸，今剥落飘零久矣。又名大定淀，金世宗时改名至今。居民犹以宫上名云。余考辽长春宫在南京之郊，其有长春河，则在辽水之川，而此者乃金行宫也。新州志编年，辽幸者三，金幸者四，如果辽之宫，则幸不惟三。金改大淀为长春，非改长春为大定也，其幸三乎已哉。

辽景宗乾亨二年三月，如南京赏牡丹，遂西幸。圣宗统和五年三月癸亥朔，幸长春宫赏花钓鱼，以牡丹遍赐近臣，欢宴毕日，则牡丹在长春宫。宫在南京矣。七年二月乙卯幸长春宫，十二年三月壬申如长春宫观牡丹。十三年正月庚午如长春宫。十五年二月丙申朔如长春宫。十七年正月乙卯朔如长春宫。其驻平地松林，松亭山关外也。（太宗天显七年十二月丁巳，十二年四月甲申。会同八年七月乙卯。景宗保宁三年八月辛卯，六年七月庚申。圣宗统和五年七月，十五年八月丁酉，十六年六月戊子，二十年八月，二十九年秋。开泰三年七月乙酉朔。太平四年七月，五年七月，八年七月，十年八月。兴宗重熙元年七月，五年正月。）

金世宗大定十八年正月壬戌，如春水。二月丙寅朔，次管庄，丙子次华港，己丑还宫。丁未以春水诘石城县令不称职。石城春水者，幸长春淀也。二十年正月己巳如春水。丙子幸石城县行宫。丁丑以玉田县行宫地，偏林为御林大淀。泺为长春淀。而有长春宫，其殿曰芳明。二月丁未还都。二十一年正月甲子如春水。戊子元妃李氏卒于长春宫。二十四年正月戊戌如长春宫春水。二月壬申还都。三月壬寅如上京。二十六年正月甲辰如长春宫春水，二月癸酉还都。二十七年正月庚戌如长春宫春水，二月乙亥还都。越二年主殂。金之春水，沿辽捺钵，盖必地坦夷，四方二三十里，木多榆柳。时出校猎讲武，兼受南宋及诸国礼贡。国主牙帐，以枪为硬寨，用毛绳连系。每枪下黑毡伞一以庇卫士风雪。枪外小毡帐一层，每帐五人，各执乒仗，为禁围。南有省方殿，北约二里曰寿宁殿。皆木柱竹榱，毡为盖，彩绘韬柱，锦为壁衣，加绯绣额，黄布绣龙为地障。窗槅皆毡，傅以黄油绢。基高尺余，两厢廊庑亦毡，盖无门户。省方殿北有鹿皮帐，帐次北有八方公用殿。寿宁殿北有长春帐，卫以硬寨宫。用契丹兵四千人，每日轮番千人，只直禁围外，卓枪为呰，夜则拔枪移卓御寝帐周围。拒马外设铺，传铃宿卫，春而捺钵。正月上旬起牙帐，约六旬，国主方至天鹅，未至设毡帐河上，密掩其门，凿冰窍举火，鱼尽凑之。即垂纶，罕失也。冰泮刳木为舟，长可八尺如梭，曰梭船。施一桨以捕渡，广则方舟或二三焉。冰泮乃从鹰鹘捕鹅雁必择鹅鹜聚处，晨出暮归，从事弋猎。其侍御卫士皆服黑绿衣，备连锤鹰食器，刺鹅锥，各一具于泺周。相去各五七步排立。主冠巾衣时服，系玉束带于上风。望有鹅处举旗，探骑驰报，远泊鸣鼓，鹅惊稍腾水面，左右围骑举帜麾之，五坊擎进海东青鹘拜授于主放之，鹘擒鹅坠，势力不加，排立近者举锥刺鹅，急取脑饲鹘。救鹘人例赏银绢。主得头鹅荐庙。群臣各献酒果，举乐更酬酢致贺语，皆插鹅毛于首以为乐。赐从人酒，遍散其毛，弋猎网钓，春尽乃还。世宗既殂，后主如春水，改都南行宫为建春。又改遂城行宫为光春，而长春不书矣。至宣宗南迁，而都入于元焉。按世宗贤主，将幸金莲川。薛王掾梁襄上疏极谏，其论燕都居庸、古北、松亭、榆林等关，东西千里，山峻相连，近在皇畿，易于据守。皇天本以限中外，开大金万世基而设也。大康畋于洛汭，后羿拒河而失邦；魏帝拜陵近郊，司马懿窃权而篡国；隋炀、海陵虽恶德贯盈，人谁敢议？止以离弃宫阙，远事巡征，其祸遂速，此皆可为殷鉴也。上为罢行而竟常幸。盖绳祖武，而从国俗尔。长春则无谏者，非若金莲之远耳。元改燕京太极宫为长春宫，以居丘处机修道术。其幸上下两都，而主未尝东游。明之成祖以征伐至，若宣宗以省方至，若武宗以游观至。正德十三年四月朔，以大行梓宫将祔葬，诣天寿山祭告六陵，遂往黄花镇、密云等处游猎，五月末旬还京。余居喜峰，传有父老手记，四月二十七日乙未，驾幸关过滦河，见溪流沙回绕，意有宝物，命中宫侍从取之，得异珠不计。及驾过，土人往取，并无之。临关命家将六十员名护出口外，西到浓津岭止，回宿验马厅九日。五月五日癸卯，总兵马永具筵，太监张永、佛宝等侍，乐工孙白毛供唱，问头上白不知下头白否，即令屠户阉之。驾遂起，往建昌。滦州旧志十二日辰时，驾自建昌至偏凉汀打鱼，乘舟顺风三里许，至北释院口，手打捕竟日而还。十三日到大溯河佛住山下观鱼，人遂号为龙泊。新志五月东巡狩，辛亥观鱼于偏凉汀，驻跸于滦城，癸丑观海于溯河。如旧志当书。庚戌于偏凉汀，辛亥溯河，癸丑其望日也，然虽漫游，而行在从便。如辽金，故无土木供帐之侈，民不至为烦乱焉。

蓟镇忠烈庙，边路多废。总理乃合祀于三屯，以都督死者孙膑，未尝为立庙，但抟像于景忠山三忠祠后寝。新庙成，畀入居中独坐，以副总兵而下，旁列配之。夫膑敕予祠，一死故也。然死不论轻重，迹其生平，审其事势，而概祀之曷劝哉？况行无可取，罪不足赎乎？明制待阵亡最隆，必核其所死宜祠，乃赠谥，未尝于丧师辱国者，而概予之祠也。自正统土木之难尚有区别，是后边臣讳败，多以捷闻。

不论俘死逃死降死，死则以阵亡闻，其滥如江河，势不可挽矣。如近日苑宗儒死，而亦予之祀也。然死赠官，则在国制。脜赠光禄大夫矣，副总兵承勋，参将倾葵，赠都督同知矣。以国制，考之功臣忠臣庙制，不以生前爵，而以死后赠者，为重其死也。故都指挥使冯国用赠郢国公，为东序第一，佥都督耿再成泗国武庄公次之，参政胡大海赠越国武庄公，为西序第一，都督同知赵德胜梁国公次之。此国初事也。及宸濠之变，孙燧都御史，许逵副使，俱赠礼部尚书并列，不以生前爵而重死后赠也。今承勋，倾葵所赠都督，同其魏祥、王瑄、陈乾皆参将，有常典，大抵都督衔也。死事在脜前而赠官，同则于制当尊，于礼当顺矣。惟数君子犹然在旁配享之列，殊违典制。不过但知生前事，而不知死后礼矣。当别孰当孰否，乃为知礼知义。祀座题主官御地方，名姓填写错乱，亦当为之一厘。

嘉靖甲寅，滦州知州王维川刻本草权度于乐亭，乃浙余姚黄孝子著辑也。通州知州董汉儒刻之。海陵乐亭又刻之，给事中厉汝进序之。

《三元通天照水经》二卷，不著作者名氏。遵化牛东阳号了义，尝游易水上，受之异人。既归，为人相宅，百无一失。诸名公巨卿延致之，无虚日，其言休咎如指掌。于是迁安黄崖梅如玉，不达数百里扣之，忻然出示。嘉靖中如玉为河内户，遇邑人张九一命受其业，抄藏笥中，其讹谬字画不敢辄易，而仍旧刻之，凡二卷。卢龙韩西玄详之厘四卷。

《六甲军机赋》，许庄刻于滦州志也。庄纂志而自列传，为府同知张守撰，称庄经书外天文、地理、阴阳、战阵、律吕、医卜，纳甲、星平、象演莫不究极造妙。然观是赋可知，盖其言之易矣。

女伎马氏蓬瀛，昌黎人也。东光贡士刘公直，历礼部主事、户部郎中，元季兵火，宦游遇昌黎娶之。蓬瀛幼聪慧，随父读书，精通历数、天文。洪武壬申，差内臣陈二仔，捧宝二百锭，四表里，召授尚宫司宫，正授冠佩，县岁给俸米六十石。戊寅，差内臣穆和，赐一女使送还宁家。永乐即位，召二次，屡赐宝楮表里，官其子政为本县学终身训导。

凡志，古不考史，其年与传多不合，如裴骞《仙人台》记太康三年为北平郡五车王所据，则晋之太康非辽之太康也。时辽西为段氏所据，二年慕容涉归寇昌黎，平州刺史鲜于安破之矣，又为安北将军严询败归。慕容连败，段氏为平州属国所服，何以言据也。盖咸康三四五年，辽为石赵攻而走，保密云山事也。抚宁卢岭峰，有七王山。亦称辽王者，皆段辽事。《魏史》卢龙岭，盖与密云山，连亘不远耳。令支界崆笼山，有淮安王避难洞石，上有大安五年字可辨。历称大安者，秦苻丕元年，慕容垂建元不称之矣。是年燕余岩以建节将军叛，为慕容农所平，且丕即亡，无五年也。惟北魏大安四年则高宗至辽西黄山宫，筑坛记行，或五年有刻也。辽道宗太康太安凡十年无事，且未尝东游也。淮安王不知谁，其避难无考，或伪乱僭称耳。

凡碑记题名于庙宇中，嘉靖年间初尚古风。文虽不足观，而实则有足重。如生员或儒士，其撰或吏或民，书而不假宫衔，及代笔者，质犹存也。今则以官为重，百真一二矣。境内乃有虚名之记，虚文之碑，为叹息焉。而原其故，以解众疑。

景忠祠记，嘉靖癸未，兵备熊相撰称，祀四君子：诸葛、岳、文、武宁也。镇守马永所创，未抟像而调去。代者口西人，至任拜元君祠，与元君邻。因至祠，像未成，有木主，问武侯何人，以亮告知之，武穆何人，以飞告知之。至文文山及名，告不知矣。问南人北人乎？曰南人，固我不知矣。问何时，曰前朝人。至武宁王告者不敢名曰，此今定国公祖也。曰徐某有子孙奉祀，不宜亦分三人食，去之。或以记四人告，而不知何为记者。永归金吾，先告定国。遣纪纲校尉辈，进香元君。因谒祠观像急矣，乃画像于扆壁，为将特祀抵之，今壁剥落有遗迹。盖虽椎可鄙，不为佞，可恕焉。但徐冒虚名，马若虚举，而熊为虚言，皆本真而成假矣。

忠义庙碑，嘉靖丙申，修撰屠应峻撰，各路有之，文同。今太平碑尚存，巡按金灿与同郡，且座主命各路以币请文而且谢，盖千金以此名耳。文不言某何以死，通言是庙隶某寨，为某帅立以祀官军某等，空其名令填之。如太平路碑填是寨为参将周璇所守之庙，祀官军周明而下，不知明某年何以死，璇乃时帅，非死者，有路竟不填，不知何以立。盖公则名报忠义，私则实报恩义也。

燕出长人，东北古为多矣。如慕容皝七尺八寸，垂七尺四寸，德八尺二寸。时逢陵长王銮长九尺，腰带十围，贯甲跨马，不由蹬。德见而奇之赐食，立尽一斛。至元魏南明太守慕容皝身长一丈，腰围九尺矣。则辽卢龙节度卢文进于无定河见人脑骨一条，大如柱，长可七尺有之矣。

明大汉将军三屯营马玉，侍卫三朝，语在母节妇徐氏传。时有与同选，口西人，尤长尺余。凡选侍卫，必两相配，是独举班无对，腹余十围，重五六百斤，为天下第一，以无对不用。访玉家为具餐，十人至二十不得其一饱。城中或十户二十户合为具，不能供五日。语总府留之，以饷之难而去。至冬无能施之衣，而冻馁死于燕南矣。是后大将军有江南客，不满三尺，侈宠异常。时屯城台有僧躯如之，客以类已善视焉，未尝失温饱。乃追怜巨人之孳死，而不如侏儒易为生也。嗟夫，无论世间，但燕前如安禄山，其重三百五十斤，宠任至为伪帝。孟业至于千斤，而为幽州督矣。是人徒食粟，必才无可用。倘出与对者，则不论才否。玉为锦衣百户，而彼且指挥之耳。故历举燕长人种，姑以慕容家告之。若契丹阿保机，其靴可纳城台僧没顶，至为伪天帝，传国二百余载。长人富贵者，世岂少乎哉。是人至饿死，非长之罪也。

旧志引二仙及县志无传，昌黎仙台山后有石洞古井，张果老院在焉，石碾石槽遗迹尚存。抚宁县东十五里，以氏河为其骑驴曾陷焉。其饲驴石槽，蹄迹宛然。在城五里大石盘礴上，低陷如之。其墓在抚宁县东南七十里。韩湘与果老栖仙台山，常对奕，今有仙人奕石脚迹，石盘文甚古。又观音洞石壁上有韩仙真影，世传修仙辞乡遗状云。墓在昌黎城西南八里，果老弗问矣。迩者县令刻蓝关记，瑶华帝君韩若云自撰云文公集其弟滂，墓志铭支系甚明，其诗左迁至蓝关示侄孙湘。是记以公为叔，而父其伯祖会，会无子而有子，湘有父而无父矣。竟篇言吕洞宾七度之成道，及诸与游。拾得辈未尝与张果老游，北至五台山，未尝言入燕也。则昌黎县之仙迹，视斯记自辨矣。

《染庄社记》：契丹时，辽兴军风光者行货。路收一卵于箧，归置锦囊系脐。不月余，出蛇如簪，饲之以肉，每出箧之便饲。渐长盈丈，围将尺许，毵虽倾箧居之，而力不能任矣，乃纵之野，任其自食。尝命以名曰于雅，抚首示不忍别。雅如人恋恋然，但不能言而去。后数岁益大，始食野禽，继而噬人。有司制之无策，乃闻于契丹，榜募能捕者。毵知其必雅，乃应募，而抵放处，呼其名而至。叙故旧而数其罪，蛇俯首伏诛。其血流及近村，土石悉染红，而庄以名。庄老以毵能施恩除害而祀之。雅能知恩服罪而配焉。是岁里人修祠落之，记其岁月。金至宁元年仲秋辛卯，兴平路猛安蒲察孟里记。或以雅知罪伏辜，毵怜而葬之，而以昌黎古迹，城西北三十里蛇皮王墓，是雅之葬处也。殊谬？今李遇甫以记示余，余谓或人寓言也。毵养患而除之，尚不足以赎罪。雅肆害而诛焉，可与其知过哉！孟里之记谬矣。遇甫则曰：毵虽失之始，而能问罪以正厥终；雅虽失之终，而能悔过以报其始。视养虎而反噬，不亦大有间乎。且今庄人岁啇牢不可破矣。请齐谐为存之。

石门子关天仙庙，有神灯二盏。正德年间，盗去其一，今更深入百步外，望有灯，近前并不见之。

嘉靖壬子，路军马文章往玉王峪。日未没，忽见白发翁尾之，疑为怪，石击之不见，而见群鸡数百，遍山逐之皆入地，而山皆银矣。章以为铅锡，携数片而去。至峪投郭银家辨之，银以铅锡给之。因追所自出，章具以实对，银遂密运数夜，闭户炼为锭。家婢密持小锭，与怜家婢曰：吾家多多。邻知亦盗取之。久而土人报路将，抚按以上闻。癸丑遣锦衣卫千户取年有半，而抚按往临，公私取用益多，民不胜困，恐为地方患，因报绝产而罢，遂塞之。上立庙镇压，至今毋敢盗。

汉儿庄南山矿洞奉禁矣。而土人传，庄北有谶云："东一箭，西一箭，万两黄金没人见。有人见，普救九州十八县。"陈游击解云：

一箭者地百步外也。东西常谷间，南山一箭地，人常言有宝气。乃以取煤为名，役兵二百余人，凿洞年余，黑石不成煤。或告宜一祭，取其馂犒兵。再三告不忍予，第务必得之。而庄西南隔河里许盗矿者露为三屯营守备魏文举密获十二驮。又搜南觉寺盗首孙南华，掘地得百余斤，以数十斤报官。盗首前建昌胡总兵幕客，尝为领六宝矿徒习矣，乃荐之总理府，不得意而领旧徒为此。文举贪鄙既赢，而宝复益之。南华书生乃为徒劳谪戍，子密云游击亦徒劳人力，因无以解人口罢官。巨万人益疑之。中路协守羁留之索矿百斤，乃出囊金五百奉之。皆为此谶误也。

迁安县西十五里官寨庄北，先银杏二株，可七八抱。成化间庄民韦氏锯其一，以为奁具。流汁似血，鸣数夜乃止，其家遂灭。一存，十数抱，荫蔽二亩余。七家岭驿西南郭家庄西有树连抱，乃银杏也。

慎侍御蒙云：予将至永平，有七家岭驿，一夕雾气凝聚，起视田野山川皆如霜霰著草木，枝叶坚厚纠结，比雪特重欲呼为树挂。自丰润玉此，凡两见焉。或曰树挂必有其应，不徒然也。

仙台山半绝壁间有龙潭洞。潭在洞中，去地九丈余，下临绝壑。洞中可容三百人，旧有石梯栏杆共一百一级，可以达。洞级甚窄，但容半足缘附而登，不可转视。隆庆二年为龙所毁，雷霆风雨，逼水齐山，巨石如剥扒去。中间数十级压覆岩下寺宇十余间。僧皆走避，无伤者，后移置寺于下数百步。今之登者，则以巨绳上系洞门大树，援之而登，然而得至者少矣。以下四条，昌黎张庄临记。

龙潭下百步曰山心洞，之下有巨石，大如夏屋。石底有穴，可容百人。石南面有字，大如杯。其文曰：“大定乙未岁，北平牧高侯贰车王公全，游道者山。明日登圣居岩，已而穷幽绝胜，啸歌磅礴，不减唐晋名流。宾从请靡磨崖以记，顾谓下客王密书之，时四月初吉也。”其西面有大字如斗，曰“独立不惧。”

崇祯壬申三月，有大鱼长九丈，浮于县南海滨，气蒸如雾，三日而死。近海居人乘舟桴取其骨肉煮油，家数百斤，旬日方尽，其脊骨如栋，其肋骨如椽。至今犹有存者，然不知其为何鱼也。后又有一大鱼复至其处，土人争取之，鱼扬鬐鼓鬣，两目如双日，喷沫如雨，吐气若云，翻波卷浪，舟几为覆而已，不知何往矣。今近海之人，犹有亲睹而能详之者。

顺治戊戌冬十二月六日午，仙台山右肩崩坠，大石如巨屋千仞而下。凡所冲击，无论大小，万石齐落，声如轰雷，砂土冲霄，损树万株。至次年己亥三月六日，自山半名吊砂口，复陨巨石如前。损中庵屋垣，入前层屋，复自屋破窗而出。盖其冲之小石也，犹大于斗，凡合抱之木，当之者无不靡碎。坠石固山之常，但连坠巨石则亦异矣。

续补永平志

康熙十二年

目 录

卷之一

世　纪 旧志已载，不开。

康熙六年丁未秋九月，皇上幸迁安县，驻跸于县南谢留庄。永平府文武各官朝服迎至驻跸处所，免朝。戊午，由清节祠东庞家崖渡河，驻跸于滦河之西，免朝。己未，沿滦水而南至滦州南，驻跸岩山，文武官朝服朝见。庚申，驻跸钱家营。辛酉早西行，文武官朝服跪送。皇上乘马缓行，顾问各官某某，见居何职。鸿胪寺挨次回奏。又谕知府李兴元，自奏姓名。问毕喜悦，纵马西行。

八年己酉秋七月，永平道奉文移驻通州，更为通永道。

九年庚戌冬十月，皇上幸三屯，驻跸东寨。文武官朝见，命武臣自副将以下至七品以上，俱命较射，赐宴，赐题。面试知府蔡兴周，大学士哲那库评阅。其文命题："知之为知之，不知为不知，是知也。"次日行幸永平。皇上由北门入，自西门出。文武官前导，至御营，免朝仍驻跸于滦河之西。

十年辛亥秋九月，皇上东幸谒陵，驻跸于滦河之西。卢龙县预备桥梁、龙坊、龙舟、帐幔如仪。皇上登舟观鱼，见桥梁坚固，各项预备有方，嘉悦，赏银二十两。召见卢龙县知县魏师段，面询爱民之实，又询其籍贯，奏对称旨，亲降玉音"用心做官"。命内院宣敕一道，又命速赴鸿胪寺记名。次日由西门入，自东门出，东幸。冬十月乙巳，谒陵旋。文武官路迎皇上由北门入，自西门出。上谕随驾官，命民人环路跪看不许进本告状，仍驻跸于滦河之西。文武官吉服朝见。滦河献鱼，赏银拾两。丙午旋京。冬十一月，诏免滦、卢、迁、抚丁地钱粮一年。

卷之二

沿　　革 旧志已载。

卷之三

星　　野 旧志已载。

祥　　异 旧志已载，不开。

康熙三年甲辰闰六月，滦河溢。十二月戊午朔日食。
四年乙巳六月，滦河溢，飘集柴木无算。
十年辛亥七月庚戌朔，炎热如炽。十一月朔戊申，严寒异常。
十一年壬子六月至七月大旱，祷来雨。
十二年癸丑夏五月，飓风雨雹伤禾。秋，霖雨败稼。

卷之四

疆　　域 旧志已载。

山　　川 旧志已载。

卷之五

里　　市 旧志已载。

风　　俗 旧志已载。

物　　产 旧志已载。

卷之六

城　　池 旧志已载。

公　　廨 旧志已载。

学　　宫 旧志已载。

祀　　典 旧志已载。

惠　　政 旧志已载。

卷之七

赋 役 志

永平府属六州县，并永、山二卫。

户　口　实在人丁，并抽出供丁上中下则不等，共折下下则通共一十一万零二百六十丁。共征银二万二千五百九十三两九钱一分九毫七丝五忽。

田　亩　实在民地，并拨补地及牧马草场地、荒田地，通共一万六千五十四顷八十七亩七分六毫六丝七忽三緎七沙。共征银四万六千三百四十三两七钱六分八厘八毫六丝三忽四微七沙一尘九渺二漠。

丁、地二项，通共征银六万八千九百三十七两六钱七分九厘八毫三丝八忽四微七沙一尘九渺二漠。

卷之八

漕　运　旧志已载。

盐　法　旧志已载。

卷之九

边　防　旧志已载。

军　卫

卷之十

古　迹　旧志已载。

丘　　墓 旧志已载。

寺　　观 卢志已载。

卷之十一

大　宁　考 旧志已载。

斥　　侯 旧志已载。

卷之十二

先　　圣 旧志已载。

先　　贤 旧志已载。

卷之十三

后　　妃 旧志已载。

封　　爵 旧志已载。

田段二传 旧志已载。

卷之十四

职官志

永平道

张云龙 辽阳人，贡士，参政，康熙八年更为通永道。

钱世清 钱塘人，辛卯佥事。

龚佳胤 浙江仁和人，见任佥事。

知府

陈 丹 山阳人。

蔡兴周 辽阳人。

唐敬一 四川成都人，见任。

同知

罗 京 会稽县人。

郑四国 山东乐陵县人，见任。

管关通判

陈天植 永嘉人。

安达里 广宁人，见任。

府学教授

谢国擢 延庆州人。

纪五典 宛平人，见任。

经　　历

俞　献　慈溪县人，见任。

司　　狱

倪继徐　福建福清县人，见任。

职　　官

卢　龙　县

知　　县

魏师段　湖广黄冈人，见任。

训　　导

孙　琮　河间县人。

典　　史

汤　旺　陇西县人，见任。

迁　安　县

知　　县

王永命　山西临汾人，见任。

训　　导

冯克年　临城人，见任。

典　　史

欧阳超　湖广钟祥县人，见任。

抚　宁　县

知　　县

谭　琳　湖广崇阳县人，见任。

训　导

刘三德　顺义县人，见任。

典　史

王之彦　浙江宁波县人，见任。

昌　黎　县

知　县

王曰翼　山西泽州阳城县人，见任。

训　导

李维楫　定州人，见任。

典　史

逯思仁　博平人，见任

滦　州

知　州

孙宗元　淄州人，进士，见任。

学　正

刘元逵　枣强人，举人，见任。

州　同

邓天栋　辽东人，见任。

吏　目

都廷楷　浙江钱塘县人，见任。

乐　亭

知　县

于成龙　镶红旗人，见任。

训　导

王之造　浚县人，见任。

典　史

孟　琇　山东益都县人，见任。

山　海　卫

儒学教授

钱裕国　顺天大兴县人，举人，见任。

武　职

副　将

张应标　陕西崇信县人。
喻三元　江南徐州人。

协标左营守备

杨　梓　吴县人。

右营守备

李一奇　通州人。

山海路都司

钟　声　淮安人。

石门路都司

赵　辉　新野人。

燕河路守备

葛天绮　京卫人。

建昌路都司

毕世龙　靖远卫人。

蒲河营都司

线志锦 河南人。

南海口守备

陈万化 辽东人。

刘家墩守备

孙中一 商丘人。

永平卫掌印守备

冯邦彦 宣府人。

山海卫掌印守备

陈廷谟 京卫人。

卷之十五

宦 迹 旧志已载。

永平道今更为通永道

康熙

钱世清 字生一，浙江杭州府钱塘县人。由辛卯选贡，康熙四年任。公甫筮仕即簪笔直卢，周知朝家制度，典章沿革要务所在。居官忠宽敏惠，廉静端凝，所巡历皆有声。其佥臬北平也，地剧土寒，崇尚省约，维咨恤民隐为务。而遇事练达，莅任数年间，凡屯田、驹牧、邮传诸大政，以迨城郭、学校、仓廪、堤圩，罔不具饬。一时守令、郡倅、州佐、亭长、督邮，咸承风化焉。时有营弁讦镇将者，奏付所司，营弁方窥伺，哗闻于外，公从容持议既以伸国法，而僚属之体不伤，释然以解。又有以邪教摘发抚宁寺僧者，公曰：此特浮屠氏庬言耳，律无深文。而原诘僧据古证律，谓于重典且不测。司谳者言人人殊，公覆鞫之得其平，部议卒从末减。又梁同知拖欠折粮银两，贫不能偿，以镌级解任，寻殁于官。公矜恤之，代措银一千五百余两周全以归。盖公生平，持大体，识量过人，类如此。旧制，本道监军有兵环卫，后改归营伍给役，胥隶皆按月捐钱赡之，代理饷司，不私毫厘。所部贫士。悉周给之。士亦从公如归市，鼓舞庶司，嘉善而矜不能，未尝受赂遗一钱。祠庙载在祀典，有关风化者，亟修葺之。吏治民安，上下恬然，享和平之福，咸戴若父母云，寻移驻通州道，衔兼通永自公始。

崔谊之 号老山，平度州人，由壬辰科进士。康熙十年十月内任通永道事。公初筮中州令，爱民礼士，持廉而多惠政，以卓异行，取民部操守清慎，佐理精勤，转郎中。未几特受通永道佥事。公赋性宽和，御下仁恕，治政明决，体恤属僚，惠爱百姓，凡鞫理民词，虚公执法不阿，不徇念各属冲繁，不轻差役，以滋烦扰，馈送悉屏绝之。时以廉静闻。

卷之十六

科贡志

进　士 旧志已载，不开。

顺治十六年己亥科

高　冈 滦州人，蓬莱知县。

汪淑问 永平人，犍为知县。

康熙九年庚戌科

杨振藻

举　人 旧志已载，不开。

顺治十七年庚子科

孟赉予 滦州人。

刘名远　滦州人。

康熙五年丙午科

沈锡眉　永平卫人。

康熙八年己酉科

周之桢　永平卫人。

郑惟一　□□人，清涧知县。

宋一麟　乐亭人，副榜。

康熙十一年壬子科

翁叔元　永平卫人。

李　沛　卢龙县人。

自顺治十六年起。

府学贡生　旧志已载，不开。

钮希正　兴州卫人。

何重粹　滦州人。

刘以隆　永平卫人。

袁起鹍　永平卫人。

康熙二年停止，至八年开复。

姚乐尧　永平卫人。

刘文烂　乐亭人。

张观成　乐亭人。

张文煌　永平卫人。

严应魁　东胜卫人。

以上岁贡。

冯际云　顺治十八年恩贡。

董　铣　康熙十一年拔贡。

俞大知　康熙十一年拔贡。

以上恩拔贡。

白培元　滦州人。

张成章 昌黎人。
张登第 昌黎人。
张应宿 昌黎人。
王遹修 滦州人。
以上例监。

卢龙县贡生 旧志已载，不开。

张克勤 县人，侯选县丞。
白纯修 滦州人。
康熙二年停止，至八年开复。
刘炳宸
张宗孔
以上岁贡。
王基文 县人，拔贡。
李正芳 县人，田州吏目。
黄榜中 县人。
以上拔贡监生。

迁安县贡生 旧志已载，不开。

徐宸亮 县人。
刘光胤 县人。
朱　德 县人。
刘成德 县人。
刘王佐 县人。
吴景隆 县人。
任思诚 县人。
以上岁贡。
王　楫 壬子，拔贡。

抚宁县贡生 旧志已载，不开。

鲁大治 县人。

解起元 县人。

王运恒 县人。

以上岁贡。

张　复 县人。恩贡。

钟蕃胤 壬子，拔贡。

以上恩拔贡。

冯永洁 县人。

冯永濼 县人。

杨仲昌 县人。

罗国玺 县人。

唐之迪 县人。

以上监生。

昌黎县贡生 旧志已载，不开。

陈廷干 县人。

孙时来 县人。

张庄临 县人。

贾九苞 县人。

周　元 县人。

宋杰士 县人。

齐如仑 县人。

张　宏 县人。

以上恩选岁贡

赵梦兰 县人。

张　宾 县人。

龙日升 县人。

李　安 县人。

张灿宿 县人。

以上贡监。

滦州贡生　旧志已载，不开。

孙启祚　州人。
陈蒙吉　州人。
孙延祚
常执中
冯运皞　州人，侯选知县。
伦可久　州人。
伦可大　州人。
李　檠　壬子，拔贡。
以上恩拔制贡。

乐亭县贡生　旧志已载，不开。

高启浚　县人。
邵胤升　县人。
王　彪　县人。
以上岁贡。
姚　采　壬子，拔贡。
以上拔贡。

山海卫贡生　旧志已载，不开。

王胤祚　十年贡。
王养凤　十一年贡。
以上岁贡。
赵国屏　壬子拔贡。
以上拔贡。

武　科

武　进　士　旧志已载，不开。

康熙六年丁未科

赵　跻　滦州人。

康熙九年庚戌科

余　煊　兴州卫人。

康熙十二年癸丑科

卢启贤　永平卫人。

武　举　人　旧志已载，不开。

康熙五年丙午科

董正斌

康熙八年己酉科

孙继武　永平卫人。

马值乐　昌黎人。

郑鸿儒　昌黎人。

康熙十一年壬子科

李艺苑　永平卫人。

陈廷遇　永平卫人。

张国华　永平卫人。

卢启贤　永平卫人。见进士。

田廷宾　永平卫人。

郭　瑄　山海人。

高廷翰　乐亭人。

卷之十七

武　　勋　旧志已载。

封　　荫

封

滦　　州

石　璞　以孙申贵，赠吏部左侍郎。

石　岳　以子申贵，赠吏部左侍郎。
雷　声　以雷鸣德太医院掌印贵，赠光禄大夫
雷　逊　以雷鸣德太医院掌印贵，赠光禄大夫。
雷以动　以雷鸣德太医院掌印贵，赠光禄大夫。
伦　中　以子品卓贵，赠南康府通判。

卢　龙

陈一策　以子培基贵，赠朝议大夫，刑部郎中，加从四品。
陈效忠　以子永吉江宁县知县贵，赠文林郎。

迁　安

刘光裕　以子鸿儒贵，赠兵部左侍郎。

荫

滦　州

石　章　以父由侍郎荫官生。
王应麒　以父可就督佥荫官生。
王应豸　以父可就督同，荫官生。
雷婴元　以父鸣德荫官生，照三品用。

迁　安

刘　涵　以父鸿儒恩荫入监。
刘　冲　以父鸿儒恩荫入监。

永　平　卫

蔡毓秀　以父士英总漕，荫侯选六品。
蔡毓华　以父士英总漕，荫侯选知县。
孟缵祖　以北城御史熊飞，荫官生。
孟继祖　以汀州知府熊臣，荫官生。

卷之十八

人　　物 前 旧志已载。

卷之十九

人　　物 中 旧志已载。

卷之二十

人　　物 后 旧志已载外，新增四传。

刘光裕　户部左侍郎鸿儒之父，以子鸿儒贵，诰赠兵部右侍郎，加一级。居乡施仁尚义，慈孝谦恭，抚育孤侄，聘嫁族女，助丧殡骨。赈饥施贫，甚至不秘商人之金，不较窃禾之盗，尤人情所难，士民咸思慕焉，祀乡贤。

卷之二十一

烈　　女 旧志已载，不开。

滦　　州

冯　氏　生员孟臣极妻，庚午兵变，极被创死。氏伏尸饮血欲与同尽。舅姑力劝抚孤，氏长斋奉竺，终养二亲。葬祭尽礼，贞守四十余年。康熙十年，督学胡公简敬批候题旌。

卢　　龙

陈　氏　适庠生韩景昌，庚午昌殉难身殁。氏历百艰，扶八旬祖姑，携三岁孤遇春，四十余年，奉姑训子，始终不怠。姑殁代夫营葬，以成夫志，教子成立，为郡诸生。永平道张公云龙旌其门曰：“节孝范世。”永平府知府彭公士圣旌曰：“完节遗徽。”

牛　氏　卢龙县处士马逢时妻。夫在事姑恭谨，善遇昆弟。夫殁寒苦自甘，抚育三子俱成立。四十余年，冰操益励。庚午兵燹自缢尽节。子玉聪，孙允兴，俱食饩郡庠。永平道张公春旌其门曰：“节烈”。

迁　　安

陈　氏　三屯高贵妻，秉性坚洁，邻有逼而污之者，处□□□，少保戚公继光立石井旁，题曰：“全节之井”。

抚　宁　县

王　氏　生员王尧相妻，夫故，氏年二十二岁。柩前跪泣，口绝饮食数日，毁容截发，决意殉夫。姑勉子泣少慰存活，奉姑惟谨，抚孤王调元，中万历戊午科举人。守节四十九年。巡按直隶御史刘公思诲，以铮铮一具铁心，凛凛满腔血性，姑无缺养，九泉子职犹存。子赖成名，半世书香不泯。具题，奉旨给银三十两，立坊表之，旌曰：“王氏贞节之门”。

昌　　黎

尤　氏　廪生宋文耀侧室，年十九而夫逝。与适张氏立志坚守，抚二孤成立，继嗣两门，皆氏之功。崇祯四年，知县左应选旌其门曰“双节”。

齐　氏　监生魏业懋妻，夫逝乏嗣，委夫产于其族，依母家誓守。适客兵移驻昌黎，与民杂处，氏恐辱，闭门自缢。顺治二年，知县刘应锡旌其门曰“贞烈”。

乐　亭

齐　氏　生员齐君锡妻，夫故，年二十五，遗孤四岁。守志不夺，上事继姑，下抚幼稚，纺绩食贫，今八十有二。顺治十七年，知县叶矫然旌其门曰：“节寿”。

流　寓　旧志已载。

方　技　旧志已载。

仙　释　旧志已载。

卷之二十二

艺　文　上

重修永平府东岳行宫

钱世清　浙江人　通永道

通都列郡之间，必有明圣显懿之神，式凭而作之镇。故巨灵崇祀，所在多有之，东岳其尤著者也。北平旧有岳庙一区，其创造不可考，水旱疾瘥，凡有求必祷焉。因在南台崇嶂之表，民以跻陟为艰，爰卜地于廓东三百步外，度其阴阳，而移行宫于其上，郡人参戎谷承功实缔构之，故老犹传万历近年事也。六十年来，捍灾御患，利济群黎，来格来歆，历久而勿替。迨皇朝顺治乙未年四月维夏，甲夜烽传，电掣风扬，火轮飚发，忽遭祝融之变。意者星周五纪，神欲别创雄观，以翼维新之运乎？语有之，力诎者难举赢，财丰者克任巨，况神明第宅尤非轩敞不为功。适木商杨大祥慨输全木，旋有永平道护军李谟，靖藩下守备郭自有，卢龙尉高光照等，乐勷盛举，复承命于前观察使王公廷宾。涤诚蠲吉，庀材鸠工，阅丙申岁季秋，而殿貌聿新，周庙列庑，旦晚且告竣。会大祥等相继下世，岂神之灵以后起之经营，启佑别有待欤？岁在乙巳，余膺佥臬之命，来巡是邦。吉月朔望，式谒神宫，极目形势之盛，俯仰左右，顾而伟之，而抱厦未完，憨焉以为歉。时李谟独健在，而郭有令子士英、概住持王常胤，引卒业为己任，具述重建所由，宣圣天子德意，上迓神庥（庥），下奠民命，固观察之事也。爰捐百金俸为倡。而郡守僚佐县令及绅衿商民人等，咸率从焉。国帑力役，公私两无害。而八楹以成琼旌绛节之来，庶几睹翚飞而愉快矣乎，抑余厚有望者。地得神以灵，神得地以奠，二者相须以传不朽。自今以往，得郡之在位庶执事，与乡之贤豪、长者绵远缮葺，丹雘而塈涂之，栋梁日益以新，埏埴日益以固，百福降康日益以集。尤余观成之日，即愿与北平六路之人，共永神泽于无疆者也。故不辞不敏而纪之。康熙十年，岁次辛亥，季夏谷旦。

祈　雨　文

康熙十一年六月至七月大旱不雨，田苗枯槁，井泽涸竭。万姓皇皇，呼天莫应。本府知府唐敬一念切民艰。恭诣城隍庙设坛，每日三次，步率僚属，免冠路拜，仍三致告文以达神听。至十三日子夜，大沛甘霖，三日方止。遍野欢呼，草木回青，山川增色，复为文以谢之。记告庙文四通。

初八日告庙文

唐敬一

维大清康熙十一年，岁在壬子，七月甲辰朔，越祷日辛亥，直隶永平府知府唐敬一等，谨蠲白乃心，敢昭告于本府城隍感应之神曰：呜呼！旱魃之灾，帝天非无因而降。凡我僚属，奉天子命，牧养斯民，未能实心抚子，致此失业遗黎，类多饥寒失所。其或溢怒淫威，刑罚失中。再或吮民膏血，寄我饱温。有一于此，皆足以上干天和，下积人怨。太守顽置不察，诸司怙遇弗悛，灾及己身，固其宜也。民何罪之与有，而罹兹凶鞠耶！惟神血食北平，职司幽赞与太守表里斯民，若太守无德，不能格天尊神，犹将显震英威，谴太守以回天怒。若太守苟可告无罪于百姓，则今兹不雨，万煶立见烟寒，当亦非神之所安坐而嘿嘿也。神其度之谨告。

初十日再告文

唐敬一

敢再告于本府城隍感应之神曰：呜呼！惟神以帝天喉舌之司，造下土一方之命。今此下民所为，岁时伏腊，焄蒿凄怆而恐后者，凡以为今日也。北平财尽民穷，所恃以延如线之生者，惟有秋是赖。目今禾黍垂成，而骄阳不雨。万姓携妻挈子，头抢地，声震天，太守惴惴，悔过是用，率兹僚属，匍伏祷求告庙前言，尊神亦既闻之矣。朔九午刻，仰是阴云满布，霡霂氛霏，意微尊神响应之灵不至此，其如肤泽。未几屯膏如昨，岂太守之呼吁，有胸无心，神不我格乎！抑亦神将吐我，而帝天之视听果高远而不见不闻乎！非是则天道好生，当恖不忍纵旱魃之播雪此一方民，若是其甚也。太守，父母此一方者也，尊神，御灾捍患，血食此一方者也。百姓不敢呼天而呼父母。太守不能问天而问尊神。若三日不雨则苗槁，五日不雨则土膏竭，十日不雨千里其赭矣。嗟此孑遗，弱者转壑，强者揭竿挺走，流离将不旋踵，则太守与尊神必有分任其咎者矣。神其鉴而裁之，谨告。

十二日三告文

唐敬一

谨免冠匍伏，大声疾呼，三致告于本府隍感应之神曰：嗟呼！此方之民，何不幸而罹此旱虐耶！北平古称瘠城国，其民刀耕火种，其地水立沙飞，产无百亩之遗，家无担石之储。所恃上天降康，时和岁穗。顾此遗黎，尚得与畿辅七郡之民，承丁负版，以上报天子者，饥馑不臻，而不忍轻去其乡也。嗟乎！今何不幸而罹此旱虐耶！下官敬一奉天子命来守兹土，未敢登堂受事，先入庙而谒尊神。循朔望跪拜之仪，尽人神祈格之礼，岂有他哉！良以地方久遭兵燹，小民鹄面鸠形，兼之弱肉无几，不堪强食是用，简刑息讼，驯暴惩刀，片纸蠲供，一钱不罚，期与仅存二三赤子，休息相安，以尽太守心所欲为，力所能为之事，庶几假此，可以告无罪于天子也。至于捍大灾，御大患，人谋所绌，则太守有所不能者，而神实能之。此有皇上帝所以特简聪明正直之仙班，敕为保障城隍之显爵。俾尊神理幽赞阳，奠丽此一方民，以辅佑天子，于以享此一方之血食而无愧也。此其义与下官之奉天子命而抚摩兹土者，将无不同。今下民罹兹旱虐，虽或天运使然，在尊神亦有不能自主。然而天子者天之子也，所以代天而子民也。尊神则天之吏，而太守又天子之吏也，无非为此民也。譬如父母不慈，孝子未有听其违道，而不迎几以谏者；人主有失，忠臣未有徒畏膏斧，而不折槛以争者。况乎帝天仁爱，养育万物，是其本心。而大兵大荒不过数十年而一见。古之人主，六事自责，舍腹吞蝗，要亦一言之善，遂可回天，此又人事之彰彰者矣。若必欲尽此一方民，而饥之馑之，使之流离转徙，而不恻然念者，斯又必无之理矣。今者阳日以骄，禾日以槁，万姓呼天抢地，声彻重霄。太守匍伏悔过。叩头流血，一告不已至于再。再告不已，至于三。凡若此者非敢为渎也，诚欲尊神大彰捍御之能，以兹下情上告天帝，亦如孝子之谏其亲，忠臣之谏其君，挽回天怒，为民诸命而已。若三告而神不应，是必尊神之刍狗生灵，而虚拥天爵也。尚不能与人世之敦伦闻道者比，其亦何神之与有。语云：虽有恶人，斋戒沐浴，则可以祀上帝，诚为之通也。今太守之夙与跪祷，而咄咄不休，可谓至矣。而神不我听，则旱其不可药矣，民其无如何矣。眼见千里如焚，穷檐熄爨，折骸易子，盗贼繁兴，行且震惊城社，绝灭蒸尝，势所必至。太守既无面目见此北平父老，即尊神亦岂能腼焉血食。对万姓而无惴此乎！太守之死不择音，泣尽而继之血也，谓神不听，当不其然。神如有灵，其疾告帝天，立驱旱魃，以造万民之命。再三日不雨，则太守不职，尊神不灵，不职不灵，法当黜太守其囚服缌颈。迁尊神之行主于日中，以受天罚、必大雨，乃止谨告。

七月十四日谢雨降文

唐敬一

谨以牲牢鲁酒，致祭于本府城隍感应之神曰：于赫唯神，至正至灵，有祷必应，理幽赞明。降此时雨，粒我蒸民，捍灾御患，振古英名。回天有力，记过无心，于容赣服，其量于麾。魃敬其能，民其苏矣，永奠北平。太守暗昧，陈词失伦，譬彼育子，妄测高深。今日之奠，悔罪负荆，神不我吐，惠然来歆。尚飨。

卷之二十三

艺　　文 下

韵　　部

永平府　旧志已载，不开。

孤竹清风

陈所立　永平府

基留帮国泽遍长，白玉瘗山骨自香。
夜宿层台朝荐祉，觉来魂梦亦清凉。

都山望雪

陈所立　永平府

祈连绝处总燕支，到此回看北平低。
六月山头犹载雪，罡风吹落蓟门西。

钓台喜雨

范文程　内院大学士

云谢松台映曲波，白沙翠石满滦河。
危峰一柱芙蓉秀，小艇双溪鸥鹭多。
孤竹长烟通蜡屐，苏丘凉雨入渔蓑。
海滨二老堪凭吊，宾从同来散玉珂。

滦　州　旧志已载，不开。

题偏凉汀

石　矿　郡人

天地为炉化作工，陶成胜概甲燕东。
一川徐沛甘棠泽，四座轻吹孤竹风。
隐见云楼分海市，横斜鸟道插天空。
酒余遥望矶头石，疑是登临问对翁。

题白云楼　五言

宋　琬　莱阳人　永平道

松迳苍无际，沙洲碧几湾。
虫声秋雨外，渔笛夕阳间。
怪石相高下，轻船自往还。
白鸥浑不去，一似爱人闲。

卢　龙　旧志已载，不开。

题清节祠

范文程　内院大学士

让国清风百世师，阴阴松桧隐空祠。
黄农事业应无异，山水萧森自不移。

石动鼋鼍分大壑，城荒乌鹊下高枝。
接□同醉花间酒，绝胜襄阳访习池。

漆滦二水

刘景耀　河南人　永平道

溪水悠悠塞外来，蓝田佳气接河奎。
虎头近见双龙合，罗洞还惊匹练开。
鼓枻能无浮海意，洗兵合待济川才。
勒盟不假黄河水，自有清流绕郭回。

恭谒清圣

魏师段　黄冈人　知县

孝友由来莫与京，我来圣域拜先生。
同抛国事成仁志，一任天伦泯怨声。
庙貌荒岑留古迹，松风空谷响芳名。
不知世有征诛事，故向岐周叩马鸣。